検証
判例会社法

石山 卓磨 [監修]

財経詳報社

監修の言葉

　本書は平成18年に商法典から独立して施行され，平成26年に部分的改正を経ている，現行会社法典に基づくわが国の会社法制に関し，重要判例の紹介・解説を通じて，主に実務界に対し，そのup to dateな理解を促すことを主眼として編集されたものである。

　わが国の会社法は，明治32年施行の商法典中の会社編として誕生して以来，20回あまり改正を経てきているが，そこには，あとを絶たない企業不祥事の発生に対する監査制度の充実をはじめとするその時々の企業社会の要請に対応しようとする立法担当者や研究者の努力と試行錯誤のあとがうかがわれる。また，昨今は株式評価をめぐる判例も多く登場してきているが，経済社会の激しい変化のなか「永遠に未完の法」と評される会社法においては，立法時の予想・想定を超える事態の発生に直面せざるをえない場面も少なくない。このような事態に対し，司法がどのように対応してきたかは，学問的にも，実務的にも，現状を把握し将来を予測するうえできわめて重要な関心事とならざるをえない。そこで数ある会社法関連の判例の中から，会社法務上必須と思われる代表的な重要判例を抽出し，現在活躍中の会社法研究者あるいは企業法務に明るい弁護士諸氏の協力をえて本書刊行の運びとなった次第である。そこには，これまで日本大学における商事法研究会・企業法実務研究会あるいは早稲田大学における東京商事法研究会等で交わされてきた論議の成果も随所に反映されている。

　会社法制におけるいかなる分野で何が重要な検討課題とされているのか，そこにはいかなる内容の学説間の対立あるいは学説と判例の対立があって論争が展開されているのか，そしてこの学説と判例の間に立って実務は如何に対応すべきなのかが，本書刊行の根底に横たわる問題意識であり，読者諸氏に有用な判断資料を提供できれば幸いである。また法科大学院や法学部等において会社法を学ぶ学生諸君さらには各種国家試験の受験生諸君に対しても，フレッシュな判例解説を提供できるものと信ずる。

　本書の刊行は，私事ながら私の古稀を記念して，日本大学の畏友・松嶋隆弘教授の発意によるものであり，記して謝意を表したい。あわせて玉稿をお寄せ

いただいた執筆陣の方々ならびに財経詳報社そして同社編集部・宮本弘明氏に対しても感謝申し上げたい。

石山　卓磨

はしがき

　1．『検証・判例会社法』と題する本書は，会社法上の重要項目につき，会社法制定以来の裁判例の展開を一覧・分析し，もって，多忙な実務家の利便に供しようとする実務書である。制定法としての会社法は制定後約10年を経て，メンテナンスの時期を迎え，先般，パーシャルなものではあるが改正を行った。いわゆる，平成26年改正である。他方，判例法としての会社法は，点として存在するおびただしい裁判例・決定例を，分析し，線として構成した上で，認識されるものであるところ，近時，質量の双方において，判例法の発展は著しく，コーポレート・ロイヤーに取ってさえ，キャッチアップしていくのは容易ではない。加えて，株式の評価の問題にみられるように，金融工学にかかる問題が実務上の争点として取り上げられるようになった今日，会社法に携わる実務家としては，かかる争点に関する知識そのものが求められるだけでなく，同争点に関し，裁判所がどのような見解に立つかを予想することまで要求され，執務は困難を極める。

　本書は，このような状況において，いわゆる総合判例研究の形で，「点」として存在する会社法に関する裁判例・決定例を分析し，一覧しやすいように「線」として提示し，少しでも執務の困難を和らげるための一助になればという思いで編まれたものである。

　2．ここで本書の成り立ちにつき，一言しておきたい。本書は，監修者であられる石山卓磨教授が古稀を迎えられるのを機に，これを実質的に寿ぐ趣旨で刊行されるものである。石山教授に関しては，すでに浩瀚な還暦論文集が刊行されているところであるが（『比較企業法の現在―その理論と課題　石山卓磨先生＝上村達男先生還暦記念論文集』（平成23年6月，成文堂）），今日においては，還暦はもはや致仕の齢ではなく，現に同教授は，現在に至るまで，第一線の研究者・実務家として，研究・実務において活動されている。そして，今後もますます活躍されるものと期待される。

　そこで，石山教授に親炙するわれわれとしては，単に各自が好きなテーマを持ち寄る古稀論文集ではなく，上記のような企画の下で，理論的色彩を有する

「高度な実務書」を刊行し，より実質的な形で石山教授の古稀を寿ぐとともに，かつ，実務界に対し，一定の貢献をしようと考えたものである。いわば，「自由演技」ではなく，「規定演技」の中で，各自の腕をふるいたいと考えたのである。

　幸いにして，われわれの意図は，石山教授の容れるところとなり，同教授の監修の下，こうして本書が産まれることになった。本書が少しでも，当初の目的どおり，実務家にとって役に立つものであればと願っている。執筆に携わったわれわれも，本書での研究を一里塚として，さらに精進していきたい。

　3．最後に，出版事情の厳しい折，本書の刊行を了とせられた財経詳報社，困難な本書の編集に丹念に取り組んでくださった同社編集部・宮本弘明様に対し，厚く御礼申し上げる次第である。

執筆者一同

目　　次

監修の言葉 ……………………………………………… 石山　卓磨　i
はしがき

第1章　会社法全般に関する裁判例

法人格否認の法理に関する裁判例 …………………… 岡田　陽介　3
持分会社 ………………………………………………… 藤田　祥子　27

第2章　企業の資金調達に関する裁判例

非上場・譲渡制限株式の評価に関する考察
―近時の裁判例ならびにファイナンス理論を踏まえて―
　……………………………………………………… 藤川　信夫　51
新株の有利発行 ………………………………………… 本井　克樹　95
新株等の不公正発行 …………………………………… 植松　　勉　120
個別株主通知 …………………………………………… 深山　　徹　143
現物出資規制 …………………………………………… 松嶋　隆弘　165
募集社債の発行に関する裁判例 ……………………… 鬼頭　俊泰　187

第3章　企業統治に関する裁判例

株主総会 ………………………………………………… 菅原貴与志　213
取締役・社外取締役 …………………………………… 重田麻紀子　237
監査役，社外監査役 …………………………………… 川島いづみ　259
「事実上の取締役」の第三者責任に関する判例の検討 …… 品川　仁美　283
取締役による裁量権行使と経営判断原則 …………… 小林　俊明　314

v

内部統制システムの構築・運用と取締役等の監視義務・信頼の原則

………田澤　元章　365

競業取引と利益相反取引 ……………………………小菅　成一　386

報酬規制 …………………………………………………大久保拓也　408

M&Aと取締役の義務 …………………………………金澤　大祐　430

第4章　企業会計に関する裁判例

公正な会計慣行…………………………………………岡本智英子　449

会計帳簿閲覧権と業務執行検査役選任請求権…………上田　純子　464

株式会社の組織再編による行為又は計算に対する課税上の否認

………………………………………………………高岸　直樹　497

第5章　会社の組織再編等に関する裁判例

濫用的会社分割 …………………………………………原　　弘明　515

事業譲渡にかかる判例法の発展 ………………………牧　真理子　537

非公開化（スクイーズ・アウト）……………………一ノ澤直人　555

組織再編における株式買取請求権……………………受川　環大　578

第6章　会社法と他の法規制

経済法とのかかわり ……………………………………入江　源太　603

会社犯罪

——長銀事件，及び日債銀事件を中心として………漆畑　貴久　620

第1章

会社法全般に関する裁判例

法人格否認の法理に関する裁判例

愛媛大学法文学部准教授　**岡田　陽介**

I　はじめに

　法人格否認の法理とは，独立の法人格を有する会社において，特定の具体的法律問題を解決するにあたり，その形式的独立性を貫くことが正義・公平に反する場合に，当該事案に限り法人格を無視して，会社とその背後にある社員とを同一視して事案を処理する法理のことである[1]。周知のように，わが国では最判昭和44年2月27日民集23巻2号511頁が法人格否認の法理を初めて適用して以降，小規模閉鎖会社の会社債権者保護や結合企業における子会社の債権者保護のために機能するものとして，数多くの裁判例が積み重ねられてきている。

　この法人格否認の法理については，本書の他の多くのテーマと異なり，会社法制定以後の10年間では最高裁判所の判決は見当たらない。したがって，現段階での最高裁判所の判例法理は，会社法制定前の平成17年までにすでに確立しているものと考えることができる。しかしながら，事例類型ごとの細かな要件については，会社法制定以前と同様，数多くの下級審裁判例が積み重ね続けられ，理論的に深化し続けている。他方で，いわゆる濫用的会社分割が行われた場合の債権者保護手段として利用されるなど，会社法施行により新たに発生した問題に対応するための手段として法人格否認の法理が利用される例もある。したがって，会社法制定後の10年間の裁判例を整理・検討するにあたっては，法人格否認の法理の適用要件を明確化しているものを整理・検討することも重

要であるが，他方で会社法施行により新たに発生した問題点に対応する手段と
して法人格否認の法理が利用されると考えられる場面にはどのようなものがあ
るか，またそのような場面に実際に法人格否認の法理の適用が問題となった事
例はあるか，という観点からも考察することもまた重要であると思われる。

　本稿では，まずⅡで最高裁判所の判例法理の到達点を確認する。これを踏ま
え，Ⅲで会社法施行により法人格否認の法理に関する裁判例に影響があると思
われる論点につき整理・検討し，Ⅳで会社法制定後の約10年間の下級審裁判例
のうち，会社法制定の影響によるものではないと考えられるものについて整
理・検討する。最後に，Ⅴで本章のまとめを行う。

Ⅱ　最高裁判所の判例法理の到達点

　会社法制定以来10年間の裁判例の整理・検討に入る前に，法人格否認の法理
に関する最高裁判所の判例法理の到達点を確認しておこう[2]。

1　法人格否認の要件論

⑴　法人格否認の2類型

　最高裁判所が初めて法人格否認の法理を適用した判決は，**最判昭和44年2
月27日民集23巻2号511頁**である。同判決は，法人格否認の法理が適用される
場合として，「法人格が全く形骸に過ぎない場合」（形骸化事例）と法人格が「法
律の適用を回避するために濫用されるが如き場合」（濫用事例）の2つを挙げた。
判例は現在まで変わらず昭和44年最判の提示した「形骸化」「濫用」の2類型
に依拠している[3]。法人格否認の法理について理論的な検討を加える際には，
このような類型化が学説からは強く批判されていること[4]，及びこれらの批判
はその後の多くの学説からも受容されていると考えられる[5]ことについても考
慮しなければならないが，裁判例の展開を整理・紹介するという本書の趣旨に
従い，ここでは「形骸化」「濫用」の2類型に基づいて整理を行うことにする。

　次いで，**最判昭和48年10月26日民集27巻9号1240頁**は，法人格が濫用され
ていることを理由に法人格否認の法理が適用される場合として，昭和44年最判
が提示した法律の適用回避を目的とするためではなく，債務の免脱が目的であ

る場合を挙げた。この判例は，法人格否認に関する判例法理のうち，いわゆる
債権者詐害目的による法人格の濫用がある場合のリーディングケースであると
いえる。

(2)　補充性

昭和44年最判は，商法504条を適用すれば解決できる事案にも法人格否認の
法理を適用してよいと判示している。しかし，この点は，法人格否認の法理の
一般条項的性質に鑑みると，同法理は規制の法律構成によっては事案の公平な
処理を図れない場合に初めて適用すべきものとして批判されている[6]。判例も，
その後の**最判昭和49年9月26日民集28巻6号1306頁**で，法人格否認の法理の
適用は慎重にされるべきであることを示しており，最高裁の判例法理全体とし
ては同法理の適用に消極的な傾向にあるものと考えられる[7]。

2　法人格否認の効果論——判決の手続法上の効力

法人格否認の法理の実体法上の効果は各類型によって様々である[8]。そのた
め，判決の効力についての最高裁判所の判例法理は，手続法上の効力に関する
ものである。

(1)　既判力・執行力の拡張

法人格否認の法理の訴訟上の効果については，まず，昭和44年最判で，傍
論ではあるが，実体法上法人格否認の法理が適用される場合であっても，訴訟
上の既判力については別個の考察を要するとしたうえで，株主が受けた判決の
効力は会社には及ばないとして，既判力の範囲の拡張を否定した。この理は，
その後の**最判昭和53年9月14日裁判集民125号51頁・判時906号88頁**で明確化
される。すなわち，同判決により，執行文付与の訴えにおいては，「権利関係
の公権的な確定及びその迅速確実な実現をはかるために手続の明確，安定を重
んずる」必要があるので，「その手続の性格上」許されないことを理由に，既
判力及び執行力の範囲を拡張することを正面から否定するに至っている[9]。

(2)　第三者異議の訴え

手続法上の問題点としてはさらに，会社または株主の一方に対する債務名義
による強制執行に対して他方が提起した第三者異議の訴えにおいて，被告であ
る執行債権者が法人格否認を抗弁として主張し得るかという問題がある。

第1章　会社法全般に関する裁判例

　従来，学説は肯定説と否定説に分かれており[10]，下級審裁判例[11]も前掲昭和53年最判以降は否定説を採用していたが，**最判平成17年7月15日民集59巻6号1742頁**は，第三者異議の訴えが「債務名義の執行力が原告に及ばないことを異議事由として強制執行の排除を求めるもの」であることを否定し[12]，「執行債務者に対して適法に開始された強制執行の目的物について原告が所有権その他目的物の譲渡又は引渡しを妨げる権利を有するなどの強制執行による侵害を受忍すべき地位にないことを異議事由として強制執行の排除を求めるもの」であることを理由に，第三者異議の訴えの「原告の法人格が執行債務者に対する強制執行を回避するために濫用されている場合には，原告は，執行債務者と別個の法人格を主張して強制執行の不許を求めることは許されない」として，第三者異議の訴えにおける法人格否認の法理の適用を肯定している。

Ⅲ　会社法制定による法人格否認の法理に関する裁判例への影響

1　最低資本金制度の廃止による影響

　平成17年に制定され，翌18年に施行された「会社法」により，法人格否認の法理に関する裁判例の運用はどのように変化したのだろうか。まず真っ先に考えられるのは，「最低資本金制度の廃止」による変化である。平成2年商法改正により，有限会社の最低資本金は300万円（旧有限会社法9条），株式会社の最低資本金は1000万円（平成17年改正前商法168条ノ4）と定められていた。しかし，中小企業の起業を促し経済の活性化を図るため，会社法は最低資本金制度を廃止した[13]。これにより株式会社設立のハードルが大幅に下がったため，会社設立の濫用が予想され，それによって害される債権者は，法人格否認の法理の適用により保護されることが予想されていた[14]。

　ところが，会社法制定以降，本稿執筆現在（平成29年2月）までの公表裁判例を見る限り，過少資本が原因で害された債権者を保護するために法人格否認の法理の適用の主張ないし利用された例は1件もなかった。もちろん，刊行物に登載されていない裁判例にはそのようなものがあるのかもしれないが，刊行物未登載裁判例の中から当該事例を見つけて分析する能力を筆者は持ち合わせ

いないため，真相は不明である。設立された会社の資本金が過少であるため債権者を害するような事件が発生していないのだろうか，それともそのような事件が発生しても法人格否認の法理とは別の制度で債権者が保護されているのだろうか。今後の裁判例の推移を見続けていかなければなるまい。

2　会社分割についての規制緩和の影響

(1)　序

　会社法制定後の法人格否認の法理に関する裁判例の特徴として真っ先に挙げられるのは，いわゆる濫用的会社分割が行われた場合の残存債権者保護手段として法人格否認の法理の適用が主張される事件が数多くみられるようになったことである。濫用的会社分割（詐害的な会社分割，ともいう）とは，会社分割において，分割会社が設立会社（新設分割の場合。吸収分割の場合は承継会社）に対し債務の履行を請求できる債権者と請求できない債権者とを恣意的に選別し，設立会社（承継会社）には優良事業や資産を承継させ，結果として，設立会社（承継会社）に債務の履行を請求できない債権者には十分な債務の弁済が受けられないようにすることにより，このような債権者を害する会社分割をいう[15]。会社法の制定により，会社分割の対象が「事業に関して有する権利義務の全部又は一部」（会社法2条29号，30号）となり有機的一体性を有しない債権債務の寄せ集めでもよくなり，加えて「債務の履行の見込みのあること」が会社分割の効力要件ではなくなり[16]債務の履行の見込みもない会社分割も可能になるなど[17]，分割会社の株主の便宜のための規制緩和を意図した改正が行われた結果，債権者を詐害する会社分割，いわゆる濫用的会社分割が起こり得ることがかねてから懸念されていたが[18]，実際会社法施行以降そのような事件が頻発した。

　濫用的会社分割が行われた場合でも，分割会社の残存債権者は債権者異議手続の対象となっていないため会社分割に異議を述べることはできず（会社法810条1項2号），また会社分割無効の訴えの原告適格も有しない（会社法828条2項10号）ためこれにより救済を求めることもできない。そのため，残存債権者は，詐害行為取消権（民法424条）[19]，破産法上の否認権（破産法161条）[20]，商号等続用者の責任に関する会社法22条1項の類推適用[21]，そして法人格否認

の法理といった私法の一般法理を用いて救済を求めるほかなく，これらに関する裁判例が数多く登場した[22]。

このような事態を受けて，平成26年改正会社法は，分割会社が残存債権者を害することを知って新設分割をした場合，設立会社に対し，承継した財産の価額を限度として債務の履行を請求できるという規定を新設した（会社法764条4項)[23]。

「濫用的会社分割」については，本書第5章1で詳述されるため詳細はそちらに譲り，本章では会社分割により詐害された残存債権者の保護のために法人格否認の法理の適用が主張された裁判例を紹介するにとどめる[24]。以下の8つの裁判例はいずれも平成26年改正会社法が施行される以前のものであり，いわば会社法に濫用的会社分割における残存債権者保護規定が不備だった時代の過渡的な法理と評価されるかもしれない。だが，上記新設規定と法人格否認の法理ではその適用要件が異なる。そのため，残存債権者保護規定が新設された現在でも，これらの裁判例はなお紹介する意義があるものと考える。

(2) **裁判例の紹介**[25]

濫用的会社分割における債権者保護のために法人格否認の法理の適用が主張された事案のうち判例集に登載されたものは，7件確認される。いずれも会社分割が法人格の濫用に当たるとして法人格否認の法理が主張された事案であるが，実際に法人格否認の法理の適用が認められた裁判例は3件にとどまる。以下では，これら7つの裁判例と，③事件の控訴審判決を紹介する（判例集に登載されていないが便宜上触れておく）。なお，②事件は承継債権者が害された事案であるが，それ以外は全て残存債権者が害された事案である。

裁　判　例	法人格否認の法理の適用	他の債権者保護手段の適用の可否
①福岡地判平成22年1月14日金法1910号80頁 （第一審）	○	
福岡高判平成23年10月27日判タ1384号49頁 （控訴審）	×	○（詐害行為取消権）
②東京地判平成22年7月22日金法1021号117頁	○	

③大阪地判平成22年10月4日金法1920号118頁 （第一審）	×	×（会社法22条１項の類推適用）
大阪高判平成23年6月9日 ウエストロー2011WLJPCA06098012（控訴審）	×	×（詐害行為取消権）
④福岡地判平成23年2月17日判タ1349号177頁	○	
⑤東京地判平成24年7月23日金判1414号45頁	○	
⑥京都地判平成27年3月26日判時2270号118頁	×	×（詐害行為取消権）

　①**事件**は，優良事業を設立会社に承継させる新設分割を行った際に害された分割会社の残存債権者（サービサー）が残債務の一部を分割会社らに請求するとともに，分割会社の法人格を否認して設立会社にも請求した事案である。**第一審判決**は，分割会社と設立会社の代表者の親子関係，事業目的の共通，事業の連続性，店舗の名称の続用を挙げ，両者に強い経済的一体性があることから支配の要件を満たすとし，かつ(a)分割会社と債権者が「密接な協議関係にいったん入った以上，」分割会社は債権者の「利益や期待を著しく損なうことのないよう合理的な配慮をする」という信義則上の義務を負担することを一般論として示したうえで，(b)それまでの債権者との「協議，交渉の過程を反故に」したこと，この会社分割と一連一体のものとして，分割会社の財産を希釈化させるような株式譲渡及び増資を連続して行ったことにより債権者の利益を著しく損ない，分割会社にもその点の認識が十分にあったとして，分割会社が上記の信義則上の義務に反していることを示し，(c)上記義務違反を前提として，分割会社の財産を希釈化させるような株式譲渡と増資により分割会社の財産を不当に逸出する結果を招いたことは，会社分割制度を濫用的に用いたものであるとして，目的の要件を満たすとしている[26]。その結果，設立会社の法人格を否認して分割会社と設立会社を同視するのが相当であるとして，設立会社にも分割会社らと連帯して請求額の全額（15億円）の支払の請求を認めた。これに対し，**控訴審判決**は，設立会社の代表者と分割会社の代表者との間に親子関係があることを認めたうえで，さらに分割会社が設立会社を支配・差配している事情がないこと，分割会社と債権者との交渉を主導的，主体的に行っていたのは分割会社であって設立会社でないことから，支配の要件を満たさないとしており，

第1章　会社法全般に関する裁判例

目的の要件に触れることなく，「本件……の関係に限ったとしても設立会社と分割会社と同視し，設立会社の法人格を否認して，分割会社と同様の責任を負担させる」ことは相当ではないとする。ただし，**控訴審判決**は，「本件会社分割は，詐害行為を構成することとなるから，」残存債権者は，「詐害行為取消権の行使により，本件会社分割自体，設立会社に承継された」……2店舗「に関する権利義務あるいは権利（資産）のみの取消しを求めることができる」としており，「設立会社に対し，価格賠償として8億円の支払を求めることができる」とした。第一審判決が「強い経済的一体性」から支配の要件を満たすとしたのは，従来の裁判例と比べても比較的簡単にこれを認めてしまったと評価できるものであるのに対し，控訴審判決は支配の要件に該当しないとして法人格否認の法理の適用を否定した。この結果として設立会社の責任は相当に減額されたが，控訴審判決が残存債権者保護手段として設立会社への法人格否認の法理の適用を否定し会社分割の詐害行為取消しを認めたのは，分割会社の残存債権者の救済の必要性という観点から，設立会社に満額の請求を認めることが妥当ではないと判断したためであろう[27]。

②**事件**は，前述のように，新設分割により害された承継債権者が，設立会社の法人格を否認して分割会社に売掛債務の履行を求めた事案である。②**事件判決**は，支配の要件に何ら触れることはなく，債権者が売掛債権の履行を催促し法的手続を取る可能性を明らかにした後で会社分割計画書が作成されたこと，分割計画書に新設会社が免責的債務引受けを行うことが定められているが引き継ぐ債務の大部分が本件売掛債務であること，本件売掛債務はすでに弁済期を経過しているにもかかわらず引き継がれる現金はごく一部に過ぎないこと，現実に設立会社から本件売掛債務の弁済がされていないこと，会社分割を行う直前に本店所在地を移し個別の催告を要しないように公告の方法を変更したことから，会社分割が債務免脱目的であったことを認定し，設立会社の法人格を否認している。

③**事件第一審判決**は，まず設立会社が会社法22条の類推適用により分割会社の債務の弁済責任を負うことを否定したうえで，法人格否認の法理について，前掲昭和48年最判を参照して，「法人格否認の法理（いわゆる「法人格の濫用」の場合）の適用が肯定されるには，①旧会社の営業財産をそのまま流用し，商

10

号，代表取締役，営業目的，従業員等が旧会社のそれと同一の新会社を設立することと（支配の要件），②取引の相手方からの債務履行請求を免れる手段とすること（目的の要件）が具備される必要があると解される」と述べた。これを本件に当てはめる際に，まず，分割会社が設立会社の株式を保有していることから支配の要件を容易に認定し（この点は当事者間に争いなし），その上で，会社分割について目的の要件が推認できるのは「①倒産状況にないにもかかわらずこれを偽装して行われた，②会社分割の内容が，実質的にみても債権者平等原則の要請に著しく反する，③会社分割の内容が，分割会社の債権者に対する配当の見込みを明らかに減少させる，④会社分割の手続において，財産状況等について明らかに虚偽の説明を行った，等特段の事情がある場合というべきである」という一般論を提示したうえで，本件は①〜④のいずれにも該当せず「『目的の要件』の存在を推認するには足りない」として，分割会社の法人格を否認しなかった。**控訴審判決**も同様に法人格否認の法理の適用を否定し，予備的に請求された詐害行為取消権も時効消滅を理由として認めなかった。

④**事件**は，分割会社が新設分割により３社を新設した結果，分割会社の残存債権者（株式会社整理回収機構）が害されたとして，分割会社の法人格を否認して設立会社３社に分割会社への貸付金等の支払を求めた事案である。④**事件判決**も，③事件第一審判決と同様に前掲昭和48年最判を引用して法人格の濫用が認められるための一般的要件を提示したうえで，支配の要件については，分割会社が同族会社であり親族以外の第三者を代表者にすることが具体的に検討された形跡なしに親族を設立会社の代表者にしたこと，設立会社の代表者は分割会社の指示のもとに動いており経営は実質的には会社分割前とほぼ変わらないこと，設立会社の経営する店舗は分割会社と施設・屋号・中心となる従業員が同一であることからこれを満たすとし，目的の要件については，(a)原告たる債権者に対する説明や交渉の態度が他の債権者に対する態度と明らかに異なっていることから本件会社分割はこの者に対する債務免脱の意図があったことを認めたうえで，(b)原告たる債権者は本件会社分割が行われずに破産手続が行われれば少なくとも１億円超の配当可能性があったのに本件会社分割が行われたことにより配当可能性がほぼないに等しい状態になったこと，これに対して原告以外の債権者は本件会社分割が行われずに破産手続が行われれば原告たる債

権者よりも少ない配当額を原告以外の債権者で配分せざるを得なかったのに本件会社分割によりその相当部分の回収が期待できるようになったという結果は，「明らかに債権者間の公平を欠く極めて恣意的なもの」であり，「著しく公平性を欠くものであって，信義則に反する」として，これを満たすとした。その結果，法人格の濫用により分割会社の法人格が否認され，設立会社3社への請求が認められた。なお，本判決は，法人格否認の法理と詐害行為取消権とはその要件・効果が異なるため，詐害行為取消権が行使できない場合でなければ法人格否認の法理が適用できないこともないことを明示した点でも意義がある。

　⑤**事件**は，原告（銀行）との通貨オプション取引に基づく清算金債務を負っている会社が新設分割を行ったため，原告が分割会社への請求に加え，法人格否認の法理の適用を主張して設立会社にも上記債務の支払を請求した事案である。⑤**事件判決**は，(a)分割会社と設立会社の本店所在地や代表取締役等の同一性，新設会社が分割会社のほぼ全ての資産と事業を承継していること，本件新設分割前の分割会社と本件新設分割後の設立会社は，設立会社が「金融機関に対する債務を承継していないという一点を除き，その実態を同じくするもの」であるため，「両会社が実質的に同一であ」るとし，(b)本件新設分割は金融機関その他の債権者に告知のないまま計画・実行されたものであること，分割会社の資産を新設会社の株式に換えたうえで新株発行により株式価値を著しく低下させたことから，「原告を含む金融機関に対する支払を事実上免れる目的で，別会社である設立会社を設立し」たものとして法人格の濫用を認め，分割会社と設立会社は「信義則上，原告に対し，法人格が異なることを主張することはでき」ないとした。本判決は，(b)により債権者詐害目的の法人格濫用における目的の要件を満たし，(a)により支配の要件を満たすとしたものと考えられる[28]。なお，本件で原告は法人格否認の法理の適用と選択的に会社分割の詐害行為取消しも主張していた。

　⑥**事件**は，債務超過に陥った会社が行った新設分割によって害されたと主張する残存債権者（銀行）が，分割会社に対して有する貸金の返還を設立会社に対して請求するために，法人格否認の法理の適用を主張したものである。原告である残存債権者は，設立会社を新設した目的は「金融債務のみを分割会社に

残して債権者の追及をかわしつつ，設立会社に移転した優良資産によって……
事業の存続を図ろうとする」ことにあるため，「会社法の脱法行為であり，不
正なものというべきである」ことから目的の要件を満たし，「①上位の設立会
社設立の目的，②設立会社の全株式を分割会社が取得したこと，③設立会社の
従業員や設備，事業の内容が分割会社と同一であること，④本件新設分割後の
分割会社は事実上の廃業状態であること等」から，「分割会社と設立会社は，
形式上は法人格を別にしても，事実上は同一の主体である」として支配の要件
も満たすため，「本件新設分割を核としたスキームは，設立会社の法人格が濫
用されたもので，法人格否認の法理が適用されるものである」，と主張した。
これに対し，被告である設立会社は，本件新設分割に至った経緯を詳細に説明
したうえで，本件新設分割の目的は強制執行免脱や財産隠匿にはなく破産の回
避及び事業の再生にあり，不当な目的によるものではないため本件新設分割は
法人格の濫用に当たらないと主張した。⑥**事件判決**は，会社法が「事業再生の
一手法として新設分割制度の活用を想定している」ことを指摘したうえで，「本
件新設分割は，分割会社が従業員や取引先に多大な迷惑をかけることになる倒
産を回避し，事業の再生を図るためにやむなく実施されたものというべきであ
り，……法人格を濫用する目的までは認められない」とし，さらに「本件新設
分割は，強制執行免脱や財産隠匿といった違法，不当な目的でされたものでは
なく，前述した本件新設分割の目的が，法人格の濫用といえる程度に不当であ
るともいえない」として，法人格否認の法理の適用を否定した。本判決は，支
配の要件には言及していないが，目的の要件については詳細な事実認定に基づ
いて本件新設分割の目的が強制執行免脱や財産隠匿にはなく事業再生目的にあ
ることを認定している点にその特徴がある[29]。本判決は，事業再生目的の新設
分割が法人格の濫用に当たらないことを示した例として意義があり，とりわけ
被告の主張や裁判所の事実認定については，今後の実務の参考になるだろう。
なお，原告は本件新設分割を詐害行為取消しすることも主張しているが，これ
も認められていない。

(3) 若干の検討

以上8つの裁判例は，いずれも昭和48年最判で提示された法人格の濫用事例
の判断枠組みを踏襲し，「支配の要件」「目的の要件」の2つを満たしているか

否かを検討しているものと評価できる[30]。ただし，会社分割の事例においては，支配の要件は比較的容易に認定し得るため，裁判所は目的の要件の判断にその比重を置いているものといえよう[31]。

滥用的会社分割に対し法人格否認の法理を適用して残存債権者を保護することについては，当初は否定的な見解もあったが[32]，現在は上記のような裁判例が出ていることからもわかるように，一般的に認められているといってもよい。だが，問題は，法人格否認の法理の適用は慎重にされるべきであると最高裁が述べているのにもかかわらず（前掲昭和49年最判参照），滥用的会社分割事例においては，比較的安易にその適用が認められていると思われることである。平成26年会社法改正前は，滥用的会社分割における残存債権者保護手段としては，詐害行為取消権を利用するのが最もポピュラーであったと思われる（最判平成24年10月12日民集66巻10号3311頁参照）。しかし，例えば上記⑤事件で，原告である残存債権者は法人格否認の法理と詐害行為取消権を選択的に主張しているが[33]，同判決は詐害行為取消権によらずに法人格否認の法理の適用により解決をしていることからも，法人格否認の法理一般について多くの学説が指摘してきたような，他の法律構成により妥当な解決が得られる場合には法人格否認の法理によらずに原則として既存の枠組みによる解決をすべきということが，滥用的会社分割における債権者保護の場面においては，必ずしも行われていないように思われるのである。この点に関しては，法人格否認の法理の柔軟な適用により解決を図るのが望ましいと主張する見解[34]や，会社分割制度における債権者保護の脆弱性を根拠に，立法的解釈論として，詐害行為取消権の趣旨を勘案した法人格否認の法理の弾力的運用について検討する余地もあるとする見解[35]もある。筆者は，理論的には詐害行為取消権を適用しても事案の妥当な解決が図れない場合に限って法人格否認の法理の適用をすべきと考えるが[36]，実務的には法人格否認の法理を適用しても詐害行為取消権を適用しても結論が変わらない事例において法人格否認の法理の適用のみ主張されたような場合には，法人格否認の法理を適用して解決しても問題はないとも考えている。ただし，平成26年会社法改正により会社法に明文で規定された残存債権者から設立会社への直接請求権に基づく請求が可能でかつそれで妥当な解決が図れるような場合にはそれによって解決すべきであり，わざわざ一般法理である法人格否

認の法理を持ち出す必要はないだろう。

Ⅳ　最近10年間の下級審裁判例の展開

　前述したように，法人格否認の法理については，会社法により改正されなかっ
た事項等についても，新たな展開を見せている裁判例も多い。ここでは，会社
法制定後の約10年間の下級審裁判例のうち，会社法制定の影響によるものでは
ないと考えられるものについて整理，紹介する（ただし，労働法事件の裁判例
を除く）。なお，平成18年5月1日の会社法施行以降の裁判例を紹介の対象と
するため，本節の性質上，平成17年改正前商法下での事件も一部含まれている
ことを予めお断りしておく。

1　濫用事例
(1)　契約上・法律上の義務の回避
① 　契約・法律に基づく競業避止義務の潜脱行為
　この類型で問題となることが多いのは，契約または法律に基づく競業避止義
務の潜脱行為であるが，これに法人格否認の法理が適用された例として，**名古
屋高判平成20年4月18日金判1325号47頁**がある。本件は，会社の代表取締役
が別会社を設立して競業取引を行った事案であり，主たる論点は競業取引に関
するものであるが（ただし，会社法施行前の裁判例であるため本書では検討の
対象外となると思われる），法人格否認の法理についても重要な判示をしてい
るため，ここではこの点についてのみ紹介する。原審（名古屋地判平成19年10
月25日金判1325号54頁）が競業避止義務を負う代表取締役が別会社の計算で競
業避止義務違反にあたる事業を行っているため代表取締役の行為が問題になる
に過ぎないとして法人格否認の法理の適用を否定したのに対し，本判決は，当
該代表取締役は別会社に出資していないが，資金調達，信用及び営業について
中心的役割を果たしている事実上の主宰者であること，別会社を利用して競業
避止義務違反を潜脱しようとしたこと，その利益が当該代表取締役に帰属する
ことを理由に，代表取締役と別会社の法人格が異なることを否定して，別会社
にも代表取締役と同じ限度で競業避止義務違反による損害賠償責任を負わせ

第1章　会社法全般に関する裁判例

た。本判決は，取締役が競業会社に出資持分を有していなかったにもかかわらず法人格否認の法理が適用された初の判断であると思われる[37]点にその意義がある。しかし，本判決が別会社に責任を負わせたことについては，原告の会社に対してもともと競業避止義務を負っているわけではない本件別会社に損害賠償責任を負担させたことや[38]，競業取引による利益がなくかつ資力があるとはいえない本件別会社に損害賠償責任を負わせる必要はない[39]といった実質論や，既存の法理では解決できない場合に最終手段として用いられるべき法人格否認の法理をこのような場面で用いることは妥当ではない[40]という観点からの批判がある。

②　その他の契約上・法律上の義務の回避

(a)　利息制限法の規定を潜脱する不当な目的があったとして法人格否認の法理が適用された裁判例として，**東京高判平成24年 6 月 4 日判時2162号54頁**がある[41]。本件は，複数の法人を実質的に支配する貸主がこれを巧みに利用して貸付けを行い，その結果利息制限法違反の利息を取得した場合に，法人格否認の法理が適用され借主からの過払金請求が認められた事例である。本件は，複数の法人の法人格を否認するために「法人格の形骸化」「法人格の濫用」の両方が認められている点にその特徴がある。形骸化については 2 で後述することにして，ここでは濫用に注目して検討しよう。まず「法人格が株主個人または親会社により意のままに道具として支配され（支配要件），その法人格を利用することにつき，支配者に違法または不当な目的（目的要件）がある場合」という一般的要件を提示したうえで，形骸化を認めるための要素から「法人格の濫用との評価を導くための支配要件を充たす」とし，そのうえで目的要件の有無について判断し，法人格の濫用を認めている。本件は法人格の形骸化も認められた事案であることから，たとえ目的要件を満たさなかったとしても法人格否認の法理の適用が認められる[42]事案であると考えられる。

(b)　自動車通行のための通行地役権の設定合意（本件では黙示の設定合意があると認められた）をした者が，その者が代表取締役を務める会社に承役地を譲渡したことは地役権者の自動車通行を妨げる目的で会社の法人格を利用して形式的に行ったものに過ぎないとして法人格否認の法理が適用された事例として，**東京地判平成27年 4 月10日判タ1421号229頁**がある。本件は，通行地役

権者と承役地の譲受人との間の通行をめぐる紛争を解決する手段として法人格否認の法理が利用されたことにその意義があり[43]，法人格否認の法理適用の新たな一場面を付加したものといえよう。

(2) **債権者詐害**

債権者詐害による法人格の濫用事例としては，この10年では濫用的会社分割が行われた場合の債権者保護手段として法人格否認の法理が利用されるケースが非常に多くみられたのは，Ⅲ2で指摘したとおりである。

その他の債権者詐害事例としては，ゴルフ場の元会員が預託金の返還を請求するために法人格否認の法理を主張した事例がある。**東京地判平成27年10月8日判タ1423号274頁**は，預託金制のゴルフ場の法人会員であった者が，退会を理由に，本件ゴルフ場経営会社（旧会社）と，これと商号及び本店所在地を同一とする会社（新会社）に対し，預託金未払いのクラブ年会費を差し引いた残金の返還を求めた事案である。本件は，旧会社の経営状態が厳しいため元会員は新会社にも預託金の返還請求をしたものであるが，新会社に対して返還請求する際に，法人格否認の法理の適用が主張された。同判決は，新会社は旧会社と代表者が同一，新会社の監査役は旧会社の前監査役，新会社の役員は旧会社のグループ役員である等，新旧両会社は役員等の人的つながりを有していることなどから，設立当初からいわゆる休眠会社で法人格が形骸化している新会社を存続させているのはもっぱら旧会社の利益であるとしか考えられないとしたうえで，新旧両会社の商号ならびに本店所在地が同一であることから「本件ゴルフ場の利用者を始めとする関係者が，新会社を旧会社と誤認，混同するおそれが高い」としたうえで，「設立当初より形骸化している新会社の法人格を借用して，旧会社の財産を新会社に形式的に帰属させたり，旧会社に対する強制執行手続が行われた際に財産の帰属を不明瞭にさせたりするために，新会社を濫用的に設立したものと推認せざるを得ない」とした。本判決は，商号及び本店所在地が同じであることから旧会社と新会社の間の実質的同一性（支配の要件）を，強制執行手続を免れるため等の目的をもって新会社を設立したことから目的の要件を認め，法人格が濫用されているとして信義則上新旧両会社の法人格が異なることを主張できないとするものである。これは，前掲昭和44年最判及び前掲昭和48年最判が提示した法人格の濫用と認められるための要件を

第1章　会社法全般に関する裁判例

踏襲して本件に当てはめたものと評価できる。

　この種の事例については，会社法22条１項の類推適用により預託金返還請求を求めるという最高裁判決があり（最判平成16年２月20日民集58巻２号367頁，最判平成20年６月10日集民228号195頁），これによる請求が一般的であると考えられていた。しかし，本判決がこれとは異なり法人格否認の法理を用いての請求を認めたことは，この種の事例の新たな解決方法を提示したものとしての意義があると思われる。

2　形骸化事例

　法人格の形骸化が認められた事例は，刊行物に登載されている裁判例を見る限り労働法事件を除きわずか１件にとどまる[44]。以下では，その裁判例を紹介する。

　複数の会社の法人格を巧みに利用して金銭の貸付けを行った者に対しての利息制限法違反による過払金の返還請求を，法人格否認の法理によって認めた事例として，前掲**東京高判平成24年６月４日判時2162号54頁**がある。本判決は法人格の形骸化だけでなくその濫用も認めているが，濫用については１(1)②(a)ですでに述べたので，ここでは形骸化について述べる。本判決は，まず「法人格の形骸化とは，法人格が全く形骸にすぎない場合をいい，法人とは名ばかりで会社が実質的には株主の個人営業である状態，または，子会社が親会社の営業の一部門に過ぎない状態がその典型である」としたうえで，「このような法人格の形骸化の判定のためには，株主が当該法人を実質的に支配していることに加えて，①会社財産と支配株主等の財産の混同（営業所や住所の共有，会計区分の欠如等），②会社と支配株主等の業務の混同（外見による区分困難，同種事務の遂行等），③株主総会・取締役会の不開催，株券の違法な不発行など会社法，商法等により要求される手続の無視，不遵守といった徴表がみられるかどうかに着目することが相当である」とする，いわゆる形式的徴表論の立場に立つことを明らかにした。そのうえで，９つの重要な間接事実を提示し，実質的支配及び①②③の徴表があることを認め，貸主が利用した複数の会社の法人格は形骸化しているとした[45]。本判決は，前掲昭和44年最判直後に刊行された奥山恒朗判事補（当時）の論文[46]に提示されている法人格の形骸化と認め

18

られるための要件を提示して，これに忠実に当てはめることにより形骸化を認定している。その意味では重要な意義のある裁判例ともいえるが，他方でこのような要件を提示することに対しては，学説から強く批判されていることも忘れてはならない[47]。また，前述のように本判決は形骸化に加え法人格の濫用も認めているが，従来の判例法理に従えば法人格を否認するためには形骸化のみを認定すれば十分であったのではないかとも思われる[48]。さらに，本判決は法人格の濫用を認めるための「支配の要件」としては，法人格が形骸化していることから直截にこれを認めている点にも特徴がある。

なお，同種の事案について，最判平成15年7月18日民集57巻7号895頁は法人格否認の法理によらずに利息制限法3条の「みなし利息」を広く解して妥当な結論を導こうとしており[49]，原審判決（東京地判平成22年4月15日金判1401号26頁）も本件を「みなし利息」の解釈による解決を志向したが，本判決はこれと異なる解決方法を選んでいる。そのため，本判決は，法人格否認の法理の適用事例としても重要であるが，それ以上に利息制限法違反の利息徴収をめぐる事件についての1つの解決方法を示したものとしての意義があるだろう[50]。

3　判決効

確定判決の形成力に基づいて開始される形式競売の場合でも，強制執行の場合と同様に法人格否認の法理の適用による執行力の拡張を否定する裁判例として，**東京高決平成23年1月7日判タ1363号203頁**がある。同決定は，建物の区分所有等に関する法律59条の規定に基づく競売申立請求事件の認容判決による競売開始決定の申立ての効力が競売申立請求事件の口頭弁論終結後に同事件の被告から譲り受けた者にも及ぶかが争われた事件であるが，東京高裁は「強制執行手続においては，法人格の否認の法理につき，権利関係の公権的な確定及びその迅速確実な実現をはかるために手続の明確，安定を重んじ」ることを理由に，「判決の既判力及び執行力の範囲を名義人以外の当該法人にまで拡張することは許されない」とする前掲昭和44年最判及び前掲昭和53年最判を引用したうえで，「法人格を否認すべき事情があることをもって当該法人が民事訴訟法115条1項3号に含まれるとは解されないところ，この理は，判決の形成力に基づいて開始される形式競売においても何ら変わるところはないというべき

第1章　会社法全般に関する裁判例

である」と判示した。本判決は，強制執行手続において法人格否認の法理の適用により執行力を拡張することは認められないとした前掲昭和53年最判の射程が，形式競売の場合にも及ぶことを示したものとしての意義がある。

4　法人格否認の法理と企業形態

特定目的会社への法人格否認の法理の適用が主張された裁判例としては，**東京地判平成22年9月30日判時2097号77頁**がある。これは，ケイマン諸島法を準拠法として設立された特別目的会社であっても法人格否認の法理の適用については日本法によるべきであるとし（この点に関する国際私法上の問題については下記5(1)参照），不動産投資スキームで用いられる特別目的会社について，特別目的会社が単なる受け皿であり，事業法人としての実体を欠くことを理由として，法人格否認の法理の適用が主張されたものである。

これまでは，法人格否認の法理は株式会社，有限会社に対して多く利用されてきているが，下級審裁判例は営利法人ではない一般社団・財団法人，公益社団・財団法人，協同組合，さらには権利能力（法人格）なき社団にも適用の余地があることを示している[51]。本件は，いわゆる特別目的会社にも法人格否認の法理の適用の余地があることを示した初の裁判例ではないかと思われる[52]点にその意義がある。

なお，本件では，「特別目的会社は，投資の対象となる資産の価値に重点が置かれており，事業主体としての会社と役員や従業員等の体制が必要とされていない」ことを理由に，法人格の形骸化，法人格の濫用ともに否定され，特別目的会社の法人格は否定されなかった。

5　渉外事件における法人格否認の法理の適用

(1)　法人格否認の法理の準拠法

東京地判平成22年9月30日判時2097号77頁はまた，法人格否認の可否に関する準拠法の選択についての裁判例としても重要な意義を有する。すなわち，これまで渉外事件で法人格の否認が争われた裁判例はいくつかあるが[53]，それらにおいてはいずれも法人格否認の法理を適用する際の準拠法については本格的な検討が行われていなかった[54]。本判決は，この点について初めて理由を付

20

して明示的に判示した裁判例であり[55]，きわめて注目に値する。準拠法選択に関係する部分の事案の概要は，日本の会社（原告）がケイマン諸島法に基づき設立された外国法人である特別目的会社Y₁に対して有する損害賠償請求権について，当該特別目的会社の法人格を否認して，外資系証券会社である日本法人Y₂（投資アドバイザーとしてY₁に関与していたが，Y₁との資本関係はない）にも責任を追及できるか，というものである。これについて東京地裁は，「原告は…外観信頼の保護を法人格否認の法理の適用を認めるべき実質的理由であるとしているのであるから，Y₁に対する法人格否認の法理の適用については，Y₁の設立準拠法であるケイマン諸島法ではなく，本件和解契約に適用される日本法によるべきである」と判示した。法人格否認の法理の準拠法については学説が対立していたが[56]，本判決は，法人格否認の法理がどのような利害を調整しようとしているのかについての実質的理由に着目して準拠法を決定すべきであるとする有力説[57]に従ったものであると評価されている[58]。

(2) 国際裁判管轄

　法人格否認の法理が主張された場合の国際裁判管轄について問題となった事例として，**東京地判平成20年3月19日判タ1287号256頁**がある。これは，日本人である原告は外国会社Sと香港法人Yの法人格が実質的に同一であるとして，Sに対して有する預託証拠金返還請求権を，Sの法人格を否認してYに請求した事案である。本件では原告とSとの間の契約の裁判管轄がわが国にあることを合意していたため，原告はYに対する訴訟事件にもわが国の国際裁判管轄が認められると主張した。東京地裁は，「どのような場合に我が国の国際裁判管轄を肯定すべきかについては，国際的に承認された一般的な準則が存在せず，国際的慣習法の成熟も十分ではないため，当事者間の公平や裁判の適正・迅速の理念により条理に従って決定するのが相当である（最高裁昭和……56年10月16日第二小法廷判決・民集35巻7号1224頁）。そして，我が国の民訴法の規定する裁判籍のいずれかが我が国内にあるときは，原則として，我が国の裁判所に提起された訴訟事件につき，被告を我が国の裁判権に服させるのが相当であるが，我が国で裁判を行うことが当事者間の公平，裁判の適正・迅速を期するという理念に反する特段の事情があると認められる場合には，我が国の国際裁判管轄を否定すべきである（最高裁平成……9年11月11日第三小法廷判決・民

集51巻10号4055頁参照）」としたうえで，本件には「特段の事情」が認められ
ないため原告とSとの間の訴えにはわが国の国際裁判管轄が認められるもの
の，Sに法人格の濫用が認められないため，Yに対する訴訟事件でのわが国の
国際裁判管轄は認められない，とした。本判決は，法人格否認の法理が適用さ
れないため国際裁判管轄が認められないという判示にとどまっており，もし仮
にこのような事案で法人格の濫用または形骸化が認められた場合に，国際裁判
管轄が認められるのか否かについては明らかではない。しかしながら，本判決
は「国際裁判管轄の決定についてのこれまでの判例の立場に立った上で，外国
法人について法人格否認の法理が主張された場合の国際裁判管轄という新たな
問題を提起する」ものと評価されている[59]。この問題に関する今後の裁判例や
学説の蓄積が期待される。

　なお，その後平成23年改正民事訴訟法で，本判決中に引用される平成9年最
判の考え方が，「特別の事情による訴えの却下」として立法化されているが（民
事訴訟法3条の9）[60]，本判決の意義には影響がないものと考えられる。

V　おわりに

　以上，会社法施行後10年間における法人格否認の法理に関する裁判例につき，
会社法施行により影響があったと思われるものとそうでないと思われるものに
分けて，整理・紹介してきた。論点が多岐にわたるためそれぞれの論点につい
て概説にとどめざるを得ず，十分な検討は行えなかったが，裁判例による法人
格否認の法理の理論的深化の一端は明らかにできたものと思われる。

　なお，本稿では，紙幅の関係上，法人格否認の法理が適用された労働法事
件[61]については紹介できなかった。労働判例においては，第一交通産業（佐野
第一交通）事件控訴審判決（大阪高判平成19年10月26日労判975号50頁）[62]以降，
法人格否認の法理を適用して親会社の責任を追及するなどの事案の妥当な解決
を図ろうとする裁判例が続出している[63]。それらの中には，法人格の形骸化の
認定に関して参考となる裁判例[64]や，法人格の濫用の認定に関して参考となる
裁判例[65]も含まれていることは注目すべきであり，商事判例で法人格否認の法
理の適用を検討する際にも参照することがあると思われる。

法人格否認の法理は「実定法規による問題解決が極めて困難な場合には，この理論を援用することが許され」るし，「今後もその必要性は増していくのではない」か，と指摘されている[66]。適用要件については今後も裁判例による理論的深化が続いていくであろうが，先に触れた濫用的会社分割のように，既存の会社法規定では解決が困難な場合には今後も法人格否認の法理が利用されていくだろう。濫用的会社分割については平成26年改正会社法により一応の立法的解決が図られたが，今後も既存の実定法規では解決困難な事例が出てこないとも限らず，そのような場合には法人格否認の法理の適用を主張して事案の妥当な解決を図ることが予想される。今後も裁判例の動向を注視していかなければならない。

〔注〕
(1) 石山卓磨『現代会社法講義（第3版）』52頁（成文堂，2016年）。
(2) 詳しくは，石山卓磨「法人格否認の法理の理論と判例」商事法研究52号1頁（2007年）参照。
(3) 江頭憲治郎編『会社法コンメンタール1―総則・設立［1］』98頁［後藤元］（商事法務，2008年）。
(4) 代表的なものとして，江頭憲治郎『会社法人格否認の法理』（東京大学出版会，1980年），森本滋「いわゆる『法人格否認の法理』の再検討（一）～（四・完）」法学論叢89巻3号～6号（1971年）。
(5) 弥永真生「法人格否認の法理」倉沢康一郎＝奥島孝康編『昭和商法学史』276頁（日本評論社，1996年）。後藤・前掲注(3)99頁も濫用・形骸化の二分論は，基準としては不適切と批判する。
(6) 江頭憲治郎「法人格否認の法理」奥島孝康＝宮島司編『商法の判例と論理（倉澤康一郎教授還暦記念）』33頁（日本評論社，1994年），上柳克郎＝鴻常夫＝竹内昭夫編『新版注釈会社法(1)』72頁［江頭憲治郎］（有斐閣，1985年）。
(7) 森本滋「法人格否認の法理の新展開」鈴木忠一＝三ヶ月章監修『新・実務民事訴訟講座7』354頁（日本評論社，1982年），後藤・前掲注(3)93頁。
(8) 後藤・前掲注(3)122頁。
(9) 学説においては積極説も有力であり，積極説はさらにその理論構成をめぐって見解が分かれている。学説の詳細については，三木浩一「判批」『民事訴訟法判例百選［第5版］』（別冊ジュリストNo.226）187頁（2015年）参照。
(10) 学説の詳細は，青木哲「第三者異議の訴えにおける法人格否認の法理の適用について」伊藤眞ほか編『民事手続法学の新たな地平（青山善充先生古稀祝賀論文集）』540頁（有斐閣，2009年）参照。
(11) 東京地判昭和55年12月24日判時1006号70頁，東京高判平成8年4月30日判タ927号260頁。

第1章　会社法全般に関する裁判例

⑿　第三者異議の訴えの趣旨がこの点にあるとすれば，上記昭和53年最判に反することになる。石山・前掲注⑵7頁参照。

⒀　以上につき，石山・前掲注⑴50頁。なお，最低資本金制度に期待されてきた機能については，後藤元『株主有限責任制度の弊害と過少資本による株主の責任』73頁（商事法務，2007年），最低資本金制度の経緯等については，小柿徳武「最低資本金制度の改正」田邊光政編『最新　倒産法・会社法をめぐる実務上の諸問題（今中利昭先生古稀記念）』1017頁（民事法研究会，2005年）参照。

⒁　吉原和志「株式会社の設立」ジュリスト1295号19頁（2005年），小柿・前掲注⒀1031頁，後藤・前掲注⑶92頁，酒巻俊雄＝龍田節編『逐条解説　会社法　第1巻　総則・設立』88頁〔森本滋〕（中央経済社，2008年）など。

⒂　石山・前掲注⑴544頁。濫用的会社分割については文献も多いため，以下では主要なもののみの引用にとどめる。

⒃　相澤哲ほか編著『論点解説　新・会社法』674頁（商事法務，2006年）。

⒄　会社法の下でも「債務の履行の見込みのあること」が会社分割の効力要件であると解する学説も有力に主張されている。江頭憲治郎『株式会社法（第6版）』905頁注3（有斐閣，2015年），南保勝美「会社分割制度の解釈上の問題点について」法律論叢79巻4・5号338頁（2007年）など。

⒅　藤田友敬「組織再編」商事法務1775号58頁（2006年）。

⒆　最判平成24年10月12日民集66巻10号3311頁など。

⒇　東京高判平成24年6月20日判タ1388号366頁など。

㉑　東京地判平成22年7月9日判時2086号144頁。

㉒　これらの債権者保護手段の特徴については，森本滋「会社分割制度と債権者保護─新設分割を利用した事業再生と関連して─」金法1923号28頁（2011年），難波孝一「会社分割の濫用をめぐる諸問題─「不患貧,患不均」の精神に立脚して─」判タ1337号20頁（2011年）などを参照。

㉓　吸収分割についても同様の規定が新設されている。改正法の内容については，北村雅史「会社分割等における債権者の保護」金判1461号増刊（烏山恭一＝福島洋尚編『平成26年会社法改正の分析と展望』）102頁（2015年），上田純子ほか編『会社法改正　解説と実務への影響』233頁〔金澤大祐〕（三協法規出版，2015年）などを参照。改正法に関する様々な問題点を検討するものとして，得津晶「会社分割等における債権者の保護」神田秀樹編『論点詳解　平成26年改正会社法』237頁（商事法務，2015年）参照。

㉔　同様の趣旨のものとして，元芳哲郎＝豊田愛美「会社分割と法人格否認の法理」判タ1369号58頁（2012年）。

㉕　筆者はかつて，①事件（第一審，控訴審），②事件，③事件（第一審），④事件の5つの裁判例について検討を加えたことがある。岡田陽介「濫用的会社分割と法人格否認の法理（一）（二・完）」愛媛法学会雑誌40巻1・2号55頁（2014年），41巻1・2号65頁（2015年）。

㉖　水島治「判批」武蔵大学論集59巻4号37頁（2012年）の分析による。

㉗　金澤大祐「判批」税経通信67巻7号182頁（2012年）。

㉘　高岸直樹「新設分割の方法によるいわゆる第二会社に対する法人格否認に関する一考察」地域政策研究16巻4号63頁（2014年）。

⑳　藤林大地「平成27年度会社法関係重要判例の分析〔上〕」商事法務2107号4頁 (2016年)。

⑳　岡田・前掲注㉕ (一) 81頁。

㉛　高間佐知子「判批」法学新報118巻11・12号202頁 (2012年)。

㉜　難波・前掲注㉒37頁。

㉝　これらの両請求は併合され，それはいわゆる「選択的併合」の関係にあると構成されており，両請求は論理的に両立し得る関係にあると捉えられている。⑤事件判決に関する金判1414号51頁の匿名コメント参照。なお，④事件判決は「法人格否認の法理は，詐害行為取消権とはその要件及び効果を異にするものであって，詐害行為取消権が行使できない場合でなければ，法人格否認の法理が適用できないこともない」と述べている。

㉞　藤田増夫「濫用的会社分割に関する法人格否認の法理の柔軟適用と一つの立法提言」関西商事法研究会編『会社法改正の潮流』409頁 (新日本法規出版，2014年)。

㉟　森本・前掲注㉒35頁。なお，この見解が主張されたのは平成26年会社法改正前であるが，詐害的な会社分割が行われた場合の残存債権者保護に関する規定が新設された平成26年改正会社法においてもなお，会社分割の際の債権者保護が脆弱であると評価するのか否かは定かではない。

㊱　詳細は，岡田・前掲注㉕ (二・完) 77頁。

㊲　弥永真生「判批」ジュリスト1389号67頁 (2009年)。

㊳　田邊宏康「判批」永井和之＝中島弘雅＝南保勝美編『会社法新判例の分析』171頁 (中央経済社，2016年)。

㊴　重田麻紀子「判批」法學研究83巻11号84頁 (2011年)。

㊵　重田・前掲注㊳84頁。

㊶　本件は形骸化，濫用の両方について判断しているが，形骸化の認定の方にその中心があると思われる。

㊷　得津晶「法人格否認の法理の原構成」黒沼悦郎＝藤田友敬編『企業法の進路 (江頭憲治郎先生古稀記念)』21頁 (有斐閣，2017年)。

㊸　判タ1421号230頁匿名コメント参照。

㊹　法人格の形骸化が否定された例としては，東京地判平成19年7月3日判時1992号189頁 (従業員持株会に関する事例。法人格の濫用も否定)，東京地判平成19年7月25日判タ1288号168頁 (平成17年改正前商法下の事例) がある。

㊺　本判決の結論には賛成しつつも，法人格否認の法理を適用すべき事例ではなく，契約 (の個数) の解釈により解決すべきであることを主張するものとして，鬼頭俊泰「判批」法律のひろば66巻5号62頁 (2013年) がある。

㊻　奥山恒朗「いわゆる法人格否認の法理と実際」鈴木忠一＝三ヶ月章監修『実務民事訴訟講座5』187頁 (日本評論社，1969年)。

㊼　江頭・前掲注(4)114頁。

㊽　この点につき，得津・前掲注㊷22頁は，「本判決が形骸化の認定を行ったのは，裁判所が主観的濫用の目的の認定に自信がなかったのではないか」と指摘する。

㊾　奥島孝康ほか編『新基本法コンメンタール 会社法1〔第2版〕』50頁〔浜田道代〕(日本評論社，2016年)。

㊿　詳しくは，金山直樹「利息制限法の適用と法人格否認の法理」法學研究87巻9号136頁 (2014年) 参照。

第1章　会社法全般に関する裁判例

⑸⑴　後藤・前掲注⑶93頁。

⑸⑵　矢嶋雅子「判批」慶應法学19号580頁（2011年）。

⑸⑶　東京地判昭和63年3月16日金判814号31頁，東京地判平成10年3月30日判時1658号117頁，東京地判平成13年9月28日判タ1140号227頁，東京高判平成14年1月30日判時1797号27頁。

⑸⑷　森下哲朗「判批」ジュリスト1446号104頁（2012年）。

⑸⑸　神作裕之「判批」櫻田嘉章＝道垣内正人篇『国際私法判例百選［第2版］』（別冊ジュリストNo.210）48頁（2012年）。

⑸⑹　後藤・前掲注⑶125頁，神作・前掲注⑸⑸48頁参照。

⑸⑺　龍田節「国際化と企業組織法」竹内昭夫＝龍田節編『現代企業法講座2　企業組織』282頁（東京大学出版会，1985年），江頭憲治郎「法人格否認の法理の準拠法」同『会社法の基本問題』494頁（有斐閣，2011年），藤田友敬「会社の従属法の適用範囲」ジュリスト1175号9頁（2000年），櫻田嘉章＝道垣内正人編『注釈国際私法（第1巻）』165頁［西谷祐子］（有斐閣，2011年）など。

⑸⑻　神作・前掲注⑸⑸48頁。

⑸⑼　本多知成「判批」別冊判タ29号（平成21年度主要民事判例解説）277頁（2010年）。

⑹⑴　平成9年最判と民事訴訟法3条の9との関係については，中野俊一郎「判批」『国際私法判例百選［第2版］』（別冊ジュリストNo.210）181頁（2012年）参照。

⑹⑵　労働判例における法人格否認の法理の適用に関する会社法学者による研究として，原弘明「労働法における法人格否認の法理と事業譲渡に係る労働契約の取扱い―会社法の視点から―」法政研究82巻2・3号681頁（2015年）。

⑹⑶　会社法学者による判例研究として，坂本達也「判批」金判1360号11頁（2011年）がある。なお，第一審判決（大阪地堺支判平成18年5月31日判タ1252号223頁）についても，会社法学者により研究がなされている（高橋英治「判批」商事法務1887号127頁（2010年））。

⑹⑷　後述するもののほか，形骸化について，大阪地判平成21年6月19日労経速2057号27頁（北九州空調事件），濫用について東京地判平成21年12月10日労判1000号35頁（日本言語研究所ほか事件），横浜地判平成26年8月27日労判1114号143頁（ヒューマンコンサルティングほか事件），長崎地判平成27年6月16日労判1121号20頁（サカキ運輸（光洋商事）事件）など。

⑹⑸　東京地判平成23年3月23日労判1029号18頁。なお，得津・前掲注⑷⑵19頁も参照。

⑹⑹　名古屋地一宮支判平成26年4月11日判時2238号115頁（ベストマンほか事件）。なお，山下徹哉「平成26年度会社法関係重要判例の分析〔上〕」商事法務2074号4頁（2015年）も参照。

⑹⑺　石山・前掲注⑵8頁。

持分会社

拓殖大学教授　**藤田　祥子**

1　はじめに

　平成17年会社法制定時に有限会社法が廃止され，アメリカのリミテッド・ライアビリティー・カンパニー（LLC）に範をとった合同会社が導入された。そして，既存の合名会社及び合資会社と合同会社を併せて持分会社という上位概念が作られ，法制度的な整理が行われた。

　平成17年会社法制定前は，合名会社の社員が1人となった場合には解散する（平成17年改正前商法94条4号）とされており，一人合名会社は認められていなかったが，会社法は，平成2年改正において株式会社につき一人株式会社を認めたのと同様の理由により一人持分会社を認めた（会社法641条4号参照）。したがって，一人合名会社，一人合同会社がそれぞれ認められた（合資会社については，最低2人の社員が必要であることに変わりはない）。

　また，平成17年会社法制定前は，会社が合名会社や合資会社の無限責任社員となることができないとしていたが（平成17年改正前商法55条），会社法では，法人も持分会社の無限責任社員となることができることとなり（会社法576条1項4号参照），かつ業務執行社員となることもできることとなった（会社法598条参照）。

　そして，合資会社の社員の責任と業務執行権や代表権の問題とを切り離して整理された。つまり，平成17年改正前商法においては，合資会社では無限責任

社員のみが業務執行権を有しており（平成17年改正前商法151条1項），有限責任社員が業務を執行し会社を代表することを禁じていた（平成17年改正前商法156条）のに対し，会社法では有限責任社員でも業務執行できることとなった（会社法590条）[1]。

　本稿では，2件を取り上げるほか，平成17年会社法で導入された合同会社の裁判例全般につき言及する。

2　合資会社の業務執行社員の職務執行停止・職務代表者選任の仮処分[2]
那覇地決平成19年4月5日金融・商事判例1268号61頁

(1)　事案の概要

　X会社（債権者）は，X会社の唯一の無限責任社員であるY（債務者）と，有限責任社員であるA株式会社及びB株式会社から構成される合資会社である。X会社の定款には，本社の業務は無限責任社員をもって執行し（5条），有限責任社員には本社の業務を執行することができない（10条）との定めがあり，これにより，YがX会社唯一の業務執行社員となる。定款に，支配人の選任及び解任の決定方法に関する規定はない。

　Yは，平成19年2月3日に重症急性心筋梗塞で倒れ，入院中であり，自己の意思を発声して表示することはできない情況にある。現在，Yの長男であるCとYの義弟であるDが，YによりX会社の支配人に選任されたと主張し，X会社の業務を行っている。有限責任社員であるA株式会社とB株式会社は，現在までCとDの支配人選任に同意を与えていない。

　そこでX会社はB株式会社を代表者としてYの職務執行停止及び職務代行者選任の仮処分を申し立てた。

(2)　決定要旨

申立て認容

1　被保全権利について

「Yの体調は前記認定のとおりであって，YによるX会社の業務執行は困難で

あると一応認めるのが相当であり，X会社の業務執行社員であるXについて，
「持分会社の業務を執行し，または持分会社を代表することに著しく不適任な
とき。」にあたる事由が存在することが一応認められ（Cの陳述書（乙1）第
4項に記載するような状況で，Yに業務執行の能力があるということは到底で
きない。），被保全権利の疎明はあるものと認められる。」

2　保全の必要性について

「まず，真実，前記CとDが有効にX会社の支配人として選任されたのであれ
ば，同人らによってX会社の業務執行は可能であるから，保全の必要性はない
ということも可能である。」

「…会社法では，社員の責任と業務執行権限や代表権の所在との間に関連性
を持たせることをせず，原則として全社員に業務執行権を認めることとした上
で，定款でその制限を認めるという規律をすることとされた（会社法590条）。

また，定款で業務執行社員を定めた場合であっても，支配人の選任及び解任
は社員の過半数をもって決定するとした上で，定款で別段の定めを許容するこ
ととされた（会社法591条2項。なお，この点について，旧商法の71条に対す
る152条に相当する，合資会社に関する特則は設けられていない。）。

このように，会社法では，合資会社を含む持分会社について，原則として全
社員が業務執行権限を有するとした上で，業務執行権について大幅な定款自治
を取り入れたものと解される。

X会社においては，業務執行社員は，定款の規定により唯一の無限責任社員
であるYであるが，支配人の選任及び解任に関する定款の定めはないので，支
配人の選任は社員の過半数をもって決することとなり，Yが単独で行った支配
人選任は無効である。」

「これに加え，C（前記のとおり，有効に選任された支配人ではない。）は，
審尋において，これまでX会社が行ってきた，A株式会社の船舶に対する荷役
業務を今後は拒否することを明言しているところ，そのような事態に至れば，
X会社の信用失墜，売り上げの減少，ひいては損害賠償義務は免れないところ
であって，速やかに，Yの職務を停止した上，職務代行者を選任して，有効に
選任されていない支配人を排除し，X会社の業務を正常化する必要がある。」

第1章 会社法全般に関する裁判例

(3) 研 究

　本件は，合資会社の業務執行社員について，職務執行停止及び職務代行者選任の仮処分の申立てが認容されたものである。

　株式会社における取締役等の職務執行停止・職務代行者選任仮処分申立事件については，東京地裁商事部に係属する商事仮処分の約3割を占めている。しかし，申立件数に対する発令件数の割合は約15％程度である。実務上，職務執行停止等仮処分は，中小のいわゆる同族会社に関する事件がその殆どを占め，親族間あるいは共同経営者間の強い感情的対立を背景にして，とにかく相手方を経営から排除したいという意図で申し立てられるものが多く，被保全権利が認められないもの，被保全権利が一応認められるものであっても保全の必要性を基礎づける具体的な事実の主張及び疎明ができないものがあり，このような申立てについては，取下げを促し，また，決定で却下することになることによるものと指摘されている[3]。持分会社における職務執行停止・職務代行者選任の仮処分の申立て・発令の状況は明らかではないが，紛争における上記の事情は持分会社についても当てはまる可能性は高いとの指摘がある[4]。本件決定は，会社法制定後の持分会社における業務執行社員の職務停止等の仮処分決定の事例として実務上参考になるものと言える。

　平成元年に民事保全法が制定されたことを契機に平成2年商法改正において合名会社・合資会社につき業務執行停止・業務代行者選任の仮処分等の登記（平成17年改正前商法67条の2）及び業務代行者の権限（平成17年改正前商法70条の2）の規定が新設された。しかしながら，平成2年商法改正以前も業務執行停止・業務代行者の選任の仮処分をなすことは，民事訴訟法上の仮の地位を定める仮処分として当然に可能であると解されていた[5]。株式会社の取締役等の職務執行停止及び職務代行者選任の仮処分については，平成2年改正前商法270条に規定されていたが，民事保全法制定に伴い，平成2年商法改正において削除された。したがって，現在，取締役等の職務停止等仮処分は，いずれの種類の会社であるかを問わず，民事保全法23条2項の仮の地位を定める仮処分の一種となっている。取締役等の職務執行停止等仮処分の要件は，被保全権利と保全の必要性の存在である。そこでまず被保全権利の疎明がなされたかが問題となる。被保全権利となるのは，本案訴訟の請求（訴訟物）である。何を本

案訴訟として仮処分ができるかは取締役等の選任規定等やその解釈に委ねられる[6]。

本件決定の本案訴訟は，社員の業務執行権又は代表権の消滅の訴え（会社法860条）である。会社法制定前にも本案訴訟として業務執行社員の業務執行権・代表権の喪失宣告を求める訴え（平成17年改正前商法86条1項，2項）がありうると解されており[7]，会社法制定後もそのように解される[8]。本件決定においては，会社法860条2号の「社員が業務を執行し，又は会社を代表することにつき著しく不適任なとき」にあたる事由が存在するとするが，「著しく不適任なとき」とは，精神的・肉体的理由によってその任に堪えないことをいうものとされている[9]。本件では，唯一の業務執行社員が重症急性心筋梗塞で倒れ，入院中であり，自己の意思を発声して表示することはできない状況にあるということなので，被保全権利の疎明はあるものと認められたことには問題がないと思われる。

次に保全の必要性に関し，職務執行停止・職務代行者選任の仮処分において，保全の必要性にいう「損害」は会社についてのものであることを要し，仮処分債権者の損害では足りないというのが実務の運用である[10]。本件では，仮処分債権者＝会社となっているのでこの点につき問題はない。また，その損害は経済的損害に限るというのが実務[11]であるがこの点に関しても問題はない。本件において特徴的なのは，保全の必要性を検討するにあたってC及びDが有効に支配人として選任されたのか否か検討している点である。有効に支配人として選任されていれば，C及びDによって業務執行は可能であるから，保全の必要性はないということも可能であるとする。その上で定款の別段の定めがないことから社員の過半数をもって支配人を選任すべきところ（会社法591条2項），Yが単独で行った支配人選任は無効であるとして保全の必要性を認めている。この判断に関して，業務執行社員と支配人とは，その地位，権限，社会的信用が異なり，支配人をもって，業務執行社員の業務を代行することが不可能とみられるので，この点は傍論的な付加的判断といえるという指摘がある[12]。また，保全の必要性に関して本件決定は，CがこれまでA株式会社の船舶に対する荷役業務を今後は拒否することを明言していることを問題視しているが，この点が本件の仮処分の申立てがなされた理由となっているのではなかろ

第1章 会社法全般に関する裁判例

うか。今回の債権者はX会社であってその代表者はA株式会社ではなくB株式会社であるが、A株式会社としては、今後、X会社から業務を拒否されると困ることからC及びDを排除したかったという事情があったと言える。その主張に引きずられる形で本件決定もこの点に言及したのではなかろうか。事実認定の問題ではあるが、荷役業務の拒否と会社の損害との関係については、疑問が残る。なぜなら、A株式会社は当時、経営破たんしており、平成20年6月23日、那覇地裁は更生計画の廃止を決定している[13]からである。

　職務執行停止等仮処分の申立てにおいて債権者となるのは誰かについては、本案訴訟の原告適格を有する者であるとされる[14]。業務執行権又は代表権の消滅の訴え（会社法860条）の原告は持分会社であるが、この訴訟において持分会社を代表する者は会社法601条により定まり、代表権限を有する社員のうち業務執行権の消滅等の対象となる社員でない者がいればその者が、いなければ、対象となる社員以外の社員の過半数をもって定められた者がこれに該当する。本件では、業務執行権を有しない有限責任社員であるB株式会社が代表者となっている。明示されていないが、会社法601条に基づき代表者を定めたのであれば問題はない[15]。

3　米国ニューヨーク州法に基づき設立されたリミテッド・ライアビリティー・カンパニーの我が国租税法上における法人該当性[16]
東京高判平成19年10月10日訟務月報54巻10号2516頁

(1)　事実の概要

　Aリミテッド・ライアビリティー・カンパニー（以下「本件LLC」という）は、アメリカ合衆国ニューヨーク州のリミテッド・ライアビリティー・カンパニー法（Limited Liability Company Law, 以下「NYLLC法」という）に基づき組成され、チェック・ザ・ボックス規則において、法人としてではなく、パートナーシップとして課税されることを選択していた。X（原告、控訴人）は、本件LLCの行った不動産賃貸業に係る収支及び本件LLC名義の預金利息収入をXの不動産所得及び雑所得として、平成10年分ないし平成12年分の所得税の各確

32

定申告をした。

これに対し，Y（被告，被控訴人）は，本件LLCが行う不動産賃貸業により生じた損益は法人としての本件LLCに帰属するもので，Xの課税所得の範囲に含まれないとしてこれを是正し，また，本件LLCが平成10年ないし平成12年にXに対して送金した分配金（以下「本件分配金」という）はXの配当所得に該当するなどとして，Xに対し，上記各年分の所得税に係る是正処分（以下「本件各是正処分」という）及び過少申告加算税賦課決定処分（以下「本件各加算税賦課決定処分」といい，本件各是正処分と併せて「本件各是正処分等」という）を行った。

Xは，本件各是正処分等を不服として，Yに対し，異議申立てをしたが棄却されたため，それを不服として国税不服審判所長に審査請求した。しかしながら，同所長は，Xの請求をいずれも棄却した。そこで，Xは，本件各是正処分等の取消しを求めて本件訴えを提起した。

原審（さいたま地判平成19年5月16日訟務月報54巻10号2537頁）[17]は請求を棄却したため，Xが控訴した。

(2) **判　旨**

控訴棄却（確定）

「我が国の租税法上，法人そのものについて定義した規定はない。

納税義務は，各種の経済活動ないし経済現象から生じてくるのであるが，それらの活動ないし現象は，第一次的には私法によって規律されている。したがって，租税法がそれらを課税要件規定の中に取り込むにあたって，私法上におけるものと同じ概念を用いている場合には，別の意義に解すべきことが租税法規の明文またはその趣旨から明らかな場合は別として，それを私法上におけるものと同じ意義に解するのが，法的安定に資する。そうすると，租税法上の法人は，民法，会社法といった私法上の概念を借用し，これと同義に解するのが相当である。…つまり，我が国の租税法上，「法人」に該当するかどうかは，私法上，法人格を有するか否かによって基本的に決定されていると解するのが相当である。」

「外国の法令に準拠して設立された社団や財団の法人格の有無の判定にあ

たっては，基本的に当該外国の法令の内容と団体の実質に従って判断するのが相当であり，本件LLCは，米国のニューヨーク州法（NYLLC法）に準拠して設立され，その事業の本拠を同州に置いているのであるから，本件LLCが法人格を有するか否かについては，米国ニューヨーク州法の内容と本件LLCの実質に基づき判断するのが相当である（民法36条，会社法933条，旧商法479条，法の適用に関する通則法等参照）。」

「英米法における法人格を有する団体の要素には，(a)訴訟当事者になること，(b)法人の名において財産を取得し処分すること，(c)法人の名において契約を締結すること，(d)法人印（corporate seal）を使用することなどが含まれることが認められる。」

「以上の事実を総合すると，本件LLCは，NYLLC法上，法人格を有する団体として規定されており，自然人とは異なる人格を認められた上で，実際，自己の名において契約をするなど，Xらからは独立した法的実在として存在していることが認められる。

そうすると，本件LLCは，米国ニューヨーク州法上法人格を有する団体であり，我が国の私法上（租税法上）の法人に該当すると解するのが相当である。」

「本件LLCがパートナーシップ課税を選択していることをもって…NYLLC法において，権利，義務の主体となり得る法律上の資格，すなわち法人格が与えられているか否かの判断基準になるものとはいえない」。

(3) 研　究

本件の争点は3つあるが，本稿では，本件LLCが，我が国租税法上の「法人」に該当するかについてのみ取り上げる。本判決及び原審は，米国LLCが我が国の租税法上の「法人」に該当するか否かについて判決レベルで下された初めての判断であり，法人に該当するとした。

我が国の租税法上，内国法人を国内に本店又は主たる事務所を有する法人と定義（所得税法2条1項6号及び法人税法2条3号）し，外国法人を内国法人以外の法人と定義（所得税法2条1項7号及び法人税法2条4号）しているが，我が国の租税法上，法人そのものについて定義した規定はない。租税法上用いられている概念のうち租税法が特に定義を定めていないものの解釈について

は，学説上見解が対立しているが，これを私法からの借用概念とし，原則として私法上におけるのと同義に解するのが租税法律主義＝法的安定性の要請に合致しているとする統一説[18]が通説的見解である。これに対し，租税法の目的に即した合目的解釈をすべきであるとする目的適合説[19]がある。

　本判決は一般論としては明確に統一説の立場に立った上で外国法令の内容と団体の実質に従って判断するのが相当であるとする。本判決において特徴的な点は，統一説の立場からは必ずしも必要とは言えない本件LLCの実質をその判断に加えていることである。

　本件よりも以前に国税不服審判所の裁決（平成13年2月26日裁決事例集61号102頁）が，やはりニューヨーク州法に基づき設立されたLLCを法人に該当するとした。その判断としては，我が国の私法上の概念を借用し，これと同義に解して取り扱うべきであるとして統一説を前提としている。その上で，設立準拠法の下で与えられた法人格は，当然，我が国においても承認されるものと解されるとする。ところがNYLLC法には，法人格の存在を直接規定した条項は存在しないことからニューヨーク州法の下でLLCに認められている権利・義務の内容から判断するとして検討し，また，活動の実態から法人に該当すると判断した。この裁決後，国税庁のホームページに質疑応答事例として「米国LLCに係る税務上の取扱い」[20]が公表された。回答要旨は，この裁決とほぼ同旨であって，裁決の考えを踏襲したものといえる。ただし，原則としては，外国法人として取り扱うのが相当であるとしつつ，個々のLLC法の規定等に照らして，個別に判断する必要があるとする。現在の回答要旨には，参考として本判決と原審が記載されている。つまり一貫して同じ考え方により判断されてきたということができるのではなかろうか。

　合同会社は，前述のようにアメリカ各州法で規定されるにいたったLLCをモデルとしている。アメリカで認められているパス・スルー課税（構成員課税）を受けることを前提として導入されたものであるが，予定していたパス・スルー課税を受けられないことになったため，急遽同時期に経済産業省主導により，構成員課税を受けることができる組織形態として，イギリスのリミテッド・ライアビリティー・パートナーシップ（LLP）に準拠した有限責任事業組合（日本版LLP）が導入された（有限責任事業組合契約に関する法律）[21]。結局，我が

国の合同会社と同様に米国のLLCは，我が国ではパス・スルー課税とすることができないとされ，平仄をあわせた形となった。

租税法上の「法人」概念は，法人税を課すべき事業体の範囲を確定するという意味で，租税法の根幹に関わる概念であると言える。そこで，この概念の内容や該当性の基準を法人格の有無という実体私法の判断に委ねるべきではなく，むしろ，租税法上法人税を課すべき事業体は何かという観点から，独自の基準によって国内事業体の場合も含め，内外事業体の「法人」性を個別的に決定していくのが望ましいという見解がある[22]。

本件の争点を広く外国事業体の我が国租税法上の法人該当性の問題ととらえると，本件は，その発端となった事件といえる。この問題に関しては，その後，リミテッド・パートナーシップ（以下「LPS」という）に関する裁判例がある。

LPSは州によって詳細は異なるがおおむね2人以上の者によって州の法律に準拠して組成され，1人以上の無限責任を負う構成員（ジェネラル・パートナー）と1人以上の有限責任を負うにとどまる構成員（リミテッド・パートナー）を有するパートナーシップである。

まず，英国領ケイマン諸島の法律に基づいて組成されたLPSについて，第1審（名古屋地判平成17年12月21日判例タイムズ1270号248頁），控訴審（名古屋高判平成19年3月8日税務訴訟資料257号順号10647）のいずれも法人に該当しないとした。最高裁は，平成20年3月27日上告不受理決定した。

次に，デラウェア州に基づき設立されたLPSにつき同種の事案が3件ある。大阪地判平成22年12月17日判例時報2126号28頁とその控訴審である大阪高判平成25年4月25日税務訴訟資料263号順号12208は，いずれも法人に該当するとした（以下「大阪事件」とする）。ところが東京地判平成23年7月19日判例タイムズ1400号180頁は，法人に該当しないとし，その控訴審である東京高判平成25年3月13日訟務月報60巻1号165頁は，法人に該当するとした（以下「東京事件」とする）。

そして，名古屋地判平成23年12月14日民集69巻5号1297頁，その控訴審である名古屋高判平成25年1月24日民集69巻5号1462頁は，いずれも法人に該当しないとした。上告審である最判平成27年7月17日民集69巻5号1253頁（以下「平成27年最高裁判決」とする）は，「外国法に基づいて設立された組織体が所得

税法2条1項7号等に定める外国法人に該当するか否かを判断するに当たっては，まず，より客観的かつ一義的な判定が可能である後者の観点として，①当該組織体に係る設立根拠法令の規定の文言や法制の仕組みから，当該組織体が当該外国の法令において日本法上の法人に相当する法的地位を付与されていること又は付与されていないことが疑義のない程度に明白であるか否かを検討することとなり，これができない場合には，次に，当該組織体の属性に係る前者の観点として，②当該組織体が権利義務の帰属主体であると認められるか否かを検討して判断すべきものであり，具体的には，当該組織体の設立根拠法令の規定の内容や趣旨等から，当該組織体が自ら法律行為の当事者となることができ，かつ，その法律効果が当該組織体に帰属すると認められるか否かという点を検討することとなるものと解される。」として，法人に該当するとした[23]。大阪事件，東京事件いずれも平成27年最高裁判決の言い渡しがされた日と同日に上告不受理決定された。今まで学説上，様々な見解が唱えられ，LPSに関する下級審裁判例における見解も分かれている上に学説の折衷説的なものになっていたところ[24]，平成27年最高裁判決は，外国事業体の我が国租税法上の法人該当性に係る一般的判断枠組みを示したものといえる。ただし，この平成27年最高裁判決の一般的判断枠組みについては，どのような構成をとっていると解するかにつき見解は分かれており，統一説に沿った上で外国私法基準説と内国私法基準説を統合した判断方法を定立したと解する見解[25]や目的適合的に解釈を施したものとする見解[26]などがある。

英国領バミューダ諸島の法律に基づいて組成されたLPSについて，東京地判平成24年8月30日金融・商事判例1405号30頁とその控訴審である東京高判平成26年2月5日判例時報2235号3頁は，いずれも法人に該当しないとし，平成27年最高裁判決が言い渡された日と同日に上告不受理決定された。

その後，東京地判平成28年4月27日Ｄ1-Law.com判例ID29017181は，J州法（出典からは何州か不明）の法律に基づいて設立されたLPSにつき平成27年最高裁判決を参照した上で我が国租税法上の法人に該当すると判断した。

第1章　会社法全般に関する裁判例

4　合同会社の裁判例

　D 1 -Law.com判例体系で「合同会社」というキーワードで検索すると，383件（平成29年 2 月14日検索）がヒットした。そのうち合同会社が訴訟当事者（補助参加人含む）になっているものが223件あったが，合同会社独自の会社法上の問題が取り上げられている裁判例は見当たらなかった[27]。合同会社の法制については，株式会社法制に比べて学術的研究が少なく，解明が進んでない問題も多いと言われている[28]。また，今後，合同会社がどの程度，どのような目的で，どの程度の規模の企業によって利用されるかは予断を許さないが，一定の期間ごとに実態調査を行い，この制度の問題・課題の洗い出しを行う必要があるという指摘もある[29]。そこでまず検索した中で比較的多くの裁判例の訴訟当事者となっている合同会社を 5 つ取り上げると共に気づいた点につき指摘することとする。

　Apple Japan合同会社については，特許権関係を中心に20件の裁判例がある。裁判例によれば代表社員はアップルオペレーションズインターナショナルとなっている。言わずと知れたアップルの日本法人である。アップル・ジャパン株式会社が平成23年10月30日にApple Japan合同会社に吸収合併された。ホームページに資本金等の記載はされていないが，日経キャリアNET[30]によれば従業員1800人，資本金 1 億2800万円である。

　ユニバーサルミュージック合同会社については， 7 件の裁判例がある。平成21年 1 月 1 日，ユニバーサルミュージック株式会社がユニバーサルミュージック合同会社に吸収合併された。世界最大の音楽企業ユニバーサルミュージックグループの日本法人である。ホームページ[31]によれば，資本金295億200万円，従業員約550名である。 7 件の内訳は，インターネット接続プロバイダ事業者に対し，送信可能化権を侵害した氏名不詳者にかかる発信者情報の開示を求めたものが 4 件と，着うたにつき独禁法上の排除措置を命ずる審決の取消しに関するものが 3 件である。

　EMGマーケティング合同会社については，合同会社というキーワード検索で出てきた裁判例が10件とキーワード検索では出てこない前身の有限会社名の

裁判例が4件ある。エクソンモービルという石油メジャー最大手がエクソンモービル・ジャパングループを展開しており，エクソンモービル100％出資のエクソンモービル有限会社があった。EMGマーケティング合同会社は，平成24年5月21日エクソンモービル有限会社を組織変更して設立された。平成24年6月には，東燃ゼネラル石油株式会社が持分を99％取得した[32]。残り1％は，モービル・オイル・エクスプロレーション・アンド・プロデューシング・サウスイーストインクが保有していた。資本金は200億円であった。東燃ゼネラル石油株式会社は，JXホールディングス株式会社と経営統合契約を締結し，統合に先立ち，EMGマーケティング合同会社を吸収合併したため，平成29年1月1日消滅した[33]。裁判例は，再雇用や早期退職などの労働関係問題に関するもので，その殆どが労働組合を原告とし，被告である国に補助参加する形の事件である。

アドベンチャー・アンリミテッド合同会社については，7件の裁判例がある。ホームページ[34]によれば，平成23年1月4日設立，資本金は2500万円である。代表社員はアドベンチャー・アンリミテッド一般社団法人だが，出資持分は，クラウンホールディングス貸付株式会社が51％，アドベンチャー・リミテッド一般社団法人が49％である。平成23年11月16日第二種金融商品取引業の登録をしている。主な事業内容は貸付ファンドの販売であり，一般投資家を匿名組合員とし，アドベンチャー・アンリミテッド合同会社を営業者とするファンド「ネクスト・ソリューション匿名組合」の出資金を韓国の消費者金融業者クラウンホールディングス貸付株式会社に貸し付け，そこから返済される元金及び支払利息を原資として匿名組合員に収益分配している。7件すべて被告は国であり，貸金業登録していないにもかかわらず事業をしたとして関東財務局長からとりやめるよう警告され，また，金商法に基づく報告命令を受けたことにつき，その取消しを求め，更に損害賠償請求等した事件である。なお，前述したように現在は貸金業登録している。

CFJ合同会社については，57件の裁判例がある。この中には，CFJ合同会社とは明記されていないものの組織変更日などからCFJ合同会社と推測できる記載があるものを含んでいる。また，合同会社というキーワードでは検索されなかったがヒットした事件の控訴審や上告審等であると確認できたものがこの他

に12件ある。更に訴訟当事者にはなっていないものの被告が，金銭消費貸借上の地位はCFJ合同会社に移転していると主張したもの（佐世保簡判平成24年4月17日消費者法ニュース93号86頁）が1件あった。

CFJ合同会社は，裁判例によればディックファイナンス株式会社がアイク株式会社及び株式会社ユニマットライフを平成15年1月1日に吸収合併し，CFJ株式会社へと商号変更した後，平成20年11月28日付で株式会社から合同会社へ組織変更した会社であり，従業員数557人，資本金1億円の消費者金融を業とする者である。代表社員は，CFJホールディングス株式会社である。ホームページ[35]によれば，事業内容はトータルファイナンス，主たる取引銀行はシティバンク銀行であり，シティグループの日本法人である。なお，2016年8月21日付の「貸金業登録に関するお知らせ」において，2008年6月に貸金業の事業縮小を表明し，2009年6月27日以降融資業務を行っていない。このたび，2016年8月の貸金業登録更新を見送ることにしたとある。

上記5つの会社を見ると合同会社としては資本金額も従業員数もかなり規模の大きな会社であるということが言える。またアドベンチャー・アンリミテッド合同会社以外は，米国法人の日本子会社としての利用や米国法人と日本法人が日本で合弁事業を行う際の利用である。米国の会社が日本法人を設立する場合，合同会社がよく利用されていると言われている。それは，米国の税制上，米国法人は日本の子会社である合同会社につきパートナーシップとしての扱いを選択できるため，パス・スルー課税の適用により，日本の合同会社の損益全体を米国法人である親会社の損益と通算し，米国法人の利益を日本の合同会社の損失で減少させることが可能になり節税できるからである[36]。

アドベンチャー・アンリミテッド合同会社については，社員は2人なので典型的な合同会社の類型（一人社員（証券化型））とは言えないが，証券化・流動化のヴィークルとして合同会社が利用される場合と言えよう。証券化のヴィークルとして合同会社が利用される場合，一般社団法人が社員となっているケースが多いとされるが[37]，アドベンチャー・アンリミテッド合同会社は，代表社員がまさしく一般社団法人である。

合同会社の場合，一人合同会社も許容されている。また社員は法人であってもかまわない。したがって法人が業務執行社員である場合，同時に代表権を有

する（会社法590条，599条 1 項）。会社法上，法人の種類には限定がないから，会社以外の法人（中間法人や各種組合等）も，その法人の目的の範囲内の行為であれば，合同会社の社員になることができる[38]。今回のキーワード検索の結果として，代表社員が法人の場合，知り得る限り，法人の種類は株式会社と一般社団法人のみであった。

　上記 5 つの合同会社でヒットした223件の約半分を占めている。特筆すべきは，CFJ合同会社の訴訟件数の多さである。訴訟の内容は，過払金の不当利得返還請求に関するものが殆どである。その中で注目したのは，キーワード検索でヒットした以外のものを含め，CFJ合同会社関係の訴訟のうち確認できただけでも実に42件で訴訟代理人が弁護士ではなく支配人となっていることである[39]。その上，個人名が分かったものだけでも11人もの支配人が出てくるのである[40]。不当利得返還請求で訴訟代理人が弁護士と記載されていたのは 1 件のみである（東京高判平成21年 6 月25日D 1 -Law.com判例ID28212882）。また，名前は記載されているが，その者が支配人なのか弁護士なのか不明なものが 1 件ある（宮崎簡判平成24年 3 月28日消費者法ニュース93号95頁）。CFJ合同会社の裁判例の中で 1 件だけ，貸金業関係ではないものがある。それは従業員の降格・賃金減額に関して地位確認等請求された事件（大阪地判平成25年 2 月 1 日労働判例1080号87頁）であるが，この事件については訴訟代理人が弁護士となっている。以上のことから貸金業に関係する訴訟（貸金請求，不当利得返還請求等）については原則として訴訟代理人に支配人を用い，それ以外については弁護士を用いていたのではないかと思われる。

　支配人の意義については議論がある[41]。支配人は，会社に代わってその事業に関する一切の裁判上又は裁判外の行為をする権限を有する（会社法11条 1 項）。裁判上の行為とは，訴訟行為のことであり，いずれの審級の裁判所でも事業に関する訴訟行為について，会社の訴訟代理人となることができる。貸金業に関しては，法律面での問題がなく，金額も多くない不払い事案について，いちいち弁護士に委任して訴訟をするのは，会社側からすれば，コスト的に大変である。そこで注目され，利用されたのが支配人制度であった。

　貸金業を行う会社の支配人として訴訟代理人となっている者の多くは，訴訟事務に関する権限のみを与えられているだけである。そこで支配人登記のある

者が訴訟代理人であるか否か，従来，貸金業を営む株式会社の支配人について問題とされてきた[42]。

　まず，信販会社である株式会社において管理課長が支配人として選任・登記されている場合，その者がした訴訟代理行為は適法か問題となった事件がある（仙台高判昭和59年1月20日判例タイムズ520号149頁，仙台高判昭和59年1月20日判例タイムズ520号152頁，仙台高裁秋田支判昭和59年12月28日判例タイムズ550号256頁）。裁判所は，これらの訴訟代理人の支配人たる地位を否定した。なお，いずれの事件においても弁護士が訴訟を追行しても，その前における訴訟代理権欠缺の瑕疵が治癒されたものということはできないとされた。また，別の株式会社において支配人として登記された「管理部部員」及び「管理部次長」の地位が問題となり，裁判所はやはり訴訟代理人の支配人たる地位を否定した（仙台高裁秋田支判昭和59年11月21日判例タイムズ550号257頁）。弁護士による追認には異なった判断をした事件もある（千葉地判平成14年3月13日判例タイムズ1088号286頁）。支配人制度の濫用的運用と評価すべき部分が大きいものとして支配人が行った訴訟行為を無効としているが，具体的な訴訟行為の内容自体に明白な違法性が存在するなどの特別な事情がない限りは，追認を許さない絶対的無効とまで解すべきではなく，訴訟行為は相対的無効として権限のある者による追認を許すべきであるとして，訴訟代理人として選任された弁護士が追認の意思表示を行うことによってさかのぼって有効となったものといえるとする。その後も貸金業の株式会社における訴訟代理人の支配人たる地位を否定する裁判例がある（東京地判平成15年11月17日判例タイムズ1134号165頁）。また，過払金の不当利得返還請求事件において被告の訴訟代理人が支配人になっており，登記されているが実質的に支配人として包括的代理権を与えられているとは認められず，訴訟上の代理権を有しないとされた事件がある（名古屋地判平成19年12月14日D1-Law.com判例ID28213258）。

　CFJ合同会社の事件については，いずれも訴訟代理人としての支配人の代理権について問題とされなかったようではあるが，訴訟の内容によって支配人と弁護士を使い分けているように思われる。訴訟代理人となった支配人が登記されているか否か，どのような地位にあり，どのような業務をしていたのかは不明であるが，支配人の多さなどを考えると貸金業の株式会社において問題とさ

れてきたのと同様に支配人制度濫用の問題があるのではないかと思われる。それは貸金の回収に限定されず，過払金の不当利得返還請求にも当てはまる。上述した不当利得返還請求事件で訴訟代理人に弁護士が用いられている裁判例の原審（東京地判平成21年１月27日Ｄ１-Law.com判例ID28212883）では，弁護士や支配人を訴訟代理人としたのかは不明であり，どのような経緯で訴訟代理人が弁護士になったのかも不明である。しかしながらもし当初支配人が訴訟代理人となっていたのを後になって弁護士が追行したものとだとすると上述の追認可能かという問題が出てくるのではなかろうか。CFJ合同会社について，貸金返還請求事件（原告側）は少なく，過払金の不当利得返還請求事件（被告）が殆どであるが，どちらの訴訟当事者になろうとも上述した問題が貸金業を営む会社の場合は出てくものといえ，それが合同会社の支配人であったとしても変わりはない。

　なお，記載からはCFJ合同会社であるかどうか分からなかったが，訴訟代理人に支配人を用いている不当利得返還請求事件が４件（東京地判平成27年８月５日Ｄ１-Law.com判例ID29013309，東京地判平成28年２月18日Ｄ１-Law.com判例ID29016770，東京地判平成28年３月25日Ｄ１-Law.com判例ID29017828，東京地判平成28年３月25日Ｄ１-Law.com判例ID29018343）と貸金請求事件（東京地判平成28年５月20日Ｄ１-Law.com判例ID29018531）が１件ある。やはりいずれの事件でも支配人について争点とはされておらず，詳細は不明であるが，上述と同様の問題があると思われる。

　そのほか，訴訟代理人に支配人を用いている裁判例はもう１つある。ただしCFJ合同会社ではなく，かつ建物明渡請求事件（東京地判平成27年９月９日Ｄ１-Law.com判例ID29013945）である。合同会社が建物を賃貸し，未払賃料を請求した裁判例であるが，原告となっている合同会社の代表社員は，一般社団法人である。詳細は不明であり，争点とはなっていないが，貸金業における濫用例とは異なるとしてもこの支配人が代理権を有するか否かはやはり疑問のあるところである。

　次に，上記５社以外に着目したのは，合同会社が詐欺商法等の問題のある行為をした事件が散見されることである。無価値の社債券を販売した投資詐欺事件につき販売元の合同会社等に共同不法行為が認められるとし，原決定を取り

消し，販売元名義の預金口座への仮差押を認めた裁判例（仙台高決平成22年12月17日消費者法ニュース87号182頁）がある。その他，詐欺商法により合同会社が共同不法行為による損害賠償責任を認められた裁判例としては，無価値の株式等の販売（東京地判平成24年1月25日先物取引裁判例集64号422頁），合同会社等を営業者とするファンドに係る取引（東京地判平成24年4月24日先物取引裁判例集65号338頁），匿名組合契約の締結に基づく出資（東京地判平成25年2月1日先物取引裁判例集68号347頁，奈良地判平成26年6月20日先物取引裁判例集71号253頁）がある。

　合同会社が詐欺を行った訳ではないが，詐欺商法に関連するものとして，未公開株詐欺の被害者を狙い，当該被害が回復できるものと誤診させて金員を搾取する事案において，当該詐欺行為に預金口座を利用させた合同会社に対し，原審（東京地判平成24年12月20日先物取引裁判例集69号218頁）では，責任を認めなかったが，詐欺の犯行全般に加担していたものとして共同不法行為による損害賠償責任が認められた裁判例がある（東京高判平成25年4月24日先物取引裁判例集69号231頁）。

　また，FX取引詐欺にあった被害者が，当該詐欺における出資金の送金代行業務を行った合同会社に対して共同不法行為に基づき損害賠償請求した事案において，送金代行業務が銀行法2条2項2号の「為替取引」に当たらないとして責任を認めなかった裁判例がある（東京高判平成25年7月19日判例タイムズ1417号113頁）。

　その他，詐欺商法関連ではないが，債務超過にあった有限会社が新設分割により株式会社を設立した事案について，いわゆる濫用的会社分割にあたり破産法160条1項の否認の対象となり，当該会社分割を助言，指導した合同会社に対し支払われた報酬の返還が認められた裁判例がある（東京地判平成24年1月26日判例タイムズ1370号245頁）。

5　おわりに

　合名会社と合資会社の数は，ほぼ横ばいのままきており，株式会社に比較すると格段に数も少ない。その結果として裁判例の数も多くないというのが現状

である。翻って合同会社の数は，株式会社の数に比較すると合名会社・合資会社同様少ないが，設立件数[43]は着実に増えていっている。これは，合同会社の設立・運営が容易でコストが低いという利点によるものと思われる。しかしながら，前述したように合同会社が詐欺商法等に利用されるなどの問題もある[44]。未だ合同会社に特有の理論的な問題を提起する裁判例は現れていないが，今後に注目したい。

〔付記〕本稿は，JSPS科研費17K03513による研究成果の一部である。

〔注〕
(1) 相澤哲＝郡谷大輔「持分会社」『立案担当者による新・会社法の解説』（商事法務，2006年）156〜159頁。
(2) 本件決定の評釈として以下がある。伊藤雄司〔判批〕ジュリスト1385号（2009年）124頁，韓敬新〔判批〕早稲田法学68巻1号（2010年）247頁。
(3) 東京地方裁判所商事研究会編『類型別会社訴訟Ⅱ〔第3版〕』（判例タイムズ社，2011年）873，874頁。
(4) 神田秀樹編〔大杉謙一執筆〕『会社法コンメンタール14―持分会社(1)』（商事法務，2014年）189頁。
(5) 神戸地裁篠山支判昭和48年2月7日判例タイムズ302号281頁，上柳克郎＝鴻常夫＝竹内昭夫編〔江頭憲治郎執筆〕『新版 注釈会社法 補巻 平成2年改正』（有斐閣，1992年）17頁。
(6) 法務省民事局参事官室編『一問一答改正会社法』（商事法務研究会，1990年）250頁。
(7) 江頭・前掲注(5)18頁。
(8) 伊藤・前掲注(2)125頁，韓・前掲注(2)259頁。
(9) 福島地裁会津若松支判昭和42年8月31日下民集18巻7＝8号910頁，江頭憲治郎＝中村直人編著〔前田修志執筆〕『論点体系会社法6』（第一法規，2012年）250頁，奥島孝康＝落合誠一＝浜田道代編〔今泉邦子執筆〕『新基本法コンメンタール 会社法3〔第2版〕』（日本評論社，2015年）465頁。
(10) 大杉・前掲注(4)189頁。
(11) 大杉・前掲注(4)190頁。
(12) 金融・商事判例1268号61頁のコメント。やはり付随的判断とするものに伊藤・前掲注(2)126頁。一つの判断要素であるとするものに韓・前掲注(2)262，263頁。
(13) 琉球新報2008年6月24日付。http://ryukyushimpo.jp/news/prenty-133448.html
(14) 前掲注(3)878頁。
(15) 大杉・前掲注(4)192頁は，会社法601条により定められた事例のようであるとする。
(16) 本判決の評釈としては以下がある。横溝大〔判批〕ジュリスト1361号（2008年）196頁，宮崎裕子〔判批〕税研148号（2009年）87頁，大澤麻里子〔判批〕『租税判例百選〔第5版〕』（2011年）44頁，小林磨寿美〔判批〕税経通信臨時増刊67巻13号（2012年）16頁。

なお本判決は原審を基本的に引用しているため，原審及び本判決の評釈としては以下がある。品川芳宣〔判批〕TKC税研情報17巻2号（2008年），品川芳宣〔判批〕税研138号（2008年）86頁，岸田貞夫，井上立子〔判批〕TKC税研情報17巻4号（2008年）140頁。

⒄　本判決の評釈として北村豊〔判批〕NBL889号（2008年）66頁。

⒅　金子宏『租税法〔第22版〕』（弘文堂，2017年）119～121頁。

⒆　田中二郎『租税法〔第3版〕』（有斐閣，1990年）120頁。

⒇　http://www.nta.go.jp/shiraberu/zeiho-kaishaku/shitsugi/hojin/31/03.htm

(21)　宍戸善一「持分会社」ジュリスト1295号（2005年）110頁。

(22)　横溝・前掲注(16)199頁。

(23)　この最高裁の判断に対し，デラウェア州のパートナーシップは損益の帰属主体ではなく，損益はパートナーにパススルーするから，法人にはあたらないと解すべきであると主張するものに，金子・前掲注(18)508，509頁。

(24)　衣斐瑞穂〔判批〕法曹時報68巻6号（2016年）163～166頁，長戸貴之〔判批〕法学協会雑誌133巻10号（2016年）183～189頁参照。

(25)　衣斐・前掲注(24)166頁。

(26)　長戸・前掲注(24)190頁。

(27)　後述するCFJ合同会社に関する事件（キーワード検索でヒットしなかったものを含む）については，D1-Law.com判例体系上，重要とされる裁判例もあるが，それらは，弁済期にある自働債権と弁済期の定めのある受働債権との相殺適状（最判平成25年2月28日民集67巻2号343頁），過払金返還債務承継の有無（最判平成23年7月8日判例時報2137号46頁，最判平成23年7月7日金融・商事判例1384号41頁），民法704条の悪意の受益者（最判平成23年12月1日金融・商事判例1389号24頁）など，いずれも過払金に関係する問題である。

(28)　江頭憲治郎編著『合同会社のモデル定款―利用目的別8類型―』（商事法務，2016年）はしがき⑵。

(29)　中村信男「合同会社制度と法制上の問題点」法律のひろば69号（2016年）63頁。

(30)　https://career.nikkei.co.jp/company/applejapan/

(31)　http://www.universal-music.co.jp/company

(32)　http://www.hd.jxtg-group.co.jp/company/history/tg_history.html

(33)　前掲注(32)。

(34)　https://www.adventure-u.com

(35)　http://cfjgk.jp/

(36)　川島いづみ「設立が増加する合同会社―その背景にある法制度上のメリットと問題―」Monthly Report43号（2011年）25頁。

(37)　江頭・前掲注(28)146頁。

(38)　相澤＝郡谷・前掲注(1)157頁。

(39)　訴訟代理人が支配人となっているもののうち支配人名がわからない裁判例は以下である。貸金請求事件として，東京地判平成27年10月27日D1-Law.com判例ID29014166，東京地判平成27年11月24日D1-Law.com判例ID29015519，東京地判平成28年7月14日D1-Law.com判例ID29019495。不当利得返還請求事件として，東京地判平成23年11月17日金融法務事情1960号148頁，東京地判平成24年4月25日消費者法ニュース92号136頁，奈良

家裁葛城支判平成25年6月13日D1-Law.com判例ID28223751，宮崎地裁都城支判平成25年7月9日D1-Law.com判例ID28223753，東京地判平成27年9月9日D1-Law.com判例ID29013924，東京地判平成27年10月13日D1-Law.com判例ID29014520，東京地判平成27年10月14日D1-Law.com判例ID29014324，東京地判平成27年10月22日D1-Law.com判例ID29014474，東京地判平成27年12月16日D1-Law.com判例ID29015729，東京地判平成28年7月4日D1-Law.com判例ID29019552，東京地判平成28年7月8日D1-Law.com判例ID29019402，東京高判平成23年3月30日消費者法ニュース92号147頁，東京高判平成23年6月30日消費者法ニュース89号57頁，名古屋地裁半田支判平成24年3月6日D1-Law.com判例ID28223414，その控訴審である名古屋高判平成24年10月25日D1-Law.com判例ID28223286。

(40) A支配人（さいたま地判平成23年10月14日消費者法ニュース90号50頁），B支配人（横浜地判平成24年11月30日消費者法ニュース95号293頁），C支配人（横浜地判平成25年10月11日消費者法ニュース98号256頁），D支配人（福島地裁いわき支判平成28年2月26日消費者法ニュース108号300頁），E支配人（大阪高判平成23年9月15日消費者法ニュース91号68頁），F支配人（福岡高裁宮崎支判平成25年5月29日消費者法ニュース97号318頁），G支配人（山形地裁酒田支判平成21年6月25日消費者法ニュース81号127頁，宮崎地判平成25年9月11日消費者法ニュース99号263頁。G支配人の名前は，同音であるが漢字が一文字だけ異なる者を同一人物として扱った。），H支配人（大阪地判平成23年10月24日消費者法ニュース91号62頁，佐賀地裁唐津支判平成24年12月25日消費者法ニュース98号258頁），I支配人（岐阜地裁多治見支判平成25年9月17日消費者法ニュース98号245頁，名古屋高判平成22年4月15日D1-Law.com判例ID28173730），J支配人（大津地判平成25年6月13日消費者法ニュース98号262頁，福岡高裁宮崎支判平成26年1月31日消費者法ニュース99号265頁，名古屋高判平成25年11月29日消費者法ニュース99号266頁，宮崎地判平成26年1月31日消費者法ニュース99号271頁），K支配人（東京高判平成26年3月19日消費者法ニュース100号361頁，東京高判平成22年12月16日消費者法ニュース88号141頁，東京高判平成25年7月23日消費者法ニュース102号287頁，東京高判平成25年8月28日消費者法ニュース98号264頁，東京高判平成27年7月9日消費者法ニュース105号237頁，東京高判平成23年1月19日消費者法ニュース88号152頁，東京地判平成25年2月28日金融法務事情2040号85頁，その控訴審である東京高判平成25年9月15日金融法務事情2040号82頁。この上告審である最判平成27年9月15日金融法務事情2040号76頁では，訴訟代理人が支配人ではなく弁護士になっている。）。なお，C支配人の控訴審は，K支配人の東京高判平成26年3月19日である。また，G支配人の宮崎地裁判決の控訴審は，J支配人の福岡高裁宮崎支判平成26年1月31日である。

(41) 議論については，北居功＝高田晴仁編著〔藤田祥子執筆〕『民法とつながる商法総則・商行為法』（商事法務，2013年）106，107頁参照。

(42) 法人企業における従業員の支配人性がどのように認められているかという視点から詳細に検討したものとして，松井智弘「支配人・商業使用人をめぐる紛争の現状と解釈論」『変革期の企業法（関俊彦先生古稀記念）』（商事法務，2011年）10〜13頁。

(43) 法務省登記統計商業・法人第20表種類別合同会社の登記の件数（平成18〜27年）。

(44) 裁判例ではないが，適格機関投資家等特例業務を悪用した詐欺グループ（株式会社を含む合同会社3社）に対し，平成29年2月10日付で証券取引等監視委員会により，行政

第1章　会社法全般に関する裁判例

処分を求める勧告が行われた。そこで，平成29年2月24日，関東財務局は，金融商品取引法63条の5第1項に基づき，業務改善命令等の行政処分を行った（http://www.fsa.go.jp/sesc/news/c_2017/2017/20170210-2/01.pdf）。合同会社3社は，いずれも適格機関投資家等特例業務届出者であるが，金融商品取引業の登録をしていない。

第2章

企業の資金調達に
関する裁判例

非上場・譲渡制限株式の評価に関する考察
―近時の裁判例ならびにファイナンス理論を踏まえて―

日本大学教授　藤川　信夫

1　問題の所在

(1)　問題点
―株式売買価格決定申立にかかる非上場・譲渡制限株式の評価―

　譲渡制限株式の譲渡において，株式会社は株主から譲渡の承認の請求を受けた場合，承認しない旨の決定をしたときは，当該譲渡制限株式を買い取るか（会社法140条1項），対象株式の全部または一部を買い取る者（指定買取人）を指定し，買い取ってもらわなくてはならない（同条4項）。譲渡制限株式の売買価格は，株式会社または指定買取人と譲渡承認を請求した株主（売り手）との間の協議によって定めることとされている（同法144条1項）。これらの場合における譲渡制限株式の売買価格決定の基準はいかなるものか，論点となる。

　株式売買価格決定の申立てについて，市場価格が存在しない非上場企業の事例が多いものとみられるが，非上場企業の株式価格の算定について確固として基準が確立されていないことが原因と考えられる。公刊された裁判例をみると企業の特質等から，合理的な1つまたは複数の方式の併用などにより算定された株式価格を基に売買価格を決定しているものと思料される。

　本稿において主要な裁判例として採り上げた株式売買価格決定申立にかかる事案も同じく，譲渡等承認請求の時における株式会社の資産状態その他一切の事情を考慮し（同法144条2項），裁判所は決定を下している。また株式価格の

評価に当たって，総合評価とするか，その場合における折衷割合をどのように
するかについて定まった方法は必ずしも確立されていないところであり，結局
は事案に応じて取捨選択するほかないものの，株式の売買を相対で行う場合，
通常はいずれか一方の交渉力が他方を上回るのが一般的である[1]。

　議論の要諦としては，譲渡制限株式の売買価格決定における基準は，申立人
らが会社の解散決議を行うだけの議決権を有するか（過去の経緯から会社の経
営支配力を有するかの判断）が重要なポイントの１つとなろう。経営支配力を
持たない少数株主，または相手方（買主）においては会社の清算は想定されず，
よって純資産方式を排除する方向となる。またベンチャー企業の株式であった
としても，売上が順調に推移しており，収益が確実に見込まれる場合も純資産
方式が排除される可能性が高いといえる。

(2)　財産評価基本通達の依拠から企業価値算定へ

　会社法は反対株主の株式買取請求権行使に基づく買取価格決定（会社法117
条等），全部取得条項付種類株式の取得価格決定（同法172条）など株式の評価
を非訟事件として想定し[2]，譲渡制限株式の売買価格決定（同法144条３項）
も含まれる。同項において，裁判所が譲渡制限株式の売買価格を決定するに当
たり，譲渡等承認請求の時における株式会社の資産状況その他一切の事情を考
慮すべきものと規定する[3]。その具体的な内容については，解釈に委ねられて
いる。

　従前の裁判例[4]あるいは有力学説[5]には，財産評価基本通達（昭和39年４月
25日）（直資56・直審（資）17）における「取引相場のない株式」の定め（同
通達178以下）に従い算出した価格に依拠する傾向があり，財産評価基本通達
の基準の画一性を利点として転用し，譲渡制限株式の評価は専ら税務の問題で
あるとする考えも見受けられる[6]。

　今日ではM&Aにおいてデュー・ディリジェンス（DD）により企業価値算
定を行うことが通常となり，譲渡制限株式の価格決定に関する裁判所判断も同
様に種々の算定式を用いることが裁判例・実務の主要傾向となってきている[7]。
加えて近時では私的鑑定書のみに依拠するのではなく，積極的に職権鑑定が用
いられる例も多い[8]。

以下ではこうした背景の下で，近時のいくつかの裁判例を基に非上場・譲渡制限株式の評価に関する具体的な考察を進めていきたい。

2　主要な裁判例と企業価値評価の手法

(1)　主要な裁判例

企業価値評価の手法を確認後，以下主として株式売買価格決定申立にかかる4つの裁判例（決定1 – 決定4）を採り上げ，事案の概要ならびに決定の内容をみていくこととする。更に株式買取価格決定にかかる事案ではあるが，流動性ディスカウントに関連した裁判例（決定5）についても併せて検討していきたい。

(1)　広島地決平成21年4月22日（金判1320号49頁）（決定1）（ミカサ株式売買価格決定申立事件）

(2)　東京地決平成26年9月26日（金判1463号44頁）（決定2）

(3)　東京高決平成20年4月4日（金判1295号49頁）（決定3）（日本テレネット対デジタルアドベンチャー株式売買価格決定抗告審事件）

(4)　大阪地決平成25年1月31日（判時2185号142頁）（決定4）

(5)　最決平成27年3月26日（金判1466号8頁）（決定5）（セイコーフレッシュフーズ株式買取価格決定に対する抗告棄却決定に対する許可抗告事件）

(2)　企業価値評価の手法

(イ)　マーケット・アプローチ（比準方式）

(a)　取引事例法

過去に取引事例があり，その価格に客観性が認められる場合には評価額として採用することができる。客観性の判断基準として取引事例価格を評価額とするには，①取引量が同程度であること，②株式取引事例の時点が比較的直近であること，その間に経営・業績等に大きな変化がないこと，③取引が独立した第三者間で行われ，ある程度の取引件数があることが必要とされる。

(b) 類似会社比較法

対象会社と業種，規模等が類似する上場会社とを比較し，株式価格を評価する方式である。税務実務において広く用いられているが（財産評価基本通達），元来は便宜的なものといえる。

ロ コスト・アプローチ（ネットアセット・アプローチ）（純資産方式）

対象会社の貸借対照表上の純資産に着目して企業価値を評価する方法であり，不動産を所有する会社等その含み資産を考慮する場合に利用される方式である。

(a) 簿価純資産法

貸借対象表に表示された簿価を基準に，1株当たりの純資産の額を計算する方法である。

(b) 時価純資産法

貸借対照表の資産負債を時価で評価し直して純資産を算出し，1株当たりの時価純資産額をもって株式価値とする方法である。同方式の中には，①清算や解散時に利用される方法であり，現在所有している評価対象資産・負債を処分した場合を前提とした価格となる清算処分時価純資産法，②現在所有している評価対象資産・負債を新たに取得し直した場合を前提とした価格となる再調達時価純資産法がある。この方法は事業譲渡を行う場合の事業評価に適している。かかる資産価値法は，事業継続を前提としない場合には適するが，事業継続を前提とする場合は不動産の帳簿価額が資産の大きな割合を占める等，適用範囲は限定されるといわれる[9]。

ハ インカム・アプローチ（収益方式）

評価対象会社から将来期待することができる経済的利益を，現在価値に引き直して株式価値を算定する方式である。

(a) DCF法（ディスカウンテッド・キャッシュ・フロー法）

収益方式の代表的手法である。将来のフリー・キャッシュ・フロー（企業の事業活動によって得られた収入から事業活動維持のために必要な投資を差し引いた金額）を将来分について見積もり，各年の見積額に割引率を乗じるなどにより株主が将来得られる利益を算定する方法である。

⒝　配当還元法

　将来株主に給付されることが予想される配当額を現在価値に引き直して株式の価値を算定する手法である。同方式には，①実際に行われている配当額を基準とする実際配当還元法，②経営者の配当政策により配当額が左右されないよう一般に妥当とされる配当額を用いる標準配当還元法，③企業の利益のうち配当に回されなかった内部留保額は再投資によって将来に利益を生み，配当の増加を期待できるものとして評価するゴードン・モデル方式がある。ゴードン・モデル方式は，上記①②の方式より収益の内部留保による将来の配当増加が計算の基礎に加えられている点で，優れているとされる。

⒞　収益還元法

　評価対象会社の適正利益を，現在価値に割り引いて企業価値を算定する方法である。一般にDCF法に比べ，将来的に大きな利益変動が予想される企業への適応は困難である。

3　主要な裁判例の事案の概要と決定の要旨

⑴　広島地決平成21年4月22日（決定1）[10]

⒤　事実の概要

　M（ミカサ）は，主に競技用ボール，スポーツ用品および造船，製鉄，ポンプ業界向け工業用ゴム製品の製造および販売を行う非上場の非公開株式会社である（資本金の額1億2000万円，発行済株式総数240万株，総資産約120億円，売上高約60億円）。同社の代表取締役はXである。日本国内では東京および大阪の2か所に支店を設置し，その他にも5か所に営業所を設けている。また工場も2か所にある。海外においてもアメリカ合衆国を含め3か国に合計4の子会社を持ち，全世界において事業活動を展開している。

　Nら（ミカサ・ホールディング）は，いずれもAが代表取締役を務める会社であってAが実質的に支配している。Nらが保有するMの株式数の合計は38万1220株であり，Mの発行済株式総数240万株の15.88％，議決権ベースでは26.17％となる。AはMの代表取締役であったが，取締役会の承認決議を経ることなくMから6000万円もの多額の金銭を借り受ける自己取引を行うなどの行為

第2章　企業の資金調達に関する裁判例

をしたことを理由として，取締役会において代表取締役から解職され，その後，定時株主総会において取締役からも解任された。

　Nらは，AからMの株式を譲り受けた上で譲渡承認請求を求めたところ，Mは譲渡を承認しない旨の決定を行い，1株3111円でM，X（指定買取人）が買い取る旨を通知した。Mら（MおよびX）およびNらは，それぞれ会社法144条2項に基づき株式の売買価格の決定を求める申立てをした。その際，株式の評価方法としてNらはDCF法と純資産方式の1対1とした加重平均額を，MらはDCF方式とゴードン・モデル方式の1対1とした加重平均額を主張した。

(ii)　**決定要旨**

・裁判所が譲渡制限株式の売買価格を決定するに当たっては，「譲渡等請求の時における株式会社の資産状況その他一切の事情を考慮」すべきとされている（会社法144条3項）。したがって，株式評価の材料と認められる限り，対象会社の収益状況1株当たりの収益または配当額，将来の事業の見通し，配当政策・配当能力，業界の状況など，対象会社内外の一切の事情を考慮する必要がある。また，売り手と買い手双方対等の立場で評価すべきである。先ずNら（売り手）の立場は株式の売買は株主の投資回収の方法であり，主として経済的利益の補償という観点からその算定方法を考慮すべきである。Mは清算等を予定しておらず，他方で，Nらが経営支配力を有していないのであるから，株主であるNらが当分の間，残余財産の分配を受けることは困難である。そのため最も合理的な評価方法は，配当還元法になる。他方で，Mら（買い手）の立場からは配当を期待するものではない。したがって，継続企業の動的価値を現す最も理論的な方法であるDCF方式によらざるを得ないものと解される。以上の双方の立場からゴードン・モデル方式（配当還元方式の一方式）とDCF方式を1対1で加重平均する方式をとることとなる。

・DCF方式の相当性について（NらとMらが併用を主張）

　継続企業としての価値の評価に相当しい評価方法は収益方式の代表的評価手法であるDCF方式ということができる。またMが継続企業であり，DCF方式を用いることにNらM間に特段の争いがないことからすると，継続企業としての価値の評価にふさわしい評価方法は収益方式の代表手法であるDCF方式であるということができる。

・配当還元方式の一方式であるゴードン・モデル方式について（Mらが併用を主張）

　配当還元方式は継続企業の価値を評価する方法の１つであるとされており，収益の内部留保による将来の配当の増加をも計算の基礎に加える点でより優れているものと評価されるとした上で，配当の状況および配当政策の影響を受けやすいため，その採用に当たってはこの点の検討が必要であるとして，Mの過去の配当実績や配当性向を分析し，Mの株式の評価についてゴードン・モデル方式を採用することに特段の支障はないとした。

・純資産方式（Nらが併用を主張）

　純資産方式については，Mが継続を予定している相応の規模を有する企業であり，解散等が予定されているものではないこと，相当程度の遊休資産を有しており，それを売却するというような事情も窺われないこと，Nらは会社の解散決議を行うだけの議決権を有するものではなく，過去の経緯からしてもNらが会社の経営支配力を有するものとはいい難いことなどの事情があるため純資産方式を用いることは相当でないとした。

(2)　東京地決平成26年９月26日（決定２）[11]

(i)　事実の概要

　Z（東京都観光汽船株式会社）は旅客運送業，貸船営業等を目的とする会社であり，その定款には，発行するすべての株式の譲渡による取得について取締役会の承認を要する旨の定めがある。X１およびX２（有価証券の売買等を目的とする株式会社）は，いずれも普通株式15万株保有するZの株主である。

　Xらは，Zに対し各自が保有するZの普通株式15万株につき，これをA（上海全人管理諮詢有限公司）へ譲渡を承認すること，およびその承認が得られない場合にはZまたはその指定買取人による買取を求めた。ZはAへ譲渡をしない旨および本件株式の全部を買い取る者としてY（産業用製品の市場拡大に貢献することを目的とする一般社団法人）を指定する旨をXらに通知した。YはYを供託者とし，Xらを被供託者として，本件株式の売買価格として平成24年１月31日現在の貸借対照表に基づく基準純資産額13億2388万0733円をZの自己株式を除く発行済株式総数で除した１株当たりの額である122万9000株に15万

第2章　企業の資金調達に関する裁判例

を乗じた額として1億6158万0300円（正確には1億6158万0236円）を東京法務局に供託し，当該供託を証する書面をXらに交付した。

Xらは当裁判所に対し，本件株式の売買価格（1株当たり1439円）の決定を申し立て，他方Yも本件株式の売買価格（1株当たり90円）の決定を申し立てた。その際，株式の評価方法としてXは収益還元法を，Yは配当還元法，取引事例法，DCF法，清算処分時価純資産法を7対1対1対1の割合でそれぞれ主張した。

(ii)　**決定要旨**

・YはZが買取人として指定した法人であるし，その経営陣かつ支配株主から資料の提供を受けて本件事件を遂行していると認められるのであるからZの支配株主と一体の立場に立つ買主であると評価するため，支配株主の保有する株式についての評価方法を適応するのが相当である。そして一般にその価値は会社全体の価値を基礎に評価するのが相当であり，本件株式の価格は継続企業としての価値を求める収益方式の1つであるDCF法と，企業の静的価値を求める純資産法を併用し，各方式によって算出された価格を0.5対0.5の割合で加重平均して求めた価格とするのが相当である。他方，本件株式の売主であるXらの保有する株式の議決権比率は合計24.4％であり，Zの支配株主とは認められない。したがって，売主の立場からする本件株式の評価方法は，一般株主が保有する株式の評価に適切な評価方法である配当還元法とともに，上記買主の立場から本件株式の評価方法であるDCF法および純資産法を併用すべきであり，各方式によって算出された価格を配当還元法60％，DCF法20％，純資産法20％の割合で加重平均して求めた価格をもって本件株式の価格とするのが相当である。

そして，売主と買主の双方が対等の立場にあることを前提とすべきであるため，売主と買主の立場からの評価方法を1対1で反映させ，DCF法35％，純資産法35％，配当還元法30％の割合で加重平均して求めた価格をもって本件株式の価格とするのが相当であり，1株当たり693円と決定した（本件鑑定）。

・取引事例法（Yの主張）

Zの取引事例については，取引事例1件が認められるだけである上，その取引量も本件と同程度ということはできないため排斥する。

・収益方式のみ（Xの主張）

収益方式には収益還元法，DCF法，配当還元法がある。本件株式の評価に当たっては，継続企業を評価する際に用いられる収益方式を第一次的に採るべきである。しかし，Zは中小規模の企業であり，Zの主要事業である水上バス事業は乗客数の低下といった外部環境の影響や船舶の建造費といった事業リスクがある。そのためZの株価の算定方式として，一定の収益や配当が永続することを前提とする収益方式のみによることは相当ではない。

・純資産方式（Yの主張）

収益方式とともに会社の静的価値に着目した評価方法である純資産方式も考慮すべきである。Zの事業継続性について疑義が生じるような事実は認められないのであるから，清算処分時価純資産法ではなく，継続企業を前提とする再調達時価純資産法を採るべきである。

(3)　東京高決平成20年4月4日（決定3）[12]

(i)　事実の概要

T（テレネット・ジェイアール株式会社）はD（株式会社デジタルアドベンチャー）の連結子会社としてDグループの事業のうちのデジタルコンテンツ配信事業をDと共に営んでおり，事業実績が数年に限られ，不動産等の含みのある資産を所有しておらず，これまで配当を実施したことがなく，将来配当を行う予定もないベンチャー企業である（発行済株式総数6000株）。その定款には，株式の譲渡制限の定めがある。株主であるN（株式会社日本テレネット）はかつてTの株式3600株を有し，別会社から株式2400株を譲り受け，Dに対し株式3600株（発行済株式総数の60％）を1株当たり5万5555円の合計2億円で譲渡し，Nが株式2400株（本件株式）をDに譲渡することでDはTを完全に支配することになる。

NがTに対し本件株式について譲渡承認および譲渡承認しない場合はTまたは指定買取人による買取りを求めた。Tが譲渡承認をしない旨およびDを指定買取人に指定する旨を通知し，Dが会社法142条2項所定のとおり供託をし，協議が調わないことからNがDに対し本件株式の売買価格の決定を申し立てた。その際，株式の評価方法としてNは取引事例法，収益還元法および類似会

59

第2章　企業の資金調達に関する裁判例

社比較法を併用し，その評価額を加重平均した額1株3万9970円（ただし申し立ての趣旨としては1株2万5000円）を，Dは純資産方式70%，収益還元方式20%，配当還元方式10%の割合で評価し，1株6571円を主張した。

　原審が売買価格を決定し（原決定），双方（DおよびN）の原決定に対する不服理由を認めず原決定と同じ判断をした事案である。

　(ii)　**決定要旨**

・純資産収益方式

　Tにおいては，Dが過半数の3600株の株式を有し，経営権を有している。またNからDに株式が譲渡されることによって，Dは完全に支配できることになるから，当該株式の価格は純資産方式，収益還元方式を採用して評価すべきである。しかし，Tは創業してさほど年月が経過しておらず，資産に含み益がある不動産が存在せず，企業として成長力が大きく，売上は順調に推移しており，今後も同程度の利益が見込まれるものであると推定される。以上を考慮すると，純資産方式では株式価値を過小に評価するおそれがあり，純資産方式を併用することを含め採用するのは相当ではなく，収益還元方式のみによって評価するのが相当である。

・配当還元法（Dが併用を主張）

　本件株式はTの発行済株式総数の40%であって，少数株主（発行済株式総数の1%から3%未満の株式を有する株主）の評価方法として用いられる配当還元方式を採用することはできない。加えてTは配当実績がなく，将来配当を行う予定はないのであるから配当還元方式を採用することはできない。

・取引事例法（Nが併用を主張）

　過去に取引事例があり，その価格に客観性が認められる場合には，評価額として採用することができる。本件では取引事例があるけれども当該取引事例は本件申立ての2年程前の事例であり，かつ取引件数も2件である。そうすると時期が比較的直近であるとはいえず，取引数としても少ないのであるから，当該取引事例の価格をもって評価額とすることはできない。

・類似会社比較法（Nが併用を主張）

　類似会社比較法は対象会社と業種，規模等が類似する上場会社（類似会社）とを比較して，株式価格を評価する方法である。Nらは類似会社として9社を

60

リストアップしたが，いずれの会社も本会社と同一の業種以外の業種を営むなど収益を上げており，規模が異なるため採用することは困難である。

(4) 大阪地決平成25年1月31日（決定4）[13]

(i) 事実の概要

　Y1（大成土地株式会社）は不動産賃貸を業とする株式会社であり，本判決にいうNGK土地，SWING土地，駐車場土地およびマンダムビルからなる本件不動産を所有して，賃料収入を得ている（発行済株式総数192万株）。X（株式会社スリーエイチ）はY1の普通株式を36万2900株保有していた。Xがこれを第三者に譲渡するに当たり，Y1の定款には，株式の譲渡制限の定めがあったので，Y1に当該譲渡の承認および譲渡承認をしない場合にはY1または指定買取人による買取を請求したところ，Y1から譲渡承認しない旨および本件株式の2分の1については自ら買い取るとともに，残りの2分の1についてはY2（吉本興業株式会社）を指定買取人に指定する旨の通知を受けたため，売買価格決定を申し立てた事案である。

　その際，Xは時価純資産法（1株当たり3149円）で評価すべきであると主張し，他方Y1はDCF法（1株当たり1903円ないし2326円）を主張し，Y2もDCF法（1株当たり2067円）を主張した。

(ii) 決定主旨

・G鑑定の概要

　当事者の主張を踏まえた上で裁判所の選任した鑑定人による鑑定（G鑑定）を行い，G鑑定のとおり配当還元法と収益還元法を採用した。

・時価純資産法ではなく収益還元法

　Y1は資産管理会社という性質があるとはいえ，平成21年12月にマンダムビルを取得して新たに賃料収入を得ている。そして評価基準時においても当然，不動産賃貸業を継続することとされ，解散してすべての財産を売却換価し，株主に配分することなどは全く予定されていなかった。

　G鑑定はY1の収益力を基礎とした本件不動産の価格に基づき，非事業資産を加え，事業の継続に当然必要となる本社コストを控除するなどの調整をしてY1の株式価値を算定している。これは収益還元法といっても単にキャッ

61

シュ・フローに基づいて事業価値を算定するのではなくＹ１が資産管理会社として不動産賃貸業を継続するという特徴を考慮し，資産の価値と収益力の双方をバランスよく配慮している点で合理的である。しかも本件はＸが第三者に譲渡することの承認を求めたのに対し，Ｙ１が買取人を指定した事案である。Ｘが株式の買取請求をしたとか，Ｙ１の清算を求めたとかいうものでもない。

　以上によれば，あえて時価純資産法を採用せずに，Ｇ鑑定における収益還元法においても十分に考慮済みであるということができる。

・配当還元法

　少数株主の企業価値に対する支配は基本的に配当という形でしか及ぶことはないから，その株式価値の評価に当たり，配当に着目した配当還元法をある程度考慮することは不合理ではない。しかも少数株主は将来の配当をコントロールすることができないから，現状の配当が不当に低く抑えられているとしても，その程度における配当を期待するほかない。したがって，現状の配当を前提に評価することに不合理な点はないというべきである。

・DCF法ではなく収益還元法

　Ｙ１およびＹ２もＧ鑑定の収益還元法と同じインカム・アプローチの手法であるDCF法を用いて本件株式の価格を算定している。しかし，いずれも各当事者からの依頼を受けて本件株式の価格を算定したもので，その中立性に疑義がないわけではない。しかも，これらの株価算定書もＧ鑑定の合理性，優位性を左右するものではない。

　以上によれば，Ｇ鑑定において収益還元法を採用したことには合理性がある。

　Ｇ鑑定は，最終的な株価の総合評価に当たり，Ｘが少数株主であることを考慮し，少数株主にとって重視される配当に着目した評価方法である配当還元法を20％の割合で考慮した加重平均を行っている。その考慮は合理的なものといえるから，それに重ねて更に少数株主であることを理由とした減額を行うべきではないというべきである。Ｙ１の株主構成は５者に分散して保有されており，単独で支配可能な保有割合を有する株主（親族グループ）はいない。しかし，Ｘは他の親族グループと協力関係を築いてＹ１の支配を獲得する可能性がある。そのためＸの保有割合自体が過半数に達していなくとも，Ｘが経営に影響を与える可能性がないとはいえず，支配株としての側面を否定することはでき

ないとみるべきであり，収益還元法を80％の割合で評価した。

以上によれば，G鑑定のとおり収益還元法80％，配当還元法20％の割合で加重平均すると1株2460円となる。

(5) 最決平成27年3月26日（決定5）[14]

(i) 事実の概要

A（株式会社セイコーフレッシュフーズ）は酒類および飲食料品の卸売り，小売等を目的とする非上場会社である（発行済株式総数338万7000株）。その定款には，株式の譲渡につき取締役会の承認を要する旨の定めがある。Yは酒類および飲食料品雑貨の卸売等を目的とする会社であり，Aと同様，株式譲渡には取締役会の承認を必要とする。AとYはともにCの子会社であった。AはYとの間でAを吸収合併消滅会社とする吸収合併契約を締結し，Aの株主総会において，当該合併契約を承認する旨の決議がされた。Aの株式32万5950株（発行済株式総数の約9.6％）を有するXは，株主総会に先立ち吸収合併に反対する旨をAに通知した上，株主総会において吸収合併に反対し，Aに対して株式を公正な価格で買い取ることを請求した。しかし，AはYに吸収されたことから，YとXとで売買価格の協議が調わないため，Xは価格決定の申立てをした事案である。

Aは非上場会社であり，会社法785条1項に基づく株式買取請求がされ，裁判所が収益還元法を用いて株式の買取価格を決定する場合に，非流動性ディスカウントを行うことができるか否かが争われた。

・原々審（札幌地決平成26年6月23日）

原々審は，裁判所の選任した鑑定人Dによる鑑定（D鑑定）により，収益還元法を用いることが相当であるとした。また，本件で算定しなければならないのは，本件株式の有する価値ではなく，買取価格であるとした上で，D鑑定が収益還元法による評価の過程で非流動性ディスカウントを25％の比率で採用したことも不合理と認められない限り，排斥することはできないとして本件株式の売買価格をD鑑定と同様，1株80円と決定した（Xは抗告）。

・原審（札幌高決平成26年9月25日）

原審は，原々審の判断と同様に非流動性ディスカウントを行うことが相当で

第2章　企業の資金調達に関する裁判例

あるとして，その決定の理由を補正した。

　吸収合併に反対して会社からの退出を選択した株主には吸収合併がされなかったとした場合と経済的に同等の状況を確保する必要があるとした。

　しかしAの株式は非上場会社の株式のため上場会社の株式のように株式市場で容易に現金化することの困難性を考慮することが裁判所の合理的な裁量を超えるものということはできない。

　Xは収益還元法を採用する限りは非流動性ディスカウントを行うことはできないと主張するが，Xの享受していた財産的地位は換価の困難性を反映したものというべきであり，上記主張は理由がない。

　しかしながら，原審の上記判断は是認することができない。その理由は次のとおりである。裁判所は公正な価格の算定に際し，非上場会社の株式の価格の算定については，様々な評価手法が存在するが，どのような場合にどの評価手法を用いるかについては，裁判所の合理的な裁量に委ねられていると解すべきである。しかしながら，一定の評価手法を合理的であるとして，当該評価手法により株式の価格の算定を行うこととした場合において，その評価手法の内容，性格等からして，考慮することが相当でないと認められる要素を考慮して価格を決定することは許されないというべきである。

　非流動性ディスカウントは，非上場会社の株式には市場性がなく，上場株式に比べて流動性が低いことを理由として減価をするものであるところ，収益還元法は，当該会社において将来期待される純利益を一定の資本還元率で還元することにより株式の現在の価格を算定するものであって，同評価手法には，類似会社比準法等とは異なり，市場における取引価格との比較という要素は含まれていない。吸収合併等に反対する株主に公正な価格での株式買取請求権が付与された趣旨が，吸収合併等という会社組織の基礎に本質的変更をもたらす行為を株主総会の多数決により可能とする反面，それに反対する株主に会社からの退出の機会を与えるとともに，退出を選択した株主には企業価値を適切に分配するものであることをも念頭に置くと，収益還元法によって算定された株式の価格について，同評価手法に要素として含まれていない市場における取引価格との比較により更に減価を行うことは，相当でないというべきである。

　したがって，非上場会社において会社法785条1項に基づく株式の買取請求

64

がされ，裁判所が収益還元法を用いて株式の買取価格を決定する場合に，非流動性ディスカウントを行うことはできないと解するのは相当であり，1株106円とした。

(ii) **決定主旨**

非上場会社の吸収合併における反対株主の株式買取請求につき，裁判所が収益還元法を用いて株式の買取価格を決定する場合に，非流動性ディスカウントを採用することはできないとした。本決定の公正な価格というのは，企業価値の増加を生ずる場合か否かを問わず，反対株主に退出の機会を与え，企業価値の適切な分配をすることであり，株価の算定方法の決定は裁判所の合理的な裁量に委ねている[15]。非流動性ディスカウントに関しては，後掲する。

4　各裁判例における評価手法の採否にかかる具体的検討

以下では，各事案の内容に沿って評価手法の採否について具体的に検討していきたい。

決定1（広島地決）で論点となった純資産方式とゴードン・モデル方式については，①解散等が予定されているか（相応の規模を有する継続企業であること），②相当程度の有休資産を有しており，それを売却するか，③申立人らが会社の解散決議を行うだけの議決権を有するか（過去の経緯から会社の経営支配力を有するかの判断）がポイントとなり，純資産方式はふさわしくないとされた。純資産方式については，一時点の純資産に基づいて価値評価を前提とするため，判断将来の収益能力または市場での取引環境の反映は難しく，企業の有する将来の収益獲得能力を適正に評価しきれず，事業継続を前提とする会社においてふさわしくないとする。ゴードン・モデル方式は，配当政策の影響を受けやすいが，④相手方の過去の配当実績や配当性向の分析により，特段の支障がないとされた。売主を買主，双方対等の立場にあることを前提として，売主の立場から相当な評価方式と買主の立場から相当な評価方式を1対1で反映させることが相当であるとし，①－④の分析により，ゴードン・モデル方式とDCF方式を1対1で折衷する方式がとられた。この決定は妥当だと思われる。

決定2（東京地決）では，Aの事業継続性が認められることや，会社規模や

65

第2章　企業の資金調達に関する裁判例

事業リスクに鑑みれば，一定の収益や配当が永続することを前提とする収益方式のみによることは相当ではなく，収益方式とともに会社の静的価値に着目した評価方法である純資産方式も考慮すべきであるため，継続企業を前提とする再調達時価方式を採るべきであると判示した。その上で売主，買主，双方の立場に立って検討するのが相当であるとし，申立人が支配株主と一般株主の中間的な立場に位置する株主と認められることも考慮し，DCF方式と純資産方式と配当還元法を0.35対0.35対0.3の割合で加重平均して求めた価格を採用すべきと判示した。決定1と照らし合わせると，①継続企業であっても，③単なる一般株主ではないことに重きがあり，純資産方式自体がふさわしくない，というわけではない。純資産方式は原則，小企業の株式を評価する場合に用いられ，大・中企業も選択することができるが，株式保有特定会社や土地保有特定会社，清算中の会社，開業または休業中の会社などが該当する。③単なる一般株主ではないということについては，事業を継続するか否かの発言権も少なからずあり，②不動産などの財産を清算させることになる可能性があるため，純資産方式も取り入れられたものと考えられる。

　決定3（東京高決）では，本件会社が創業してさほど年月が経過しておらず，資産に含み益がある不動産などが存在していないこと，ベンチャー企業としての成長力が大きく，売上が順調に推移し，事業の進展の経緯からすれば今後も利益が確実に見込まれ得ることから純資産方式を排除した。譲渡に経営支配権を伴う場合，通常，純資産方式が単独，あるいは併用して採用されるが[16]，本件では，相手方（買主）が支配株主となり，相手方グループの事業に組み込まれ，安定した事業展開を始めて数年しか経過していないことから，2事業年度とはいえ，将来的にもこの収益が確実に見込まれることとして，収益還元方式による算定によって株式価格を決定した。本件の場合，③申立人が経営支配力を有し，清算する可能性がある場合とは異なり，相手方が経営支配力を有すること，清算する可能性が極めて低いことから，純資産方式を排除する大きな要因となっているのであろう。

　決定4（大阪地決）は，本件株式の2分の1をＹ1（会社）自らが買い取り，残りをＹ2（相手方）を指定買取人に指定した事例である。Ｘは，不動産の売買および賃借を主たる業務とする株式会社であり，Ｙ1は不動産賃貸を主たる

業務とする株式会社である。Y2はZの公開買い付けを行って同社を吸収合併した，演芸の工業を主たる業務とする株式会社である。本件不動産鑑定評価書は，X（A鑑定），Y2（B鑑定・C鑑定）からそれぞれ提出された他，本件株式の売買価格に関し，X（税理士によるD鑑定），Y2（E株式会社作成E鑑定），Y1（税理士法人によるF鑑定・公認会計士によるG鑑定）からそれぞれ書類が提出された。裁判所の選任した鑑定人によるG鑑定の合理性について検証し，配当還元法と収益還元法を採用し，各手法による算定価格を加重平均して算定するのが合理的と判断した。その根拠として，「G鑑定書は，Y1の収益力を基礎とした本件不動産の価格に基づき，非事業資産を加え，事業の継承に当然必要となる本件コストを控除するなどの調整をしてY1の株式価値を算定しているが，（略）Y1が資産会社として不動産賃貸業を継続する特徴を考慮し，資産価値と収益力の双方をバランスよく配慮している点で合理的である。Xの主張する事情は，G鑑定における収益還元法においても十分に考慮済みであるといえる。」とし，XはY1にある程度経営に影響を与える株主であり，そしてY2とY1の代表取締役の親グループとはY1の経営に対して強い影響を持っていることからY1自身が買い取る株式については支配権を持つ株主と同じ立場で考えざるを得ないため，単純な少数株主にとっての価値を配当還元法によって，完全な支配権を保有する株主にとっての価値を収益還元法によって評価し，配当還元法と収益還元法の加重割合を0.2対0.8とした。決定4においても，経営支配権の有無と，事業や保有資産の種類などの特徴を踏まえて決定されている。

　上記の4つの裁判例から窺えることは，譲渡制限株式の売買価格決定における基準としては，③申立人らが会社の解散決議を行うだけの議決権を有するか（過去の経緯から会社の経営支配力を有するかの判断）が最も重要なポイントの1つとなろう。③経営支配力を持たない少数株主，または相手方（買主）は，①会社の清算は想定されず，よって純資産方式を排除する方向となる。そして申立人と相手方，双方の立場において，合理的な手法が採択されることとなる。

5 事案における評価手法に関する考察

　譲渡制限株式の価格決定に関し，裁判例を中心とした実務的な考察を行ってきた。こうした各事案の検討を踏まえ，譲渡制限株式の算定方式の主張が実務上意味することについて考察したい。決定1，決定2，決定4のように各事案に応じて複数の評価手法を加重平均で決定している裁判例が多くみられる。ポイントは次の5点に集約される。

　第1に配当還元法は理論上は本則ともいえる手法であるが，実務上は必ずしも使い勝手がよいものではない。会社が継続的に配当を行っていた決定1では，配当還元法の一方式であるゴードン・モデル方式が採用されているものの，それはゴードン・モデル方式（の併用）を主張する一方，当事者の意見書を是認したにすぎない。決定3は評価対象会社が配当を実施したことがなく，将来に配当を行う予定もないことを理由に配当還元法を採用しないこととした。また，少額ながら配当が支払われていた決定2，決定4においても少額の配当を前提にした評価を株主は受け入れるべきとの理由で配当還元法が採用されているものの，その割合は他の方式よりも低く，補完的といってもよい程度である。多くは中小企業であろう譲渡制限株式会社の場合，内部留保のため配当を抑制したり，業績次第で配当が安定しなかったりと，配当は必ずしも指標として適切なものとはいえず，それよりもDCF方式などの方が手堅いということである。

　第2にDCF法について述べる。決定1，決定2においてはDCF法と他評価手法での併用を行っている。決定4ではDCF法を主張していたにも関わらず，主張とは関係のない収益還元法が採用された。DCF法は将来得られる利益を算定する評価方法である。しかし，将来キャッシュ・フローや割引率の設定等により価値が大きく変化してしまうなど，恣意性のリスクが潜在的にある。DCF法のみの評価では適切な価値を導き出すことができないため，他の評価手法と併用して採用されることが多い評価方法となっている。

　第3に純資産方式を是とする主張から受けとれる事業について述べる。決定1において純資産方式の併用を主張するNらは，自己取引等を理由に解職・解任されたAからMの株式を譲り受けた者であり，AとNらの一体性（AはNらの

代表取締役を務め，Nらを実質的に支配している）に鑑みれば，解任された取締役が株式の高値買取（Mの実質的な解体を意味する）を迫るものといえる。他方，決定2においても前述のとおり純資産方式の採用はZ事業の実質的清算を意味し，このような方式を主張すること自体，解体価値の分配を求めているに等しい。決定4においてもY1は解散を予定していないことやXは少数株主であり，その株主は会社を清算するかどうかを決定する立場にないことから，会社の清算を想定した純資産方式による評価は適さないとした。

　以上の事例から受けとれることは，当該対象会社は分配を主張されるだけの解体価値，即ち不動産などの資産を保有しているということである。決定3においては，株式の移転によりDがTを完全に支配することになることを，支配権の移動があった際に使用する評価方法である純資産方式と収益還元法の採用を検討すべきとする理由としている。決定3では創業して年月が経過しておらず，資産に含み益のある不動産が存在しなかったため，収益還元法のみの評価となった。しかし，含み益のある不動産が存在した場合の価値は，不動産が売却されなければ会社の収益として計上されないことから，資産の面ではなく経済利益で評価する収益還元法のみを採用したとすれば不動産の含み益を含む評価対象会社の価値を正しく評価できない可能性があることを踏まえてのことと思われる。

　第4に株式の売買による支配権の移動について述べる。決定1においては解散決議を行うだけの議決権を保有していないため，経営支配権の移動が生じないことから純資産方式を排除した。決定2では経営陣かつ支配株主から資料の提供を受けて指定買取人として本件株式を買い取るため，支配株主と一体の立場に立つ株主と評価された。そのため，会社の存続を前提とする収益方式とともに会社の静的価値に着目した純資産方式を併用した。決定3の場合は完全に支配することとなるが，第3に述べたとおり，含み益がない関係で収益還元方式を採用した。決定4では株主構成は5者に分散して保有されており，単独で支配可能な保有割合を有する株主はいない。また，現時点では事業継続が予定されている。しかし他の株主と協力関係を築き会社を支配する可能性があるとして，主張されていた将来の利益を見積もるDCF法ではなく現在価値に割り引く収益還元法として評価した。

第2章　企業の資金調達に関する裁判例

　会社の支配権を有した株主は，会社を存続させて会社に収益を実現させることもでき，また清算して残余財産の分配を受けることもできる。そのため，会社の存続を前提とする収益還元法および会社の解散価値を示す純資産方式のいずれにより株式を評価することも可能である。一方で少数株主の株式は，会社を清算するかどうかを決定する立場にないことから，会社の清算を想定した純資産方式による評価に適さない，という考え方が背景にあるとみられる。

　第5に不動産鑑定評価書や売買価格に関する鑑定書について，どの鑑定書に基づいて裁判所が判断をするか，その基準は鑑定の中立性にあると思われる。決定4で採択された鑑定は，当事者から提出された私的鑑定書を前提に裁判所の選任した鑑定人による鑑定，企業価値評価を行ったものであり，中立的なものと認められやすいと考えられる。決定1では当事者から提出された私的鑑定書を使用して評価した。決定2においては当事者それぞれの主張があったが，裁判所も鑑定を行い，裁判所なりの答えを出した事案である。

6　裁判例の分析と判断根拠，実務上のポイント

　以上の事例の検討を踏まえて，各評価手法と判断根拠について簡潔に記しておきたい。非上場・譲渡制限付株式の売買価格の決定については，上場株式と異なり明確な指標が存在せず，算定が困難な問題となることが少なくない。従来の判例の内容も区々にわたっている。そもそも各事案毎の問題点・趣旨も相違し，安易な定式・フォーミュラ化にはリスクもあるが，近時の裁判例の検討を通じて，一定の統一的・整合性のある理解を試みることとする。

　非上場株式の評価方法として税務分野においては財産評価基本通達（178以下）に定められる純資産評価法，類似業種比準法，配当還元法であるが，譲渡制限付株式の売買価格決定においては収益還元法，就中DCF法が採用されることが多い。もっともDCF法は使い勝手がよく，便利な指標であるが，恣意性が入る余地が大きいことはつとに指摘されている。各事案に応じて他の手法を加重平均していくことには合理性があると思料する。

　どの評価方法を採用すべきかを検討するにおいて，裁判所が分析した事実あるいは判断根拠として以下のことが指摘されている[17]。

⑴ 譲渡制限付株式の売買価格の交渉における実務上の注意点

先ず譲渡制限付株式の売買価格の交渉における実務上の注意点として，①裁判所への申立てとの同時進行であること，②企業価値評価に精通した専門家による鑑定評価書を入手し，企業価値評価を把握した上で交渉を行うこと，③財源規制に違反しないように売買価格を決定することが挙げられる。①では，会社による供託金額より少ない金額での売買を希望する場合，譲渡承認を請求した株主との交渉と同時進行により，裁判所に対し株式売買価格の決定を申し立て（会社法144条2項），裁判所の審理を受ける必要がある。会社または指定買取人による買取りを行うとの通知を行った日から20日以内に関係当事者が裁判所に売買価格決定の申立てをしなければ，1株当たり純資産額×対象株式数で計算される会社が通知の際に供託した金額が売買価格となり（同法144条2項，5項），譲渡承認を請求した株主との間で交渉を続けることができなくなる。一般的にDCF方式などによる株式評価金額が純資産額により算定された供託金額よりも大きくなる傾向にあるため，供託金額より少ない金額を売買価格としたいと会社が考える場合はさほど多くないが，裁判所に申立てを行わずに20日が経過すると裁判所手続で争う余地がなくなることになる。②では，鑑定評価書は取締役の経営判断の合理性を担保する役割を果たし，任務懈怠責任追求の局面では会社判断の合理性を証明する証拠となる。③では，譲渡制限付株式の譲渡を不承認としたことに伴う株主からの買取請求により会社が株式を買い取る場合も剰余金の配当と同様の財源規制が設けられ，所定の分配可能額を超える金額の金銭支払を行うことは許されない（同法461条1項1号）。財源規制に違反して株式の売買代金が支払われた場合，会社に株式を譲渡する株主および会社の業務執行者等が売買代金額全額を会社に支払う義務を負う（同法462条1項）。

⑵ 分析のポイント―譲渡制限付株式の売買価格における判断根拠―

事案を踏まえて，以下のような簡易な定式化が試みられている。

① 会社業績の推移―収益還元法と純資産評価法―

4つの裁判例共に収益還元法（DCF法など）を採用ないし加重平均の要素とするが，決定2を除いて純資産評価法を評価手法とすべきとの主張は排斥し

ている。その判断の根拠として，会社業績が順調に推移していることを挙げている。将来にかけて直近事業年度に実現した収益が継続的に確保される可能性が高いため，将来収益をベースとして企業価値を評価する収益還元方式に従って企業価値を算定することが合理性を持つことになる。他方，近い将来に解散・清算が予定されている場合，清算手続において資産・負債を整理して純資産相当の残余財産が株主分配されることになるため，純資産評価法を採用する合理性が生じることになる。

② **含み益を有する不動産─純資産評価法─**

決定3，決定4において会社の保有資産に含み益を有する不動産が存在しないことを純資産評価法排除の理由の1つとして掲げている。含み益を有する不動産の価値としては売却を待って会社の収益として計上することになるため，収益還元法採用のみであれば含み益を有する状態のままの対象会社の企業価値を正しく把握できない可能性があることが前提にあろう。

③ **支配権の移動─純資産評価法─**

決定1，決定2，決定4共に売買対象株式の移動により支配権移動が生じるか否かの検討を行い，純資産評価法採用の可否を検討している。決定1において，支配権移動が発生せず，解散決議を行う可能性が低いため残余財産分配の発生可能性が低いとして，純資産評価法採用を排除する事実として評価している。

決定3は，完全な支配への移動があることについて，純資産評価法または収益還元法の採用を検討すべき理由として掲げている。支配株主からみれば会社存続を前提とする収益還元法，または解散価値を示す純資産評価法のいずれかによる株式評価が可能となる。他方，少数株主は清算を決定する立場になく，純資産評価法による評価には適さないと考えることになる。

④ **配当実施**

配当還元法を採用する前提としては剰余金配当の定期的な実施の有無について検討していくことになる。決定1では継続的配当があり，配当還元法（ゴードン・モデル方式）を採用した（収益還元法であるDCF法と配当還元方式であるゴードン・モデル方式を1対1で加重平均）。決定3では少額であるが配当が行われており，少額配当を前提にした評価を株主は受容するべきという理

由で配当還元法が採用された（収益還元法と配当還元方式を各80％，20％として加重平均）。他方で決定3では，対象会社が配当を実施しておらず，将来に配当を行う予定もないことから配当還元法を不採用とした（収益還元法のみを採用）。

(3) 裁判例毎の要諦

次に，以上の評価手法等にかかる4つの判断根拠を基に，決定1〜決定4について事案毎に，私見も交え改めて要諦を掲げてみたい。

(i) 決定1

決定1では収益還元法（DCF法）と配当還元方式（ゴードン・モデル方式）を1対1で加重平均しているが，判断根拠①の業績推移の点からは収益還元法を採用し，根拠②の含み益がないこと，根拠③の支配権移動の可能性がないことから純資産評価法は排斥した。また根拠④について継続的配当の存在から配当還元方式も採用している。継続企業であることを重視して収益還元法のうちDCF法を用い，また配当還元方式のうちゴードン・モデル方式を採用しているが，両者の比率を1対1とした点は事実上当事者の意見書を採用したことになる。

(ii) 決定2

収益還元法（DCF法）35％，純資産評価法35％，配当還元方式30％の加重平均としている。買主は支配株主と一体であるとして収益還元法（DCF法）と純資産評価法を1対1で採用し，他方少数株主である売主の立場から，一般株主において適切な手法である配当還元方式を用い，その加重平均とした事案である。配当還元方式については決定4同様に結果としては補完的手法となった。根拠①の業績推移の点からは，水上バスという収益性の減退する事業リスクを抱えており，収益還元法の単独採用とすることはできない。根拠②の点は，静的価値に注目したとして純資産法を併用するが，根拠①の視点から継続企業を前提として再調達時価純資産方式を採用し，清算処分時価による時価純資産方式は前提としていない。

(iii) 決定3

収益還元法のみにより株式価格を決定している案件である。根拠①の業績推

第2章　企業の資金調達に関する裁判例

移の点から収益還元法を採用し，根拠②の含み益がないことから純資産評価法
は一旦は排斥した。しかしながら，根拠③の支配権移動の可能性があることか
ら，収益還元法または純資産評価法の採用を検討している。もっとも全株式を
取得したにもかかわらず，結局は純資産評価法の採用は否定している。決定1，
決定2，決定4では解体による価値，即ち不動産の存在が認められ，含み益の
点はともかくとして純資産評価法の主張が出される所以となる。また根拠④に
ついては配当が実施されておらず，配当還元法を採用していない。

(iv)　決定4

　収益還元法と配当還元方式を各々80％，20％として加重平均している。ネッ
トアセット・アプローチ（再調達時価純資産法，清算処分時価純資産法），イ
ンカム・アプローチ（収益還元法，配当還元法）の各々の1株の評価額を算出
し，他方でマーケット・アプローチは適当な類似上場会社がなく，取引事例の
前提条件が異なることから採用できないとした。先ず根拠①の業績推移の点か
ら収益還元法を採用し，根拠②の含み益に関する記載は見当たらない。根拠③
の支配権移動の可能性については検討したとするが，主要株主には解散する予
定がなく，少数株主には解散の決定権がないことから純資産評価法の採用は否
定した。根拠④については少額ながら配当が実施されており，配当還元法も併
用している。

　支配権を有する株主としての評価では，収益還元法を採用し，上場会社では
あるが保有資産において金銭その他の市場性のある資産の占有率は40 ～ 60％
であり，非流動性ディスカウント率は多く用いられている30％の半分の15％と
した（清算処分時価純資産法による評価と同額）。少数株主が持つ株式の評価
は配当還元法にウェイトを置くことが一般的としつつ，ある程度経営に影響力
がある株主として評価し，80％，20％で加重平均としている。Xが外形的には
少数株主であるが経営に影響を与える可能性も残されており，配当還元法によ
る評価額に20％，収益還元法による評価額に80％のウェイトを置いて評価する。
両者を併用する方法について，経営に影響を与える可能性のある少数派株主の
保有株式の評価方法にかかる裁判例（千葉地決平成3年9月26日判時1412号
140頁）とも整合的であり，また加重平均に重ねてのマイノリティ・ディスカ
ウントを否定した点も合理的であるとの指摘がされている[18]。

74

また併用方式について，1つ1つが信頼に値しない数値を複数よせ集めたからといって，信頼できる数値が算出できるわけではないこと[19]，売買当事者の特性を考慮することに対しては，少数株主（売主）における評価額を売買価格とすると支配株主（買主）が転売等を行えば利益を得てしまうので，支配株主における評価額（高い方の価額）を売買価格とすべきであること[20]，逆に他方で少数株主における評価額を売買価格とするのが理論的であること[21]などの見解も示される。

7　非流動性ディスカウントの考察
　―買取り側の事情，割引率（資本コスト）の関連―

(1)　非流動性ディスカウント

関連して，最決平成 27年3月26日（セイコーフレッシュフーズ株式買取価格決定に対する抗告棄却決定に対する許可抗告事件，金判1466号8頁，判時2256号88頁，資料版商事法務375号141頁）（決定5）を題材として，非流動性ディスカウント（市場価格のないことを理由とした減価）について検討を加えたい[22]。

非流動性ディスカウントは，非上場会社の株式評価の流動性が低く，換金に追加的コストがかかることを理由として上場会社の株式の評価よりも減価することをいう[23]。

収益還元法により非上場会社株式の買取価格を決定する場合における非流動性ディスカウントの可否が問われた事案である。原審（札幌高決平成26年9月25日）は公正価格算定に際し，株式の換価の困難性を考慮することが裁判所の合理的な裁量を超えるものということはできないとして減価を行うことを肯定したが，最決平成 27年3月26日（決定5）は収益還元法には市場における取引価格との比較という要素は含まれていないこと，反対株主に公正な価格での株式買取請求権が付与された趣旨が反対株主に会社からの退出の機会を与え，退出を選択した株主には企業価値を適切に分配するものであることを考慮すると，減価を行うことは相当でないとした。

非流動性ディスカウントの可否に関しては議論があるが，公正な価格の評価

対象を，事業計画に基づく企業価値の持分割合に応じた価値とみるか，特定の株主の保有する株式と考えるかの相違であると指摘もされる[24]。DCF法，収益還元法による企業価値の適正な算定後，非流動性を理由として減価を行うことはともかく，非流動性リスクを企業価値算定に用いる割引率（資本コスト）に反映すべきところ，していないのであればその割引率に基づき算定された企業価値は過大評価されているとも考えられる[25]。

　ここで，対象会社の非上場会社の予測フリー・キャッシュ・フロー，予測利益を上場企業の資本コストで割り引いて算定した数値は上場会社の仮定の下に算定された企業価値であり，判旨が収益還元法には，類似会社比準法等とは異なり市場における取引価格との比較という要素は含まれていないとする点については疑問が出される。収益還元法により非上場会社株式の買取価格を決定する場合，非流動性ディスカウントの可否は裁判所の裁量に委ねられていると考えるべきではないか，と指摘がされている[26]。

(2)　買取価格決定に関する事案
―非流動性ディスカウント採用を否定した裁判例―

　関連裁判例として，買取価格決定に関する事案をみていきたい[27]。

　東京高決平成22年5月24日[28]では，非上場株式会社（旧カネボウ）による事業譲渡に反対する株主が株式買取請求権を行使して，買取価格の決定を申し立てた事件である。裁判所は評価方法としてDCF法を採用しつつ，マイノリティ・ディスカウントや非流動性ディスカウントを否定している。マイノリティ・ディスカウントとは，会社の株式を取得するに当たり，その会社に対する支配権を取得できない場合に，その点を価格に反映させるために，株式の時価から割り引かれる価値のことである。その理由として裁判所は，理論的観点から配当還元法よりDCF法を採用する方が適切であり，また本件株式買取請求権は，少数派の反対株主としては株式を手放したくないにもかかわらずそれ以上の不利益を被らないために株式を手放さざるを得ない事態に追い込まれることに対する補填措置として位置付けられるものであるから，マイノリティ・ディスカウントや非流動性ディスカウントを本件株式価値の評価に当たって行うことは相当でないとした。原審の東京地決平成20年3月14日も，株式買取請求権制度は

多数株主によって会社からの離脱を余儀なくされた少数株主の経済的損失の保護を目的としたものであり，株主が進んで株式を売却することを前提とした非流動性ディスカウントを考慮すべきでなく，また非流動性ディスカウントによる調整は客観的根拠がなく，鑑定の客観性を担保する観点をも考慮してこれを採用しないとした鑑定人の判断には十分な合理性があり不都合な点はないとし，非流動性ディスカウントを否定した。

(3) 売買価格決定に関する事案
―非流動性ディスカウントを採用した裁判例―

　売買価格決定に関する事案として，会社法144条2項に基づく譲渡制限株式の売買価格決定申立てについて非流動性ディスカウントを採用した裁判例がある。

　①広島地決平成21年4月22日（金判1320号49頁）（決定1）は，非流動性ディスカウントについてはDCF方式による算定において，一般に事業の合併・買収取引に際して非公開会社を評価する場合には，当該会社の流動性の欠如を理由とするディスカウント（非流動性ディスカウント）を加味することとされており，本件株式譲渡人（申立人は株式譲受人）には所有する株式の譲渡を余儀なくされるような事情はおよそ認め難いとして，非流動性ディスカウントを考慮した算定書の算定過程について，これを肯認することができると判示している。売主側算定書ではインカム・アプローチであるDCF法や配当還元方式において流動性を考慮することには合理性がない等としていたが採用されていない。

　②大阪地決平成25年1月31日（判時2185号142頁）（決定4）は，裁判所が依頼した鑑定人の鑑定評価書にほぼ依拠して，収益還元法の算定過程の最終段階で15%の非流動性ディスカウントを行っているが，譲渡制限会社株式については投下資本回収に制約があることを理由に30%程度価格の評価が下がるのが一般的であるが，対象会社特有の投下資本の回収可能性にかかる事情からその事情に応じた減額率を採用することにも合理性があるとして，対象会社が多額の換価が容易な資産を有すること，直近年に資産の換価（固定資産売却・有価証券売却）を行っていることから，非流動性ディスカウント率を15%としたこと

第2章 企業の資金調達に関する裁判例

は合理性を欠くものではないとし，鑑定の結論を支持している。

　③東京地決平成26年9月26日（金判1463号44頁）（決定2）は，当該株式が非上場株式であり流動性を欠くことから，これを考慮した割引を行うべきであるとして，DCF法で算出された価格について30％の非流動性ディスカウントを行うことが相当であるとしている。他方，配当還元法による算定では資本還元率はDCF法による割引率を算定する際に用いた資本コストを用いるのが相当であるとして採用しているが，非流動性ディスカウントは行っていないようである。

　上記裁判例は譲渡制限株式の売買価格決定に関するもので，売買価格決定の際は非流動性ディスカウントを行うものとの考えに立脚すると思われる。①～③はいずれもDCF法または収益還元法による評価において非流動性ディスカウントを行っている。

　参考までに大阪地判平成25年1月25日（金判1423号49頁）は，会社保有の他社株式を廉価で売却した取締役の対会社責任が認められた事案で，任務懈怠の有無と損害額の判断のため，当該株式の適正譲渡価格を算定すべく評価方法としてDCF法を採用し，非流動性を理由に30％ディスカウントをした鑑定を合理的であると判断している。

(4) 本決定の射程

　本決定（セイコーフレッシュフーズ事件）の射程について考察するに，反対株主に株式買取請求権が付与された趣旨に照らし収益還元法を用いる場合に非流動性ディスカウントを行うことはできないと判示しており，譲渡制限株式の売買価格決定申立てには及ばないものと解される。他方，全部取得条項付種類株式の全部取得における価格決定，特別支配株主の株式等売渡請求の価格決定の申立てには本決定の考え方が当てはまると考えられることになろう[29]。

8　収益還元法とマイノリティ・ディスカウント，併用方式・加重平均割合の妥当性

　マイノリティ・ディスカウント，収益還元法と配当還元法との併用方式・加

重平均割合の妥当性に関して検討を進めてきたが，大阪地決平成25年1月31日（決定4）を基に，収益還元法による評価額からマイノリティ・ディスカウントを行うべきか，更に収益還元法と配当還元法との併用方式・加重平均割合の妥当性等にかかる考察をまとめておきたい[30]。

(1) 収益還元法とマイノリティ・ディスカウント

大阪地決平成25年1月31日（決定4）について，先ず収益還元法による評価額からマイノリティ・ディスカウントを行うべきか，が問題となる。譲渡制限株式を発行するY1社指定の指定買取人Y2の主張によれば，鑑定人は申立人が少数株主であると評価しているにもかかわらず，収益還元法による評価額にマイノリティ・ディスカウントを行っていないが，収益還元法は完全な支配権を保有する株主にとっての株式の価値を評価する方法であり，少数株主が保有する株式に関しても収益還元法を採用するのであれば，マイノリティ・ディスカウントを行うべきである。これに対して原決定の判断では，鑑定人の鑑定結果は最終的な株価の総合評価に当たり，A社が少数株主であることを考慮している。Y1社の売買価格について，完全な支配権を保有する株主にとっての株式の価値を評価する方法である収益還元法のみをもって評価せず，少数株主にとって重視される配当に着目した評価方法である配当還元法を20%の割合で考慮した加重平均を行っている。それに重ねて更に少数株主であることを理由としたマイノリティ・ディスカウントを行うべきでないことを掲げる。

(2) 収益還元法と配当還元法との併用方式ならびに加重平均割合の妥当性
① 配当還元法の採用

X社の主張によれば，Y1社は収益の変動にかかわらず一定額の配当を継続しているが，株主でもある役員への報酬総額は配当よりも大きい。同族関係者への利益還元は配当よりも役員に対する報酬という形で行っているため，配当還元法は採用すべきでない。Y1社は，総資産額の約1/4がY2社株式への投資額だがY2社は無配であるため，Y1社の配当可能利益が低く抑えられ，配当還元法による価格が不当に低くなっている。X社，Y1社またY2社が各々依頼した専門家によるY1株式の価値の算定では配当還元法は考慮されていな

い。鑑定で配当還元法によって算定された価格は，他の方法による算定結果より著しく乖離し低いとする。

　原決定の判断は，少数株主の企業価値に対する支配は基本的に配当という形でしか及ぶことはないから，株式価値の評価に当たり，配当に着目した配当還元法をある程度考慮することは不合理ではない。少数株主は将来の配当をコントロールすることができず，現状の配当が不当に低く抑えられているとしても，その限度における配当を期待するほかなく，現状の配当を前提に評価するのは不合理ではない。株価算定は，対象となる会社の資産状態のほか業態や特質など一切の事情を考慮し，事情に応じて各評価方法を取捨選択して合理的な結論を導くものであり，1つの手法が他の手法の価格と乖離しているからといって，そのことだけで考慮してはならないということにはならない。よってインカム・アプローチのうち，配当還元法による評価額を採用することは合理性がある。

②　DCF法の採用

　Ｙ1社の主張では，不動産賃貸業を営んでおり，解散が予定されている事実もない。Ｙ1社の少数株主は事業を継続し，将来にわたって会社から剰余金配当を受けることを目的として株式を保有しているから，将来の収益力や事業計画を反映できるDCF法が適している。

　Ｙ2社の主張では，不動産賃貸業を主たる事業とし収支予測は比較的容易であるため，DCF法の問題点であるフリー・キャッシュ・フローの予測の確実性も高い。

　原決定の判断は，Ｙ1社の算定もＹ2社の算定も，いずれも各当事者からの依頼を受けてのもので，その中立性に疑義がないわけではない。両社の算定結果も，鑑定人の鑑定結果の合理性，優位性を左右するものではない。インカム・アプローチのうち，DCF法による評価額は採用せず，鑑定人の収益還元法による評価額を採用する。

③　加重平均割合の妥当性

　次に収益還元法と配当還元法との加重平均割合の妥当性について，Ｙ2社の主張では，鑑定人は，Ｘ社は外形的には少数株主であるが，経営に影響を与える可能性もあるとして，配当還元法による評価額に20％，収益還元法による評価額に80％のウェイトを置いて評価している。しかし，Ｘ社が他のグループと

協調して経営に影響を与える可能性は漠然としたものにすぎないにもかかわらず，収益還元法による評価額のウェイトが重すぎる。

原決定の判断は，Ｙ１社の株主構成をみると，Ｘ社を含め他の株主である親族グループの保有割合も約18％ないし約25％であり，いずれも単独で支配可能な保有割合を有する株主はいない。このため，いずれの株主も，Ａ社を支配するためには他の株主と協力関係を築かなければならない状態にある。Ｘ社は，他の株主との協力関係を築いてＹ１社の支配を獲得する可能性があるだけでなく，Ｙ１社の支配を望む他の株主にとって無視できない存在である。そうすると，Ｘ社の保有割合自体が過半数に達していなくとも，Ｘ社が経営に影響を与える可能性がないとはいえず，支配株としての側面を否定することはできないとみるべきである。鑑定人の算定した価格は，各当事者が依頼した専門家が算定したそれぞれの価格の範囲に入っており，不合理なものということはできない。よって，加重平均割合が合理性を欠くものではない。

単純な配当還元方式は企業の成長予測が反映されず単純に過ぎ，利益と配当の増加傾向を予測するゴードン・モデル方式による配当還元方式が優れるとする裁判例（大阪高決平成元年３月28日判時1324号140頁），収益の相当割合を社内留保して資産増加に重点を置き，配当額を比較的低く抑えてきたことが窺える企業について配当還元方式に加えて純資産方式や収益還元方式を併用する裁判例（東京高決平成元年５月23日判時1318号125頁）がある。また広島地決平成21年４月22日（決定１），札幌高決平成17年４月26日（判タ1216号272頁）は，少数派株主である売主の特性に適した評価方法と支配株主である買主の特性に適した評価方法を併用する裁判例といえる[31]。

9　鑑定採用の有無

裁判所が選任した鑑定人の鑑定結果（G鑑定）を採用し，鑑定結果を検証する形で決定が下されている決定４について，中立性があるという理由でG鑑定を採用することも裁量の範囲内といえる。本決定は，純資産法では企業の収益力が反映できないこと，Ｙ１がマンダムビルを取得して新たに賃料収入を得ていること，解散を全く予定していないこと等を指摘して純資産法の採用を否定

81

第2章　企業の資金調達に関する裁判例

し，収益還元法を採用している。収益還元法といっても鑑定は資産の価値と収益力の双方をバランスよく配慮している点で合理的であるとする[32]。

　また，決定1では各私的鑑定書について裁判所が分析をして具体的な株式評価額を算定している。同様に，決定2も裁判所が鑑定結果を採用するか否かを判断するに当たっては，前提とした事実に誤りがないか，資料選択や専門的知識に基づく判断過程に著しく合理性を欠く点がないかの観点から検討していくのが相当であり，特に問題がなければ鑑定結果を尊重するのが相当であるとする。

　他方，決定3では鑑定によらず非公開株式の算定を行っているが，本来は専門家である鑑定人による鑑定を行うことが望ましいところ，当事者が鑑定費用を予納できず，かつ和解も成立困難な場面では鑑定によらず裁判所が結論を出さざるを得ない[33]。鑑定費用を会社あるいは指定買受人の負担とすることを前提に職権による鑑定を活用すべき意見も出されている[34]。

10　DCF法における不確実性，恣意性
―非上場企業への適用，ファイナンス理論等の観点から―

(1)　DCF法における不確実性，恣意性

　各評価手法などに関して，以下ではDCF法を中心にファイナンス理論等の見地から考察を深めたい。DCF法によって算出された事業価値を判断するポイントとして，M&Aの当事者となる企業としてはDCF法で事業価値を算定する前提となる営業フリー・キャッシュ・フロー予測が事業シナリオの観点から妥当性のあるものか，割引率が適切に設定されているか等について検討する必要がある。これらをチェックするポイントを掲げる[35]。

　事業の将来性や業界安定性，市場動向・競合動向をどうみているか，今後，資本構成，市場，競合，仕入・取引価格等が変化した場合の影響に関する推計に納得性があるか，フリー・キャッシュ・フローの定義は適切か（当該事業に関係のない投融資からのリターンは含まず事業価値に対応したものか），割引率の設定に当たって，リスクプレミアム，ベータ推計等が適切に行われているか（ベータの設定において必要以上に自社のリスクが過大評価されていないか，

82

フリー・キャッシュ・フローを割り引く資本コストは事業価値に対応し当該事業に対する負債/資本のバランスを適切に考慮したものか）などである。

　上記の予測や割引率の設定は実務的には専門知識や経験が必要となり，DCF法が難しいといわれる所以である。フリー・キャッシュ・フローの定義，割引率の考え方等，財務理論に関わる内容となる。M&A等の重要な意思決定の場面では，事業シナリオ等の経営的見地から判断することが重要になる。

　DCF法に関しては，将来の一定期間までの予測フリー・キャッシュ・フローを，資本コストで現在価値に割り引き，更に一定期間後の継続価値を算出して事業価値を求める。企業価値は，事業価値に投融資の価値を加算して算定する。特長として，多様な要因を織り込んだ感度分析が可能で，価値の範囲のイメージが湧きやすいため，外部関係者や社内への説得性が高い。ただし，フリー・キャッシュ・フローの予測や自己資本ベータ算出等，過程が複雑で計算も難しいため，専門知識が必要となる。活用場面として，M&A時の取引額の評価，新規投資評価，経営管理に適合する。

　DCF法を含めた各手法の抱える欠点として，時価純資産法は現在の資産と負債を基に判定するため，将来性については加味されない。DCF法は将来の収益を加味して企業価値を判定するが，恣意性や不確実性が伴うリスクがある。類似会社比準法はバランスのいい算出法であるが，参考にする類似会社を適切に選ばないと不利になってしまうことが指摘される[36]。一般的には，大きな資産や設備を持っている会社は時価純資産法が向いているといわれ，資産が少なく将来性が期待できる会社には，DCF法が向いているとされる。いずれの方法も欠点を抱えており，場合に応じて併用することが考えられる。最終的な企業価値や暖簾代の算定は各事例毎に対応していくことになる。

(2)　非上場企業にインカム・アプローチを採用する際の留意事項

　次にインカム・アプローチを採用する際の留意事項について，非上場企業を前提に改めて要点を示しておきたい[37]。

　①　DCF（ディスカウンテッド・キャッシュ・フロー）法は，将来キャッシュ・フローをリスク等を勘案した割引率によって現在価値に割り引いた金額を評価額とする評価方法でファイナンス理論に最も忠実的な評価方法といえ，実務的

に様々な場面で利用されている。ただし，将来キャッシュ・フローや割引率の設定に主観的な判断が介在する可能性も高く，評価額の妥当性を十分に吟味する必要がある。

②　収益還元法は，会計上の予想利益を資本還元率によって割り引くことで企業価値を算定する方法で，収益還元法は一定の成長率をもって評価する方法であるためDCF法に比べて評価額が硬直的となりやすく，予想利益が変動することが想定される場合には効果的な評価方法とはいえず，株式評価報告書ではあまり採用されない。ただし，一定の成長率であることがある場合には合理的な評価方法であり，またコストをあまりかけずに評価する場合にはDCF法の簡便的な評価方法として採用することができる。

③　配当還元法は，配当金（株主への直接的なキャッシュの支払）を株主資本コストで割り引くことで株主価値を直接評価する方法で，DCF法や収益還元法が企業価値を評価し，そこから株主価値（株価）を評価する方法であるのに対し，配当還元法は株主価値を直接求めることができる。ただし，配当金が見込めない企業（多額の繰越欠損金を抱えている企業，ベンチャー企業）や日本企業のように低配当政策を採用する企業の場合，低い評価額となる可能性がある。

④　特に非上場企業の場合，ベータ（β）は上場企業の公開株価を用いて計算されるもので，非上場企業の場合，直接βを計算することができない。その結果，株主資本コストが計算できず，加重平均資本コスト（Weighted Average Cost of Capital WACC）が計算できないこととなる。非上場企業の場合，公表株価が存在しないため直接βを求めることができず，類似公開企業のβを利用することになる。しかし，当該βは類似企業の財務構成を反映したものであるため，評価対象企業のβとしてそのまま利用すると理論的な整合性が取れなくなる。なお，資本構成を反映したβをレバードベータ（Levered Beta）といい，非公開企業のβを求める場合，類似企業のレバードベータから，資本構成を除外したアンレバードベータ（資産ベータ）を算出し，そこから評価対象企業の資本構成を反映したレバードベータへの変換（リレバー）を行うことになる。

⑤　インカム・アプローチのまとめとして，DCF法が最も代表的な評価方

法であり，収益還元法や割引配当モデルは各々の実務的な用途に伴って利用されている。インカム・アプローチは，分子に将来キャッシュ・フロー（もしくは収益，配当）流列を予測し，それを適切な割引率によって現在価値へ割り引くことで求められる。

⑥　以上の検討から，インカム・アプローチを採用する際の留意事項は次のとおりである。

DCF法を採用する場合，将来キャッシュ・フローの予測のための事業計画の精度をどの程度にするかを考える必要がある。割引率WACCを算定する際にCAPM（資本資産評価モデル）[38]を利用するのが一般的である。非上場企業のβを算定する場合には，類似公開企業のβからアンレバードベータを算定し，リレバーして評価対象企業のβを算定する必要がある。割引率WACCの設定が実務的に最も難しいものである。割引率WACCは評価対象期間を通じて一定率であるため，資本構成が激変する場合（例えば，LBO等を実施した場合）に別の方法を考える必要がある。収益還元法，DDM法なども実務的な用途に応じて適宜利用する。

11　コントロール・プレミアムと非流動性ディスカウント，マイノリティ・ディスカウント

(1)　コントロール・プレミアムとマイノリティ・ディスカウント

理論上の企業価値算定（valuation）と取引価額算定（pricing）の間には，プレミアム加算とディスカウントが行われることがある。代表的なプレミアムとして，経営権獲得時に加算するコントロール・プレミアムがある。一方ディスカウントについては，逆に経営権を取得しない場合には理論上の企業価値に対してマイノリティ・ディスカウントが行われることがある。また非上場企業においては株式に譲渡制限を付けている場合，非流動性のリスク分だけ割り引かれることがある（非流動性ディスカウント）[39]。

コントロール・プレミアム（Control Premium）は，企業を支配する株主が保有する支配権に相当する価値のことをいう[40]。株式市場における株価は少数株主同士で売買する株価であり，コントロール・プレミアムは加算されない。

85

支配株主の株式価値を支配株主価値，少数株主の株式価値を少数株主価値という が，コントロール・プレミアムは少数株主価値と支配株主価値との差額に該 当する。一方，支配株主価値から少数株主価値をみれば，割り引かれる部分を マイノリティ・ディスカウント（Minority Discount）という。コントロール・ プレミアムとマイノリティ・ディスカウントは，少数株主価値と支配株主価値 との差額であって同じものを指すが，方向性が異なるものといえる。

　コントロール・プレミアムについては，一般的に合意された算定方法は存在 しないため，M&AもしくはTOB等で提示される買収価額と公表前の株価との 差額をコントロール・プレミアムとして表現することが行われることが多い。 しかし，正確には買収価額はコントロール・プレミアム以外にもシナジー効果 （Synergy Effect）が買収プレミアムに含まれていると考えられ，このため買 収価額と株式市場株価との差額がコントロール・プレミアムとはいえない。コ ントロール・プレミアムとシナジー効果部分の区分が非常に難しいことから実 務的には区分せず，コントロール・プレミアムと称することが多いように思わ れる。

⑵　各評価方法とコントロール・プレミアム

　各評価方法においてコントロール・プレミアムがいかに組み込まれているか， 検討していきたい。

㈠　アセット・アプローチとコントロール・プレミアム

　アセット・アプローチは，資産・負債をベースに株式価値を評価する方法で， 資産・負債の利用方法は支配株主が決定することから，資産・負債をベースに するアセット・アプローチは支配株主価値といえる。このため，アセット・ア プローチによる評価は一般的にコントロール・プレミアムが加味されていると 考えられ，逆にアセット・アプローチにより少数株主価値を算定する場合は， アセット・アプローチで評価された評価額からマイノリティ・ディスカウント を適用することになる。

㈡　マーケット・アプローチとコントロール・プレミアム

　マーケット・アプローチの場合，類似公開企業比較法では少数株主価値，類 似取引比較法では支配株主価値となるといわれる。類似公開企業比較法は，少

数株主価値として評価されている市場株価に基づく倍率を用いて株式価値を算定するため，少数株主価値といわれる。類似取引比較法では，支配株主価値を含めた従前のM&A，TOB価格を基礎にした倍率を用いて株式価値を算定するため，支配株主価値といわれる。

しかしながら，株式市場で算定される倍率は類似公開企業の収益率を基礎にしており，中立的な株式収益率（期待率）を基礎にした倍率に支配株主価値と少数株主価値という相違が含まれているとは理論的に考えられないという見解もある。支配株主が支配株主のみのための利益を最大化させる行動はとれず，収益については支配株主と少数株主の両方に対して中立的に平等に与えられるものである。倍率自体に支配株主価値と少数株主価値の相違を見出すことには整合性が取れないように思える。倍率を乗じる側の収益やキャッシュ・フロー，財務数値が支配株主に属するものか，少数株主に属するものかによって，その評価額が支配株主価値，あるいは少数株主価値のいずれに該当するかを決定すると考えることが整合的といえる[41]。

(ハ) インカム・アプローチとコントロール・プレミアム

インカム・アプローチにおいては分子に用いられる収益，キャッシュ・フローにより支配株主価値と少数株主価値を各々示すことになる。

マーケット・アプローチの議論同様に分母の割引率についてCAPM（Capital Asset Pricing Model：資本資産評価モデル）といった株式市場モデルを用いて算定されたものであり，これにより計算されるインカム・アプローチは少数株主価値であるとする議論もあるが，CAPMの基礎となる収益率は支配株主と少数株主に対して中立的，平等であるため，CAPMによって算定された割引率（WACC）には支配株主と少数株主の属性はないものとも考えられる。

なお，DCF法を採用する場合，事業計画に基づいて算定される将来キャッシュ・フローが支配株主の意思が反映されたキャッシュ・フローとなる可能性が高いため，DCF法により算定された評価額は支配株主価値となる可能性が高いといえる。しかし，事業計画が支配株主に帰属するキャッシュ・フローであるというわけではないので，将来キャッシュ・フローが支配株主価値ベースなのか少数株主価値ベースなのかを十分に検討していく必要はあると考えられる[42]。

第2章　企業の資金調達に関する裁判例

(3)　DCF法と非流動性ディスカウントに対する疑問
─ファイナンス理論から─

　DCF法と非流動性ディスカウントに関しては，近時の裁判例の検討を行ってきたところであるが，一般的なファイナンス理論からは，以下のような疑問も提起されていることを掲げておきたい。非流動性ディスカウントは，むしろ流動性リスクとして割引率の方に反映させるべきとしている。

　実務においてはDCF法を用いて評価された評価額に対し，非流動性ディスカウントとして70 ～ 80％などを乗じて評価するケースが散見されることについて，DCF法の評価方法と整合的ではなく，理論的に誤った評価方法といわざるを得ない[43]。DCF法は，将来キャッシュ・フローをWACC等の割引率を用いて評価する方法で，DCF法そのものは非流動性ディスカウントとは一切関係なく，将来キャッシュ・フロー流列の現在価値の合計にすぎない。評価対象企業の株式に流動性リスクがあるかどうかはDCF法により評価された結果には関係がない。一方で，流動性リスクは株式の期待収益率に反映させるべきもので，非流動性ディスカウントは流動性リスクとして割引率に反映させ流動性リスクが反映されたWACCを用いてDCF法を適用し，非流動性ディスカウントが反映されている評価額とすることができる。

12　DCF法の基礎データと割引率の信頼性，裁判所の判断，流動性ディスカウント─会社法全体の視点から─

　最後に，会社法全体の視点から株式評価手法に関わる議論を改めてみておきたい[44]。株主による買取請求権行使に関してではあるが，以下の指摘がされている（稲葉威雄弁護士）。

　①　理論的にはDFC法が優れていると評価されるが，その基礎となるデータ（予測数値）と割引率の信頼性が問題である。配当還元法については，あるべき配当の算定には将来予測・会計処理の信頼性のほか，配当性向の問題があり，実際の配当額を基準にすれば多数株主の恣意をそのまま肯定することになりかねない。純資産については簿価，処分価格，再調達価格のいずれも実際の企業を前提にすると簿価以外その額自体の把損も難しく，株式の評価への反映

の仕方にも困難がある。

　市場価格がない場合の方法としては，企業価値の反映として，(a)将来予測されるフリー・キャッシュ・フローを割り戻して現在価値を求めるDFC法（将来の業績予測や割引率の信頼性が問題），(b)予測純利益を資本還元率で還元する収益還元法（将来予測の不確実性，会計処理の信頼性が問題），(c)配当を資本還元率で還元する配当還元法（継続企業において一般株主が株式から得られる利益が配当のみであることに着目するが，あるべき配当の算定には将来予測，会計処理の信頼性のほか，配当性向の問題があり，実際の配当額を基準にすれば多数株主の恣意を肯定することになりかねない），(d)類似会社比準法（適当な比準会社が見当たらないことが多い），(e)取引事例法（市場価格による方法に類するが，相当な取引事例があるかが問題），(f)純資産法等があり，各々の長短が出てくる。

　純資産については会社法144条3項，193条3項で会社の資産状況を株価算定の考慮事由としていること，残余財産請求権の反映の要素がある（株主が残余権者である）点からそれなりの意味をもつが，簿価，処分価格，再調達価格のいずれも実際の企業を前提にすると簿価以外その額自体の把握も難しい。株式の評価への反映の仕方も困難がある。

　そこで理論的にはDFC法が優れていると評価されるが，基礎となるデータ（予測数値）と割引率の信頼性が問題である。

②　いずれにしても，価格決定を裁判所の非訟手続に委ねたことは裁判所に相当の裁量を認めたものである。結局価格算定の信頼性は，その原データの信頼性とそのデータの使い方による。会社の状況に関して信頼できる情報を収集する方策を講じ，これを用いて妥当な，説得力ある価格を決定する，即ち規範的な判断をする必要がある。裁判所の力量であるが，ノウハウの集積も必要である。

③　譲渡制限の定款変更の際の反対株主の買取請求における株式価格は，その決議がない場合の価格（譲渡制限がない場合）と考えられる。事実上流動性がない株式の場合，法律上譲渡制限株式になったからといって実際にはその価値に影響しないという問題がある。またその場合，価格（譲渡制限によるディスカウントをいかに考えるかが問題）と譲渡制限株式について会社法144条に

第2章　企業の資金調達に関する裁判例

より決定されるべき売買価格の関係には問題がある。流動性低下のリスクが，譲渡制限の定款変更の際に株式価格に織り込まれ，その際の買取価格になるとすれば同条の価格決定においてディスカウント額を考慮すべきことになるが，この額の認定は困難である。事実上，譲渡可能で取引事例があればともかく，ない場合には譲渡制限株式については企業価値の反映としての価格を決定すれば足り，株主が譲渡せんとした価格は影響しないとの効果を認めれば足りると考える余地もあろう。

　会社による株式の買取りは，株主が処分を欲する場合（譲渡制限株式の譲渡等），会社が取得を欲する場合（売渡請求，締出し），株主の意思によるが会社の行為（多数株主の意思）を契機とする場合などがある。また譲渡制限株式の価格と市場価格がない場合の単元未満株式の価格についてのみ，「会社の資産状態その他一切の事情を考慮して」という基準が定められている（会社法144条3項，177条3項，193条3項）。この点の意味合いも検討されよう。

13　おわりに

　近時の5つの裁判例を主材料として，非上場・譲渡制限株式の評価に関する考察を進めてきた。画一性の利便から税務に関する財産評価基本通達の基準を用いてきた時期もあるが，最近の裁判例は企業の特質を踏まえ，企業評価にかかる合理的な1つの方式，または複数の方式を併用するなどして算定された株式価格を基に売買価格を決定しているものと思料される。

　特にDCF法が理論的に優れ，説得力も持つとされるが，フリー・キャッシュ・フローの予測や自己資本ベータ算出等，過程が複雑で計算も難しいため，専門知識が必要となる。恣意性，不確実性が入り込む余地もあり，他の手法との併用方式も合理性を持つことになる。その場合の定式・フォーミュラ化，あるいは併用割合，更には裁判所による鑑定，非流動性ディスカウントならびにマイノリティ・ディスカウントの適否など，ファイナンス理論の視点も踏まえて包括的に俯瞰を行った。マーケットモデルであるDCF法を非上場株式の評価に適用するという，DCF法自体に内在しかねない根源的な矛盾点，違和感などについても論及した。

米国との制度上の相違もあり，我が国では専門性を持った裁判官が育ちにくいことが指摘される[45]。価格決定を裁判所の非訟手続に委ねたことは裁判所に相当の裁量を認めたものであり，今後，指摘した問題点を踏まえて更に裁判例の蓄積が進んでいくことと考えられる。

〔注〕
(1) 金融・商事判例1320号（2009年7月15日）51-55頁。
(2) 反対株主の株式買取請求権行使に基づく買取価格決定（会社法117条等），全部取得条項付種類株式の取得価格決定（同法172条）など。
(3) 非訟事件手続法は職権証拠調べができる旨規定している（同法49条1項）。
(4) 名古屋高決昭和54年10月4日判時949号121頁，東京高決昭和59年10月30日判時1136号141頁等。
(5) 浜田道代「株式の評価」『現代株式会社法の課題―北沢生啓先生還暦記念』有斐閣（1986年8月）451頁。
(6) 相続税における非公開株式の評価方法について，竹中正明・前田継男・関俊彦『非公開株式の評価と税務〔新版〕』商事法務研究会（1991年10月）81頁［前田継男］。金子宏『租税法〔第20版〕』弘文堂（2015年4月）624頁。
(7) 大阪高決平成元年3月28日判時1324号140頁，東京高決平成20年4月4日判タ1284号273頁，東京高決平成22年5月24日判時1345号12頁，大阪地決平成25年1月31日判時2185号142頁等。
(8) 松嶋隆弘「譲渡制限のある株式30万株の譲渡の承認を求めた株主とその承認を拒絶した会社の指定した買取人とがそれぞれ裁判所に決定を申し立てた売買価格について1株当たり693円と決定された事例（東京地決平成26年9月26日金判1463号44頁）」税務事例48巻3号（2016年3月）49-55頁，同「譲渡制限株式の価格決定に関する決定例の検討～広島地決平成21年4月22日金判1320号49頁及び東京地決平成26年9月26日金判1463号44頁を素材として～」丸山秀平・中島弘雅・南保勝美・福島洋尚編『企業法学の論理と体系―永井和之先生古稀記念論文集』中央経済社（2016年8月）891-917頁参照。①（市場を前提としない）譲渡制限株式の価格決定に際し用いられる算定式が市場を前提としたベータ値の算定の問題に行き着き，議論が堂々巡りになっているように思われること，②裁判所が職権で鑑定に付し，非訟事件における裁判所が積極的役割を果たしつつある流れを看取でき，知財事件における計算鑑定制度（特許法105条ノ2，商標法39条，意匠法41条，実用新案法30条，不正競争防止法8条，著作権法114条ノ4等）の普及が間接的に影響を及ぼしているとみられることを指摘される。
(9) もっとも，「土地保有特定株式会社＜課税時期において，評価会社の有する各資産を評価通達の定めるところにより評価した価格（相続税評価額）の合計額のうち，占める土地等の価格の合計額の割合が規模に応じて一定割合以上の会社（評基通189条3項）や清算中の会社，開業または休業中の会社などの場合は純資産方式が用いられる可能性がある。また評価会社が「土地保有特定会社」と判定された場合における当該会社の株式評価方法は，評価会社が所有している土地などの価値をよりよく反映し得る純資産価

額方式により評価することになり（評基通189条4項），この場合において，他に選択できる例外の評価方式はない。松本好正『株式譲渡・相続・贈与に役立つ非上場株式評価のQ&A』大蔵財務協会（2013年12月）405頁，419頁。

⑽　広島地決平成21年4月22日金判1320号15頁。

⑾　東京地決平成26年9月26日金判1463号44頁。

⑿　東京高決平成20年4月4日金判1295号49頁。

⒀　大阪地決平成25年1月31日金判1417号51頁。

⒁　最決平成27年3月26日金判1470号8頁。

⒂　川島いづみ「株式買取価格の決定における非流動性ディスカウントの可否―最高裁平成27年3月26日決定の検討―」商事法務No.2080（2015年10月）26頁。

⒃　川畑正文「株式の評価」門口正人『新・裁判実務体系（11）』清林書院（2001年7月）307頁。

⒄　①譲渡制限付株式の売買価格の交渉における実務上の注意点，②分析のポイントについては，永井利幸「売買価格の交渉における注意点と裁判所による売買価格決定のポイント」月刊税理Vol.59.No7（2016年6月）31-35頁を参照した。

⒅　なぜ80％ものウェイトが置かれたのかは決定文の最後の説明によっても釈然としないこと，会社が買取人となる場合に少数派株主であることを理由に安い価格で会社が買い取るとすれば，会社の買取りによって売り手である株主と他の株主との間に価値の移転が生じてしまうということが指摘されている。川島いづみ「会社および指定買取人に対する譲渡制限株式の売買価格」TKCローライブラリー商法No.58（2013年9月27日）1-4頁，4頁注⑼参照。

⒆　江頭憲治郎「譲渡制限株式の評価」岩原紳作ほか編『会社法判例百選』有斐閣（2006年4月）43頁，江頭憲治郎『株式会社法〔第4版〕』有斐閣（2011年12月）15頁，田中亘編『数字でわかる会社法』有斐閣（2013年4月）16頁以下〔久保田安彦〕。

⒇　関俊彦『株式評価論』商事法務研究会（1983年1月）298頁，宍戸善一「非公開株式の評価再論」青竹正一ほか編『平出慶遣先生還暦・現代企業と法』名古屋大学出版会（1991年）37頁以下。

㉑　江頭憲治郎「支配権プレミアムとマイノリティ・ディスカウント」吉原和志・山本哲生編『関俊彦先生古稀記念・変革期の企業法』商事法務（2011年3月）137頁。

㉒　秋坂朝則「収益還元法により非上場会社株式の買取価格を決定する場合における非流動性ディスカウントの可否（消極）」TKCローライブラリー商法No.80（2015年8月21日）1-4頁参照。

㉓　日本公認会計士協会編『企業価値評価ガイドライン〔増補版〕』日本公認会計士協会出版局（2010年11月）70頁。

㉔　柳明昌「組織再編に係る株式買取取請求権における『公正な価格』」浜田道代・岩原紳作編『会社法の争点』有斐閣（2009年11月）205頁。

㉕　株式会社プルータス・コンサルティング編『企業価値評価の実務〔第3版〕』中央経済社（2014年8月）285-286頁〔明石正道〕。

㉖　秋坂・前掲注㉒3-4頁。判旨のように「株主には企業価値を適切に分配するものであることをも念頭に置く」としても，そこで算定された企業価値が非流動性ディスカウントを行わない結果，過大評価となっているとすれば，適切な分配を行うことはできな

いので，適切な分配をすべきであるということを理由として，非流動性ディスカウント
を行うべきでないということにはならないと思われる。収益還元法の場合，割引率を類
似企業の値を参考として決定する場合には，インカム・アプローチではなく，マーケッ
ト・アプローチにおける類似上場会社法に対応するものであると考えられるとの指摘も
ある。日本公認会計士協会・前掲注(23)50頁。本件では，株主資本コストの算定において，
サイズプレミアムを3.89％加え，10.43％としているので，これを加えない場合（6.54％）
に比べ，株主資本コストが約1.6倍となっているので，非流動性に基づく減価を更にすべ
きであったといえる事例か否かについては，検討が必要である。

(27)　川島・前掲注(15)23-31頁参照。

(28)　東京高決平成22年5月24日金判1345号1頁。

(29)　弥永真生「本件判批」ジュリストNo.1483（2015年）3頁。譲渡制限株式の相続人等
に対する売渡請求の場合（会社法177条）も同様であろう。また，本決定が「類似会社
比準法等とは異なり」としていることから，類似会社此準法や類似業種此拳法は本決定
の射程外であるということができるが，逆に，本決定による収益還元法のとらえ方から
すると，他のインカム・アプローチについても，裁判所において同様の考え方が採用さ
れる可能性は少なくないように思われる。川島・前掲注(15)29-30頁。

(30)　深作智行「譲渡制限株式の売買価格をめぐる攻防」参照。
http://cuttingtheknot.com/contents/valuation/rot/rot007.html#6

(31)　川島・前掲注(18)4頁。

(32)　Y1の実情，G鑑定における収益還元法の評価手法からして本決定の判断は妥当なも
のと思われ，収益還元法による算定過程も，裁判所の裁量の範囲内のものとして是認さ
れると考えられる。川島・前掲注(18)4頁。

(33)　石井亮「日本テレネット対デジタルアドベンチャー売買価格決定抗告審—東京高決平
成20.4.4本誌［金融・商事判例］1295号49頁」金融・商事判例No.1301（2008年10月15日号）
2-9頁。

(34)　江頭憲治郎「株式評価の方法」竹下守夫・藤田耕三編『裁判実務体系（3）〔改訂版〕』
青林書院（1994年11月）91頁。

(35)　経済産業省「企業価値評価」参照。
http://www.meti.go.jp/report/downloadfiles/ji04_07_03.pdf

(36)　岡本雄三「時価純資産法，DCF法…企業価値の具体的な算定方法とは？」幻冬舎（2015.
11.7）。
http://gentosha-go.com/articles/-/985

(37)　インターナレッジ・パートナーズ，IKP税理士法人「インカム・アプローチの全般的
な考え方」参照。
http://www.ikpi.co.jp/knowledge/valuation.html

(38)　資本資産評価モデル（CAPM）について，完全市場を前提とした株主資本コストの評
価モデルであり，非上場会社，ベンチャー企業においては通常のCAPMを用いた株主資
本コストでは株式価値の過大評価となる可能性があるとの指摘がある。株式会社プルー
タス・コンサルティング・前掲注(25)285-286頁［明石正道］。秋坂・前掲注(22)4頁。また，
分母の割引率がCAPMといった株式市場を用いて算定され，計算されるインカム・アプ
ローチは少数株価値であるという議論があるが，CAPMの基礎となる収益率は支配株

主と少数株主に対して中立的，平等で，CAPMによって算定された割引率（WACC）には支配株主と少数株主の属性はないと考えられることにつき，前掲注(37)インターナレッジ・パートナーズ，IKP税理士法人「6－2．DCF法と非流動性ディスカウント」参照。

(39) 岡俊子・富山和彦「M＆Aと企業価値」落合誠一編『わが国M＆Aの課題と展望』商事法務（2006年5月）170-202頁。2005 ABeam M&A Consulting. 買収者による経営権の獲得がある場合，上場企業においては一般に市場株価が存在するため，理論的な事業価値・企業価値と乖離があっても市場株価法の株式価格を用いる傾向がある。非上場企業においては，被買収企業の簿価，純資産が用いられる傾向にある。他方，経営権の獲得がない場合は，非上場企業では時価純資産法が用いられる傾向が窺われる。

(40) 前掲注(37)インターナレッジ・パートナーズ，IKP税理士法人「5－1．コントロール・プレミアムとは」「5－2．コントロール・プレミアムと評価方法」。
http://www.ikpi.co.jp/knowledge/valuation/valuation_file038.html

(41) 前掲注(37)インターナレッジ・パートナーズ，IKP税理士法人「5－1．コントロール・プレミアムとは」「5－2．コントロール・プレミアムと評価方法」。

(42) 前掲注(37)インターナレッジ・パートナーズ，IKP税理士法人「6－2．DCF法と非流動性ディスカウント」。

(43) 前掲注(37)インターナレッジ・パートナーズ，IKP税理士法人「6－2．DCF法と非流動性ディスカウント」参照。松嶋・前掲注(8)の指摘と同趣旨であろうか。

(44) 稲葉威雄『会社法の解明』中央経済社（2010年12月）343-344頁参照。

(45) デラウェア州裁判所では，買収関連の訴訟は衡平法裁判所で行われ，経験豊富で専門性を身につけた裁判官による迅速・柔軟な訴訟審理および裁判が担保されている。予見可能性，裁判の透明度も高い。渡邊健樹「支配権取引のコーポレート・ガバナンス：集合行為問題及び情報の非対称性問題と裁判官による事後審査」日本私法学会報告（2016年10月8日）。他方で，我が国の裁判所はローテーション人事が行われるなど，専門性の蓄積は一般に図りにくいと考えられる。

新株の有利発行

弁護士 **本井　克樹**

I　はじめに

本稿では，現行会社法（平成17年7月26日法律第86号）施行前に確立されてきた上場会社における新株の有利発行に関する判例の基準が，施行後において変遷しているのか，変遷しているとしてどのように変遷しているかを，非上場会社におけるそれとの対比も踏まえ考察するものである。

II　上場会社における募集株式の有利発行（①東京地裁平成26年（ヨ）第20057号新株発行差止仮処分命令申立事件平成26年5月27日決定，②札幌地裁平成20年（ヨ）第265号新株発行差止等仮処分命令申立事件平成20年11月11日決定）

1　事案①の概要

本件は，債務者の株主である債権者が，債務者に対し，債務者が平成26年5月14日に開催した取締役会の決議に基づく普通株式900万株の募集株式の発行（以下「本件新株発行」という。）が会社法210条に定める法令違反又は著しく不公正な方法による発行に当たるとして，本件新株発行の差止めの仮処分命令を求めた事案である。

95

第2章　企業の資金調達に関する裁判例

(1)　前提事実

ア　X社（債務者）は，コンピュータソフトウェアの企画，制作販売等を目的とする公開会社であり，取締役会及び監査役会を設置し，東京証券取引所のジャスダック市場に上場し，平成26年5月14日時点における債務者の資本金の額は4億0109万1700円，発行済株式総数は2649万6537株であり，定款で単元株式数を100株と定めている。

イ　Y社は，債務者がその発行済株式全部を保有する完全子会社であり，Y社の売上げが債務者及びその連結子会社（以下これらの企業グループを「債務者グループ」という。）の売上げの大部分（例えば平成26年3月期決算では82.47％）を占めている。

ウ　債権者は，平成25年5月14日取締役決議に基づく普通株式500万株の新株の発行により，債務者株式500万株を2億6500万円（1株53円）で引き受け，その後，平成26年3月7日，株式会社Z1，株式会社Z2及び株式会社Z3に対し，それぞれ125万株（合計375万株）を譲渡し，現在は125万株を保有している。

(2)　事実経過

平成26年5月14日，債務者の取締役会は，次のとおり本件新株発行をする旨の決議（以下「本件決議」という。）をした。本件新株発行については，債務者の株主総会において，取締役が払込金額等についての説明（会社法199条3項）をしていないし，その特別決議（同法199条2項，309条2項5号）もされていない。

ア　募集株式の数　新株900万株

イ　払込金額　4億8600万円（1株54円）

ウ　払込期日　平成26年5月30日

エ　資本組入額　2億4300万円

オ　割当方法　第三者割当増資

カ　割当先　R1社（500万株），R2（300万株），R3（100万株）

(3)　日本証券業協会の指針

日本証券業協会は，「第三者割当増資の取扱いに関する指針」（以下「日証協ルール」という。）において，「払込金額は，株式の発行に係る取締役会決議の直前日の価額（直前日における売買がない場合は，当該直前日からさかのぼっ

た直近日の価額）に0.9を乗じた額以上の価額であること。ただし，直近日又は直前日までの価額又は売買の出来高の状況等を勘案し，当該決議の日から払込金額を決定するために適当な期間（最長6か月）をさかのぼった日から当該決議の直前日までの間の平均の価額に0.9を乗じた額以上の価額とすることができる。」と定めている。

(4) 当事者の主張

⒜ 債権者の主張

本件新株発行は有利発行に当たるところ，債務者の株主総会において当該払込金額で募集をすることを必要とする理由を説明した上で（会社法199条3項）その特別決議（同法199条2項，309条2項5号）を経ることをしていないから，法令に違反する（同法210条1号）。

ア 債務者の業績は平成24年3月期から黒字となり，近時は著しく業績が回復しているから，本件新株発行における払込金額を本件決議の前日の株価と比較して大きく減額することは相当でない。

イ 本件新株発行における払込金額である1株54円は，本件決議の前日の株価の終値である65円を16.9％も下回っているし，直近6か月間の株価の終値の平均値である63.86円を15.43％も下回っているから，日証協ルールに照らしても，本件新株発行は，有利発行に当たる。

ウ 債務者は，本件決議の前日の株価は，直前に出来高が急増したため会社の価値を反映していない旨主張するが，平成26年2月ないし4月の出来高が少なかったにすぎないのであって，本件決議の直前に出来高が急増したとはいえないし，債務者の株価の騰落率が8％を超えることは過去6か月間で20回も発生していることに照らすと，本件決議の直前の株価の上昇も通常発生する程度の騰落といえるのであるから，本件決議の直前の取引日の株価を基準としない合理的な理由があるとはいえない。

⒝ 債務者の主張

本件新株発行が有利発行に当たることは否認し又は争う。

ア そもそも，債務者の資産状態は脆弱である上，その収益状態は健全ではなく，平成14年以降，株主に対する配当もされていないのであるから，本件新株発行における払込金額は，株価の市場価格から一定の減額をする必要があっ

た。

イ 日証協ルールでは，株式の発行に係る取締役会決議の日より払込金額を決定するために適当な期間をさかのぼった日から当該決議の直前の日までの間の株価の終値の平均値を基準として最大10％の減額をすることが許容されているところ，債務者の株価は騰落習性が高く，特定の日の株価が会社の正当な価値を示しているとはいえないこと，債務者の株式の1日の平均売買出来高は，過去1か月で16万2289株，過去3か月で9万0522株，過去6か月で19万5268株であったところ，平成26年4月25日から同年5月13日（本件決議の前日）までの間には，売買出来高が60万株を超える日もあり，株価が高騰している状況にあったことから考えれば，債務者が，本件新株発行の決議前1か月間の株価の終値の平均値を基準としたことには合理性があるところ，本件新株発行における1株当たりの払込金額は，当該1か月の平均値から9.12％の減額をした金額であって，特に有利な金額とはいえないから，本件新株発行は有利発行に当たらない。

(5) **裁判所の判断**

(A) いわゆる上場会社において新株を株主以外の第三者に対して割り当てる際の払込金額が募集事項決定直前の株価より低額である場合に，当該金額が「特に有利な金額」（会社法199条3項）に当たるか否かは，募集事項決定前の当該会社の株価，当該株価の騰落習性，売買出来高の実績，会社の資産状態，収益状態，配当状況，発行済株式総数，株式市況の動向，これらから予測される新株の消化可能性等の諸事情を考慮して，旧株主の利益と会社が有利な資本調達を実現するという利益との調和の観点から判断すべきであって（最高裁昭和48年（オ）第198号，同50年4月8日第三小法廷判決・民集29巻4号350頁参照），払込金額は，原則として，新株発行の決定の直前の株価を基準としつつ，その決定よりも前に投機等により株価が急騰し，それが一時的な現象にとどまるなど，新株発行の決定の直前の株価を基準とすることが相当とはいえない場合には，株価急騰前の期間を含む相当期間の株価の終値の平均値をもって基準とすることも許されるというべきである。そして，このような観点からすると，日証協ルールについても一応の合理性を認めることができるというべきである。

(B)　これを本件についてみると，次の事実が認められる。

ア　債務者の株式の市場株価及び売買出来高の動向

　債務者は，本件新株発行において，直近1か月間の株価の終値の平均値（59.42円）を算定の基準として，それに9.12％の減額率を乗じた54円を払込金額としているところ，1日の平均売買出来高は，直近1か月（平成26年4月14日から同年5月13日まで）が16万2289株，直近3か月（平成26年2月14日から同年5月13日まで）が9万0522株，直近6か月（平成25年11月14日から平成26年5月13日まで）が19万5268株であり，終値の平均価額は，直近1か月が59.4円，直近3か月が59円，直近6か月が63.8円であるのに対し，本件決議直前の売買出来高は，平成26年4月25日は65万1900株，同月28日は8万4000株，同月30日は5万6500株，同年5月1日は12万2300株，同月2日は62万8200株，同月7日は32万7100株，同月8日は30万2900株，同月9日は12万6400株，同月12日は11万2600株，同月13日は38万9100株であり，本件決議直前の終値は，平成26年4月25日は58円，同月28日は57円，同月30日は59円，同年5月1日は60円，同月2日は65円，同月7日は66円，同月8日は66円，同月9日は65円，同月12日は63円，同月13日は65円である。

イ　債務者の財務状況等

(ア)　債務者の連結及び個別財務諸表には，平成23年3月期決算から平成26年3月期決算まで継続して，監査法人から，継続企業の前提に重要な疑義を生じさせる状況が存在する旨の継続企業の前提に関する注記が付記されている状況にある。

(イ)　債務者の平成26年3月期決算の連結財務諸表における年間の売上高は21億4198万3000円であるのに対し，年間の売上原価並びに販売費及び一般管理費の合計額（年間経費）は21億1724万3000円であり，その差額である営業利益は2473万9000円であって，また，現金及び預金の額は1億8524万4000円である。

(ウ)　債務者における企業財務の安全性，健全性を示す指標である流動比率（流動資産÷流動負債×100）は，平成22年3月期は61.41％，平成23年3月期は29.27％，平成24年3月期は37.32％，平成25年3月期は43.68％，平成26年3月期は92.27％である。

第2章　企業の資金調達に関する裁判例

㈔　債務者においては，平成14年から現在に至るまで，株主に対する配当を
していない。

ウ　本件新株発行に至る資金確保の取組

㋐　債務者は，平成25年10月１日，某との間で，債務者グループに対する資
金調達のアドバイス等を目的とする秘密保持契約を締結した。

㋑　債務者の平成26年３月20日の定時取締役会において，債務者グループの
資金調達について，新たに融資を申し込んだ２つの銀行から融資を断られ
たことなどが報告された。

㋒　債務者の平成26年４月17日の定時取締役会において，債務者グループの
資金調達について，金融機関からの調達が難しいといわれたことなどが報
告された。

(C)　前記(B)でみたところによれば，債務者の株式は，本件決議の前の７日か
ら10日間において特に取引が活発で株価も上昇していたことから，本件決議の
前日の株価の終値ではなく，ある程度の期間の株価の終値の平均値を基準とす
ることにも合理性があるといえるところ，これに，債務者の経費等に対する営
業利益の比率が小さく，現預金の額も新株発行で調達すべき資金の額と比べて
十分とはいえないのであって，また，流動比率が大きくないなど，債務者の財
務状況は脆弱であって，実際にも，従前から，決算において監査法人から継続
企業に関する注記が付記され，株主に対する配当もされてこなかったことや，
本件決議に先立ち，アドバイザーを選任して，債務者グループの資金調達のた
め，金融機関からの融資や他の企業からの出資を模索したが，いずれも奏功し
なかったことを考慮すると，債務者の株式の直近１か月の終値の平均値に
9.12％の減額をした本件新株発行の払込金額は，「特に有利な金額」（会社法
199条３項）に当たるということはできない。

(D)　債権者は，本件決議の直前７営業日の株価の上昇が８％を超過している
が，過去６か月間に８％を超える株価の上昇下降が20回以上生じているから，
これを異常値とする理由はないと主張するが，過去６か月間に20回以上の変動
があるからといって，そのような変動を異常値とみるべきか否かの評価には幅
があり得るところであり，平均値を基準とすることに合理性があるとの判断を
覆すに足りない。併せて，債権者は，出来高の増加による株価の上昇を理由に

100

平均値を基準とすることについて，平成26年2月から4月までの出来高が従前と比べて少なく異常であったのであり，これと比べて5月の出来高が多いと評価することは相当でない旨を主張するが，出来高の推移をどのような期間でみるかも幅のあるところであって，平成26年2月ないし4月と5月とを比較して，5月の出来高を異常と評価して平均値を基準とすることに合理性があるとの判断を覆すことはできない。

また，債権者は，債務者が平成24年3月期から黒字に転換してその業績は著しく改善し，流動比率等も劇的に改善され，平成27年3月期の決算では各種の経営指標が大きく改善し，監査法人による継続企業の前提に関する注記が外される可能性があり，株主に対する配当も無配ではなくなる可能性がある旨を主張するが，これらの事情は，将来に向けた債務者の経営状況等の見込みにかかわるものであって，本件新株発行における払込金額を時価から減額することを否定する事情にはならないと考えられる。

(E) 以上によれば，本件新株発行が有利発行に当たることの疎明がないことに帰する。

2 事案②の概要

本件は，債務者の株主である債権者らが新株及び新株予約権の発行について，①著しく不公正な方法による発行であること，②払込金額が本件新株等を引き受ける者に特に有利な金額での発行（以下「有利発行」という。）であるのに株主総会の決議を経ていないため，法令（会社法199条3項，2項，238条3項2号，2項）に違反することを理由として，本件新株等の発行を仮に差し止めることを求めた事案である。なお，ここでは，新株発行の有利発行についてのみ取り上げる。

(1) 前提事実

ア 債務者は，平成9年10月24日に設立されたコンピュータハードウェア・ソフトウェア及びコンピュータ周辺機器の企画開発及び保守並びに一般・特定労働派遣事業等を主たる事業内容とする株式会社である。平成20年10月30日現在の資本金の額は10億5011万5000円，発行可能株式総数は35万株，発行済株式総数は9万0852株であって，その発行する普通株式は大阪証券取引所ヘラクレ

101

第2章　企業の資金調達に関する裁判例

ス市場（以下「ヘラクレス市場」という。）に上場している。債務者は，平成20年9月30日現在，株式会社クオンツ（以下「クオンツ」という。）の株式390万6000株を保有していて，その持株比率は1.71％である。

　イ　債権者クオンツ・キャピタル・アジア・リミテッド（以下「債権者クオンツアジア」という。）は，平成13年（2001年）5月25日にイギリス領ヴァージニア諸島で設立された会社である。債権者クオンツアジアは，平成20年9月30日現在，債務者の普通株式2万1127株を保有していて，その持株比率は23.25％であり，債務者の筆頭株主である。なお，債権者クオンツアジアは，平成20年8月29日，クオンツから債務者株式の譲渡を受けて，債務者の株主となった。

　ウ　債権者株式会社クオンツ・キャピタル（以下「債権者QC」という。）は，平成12年12月7日に設立された，ドメインネーム（インターネット及び電子メールの宛先）の管理等を主たる事業内容とする株式会社である。債権者QCは，平成20年9月30日現在，債務者の普通株式1万0127株を保有していて，その持株比率は11.14％である。

　債権者クオンツアジア及び債権者QCは，いずれもクオンツの完全子会社である。

(2) 事実経過

　ア　債務者の財務状況

　債務者は，平成17年9月期に，連結ベースで43億0569万4000円の純損失を計上し，平成18年9月期に，連結ベースで4億6265万6000円の純利益を計上したが，営業損失として4億4500万1000円，経常損失として4億8095万2000円を計上し，平成19年9月期に，連結ベースで，営業損失として7117万4000円，経常損失として4889万7000円，当期純損失として6億0281万5000円を計上し，それぞれ監査法人から，継続企業の前提に関する重要な疑義が存在すると指摘された。

　イ　第1次新株発行

　債務者は，平成20年8月28日，取締役会において，主に以下の内容の第三者割当による新株発行（以下「第1次新株発行」という。）を決議した。

　なお，債務者は，同日の取締役会決議の直前日までの直近1か月間（同年7

102

月28日から同年8月27日まで）のヘラクレス市場が公表した債務者普通株式の最終価格の平均値（1万0126.96円）を参考として，払込金額を決定したが，払込期日に払込みがなかったため，当該株式は失権した。

　(ｱ)　発行新株数　普通株式5万2500株

　(ｲ)　払込金額　1株9500円

　(ｳ)　払込期日　平成20年9月16日

　(ｴ)　割当先及び株式数　3万1500株を横浜メディアサービス株式会社に，2万1000株をGに割り当てる

　ウ　債務者は，平成20年10月27日，取締役会を開催し（以下「本件取締役会」という。），本件新株の発行につき次のとおり募集事項の決定をした。

　なお，債務者は，本件新株については，本件取締役会決議の直前日までの直近1か月（同年9月27日から同年10月26日まで）のヘラクレス市場が公表した債務者普通株式の最終価格の平均値（6007.47円）を参考として払込金額を決定した。

　(ｱ)　募集株式の数　普通株式6万株

　(ｲ)　払込金額　1株5600円

　(ｳ)　払込期日　平成20年11月12日

　(ｴ)　割当先及び株式数　6万株を株式会社エスケイ・キャピタル（以下「エスケイ」という。）に割り当てる

　本件新株等の発行により，債権者クオンツアジアの持株比率は14％に低下して債務者の筆頭株主から2番目の株主になり，債権者QCの持株比率は6.71％に低下し，債権者らの持株比率の合計は20.71％になる。そして，本件新株等の割当先であるエスケイの持株比率が39.77％になって債務者の筆頭株主になる。

(3)　裁判所の判断

(A)　本件新株発行が有利発行に当たるかについて

　ア　債務者は，日証協ルールに従い，本件新株の払込金額を，本件取締役会決議の直前日までの直近1か月（平成20年9月27日から同年10月26日）のヘラクレス市場が公表した債務者普通株式の最終価格の平均値（6007.47円）を参考として5600円（ディスカウント率6％，100円未満切捨て）と決定した。

第2章　企業の資金調達に関する裁判例

　イ　債務者が，本件新株の払込金額を，本件取締役会決議の直前日までの直近1か月の債務者の株価の平均値を基準として決定したのは，①債務者の株式の1日の出来高は数十件という日が多く，少ないときは一桁台の日もあるところ，本件取締役会決議の直近日である平成20年10月24日は債務者の従業員持株会の買付日となっていたため，かかる買付けにより株価が大きく上昇する傾向にあったこと，②米証券大手リーマン・ブラザーズ証券が米連邦破産法11条の適用を申請したことを受け，日本法人のリーマン・ブラザーズ証券が同年9月16日に東京地方裁判所に民事再生手続開始決定の申立てをしたが（いわゆるリーマン・ショック），その後，日本市場全体の株価は上昇と下降を繰り返しながら全体的に大きく下落し，債務者の株価も同様であったこと，③同年8月28日に厚生労働省が労働政策審議会の部会に雇用期間30日以内の短期派遣（日雇い派遣）の原則禁止を骨子とする労働者派遣法改正案を提示したが，このことは日雇い派遣を展開している債務者に大きな打撃を与えるとともに，その後の債務者の株価の下落の要因になったと思われたこと等を勘案した結果である。

　(B)　以上の事実によれば，債務者は，合理的な根拠に基づいて本件新株の払込金額を決定したと認められるから，本件新株の払込金額は，特別の事情がない限り，会社法199条3項の「特に有利な金額」に当たらないと認めるのが相当である。

　(C)　これに対し，債権者らは，①債務者は，本件新株発行において，債務者の発行済株式総数（9万0852株）の66％に当たる6万株の新株を発行しようとしているが（新株予約権（3万4000個）を含めれば103％に当たる9万4000株の新株を発行しようとしていることになる。），このように大量の新株が市場価格より廉価で発行されると債務者の株価がより下落することは明らかであるから，市場価格より廉価で発行することは原則として有利発行に当たる，②本件新株発行後，エスケイは債務者の発行済株式総数（9万0852株に6万株を加えた15万0852株となる。）の3分の1を超える株式を取得することができるが（持株比率は39.77％），3分の1を超える株式にはいわゆる拒否権が付与されるから，株価に株式数を乗じた額以上の価値があり，したがって，市場価格より廉価で発行することは原則として有利発行に当たるなどと主張する。

しかしながら，会社法201条１項は，公開会社については，払込金額が「特に有利な金額」でない限り，その発行株式数にかかわらず，取締役会の決議のみで新株を発行することができるとしているところ，ここで「特に有利な金額」とは，市場価格より特に廉価であることを意味すると解されるから，法は，公開会社については，市場価格より特に廉価でない限り，会社支配権に影響を及ぼすような株式数であっても，取締役会の決議のみでこれを発行することを許容しているのであり，あとは不公正発行の問題になるとすぎないとしているものと解される。債権者らの主張は，有利発行の問題と不公正発行の問題を混同する独自の解釈であるといわざるを得ず，採用することができない。

　また，債権者らは，①仮に市場価格より廉価で発行することをもって直ちに有利発行に当たるとはいえないとしても，上場会社の株式は明確な市場価格が形成されているから，新株の払込金額は，原則として，当該新株発行の取締役会決議の直前日（あるいは直近日）の株価を基準に決定すべきである（平成20年10月24日の債務者の株価は6700円であったから，これを基準にするとディスカウント率は16.4％となり，本件新株発行は有利発行に当たる。)，②仮に新株の払込金額を当該新株発行の取締役会決議の直前日（あるいは直近日）の直近の相当な期間の株価の平均値を基準に決定するとしても，本件では，第１次新株発行が広報されたことにより債務者の株価は不当に下落し，その後，同新株発行の失権が広報されたことにより債務者の株価は上昇したから，債務者の株価が不当に下落する前の期間の株価も考慮すべきであり，具体的には本件取締役会決議の直前日の直近３か月の株価の平均値を基準に決定すべきである（同期間における債務者の株価の平均値は8190円であったから，これを基準にするとディスカウント率は31.6％となり，本件新株発行は有利発行に当たる。)などと主張する。

　しかしながら，債権者らの主張は，先に認定したリーマン・ショックや労働者派遣法改正案の骨子が提示されたことによる影響等を全く考慮しない不合理なものであるから，採用の限りでない。

　その他，債権者らの主張に即して検討しても，本件新株の発行が有利発行に当たるとする特別な事情は認められない。

3 検討・結論

(1) 募集株式の有利発行規制とその意義

株式会社はその発行する株式を募集する場合，その払込金額が募集株式を引き受ける者に特に有利な金額である場合には取締役は株主総会において，当該払込価額でその者の募集をすることを必要とする理由を説明し（会社法199条3項），その特別決議（同法199条2項，309条2項5号）を経なければならないとされている。この理由の説明義務に違反した場合には，法令に違反する（同法210条1号）として募集株式の発行の差止めを請求することができる。

(2) 旧法下での判例の動向

ア 最高裁の示した上場会社の株価の算定基準

「特に有利な金額」とは，一般に公正な価額よりも特に低い価額をいうものと解されているところ，上場会社の株価の算定基準については，何が公正な価額に当たるかについては判例上既に確立されている。すなわち「普通株式を発行しその株式が証券取引所に上場されている株式会社において額面普通株式を株主以外の第三者に対していわゆる時価発行をする場合の発行価額が価額決定直前の株価より低額であっても，価額決定にあたって発行価額決定前の当該会社の株価，当該株価の騰落習性，売買出来高の実績，会社の資産状態，収益状態，配当状況，発行済株式数，新たに発行される株式数，株式市況の動向，これらから予測される新株の消化可能性等の諸事情が客観的資料に基づいて斟酌され，価額決定のためにとられた算定方法が合理的であるということができ，かつ，発行価額が価額決定直前の株価に近接している場合は，上記価額は，特別の事情のないかぎり，商法280条の11第1項に定める「著シク不公正ナル発行価額」にあたらない。」とされる（最高裁昭和50年4月8日第三小法廷判決・民集29巻4号350頁）（以下「昭和50年算定基準」という。）。当該最高裁判例以降の判例も基本的に昭和50年算定基準に沿った判例が出されている。

イ 東京地決平成元年7月25日判時1317号28頁

本判例では，「株式が株式市場で投機の対象となり，株価が著しく高騰した場合にも，市場価格を基礎とし，それを修正して公正な発行価額を算定しなければならない。なぜなら，株式市場での株価の形成には，株式を公開市場における取引の対象としている制度からみて，投機的要素を無視することはできな

いため，株式が投機の対象とされ，それによって株価が形成され高騰したからといって，市場価格を，新株発行における公正な発行価額の算定基礎から排除することはできないからである。もっとも，株式が市場においてきわめて異常な程度にまで投機の対象とされ，その市場価格が企業の客観的価値よりはるかに高騰し，しかも，それが株式市場における一時的現象に止まるような場合に限っては，市場価格を，新株発行における公正な発行価額の算定基礎から排除することができるというべきである。」とし，当該事案では，株価の高騰が相当長期にわたっていることを重視して，当該時価を排除できないと判示した。

　ウ　第三者割当増資の取扱いに関する指針

　上記判例を受けて，日本証券業協会は，平成15年3月，第三者割当増資の取扱いに関する指針を改訂し（平成元年8月の指針では，取締役会決議の直前日の株価の90％以上を原則とする表現にはなっていなかった。），「払込金額は，株式の発行に係る取締役会決議の直前日の価額（直前日における売買がない場合は，当該直前日からさかのぼった直近日の価額）に0.9を乗じた額以上の価額であること。ただし，直近日又は直前日までの価額又は売買の出来高の状況等を勘案し，当該決議の日から払込金額を決定するために適当な期間（最長6か月）をさかのぼった日から当該決議の直前日までの間の平均の価額に0.9を乗じた額以上の価額とすることができる。」（以下「日証協ルール」という。）と定めた。

　エ　東京地決平成16年6月1日判時1873号159頁

　本判例では，昭和50年算定基準を引用し，「公正な発行価額というには，その価額が原則として，発行価額決定直前の株価に近接していることが必要であると解すべきである。」とした上で，日証協ルールの一応の合理性を認め，株価の高騰が投機等による一時的な上昇による場合は発行価額決定直前の株価を排除しうるとして，発行価額決定直前日の株価及び指針を適用した株価とを比較し，株価上昇が一時的現象でない理由として①企業買収目的の長期的保有のための株式取得，②当該会社の業績改善，③証券業界での業績評価の向上，④同業他社の株価高騰，⑤今年以降の株価の推移等を考慮している。

　これにより，一応の合理的な算定方法として日証協ルールが引用される実務が定着したといえ，また投機等により株価が急騰し，それが一時的な現象にと

107

第2章　企業の資金調達に関する裁判例

どまるなど，新株発行の決定の直前の株価を基準とすることが相当とはいえない場合に当たるか否かについての客観的な資料として①企業買収目的の長期的保有のための株式取得，②当該会社の業績改善，③証券業界での業績評価の向上，④同業他社の株価高騰，⑤今年以降の株価の推移等のメルクマールを与えた。

　オ　まとめ

　結局，最高裁の示した上場会社の株価の算定基準である「諸事情が客観的資料に基づいて斟酌され，価額決定のためにとられた算定方法が合理的であるということができ，かつ，原則として，発行価額決定直前の株価に近接していること」が必要であるが，発行価額決定以前に投機等により株価が急騰し，それが一時的な現象にとどまるなど，発行価額決定直前の株価によることが相当とはいえない合理的な理由がある場合には，株価急騰前の期間を含む相当期間の平均株価をもって発行価額とすることも許されるという判断の枠組みが確立されたといえる。

(3)　本件判例①の評価

　本件判例も基本的に旧法下での判断枠組みを踏襲し，昭和50年算定基準を定立した上で日証協ルールの合理性を認め，直近株価の終値の株価が高くある程度の期間の株価の終値の平均値を基準とすることや売買出来高の推移を考察する期間にも合理性があること，債務者の財務状況として営業利益の比率が小さく現預金の額も新株発行で調達すべき資金の額と比べて不十分であること，流動比率が大きくないこと，平成14年から配当がなされていないこと，決算において監査法人から継続企業に関する注記が付記されていることから財務状況が脆弱であること，本件新株発行に至るまでの資金調達が奏功しなかったこと等の客観的資料に基づき総合考慮し，債務者の株式の直近1か月の終値の平均値に9.12%の減額をした本件新株発行の払込金額は，「特に有利な金額」に当たらないと判示している。

　すなわち，会社側で実際に行われた新株発行価額の算定過程が合理性を有するか否かを裁判所が事後的に評価している。

(4)　本件判例②の評価

　本件判例は，昭和50年算定基準には特に触れずに日証協ルールを適用し，募集事項決定前の当該会社の株価，当該株価の騰落習性，売買出来高の実績，会

社の資産状態を検討しつつ，リーマン・ショックや労働者派遣法改正案の骨子が提示されたことによる影響等といった一般的な社会情勢をも考慮要素に含めて総合判断し，結論として債務者は，合理的な根拠に基づいて本件新株の払込金額を決定したと認められるから，本件新株の払込金額は，特別の事情がない限り，会社法199条3項の「特に有利な金額」に当たらないと評価している。

(5) まとめ

上場会社における募集株式については，もともと市場価格というものがあるのであるから，昭和50年算定基準に沿った判例が新法においても引き続き用いられ，当該会社で実際に使用された新株発行価額の算定過程について，客観的な資料に基づき，合理的な算定方法によって発行価額が決定されたと裁判所が事後的に判断するという方法が踏襲されている。このような算定方法の合理性を判断するという手法に，会社法施行後10年間で変化はみられない。

そして，合理性を判断するに当たり重視すべき指標に変化があるか否かについては，有意な変化を結論付けるだけの判例の集積がなく，何らかの結論を出すことはできなかった。

Ⅲ　非上場会社における募集株式の有利発行 （最高裁平成27年2月19日第一小法廷判決）

1　事案の概要

本件は，補助参加人Zの株主であるXがZが平成16年3月にY1らを割当先に含む第三者割当の方法により1株1500円の発行価額で新株発行を行ったことに関して著しく不公正な価額により行われたものであり，取締役であるY1らには「特に有利な価額」による発行に必要な手続を経ていない法令違反等があると主張して，Y1らに対し（旧商法211条3項が準用する）旧商法280条の11に基づく通謀引受人の責任ないし同法266条1項5号に基づく損害賠償として，公正な価額であると主張する金額（1株3万2254円）から上記金額（1株1500円）を控除して算出した22億5171万5618円及びこれに対する遅延損害金を連帯して支払うよう求めた株主代表訴訟である。

第2章　企業の資金調達に関する裁判例

⑴　前提事実

ア　Zは，平成16年3月当時，譲渡制限株式発行会社，発行済株式の総数は40万株であった。

イ　Zは，株式の上場を計画し，平成12年5月，新株引受権の権利行使価額を1株1万円とする新株引受権付社債を発行したが，その後の経営悪化により，平成10年度から平成12年度までの3事業年度（4月1日から翌年の3月31日までをいう。以下同じ。）には1株当たり150円の配当がされていたが，平成13年度及び平成14年度には配当がされなかった。

ウ　Zでは，平成13年頃から，Zの株式を保有する役員，幹部従業員等の退職が相次いだ。代表取締役Y1らは，その都度，1株1500円でこれらを買い取った。

エ　Zは，平成14年7月から同年10月までの間，Y1から上記株式の一部を1株1500円で購入し，自己株式とした。もっとも，Zは，取引銀行からの要請等を踏まえ，平成15年11月，Y1に対してこれらの自己株式を1株1500円で売却した。

オ　Zは，平成15年11月に行われた自己株式の処分に先立ち，B公認会計士（以下「B会計士」という。）にZの株価の算定を依頼した。

B会計士は，平成15年10月頃，Zから，①平成12年度から平成14年度までの決算書（貸借対照表，損益計算書及び利益処分計算書），営業報告書及び附属明細書，②平成14年度の法人税確定申告書及び勘定科目内訳書，③Zの過去の株式売買実績例及び株式移動表並びに株主名簿，④相続税路線価によるZ保有土地の評価資料，ゴルフ場等の含み損益に関する資料及び債権の貸倒引当金の明細等の提出を受けた。また，B会計士は，Zの担当部長と面談し，建物及び子会社株式にも含み損があることや，株価算定の基礎資料となる事業計画は存在しないことなどを確認した。

カ　その上で，B会計士は，平成15年10月31日，Zの株式は，一時的に無配であるものの，それ以前は継続して配当が行われてきたことや，一定期間，利益配当に係る期待値によって評価された価格により株式売買が行われてきたことを考慮すると，配当還元法により算定するのが適切と考えられる等の理由により，Zの同年6月26日以降の株価を1株1500円と算定し，その旨Zに報告した。

110

キ　Zは，平成16年2月19日，取締役会において，次のとおり本件新株発行を行う旨決議した。

(ア)　新株の種類及び数　普通株式4万株

(イ)　発行価額　1株1500円

(ウ)　払込期日　同年3月24日

(エ)　割当先　Y1外6名

もっとも，これは上記エの自己株式の処分と同一事業年度内での新株発行であり，B会計士の算定結果の報告から4か月程度しか経過していなかったため，改めて専門家の意見を聴取することはなかった。

ク　平成16年3月8日，Zの株主総会において，本件新株発行を行う旨の特別決議がされた。その際，Y1らは，「特ニ有利ナル発行価額」をもって株主以外の者に対し新株を発行することを必要とする理由の説明はしなかった。

ケ　その後Zは業績を回復し，平成18年2月には1株を10株にする株式分割が行われ，同年3月には新株22万株が1株900円で発行され，平成19年2月にはZ株式は証券取引所に上場された。

(2)　Z株主Xは，Y1らには本件新株発行につき有利発行の手続を遵守しなかった法令違反があるなどとして，Zへの損害賠償責任（旧商法266条1項5号）等22億円余の支払を求める代表訴訟を提起した。

(3)　第1審（東京地判平成24年3月15日判時2150号127頁）・原審（東京高判平成25年1月30日判タ1394号281頁）とも，本件新株発行を有利発行と認め（公正発行価額1株7000円を下らない。），Xの請求を一部（2億2000万円）認容した。Y1ら上告受理申立て。

2　当事者の主張

(1)　上告人の主張

本件新株発行が行われた当時のZの株式価値は，3万2254円を下回ることはなかった。したがって，1株当たり1500円で行われた本件新株発行は，著しく不公正な価額で行われたものというべきである。

(2)　被上告人らの主張

上告人の主張は争う。本件新株発行が行われた当時，補助参加人Zは，売上

第2章　企業の資金調達に関する裁判例

が低迷し，年間売上高を大幅に超える外部負債を有していた上，100億円前後の含み損を抱え，時価純資産がマイナスの状態であったものであるから，1株1500円という価額は，何ら不公正なものではない。

3　裁判所の判断

(1)　非上場会社の株価の算定については，簿価純資産法，時価純資産法，配当還元法，収益還元法，DCF法，類似会社比準法など様々な評価手法が存在しているのであって，どのような場合にどの評価手法を用いるべきかについて明確な判断基準が確立されているというわけではない。また，個々の評価手法においても，将来の収益，フリーキャッシュフロー等の予測値や，還元率，割引率等の数値，類似会社の範囲など，ある程度の幅のある判断要素が含まれていることが少なくない。株価の算定に関する上記のような状況に鑑みると，取締役会が，新株発行当時，客観的資料に基づく一応合理的な算定方法によって発行価額を決定していたにもかかわらず，裁判所が，事後的に，他の評価手法を用いたり，異なる予測値等を採用したりするなどして，改めて株価の算定を行った上，その算定結果と現実の発行価額とを比較して「特ニ有利ナル発行価額」に当たるか否かを判断するのは，取締役らの予測可能性を害することともなり，相当ではないというべきである。

したがって，非上場会社が株主以外の者に新株を発行するに際し，客観的資料に基づく一応合理的な算定方法によって発行価額が決定されていたといえる場合には，その発行価額は，特別の事情のない限り，「特ニ有利ナル発行価額」には当たらないと解するのが相当である。

(2)　これを本件についてみると，B会計士は決算書を初めとする各種の資料等を踏まえて株価を算定したものであって，B会計士の算定は客観的資料に基づいていたということができる。

B会計士は，Zの財務状況等から配当還元法を採用し，従前の配当例や直近の取引事例などから1株当たりの配当金額を150円とするなどして株価を算定したものであって，本件のような場合に配当還元法が適さないとは一概にはいい難く，また，B会計士の算定結果の報告から本件新株発行に係る取締役会決議までに4か月程度が経過しているが，その間，Zの株価を著しく変動させる

112

ような事情が生じていたことはうかがわれないから，同算定結果を用いたことが不合理であるとはいえない。これに加え，本件新株発行の当時，上告人Ｙ１その他の役員等による買取価格，Ｚによる買取価格，上告人Ｙ１が提案した購入価格，株主総会決議で変更された新株引受権の権利行使価額及び自己株式の処分価格がいずれも１株1500円であったことを併せ考慮すると，本件においては一応合理的な算定方法によって発行価額が決定されていたということができる。

そして，Ｚの業績は，平成12年５月以降は下向きとなり，しばらく低迷した後に上向きに転じ，平成18年３月には再度良好となっていたものであって，平成16年３月の本件新株発行における発行価額と，平成12年５月及び平成18年３月当時の株式の価値とを単純に比較することは相当でなく，他に上記特別の事情に当たるような事実もうかがわれない。

したがって，本件新株発行における発行価額は「特ニ有利ナル発行価額」には当たらないというべきである。

4　検討・結論

(1)　非上場会社における株価の算定方法の困難性

非上場会社ではそもそも上場会社のような市場株価というものがなく，株価の算定方法に争いがある。

すなわち，簿価純資産法（会計上の純資産価額で評価する方法），時価純資産法（時価に換算して算出した純資産価額で計算する方法），配当還元法（実際の配当金額又は予測配当金額を資本還元率により還元する方法），収益還元法（予測純利益を資本還元率により還元する方法），DCF法（将来収支予測に基づき算出される将来フリーキャッシュフローを所定の割引率で割り出す方法），類似会社比準法（類似する上場会社等の市場価格をもとに評価する方法）など様々な評価手法が存在しているのであって，どのような場合にどの評価手法を用いるべきかについて明確な判断基準が確立されているというわけではない。また，個々の評価手法においても，将来の収益，フリーキャッシュフロー等の予測値や，還元率，割引率等の数値，類似会社の範囲など，ある程度の幅のある判断要素が含まれていることが少なくない。

第2章　企業の資金調達に関する裁判例

　したがって，非上場会社において公正な価額が何かということについて裁判所が事後的に1つに定めることは非常に困難である。

(2)　上場会社における株価の算定方法

　この点，上場会社における株価の算定方法については，Ⅱ・3・(2)・アで述べたとおり昭和50年に判例上一定の算定基準が確立されており，その後も基本的には昭和50年算定基準に沿った判例が積み重ねられている。すなわち，当該会社で実際に使用された新株発行価額の算定過程について，①客観的な資料に基づき，②一応合理的な算定方法によって発行価額が決定されたと裁判所が事後的に判断した場合には原則として「特に有利な金額」には当たらないとしている。

(3)　原審の算定方法

　これに対して原審は，当事者双方から提出された私的鑑定意見をいずれも不適当として採用せず，Zが平成12年5月，監査法人が類似業績比準方式，純資産方式及び配当還元方式を基礎に算定した株式価値の算定結果に基づき行使価格を1株当たり1万円とする新株引受権付社債を発行し，平成18年3月には時価純資産額を基礎として1株当たり9000円程度の株式価値を有する株式を発行したことと平成12年度以降の補助参加人の経営状況を考慮し，本件新株発行が行われた平成16年3月当時の株式価値は平成12年5月時点の株式価値を大きく下回ることはないと判断し，さらに平成14年度の実績値を基礎として算出したDCF法による評価額に本来加算すべき遊休資産の価値を加算し，平成15年度の有利子負債額を控除するという修正を施し平成16年3月時点の株式価値を31億5900万円と算出し，これを本件新株発行前の発行済株式総数40万株で除し，1株当たりの株式価値を7898円と算定した。これにその後の株式の公募価格，市場価格の推移等を勘案し，本件新株発行当時の公正な価額は少なくとも1株当たり7000円を下らないとした。

　このように原審では，裁判所で一定の公正な価額を算定し，これとの比較において補助参加人が発行した1株1500円は著しく不公正な発行価額であると結論付けている。

(4)　裁判所が取引相場のない株式の価格を決定する場合

　ところで，商事事件のうちで，価格の決定に関しもっとも厳密な判断をなす

114

ことが裁判所に対して要求されるのは，定款により譲渡制限がなされた株式の売買価格の決定（旧商法204条の4），一定の事項に関する株主総会決議に反対した株主に対して認められる株式買取請求権が行使された場合の買取価格の決定（同法245条ノ3，349条，408条ノ3）及び非上場会社が単位株制度を採用した場合の会社による単位未満株式の買取価格の決定（昭和56年商法改正附則19条）などであり，現行会社法では，譲渡制限株式の売買価格決定（会社法144条2項），株式買取請求権が行使された場合の買取価格の決定（同法117条2項，470条2項，786条2項，798条2項），全部取得条項付種類株式の取得価格の決定（同法172条），単元未満株式の買取・売渡価格の決定（同法193条2項，194条4項）などがこれに当たるが，これらは商事非訟事件における株式価格決定のケースであり，この場合には裁判所は公正な価格が具体的にいくらであるかを常に明示しなければならない。また非訟事件においては弁論主義が妥当しないから，当事者が提出する株価算定の資料のみに頼ることは許されず，裁判所が審理を先導しなければならない。

他方，本件のように株式会社が既に発行した新株発行価格の決定が，公正な価額であったかどうか訴訟において争われた場合には，当事者の主張に基づいて裁判所は当該会社が発行した新株の発行価格が「特に有利な金額」であるかを判断すれば足り，必ずしも裁判所が自ら一定の公正価格と算出しなくとも足りるともいえる。

⑸　本判例の評価

ア　意義

本判決は，「特二有利ナル発行価額」（旧商法280条ノ2第2項）の意義について非上場会社における判断基準を最高裁として初めて示したものである。

非上場会社において発行価額が争われた裁判例には裁判所が算定した一定の金額と発行価額とを比較して公正な価額かを判断したもの（第一審，原審等）と会社側の算定過程が合理性を有するかを判断したもの（本件，東京地判平成26年6月26日金判1450号27頁等）があるが，本判決は，最高裁が後者の立場をとることを明らかにした点で重要な意義を有すると思われる。

本判決に対しては，評価する立場と評価しない立場がある。

イ　評価する立場

この立場によれば，原審のようにあるべき「公正な価額」を先に算定し，これと過去の新株発行価額とを比較するという手法では，新株発行に携わる取締役らの予測可能性を著しく害することになるということ，非上場会社には市場での株価というものがなく客観的なよりどころがないことから，実際に会社が行った発行価額決定の判断を前提として，裁判所がその算定方法が合理的か否かを判断する方法が上場会社の場合より強く妥当すること等を理由に本判例のように会社側の算定過程が合理性を有するかを判断する方法を評価している（判例タイムズNo.1411　2015年6月号71頁，ジュリスト2015年10号No.1485　102頁・廣瀬孝）。

　ウ　評価しない立場

　他方，第三者割当の方法による新株発行の場合，既存株主の経済的利益が害されることに配慮し，本判例のように過去の配当実績をもとに将来の配当額を予測する実績配当額に依拠して払込額を算定する方法では，内部留保が反映されず，会社の配当政策次第でさらに低く株価が算出される可能性があることを理由に評価方法の合理性を審査することに疑問を呈する見解がある（会社法判百選23・杉田貴洋，商事法務2015年6月25日号15頁・久保田安彦）。これらの見解によれば，純資産法は株式の内容のうち残余財産分配請求権に着目した評価方法であるので時価によっても簿価によってもそれは将来株主が会社からどれほどのキャッシュフローの分配を受けられるのかとは直接関係しないので妥当でなく，価値評価方法（DCF法，配当還元法又は収益還元法）を用いるか，又は類似会社比準法を用いるべきであるとする。

　この見解は，過去の配当実績をもとに将来の配当額を予測する実績配当額に依拠して払込額を算定する方法（実際配当還元法）と他の方法をとった場合の違いは会社の内部留保が反映されるか否かであるが，非上場会社では，第三者割当の方法がとられる場合でも実際は株主が引受人になることが多いところ，そのような場合に内部留保を反映しない価格で新株が発行されると，引受人である当該株主が他の株主より優先して内部留保を部分的に手に入れるに等しいことになるので妥当でないと述べる。

　この見解に対しては，本判例と同一の会社が行った平成18年3月9日開催の臨時株主総会において決議した第三者割当の発行価額が有利発行に当たるか争

われた事件（東京地判平成26年6月26日金判1450号27頁）において，本判例と同様に株式価値の算定方法及び結果に不合理な点があるかどうかを判断する方法をとるという判断方法を述べた上で，本件算定書が用いた時価純資産価額法は，非上場会社の株式価値の算定において一般的に不合理な算定方法とはいえないこと，評価方法も土地について路線価に基づく簡易な方法による時価評価がされ，また取引相場が分からない場合に帳簿価額を評価額とする時価評価がされているなどいずれも不合理なものではないこと，また公正な価額の算定について必ずDCF法と収益還元法を用いなければならないとまでいうことはできないと判示することによって，上記の見解に対する意見と反対の立場をとっている。

エ　射程範囲

本判決は，旧商法下の判例であるが，現行会社法上の有利発行規制の解釈としてもそのまま当てはまるものと考えられる。また，本判例は，取締役の会社に対する任務懈怠責任の有無との関連で有利発行の判断基準を示したところに特徴があるが，一般に「著しく不公正な払込金額」（会社法212条1項1号）と「特に有利な金額」（同法199条3項）は同一であると解されているから「著しく不公正な払込金額」か否かの判断基準や新株発行の差止事由（同法210条1項1号）や株主総会決議の取消事由（同法831条1項1号）の有無との関係で有利発行か否かが問題となるときにも用いるべき判断基準になると思われる。

Ⅳ　まとめ

1　新株発行における既存株主の保護と新たに株主となる者との利害調整

株主割当以外の方法で新株を「特に有利な払込金額」で発行する場合は，既存株主の利益の保護と新たに株主となる者との利害調整が問題となるところ，持株比率の低下については，会社法は授権資本制度を採用し，授権株式数を定款記載事項とした上で，公開会社では授権株式数は発行済株式総数の4倍までに限るとしていることから，非公開会社との対比において，公開会社においては最高4倍の限度で授権株式数の枠までは甘受しなければならないことは，明

第2章　企業の資金調達に関する裁判例

らかである。

　他方，経済的損失については，新株発行は「公正な払込金額」で行われなければならないのが原則であるが，有利発行の場合には株主総会の特別決議で理由の説明を要することで既存株主の利益を保護している。そうすると，有利発行に当たるか否かの判断は，既存株主の利益の保護と新たに株主となる者との利害を調整する分水流となる重要な指標となるべきものである。

2　公開上場会社における募集株式の有利発行

　上場会社における募集株式については，もともと市場価格というものがあるのであるから，既に述べたように昭和50年算定基準に沿った判例が新法においても引き続き用いられ，当該会社で実際に使用された新株発行価額の算定過程について，客観的な資料に基づき，合理的な算定方法によって発行価額が決定されたと裁判所が事後的に判断するという方法が適当であるということに格別の異論はないと思われる。もっとも，昭和50年算定基準で示された各判断要素が新法においてもそのまま有利発行の判断基準として堅持されるのか，あるいは，それにとどまらず本件判例②でみられたように国内あるいは世界的な情勢を考慮するのかについては，その時々の経済状況や法制度の影響を受けざるを得ないと思われ，今後の判例の蓄積を見守りたい。

3　公開非上場会社における募集株式の有利発行

　非上場会社における公正な価額の算定方法については，基本的には非上場会社には市場での株価というものがなく客観的なよりどころがないことや商事非訟事件における株式価格決定のケースと異なり，有利発行該当性について裁判所は，公正な価額と比べて特に低いか否かを判断すれば足りるのであるから，株式価値の算定方法及び結果が不合理かどうかを事後的に判断する審査でよいものと思われる。今回，既述の最高裁判例で一定の判断方法が示されたことにより，特別の事情がない限り，新法下においても同様の判断方法が踏襲されることになろう。

〔**参考文献**〕

判例タイムズNo.1411　2015年6月号

判例タイムズNo.1380　2012年12月号

ジュリスト2015年10号No.1485・廣瀬孝

会社法判百選23・杉田貴洋

商事法務2015年6月25日号・久保田安彦

江頭憲治郎「取引相場のない株式の評価」法学協会編『法学協会百周年記念論文集3』有
　斐閣　1983年

神田秀樹『会社法（第16版）』弘文堂　2014年

第2章　企業の資金調達に関する裁判例

新株等の不公正発行

弁護士　**植松　勉**

1　はじめに

　新株発行は，株式会社の資金調達手段として機能する一方，既存株主の持株比率・議決権比率を変動させ，株式会社の支配権に影響を与えることもある。このため，会社法は，一定の瑕疵の認められる新株発行に対しては，差止め（会社210条），無効・不存在（会社828条1項2号・829条1号），関係者の民事責任（会社423条1項）などの制度によって，既存株主の利益保護を図ろうとしている。このうち，持株比率・議決権比率の変動を受ける株主にとって主要な対抗手段となる差止制度は，差止事由の一つとして，当該新株発行が著しく不公正な方法により行われる場合（いわゆる「不公正発行」の場合）を挙げている。不公正発行とは，不当な目的を達成する手段として株式の発行が利用される場合をいい[1]，この不公正発行の判断枠組みとして，今日の裁判実務上，いわゆる主要目的ルールが採用されている。

　主要目的ルールの内容については，一般的に，取締役会が新株発行を行うに至った種々の動機のうち，不当目的達成動機が他の動機に優越し，それが主要な主観的要素であると認められる場合に，当該新株発行を不公正発行と判断するものと理解されている[2]。しかし，これまでの裁判例の大半は，もっぱら新株発行の目的が資金調達にあるか支配権維持・確保にあるかのみを問題とし，資金調達の必要性が認められれば，たとえ支配権維持・確保という不当目的が

120

なかったとはいえない場合でも，不公正発行とは容易に認めない運用であったとの指摘がある[3]。そこで，本稿では，次項にて，第三者割当てによる新株発行で不公正発行が争点となった会社法施行後の裁判例を取り上げ，今日における主要目的ルールの運用実態を探ってみることとする。

また，会社法施行の前後を通じ，新株予約権を用いた買収防衛策が目立つこととなったが，この場合の新株予約権の発行目的はまさに支配権維持・確保にあり，資金調達目的は認めがたい。したがって，新株予約権を用いた買収防衛策の発動をめぐって不公正発行が争われた場合，支配権維持・確保目的の是非が正面から問題となる。本稿第3項では，このような新株予約権を利用した買収防衛策を取り上げ，それに対する裁判実務上の許容性（不公正発行該当性）に関する判断枠組みについて概観する。そして，最後に，新株と新株予約権のあらゆる発行場面において，不公正発行か否を判断する共通の基準はないものか，私見を述べる。

なお，本稿では，対象とする株式会社を会社法上の公開会社に絞ることとしたい。公開会社でない株式会社においては，株主割当て以外の方法で新株を発行する場合，株主総会の特別決議を要することとされており（会社199条2項・309条2項5号），不公正発行が争われる余地はほぼ認められないことによる[4]。

2 今日における主要目的ルールの運用実態

会社法施行後においても，第三者割当てによる新株発行において不公正発行が争われた事案では，裁判所は主要目的ルールを用いて不公正発行該当性を判断しているといってよいだろう。問題は，裁判所による主要目的ルールの運用実態にある。

本項では，①裁判実務における主要目的の審査方法，②資金調達を直接の目的としない新株発行と主要目的ルールの適用について述べる。

(1) 裁判実務における主要目的の審査方法
差止めなどの裁判手続において不公正発行を争う当事者は，どちらが何を主張・立証（仮処分事件では，疎明）するべきであろうか。

第2章　企業の資金調達に関する裁判例

　この点，新株発行が不公正であること，すなわち，当該新株発行の主要な目的が支配権の維持・確保など不当目的にあることの主張・立証責任は，基本的に株主側にあると考えられている[5]。このことも手伝ってか，主要目的ルールを採用した初期の裁判例（昭和40年代後半から50年代のもの）では，非常にたやすく資金調達目的を認定して不公正発行に該当しないとの結論を導いていたが，昭和60年代に入ると，ある程度具体的な事業計画を認定した上で資金調達目的の新株発行であるとする裁判例が主流となったとの指摘がなされている[6]。

　これに対し，学説の中には，これをさらに一歩進め，支配権争奪の状況下で，あえて反対派株主を避けて支配権に影響を及ぼす大量の新株を第三者に割り当てる場合には，支配権維持・確保が主要目的であるとの事実上の推定を加え，当該第三者割当発行を必要とする会社の事業目的が存することにつき会社側が合理的な説明をしない限り，不公正発行と判断すべきであると主張するものがあった[7]。

　以下では，会社法施行後に出された2つの裁判例を取り上げて，主要目的ルールにおける主張・立証の在り方に対する今日の裁判所の考え方，審査方法を探ってみたい。まずは，問題とされた新株発行について，一定の事実認定のもと，現経営者の支配権維持を主要目的として推認したクオンツ事件を紹介する。

＊クオンツ事件（東京地決平成20・6・23金商1296・10）

〈事案の概要〉

　Y（債務者）は，ファンド運営等を目的とする株式会社であり，平成19年7月31日当時，発行可能株式総数8億1996万6928株，発行済株式総数2億2803万6156株で，ジャスダックに上場している。X（債権者）は，ヘラクレスに上場している株式会社で，Yの株式を390万6000株（持株比率1.71％）保有する第5順位の株主である。

　Yでは，平成19年12月以降，取締役7名のうち，A取締役ら4名とE取締役ら3名との間で会社の経営権をめぐる争いが顕在化していた。こうした中，Yは，平成20年5月23日の取締役会において，同年6月27日に定時株主総会（本件総会）を開催し，「E取締役ら3名解任の件」などを議案とすることを決議

122

した。また，Ｙは，同年６月９日の取締役会において，Ｅら取締役３名の反対を押し切り，本件新株発行（ⅰ発行株式数4444万4000株，ⅱ募集の方法は第三者割当てで，割当先は株式会社Ｉと株式会社Ｋ，ⅲ募集金額及び払込金額は３億9999万6000円，ⅳ申込期日及び払込期日は同年６月25日）を行うことを決議した。Ｙの定款上，定時株主総会における議決権基準日は毎年３月31日とされていたが，本件総会において，本件新株の割当先ＩとＫには，会社法124条４項に基づく議決権の付与が予定されていた。当該２社は，本件総会の上記取締役解任議案に賛成の意向を表明していた。

平成20年３月31日現在のＹの株主構成は，筆頭株主でも持株比率は３．78％であり，以下第５順位まで，順次，３．33％，２．46％，１．76％，１．71％いう状況で，個人株主が圧倒的な多数を占めていた。本件新株が発行された場合，Ｙの株主構成は，Ｋが持株比率９．26％の筆頭株主に，Ｉが８．16％の第２順位の株主となる一方，Ｘの持株比率は１．43％となり，第５順位から第７順位の株主に低下する。

なお，本件では，Ｙが無担保転換社債型新株予約権付社債（本件社債）を発行し，オランダの有限責任会社Ｎから平成19年５月10日までに45億円の振込みを受けていたところ，Ｎは，本件社債の繰上償還事由が生じたとして，Ｙに対し本件社債40億円の償還を求め仮差押決定まで得ているという事情がある。ただ，平成20年５月22日より後，ＹとＮとの間で本件社債の償還問題について協議は行われていない。

こうした中，Ｘが，本件新株発行の差止めを求めて仮処分を申し立てた。

〈決定要旨〉

申立認容。

① 「これらの事情によれば，Ｙの本件新株発行は，会社の支配権につき争いがある状況下で，既存の株主の持株比率に重大な影響を及ぼすような数の新株が発行され，それが第三者に割り当てられる場合であって，かつ，それが，成否の見通しが必ずしもつかない反対派取締役の解任が議案となっている株主総会の直前に行われ，しかも，予め反対派取締役を解任する旨の会社提案に賛成することを表明している割当先に会社法124条４項に基づき議決権を付与することを予定しているというのであるから，他にこれを合理化できる特段の事

123

情がない限り，本件新株発行は，既存の株主の持株比率を低下させ現経営者の支配権を維持することを主要な目的としてされたものであると推認できるというべきである。」

② 「この点，Ｙは，本件新株発行は，資金調達のために行うものであり，取締役の支配権維持を目的とするものではない旨を主張する。

なるほど，Ｙの主張するとおり，前記認定によれば，Ｙは，現在，Ｎから本件社債40億円の償還を求められているところ，その償還のため，平成20年３月以降，規模を修正しつつも相当額の増資を一応計画していたのであり，また，Ｙは，平成19年３月期に約30億円，平成20年３月期に約42億円の経常損失を計上しており，投資事業の縮小を避けるため，Ｙ又はその子会社の保有する株式等の有価証券等の資産売却以外の方法による資金調達することを検討することも理解できなくはなく，Ｙにおいて資金調達の一般的な必要性があったことについては，これを否定できないところである。」

「しかし，前記認定によれば，Ｙは，本件社債の償還計画は，Ｎとの間で40億円分について包括的な合意に達しなければ実行する考えがないとしている上，その計画は短期間のうちに変遷しており，また，計画上期限が到来したものであっても，これまで同計画に沿って保有資産を売却したり，Ｎに一部弁済したりしたこともないのである。本件新株発行の決議を行った平成20年６月９日の取締役会でも，償還計画を議論した形跡はなく，この時点で具体的な償還計画があったというには程遠い状況であったといわざるを得ない。」

「また，ＹはＮに仮差押えを受けている資産を売却するには，Ｎの協力を得なければならないところ，Ｎとの間でそのような協議も進んでいない。」

「これらに加えて，仮に，本件新株発行が支配権維持を目的とするものでないとするならば，Ｙは，これまで仮差押えの対象でない他の保有資産の売却等による資金調達は一切していないのに，なぜ本件新株発行による資金調達だけを先行させたのか，しかも，Ｙの償還計画上，本件社債のうち30億円の繰上償還日は平成20年７月28日であるにもかかわらず，なぜ本件総会の２日前である同年６月25日を本件新株発行の払込期日とし，かつ，割当先に対して本件総会における議決権を付与するのかについて，その合理的な理由を説明し得ていない。」

③ 「以上によれば，Ｙにおいて資金調達の一般的な必要性があったことは

否定できないものの，これを合理化できる特段の事情の存在までは認められず，本件新株発行は，既存の株主の持株比率を低下させ現経営陣の支配権を維持することを主要な目的としてされたものであると認めるのが相当であり，これを覆すに足りる疎明資料はない。」

　本件は，現経営者の支配権維持を主要目的と推認して（決定要旨①），新株発行の差止めを認めた点で実務に一定のインパクトを与えたものである。ただ，すでに紹介した学説[7]が，支配権争奪の下で反対派株主を避けて大量の新株を第三者に割り当てる場合に支配権維持を主要目的と推定するとしているのに対し，本件では，推認の基礎となる事実に追加が見られる。すなわち，本件では，上記学説が指摘する事実に加え，①本件新株発行は，成否の見通しがつかない反対派取締役の解任が議案となっている株主総会の直前に行われたこと，②割当先が予め反対派取締役を解任する旨の会社提案に賛成することを表明していたこと，③割当先に会社法124条４項に基づき議決権を付与する予定であったことを指摘した上で，支配権維持という主要目的を推認している。支配権争いの中で行われる第三者割当ての事案において，これだけの事実が主張・疎明された以上，支配権維持を主要目的として推認することは，むしろ自然であるともいえる。

　本件は，上記①～③の事情があるにもかかわらず新株の発行差止めを認めなかったベルシステム24事件[8]との対比において，裁判例の流れが株主の立証責任軽減に向けて変化しつつあることを示すものとして語られることがある。しかし，ベルシステム24事件では，事業計画のための新株発行による資金調達の必要性，当該事業計画の合理性が認められている点を見落とすべきではないだろう。同事件の決定は，こうした事情の下で新株発行の差止めを否定している[9]。他方，本件では，新株発行による資金調達の必要性について，会社側が行った説明は杜撰であった。確かに，会社側は社債償還という資金使途を主張したが，裁判所は，社債償還計画が短期間のうちに変遷していることや，本件新株発行の決議を行った取締役会において償還計画を議論した形跡がないことなどを指摘し，会社側による資金調達の説明のほころびを明らかにしたのである（決定要旨②）。

第2章　企業の資金調達に関する裁判例

　以上からすると，本件とベルシステム24事件との結論の差異が，株主の立証責任に起因したものかは疑わしいとの評価が穏当であると考える[10]。いずれにせよ，本件は，今日の主要目的ルールでは，支配権維持目的が強く疑われる場合には，会社側の資金調達の一般的な必要性のみならず，新株発行の計画策定から実行までの経緯[11]，第三者割当てによる資金調達の合理性や割当先の相当性についても審査の対象とし，事案を詳細に検討することを示している。

　次に，本件より後の京王ズホールディングス事件を取り上げる。

＊京王ズホールディングス事件（仙台地決平成26・3・26金商1441・59）

〈事案の概要〉

　Ｙ（債務者）は，通信機器販売代理店業務等を目的とする株式会社で，マザーズに上場している。Ｘ1～Ｘ3（債権者）は，いずれもＹの株主である。このうちＸ1は，電気通信事業等を目的とする株式会社で，東証一部に上場している。

　Ｘ1とＹの現経営陣は，Ｙの経営支配に関して対立関係にあり，特に，Ｘ1とＹの代表取締役Ａとの間では，遅くとも平成24年10月以降，対立が継続している状況にあった。Ｘ1は，平成25年11月15日以降，取引市場においてＹ株式の買増しを進め，平成26年2月7日までにＹ株式120万4700株を保有する筆頭株主となった。このような状況下の同月28日，Ｙの取締役会は，それまでＹの株主でなかった株式会社Ｎ（家電販売業等を営むジャスダック上場企業）と業務資本提携契約及び新株総引受契約を締結し，同社に対し，従前の発行済株式総数の約108.73％，総株主の議決権数の約111.07％に相当する株式を割り当てることを決議した（本件新株発行）。

　本件新株発行による株主への影響は次のとおりである。

（平成26年3月19日当時のＹの株主上位3者）

Ｘ1　126万2000株（持株比率約22.48％，議決権比率22.96％）

Ｘ2　85万0500株（持株比率約15.15％，議決権比率15.47％）

Ｘ3　69万5000株（持株比率約12.38％，議決権比率12.65％）

（本件新株発行がなされた場合のＹの株主上位4者）

Ｎ　610万4700株（持株比率約52.09％，議決権比率約52.62％）

Ｘ1　126万2000株（持株比率約10.77％，議決権比率約10.88％）

X2　　85万0500株（持株比率約 7.26％，議決権比率 7.33％）

X3　　69万5000株（持株比率約 5.93％，議決権比率 5.99％）

　なお，Yは，東証によって自社株式を特設注意銘柄に指定され，これを理由に取引銀行から融資を受けることができずにいた。また，Yにおいては，移動体通信店舗事業がほぼ唯一の事業で，売上げのほぼ半分がX1の子会社であるTとの代理店取引で占められていたが，その手数料収入は，Tが支払額を減額してきたため減少していた。Yの平成26年1月31日時点での現預金は約1億9000万円で，3か月前より約1億5000万円減少していた。こうした背景の下，YはNとの提携の協議を本格化させて本件新株発行決議に至っている。

　Xらが本件新株発行の差止めを求めて仮処分を申し立てたが，X2及びX3の申立てについては，いずれも当事者適格を欠いているとして却下された。以下の決定要旨は，X1の申立てに対するものである。

〈決定要旨〉

　申立却下。

　①　「…本件新株発行に至る経緯，本件新株発行が既存の株主の持株比率（議決権比率）に与える影響等は，本件新株発行がYの現経営陣が大株主であるX1らの影響力を排除し自己保身を図ることを目的として行われたことをうかがわせる事情ではある。」

　②　「しかしながら，他方，…現経営陣とNとの間に，Nが現経営陣の取締役の地位の確保に与するような関係があったことをうかがわせる疎明はない。そして，現経営陣がNとの間で取り交わした業務資本提携契約書兼株式総引受契約書…からすると，少なくとも現経営陣の過半数について，本件新株発行後，Nが選定する取締役に交替することが予定されており，引き続きYの現経営陣の地位が確保されているわけではない。」

　③　「Yは東証による特設注意銘柄の指定により，金融機関からの借入れが困難な状況にある一方で，自らの売上げのほぼ半分を占めるX1の子会社であるTからの手数料等の支払は，代理店委託契約に関する見解から減額され，さらに，Tから借入債務の返済を求められるなどしていたのであり，このような状況にあったYとしては，安定的な経営を行うために，Yが主張する積算内容はともかく，一定の資金調達の必要性があったことは，否定し難いところであ

127

る。」

④「加えて，…Ｙとして，上記のような一定の資金調達の必要性をも考慮した上で，Ｔ，ひいてはＸ1に代わり得る事業パートナーの候補として，Ｙ株式が特設注意市場銘柄に指定されていることを認識しながらＹに対する出資を申し出たＮと協議して，Ｎが業務上及び財務上の支援の条件として提示するＹの連結子会社化を受け入れたことについては，…経営上の専門的判断として，合理性がないということはできない。」

⑤「このように，Ｙが予定するＮとの業務資本提携の内容等がＹの現経営陣の地位確保に直結するものではなく，本件新株発行が資金調達及び新たな事業パートナーの必要性等に裏付けられた一つの経営判断といい得ることからすると，…本件新株発行を，Ｙの現経営陣が大株主であるＸらの影響力を排除し自己保身を図ることを目的としてしたものと断ずることはできず，仮にそのような目的があったとしても，本件新株発行に伴う副次的効用として意図した以上のものということは困難といわざるを得ない。」

　本件は，筆頭株主と会社の現経営陣とが会社経営支配に関して対立関係にある中で，当該筆頭株主の持株比率（議決権比率）に重大な影響を及ぼす第三者割当てがなされた事案であり，主要目的ルールが適用されたものと理解できる。しかし，クオンツ事件において認められた事情（新株発行が株主総会の直前に行われ，かつ会社提案に賛成を表明していた割当先に会社法124条4項により議決権を付与するという事情）はうかがわれず，本件決定は，クオンツ事件決定のように現経営陣の支配権維持目的を推認するとまでは踏み込まず，現経営陣の保身目的をうかがわせると表現するにとどめている（決定要旨①）。

　他方，本件決定は，本件割当先の相当性について言及した上で（決定要旨②），資金調達の必要性について具体的な経緯に基づき審査をしている（決定要旨③）。加えて，本件決定の特徴は，新たな事業パートナーへの変更という経営判断の合理性についても触れて，本件新株発行を不公正発行とは認めない結論を導いている点にある。支配権をめぐる争いのある中で，新株発行に関する経営陣の裁量を認めるべきか否かは議論が分かれようが，少なくとも，本件では，割当先について現経営陣と利害関係がないと判断されている点に留意しておく

必要がある。クオンツ事件のように，割当先が会社経営陣との利害関係を認め得る者で経営陣の支配権維持目的が強く疑われるような事情があったなら，新株発行に関する経営判断の合理性について厳格な審査が求められることとなるのではないだろうか。

　なお，本件より後に施行された平成26年改正会社法は，総株主の議決権の10％以上を保有する株主が新株発行に反対する場合，「緊急の必要があるとき」を除いて，会社は当該新株発行について株主総会の普通決議による承認を受けなければならないとした（会206条の2第4項）。本件の事実関係では，会社は，株主総会による新株発行の承認を受けることは難しかったと考えられるが，なお，「緊急の必要があるとき」に当たる余地がないか興味のもたれるところである[12]。

(2)　資金調達を直接の目的としない新株発行と主要目的ルールの適用

　かつての主要目的ルールでは，資金調達目的と支配権維持・確保目的との対立が強調されてきたが，新株発行の目的は，これら2つに限られないはずである。この点に関して，ニッポン放送事件抗告決定（東京高決平成17・3・23金判1214・6）は，次のような一般論を述べている。すなわち，「取締役会の上記権限（注：新株発行権限）は，具体化している事業計画の実施のための資金調達，他企業との業務提携に伴う対価の提供あるいは業務上の信頼関係を維持するための株式の持ち合い，従業員等に対する勤務貢献等に対する報償の付与（いわゆる職務貢献のインセンティブとしてのストック・オプションの付与）や従業員の職務発明に係る特許権の譲受けの対価を支払う方法としての付与などというような事柄は，本来取締役会の一般的な経営権限にゆだねている。これらの事項について，実際にこれらの事業経営上の必要性と合理性があると判断され，そのような経営判断に基づいて第三者に対する新株等の発行が行われた場合には，結果として既存株主の持株比率が低下することがあっても許容される」。ここでは，既存株主の持株比率の低下を招くとしても許容され得る新株発行の目的として，資金調達のほかにも，①業務提携に伴う対価の提供，②業務上の信頼関係を維持するための株式の持ち合い，③従業員等に対する勤務貢献等に対する報償の付与，④従業員の職務発明に係る特許権の譲受けに対す

第2章　企業の資金調達に関する裁判例

る対価の支払が挙げられている。

　ニッポン放送事件決定のこうした説示は傍論的なものにとどまっていたが，会社法施行後，次のとおり，主要目的ルールを採用しつつ，資金調達目的に触れることなく既存株主の持株比率に不利益を与える新株発行につき不公正発行該当性を否定した裁判例が登場している。

＊ダイヤ通商事件（原審決定＝東京地決平成24・7・9資料版商事法務341・49）
〈事案の概要〉

　Ｙ（債務者）は，石油製品の販売等を目的とする株式会社で，ジャスダックに上場している。Ｘ（債権者）は，本件申立当時，Ｙの筆頭株主であり，昭和57年6月から平成22年1月まではＹの代表取締役を務め，代表取締役退任後は，相談役として取締役会に出席している。Ｙにおいては，平成24年4月頃以降，Ｙの役員構成をめぐってＸとＹの代表取締役Ｚ1（補助参加人）との間に対立があった。

　Ｙは，平成24年6月5日付で定時株主総会（本件定時総会）の招集通知を発した。本件定時総会の決議事項には，Ｚ1が取締役として好ましくないと考えるＡを候補者とする「取締役1名選任の件」などが含まれていた。Ｚ1は，本件定時総会の前日である平成24年6月27日に開催された取締役会において，一部役員に反対があったもののＡを取締役候補者とする会社提案を撤回することを決議するとともに，本件新株発行（発行新株数67万株，払込期日同年7月13日）に係る本件取締役会決議をした。

　本件新株発行は，従業員のインセンティブになるような制度＝日本版ＥＳＯＰ（本件スキーム）の一環として行われるものとされている。Ｚ1は，平成23年6月頃から，本件スキームの導入に向けて弁護士や公認会計士を交えて検討してきており，その内容は，日本版ＥＳＯＰとして普及しているものと同内容のもので，ＳＰＶとして設立された一般社団法人Ｚ2（当事者参加人）が，Ｙの連帯保証を得て金融機関から借入れをしてＹ株式を取得することなどが定められていた。Ｚ1は，平成24年1月頃までには本件スキームの導入の準備を整えたものの，当時Ｙの株価が高値で推移していたことから導入を見送っていたという経緯がある。

130

本件新株発行によるXへの影響は次のとおりである。

（平成24年3月31日当時のYの株主の上位5者の持株比率）

X＝20.98％，B＝5.96％，C＝4.85％，D＝3.44％，E＝3.36％

（本件新株発行後のYの株主の上位5者の持株比率）

X＝19.25，Z2＝8.56％，B＝5.47％，C＝4.45％，D＝3.15％

　Xが本件新株発行の差止めを求めて仮処分を申し立てた。また，本件新株発行の割当先であるZ2が，本件手続の結果によりその権利が害されると主張して，独立当事者参加人としてYに対し本件新株発行を仮にするよう求める旨を申し立てたほか，Z1がYのために共同訴訟補助参加をした。以下の決定要旨は，Xの申立てに対するものである。なお，Z2の申立ては，保全の必要性がないことを理由に却下されている。

〈決定要旨〉

　申立却下。

　①　「本件新株発行は，Yの経営支配権につき争いがある中で，従来の株主の持株比率に影響を及ぼすような数の新株が発行され，これが第三者に割り当てられる場合であると認められる。」

　②　「しかしながら，本件新株発行を含む本件スキームは，XとZ1との間の確執が表面化する前である平成23年6月頃から弁護士や公認会計士を交えた検討が重ねられ，平成24年1月頃までにはその導入のための準備が整っていたというのであるから，本件スキーム自体が，Xの影響力を低下させることを目的として導入されたと見ることはできない。」

　③　「本件スキームは，Yから独立性を有するZ2が株式を一括して取得し，その議決権を従業員の意思決定にかからしめ，Z2の解散時にはその残余財産を持株会ひいては従業員に帰属させるというものであるが，議決権の行使に会社経営陣の不当な支配が及ばないような配慮もされているなど，経産省の検討会の報告書の内容におおむね沿ったものとなっており，株価及び業績向上への従業員の意欲や士気の向上並びに従業員を通じたコーポレート・ガバナンスの向上等を図るという導入目的に適合するものである。また，本件取締役会決議がされた同年6月当時のYの株価が比較的低い水準にあったことからすれば，その時点において本件スキームを導入することには，一定の合理性があったと

第2章 企業の資金調達に関する裁判例

認められる。そうすると，本件スキームは，Ｚらが主張するとおり，Ｙにおいて，株価及び業績向上に向けた従業員の意欲や士気を高めること並びに従業員を通じたコーポレート・ガバナンスの向上等を図ること等を目的として導入されたものと認めるのが相当である。」

④ 「本件新株発行によるＸの持株比率の低下は，20．98％から19．25％に低下する程度のものにすぎない…本件新株発行は，ＸのＹに対する影響力を低下させるものではあるが，これに決定的な打撃を与えるものであるとまでは認められず，これによりＸが受ける不利益が重大であるとまではいえない。」

⑤ 「本件については，会社の経営支配権に争いのある状況の下で，Ｘの持株比率に一定の不利益を与える新株発行が行われるものの，本件新株発行がＸの影響力を低下させることを主要な目的として行われたものであることの疎明があるとはいえないから，Ｘの本件申立ては理由がない。」

本件は，日本版ＥＳＯＰの導入を目的とした新株の発行が不公正発行にあたるかどうかについて，主要目的ルールを適用して判断したものである。本決定が示すとおり，日本版ＥＳＯＰには，従業員のインセンティブを高める効果などを認めることができるから，資金調達目的を認めがたいとしても，直ちにこれを目的とした新株発行を不公正発行と評価することは妥当でない。ただ，日本版ＥＳＯＰは，ＳＰＶの取得した株式の議決権行使に会社経営陣が不当な支配を及ぼすことによって，現経営陣による支配権維持を実現する手段として利用される危険もある[13]。この点，本件決定は，本件スキーム導入の経緯（検討開始時期と導入時期の合理性＝決定要旨②③），ＳＰＶに帰属する株式の議決権行使に会社経営陣の不当な支配が及ばない配慮がなされているか（決定要旨③），導入により申立人株主が被る不利益（決定要旨④）について具体的に検討を加え，本件新株発行が不当目的を主要なものとしたものではないことを認定している。

なお，本件の抗告決定（東京高決平成24・7・12資料版商事法務341・29）は，抗告人の主張に答える形で，会社側の資金調達目的についても一応の判断を示している。すなわち，同決定は，「証拠…によれば，Ｙは，平成24年度中（平成25年3月末まで）に経営するサイクルショップを3店舗出店する予定であり，

平成24年3月19日には第1号店の出店計画が稟議にかけられ、決裁が終了しており、本件新株発行に伴う資金調達は、この資金需要に応じるものであると認められるというべきである」との判断を補足して、抗告を棄却している。しかし、本件において不公正発行該当性を判断する上で重要な要素であったのは、決定要旨②～④で示されている事情であったと考えられる[14]。

(3) 小 括

以上、本項では、今日における主要目的ルールの運用実態として、ⅰ）支配権維持・確保目的と対比される目的は資金調達に限られず、業務提携や従業員のインセンティブ向上目的なども含まれること、ⅱ）いずれの目的の場合であっても、新株発行の経緯等を含めて事案を掘り下げた具体的な検討が加えられており、支配権維持目的が強く推認される事業では、会社側による資金調達の一般的な必要性の説明のみでは通じないことについて、近時の裁判例を交えて眺めてきた。ただ、本項で取り上げた裁判例の採用する主要目的ルールは、いずれも支配権維持・確保目的が不当なものであることを前提とし、これが主要であるか否かを判断してきたものである。しかし、そもそも、支配権維持・確保目的はなぜ不当とされるのであろうか。こうした点について、次に項を改めて掘り下げる。

3 新株予約権を用いた買収防衛策と不公正発行の判断枠組み

学説の中には、かねてより、支配権維持・確保目的の新株発行であっても不公正発行とならない場合があるとする立場があったが[15]、今日では裁判実務も同様の立場である。本項では、新株予約権を用いた買収防衛＝支配権維持・確保目的が正面から認められる事案を取り上げて、①支配権維持・確保目的と不公正発行の判断枠組み、②取締役会決議に基づく新株予約権無償割当てと不公正発行の判断枠組みについて述べる。

(1) 支配権維持・確保目的と不公正発行の判断枠組み

これまでの裁判例では、支配権維持・確保目的があったとしても、事案とし

第2章　企業の資金調達に関する裁判例

ては新株発行の効力を維持すべきと判断した場合，裁判所は資金調達が主たる目的かどうかという問題設定を行い，当該新株発行を公正としてきたとの指摘がある[16]。この指摘のとおりだとすれば，資金調達目的は仮装理由として使われてきたこととなり，事件の真の争点が十分に取り扱われないまま事件は終結してきたこととなる。

　この点，会社法施行の前後を通じて多く利用されることとなった新株予約権を用いた買収防衛スキームでは，資金調達目的は認めがたく，裁判所も当該目的を「仮装理由」として使用することができない。そこで，こうした買収防衛策の発動をめぐって不公正発行が争われた場合，支配権維持・確保目的の是非が正面から問題となる[17]。その先駆けとなった，新株予約権の第三者割当てをめぐって不公正発行が争われたニッポン放送事件の抗告決定（東京高決平成17・3・23判タ1173・125）では，支配権維持・確保目的が不当である根拠について，次のように説示している。すなわち，「商法上，取締役の選任・解任は株主総会の専決事項であり…，取締役は株主の資本多数決によって選任される執行機関といわざるを得ないから，被選任者たる取締役に，選任者たる株主構成の変更を主要な目的とする新株等の発行をすることを一般的に許容することは，商法が機関権限の分配を定めた法意に明らかに反するものである。…したがって，現経営陣が自己の信じる事業構成の方針を維持するために，株主構成を変更すること自体を主要な目的として新株等を発行することは原則として許されないというべきである」。ここでは，支配権維持・確保目的での新株あるいは新株予約権の発行が許されない理論的根拠として，いわゆる権限分配論が示されている。

　しかし，権限分配論によって支配権維持・確保目的が不当であることを説明したとしても，支配権に影響を与える目的での新株等の発行がおよそすべて許されないこととなるのかは必ずしも明らかにならない。この点，ニッポン放送事件決定は，上記に続けて，「もっとも，経営支配権の維持・確保を主要な目的とする新株予約権発行が許されないのは，取締役は会社の所有者たる株主の信認に基礎を置くものであるから，株主全体の利益の保護という観点から新株予約権の発行を正当化する特段の事情がある場合には，例外的に，経営支配権の維持・確保を主要な目的とする発行も不公正発行に該当しないと解すべきで

ある」と説示し，こうした例外にあたるケースとして，買収者がグリーンメーラーである場合など4つの類型を示している。ここに至って，ようやく，支配権の維持・確保を主要な目的とする新株等の発行であっても，例外的に許容される場合のあることが裁判実務上明らかにされた。

　ただ，支配権の帰趨は株主総会が決すべしとする権限分配論を採用するニッポン放送事件決定において，株主総会決議を経ずに取締役会限りで新株予約権を発行しようとした会社側は，発行差止めの憂き目に遭っている。ニッポン放送事件決定が示した不公正発行の判断枠組みは，あくまで，支配権維持・確保目的での新株等の発行は原則として不公正発行に該当するというものである。例外的にこれが許されるのは，買収者がグリーンメーラーなどの濫用的買収者であり，当該新株等の発行が株主全体の利益保護のために必要かつ相当であることを会社側が主張・立証できた場合に限られている。

　ニッポン放送事件の後，新株予約権無償割当ての方法をとり，かつ同割当てについて株主総会特別決議を経たというブルドックソース事件が最高裁まで争われた。もはや，改めて紹介するまでもないと思われるが，ブルドックソース事件において示された最高裁の不公正発行に関する判断枠組みについて，事案とともに確認する。

＊ブルドックソース事件（最決平成19・8・7民集61・5・2215）
〈事案の概要〉

　Y（相手方）はソースの製造及び販売等を目的とする株式会社で，東証二部に上場している。Yの株主であるX（抗告人）は，日本企業への投資を目的とする投資ファンドであり，関連法人と併せ，Yの発行済株式総数の10.25％を保有している。

　Xは，平成19年5月18日，Yの発行済株式のすべてを取得することを目的として，Yの株式の公開買付け（本件公開買付け）を行う旨を明らかにした。これに対し，Y取締役会は，6月7日，Xが日本において会社を経営したことがないことなどから，本件公開買付けは，Yの企業価値をき損し，Yの利益ひいては株主の共同の利益を害するものと判断し，本件公開買付けに反対することを決議した。また，Y取締役会は，同日，本件公開買付けに対する対応策とし

第2章　企業の資金調達に関する裁判例

て，Xとその関係者は行使することができない新株予約権の無償割当て（本件
新株予約権無償割当て）に関する議案を6月24日に開催予定の定時株主総会（本
件総会）に付議することを決議した[18]。本件総会において，当該議案は，出席
した株主の議決権の約88.7％，議決権総数の約83.4％の賛成により可決された。

　Xが本件新株予約権無償割当ての差止めを求めて仮処分を申し立てたもの
の，原々審[19]は申立却下。Xが抗告したが原審[20]は抗告棄却。これに対し，X
は許可抗告を申し立て，原審は抗告許可の決定を行った[21]。

〈決定要旨〉

　抗告棄却。

　「株主に割り当てられる新株予約権の内容に差別のある新株予約権無償割当
てが，会社の企業価値ひいては株主の共同の利益を維持するためではなく，専
ら経営を担当している取締役等又はこれを支持する特定の株主の経営支配権を
維持するためのものである場合には，その新株予約権無償割当ては原則として
著しく不公正な方法によるものと解すべきであるが，本件新株予約権無償割当
てが，そのような場合に該当しないことも，これまで説示したところにより明
らかである。

　したがって，本件新株予約権無償割当てを，…著しく不公正な方法によるも
のということもできない。」

　本件の買収防衛スキームは，新株予約権無償割当ての方法を採用したもので
あったことから，本件のメインの争点は株主平等原則違反の有無にあった[22]。
不公正発行も争点とされはしたものの，最高裁による不公正発行の判断は，株
主平等原則に関する自らの説示を引用してなされており，株主平等原則におけ
る説示と比べて簡素なものにとどまっている。上記決定の引用部分でも，「こ
れまで説示したところ」とあるが，これは次の部分を指している。

　「特定の株主による経営支配権の取得に伴い，会社の企業価値がき損され，
会社の利益ひいては株主の共同の利益が害されることになるか否かについて
は，最終的には，会社の利益の帰属主体である株主自身により判断されるべき
ものであるところ，株主総会の手続が適性を欠くものであったとか，判断の前
提とされた事実が実際には存在しなかったり，虚偽であったなど，判断の正当

136

性を失わせるような重大な瑕疵が存在しない限り，当該判断が尊重されるべきである。

本件総会において，本件議案は，議決権総数の約83.4％の賛成を得て可決されたのであるから，X関係者以外のほとんどの既存株主が，Xによる経営支配権の取得がYの企業価値をき損し，Yの利益ひいては株主共同の利益を害することになると判断したものということができる。そして，本件総会の手続に適正を欠く点があったとはいえず，また，…当該判断に，その正当性を失わせるような重大な瑕疵は認められない。」

本件決定においても，ニッポン放送事件決定と同様に，「企業価値・株主共同の利益」を維持するためであれば，支配権維持・確保目的の新株等の発行であっても許される場合のあることが確認されている。しかし，重要なことは，ニッポン放送事件決定が，支配権維持・確保目的での新株等の発効を原則として不公正発行であるとしているのに対し，本件決定は，株主総会特別決議を経ていることを理由に，支配権維持・確保目的での新株等の発行であっても，企業価値・株主共同の利益を維持するものと認めていることである。本件決定は，むしろ不公正発行を主張する株主側に，株主総会の判断の正当性を失わせるような重大な瑕疵の存在を主張・立証するよう求めている[23]。

支配権の帰趨は株主総会が決すべきとする権限分配論を採る以上，新株等の発効が株主総会（特別）決議を経たか否かによって，裁判所の不公正発行に対する判断枠組みはこのように異なってくるのであろう。

(2) 取締役会決議に基づく新株予約権無償割当てと不公正発行の判断枠組み

ブルドックソース事件は，新株予約権無償割当てが株主総会特別決議を経た事案であったが，次に紹介するピコイ事件は，新株予約権無償割当てが取締役会決議によってなされた事案である。なお，ピコイ事件も，ブルドックソース事件と同様に新株予約権無償割当ての事案であったためか，やはりメインの争点は株主平等原則違反の有無であったが[24]，以下では不公正発行について説示した部分を取り上げる。

第2章　企業の資金調達に関する裁判例

＊ピコイ事件（東京高決平成20・5・12金商1298・46）

〈事案の概要〉

　Y（債務者，抗告人）は，木材及び建物の保存工事等を目的とする株式会社であり，本件当時の発行可能株式総数は1500株，発行済株式総数は512株，議決権数は421個で，株式市場に上場してはいない。X（債権者，相手方）は，ＦＴ株式会社から同社保有のYの株式の信託譲渡を受けて，Yの株主（議決権数147個）となっている。

　Yの株主である株式会社Ｖ（議決権数65個）は，Yに対し，取締役5名の解任等を目的事項とする臨時株主総会の招集を請求した。Yの現経営陣は，Yと業務提携及び資本提携をしている最大株主であるＦＴ（X）に対して協力を求めることにより株主総会で同提案を否決することを目論んだが，これが奏効しない見込みとなった。そこで，Yの現経営陣は，Xの議決権行使を制約する別件仮処分申立てをしたものの，これも認容の見込みがないため取り下げた。その取下げの当日，Y従業員らが労働組合を結成して，無期限ストライキに突入するとして，会場であったY本社を閉鎖したため，株主総会の開催ができなくなった。Yの取締役会は，上記労組結成の翌日，ＦＴ及びその関連者に対する取得条項が付された新株予約権（本件新株予約権）の株主無償割当て（Y株式1株につき3個の割合。本件新株予約権1個の行使によりYが交付する株式数は1株。当該株式1株当たりの払込金額は1円。）を行う旨の決議をし，同日付けで新株予約権割当ての効力が生じた。

　Xが，本件新株予約権の発行が株主平等原則に反し著しく不公正な発行にあたることを理由として，本件新株予約権に基づく新株の発行の差止めを求めて仮処分を申し立てた。原審裁判所はXの申立てを認容。Yが保全異議を申し立てたところ，原審裁判所は原仮処分決定を認可。そこで，Yがこれを不服として保全抗告をし，原決定及び原仮処分決定の取消しと本件仮処分命令申立ての却下を求めた。

〈決定要旨〉

　抗告棄却。

　①　「…株主に割り当てられる新株予約権の内容に差別のある新株予約権無償割当てが，会社の企業価値ひいては株主の共同の利益を維持するためではな

く，専ら経営を担当している取締役等又はこれを支持する特定の株主の経営支配権を維持するためのものである場合には，その新株予約権無償割当ては原則として著しく不公正な方法によるものと解される（以上，最高裁平成19年（許）第30号同年8月7日第二小法廷決定・民集61巻5号2215頁参照）。」

② 「そこで，本件についてこれを検討するに，前記認定事実によれば，…本件新株予約権無償割当ては，Yの現経営陣の経営支配権を維持するためのものであるというべきである。」

「現経営陣がYの経営支配権から排除され，これに代わってFTがその株主として経営支配権を取得し，FTらのグループがYの経営に関与することになったとしても，Yの企業価値がき損されることになるということはできない。」

③ 「以上によれば，本件新株予約権無償割当ては，株主平等の原則の例外として許容される場合に該当せず，専ら経営を担当している取締役等（現経営陣）の経営支配権を維持するためのものであると認められるから，株主平等の原則の趣旨に反し，また，著しく不公正な方法によるものというべきである。」

　本件は，新株予約権無償割当てという方法をとる点でブルドックソース事件と共通していることなどから，本件決定は，ブルドックソース事件決定を引用するなどしつつ差止めを認める結論を導いている。しかし，本件における新株予約権無償割当ては，株主総会（特別）決議を経ていないから，会社は，企業価値・株主共同の利益を維持する発行であることを認めてもらえず，買収者によって企業価値がき損されることについて主張・立証責任を負うこととなり，これを果たせず差止めが認められるに至っている（決定要旨②）。

　結局，本件は，新株予約権無償割当てという方法の点ではブルドックソース事件と共通していたが，株主総会（特別）決議を経ていなかったことから，不公正発行の判断枠組みとしては，ニッポン放送事件における枠組み，すなわち，「支配権維持・確保目的での新株等の発行は原則として不公正発行に該当し，例外的にこれが許されるのは，買収者が濫用的買収者などで，当該新株等の発行が株主全体の利益保護のために必要かつ相当であることを会社側が主張・立証できた場合に限られる」との枠組みが実質的に採用されたものと理解する。

139

（3） 小　括

　以上，本項では，支配権維持・確保目的が正面から争点となる新株予約権の事案において，裁判所の不公正発行に関する判断枠組みを概観してきた。判断枠組みには，大別すると，ニッポン放送事件型とブルドックソース事件型があり，支配権維持・確保を不当目的とする根拠を権限分配論に求める裁判実務においては，新株予約権の発行が株主総会（特別）決議を経ているか否かによって，2つの判断枠組みが使い分けられるとの整理をした。

　なお，新株予約権無償割当てが問題となる事案では，株主平等原則違反の有無も争点とされようが，不公正発行との理論的な関係については，裁判実務上，必ずしも明らかにされていない。

4　まとめ

　最後となるが，新株と新株予約権のあらゆる発行場面において，不公正発行か否かを判断する共通の基準はないだろうか。

　買収防衛策事案の登場により，資金調達目的と支配権維持・確保目的を比較する従前の主要目的ルールの枠組みは，そのままでは使えないこととなった。買収防衛策事案においては，不公正発行について「企業価値・株主共同の利益」を軸に据えた判断枠組みが裁判所によって示された。しかし，従前の主要目的ルールが，資金調達を主要な目的と認めた場合に不公正発行該当性を否定してきたのは，突き詰めれば，資金調達は企業の存立や発展に欠かせない経済活動で，企業価値・株主共同の利益にかなうと考えられるからではないだろうか。資金調達と同様に不公正発行を否定する方向に働く業務提携や従業員のインセンティブ向上なども，企業価値・株主共同の利益に資するものである。そうだとすれば，結局，新株や新株予約権の発行が不公正発行にあたるかどうかの判断の根底にあるのは，企業価値・株主共同の利益にかなうか否かという基準なのであり，この根底の基準は，資金調達や買収防衛などあらゆる場面におい共通すると考えたい。

　なお，ブルドックソース事件決定にしたがい，「企業価値」と「株主共同の利益」を並列して記述したが，個人的には，「企業価値」とはステークホルダー

の集合的・調和的利益であると理解している。会社は，ステークホルダーとの関わりの中で存立・発展するものである。したがって，理念的には，ステークホルダーの集合的・調和的利益にかなう新株または新株予約権の発行は，不公正発行にあたらず許容されるべきものと考える。

〔注〕

⑴　江頭憲治郎『株式会社法（第6版）』（有斐閣，2015）764頁。

⑵　大阪地判堺支部昭和48・11・29判時731・85。

⑶　酒巻俊雄＝龍田節編『逐条解説会社法　第3巻　株式・2／新株予約権』（中央経済社，2009）144頁等参照（伊藤靖史）。

⑷　神田秀樹編『会社法コンメンタール5－株式（3）』（商事法務，2013）128頁（洲崎博史）は，新株発行が株主総会の特別決議を経ている場合には不公正発行は問題とならない旨を指摘している。

⑸　洲崎博史「不公正な新株発行とその規制（二・完）」民商94巻6号（1986）727頁。

⑹　藤田友敬「ニッポン放送新株予約権発行差止事件の検討〔上〕」旬刊商事法務1745号9頁。昭和60年代の裁判例として，大阪地決昭和62・11・18判時1290・144，東京地決昭和63・12・2判時1302・146が挙げられている。

⑺　洲崎・前掲注⑸727頁。理由として，支配権争奪の際には取締役は利益相反状況にあることと，会社内部の情報は通例会社が握っており，株主にはそれらへの接近が困難であることが挙げられている。

⑻　東京高決平成16・8・4金判1201・4。

⑼　なお，ベルシステム24事件決定においても，本文①～③のような事情が認められたことから，現経営陣の支配権維持目的について，「容易に否定することができない」と判示している。同事件原決定（東京地決平成16・7・30金判1201・9）も，同目的について，「推認できないではない」などと判示している。

⑽　仮屋広郷「クオンツ事件判批」平成20年度重判（ジュリスト1376号）112頁。

⑾　一部の学説は，従前より，資金調達の必要性の実質的審査が困難であることを前提に，新株発行の計画策定から実行までの経緯を詳細に審査することが有益であると指摘していた（洲崎・前掲注⑸727頁）。

⑿　この点については，森本滋「京王ズホールディングス事件判批」金融法務事情2003号39頁等参照。

⒀　「新たな自社株式保有スキームに関する報告書」（経済産業省，平成20年）17頁参照。

⒁　弥永真生「ダイヤ通商事件判批」ジュリスト1447号3頁。

⒂　例えば，松井秀征「取締役の新株発行権限（一）」法学協会雑誌114巻4号425頁。

⒃　松井・前掲注⒃425～426頁。

⒄　新株発行について不公正発行が争われた場合であっても，会社側が資金調達目的などを主張せず，支配権維持・確保目的のみを主張すれば，本文でこの後述べることがあてはまることとなるであろう。

⒅　新株予約権無償割当てに関する事項は，取締役会決議事項であるが（会社法278条3

第2章　企業の資金調達に関する裁判例

項かっこ書），本件では，これを株主総会の特別決議事項とする定款変更議案も併せて付議することが決議されている。

⒆　東京地決平成19・6・28金判1270・12。

⒇　東京高決平成19・7・9金判1271・17。

㉑　東京高決平成19・7・27旬刊商事法務1807・96参照。

㉒　株主平等原則は強行法規と解されている以上，株主総会の特別決議を経たとしてもその違反が当然に適法となることはない。これに対し，支配権維持・確保を不当目的とする根拠を権限分配論に求めるのであれば，株主総会の特別決議を経てなされる新株等の発行が不公正発行と認められることは原則としてないはずである。このため，株主総会特別決議を経た新株予約権無償割当てについて差止めなどを争う株主側は，株主平等原則違反を主たる争点として争うこととなる。

㉓　大杉謙一教授は，ブルドックソース事件決定の示す判断枠組みについて，「株主が買収対抗措置の必要性を認めた場合には，それが相当性を充たす限りにおいて（この判断は裁判所により行われる），対抗措置として行われる新株予約権の発行は不公正発行とはならない」とするものであると説明されている（中東正文＝大杉健一＝石綿学編『M＆A判例の分析と展開Ⅱ〔別冊金融・商事判例〕』（経済法令研究会，2010）大杉謙一「ピコイ事件判批」117頁）。

㉔　本件では，ブルドックソース事件にも増して不公正発行の取り上げが小さい。株主平等原則の趣旨に反するとした理由が，同時に不公正発行にあたる理由とされている。

個別株主通知

弁護士　**深山　徹**

【検証判例1】

　最高裁判所平成22年12月7日第三小法廷決定（原々審　東京地決平成21年10月27日，原審　東京高決平成22年2月18日　　民集第64巻8号2003頁）

I　事案の概要

　本件は，上場会社であるY社が資本業務提携のためにZ社の完全子会社となることを予定し，Z社による公開買付けに続いて，Y社によるスクイーズアウト（全部取得条項付種類株式を利用した少数株主の排除）がなされた事案である。Xは，平成21年6月29日開催のY社株主総会及び種類株主総会に先立ち，全部取得条項付種類株式の全部取得のための議案に反対する旨をY社に通知し，かつ，同旨の議決権行使をした上で，同年7月10日，全部取得条項付種類株式の取得価格の決定の申立てをした。ところが，Xは個別株主通知の申出をしておらず，7月29日になって申出書を郵送したが，同月30日付でY社株式は上場廃止となり，個別株主通知ができない状況となった（なお，全部取得の日は8月4日）。こうした状況での下，Y社は，取得価格決定申立事件の審理において，Xの個別株主通知の欠缺を主張して申立ての適法性を争ったことから，Xの申出による個別株主通知の要否などが争われた。

143

第2章 企業の資金調達に関する裁判例

Ⅱ 決定要旨

社債等振替法128条1項所定の振替株式についての会社法172条1項に基づく価格の決定の申立てを受けた会社が，裁判所における株式価格決定申立て事件の審理において，申立人が株主であることを争った場合には，その審理終結までの間に社債等振替法154条3項所定の通知がされることを要する。

Ⅲ 決定の理由

「（1） 会社法172条1項所定の価格決定申立権は，その申立期間内である限り，各株主ごとの個別的な権利行使が予定されているものであって，専ら一定の日（基準日）に株主名簿に記載又は記録されている株主をその権利を行使することができる者と定め，これらの者による一斉の権利行使を予定する同法124条1項に規定する権利とは著しく異なるものであるから，上記価格決定申立権が社債等振替法154条1項，147条4項所定の「少数株主権等」に該当することは明らかである。」

「社債等振替法154条が，振替株式についての少数株主権等の行使については，株主名簿の記載又は記録を株式の譲渡の対抗要件と定める会社法130条1項の規定を適用せず，個別株主通知がされることを要するとした趣旨は，株主名簿の名義書換は総株主通知を受けた場合に行われるものの，総株主通知は原則として年2回しか行われないため（社債等振替法151条，152条），総株主通知がされる間に振替株式を取得した者が，株主名簿の記載又は記録にかかわらず，個別株主通知により少数株主権等を行使することを可能にすることにある。そして，総株主通知と異なり，個別株主通知において，振替口座簿に増加又は減少の記載又は記録がされた日等が通知事項とされているのは（社債等振替法154条3項1号，129条3項6号），少数株主権等の行使を受けた会社が，振替株式の譲渡の効力発生要件（同140条）とされている振替口座簿の上記記載又は記録によって，当該株主が少数株主権等行使の要件を充たすものであるか否かを判断することができるようにするためであるから，上記会社にとって，総

144

株主通知とは別に個別株主通知を受ける必要があることは明らかである。同じ会社の振替株式であっても，株価の騰落等に伴ってその売買が短期間のうちに頻繁に繰り返されることは決してまれではないことにかんがみると，複数の総株主通知においてある者が各基準日の株主であると記載されていたということから，その者が上記各基準日の間も当該振替株式を継続的に保有していたことまで当然に推認されるものではないから，ある総株主通知と次の総株主通知との間に少数株主権等が行使されたからといって，これらの総株主通知をもって個別株主通知に代替させることは，社債等振替法のおよそ予定しないところというべきである。まして，これらの総株主通知をもって個別株主通知に代替させ得ることを理由として，上記価格決定申立権が会社法124条１項に規定する権利又は同項に規定する権利に関する規定を類推適用すべき権利であると解する余地はない。」

「また，社債等振替法154条２項が，個別株主通知がされた後の少数株主権等を行使することのできる期間の定めを政令にゆだねることとしたのは，個別株主通知がされた後に当該株主がその振替株式を他に譲渡する可能性があるために，振替株式についての少数株主権等の行使を個別株主通知から一定の期間に限定する必要がある一方，当該株主が少数株主権等を実際に行使するには相応の時間を要し，その権利行使を困難なものとしないためには，個別株主通知から少数株主権等を行使するまでに一定の期間を確保する必要もあることから，これらの必要性を調和させるために相当な期間を設定しようとすることにあるのであって，少数株主権等それ自体の権利行使期間が，社債，株式等の振替に関する法律施行令40条の定める期間より短いからといって，個別株主通知を不要と解することはできない。」

「そして，個別株主通知は，社債等振替法上，少数株主権等の行使の場面において株主名簿に代わるものとして位置づけられており（社債等振替法154条１項），少数株主権等を行使する際に自己が株主であることを会社に対抗するための要件であると解される。そうすると，会社が裁判所における株式価格決定申立て事件の審理において申立人が株主であることを争った場合，その審理終結までの間に個別株主通知がされることを要し，かつ，これをもって足りるというべきであるから，振替株式を有する株主による上記価格決定申立権の行

第2章 企業の資金調達に関する裁判例

使に個別株主通知がされることを要すると解しても，上記株主に著しい負担を課すことにはならない。」

「以上によれば，振替株式についての会社法172条1項に基づく価格の決定の申立てを受けた会社が，裁判所における株式価格決定申立て事件の審理において，申立人が株主であることを争った場合には，その審理終結までの間に個別株主通知がされることを要するものと解するのが相当である。」

「本件において，抗告人が裁判所における株式価格決定申立て事件の審理において相手方が株主であることを争っているにもかかわらず，その審理終結までの間に個別株主通知がされることはなかったから，相手方は自己が株主であることを抗告人に対抗するための要件を欠くことになる。」[1]

Ⅳ　本決定の検討

1　本決定の意義

　会社法172条1項所定の価格決定申立権が少数株主権等であるか否か，個別株主通知はいつまでに会社に到達する必要があるかという点については，下級審の判断が分かれていたところであり，最高裁として初めての判断を示したものとして重要な意義をもつ。

2　振替制度における株主の権利行使

(1)　権利の帰属

　本決定の対象である株式は，社債等振替法128条1項所定の振替株式である[2]。振替株式については，会社法の特則が定められており，株主権の帰属は，振替口座簿の記載又は記録（以下，「記録等」という。）により定まるものとされている（社債等振替法128条1項）。また，振替株式の譲渡は，株主による振替の申請により譲受人がその口座における保有欄に当該譲渡に係る数の増加の記録等を受けることにより，譲渡の効力が生じる（社債等振替法140条）[3]。一方，振替制度の下，基準日現在の株主を確定するために社債等振替法151条1項所定の通知（総株主通知）がなされた際には（基本的には期末と中間期の年2回だけである），株主名簿の記録等が更新されるが，振替株式についての権利の

146

移転が逐次株主名簿に反映されることはない。

(2) 権利の行使

会社法では，株式の譲渡は氏名等を株主名簿に記録等しなければ会社に対抗することができないから（会130条1項），株主権の行使には，株主名簿の書換えが必要である。しかし，社債等振替法は，株主による株主名簿の名義書換請求を認めておらず，株主の権利のうち，基準日株主を権利の行使者とする権利を除いた権利（少数株主権等）を行使するには，社債等振替法154条所定の通知（個別株主通知）を必要としている。これは，振替株式の権利は振替口座簿の記録等により定められるところ，権利の移転が逐次株主名簿に反映されないため，会社において，総株主通知がされる前に少数株主権等を行使しようとする株主が，株式保有要件を充たすか否かを確認できない場合があるからである[4]。また，少数株主権等の行使については，会社法130条1項の適用が除外されており（同法154条1項），少数株主権等は，社債等振替法154条3項所定の通知（個別株主通知）がされた後政令で定める期間が経過する日までの間でなければ，行使することができないと定められている（社債等振替法154条2項・3項）。こうした条文の構成から，少数株主権等の行使については，個別株主通知を会社に対する対抗要件であるとするのが自然な解釈であり，学説上も対抗要件説が通説である[5]。

3 少数株主権等の該当性〜個別株主通知の要否

(1) 本決定は「会社法172条1項所定の価格決定申立権は，その申立期間内である限り，各株主ごとの個別的な権利行使が予定されているものであって，専ら一定の日（基準日）に株主名簿に記載又は記録されている株主をその権利を行使することができる者と定め，これらの者による一斉の権利行使を予定する同法124条1項に規定する権利とは著しく異なるものである」として「価格決定申立権が社債等振替法154条1項，147条4項所定の「少数株主権等」に該当することは明らかである」とした。

少数株主権等の定義規定である社債等振替法147条4項は，株主の権利のうち会社法124条1項に規定する権利（基準日株主を権利を行使することができる者と定める権利）を除いたものを少数株主権等とする。そして，会社法172

147

第2章　企業の資金調達に関する裁判例

条1項所定の価格決定申立権は，全部取得条項付種類株式の取得日の20日前の日から取得日の前日までの期間に行使することが定められており[6]，その間に個別に権利行使されることが予定されているから，一定の基準日を定めてその基準日株主を権利の行使者とする権利（会社法124条1項の規定する権利）とはいえない。本決定はこうした法文に従った解釈といえる。

　(2)　ところで，本件のようにスクイーズアウトがなされる場合には，株主総会で議決権を行使するための基準日（本件では平成21年3月31日）のほか，会社が全部取得条項付種類株式を取得する日（本件では同年8月4日）を別途基準日とした総株主通知がなされる。こうした特殊性を踏まえて，原審決定は，①個別株主通知を受けたとしても，全部取得条項付種類株式の取得の基準日株主を確認することはできないから，会社が2回にわたる総株主通知とは別に個別株主通知を受けるメリットはなく，②個別株主通知を要すると解すると，株券電子化会社の株主に対して，通常の株主よりも著しい負担を課すことになることを理由として，総株主通知をもって個別株主通知に代替させることができるとした。そして，会社法174条1項所定の価格決定申立権が会社法124条1項に規定する権利又は同項に規定する権利に関する規定を類推適用すべき権利であり，個別株主通知を要しないとした。

　しかし，本決定は，原審決定の判断を否定し，会社法174条所定の価格決定申立権を行使するには，個別株主通知が必要であるとする。本決定は，①個別株主通知が必要とされたのは，総株主通知がされる間に振替株式を取得した者が，株主名簿の記載にかかわらず，少数株主権等を行使できるようにするためであり，②総株主通知と異なり，個別株主通知において，振替口座簿に増加又減少の記録がされた日などが通知事項とされているのは，会社において，当該株主が少数株主権等を行使する要件を充たすか否かを判断できるようにするためであるとして「会社は総株主通知とは別に個別株主通知を受ける必要があることは明らかである」とした。また，本決定は「株価の騰落等に伴ってその売買が頻繁に繰り返されることは決してまれではない」ことを指摘し「これらの総株主通知をもって個別株主通知に代替させることは，社債等振替法のおよそ予定していないところというべきである」と判示している[7]。

　(3)　さらに，原審決定では，少数株主権等は，個別株主通知がされた4週間

148

以内であれば行使できるとされているのに（社債等振替法154条２項，社債等振替法施行令40条），価格決定申立権それ自体の権利行使期間（取得日の前20日間）が短いことの不都合も指摘されている。もっとも，この点は，後記のとおり少数株主権等の行使の後になされた個別株主通知を許容する立場では，株主に著しい不利益を課すことにはならない。本決定は，社債等振替法154条２項の趣旨から「少数株主権等それ自体の権利行使期間が，社債，株式等の振替に関する法律施行令40条の定める期間より短いからといって，個別株主通知を不要と解することはできない。」としたが，個別株主通知を要求すると解しても，株主に著しい不利益を課すことにならない理由としては，少数株主権等の行使の後になされた個別株主通知が許容されるという点がより重要であろう。

4　個別株主通知が会社に到達すべき時期

振替株式の少数株主権等は，個別株主通知がされた後政令で定める期間（４週間）が経過する日までの間でなければ，行使することができない（社債等振替法154条２項，同施行令40条）。この規定をみると，少数株主権等に先行して個別株主通知がされることが必要であるようにも読める[8]。しかし，本決定は，「個別株主通知は，社債等振替法上，少数株主権等の行使の場面において株主名簿に代わるものとして位置づけられており（社債等振替法154条１項），少数株主権等を行使する際に自己が株主であることを会社に対抗するための要件である」と解することを明らかにし「そうすると，会社が裁判所における株式価格決定申立て事件の審理において申立人が株主であることを争った場合，その審理終結までの間に個別株主通知がされることを要し，かつ，これをもって足りる」と判断しており，個別株主通知が少数株主権等の行使に先行することは必ずしも必要でないとの立場にたっている。

もっとも，個別株主通知が会社に対する対抗要件であるとの理由だけで本決定が述べる結論が当然に導かれるものではなく，振替制度における個別株主通知という制度の趣旨に立ち返って検討する必要がある。

⑴　少数株主権等の行使の後になされた個別株主通知の許容性

株式の譲渡は，株主名簿に記録等しなければ，会社に対抗することができない（会130条１項）。会社は自ら作成する株主名簿を基準として株主権を行使し

第2章　企業の資金調達に関する裁判例

ようとする者の株主資格の有無を判断するから，株式譲受人による株主権の行使に先立って対抗要件である株主名簿の書換えがされていることが必要である。株主は名義書換がされた日以降の株式保有しか会社に対抗できないのである[9]。これに対して，少数株主権等の行使については，会社法130条1項の適用が除外されており，株主名簿の名義書換に代わって，個別株主通知が会社に対する対抗要件と解されている。振替制度のもとでは，株主権の帰属は，これを逐一反映する振替口座簿の記録等により定まるが，振替口座簿は振替機関等が作成しており，会社は法的根拠なく振替口座簿の記録等を確認することができない。そこで，株主の申出による個別株主通知を通じて，会社が株主の株式保有状況を確認することにより株主が少数株主権等を行使できるという制度となっている。振替口座簿では，個別株主通知がされるか否かにかかわらず，権利の移転のたびに逐一更新されて株主権の帰属が定まっており，個別株主通知はこれを会社に伝達する手段といえる。しかも，個別株主通知の通知事項には，振替口座簿における株式の数の増減の記録がされた日（株式履歴）が含まれるから（社債等振替法154条1項3号，129条3項6号），会社としては，少数株主権等の行使後に個別株主通知がされた場合でも，少数株主権等が行使された時点での株式保有要件の充足性を遡って確認することが可能である[10]。このように，個別株主通知によって，会社が少数株主権等の行使時における株式保有状況を確認できるのであれば，少数株主権等の行使に個別株主通知を必要とした社債等振替法の趣旨に反することはなく，少数株主権等を行使した後にされた個別株主通知により対抗要件の具備を認めることが許容されると思われる。こうした解釈は，会社が株式保有状況を確認する必要性に配慮しつつ，少数株主権等の行使を制限することのないよう会社と株主の利益の調整としても妥当であろう[11]。なお，個別株主通知が会社に対する対抗要件であるという場合には，個別株主通知の到達とともに，当該通知内容が株式保有要件を充たしているものであることが前提となる[12]。

　本決定は，個別株主通知の必要性についての理由づけの部分ではあるが，個別株主通知を要するとした趣旨，及び振替口座簿の増減が記録された日等が通知事項とされている趣旨に言及しており，上記振替制度の構造を踏まえて少数株主権等の行使の後にされた個別株主通知を許容する立場を採用するものと考

150

える。

(2) 個別株主通知が会社に到達すべき時期

本決定は，個別株主通知が会社に対する対抗要件であることを理由として「会社が裁判所における株式価格決定申立事件の審理において申立人が株主であることを争った場合，その審理終結までの間に個別株主通知がされることを要し，かつ，これをもって足りる」としている。この点について，本決定の解説では，個別株主通知を会社に対する対抗要件と解する立場（対抗要件説）によれば，会社から少数株主権等を行使しようとする者の対抗要件の欠けつが争われたときに当該少数株主権等を行使しようとする者が個別株主通知により対抗要件を具備したことを主張立証すれば足りるとするのが一般的な理解であるとされている[13]。これは，譲受債権請求訴訟における攻撃防御方法の構造においては，債務者は対抗要件を具備しない限り，債権者と認めない旨の権利主張（権利抗弁）をすることができ，債権者が再抗弁として対抗要件の具備を主張立証すると解するのが一般であること[14]と同様の理解にたつものと考えられる。さらに，裁判所の判断は，決定の基準時である審理終結時を基準とするものであるから，個別株主通知がされた事実の主張疎明は，審理終結の時までになされれば足りることになる。本決定は，個別株主通知が会社に対する対抗要件であることを理由として前記のとおり判断するのであるから，上記の理解に基づいているものと思われる。

5 全部取得条項付種類株式の取得による上場廃止との関係

以上のほか，スクイーズアウトの事案においては，全部取得条項付種類株式の取得により上場廃止となり，振替株式としての取扱いがされなくなることから，個別株主通知をなし得るのは，取扱廃止日までの期間に事実上限定されることになるという問題がある。本決定ではこの点の言及がないが，後掲の平成24年最高裁決定では，明示的に判断が示されている。

第2章　企業の資金調達に関する裁判例

【検証判例2】

最高裁判所平成24年3月28日第二小法廷決定（原々審　徳島地決平成22年3月29日，原審　高松高決平成22年12月8日　　民集66巻第5号2344頁）

I　事案の概要

　最高裁平成22年決定と同様，スクイーズアウトの事案において，Xは，全部取得条項付種類株式を全部取得することを決議することを予定した平成21年6月29日開催のY社株主総会及び種類株主総会に先立ち，議案に反対する旨をY社に通知し，かつ，同議案に反対する旨の議決権を行使した。Xは，同年7月11日，全部取得条項付種類株式の取得価格決定の申立て（会172条1項）を行うとともに，同月30日，株式買取請求権を行使した（会116条1項）。また，Y社の株式は同年7月29日に上場廃止となり，同年8月4日，全部取得条項付種類株式が全部取得されるとともに，振替機関による取扱いが廃止されたが，Xは，上記同日までに個別株主通知の申出をしておらず，個別株主通知がされることはなかった。

　その後，Xは，同年11月18日，買取価格決定の申立て（会117条2項）をしたが，Y社は上記申立事件における審理において，Xについて個別株主通知がされていないことを理由に本件買取価格決定の申立てが不適法であると主張して争ったため，個別株主通知の要否などが争点となった。

　このほか，本件では，株式買取請求をした株主が，全部取得条項付種類株式の全部取得の効力が生じて同請求に係る株式を失った場合に，当該株主は買取価格決定の申立ての適格を欠くことになるのか否かが争われた。

II　決定要旨

　1　振替株式について会社法116条1項に基づく株式買取請求を受けた株式会社が，同法117条2項に基づく価格の決定の申立てに係る事件の審理におい

152

て，同請求をした者が株主であることを争った場合には，その時点で既に当該株式について振替機関の取扱いが廃止されていたときであっても，その審理終結までの間に社債等振替法154条3項所定の通知がされることを要する。

2　会社法116条1項に基づく株式買取請求をした株主が同請求に係る株式を失った場合は，当該株主は同法117条2項に基づく価格の決定の申立ての適格を欠くに至り，同申立ては不適法になる。

Ⅲ　決定の理由

「第2　職権による検討」

「1　会社法116条1項所定の株式買取請求権は，その申立期間内に各株主の個別的な権利行使が予定されているものであって，専ら一定の日（基準日）に株主名簿に記載又は記録されている株主をその権利を行使することができる者と定め，これらの者による一斉の権利行使を予定する同法124条1項に規定する権利とは著しく異なるものであるから，上記株式買取請求権が社債等振替法154条1項，147条4項所定の「少数株主権等」に該当することは明らかである。そして，会社法116条1項に基づく株式買取請求（以下「株式買取請求」という。）に係る株式の価格は，同請求をした株主と株式会社との協議が整わなければ，株主又は株式会社による同法117条2項に基づく価格の決定の申立て（以下「買取価格の決定申立て」という。）を受けて決定されるところ，振替株式について株式買取請求を受けた株式会社が，買取価格の決定の申立てに係る事件の審理において，同請求をした者が株主であることを争った場合には，その審理終結までの間に個別株主通知がされることを要するものと解される（最高裁平成22年（許）第9号同年12月7日第三小法廷決定・民集64巻8号2003頁参照）。上記の理は，振替株式について株式買取請求を受けた株式会社が同請求をした株主であることを争った時点で既に当該株式について振替機関の取扱いが廃止されていた場合であっても，異ならない。なぜならば，上記の場合であっても，同株式会社において個別株主通知以外の方法により同請求の権利行使要件の充足性を判断することは困難であるといえる一方，このように解しても，株式買取請求をする株主は，当該株式が上場廃止となって振替機関の取扱いが廃止さ

153

第2章　企業の資金調達に関する裁判例

れることを予測することができ，速やかに個別株主通知の申出をすれば足りることなどからすれば，同株主に過度の負担を課すことにはならないからである。」

「2　これを本件についてみるに，本件買取請求を受けた相手方において抗告人らが株主であることを争っているにもかかわらず，本件買取価格の決定の申立ての審理終結までの間に個別株主通知がされることはなかったのであるから，抗告人らは自己が株主であることを相手方に対抗するための要件を欠くことになり，本件買取請求は不適法となる。」

「そうすると，本件買取価格の決定の申立ては，適法な株式買取請求をした者ではない者による申立てとして不適法である。」

「第3　抗告人らの抗告理由について」

「1　所論は，抗告人らが既に本件取得価格決定の申立てをしていることを理由に本件買取価格決定の申立てを不適法であるとした原審の判断には，会社法116条の解釈を誤った違法があるというのである。」

「2　会社法172条1項が全部取得条項付種類株式の取得に反対する株主に価格の決定の申立て（以下「取得価格決定の申立て」という。）を認めた趣旨は，その取得対価に不服がある株主の保護を図ることにあると解され，他方，同法116条1項が反対株主に株式買取請求を認めた趣旨は，当該株主に当該株式会社から退出する機会を付与することにあるから，当該株主が取得対価に不服を申し立てたからといって，直ちに当該株式会社から退出する利益が否定されることになるものではなく，また，当該株主が上記利益を放棄したとみるべき理由もない。したがって，株主が取得価格決定の申立てをしたことを理由として，直ちに，当該株式についての株式買取請求が不適法になるものではない。」

「しかしながら，株式買取請求に係る株式の買取りの効力は，同請求に係る株式の代金の支払の時に生ずるとされ（同法117条5項），株式買取請求がされたことによって，上記株式を全部取得条項付種類株式とする旨の定款変更の効果や同株式の取得の効果が妨げられると解する理由はないから，株式買取請求がされたが，その代金支払までの間に，同請求に係る株式を全部取得条項付種類株式とする旨の定款変更がなされ，同株式の取得日が到来すれば，同株式について取得の効果が生じ（同法173条1項），株主は，同株式を失うと解される。

154

そして，株式買取請求及び買取価格の決定の申立ては，株主がこれを行うこととされており（同法116条1項，117条2項），株主は，株式買取請求に係る株式を有する限りにおいて，買取価格の決定の申立ての適格を有すると解すべきところ，株式買取請求をした株主が同請求に係る株式を失った場合は，当該株式は同申立ての適格を欠くに至り，同申立ては不適法になるというほかはない。」

「3　これを本件についてみるに，抗告人らの有する本件買取請求に係る普通株式は，平成21年8月4日，全部取得条項付種類株式となり，相手方がこれを全部取得し，抗告人らは，同日，同株式を失ったのであるから，抗告人らは，同株式の価格の決定の申立て適格を欠くに至り，同申立ては不適法というべきである。」

「そうすると，本件買取価格の決定の申立てが不適法であるとして同申立てを却下すべきものとした原審の判断は，結論において是認することができる。論旨は採用することができない。」

Ⅳ　本決定の検討

1　本決定の意義

本件は，会社法116条1項に基づく株式買取請求権を行使した株主が，同法117条2項に基づく価格決定の申立てをした事案である。本決定は，株式買取請求権が少数株主権等であり，その行使には個別株主通知が必要であること，及び買取価格決定申立事件の審理で会社が株主の地位を争った場合には，その審理終結までの間に個別株主通知がされることが必要であるとの判断を示した初めての最高裁決定として重要な意義をもつ。

また，本決定は，株式買取請求権を行使した株主が，全部取得条項付種類株式の全部取得により株主の地位を喪失した場合には，当該株式は買取価格決定の申立ての適格を欠くとの最高裁の判断を初めて示した。

2　少数株主権等の該当性～個別株主通知の要否

(1)　本決定は，会社法116条1項所定の株式買取請求権について，最高裁平

155

成22年決定と同様の定義に従って，少数株主権等に該当することは明らかであると判断した。会社法172条1項所定の取得価格決定申立権については，全株式が取得の対象であり，全部取得条項付種類株式の取得日を基準とする総株主通知がされるという特殊性があることなどから，総株主通知をもって個別株主通知に代替し得るとする見解があった（最高裁平成22年決定の原審決定）[15]。これに対して，会社法116条1項所定の株式買取請求権では，反対株主が個別に権利行使した株式だけが買取りの対象であり，総株主通知もされないので株主資格を確認する必要もあることから，少数株主権等に当たると解することに学説上も特に異論がなかった[16]。

このように，会社法116条1項所定の株式買取請求権を少数株主権等に当たるとして個別株主通知を要求するとしても，買取請求から30日以内に株主との価格協議が整わず，買取価格決定の申立て（会117条2項）がされた場合，先行する株式買取請求権とは別個の少数株主権等として改めて個別株主通知が必要になるのかが問題となる。この点については，本決定の文言からは必ずしも明らかでなく，株式買取請求権と買取価格決定申立権とを別個の少数株主権等とみる見解もある[17]。しかし，買取価格決定申立ては，株式買取請求権を行使した株主と会社との協議が整わない場合に，具体的な価格の決定を求めるものであり，株式買取請求権に引き続いて行われるものであるから，買取価格決定申立権を別個の少数株主権等の行使とする必要はないとする見解が有力である[18]。そして，こうした立場からは，本決定は，価格決定申立権の審理終結までの間に対抗要件としての個別株主通知がされないことにより「株式買取請求が不適法」となる旨判断していることから買取価格決定の申立てを別個の権利とみるのではなく，改めて個別株主通知をする必要がないとの立場にあるものと評価されている[19]。

(2) 本件は，個別株主通知がされなかった事案であるが，株式買取請求権の行使時に個別株主通知がされていたケースでは，その後の株式の異動があり得るため，価格決定申立てには，改めて個別株主通知を要求しないとすると，株式買取請求の時点での株主資格しか確認できないことになる。もっとも，平成26年会社法改正の際に 株式買取請求の撤回制限の実効化を図るため，会社法の整備法において社債等振替法の改正が行われた。つまり，定款変更や組織再

編の際に，会社に買取口座の開設を義務づけ，反対株主が株式買取請求をするには当該買取口座に株式を振り替えなければならないとする制度が新設されている（社債等振替法155条1項）。この買取口座の制度により，会社としては株式買取請求権が行使された株式について，その後の株主の異動を考慮する必要がなくなった。このため，買取価格決定申立てについては，改めて個別株主通知を要求する必要はない。

3　個別株主通知が会社に到達すべき時期

(1)　本決定は，最高裁平成22年決定を参照判例として引用し「買取価格の決定の申立てに係る事件の審理において，同請求をした者が株主であることを争った場合には，その審理終結までの間に個別株主通知がされることを要する」とした。本決定はその理由を明示していないが，上記決定を引用していることから個別株主通知が会社に対する対抗要件であることを理由とするものと思われる。

　もっとも，株式買取請求権が行使された場合には，会社と株主との協議期間が置かれている（会117条1項，2項）。会社は，個別株主通知がされない限り，株主との実質的な協議を行わないことも考えられるが，協議して買取価格を決定したいと考えても，株主資格を確認できなければ，実質的な協議は期待できない。このため，株式買取請求の場合には，当初から裁判上の申立てが予定される取得価格決定申立ての場合とは異なり，権利行使期間中に会社から個別株主通知を求め得ることを原則とすべきとする見解もある[20]。しかし，このように株式買取請求の行使期間（20日間）が経過するまでの間に個別株主通知が要求されるとすると，個別株主通知を権利行使要件とする立場に近づき，株主名簿の記録等が対抗要件とされる場合と比較して，株主の少数株主権等の行使を制限する結果となるおそれがある。従って，本来は，少数株主権等の行使に先立って個別株主通知がされることが基本であるが，本決定が判示するように買取価格決定申立て事件の審理終結までの間に個別株主通知がなされれば足りると解される[21]。

(2)　さらに，本決定は「上記の理は，振替株式について株式買取請求を受けた株式会社が同請求をした株主であることを争った時点で既に当該株式につい

第2章　企業の資金調達に関する裁判例

て振替機関の取扱いが廃止されていた場合であっても，異ならない。」との判断を示している。同じく，振替機関の取扱いが廃止された事案であった最高裁平成22年決定は，この点に言及していないが，振替機関の取扱いが廃止されて個別株主通知ができなくたった以上，会社法の原則に戻り，株主名簿の記録等により対抗要件の有無が決せられるとの評釈もなされていたことも踏まえて[22]，最高裁としての判断を示したものと思われる[23]。そして，本決定は，このように判断した理由について「同株式会社において個別株主通知以外の方法により同請求の権利行使要件の充足性を判断することは困難であるといえる一方，このように解しても，株式買取請求をする株主は，当該株式が上場廃止となって振替機関の取扱いが廃止されることを予測することができ，速やかに個別株主通知の申出をすれば足りることなどからすれば，同株主に過度の負担を課すことにはならないからである。」と述べている。本決定の立場については，価格決定申立て事件の審理終結までの間に個別株主通知がされれば足りるとしても，上場廃止による振替機関の取扱いが廃止された場合には，実際には個別株主通知の申出をする期間が制限されることから，株主に著しい負担を課すことになるとの批判がある[24]。しかし，振替期間の廃止には一定の予告期間が設けられる慣行があること[25]及び実務上，個別株主通知は，申出受付日の4営業日後を標準として，会社に通知されること[26]を前提とすれば，取扱い廃止までに個別株主通知がされることを要求することが株主に過度の負担を課すとまではいえないと考えられるのであり，本決定の結論は妥当であろう[27]。

4　全部取得条項付種類株式の取得と株式買取請求権

本決定は，取得価格決定申立てと株式買取請求との関係について判断している。むしろ，本件の解決には本決定「第3　抗告人らの抗告理由」で述べる本論点が重要であり，少数株主権等の該当性や個別株主通知の到達すべき時期は，申立人適格に関わるため職権による検討として示されたものと考えられる。本決定は，原審決定が上記二つの権利を行使することは相矛盾する行為であるとして，取得価格決定申立てをした株主は，株式買取請求・買取価格決定申立てを行えないとして，買取価格決定の申立てを不適法却下したのに対して「株主が取得価格決定の申立てをしたことを理由として，直ちに，当該株式について

158

株式買取請求が不適法になるものではない」として原審決定の判断を否定した。その上で「株式買取請求をした株主が同請求に係る株式を失った場合は，当該株主は同申立ての適格を欠くに至り，同申立ては不適法になる」と判断した。本決定の時点では，会社法上，株式買取請求権の効力が代金支払い時に生じるものとされており，株式買取請求の効力が生じていない限り，全部取得条項付種類株式の全部取得の影響を受けることになると考えられるが，こうした本決定の解釈を前提とすれば，本件のようなスクイーズアウトの事案では，株主の救済が取得価格決定申立てに限定されることになる。そこで，株主の救済のために設けられた両制度の相違点を考慮し，取得価格決定の申立てだけで十分かさらに検討が必要であると指摘されていた[28]。

　しかし，平成26年会社法改正では，株式買取請求をした株主に剰余金配当受領権，議決権その他の株主権を認める必要はないことから，各株式買取請求権の効力発生の時期につき，従前の「代金支払い時」（改正前会社法117条5項，798条5項等）から「行為（定款変更・組織再編等）の効力発生日」（会116条3項，798条6項等）に改正がなされ，これにより本決定の前提が変更されることになった[29]。理論上，全部取得条項付種類株式を全部取得するための定款変更の効力は，全部取得の効力より前に生じるから，当該買取請求に係る株式は全部取得の対象にはならなくなったので，上記問題は解消されたのである。なお，株主としては，株式買取請求権を行使することが可能であるが，株式買取請求権を行使しなければ，全部取得により会社法161条2項所定の取得価格決定申立てをすることもできるから，その限度で株主の選択権も確保されていることになる[30]。

【まとめとして】

　1　個別株主通知がされなかった事案を扱った二つの最高裁決定は，少数株主権等の該当性を判断するとともに，個別株主通知が会社に対する対抗要件であることを明らかにした。また，裁判上の申立てが予定されている権利についての事例（検証判例1），及び裁判外の請求と一連の手続として予定されている裁判上の申立てがなされた事例（検証判例2）において，審理終結までの

159

第2章　企業の資金調達に関する裁判例

間に個別株主通知がされたことの主張疎明があれば足りるとの立場を示した。少数株主権等について，裁判外の請求と裁判上の申立てが存在する場合に，これらを一連の権利行使と評価できる場合には，検証判例2の取扱いによることは，株主名簿の記録等が会社に対する対抗要件とされる場合と比較して，少数株主権等の行使を制約することを避ける観点から合理性が認められる。しかし，これらの決定をもって画一的な基準が明らかにされたとまで評価することはできず，個別株主通知の要否，会社への到達時期については，それぞれの少数株主権等の制度趣旨と会社と株主との間の利益衡量の観点から個別に検討される必要があると考える[31]。その際，会社が株式保有要件を確認することの利益に配慮しつつ，振替株式の株主による少数株主権等の行使を不当に制限する結果とならないよう会社と株主の利益の調整をいかに図るかが重要な視点となる[32]。

　また，前記決定とは異なり，裁判外の請求に個別株主通知がされていたケースにおいて，その後の裁判上の申立ての審理のなかで，会社が株主の地位を争うことも考えられるのであり，裁判上の請求後に株式が譲渡され得る限り，会社がこれを確認する利益も否定されない。裁判実務では，申立時に個別株主通知がされている場合が多いであろうし，手続の円滑な進行のためにも，訴訟，非訟を問わず申立ての際に個別株主通知申出受付票の写しを書証として提出することが望ましいとされ，裁判所もこうした対応をしているようであるが[33]，裁判外の請求後に裁判上の申立てがされた場合に，別個の個別株主通知が要求されるのか否かも，なお残された問題である。

2　少数株主権等ごとの検討

(1)　裁判上行使することが予定された権利

　検証判例1（取得価格決定申立権）での議論は，裁判上行使することが予定された他の権利についても妥当すると考えられるが，決議取消の訴権（会831条）や組織再編等の無効の訴権（会828条1項，2項）などそれぞれの制度において出訴期間を定めた趣旨（法的安定性の確保）を踏まえて，審理終結時までに個別株主通知がされた事実の主張立証を要求するという本決定の枠組みで処理することによる影響に配慮した個別の判断が必要であるとの指摘もある[34]。

160

(2) 裁判外で一定の請求をした上で，裁判上の申立てをする必要がある権利

検証判例2（定款変更による株式買取請求権）での議論は，組織再編等に際しての株式買取請求権にも妥当すると考えられる。また，株主総会招集請求権（招集許可の申立て，会297条）についても，会社は，株式保有要件が確認できなければ，招集請求に応じることはなく，招集許可申立事件の審理において個別株主通知により要件充足が確認できれば，遅滞なく招集手続をとれば足りると解される[35]。

このほか，株主代表訴訟における提訴請求（責任追及の訴え，会847条）については，会社は，提訴請求日から60日以内に提訴の要否を判断する必要があり（同条3項），提訴しない場合でも請求があれば遅滞なく不提訴理由を通知しなければならない（同条4項）。そこで，会社が提訴請求の時点で株式保有要件（6ヶ月の継続保有）を確認する必要があり，行使期限のない提訴請求の濫用的な利用を防止する趣旨からも，請求時に個別株主通知を要求すべきとの考え方もあり得る[36]。しかし，会社は，提訴請求により提訴を義務づけられるわけではなく，個別株主通知がされなければ，会社は不提訴理由を通知する必要はないと考えられるうえ，役員等の責任を追及すべきか否かは会社が独自に判断すべき事項であるから，株主による責任追及訴訟の口頭弁論終結時までに個別株主通知がされれば足りると解される[37]。

(3) 裁判上の申立てをすることも可能な権利

株主名簿や会計帳簿の閲覧謄写請求権（会125条2項，433条1項）は，裁判外での権利行使をすることも可能であるが，直接に裁判所に対して仮処分の申立てをすることもできる。会社は，裁判外での権利行使がされた場合には，一定の期限までに行為を求められるわけではないから，個別株主通知がされないために閲覧等を拒否することが可能であり，その結果，裁判上の申立てがされれば，その審理の終結までの間に個別株主通知の主張疎明を求めれば足りよう。また，募集株式の発行差止請求権（会210条）については，直接裁判所に仮処分の申立てがされた事案につき，仮処分の「決定までに」個別株主通知がされたことの主張疎明がないとして申立てを却下した裁判例があるが[38]，「審理終結時までに」とされるべきであろう。

161

第2章　企業の資金調達に関する裁判例

⑷　裁判上の権利行使が予定されていない権利

　適法な株主提案権（会303条1項，305条1項）の行使がされた場合には，会社は，株主総会招集通知に提案に係る議案の要領を記載することが求められ，これに違反すれば招集手続の瑕疵として決議取消の対象となるおそれがある。従って，近時の裁判例が判示するように「遅くとも株主提案権行使期限である株主総会の日の8週間前までに，会社が株主の株式継続保有要件の有無を確認することができるようにすることが必要であり，このときまでに個別株主通知がされることが必要である」とするのが妥当である[39]。

〔注〕

⑴　なお，本決定は，上記判示に続けて，個別株主通知がされることが必要であると主張することに信義則違反，権利の濫用と評価する事情はないとして，この点の抗告理由も退けている。

⑵　社債等振替法（平成16年法律第88号）改正附則6条1項により，上場株式は一斉移行日（平成21年1月5日）をもって社債等振替法上の振替株式に移行した。

⑶　加入者は，その口座に記録された振替株式についての権利を適法に有するものと推定され（社債等振替法143条），善意・無重過失である限り，口座における増加の記録に係る権利を善意取得する（同法144条）。

⑷　神田秀樹監修・著「株式電子化　その実務と移行のすべて」金融財政事情研究会135頁以下（2008年）参照。

⑸　江頭憲治郎「株式会社法〔第6版〕」有斐閣199頁（2015年），立法担当者の解説として，大野晃弘ら「株券電子化開始後の解釈上の諸問題」商事法務1873号52頁（2009年）。

⑹　なお，本決定当時（平成26年改正前）は「株主総会の日から20日以内」と定められていた。

⑺　総株主通知の通知事項は，株主名簿の書換えに必要な事項として，株主の氏名（名称）・住所，株式の種類・数その他主務省令で定める事項であるのに対し（社債等振替法151条1項），個別株主通知では，継続保有要件を判断できるよう上記事項に加えて，株式数の増加又は減少が記録された日（株主履歴）も通知事項とされている（同法154条3項，129条3項6号）。

⑻　原々審決定は，社債等振替法154条2項を重視して，少数株主権等の行使であるから，個別株主通知がされた後4週間が経過するまでの間にしなければならないとした。

⑼　名義書換未了の株主による新株発行無効の訴えにつき，東京地判平成2年2月27日金判855号22頁。

⑽　個別株主通知は，実務上，過去6ヶ月と28日間の保有株式の増減状況を報告するものとされている（証券保管振替機構の株式等の振替に関する業務規程1154条8項1号，同規程施行規則204条）。

⑾　株券発行会社の株主であれば，一度株主名簿の名義書換の手続をしてしまえば，それ以降は株券を提示することなく名簿の記載，記録を根拠に会社に対して株主たることを

対抗できることに比べると（会130条 2 項），権利行使の面においては，むしろ振替株式の株主の方が非効率になっているとも言えると指摘されている（橡川泰史「個別株主通知」『会社法施行 5 年　理論と実務の現状と課題』ジュリスト増刊・有斐閣180頁（2011年））。

(12)　この場合の対抗要件の具備とは「株式保有要件充足性判断基準の更新＋会社への伝達」を意味するとする見解（西村欣也「判批」判タ1387号43頁（2013年））のほか，振替口座簿の記録等こそが対抗要件であるとする見解もある（酒井太郎「平成22年度重要判例解説」ジュリスト1420号131頁（2011年））。

(13)　田中秀行「最高裁判所判例解説」法曹時報65巻 7 号285・286頁（2013年）

(14)　伊藤滋夫総括編集「民事要件事実講座 3 」青林書院188～190頁（2008年），司法研修所編「紛争類型別の要件事実」法曹会122・123頁（1999年）

(15)　川島いづみ「判批」金判1343号（2010年），鳥山恭一「判批」法セ675号121頁（2011年），吉本健一「判批」金判1373号 4 ～ 5 頁（2011年）

(16)　吉本健一・金判1407号 4 頁（2013年），日下部真治「判批」金判1403号10頁（2012年）など。

(17)　葉玉匡美＝仁科秀隆監修「株券電子化ガイドブック〔実務編〕」商事法務338頁（2009年）。森本滋編「会社法コンメンタール18―組織変更，合併，会社分割，株式交換等（ 2 ）」〔柳明昌〕商事法務129頁（2010年）

(18)　東京地方裁判所商事研究会編「類型別会社非訟」110頁，浜口厚子「少数株主権等に関する振替法上の諸問題」商事法務1897号37頁（2010年）。前掲注(15)吉本 5 頁，高橋真弓・判例評論650号26頁（2013年）（判時2175号140頁），松岡啓祐・澤山裕文「株式買取請求権と個別株主通知」専修ロージャーナル第 9 号157頁（2013年）

(19)　山田真紀「最高裁判所判例解説」法曹時報67巻 6 号202頁（2015年），髙橋周史「民事判例研究」北大法学論集第65巻 5 号437・446頁（2015年）

(20)　前掲注(18)高橋140～141頁，志谷匡史「判批」民商法雑誌144巻 6 号130頁（2011年）

(21)　前掲注(16)日下部11頁は，会社は情報提供請求を行うことによっても株主資格を確認することができるが，株式買取請求をしてくる可能性のある株主の数に鑑みると，情報提供請求権の行使を会社に期待することには酷な面があるし，本来株主が備えるべき対抗要件の不備を会社が補充することを要求することは，社債等振替法の趣旨にそぐわないことを指摘する。

(22)　前掲注(15)吉本 2 頁

(23)　前掲注(19)山田202頁

(24)　前掲注(15)吉本 5 頁

(25)　前掲注(16)日下部11頁

(26)　茂木美樹「株主の権利行使―個別株主通知，単元未満株式の買取り・買増し等―」商事1953号13頁（2011年）

(27)　前掲注(19)高橋447頁，前掲注(19)山田1697頁

(28)　前掲注(18)高橋139頁

(29)　坂本三郎「立案担当者による平成26年改正会社法の解説」別冊商事法務393号202頁（2015年）

(30)　要綱段階での評価であるが，前掲注(18)高橋139～140頁参照。

第2章　企業の資金調達に関する裁判例

⑶1　少数株主権等について個別的な検討がなされているものとして，前掲注⒅浜口34頁，前掲注⒇志谷（2011年）130頁，前掲注⑿西村50頁，仁科秀隆「判批」ジュリスト増刊「実務に効くM&A・組織再編判例精選」118・119頁（2013年）。

⑶2　なお，裁判所は，手続の円滑な進行を図るために申立人に必要な資料の提出を求めることができるとされ（会非訟規5条），実務においても，申立ての時点で少なくとも個別株主通知申出受付票（写し）を書証として提出する扱いがなされているようである（西川知一郎「大阪地裁における商事事件の概況」商事法務1927号24頁）。申立書の添付書類として，上記受付票（写し）が掲げられている（東京地方裁判所商事研究会「類型別会社非訟」13・29・110・154頁）。

⑶3　前掲注⑶2西川24頁，髙橋文清「大阪地裁における商事事件の概況」商事法務2075号63頁（2015年），太子堂厚子「個別株主通知に関する諸問題」商事法務1995号54頁（2013年）

⑶4　松元暢子・東京大学判例研究会「判批」法学教会雑誌第129巻9号294頁（2012年）

⑶5　前掲注⑿西村49頁

⑶6　前掲注⑶1仁科119頁は，連続性について個別に検討が必要であることを指摘する。

⑶7　前掲注⑿西村50頁

⑶8　東京高決平成21年12月1日金判1338号40頁，仙台地決平成26年3月26日金判1441号57頁

⑶9　株主提案に係る議題を記載しなかったことが招集手続の法令違反にあたるとして提起した株主総会決議取消の訴えにつき，大阪地判平成24年2月8日判時2146号135頁。

現物出資規制

日本大学教授，弁護士　**松嶋　隆弘**

1　はじめに

　本稿は，会社法施行後の現物出資に関する裁判例の中から，主要なものを取り上げ，紹介・検討するとともに，最後にそれらから垣間見える現物出資に関する裁判例の傾向について若干のコメントを付するものである。

　検索対象とした裁判例は，データベース（SNART判例秘書）で，「現物出資and会社法」というキーワードで検索すると，127件（平成28年10月1日検索，判例秘書）であった。その大部分は，租税判例であるので，それらの租税判例の中から，デット・エクイティ・スワップ（Debt Equity Swap：DES）を争点とする東京地判平成21年12月15日税務訴訟資料（徴収関係判決）（平成21年順号21-53）及び東京地判平成21年4月28日訟務月報56巻6号1843頁のみを取り上げることとした。その上で，会社法施行前のものや現物出資規制が争点となったものではないものを除外した結果，残った2つの裁判例（現物出資が無効とされた事例である東京地判平成19年7月18日（平成19年（ワ）第13486号）及び財産価格填補責任と弁護士賠償責任保険における免責条項に関する大阪高判平成28年2月19日判例時報2296号124頁）を取り上げることにする。

第2章　企業の資金調達に関する裁判例

2　デット・エクイティ・スワップと詐害行為
　　～東京地判平成21年12月15日～

⑴　はじめに

　はじめに，DESが詐害行為取消権の対象になるかが争われた事例として，東京地判平成21年12月15日税務訴訟資料（徴収関係判決）（平成21年順号21－53）を紹介したい。これは，株式会社Aに対し租税債権を有するX₁が，Y₁に対し，AからY₁への債権譲渡が詐害行為に該当すると主張して，民法424条に基づき，被保全債権である上記租税債権の合計額である8,032万9,797円の限度でその取消しを求めるとともに，本件取消訴訟により当該債権譲渡が取り消されることを条件として，当該債権譲渡に係る債権を差し押さえたとして，国税徴収法67条1項による取立権に基づき，8,032万9,797円及びこれに対する本件取消訴訟の判決が確定した日の翌日から支払済みまで商事法定利率年6分の割合による遅延損害金の支払を求めている事案である。

⑵　事実の概要

　Y₁株式会社は，休眠会社であったが，A株式会社（家庭教師の派遣及び教育図書の販売等を主たる目的として設立された会社）がその発行済み株式総数（400株）の半数を取得して買収して以降，求人情報誌の制作及び配布のための事業活動を開始した。Aは，Y₁に対し，限度額を5億円とする金銭消費貸借契約（本件貸付契約）を締結し，運転資金を貸し付け，更には，Y₁の全株式を取得した。これによりY₁は，Aの100％子会社になった。

　Aは，Y₁との間で，平成18年2月15日，Y₁に対する本件貸付契約に基づく貸金債権の一部である合計1億5,640万円の債権（本件債権）を債権譲渡の形式により現物出資して（本件債権譲渡），本件債権を混同により消滅させるとともに，Y₁から3128株の株式（本件株式）の発行を受けるというデット・エクイティ・スワップを行った（本件DES）。

　その後，Y₁は，減資，株式償却（ママ）及びB（Y₁の取締役）に対する533株のY₁株式発行等をたて続いて行い，その結果，Y₁の資本金は2,890万円，Y₁

166

の発行済み株式総数は578株，そのうちＡが保有するＹ₁の株式は35株，Ｂが保有するＹ₁の株式は533株となった。

Ａは，法人税等を滞納しており，Ｘ₁（国）は，租税債権①（合計8,577万6,297円）及び租税債権②（合計8,032万9,797円）を有していた。そこで，Ｘ₁は，Ａに対し，本件債権譲渡は，詐害行為に該当するとして，民法424条に基づき，被保全債権の限度で本件債権譲渡の取消しを求めるとともに（本件取消訴訟），本件取消訴訟により当該債権譲渡が取り消されることを条件として，当該債権譲渡に係る債権を差し押さえたとして，国税徴収法67条１項による取立権に基づき，租税債権②及びこれに対する本件取消訴訟の判決が確定した日の翌日から支払済みまで商事法定利率年６分の割合による遅延損害金の支払を求めた。

(3) 判　旨

「Ａには，本件DES当時，本件債権以外に見るべき資産はなく，総資産から本件債権を除くと，債務超過となっていたことが認められるところ，Ｙ₁は，平成17年ころから業績が順調に拡大し，本件DESの前後を通じて，Ａに対し本件貸付契約に基づく貸金の弁済を順調に行っていたのであるから，本件債権の回収可能性は十分にあったというべきである。これに対し，本件株式は，純資産評価方式によってその価値を算定すると，平成17年３月期には０円，本件DESが行われた後の平成18年３月には323万円，本件株式償却が行われた後には186万円であった（弁論の全趣旨）ことに加え，換価することが困難な非上場株式であったのであるから，本件DESにおいて本件債権と引換えに本件株式を取得することは，Ａの債権者の債権の行使を困難ならしめるものである。そして，ＡがＹ₁の唯一の株主として本件株主総会決定をなしたことに基づき，本件DESが行われた直後に本件株式償却等が行われ，Ａが本件DESにより取得した本件株式の株式数及び株式保有比率が大幅に低下したことからすれば，Ａは，本件DESと本件株式償却等を一連一体のものとして行うことにより，本件債権を譲渡するとともに，これと引換えに取得した本件株式から利益を得ることを自ら放棄したものということができる。

以上の事情を総合すると，本件債権譲渡は，他に格別の資産を有しないＡの責任財産を減少させるものであり，債権者を害する行為に該当することは明ら

167

かである。」

「デット・エクイティ・スワップが，企業再建の手段として行われることがあるとしても，それが債権者を害するものであるならば詐害行為として取り消され得ることは当然であって，デット・エクイティ・スワップがおよそ詐害行為に当たらないと解すべき理由はない。」

裁判所は，以上のとおり，本件が詐害行為に該当するとした上で，詐害意思に関し，AとY₁が互いに役員を送りあっていたこと等から，AとY₁が互いの状況を熟知していたものと判断した上，「A及びY₁による本件DES及び本件株式償却等は，一連一体のものとして行われ，Aは，本件債権譲渡と引換えに取得した本件株式から利益を得ることを自ら放棄していたことに照らすと，A及びY₁は，本件DESが債権者を害することを認識しながら，本件DES及びその後の本件株式償却等を行ったものと認めるのが相当である」旨判示する。

(4) コメント

前掲東京地判平成21年12月15日は，Aが，Y₁の支配権を維持しつつ，法人税を逃れるため，DESと本件株式償却等を組み合わせた「一連一体の行為」を仕組むことにより，Aのめぼしい資産であるY₁の支配権をBに移転させたわけである。当該「一連一体の行為」は，租税回避というより脱税といってもよいものと思われ，かかる行為が民事上，詐害行為と評価されるのは当然のことであろうと解される。

3　デット・エクイティ・スワップの組成に関する裁判例　～東京地判平成21年4月28日～

(1) はじめに

続いて，同じく租税判例でありながら，DESの組成が問題とされた裁判例である東京地判平成21年4月28日訟務月報56巻6号1843頁につきみてみたい[1]。これは，適格現物出資に該当するDESにつき，混同消滅した債務の額とその帳簿価額との差額につき債務消滅益を認定した事案である。ちなみに，以下にみる同判決の判断は，控訴審である東京高判平成22年9月15日（平成21年（行コ）

第206号)）において維持されている。

(2) 事実の概要

X₂の新株発行に当たり，関連会社であるC社は，平成15年2月28日，X₂に対して有する債権（貸付債権：券面額4億3,040万円）を現物出資し，同年3月1日，X₂はCに対し，第三者割当により80万株の新株の発行（一株の発行価額538円）を行った。本件新株発行当時，X₂とCは代表者D（X₂の代表取締役）を共通にしており，両社ともDにより完全支配されていた。また，前記新株発行は，いわゆるデット・エクイティ・スワップ（DES）として行われたものであり，前記貸付債権は，平成14年11月7日，Cが元の債権者であった銀行から代金1億6,200万円で譲り受けたものであり，Cにおける当該債権の帳簿価格は1億6,200万円であった。

本件現物出資に当たり，裁判所により選任された検査役は，平成15年2月28日付で，一株の発行価額を538円とすること，Cに対し80万株の新株を割り当てることは妥当である旨報告した。

その後，X₂は，X₂に移転した本件債権のうち4億3,040万円の債権及びこれに対応する債務が消滅したとして，長期借入金勘定を4億3,044万2,435円減少させるとともに，資本金勘定を4億円，資本準備金勘定を3,040万円それぞれ増加させる経理処理を，さらに残額4万2,435円については，Cから債権の放棄を受けたとして，雑収入勘定を4万2,435円増加させる経理処理を，それぞれ行った。

これに対し，税務署長（Y₂）は，X₂に対して，本件債権の帳簿価格は，1億6,200万円であるところ，本件現物出資は適格現物出資に該当するため，X₂は同債権を受け入れたことにより4億3,044万2,435円の債務を消滅させているのであるから，1億6,200万円を超える部分につき債務消滅益が生じるとして更正処分等として更正処分等を行った。

本件は，前記更正処分等の取消しを求めている事案である。本件においてX₂は，①DESは1個の取引行為である[2]，②DESにおける債権評価に関する券面額説等を主張した[3]。

169

第2章　企業の資金調達に関する裁判例

⑶　判　旨

「DESは，株式会社の債務（株式会社に対する債権）を株式に転化すること
であるが，我が国の会社法制上，これを直接実現する制度は設けられていない
ため，実務上，既存の法制度を用いてこれを実現する方法としては，株式会社
の債権者がその有する債権を当該会社に対し現物出資し，混同により当該会社
の債務を消滅させるとともに，当該会社が当該債権者に対し現物出資された債
権に相応する株式を発行する方法が採られており，これは債権者の側からは債
権を株式化する手法と認識され，債務者である会社（以下「債務者会社」とい
う。）の側からは他人資本を自己資本化する手法として認識されている。かつて，
平成13年法律第79号による改正前の商法（以下「平成13年改正前の旧商法」と
いう。）においては，転換社債の制度が設けられ，社債に限って株式会社の債
務を株式に直接転換する制度が設けられていたが，その場合も，転換社債の発
行事項（転換社債の総額，転換条件，転換により発行すべき株式の内容，転換
請求期間等）を具体的に定め，公示を義務付ける等の詳細な規定が設けられて
いた（平成13年改正前の旧商法341条ノ2ないし341条ノ7）ことに照らしても，
仮に株式会社の債務を株式に直接転換する制度を設けるのであれば，債権者，
債務者会社，株主等の利害を調整するための転換の要件，手続及び効果の発生
時期等に関する詳細な規定の定めが必要不可欠となるものと解されるところ，
法令上，そのような規定は存在しない以上，本件DESがされた当時において，
DESを直接実現する方法が法制度として存在したとは解し得ない。このよう
に，法令上，DESを直接実現する制度について何らの規定が設けられていない
以上，株式会社の債務（株式会社に対する債権）を株式に転化するためには，
既存の法制度を利用するほかなく，既存の法制度を利用する以上，既存の法制
度を規律する関係法令の適用を免れることはできないというべきである。そし
て，我が国の法制度の下において，DESは，(i)会社債権者の債務者会社に対す
る債権の現物出資，(ii)混同による債権債務の消滅，(iii)債務者会社の新株発行及
び会社債権者の新株の引受けという各段階の過程を経る必要があり，それぞれ
の段階において，各制度を規律する関係法令の規制を受けることとなる。」

「X₂は，本件現物出資では本件貸付債権を券面額で評価すべきであり，東京
地裁商事部において選任された検査役も券面額で評価する旨の調査報告書を提

出している旨主張する。確かに，〈証拠略〉によれば，平成12年ころ，債務者会社に対する債権を現物出資する場合において，当該債権の評価を券面額又は評価額のいずれで行うかにつき争いがあり，平成13年に東京地裁商事部はこれを券面額によるべきである旨の提言をし，東京地裁商事部の選任した検査役も，調査報告書において，券面額によって現物出資に係る債権を評価していたところ，本件現物出資についても，東京地裁商事部によって選任された検査役は，調査報告書において，券面額によってその評価をしたことが認められる。

　しかしながら，本件現物出資が適格現物出資であれば，法人税法62条の4第1項により，当該被現物出資法人に当該移転をした資産及び負債の当該適格現物出資の直前の帳簿価額による譲渡をしたものとして，当該内国法人の各事業年度の所得の金額を計算することとなるのであって，会社法制上，一般に現物出資対象債権の評価を券面額又は評価額のいずれで行うかという議論は，法人税法上，適格現物出資における現物出資対象債権の価額の認定には影響を及ぼさず，その認定とは関係がないこととなる。そこで検討するに，……本件現物出資は，……適格現物出資に該当するものというべきである。……適格現物出資に該当する本件現物出資について，資本等の金額の増減等は，上記のとおり専ら適格現物出資に関する平成18年改正前の法人税法及び同法施行令の上記各規定に従って算定されるので，一般的な現物出資対象債権の評価方法（券面額又は評価額）に関するX_2主張の議論の影響を受けるものではなく，上記各規定に基づいて行われた処分行政庁による債務免除益の認定は，平成18年改正後の法人税法の規定の遡及適用によるものではない。」

　「会社法及びその制定に伴う法人税法の改正は，DESに係る現物出資対象債権の評価について，従来は両法制の関係を含めて解釈上の疑義があったことを前提とした上で，会社法制上の手続においては券面額によることを，税法上の法人税の課税においては評価額によることをそれぞれ明らかにすることによって，券面額と評価額の議論について立法的解決を図ったものとみることができる。」

(4)　コメント1：DESは1個の取引行為として認識されるべきであるか

　まず主張①につき検討するに[4]，考え方としては，債務を株式に振り替える

第2章　企業の資金調達に関する裁判例

一連の行為を，DESを構成する個々の行為を個別のものとして捉える分析的アプローチと，逆にひとまとまりの行為として認識する総合的アプローチがありうるところである。前掲東京地判平成21年4月28日訟務月報56巻6号1843頁は，DESを，(i)債権の現物出資，(ii)混同による債権債務の消滅，(iii)新株発行という複数の行為に分割し，前記各段階の過程で法人税法等関係法令の適用を受けるとするもので，まさに分析的アプローチを取るものと理解できる。

他方，後者のアプローチを取る裁判例としては，東京地判平成12年11月30日訟務月報48巻11号2785頁がある[5]。これは，DESに関する複数の行為をあたかも1つの行為として一体認識し，同族会社の行為計算否認の対象とした課税当局の判断を是認事案である。

理論的には双方とも成り立ち得るところであるが，ここでは次の2点を根拠として，総合的アプローチに軍配を上げたいと思う[6]。第1に，双方とも，不良債権処理スキームではあるのだが，それを超えて，一種の「租税回避スキーム」としてDES（又は疑似DES）が仕組まれていることである。行為計算否認の規定の適用が問題とされた前掲東京地判平成12年11月30日がそのような事案であることは，改めて説明するまでもないので，ここでは前掲東京地判平成21年4月28日について一言するに，同事案は，租税回避まがいの節税スキームとしてDESが用いられたが，肝心の適格現物趣旨の適用を失念していた事案と理解できる。

第2に，かかる租税回避行為のような一種の脱法行為については，個々の構成要素に分解する限り，いずれも適法なものであることが多く，かかる場合においては，むしろ全体を総合的に捉えることによって事象への妥当な接近が可能になることである。DESを含めた「一連一体の行為」を詐害行為とした前掲東京地判平成21年12月15日も，かかる事案であると解される。また，企業法の分野では見せ金による払い込みを無効とする現在の判例（最判昭和38年12月6日民集17巻12号1633頁）・通説の立場が典型例として挙げることができよう。DESに関し，近時，「混合取引の法理」として[7]，統合的アプローチも提唱されており，意を強くしている。

なお補足として，もう一点，いうまでもないことであるが，平成17年の会社法典制定前の前掲東京地判平成12年11月30日において総合的アプローチが取ら

れており，同法典制定後の前掲東京地判平成21年4月28日において分析的アプローチが取られているが，会社法がこの問題について立法的解決を図ったものでないことを指摘しておきたい。会社法制定の前後を問わず，この問題は解釈に委ねられているのである。

(5) コメント2：DESにおける出資対象である債権額の評価

次に②につきみてみよう。金銭債権は仮装が容易であるから，その成立・存続・帰属・抗弁等に関する調査が欠かせない。その際，金銭債権の成立・存続・帰属・抗弁等の調査のみで足り，債権の実価（評価額）の調査までは不要であるとすれば，手続の迅速化，コストダウンが期待できる。考え方としては，債権の実価が券面額未満であっても券面額を基準としてよいとする見解（券面額説）と債権の評価額を基準とする見解（評価額説）とがあり得る[8]。券面額説は，DESに対し肯定的な価値判断の下，評価の基準を券面額とすることで，検査役の調査において現物出資の目的となる債権の存在及びその額を確認すれば足りることとなり，時間的・金銭的コストが格段に少なくて済むことを強調する（本来3ヶ月程度かかるものが1ヶ月程度で済むといわれる。）。これに対し，評価額説は，券面額説によると既存株主の持分が過剰に希釈される結果になると批判し，DESに対し警鐘を鳴らす。

前掲東京地判平成21年4月28日の判示中にあるごとく，すでに，東京地裁商事部（民事8部）は，おそらくわが国初のDESに関する事例を素材として，DESにつき券面額説を採ることを明らかにしていた[9]。前掲東京地判平成21年4月28日の意義は，かかる東京地裁商事部の判断があることをも承知した上で，少なくとも課税関係の局面では，評価額説が妥当する旨を明らかにしたところにある。

当該事案に関してみる限り，前述のごとく，この事案は，租税回避まがいの節税スキームとしてDESが用いられたが，肝心の適格現物趣旨の適用を失念していた事案と推察されるので，かかる「節税（?）」スキームにおける「失念」を券面額説により救済する必要がないことは，異論があるまい。その意味で，前掲東京地判平成21年4月28日の結論は妥当である。ただ，この事案をもって，会社法における券面額説・評価額説の議論が実務上解決したと理解するわけに

第2章　企業の資金調達に関する裁判例

はいかない。

　そこで検討するに，会社法は，履行期が到来した金銭債権につき，検査役の調査を不要とした（会社法207条9項5号）。履行期が到来した債権につき，かかる処理を認めたのは，履行期到来時における債権の価値は券面額に等しく，それを弁済できない場合（債務超過）における既存株式の価値はゼロであり既存株主の利益を考慮する必要がないとの判断からである。少なくともその限度では，「割り切って」券面額説を追認したものと解することができる[10]。

　他方，履行期未到来金銭債権については，引き続き解釈に委ねられる[11]。この場合，債務者たる会社が期限の利益を放棄すれば，会社法が定める要件を充足するが，かかる放棄が会社（既存株主）の利益にならない場合には，放棄に関与した取締役の任務懈怠（会社法423条1項）の問題が生じ得ることが指摘されている[12]。

　これまでDESといえば，短期借入金につきなされるのが大部分であった。不良債権処理スキームとして用いられるDESの性質からすれば，当然の前提であったのかもしれない。しかし，必ずしも不良債権処理スキームとは言い切れないDESも登場している現在，かかる前提には再考の必要があろう[13]。

　そしてそのようなDESに関しては，おそらく100パーセント減資を併用するということはなく，既存株主の利益を考慮せざるを得ず，評価額説からの券面額説に対する批判がそのまま当てはまってこざるを得ない。おそらくこの場合にまで券面額説で「割り切る」というわけにはいくまい。

　私見は，券面学説の妥当領域を絞り込むため，債務超過という，会社法の条文にない（かつ柔軟な）要件を設ける等といった解釈上の工夫が適当なのではないかと考えている。条文にない無資力要件を解釈上要求する例としては，民法の債権者代位権（民法423条）の例がある。会社法は，可能な限り，要件の明文化を図って立法されているが，だからといって解釈を否定する趣旨ではあるまい。制定時の立法事実を踏まえつつも，制定から10年を経過した現在，解釈による修正の余地は大きいと考える。

174

4 現物出資が無効とされた事例
～東京地判平成19年7月18日～

(1) はじめに

　現物出資が無効とされた事例として，東京地判平成19年7月18日（平成19年（ワ）第13486号）がある[14]。これは，対象会社の経営実態を認識していれば，株式を引き受けて現物出資をしなかったといえるから，株式を引き受けて現物出資をするに当たり要素の錯誤があり，本件現物出資は無効であるとして，現物出資無効確認請求を認容した事案である。

(2) 事実の概要

　X₃は，不動産取扱いを主な業務とする株式会社であり，Y₃は，ネットワーク装置の開発・販売を主な業務とする株式会社である。X₃は，平成18年12月20日，保有する丙株式会社普通株式2315万4000株を現物出資してY₃の普通株式3万3850株を引き受けた。

　本件現物出資は，E（Y₃代表者）の勧誘に応じなされたものであるところ，現物出資に当たり，Eは，F（X₃代表者）に対し，Y₃の営業内容に関し，大要以下のような説明を行った。

①	Y₃の平成18年7月27日作成の事業計画書では平成19年3月期売上15億円，経常利益1億4,500万円
②	その後，覚書締結時点で売上計画を13億2,000万円，経常利益500万円と修正
③	前期売上計上の2億8,000万円の未回収売掛金は12月中に回収でき，売上計上は正しい

　上記説明につき，Eは過去の決算資料や平成19年3月期の損益着地見込みなどの資料を示しながら説明しており，その説明に不自然さはなかったことから，Fは，その説明内容を全面的に信用した。そして，これらの説明を受けたFは，上記のようなY₃の状況であれば，現物出資を行ってもリスクはなく，かえってX₃の利益になるものと判断し，本件現物出資を実行したのである。

第2章　企業の資金調達に関する裁判例

　ところが，本件現物出資の直後ころから，FにY₃側の関係者からY₃の経営状態に関して，種々の情報が入るようになり，その情報を総合すると，大要以下の事実が判明した。

①	今期の業績は売上が前項の説明より7億円から8億円下がる予定であること
②	今期の利益は3億円以上の営業赤字となる予想であること
③	前期売上計上の未回収売掛金2億8,000万円は未だに未回収であり，その回収が確定していない。また，売上計上そのものに疑義がある状況であること

　FがEに面会し，上記の事実について確認を求めたところ，Eは，新たな情報により判明した事実が全面的に正しく，Y₃の経営状態に関する本件現物出資前の説明に嘘があったことを認めるとともに，本件現物出資に関して，虚偽の情報を提供したことに関し，陳謝した。

　以上の経緯から，X₃には，本件現物出資に関し，Y₃の経営状態について，事実と認識に著しい食い違いがあったことが判明した。そこで，X₃は，かかる事実を本件現物出資前に認識していれば，本件現物出資に応じなかったことは明らかであって，本件現物出資行為に要素の錯誤があったことは明らかであり，本件現物出資は，錯誤により無効であるとして，その確認を求めた。これに対し，Y₃は，出資行為については，会社法211条1項により心裡留保，通謀虚偽表示の規定が排除されており，錯誤についても同様に解すべきであるから，本件現物出資には民法95条は適用されないと主張した。

(3)　判　旨

「会社法211条2項は，募集株式の引受人は，209条の規定により株主となった日から1年を経過した後又はその株式について権利を行使した後は，錯誤を理由として募集株式の引受けの無効を主張し，又は詐欺若しくは強迫を理由として募集株式の引受けの取消しをすることができないと規定するから，同項の規定する制限に該当しないならば，株式引受について錯誤による無効を主張することができる。

　したがって，上記制限に該当する場合はともかく，それ以外は株式引受につ

176

いて錯誤の適用がある。

　そして，当事者間に争いがない……各事実によれば，Y₃代表者は，本件現物出資前において，X₃代表者に対し，Y₃の平成19年3月期につき売上13億2,000万円，経常利益500万円であるなどと説明し，X₃代表者はこれを信用したところ，現実は，売上が7億円から8億円下回る予定であり，3億円以上の営業赤字との予想であったというのであり，Y₃代表者の説明とY₃の経営実態との乖離や本件現物出資の価格（当時の時価総額12億9,662万4,000円）に照らすと，X₃は，Y₃の経営実態を認識していれば，株式を引き受けて本件現物出資をしなかったといえるから，株式を引き受けて現物出資をするに当たり，要素の錯誤があったといわざるを得ない。

　したがって，本件現物出資は無効である。また，本件現物出資を巡る紛争について抜本的に解決するためには，本件現物出資の無効を確認するのが直截であるから，本訴について確認の利益があるといえる。」

(4)　コメント

　前掲東京地判平成19年7月18日は，会社の財産及び損益の状況につき虚偽の事実を告げられた場合に，募集株式の引受けの無効を認めたものであり，会社法の条文そのままであるその判断自体には，特段の異論がないものと解される。

　当該事案における錯誤は，いわゆる動機の錯誤であるが，動機の錯誤も，所定の要件（それが何かについては議論があり得るが）の下で，要素の錯誤として錯誤無効の対象となることについては異論がない。また当該事案についてみても，株式の価値に直結する会社の財産・損益内容についてまったく虚偽であったというのであるから，要素の錯誤に当たるといってよいであろう。

　当該事案の場合には，動機の錯誤のみならず，詐欺（民法96条）も争点とし得た事案であるが，判決文をみる限り，主張がないようである。

　なお，来る債権法改正で，錯誤の効果は，無効から取消しに変更されるが，債権法改正では，動機の錯誤（表意者が法律行為の基礎とした事情についてのその認識が真実に反するもの）につき，当該事情が法律行為の基礎とされていることが表示されていたときに限り，取り消し得るとしており，これは，動機が表示されていた場合に，意思表示の内容の錯誤になり得るという伝統的通説

第2章　企業の資金調達に関する裁判例

をほぼ取り入れたものである。したがって，要件論的には，債権法改正後も，前掲東京地判平成19年7月18日は，事案としての意義を失うわけではないと思われる。

5　財産価格填補責任と弁護士賠償責任保険における免責条項 ～大阪高判平成28年2月19日～

(1)　はじめに

最後に，現物出資の財産価格填補責任と弁護士賠償責任保険における免責条項に関する大阪高判平成28年2月19日判例時報2296号124頁を取り上げたい。

(2)　事実の概要

G株式会社（破産会社）は，破産手続開始決定前，ジャスダックの上場廃止を避けるため，Hから不動産（本件山林）による現物出資（本件現物出資）を受け，募集株式の第三者割当による増資をすることとし，顧問弁護士であったI弁護士に対し，現物出資に伴う検査役による価額の調査に代わる会社法207条9項4号に基づく証明を求め，I弁護士は，本件山林の価額を20億円とすることが相当である旨の証明をした（本件証明行為）。

ところが，本件山林の実際の価値は，現物出資が実行された当時，5億円を上回ることはなかったため，破産管財人X$_4$は，Hに対しては会社法212条1項2号に基づき，I弁護士に対しては同法213条3項に基づき，価額証明責任として不足額である15億円のうち4億円の支払を求める訴えを提起した（甲事件）。

I弁護士は，原審係属中に，X$_4$との間で，本件証明行為をしたことによる価額証明責任額を3億4,800万円とする裁判上の和解（本件和解）をし，I弁護士はX$_4$に4,800万円を支払ったが，3億円については支払能力がない。

ただ，I弁護士は，X$_4$との間で，Iを被保険者として，Bが賠償責任を負った場合にY$_4$が保険金（1事故当たりの限度額3億円）を支払うことを定めた弁護士賠償責任保険契約（本件保険契約）を締結していた。

そこで，X$_4$は，本件保険契約を締結していたI弁護士に代位して，Y$_4$に

178

対し，本件保険契約に基づく保険金3億円及びこれに対する遅延損害金の支払を求めた。これが本件である（乙事件）。

乙事件は，甲事件と併合され，X₄のHに対する甲事件請求は，原審において，全部認容されたところ，Hは控訴せず，原判決が確定した。

本件保険契約には，「保険契約者又は被保険者が損害賠償責任の全部又は一部を承認しようとするときは，あらかじめ保険者の承認を得なければならず，正当な理由がないのにこれに違反したときは，保険者は，損害賠償責任がないと認めた部分を控除しててん補額を決定する」旨定められている。また，免責事由として「故意によって生じた賠償責任」（故意免責条項）及び「他人に損害を与えるべきことを予見しながら行った行為（不作為を含む）」（本件免責条項）が定められている。

乙事件における争点は，①本件和解による損害が確定したといえるか，②本件免責条項が適用できるか，③価額証明責任が本件保険のてん補対象に当たらないか，の3つである。

(3) 原審判決の要旨（大阪地判平成27年2月13日判時2296号134頁）[15]

第1審での本案における主たる争点は，②であったところ，原審判決は， I 弁護士の行為が本件免責条項には当たらない旨判示し，保険金請求を認容した[16]。

(4) 判 旨

控訴審である大阪高裁は，原審判決を概ね引用した上，控訴を棄却した。

争点①について

「保険契約者又は被保険者が損害賠償責任の全部又は一部を承認しようとするときは，あらかじめ保険者の承認を得なければならず，正当な理由がないのにこれに違反したときは，保険者は，損害賠償責任がないと認めた部分を控除しててん補額を決定する旨定められている……理由は，被保険者と第三者との間で馴れ合い的に不当な責任確定のための合意などが行われることを防止することにあると考えられる。……損害賠償責任が全部ないと認めた場合は別として，そうでない場合は，損害賠償責任があると認めた部分の保険金を支払うこ

第2章　企業の資金調達に関する裁判例

とを当然の前提としていることになる。したがって，本件保険契約における上記の定めは，少なくとも，保険者が，被保険者の損害賠償責任を認めた限度において，てん補額が確定することを規定し……，正当な理由がある場合には，保険者は，損害賠償責任がないと認めた部分を控除しててん補額を決定することができないこととされているから，その場合は，上記のとおり，てん補額が確定されるものと解される。」

「本件においては，……X₄とⅠ弁護士との甲事件は，その後提起されたX₄とY₄との乙事件と併合して審理され，提訴後2年半以上経過した時点で，Ⅰ弁護士に対する本人尋問を経た上，裁判上の和解として本件和解が成立したものである。こうした本件訴訟の経過に加え，上記認定のとおり，本件訴訟が破産会社の破産管財人であるX₄によって提起された訴訟であること及び本件和解においてⅠ弁護士が支払義務を認めた金額，その他本件に現れた諸般の事情を勘案すれば，Ⅰ弁護士が，あらかじめ保険者であるY₄の承認を得ないまま損害賠償責任の一部を承認する内容の本件和解を成立させたことについては，正当な理由があるものと認められる。」

争点②について

「本件免責条項の規定内容及び本件保険契約中の弁護士特約条項の規定内容等を勘案すれば，本件免責条項中の『予見しながら行った行為』とは，被保険者が，その行為によって他人に損害を与えることや他人に損害を与える蓋然性が高いことを認識して行った行為，及び一般的な弁護士としての知識，経験を有する者が，他人に損害を与えることや他人に損害を与える蓋然性が高いことを当然に認識すべきである行為を指すものと解されるから，これらの各行為は，本件免責条項に該当する。」

「Ⅰ弁護士が本件証明行為を受任するに至った経緯，Ｊ鑑定，現地検分及びＫ意見書の検討経過などからすれば，Ⅰ弁護士が，本件証明行為によって破産会社に損害を与えることやその蓋然性が高いことを認識していたとは，到底認められない。」

「Ｊ鑑定士は，後に，Ｊ鑑定及び本件別荘地を対象とする別の鑑定書が不当な鑑定評価であったとして，国土交通大臣から懲戒処分を受けたが，その処分理由には，本件別荘地ないし本件山林につき，個々の画地別にみた個別的要因

の分析及びそれを踏まえた鑑定評価方式の適用を行うことなく評価を行ったこと，対象不動産は，急傾斜の現況山林部分が多く介在するのに，宅地として分譲する想定を置きながら，具体的な分譲事業に係る想定が曖昧なまま，その実現性に係る十分な分析を行うことなく評価を行ったこと，対象不動産の一部について，具体的な裏付けのないままリゾートマンションや店舗の立地を想定し，合理的な理由のない増価修正を施した評価を行ったこと，試算価格の再吟味及び説得力に係る合理的な根拠がないまま鑑定評価額を決定したことなどが挙げられたことが認められる。

　しかしながら，これらは，なるほど，不動産の鑑定評価，すなわち不動産の経済価値を判定し，その結果を価額に表示するという手法としてみた場合には，不当なものというべきであるが，不動産の鑑定評価そのものを業ないし専門分野とするものではない弁護士にとって，容易に理解できる事項であるとは，にわかに認められるものではない。したがって，J鑑定における鑑定評価につき，上記のとおりの不当な点があったとしても，I弁護士が，本件山林が20億円よりも著しく低額であることやその蓋然性が高いことを認識していたとまでは認めることができないというべきである。」

争点③について

「本件保険では，弁護士特約3条各号で保険者がてん補しない損害について定めるところ，その損害を起因させた業務として，……多数の業務が具体的に掲げられているが，弁護士等の価額証明は，これらに含まれていないことが認められる。

　弁護士等の価額証明は，弁護士等一定の資格を有する財産評価の専門家が行うものであるが，現物出資財産が不動産の場合には，上記の証明に加え，不動産鑑定士の鑑定評価が要求されている（会社法207条9項4号）。このような定めからすれば，会社法は，証明をする弁護士に対し，単に当該不動産の経済的価値の判定そのものではなく，不動産の鑑定評価（不動産の鑑定評価に関する法律2条1項）を行う不動産鑑定士（同3条）の鑑定評価を踏まえ，法律専門家としての知識・経験に基づく的確な判断をすることが期待されているものというべきであって，これは，上記のとおり，弁護士法3条が規定する弁護士業務と何ら性質を異にするものではない。

第2章　企業の資金調達に関する裁判例

　そして，価額証明責任は，債務不履行責任と比較し，立証責任が転換されており，注意を怠らなかったことを証明できない場合には，評価価額と現物出資財産の実際の価額との差額をてん補すべき業務を課すものである。すなわち，価額証明責任は，弁護士等の価額証明行為に基づき法律上課せられる責任であり，その意味で法律上の賠償責任というべきであるから，本件保険の対象から除外すべき理由はない。

　……価額証明責任に基づく損害は，本件保険契約の対象に含まれる……。」と判示した。

(5)　コメント１：弁護士による証明とモラル・ハザード

　以上のとおり，当該事案では，20億円とされた山林が５億円にも満たなかったという，悪質な現物出資がなされた。事案を簡単にまとめれば，会社が破産し，後始末として，現物出資に関し証明（会社法207条9項4号）を行った弁護士が，破産管財人から財産価格填補責任を追及され，管財人・弁護士間では裁判上の和解（３億4,800万円）が成立し，弁護士が4,800万円を支払ったところ，管財人が，弁護士が加入していた弁護士賠償責任保険契約につき，弁護士に代位し（民法423条），保険会社に対し残額（３億円）につき保険金請求したというものである。

　争点となったのは，上述の争点①〜③であるが，それらに共通し，かつ，その前提にあるものは，「弁護士が『証明』行為によって対価を得つつ，負うべき特別な責任につき，そのほとんどを保険がカヴァーされるということになれば，モラル・ハザードの危険が高まる」ということであろう。

　たが，そもそも弁護士の証明を含む会社法207条9項4号の手続は，検査役の調査に代えてなされるものであるところ，（判決文を読む限りだが）当該保険上，「検査役」たる資格において行った業務は，弁護士業務に含まれるとされており（弁護士特約１条２項），「証明」行為だけを，格別に取り上げ，モラル・ハザードの危険性が高いということはできないように思う。

　当該事案における取扱いが，「一部分を弁護士が負担し，残部を保険でカヴァーする」というものであることは確かであるところ，問題は，かかるスキーム自体にあるのではなく，(i)かかる措置を取るに当たり，保険会社への手続保

182

障が尽くされたか，(ii)「当該」弁護士（Ⅰ弁護士）が然るべき注意を尽くしたか，にあると解される。以下，個別の争点に即しコメントしたい。

(6)　コメント2：手続保障と調査義務

まず(i)の点であるが，これは保険会社を抜きに和解したことが保険会社に効力を生じるかということで，争点①の問題となる。

争点①につき，裁判所が，正当な理由があるとして，保険会社に対する効力を認めた最大の理由は，甲乙事件が併合され，提訴後2年半以上経過した時点で，Ⅰ弁護士に対する本人尋問を経た上，裁判上の和解として本件和解が成立したという点にあろう。つまり，弁論が併合されており，十分な時間があったのであるから（本人尋問後の和解であるので，ほぼ裁判も最終局面であり，裁判所の心証を踏まえた和解であったように推認される。），Y₄の手続保障は，十分に尽くされていたとの判断である。正当な判断かと思う。

次いで，(ii)であるが，これは，争点②に対応する。判決文によると，Ⅰ弁護士は，いったん断った後，J鑑定に他の鑑定士（K）の意見を付すという条件で，「証明」業務を受託している。そして，現地へ出向き検分を行った上，「意見」を述べたKが現地の所在する県の鑑定士協会会長であることを聞いた上で，これを信頼し，「証明」を行っている。裁判所は，以上の経緯を前提として，本件免責条項中の『予見しながら行った行為』には該当しない旨判断している。事実認定の問題故，軽々に見解を述べるわけにはいかないが，判決文を読む限り，Ⅰ弁護士は，「証明」に際し，「一般的な弁護士としての知識，経験を有する者」として，必要な注意を払っており，判旨は妥当として是認できるように思われる。

なお，争点③であるが，前述した総論的な問題を除くと，純粋な解釈の問題となり，約款に細かく保険でカヴァーされない填補されない業務を縷々挙げている中で，価額証明責任がかかる「業務」として挙げられていない以上，カヴァーされるというのが自然な解釈であろう。

第2章　企業の資金調達に関する裁判例

6　結びに代えて

　裁判例の紹介を旨とする本稿に結論らしいものがあるわけではないが，最後に2点ほど気が付いた点を指摘しておきたい。

　第1に，（冒頭述べたことではあるが）現物出資に関する裁判例の多くは，租税判例であり，この分野の裁判例を研究するに際しては，税法に関する一定の知見が必要不可欠であることである。前掲東京地判平成21年12月15日が課税逃れを目論んだ事案であることは，比較的容易に看取されようが，前掲東京地判平成21年4月28日は，適格現物出資の制度を知っていないと，当該節税スキームの欠陥が分からず，ひいては，かかる欠陥を券面額説で救う必要がないという判断が導けない。

　第2に，上記の一連の裁判例をみる限り，現物出資が会社債権者（上記のごとく租税債権者である国を含む。）を害する危険性が高いという点である。現物出資規制は，従来，会社債権者保護のための制度と解されてきたところ，近時，債権者保護のあり方の変化に対応し，現物出資規制を，債権者保護のための制度としてではなく，株主間の利害調整のための制度として理解する見解[17]も提唱されている。少なくとも，本稿で検討した裁判例をみる限り，不適切な現物出資により，会社債権者が害される危険性は高く，裁判例は，従来の伝統的理解に親和的なように見受けられる。この点，結論は留保し，引き続き検討をしていきたいと思う。

（追記）

　本稿は，科研費科学研究費基盤研究（C）「株式会社監査の公監査的再構成」（課題番号26380131）の研究成果の一部である。

〔注〕
⑴　本判決の評釈として，松嶋隆弘・判批・日本法学77巻4号61頁。
⑵　この事件において，X₂は，DESは1個の取引行為として資本等取引に該当するゆえ，債務消滅益は発生しないと主張した。
⑶　その他に，X₂は，③法人税法の平成18年改正により，DESの券面額処理が認められな

くなったとしても，既往には遡らず，本件DESには適用されない，④混同は事実であって取引ではないので，損益取引には該当しない旨の主張をしていた。

⑷　岩﨑政明「租税回避の否認と法の解釈適用の限界—取引の一体的把握による同族会社の行為計算否認—」金子宏編『租税法の基本問題』（平成19年，有斐閣）74頁。

⑸　本判決の評釈として，岩﨑政明・判批・ジュリスト1215号192頁。なお，本判決の判断は控訴審（東京高判平成13年7月5日（平成13年（行コ）第6号））においても維持されている。

⑹　松嶋隆弘「デット・エクイティ・スワップ「三題噺」」『大野正道先生退官記念論文集企業法学の展望』（平成25年，北樹出版）162頁。ただ，前掲東京地判平成12年11月30日がとる論理構成の問題点について指摘するものとして，岩﨑・前掲注⑸193頁。

⑺　金子宏「法人税における資本等取引と損益取引—『混合取引の法理』の提案—」租税研究723号（平成22年）7頁。

⑻　松嶋隆弘「会社法のもとにおけるデット・エクイティ・スワップ」私法74号（平成24年）274頁。

⑼　針塚遵「東京地裁商事部における現物出資等検査役選任事件の現状」商事1590号（平成13年）4頁，同「デット・エクイティ・スワップ再論」同1632号（平成14年）16頁。

⑽　田中亘「事業再生からみた会社法の現代化（一）」NBL822号（平成17年）26頁は，借り換えに費用や時間がかかる，会社と融資者との間に情報非対称がある等のように，金融市場が不完全である場合には，実質的債務超過でなくても必要な借り換えができず，流動性不足ゆえ債務を履行できないことがあり得るため，本文で述べた図式が成り立たない旨示唆される。

⑾　田中・前掲注⑽24頁。

⑿　江頭憲治郎『株式会社法（第6版）』（平成27年，有斐閣）760頁。

⒀　このことは不良債権処理スキームに話を限定した場合であっても同様である。すなわち，銀行実務上，銀行の融資限度額を超えた部分につき，社債を発行し銀行が引き受けるといった取扱いは，コミットメントラインなど多様な融資スキームが発達した現在においても，依然として存在しているところ，社債を利用した資金調達は，ヤオハン，マイカルでは破綻して大きな問題を引き起こしたものの，それ自体あり得べき資金調達の方法である。かような実情に鑑みると，社債のような長期借入金を用いたDESも考えられてしかるべきである。特に，社債の設計につき，大幅な自由を許容して，種々のエクイティ的性質を有する仕組債（かつての他社株式転換条項付社債（Exchangeable Bond：EB）がその典型といえよう。鬼頭俊泰「他社株式転換条項付社債（Exchangeable Bond）の適法性峻別に関する考察」日本大学大学院法学研究年報35号（平成17年）345頁参照）の発行を可能にする会社法制を前提とすれば，長期借入金に関するDESも十分に予想される。

⒁　本判決の評釈として，弥永真生・判批・ジュリスト1367号62頁。

⒂　原審判決につき検討するものとして，山下典孝「現物出資の財産価格填補責任と弁護士賠償責任保険」丸山秀平＝中島弘雅＝南保勝美＝福島洋尚編『永井和之先生古稀記念論文集　企業法学の論理と体系』（平成28年，中央経済社）1021頁。

⒃　ただし，遅延損害金の支払期日は，Xが訴状到達の翌日（平成25年2月9日）として申し立てていたのに対し，本件和解により定められた支払期日の翌日（平成27年1月1

185

第2章　企業の資金調達に関する裁判例

　　日）からとした。
⒄　藤田友敬「会社法におけるデット・エクイティ・スワップ」新堂幸司＝山下友信編『会
　　社法と商事法務』（平成20年，商事法務）117頁。

募集社債の発行に関する裁判例

日本大学商学部准教授 **鬼頭　俊泰**

I　はじめに

　会社法は社債を,「この法律の規定により会社が行う割当てにより発生する
当該会社を債務者とする金銭債権であって,　第676条各号に掲げる事項につい
ての定めに従い償還されるものをいう」と定義する（会社法 2 条23号）。

　会社が発行する社債を引き受ける者の募集をしようとするときには,　そのつ
ど,　募集社債の総額,　各募集社債の金額,　募集社債の利率など,　各種社債の条
件を定めなければならない（同法676条各号）。

　そのうえで,　原則として社債を募集する場合には,　①募集事項の決定（会社
法676条),　②申込みをしようとする者に対する通知（同法677条),　③申込み（同
条 2 項・ 3 項),　④割当（同法678条）という一連の手続をとる必要がある。社
債の発行に際しては,取締役会設置会社では取締役会が（同法362条 4 項 5 号),
それ以外の株式会社では取締役が（同法348条),　持分会社では社員の過半数を
もって（同法590条 2 項,　591条 1 項),　それぞれ募集事項を決定する。

　また,　原則として社債管理者を定め,　社債権者のために,　弁済の受領,　債権
の保全その他の社債の管理を行うことを委託しなければならず（会社法702条),
社債権者は,　社債の種類ごとに社債権者集会を組織する（同法715条）。

　株式と異なり,　社債をいくら発行しようとも会社の経営権に影響は与えない
が,　結果的に資金調達コストの上昇を招くこととなる。すなわち,　多額の負債

第2章　企業の資金調達に関する裁判例

を抱えている会社は，財務体質が健全な会社よりも資金を返済できなくなるリスクが高いため，市場で社債の引受手を確保するに当たり，通常より高い利率が設定される可能性が高い。また，社債はデフォルトや元本割れを起こした際に問題が顕在化するため，会社に信用力がなければ証券市場で社債を発行したところで引受手を確保することはそもそも困難である。

　本稿ではこうした社債に関する3つのトピック（社債デフォルト時の問題・仕組債の登場と販売上の問題・業者間での社債の活用方法と問題）を裁判例をもとに取り上げ，検討する。すなわち，①社債がデフォルトや元本割れを起こした際に，損害を被った引受手（一般投資家）から金融商品販売業者等に対して，適合性原則違反・説明義務違反を理由に訴訟を提起した事件（名古屋高判平成21年5月28日），②他社株式転換条項付社債（以下，「EB債」という。）を購入した顧客が，証券会社による勧誘行為に適合性原則違反・説明義務違反があったとして訴訟を提起した事件（大阪地判平成15年11月4日），そして③顧客が証券会社の販売する仕組債を運用対象金融資産とする信託契約を含む一連の取引を行った際に証券会社に説明義務違反があったなどとして訴訟を提起した事件（最判平成28年3月15日）である。

II　社債デフォルト時の対応
　～名古屋高判平成21年5月28日～

　社債発行会社が債務超過などにより，社債の利払いや元本の支払を停止することをデフォルトという。社債のデフォルトが発生した場合，社債の引受手は当初予定されていた償還金額の一部しか償還されないこととなる。そのため，社債販売時の証券会社担当者による販売行為に適合原則違反や説明義務違反が存在していたことを理由に訴訟を提起する例が多い。以下で述べるマイカル事件もその1つである。

1　マイカル事件の概要
　本件は，経営破綻した大手スーパーA（マイカル）の社債・転換社債の購入者Xらが，社債販売会社Y（証券会社）の説明義務違反に基づく損害賠償責任

188

を追及した訴訟であり，Aに関連する訴訟としては，次のものがある。

(1) 東京高判平成21年 4 月16日判時2078号25頁 （東京事件）[1]

　東京高判平成21年 4 月16日の特徴を挙げると，①「証券会社であるYらは，信義則上，老齢者や高齢者で理解力の劣る者や投資資金が老後の生活資金である者等投資不適格者に対しては本件各社債を購入しないよう指導助言すべき義務があり，また，購入した本件各社債について継続的な指導助言を受けることができる権利ないし利益があると認められるXに対しては，本件各社債の購入後といえども，指導助言をなすべき義務（購入後の指導助言義務）がある」と総論的判示を行っていること，②日本証券業協会が発表していた気配値（基準気配）と相当の乖離がある価格（ 1 人は気配値88円49銭に対し97円10銭， 1 人は気配値89円78銭に対し97円79銭）により社債販売が行われた 2 つのケースについて，気配値は，本件社債を購入するか否かを決定するうえにおいて重要な事項であったとして，説明義務違反を認めていること，③平成12年10月に第27回債を購入した後，平成13年 4 月に買い増しとして既発の第26回債が買い付けられたケース（投資家は母子の 2 名で子が母の代理人も兼ねて取引を行っていた）につき，販売後にAでは重要な経営状態の変更があったのであるから，少なくとも平成13年 1 月に社長の辞任発表や，従前の再建計画を断念しての新たな新経営再建計画の発表があったこと，平成13年 2 月期の決算内容（従前よりさらに悪化していた），これらに伴い格付の低下が予想されたこと（ある指定格付機関が格付見直しに着手したことを発表していた）を，投資家に告げるべきであったとして，説明義務違反を認めていること，④後掲の大阪高判平成20年11月20日と異なり，格付け等に関する具体的な信用リスクの有無と程度の説明義務違反は否定されていること，である。

(2) 名古屋高判平成21年 5 月28日判タ1336号191頁 （名古屋事件）[2]

　名古屋高判平成21年 5 月28日は，個別の投資家ごとに，投資経験，Y_1（証券会社）との接触の経緯，運用の意図，勧誘方法，投資の決定，勧誘に対する反応等につき，個別の間接事実を丁寧に認定したうえで，X_1およびX_3についてのみ，説明義務の違反を認めている。

第2章　企業の資金調達に関する裁判例

　ア　X_1について

　「無経験のX_1にそれと分かって社債の購入を勧誘したのであり，勧誘に当たっては，X_1の上記のような理解の程度に応じ，債券の発行会社が倒産した場合には満期時の償還額が債券の元本額を割り込んだり償還不能の事態に至ることがあり得ることなど，社債取引に伴うリスクの内容，その要因や取引の仕組みの重要部分について説明すべき義務があるにもかかわらず，そのことを説明することがなかったというべきであり，そのため，安全な元本の運用を計画していたX_1は，客観的には元本割れの可能性もあった本件26回債をそのような商品とは思わず定期預金類似のものと錯覚し，また中途換金の手段等を知らないまま購入し，損害を被ったのであり，Y_1証券の従業員……には，これにつき説明義務違反があるというべきである。」

　イ　X_3について

　「元本の安全性を重視したいとの希望を表明し，あまり効率のよい蓄財を考えているわけでもなく，証券取引の実際上の経験の豊富でもないX_3に対し，……，26回債につき，本人の疑問を断定的に打ち消すだけで，そのような疑問を抱くX_3にその時点での発行会社の業況を教えたり，あるいは調べる方法を教示したりして，判断させる等することなく，勧誘から4日後の注文にまで進展させており，説明義務違反があるというべきである。」

(3)　大阪高判平成20年11月20日判時2041号50頁（大阪事件）

　大阪高判平成20年11月20日では13名中3名について説明義務違反（不法行為）による損害賠償が認められている。大阪高裁は，説明義務についての一般的判示を述べ[3]，次いで，本件各社債の具体的信用リスクを示す重要な情報として，①Aの経営状況（赤字計上や再建計画実施後も有利子負債が増大していたことなど），②格付の存在（指定格付機関4社のうち2社が投機級の格付をしており，一部の指定格付機関では格下げも実施されていたことなど），③信用リスクの増大（流通利回りが上昇し続け，国債との利回り格差も拡大していたこと）の3点を指摘し，このうち②と③については，顧客の属性に応じて情報の提供や説明を行うべき義務を有する場合があるとした[4]。

　そのうえで，投資家ごとに個別の検討を行い，退職金による中期国債ファンド購入しか投資経験がなかった無職の男性（格付は全く告げられていなかっ

た），投資経験がなく運用の相談のために証券会社を訪れた際にマイカル債を勧められた会社員の男性（投資適格の格付だけが告げられていた），僅かな株式（ただし妻名義）や投資信託の経験はあったものの勧誘当時は元本の安全性にこだわっていた会社員の男性（ただし，妻が取引の窓口になっていた，投資適格の格付だけが告げられていた）の３名につき，説明内容は「元本償還の確実性にかかる具体的信用リスクの有無，程度といった検討を不要ならしめるものであったというべきであり，……具体的に信用リスクに関する情報を提供してこれを説明する義務を怠ったものと認められる」などとして，不法行為の成立を肯定した。

2 検 討

Aのデフォルトにより発生した前掲各事件を通覧すると，名古屋高判平成21年５月28日における原告の主張は，いずれも最判平成17年７月14日民集59巻６号1323頁における才口千晴裁判官の補足意見が言及するいわば「指導助言義務」をベースに組み立てられている[5]。ただ，大阪高判平成20年11月20日では，それが実質的に認められたかのような判示があり，東京高判平成21年４月16日では，格付の存在につき説明義務の対象となり得ることが判示されているものの，名古屋高判平成21年５月28日ではそれらの記述がいずれも判決文上みられない。それを他の事件と比べ，投資家保護の後退したものとみるか，名古屋高判平成21年５月28日では「それ以前」のそもそもの説明を怠った事案であったとみるかは，見解が分かれよう。

Ⅲ 仕組債の販売が問題となった事例
～大阪地判平成15年11月４日～

平成10年12月に「金融システム改革のための関係法律の整備等に関する法律」（いわゆる「金融システム改革法」）が施行されたことに伴い，平成10年に証券取引法（現在の名称は金融商品取引法）が改正され，証券取引法２条に規定される有価証券の中に，EB債を含めた，いわゆるカバードワラント[6]が規定され，EB債は法律上認められることとなった。また，同年に当時の証券取引法34条

第2章　企業の資金調達に関する裁判例

が改正されたことにより，店頭有価証券デリバティブ販売の全面解禁，すなわち，金融商品の中にデリバティブを組み込んだ，EB債をはじめとする仕組債が数多く世に出回ることとなった。当初，こうした新たな金融商品が登場した背景には，一般投資家の有する個人資産を直接市場へ呼び込むためのものであったが，資金を調達する企業側にしてみても，資金調達手段の多様化をもたらすものであった。また，その中には社債の発行を伴うものも多かったが，それらは従前の社債とは異なった法的構造を有する。そのため，EB債のような複雑な金融商品を購入した一般投資家が，証券会社などに対して元本割れなどを理由に損害賠償を請求する事案が頻繁に発生した。大阪地判平成15年11月4日は，EB債（仕組債）が問題となった最初の公刊裁判例である。

1　事件の概要

本件は，Y_1からEB債を購入したX_1およびX_2ら夫婦（X_2は専業主婦）が，Y_1担当者Y_2の適合性原則違反および説明義務違反の勧誘により，EB債購入価格を下回る価格の転換対象株式での償還を受け，EB債購入価格との差額に相当する損失を被ったとして，Y_1およびY_1担当者Y_2に対し，不法行為ないし不法行為に関する使用者責任による損害賠償請求権に基づき，上記の差額に相当する損害金（合計258万8000円）等の支払を求めた事案である。

本判決は，適合性原則違反および説明義務違反について以下のように判示して，Xらの請求を一部認容した。

まず適合性原則について，「EBの特質に鑑みれば，一般投資家が本件各EBの買付けを自己の責任において決定するためには，EB購入者は，①転換対象株式の株価が計算日において一定額を下回った場合，EBの額面金額より低い株価の転換対象株式を引き受ける義務を負担する結果，EBの額面金額と転換対象株式との差額に相当する評価損を被るリスクを負担すること，②EB購入者は，EBを途中売却できないためかかる評価損を軽減ないし回避することができないこと，……③クーポンは，転換対象株式の株価の変動度合いの見込みや転換価格等に応じて設定されている結果，転換対象株式の株価が計算日において一定額を下回った場合にそのまま下落分の評価損を被るという株式償還リスクの対価であり，これと連動していること，についても，具体的に理解する

192

ことが必要不可欠であり，かかる理解ができない者は，本件各EBの購入者として適合性を欠くといわざるを得ない。」としたうえで，本件に当てはめ，X_2は本件各EBの買付け以前に，買い付けた商品の元本割れの経験をしていること，株式を購入し株価が変動するということを実際に体験していること，さらにはEBに相当程度類似した，日経平均株価の動向によって損失を被るリスクを負担する特殊な債券で，途中売却できない結果，リスクを軽減ないし回避することができない日経平均連動債を四度も購入していることを指摘し，「X_2が商品について理解できない点があれば質問をする人物であること並びにX_2の学歴および職歴等を勘案すれば，Xには，前記①ないし③の点を具体的に理解する能力があったものといいうるから，本件各EBがX_2にとって適合性を欠くものであったとまではいえない。」とした。

次に，説明義務違反に関しては，「一般投資家が，前記のような特質を有する本件各EBの買付けを自己責任において決定するためには，前記①ないし③の点について，具体的に理解することが必要不可欠であるところ，一般投資家に対してEBの購入を勧誘するものは，当該EBの条件のみならず，前記①ないし③の各事項につき，勧誘対象たる一般投資家の能力及び経験に応じた説明をする義務があるというべきである。なぜならば，EBは，前記のとおり非常に難解な構造を持つところ，一般投資家が，これらの点の説明を受けることなく，その商品構造に由来するリスクを踏まえて自己決定することは期待できないといわざるをえないからである。」とし，そのうえで本件に関しては，「Y_2はX_2に対し本件各EBの買付けを勧誘する際，本件各EBの条件とともに，ドコモ株の株価が下落したときは損失を被るリスクがあること及び途中売却できないことを，ある金額を投資した場合の事例を挙げて具体的に口頭で説明し，あわせて本件ドコモEBには日経平均連動債との類似点がある旨説明している。X_2は，前記のとおり，本件ドコモEBの買付け以前にJR東日本株を購入ないし，転売して株価変動の実体験を有しており，日経平均株価の動向によって償還金額及び償還条件等が決まる日経平均連動債を複数回買い付けているところ，かような取引経験を有するX_2がY_2から上記説明を受ければ前記①及び②の各事項について具体的に理解ができるといえるから，これらの事項について説明をすべき義務は尽くされたといい得る。

第2章　企業の資金調達に関する裁判例

　しかし，証拠（Y₂本人）によれば，Y₂自身，本件各EBのクーポンと転換対象株価の株価変動度合いの見込みとの関係につき具体的に理解しておらず，その結果，Y₂はX₂に対し，前記③について何ら説明していないことが認められる。X₂が相当の取引経験を有し取引能力にも問題がないことは前記のとおりであるが，かような点に加えて後に目論見書等を送付していること等を考慮しても，上記事項についての説明が欠如すれば，本件ドコモEBのクーポンの対価として実際に負担することとなるドコモ株による株式償還リスクの程度を具体的に理解することはできないから，かかるY₂の説明の欠如は，違法と評価すべき程度の説明義務違反に該当するというべきである。」とした。

2　検　討

　EB債とは，債券の償還の方法を決定するために，あらかじめ定められた日に所定の条件を満たす場合には，現金で償還されるのではなく，所定の銘柄の株券で償還される条項が付された債券のことをいう[7]。すなわち，EB債はETFのような株式に準じた性質はなく，あらかじめ契約によって定められた期日等，一定の条件を満たす場合，強制的に株式に転換させられてしまうため，取得条項付株式ならぬ転換条項付社債ともいうべき性質を有する[8]。そのためEB債は，一般投資家にとってはまさに，利益は限定され，リスクは無限に背負わされるともいうべき金融商品といえる[9]。EB債購入時に一般投資家が気をつけなければならないこととして，償還対象株式の株価が，満期時まで株価上昇基調を描く力があるかどうか，について調べておく必要がある。これは，EB債が満期時に利息（クーポン）を受け取れるという商品設計となってはいるが，利息を含んだ現金償還はあくまで償還対象株式の株価が上昇基調を描き続けた場合であり，償還対象株式の株価が下落基調にある場合，元本分の償還は償還対象株券となり，償還後も当該株式の株価が下落すれば大きな元本割れを被る可能性がある。また，仮に株価が大幅に上昇した場合にも，購入時の契約によっては，償還額は元本と利息しか受け取ることができない。そして，EB債の発行会社の格付けを調べておく必要がある。これは，株券による償還にせよ（利息を含んだ）現金による償還にせよ，発行会社による償還の確実性を示す数値であるためであるが，商品の構造的リスク，すなわち前述したような損失が限りなく

194

膨らむ可能性があるということを縮減する要因では全くないことに留意しておく必要がある。ちなみに，ここでいう他社株式転換条項付社債の他社とは，債券の発行体と償還対象株式の発行会社とが異なることに由来する（本件においては，償還対象株式がドコモ株式および東芝株式であったのに対し，発行体はスウェーデン輸出信用銀行SEKであった）。

　仕組債の登場によって企業は社債による資金調達を様々なニーズに合わせてより柔軟に行うことができるようになった。一方，そのためには社債にデリバティブなどを組み込み複雑な金融商品である仕組債として一般投資家などに販売しなければならない。

Ⅳ　実質的ディフィーザンスが問題となった事例　～最判平成28年3月15日～

　近時，企業は社債や仕組債を資金調達のために単体で発行するのではなく，資金調達や会計処理の一環として発行している。以下で取り上げる最判平成28年3月15日は，社債を用いた実質的ディフィーザンスが問題となった事件である。実質的ディフィーザンス取引とは，過去に発行した社債の返済債務を信託によってオフバランス化することで，バランスシートのスリム化を図る手法をいう[10]。一定の要件を満たしたものについて当分の間，社債の消滅を認めオフバランス化を図るデット・アサンプション[11]とは異なり，実質的ディフィーザンス取引では社債の消滅が認められていない。そのため，多数の当事者（事業者）がかかる取引に関係することとなり，また，オフバランスの要となる金融資産を組成するに当たり複雑な仕組みが採られることとなるため，組成金融機関の販売時の説明義務や金融資産組成上の注意義務といった各種法的責任が問題となる。

1　事件の概要

　(1)　更生会社であるAは，消費者金融業，企業に対する投資等を目的とする株式会社であり，平成19年当時，その発行する株式を東京証券取引所市場第一部およびロンドン証券取引所に上場し，国際的な金融事業も行っていた。

195

第2章　企業の資金調達に関する裁判例

　平成14年6月5日，Aは概ね以下の条件で社債を発行した（第8回無担保普通社債：以下，「本件社債」という。）。

　　　社債総額　　300億円

　　　利率　　　　年4%

　　　支払方法　　第1回支払期日：平成14年12月5日（その後毎年6月5日・12月5日にその日までの半分もしくは年間分の支払を行う）

　　　償還期日　　平成34年6月5日

　(2)　平成18年11月頃，Aは，本件社債につき，会計上本件社債を早期に償還したものと取り扱うとともに将来支払うべき利息の負担の軽減を図るために実質的ディフィーザンス取引（過去に発行した社債の返済債務を信託によってオフバランス化することで，バランスシートのスリム化を図る手法）を計画し，Y₂にスキームの提案を依頼した。かかる依頼に対しY₂は，本件社債を実質的ディフィーザンスするための方法として，格付インデックス連動リミティッド・リコース・担保付固定利付クレジット・リンク債券（以下，「本件REDI債」という。）を提案した。なお，Y₂は，Aと継続的な取引関係にあり，Aの第2回および第4回無担保普通社債の実質的ディフィーザンス取引にもアレンジャーとして関与していた。

　同年12月18日，Y₂担当者はA担当者に対し「デフィーザンス取引のご提案」と題する書面を交付し，これに基づき，本件社債についてのディフィーザンス取引を説明した。平成19年1月12日，Y₂担当者はA担当者に対し，「ディフィーザンス取引の対象金融資産─格付インデックス債券のご提案」と題する書面を交付し，これに基づき，説明をした。同月16日，A担当者はY₂担当者に対し，質問点を質問事項として送信し，同月17日，Y₂担当者によってA担当者に対し回答および説明がなされ，同月18日，全体像を示すスキーム図を改めて送信した。同月19日，A担当者はY₂担当者に対し，依頼・質問事項を送信し，それに対し同月25日に説明・回答がなされた。

　平成19年2月5日，A常務会は，Bとの間で信託契約を締結することにより，本件社債を実質的に早期償還して186億円の将来利息を消滅させ，金融費用の軽減を図る実質的ディフィーザンスの検討を開始することを可決承認した。そして，同月13日，AとY₂との間で，Aが本件社債の実質的ディフィーザンス実

196

施に係る金融資産の組成および本件ディフィーザンス取引を検討するに当たり，Y_2がAの要請に基づき本件ディフィーザンス取引の実現可能性の検討を開始するための基本的事項に関し，覚書が取り交わされた。このころ，Aは公認会計士に対し，それまでにY_2から受領した資料を渡してディフィーザンスが適格かどうか助言を得たところ，公認会計士は，AA格以上であればディフィーザンスの要件はクリアしている旨回答している。また，Aは，弁護士に対しても，同様の資料を示して全体のスキームについて意見を求めたところ，弁護士からは格別の意見はなかった。

同年3月28日，Y_2担当者からA担当者に対し，「CPDOのインデックス・ロール」と題する書面を，同年4月6日にも「ディフィーザンス取引について」と題する書面をそれぞれ交付しスケジュールや今後の課題等について説明がなされた。同月17日には，Y_2担当者からA担当者に対して英語版のS&P作成に係る本件REDI債のプレセールレポート，その参考和訳，英語版の本件タームシートを交付したうえ，S&Pが本件REDI債にAAAの予備格付けを付与したことを説明した。

同年4月19日，Y_2担当者はA担当者に対して「15年満期固定格付インデックス連動（REDI）債券の概要2007年4月」と題する書面を交付し，説明がなされた。同月23日A・Y_2・B・ING銀行各担当者によるキックオフミーティングを行い，「キックオフミーティング資料」と題する書面を交付して，本件ディフィーザンス取引の概要，今後のスケジュール等について説明がなされた。同月27日，Y_2担当者はA担当者に対して「15年満期固定利付格付付インデックス連動（REDI）債券の概要2007年4月25日」，と題する書面を交付し，「補足情報仮メモランダムの参考抄訳」，「注文確認書の案文」，「補足情報仮メモランダム（英語版）」と題する書面を送付した。

(3) 平成19年5月1日，A常務会は本件ディフィーザンス取引を実施し，その経費として2593万5000円を支出することを可決し，取締役会へ付議するとともに，Bとの間における特定運用金銭信託契約の運用対象金融資産として本件REDI債を購入することを決定して，Y_2に対し，注文確認書を送付した。同月2日，Y_2からAへの約定確認書の送付，AとBとの間で特定金銭信託契約の締結，AとING銀行との間で債務履行引受契約の締結，SPCとY_1との間でスワップ契

第2章　企業の資金調達に関する裁判例

約の締結，がそれぞれなされた。同月10日，A取締役会は本件ディフィーザンス取引を可決承認した。

同月23日，SPCは本件REDI債を発行し，Y_1がこれを購入したうえでY_2に譲渡した。同月24日，AはBに対し，本件信託契約にかかる信託金として306億円の支払をし，Bは，同日，Y_2に対し，発行代わり金として300億円の送金をして，本件REDI債を取得するとともに，ING銀行に対しその運用利益等を配当する旨の信託契約を締結した。なお，Y_2担当者はA担当者に対して同日「補足情報メモランダム（英語版）」を，翌日「メモランダム（英語版）」および「補足情報メモランダムの参考和訳」を送付した。

(4)　平成20年2月7日，Y_2担当者はA担当者に対し「格付付インデックス連動（REDI）債券アップデート」と題する書面を交付したうえで，状況次第ではトリガー・イベントが発生する可能性があると説明をした。同月12日，Y_2担当者はA社長，担当者らに対し「CPDOディフィーザンスについて」，同月15日「CPDOディフィーザンスについて」と題する書面を交付したうえ，これに基づき改めて本件ディフィーザンス取引につき説明した。同月21日，Y_2担当者は，A社長，担当者らに対し，トリガー・イベントに該当すると判断される旨の通告をし，対応策を早急に検討するよう要請した。同月23日，A担当者は，対応策を検討するうえで必要となる本件ディフィーザンス取引にかかる資料がAに保管されていなかったことから，Y_2担当者に対し，電話で，かかる資料を再度送付するよう依頼した。これに対し，Y_2担当者は直ちに入手し得る範囲で資料を収集したうえでA担当者にデータを送信した。

同月29日，トリガー・イベントが発生したことから，SPCに対し，約条に基づき，本件スワップ契約を解除する旨の意思表示をするとともに，SPCはBに対し，本件REDI債が償還される旨の通知をし，同年3月14日，期日前償還金として，3億0892万3454円の支払をした。同月17日，A取締役会は定款の定めに基づき，本件ディフィーザンス取引の解消による清算の完了に伴い，同年3月期において296億9100万円の特別損失を計上する旨の決議があったものとみなした。

(5)　かかる事態を受け，Aは，Y_1により組成されY_2の販売する仕組債を運用対象金融資産とする信託契約を含む一連の取引を行った際，Yらに金融資産

198

組成上の注意義務違反，金融資産販売時に説明義務違反等がそれぞれあったと主張して，Yらに対し，不法行為等（不法行為または債務不履行）に基づき，連帯して損害（290億9811万1546円と遅延損害金）の賠償を求めて提訴した。なお，第1審係属中にAは会社更生手続開始の決定を受け，その管財人に就任したXがAの訴訟を承継した。

(6) 本判決の内容は以下のとおりである。

「Y₂は，Cらに対し，シグマ債を本件担保債券として本件インデックスCDS取引を行うという本件仕組債の基本的な仕組みに加え，本件取引には，参照組織の信用力低下等による本件インデックスCDS取引における損失の発生，発行者の信用力低下等によるD債券の評価額の下落といった元本を毀損するリスクがあり，最悪の場合には拠出した元本300億円全部が毀損され，その他に期日前に償還されるリスクがある旨の説明をしたというべきである。そして，Aは，消費者金融業，企業に対する投資等を目的とする会社で，その発行株式を東京証券取引所市場第一部やロンドン証券取引所に上場し，国際的に金融事業を行っており，本件取引について，公認会計士及び弁護士に対しY₂から交付を受けた資料を示して意見を求めてもいた。そうすると，Aにおいて，上記説明を理解することが困難なものであったということはできない。」

「各事項が提示された時点において，Aが本件取引に係る信託契約の受託者や履行引受契約の履行引受者との間で折衝に入り，かつ，上記事前調査の予定期間が経過していたからといって，本件取引の実施を延期し又は取りやめることが不可能又は著しく困難であったという事情はうかがわれない。そして，本件仕組債がY₂において販売経験が十分とはいえない新商品であり，Cらが金融取引についての詳しい知識を有しておらず，本件英文書面の訳文が交付されていないことは，国際的に金融事業を行い，本件取引について公認会計士らの意見も求めていたAにとって上記各事項を理解する支障になるとはいえない。

したがって，Y₂が本件取引を行った際に説明義務違反があったということはできない。

以上によれば，Y₁にも説明義務違反があったとする余地はなく，Yらは共同不法行為を含め不法行為に基づく損害賠償責任を負わず，また，Y₂は債務不履行に基づく損害賠償責任も負わないというべきである。」

第2章　企業の資金調達に関する裁判例

「そして，前記事実関係によれば，本件仕組債の格付けが「ＡＡ」以上であればＡにおいて本件取引により会計上本件社債を早期に償還されたものと取り扱うことができるとの公認会計士の意見があり，本件仕組債の格付けが複数の格付機関において最高位であったことからすると，Y₁が本件仕組債の計算代理人となったことなどから直ちに，本件仕組債が金融資産として瑕疵，欠陥のあるもので本件取引におよそ適さないものであったということは困難である。したがって，Yらに本件仕組債の組成上の注意義務違反があることを理由とするXの損害賠償請求も理由がない。

　また，前記事実関係によれば，Y₁に本件仕組債の計算代理人としての権限を逸脱してD債券及びインデックスCDSの各評価額を正しく計算しなかったという事情はうかがわれず，Y₁に本件仕組債の計算代理人としての注意義務違反があったことを理由とするXの損害賠償請求も理由がない。」

2　検　討
⑴　問題の所在

　実質的ディフィーザンス取引では，原債務者が，負債の元利金の返済にのみ充当されるようにリスク・フリー資産により解約不能の信託を設定し，将来において当該負債が原因で追加支払が生じることのないように仕組むことで，実質的に債務が償還されたものとみなす方法が採られる。これは，社債の買入償還を行うための実務手続が煩雑であることから[12]，法的には債務が存在している状態のまま，社債の買入償還と同等の財務上の効果を得るための手法として利用されている[13]。つまり，本件においてはAがすでに発行していた高利率な社債を，新たに組成した金融資産と信託などを組み合わせることによってオフバランス化を達成している。

　もっとも，オフバランス化をするためには対象となる社債の表面利率以上の配当が確実に得られるような運用が必要であるため運用対象資産については厳しい制約が設けられており，①取消し不能で，かつ社債の元利金の支払に充てることを目的とした他益信託等を設定すること，②元利金が保全される高い信用格付けの金融資産を拠出すること，③社債の発行体または受託機関に倒産の事実が発生しても，当該発行体の当該社債権者以外の債権者等が，信託した金

融資産に対していかなる権利も有しないこと，とされている[14]。また，そこでいう「元利金が保全される高い信用格付けの金融資産」として，償還日が概ね同一の国債や政府機関債のほかに，優良格付（拠出時に複数の格付機関よりAA格相当以上を得ている）公社債が例示されている[15]。

本件においても上記基準を満たしたうえで本件社債をオフバランス化すべく，AはBとの間で特定運用金銭信託契約を締結し，かかる信託契約の運用対象金融資産として，Y_2からBを通じ，発行者をSPC，スワップ・カウンターパーティーをY_2の親会社であるY_1とする本件REDI債を購入している。なお，この本件REDI債が発行された当時，本件REDI債の格付は日本国債よりも上であった。

本件ディフィーザンス取引のスキームは，中核をなす金融資産が複雑な仕組債であり，信託やスワップ契約が複雑に組み合わされており，かかるスキームの詳細を完全に理解することは難しい。ただ，AとYらはともに国際的な金融事業を行っている大企業であり，通常説明義務が問題となる消費者契約のように消費者と事業者のような当事者関係とはなっていない。そのため，かかる大企業間の取引において金融資産の組成・販売業者であるYらに，当該金融資産の組成およびそのリスクに関する説明義務を負担させる必要がそもそもあるのか，あるとすれば要求される義務の程度はどのようなものか，複雑な仕組債を組成するに当たって組成金融機関には注意義務が課されるのか，など議論の分かれるところである。

このように実質的ディフィーザンス取引には様々な問題点が存在し，本判決でも争点となっている。これは実質的ディフィーザンス取引が複雑な仕組みとなることを前提としたうえで，会計的側面からみると債務が履行されたのと同等の経済的効果を認める余地がある一方で，法的側面からみれば負債が消滅していないという現象が起きていることに起因している[16]。

以下では本判決の争点となっている，説明義務違反および金融資産組成上の注意義務違反について検討する。

(2) 説明義務違反の有無

Aは，Yらに対して，信義則上または契約上，本件ディフィーザンス取引各項目につき説明すべきであった旨主張しているところ，説明義務違反について

第2章　企業の資金調達に関する裁判例

は原判決が認めているのに対して，本判決（原々判決）は否定している。原判決（東京高判平成26年8月27日金法2007号70頁）と本判決（原々判決：東京地判平成25年7月19日金法2007号100頁）とで結論が異なった理由は，Y₂担当者によってなされた説明の内容や状況，すなわち事実の評価による。具体的には，Y₂担当者はAに対し，①本件担保債券をシグマ債としたこと，②本件仕組債の仮想資本元帳における具体的な記録内容，期日前償還となった場合の清算金額の計算方法等，③本件仕組債の評価額につきシグマ債の発行者の信用状況が影響すること，④本件仕組債に係る費用の正確な額，⑤Y₁が本件仕組債の計算代理人に就任することといった事項の提示をした。しかし，A担当者らは，金融取引についての一応の基礎的知識があるにとどまっていたこと，上記各提示は，Aが本件取引に係る信託契約の受託者や履行引受契約の履行引受者との間で折衝に入り，かつ，Aによる本件取引に関する事前調査の予定期間が経過した後に行われたこと，本件仕組債がY₂において販売経験が十分とはいえない新商品であったにもかかわらず，Y₂は上記①，②の各事項の記載された本件英文書面の訳文をA担当者らに交付しなかったこと，が事実として認定されている。

　原判決は，これら事情を総合すると，Y₂はAに対する説明義務を尽くしたということはできず，Yらにおいて説明義務違反があったと認めるのが相当であるとした。一方，本判決（および原々判決）は本件仕組債の具体的な仕組み全体は必ずしも単純ではないとしつつも，各項目については説明がなされていること，事前調査の予定期間が経過していたからといって本件取引の実施を延期しまたは取り止めることが不可能または著しく困難であったという事情はうかがわれないこと，Aが国際的な金融事業を行っていたこと，公認会計士や弁護士といった専門家に意見を求めていたことから，原判決で説明義務違反と認定された各事情が説明を理解する支障になるとはいえないとした。

　原判決に対しては，現行の実務慣行との乖離などを理由に批判的な見解が大勢を占めている[17]。

　説明義務に関する判例の展開としては，まず信用協同組合である被告の勧誘に応じて被告に出資をしたが，被告の経営が破綻して持分の払戻しを受けられなくなった原告が実質的な債務超過の状態にあり経営が破綻する恐れがあるこ

202

とを原告らに説明すべき義務に違反したなどと主張し争われた最判平成23年4月22日民集65巻3号1405頁がリーディングケースになると考えられる。同事件において最高裁は「契約の一方当事者が，当該契約の締結に先立ち，信義則上の説明義務に違反して，当該契約を締結するか否かに関する判断に影響を及ぼすべき情報を相手方に提供しなかった場合には，上記一方当事者は，相手方が当該契約を締結したことにより被った損害につき，不法行為による賠償責任を負うことがあるのは格別，当該契約上の債務の不履行による賠償責任を負うことはない」と判示した。そのほか，金利スワップ取引に関する最判平成25年3月7日集民243号51頁は「銀行と顧客企業との間で，変動金利が上昇した際のリスクヘッジのため，同一通貨間で，一定の想定元本，取引期間等を設定し，固定金利と変動金利を交換してその差額を決済するという金利スワップ取引が行われた場合において，次の(1)～(3)など判示の事情の下では，上記取引に係る契約締結の際，銀行が，顧客に対し，中途解約時の清算金の具体的な算定方法等について十分な説明をしなかったとしても，銀行に説明義務違反があったということはできない。(1)上記取引は，将来の金利変動の予測が当たるか否かのみによって結果の有利不利が左右される基本的な構造ないし原理自体が単純な仕組みのものであって，企業経営者であれば，その理解が一般に困難なものではない。(2)銀行は，顧客に対し，上記取引の基本的な仕組み等を説明するとともに，変動金利が一定の利率を上回らなければ，融資における金利の支払よりも多額の金利を支払うリスクがある旨を説明した。(3)上記契約の締結に先立ち銀行が説明のために顧客に交付した書面には，上記契約が銀行の承諾なしに中途解約をすることができないものであることに加え，銀行の承諾を得て中途解約をする場合には顧客が清算金の支払義務を負う可能性があることが明示されていた。」と判示した。

　本件取引に係る契約締結時は平成19年5月1日ないし2日と解されるところ，本件（とりわけ原判決）で問題とされている説明がなされたのはいずれもそれ以前になされたものである。民法は契約準備段階における当事者の義務を規定していないが，一般に，契約交渉に入った者同士の間では，誠実に交渉を行い，一定の場合には重要な情報を相手方に提供すべき信義則上の義務を負い，これに違反した場合には，それにより相手方が被った損害を賠償すべき義務が

第2章　企業の資金調達に関する裁判例

ある（前掲最判平成23年4月22日）。そして，信義則上の説明義務の有無，具体的な内容は，各当事者の属性や契約交渉の経過，当該情報の重要性等から決せられるものと解されている（東京地判平成7年3月13日判時1540号71頁など）[18]。各審級判決とも一貫してYらに課された説明義務自体の存在は否定していない。

　Yらの説明義務違反については，Aが国際的な金融事業を行っている大企業であり，本件ディフィーザンス取引を持ちかけたのもAであること，Yらは本件ディフィーザンス取引各項目につき契約締結日前までに説明していたこと，Aは本件ディフィーザンス取引をY₂から提案された後，再検討することも取り止めることも可能であり，また，本件でも実際に行っていたように公認会計士や弁護士に意見を照会することも可能であったことから，同義務違反に基づく損害賠償責任は負わないと考えられよう。

　もっとも，本件ディフィーザンス取引の契約締結に向けてなされる説明において，どの情報が重要であるのかは後述する情報提供義務にも通じる問題である。

(3)　金融資産組成上の注意義務違反の有無

　本件REDI債の組成に当たりYらに注意義務違反があったのかにつき，各審級判決ともに認定された事実関係に基づき，基本的にAが自己責任で，Y₂が提案した本件REDI債が実質的ディフィーザンスの実施に適するものであるか否かを判断すべきとし，Yらには本件社債の実質的ディフィーザンスを実施するための金融資産の提案を超えて，その実施に適する金融資産を組成する義務があったとはいえないとした。

　リテール向け金融商品ではあるが金融商品組成上の注意義務が争われた事案として，大阪高判平成25年12月26日判時2240号88頁がある。同事案は，歯科医である原告が，証券会社である被告において証券口座を開設し仕組債などを購入したところ，7000万円を超える損失が発生したことを受け，被告に対して仕組債につき，組成・販売すべきでない商品を組成・販売した違法行為，適合性原則違反，勧誘の過程ないし販売後における説明義務違反をもとに，債務不履行または不法行為に基づき損害賠償請求がなされたものである。

　同事案において大阪高裁は，「元本毀損可能性と利金の金額が見合うか見合

わないかについて，投資家は自ら検討して金融商品選択を行うことができるのであって，このような構造自体に組成・販売が禁じられるような違法性があるものとは認められない，……投資家の方で，かかる金融商品の金融工学的な分析をすることは困難であっても，どのような条件が満たされた際にどのような償還がされ，又はされないか，あるいはどのような利金が付されるのかという基本的な構造の理解と条件成就の予測が可能であるならば，結局，この商品の危険性についても判断可能ということになる。……商品組成自体につき合理性が絶無とまでは評価することができず，構造が複雑で金融工学的な理解が困難だというだけで，およそ組成・販売してはならないものであるということはできない」とし，仕組債を組成・販売する行為に違法性は認められないとした。

　このように，金融商品組成上の注意義務の判断に当たっては，そもそも購入者側が自己責任で判断することが前提であり，かかる判断を支えるための情報提供が組成・販売者側からなされたのかが重要となる。つまり，金融資産組成の仕組みと金融資産販売時のリスクの説明は不可分の事項となる[19]。

　それではどのような情報をどのように提供することが組成・販売者側には求められるのであろうか。本件とは事案を異にするものの，アレンジャーが取引のスキームをアレンジし，直接の契約関係にない者に情報を提供して勧誘する点で本件と共通するシンジケート・ローンにおけるアレンジャーの情報提供義務に関する最判平成24年11月27日を手掛かりに検討したい。

　同事案は，地方銀行である被告によって進められたシンジケート・ローンによる融資実行後，貸付先が主要仕入先から取引を解除され，また，粉飾決算を理由としてメインバンクから融資の継続を打ち切られるなどしてその経営が破綻し，民事再生手続の開始決定がされるに至ったため，回収不能となった貸付金相当額の損害を被ったと主張して，原告であるシンジケート・ローン参加金融機関らが被告に対し，債務不履行ないし不法行為に基づく損害賠償を求めたものである。

　最高裁は，提供すべきか問題となった情報について，借主の信用力についての判断に重大な影響を与えるものであって，本来，借主となる者自身が貸主となる者らに対して明らかにすべきであり，参加金融機関らがシンジケート・ローン参加前にこれを知れば，その参加を取り止めるか，少なくとも精査の結果を

待つことにするのが通常の対応であるということができ，その対応をとっていたならば，シンジケート・ローンを実行したことによる損害を被ることもなかったとし，他方，本件情報の入手可能性についても，参加金融機関らが自ら知ることは通常期待し得ないものとしている。

また，参加金融機関らとしては，アレンジャーから交付された資料の中に，資料に含まれる情報の正確性・真実性についてアレンジャーは一切の責任を負わず，招聘先金融機関で独自に借主の主要仕入先の信用力等の審査を行う必要があることなどが記載されていたものがあるとしても，アレンジャーがアレンジャー業務の遂行過程で入手した情報については，これが参加金融機関らに提供されるように対応することを期待するのが当然といえ，参加金融機関らに対しシンジケート・ローンへの参加を招聘したアレンジャーとしても，そのような対応が必要であることに容易に思い至るべきものといえるとした。

そして，シンジケート・ローンのアレンジャーは，シンジケート・ローンへの参加を招聘した参加金融機関らに対し，信義則上，シンジケート・ローン組成・実行前に本件情報を提供すべき注意義務を負うものと解するのが相当であるとし，アレンジャーは，この義務に違反して問題となっている情報を参加金融機関らに提供しなかったのであるから，参加金融機関らに対する不法行為責任が認められるというべきであるとの結論を下した。

これをもとに本件を検討してみるに，まず本件REDI債に関する情報は誤記など存在するものの提供されていると判断されており，情報提供されていればAにおいて本件ディフィーザンス取引を取り止めるか，少なくとも精査するような情報提供漏れは認定されていない。そもそも本件ディフィーザンス取引自体，AからY₂に対して提案を依頼していることに加え，本件ディフィーザンス取引を進めるに当たって公認会計士・弁護士に意見照会していることに鑑みると，Yらに本件ディフィーザンス取引の実行自体に影響を与えるような重要情報につき情報提供義務違反を認めるのは困難である。つまり，本件ディフィーザンス取引を実行の可否を判断するに当たり必要となる情報は提供されていると評価するのが妥当であり，Yらに金融資産組成上の注意義務違反はなく，AがYらから提供された情報をもとに本件ディフィーザンス取引を実行するか否かを決定するほかはないと考えられる[20]。

Ⅴ　おわりに

　いままで見てきたように，金融システム改革法の施行と関係法令の改正，会社法の制定により，企業は資金調達のために単に社債を発行するのではなく，社債にデリバティブなどを用いてリパッケージした仕組債を活用するようになった。

　こうした仕組債が多くの場面で活用されている最大の理由は，募集条件の設定次第で，社債の発行体や仕組債を購入・発行する者（一般投資家，法人）等，仕組債に関わる者のニーズを証券形態で満たすことができる点にある（リスクヘッジ，高率な利息など）。一方，EB債のように仕組債はそれ自体複雑な金融商品であるため，元本割れなどにより損害を被った一般投資家から損害賠償請求がなされる事案も発生している。近時では，資金調達や会計処理の一環として事業者間で仕組債が活用されている例もみられるが，仕組債がデフォルトや元本割れを起こした際に問題が顕在化する点は同じである。

　平成17年の会社法改正以来，社債法制については大きな改正がなされていない。本稿で検討してきたように，会社法が念頭に置いている社債とは異なる仕組債などの登場に伴い，会社法が定める社債管理者や社債権者集会といった個別の規定だけではなく，社債法制そのものについても検討する必要があろう。

〔注〕
(1)　東京事件①とは別に，Y₅に対し社債管理者としての責任を追及する事件（東京事件②：東京地判平成19年 8 月28日）もある。
(2)　本判決の評釈として，森まどか「判批」岩原紳作ほか編『会社法判例百選〔第 3 版〕』（有斐閣，2016年）170頁，松嶋隆弘「判批」日本法学81巻 1 号221頁。
(3)　大阪高裁は，「社債におけるリスクのうち，発行体の抽象的信用リスクについては，一般投資家の年齢，知識，経験及び勧誘時の状況等により，一般投資家が理解できていないおそれがあるような「特段の事情」がない限り，社債の仕組み及びその仕組みに内在するいわば抽象的信用リスクについての説明義務を負うということはできず，むしろこのような「特段の事情」がある場合には，適合性原則違反が問題とされるべきである」と判示している。
(4)　①については，その重要性は認めつつも，企業の財務状況に関する情報は膨大で内容も多岐にわたることや，財務情報は目論見書に集約され，社債の評価は格付けに集約されていることなどから，格付時から勧誘時までに重大な客観的事情の変化がない限り，

経営状況についての説明義務を認めることはできないと判示する。

⑸　最判平成17年7月14日の補足意見において才口裁判官は「経験を積んだ投資家であっても，オプションの売り取引のリスクを的確にコントロールすることは困難であるから，これを勧誘して取引し，手数料を取得することを業とする証券会社は，顧客の取引内容が極端にオプションの売り取引に偏り，リスクをコントロールすることができなくなるおそれが認められる場合には，これを改善，是正させるため積極的な指導，助言を行うなどの信義則上の義務を負う」とする。

⑹　カバードワラントとは，上場株式，または，日経平均株価等を対象として，一定の期日に，特定の価格で，買付ける権利（コールオプション），または，売付ける権利（プットオプション）を証券化したもので，証券取引法2条10の2により「オプションを表示する証券または証書」として定義されている。カバードワラントの特徴としては，実際の株価よりも値動きが激しくなるため，大きな収益を得ることができる反面，損害が発生した場合には，通常の株式による損害よりも損害額が大きくなる傾向にあること，そして，期限が定められているため，一定期間しか売買することができない。そのため，その分，通常の株式よりもリスクが高いことが挙げられる。

⑺　他社株償還条項付社債は，いくつかの種類に分けることができる。すなわち，ノックインプット売り型やノックアウトプット売り型，プレーン型（ボーナスクーポン型）等，数多く存在する（志谷匡史「他社株券償還特約付社債に係る法的諸問題」商事法務1614号（2001年）23頁）。

⑻　EBは転換社債ではなく，株価水準如何によって現金償還か，現物償還かが決まる特約のついた債券であり，普通社債の一種とみなされている（1995年11月24日照会事項に対する大蔵省回答）。

⑼　一方，仕組債の発行体・アレンジャー・販売業者は，デルタヘッジ取引をすることなどにより，仕組債によるリスクをあらかじめ証券市場を通じてヘッジすることが可能となっており，ヘッジされたリスクは市場を介して仕組債購入者である一般投資家が引き受ける構造となっている。

⑽　詳言すると，原債務者が，負債の元利金の返済にのみ充当されるようにリスク・フリー資産により解約不能の信託を設定し，将来において当該負債が原因で追加支払が生じることのないように仕組むことで，実質的に債務が償還されたものとみなす方法である。

⑾　デット・アサンプションとは，企業が発行した社債の元利金の支払について，銀行等との間で債務履行引受契約を締結し，当該債務を銀行等が引き受けると同時に，企業は銀行等に対して見返りの資金を支払う取引のことである。

⑿　社債に財務制限条項が設定されている場合は，期限前償還としてそもそも買入償還自体を行うことができない。

⒀　資料版商事386号80頁。

⒁　日本公認会計士協会「金融商品会計に関する実務指針」（2005年）10頁。

⒂　日本公認会計士協会「金融商品会計に関するQ&A」（2005年）7頁。

⒃　アメリカ・イギリス・ドイツにおいては，アプローチ方法に違いは存在するものの，いずれも法律上の債務が消滅していない限りは実質的ディフィーザンス取引によって債務の消滅と認識されることはない（古市峰子「負債のオフバランス化の条件について—デット・アサンプションを中心に—」金融研究17巻6号（1998年）123頁）。なお，かか

る諸外国とわが国の基準の違いを比較したうえで，わが国基準を時代遅れの取扱いと評価するものとして，吉田光碩「判批」NBL1068号86頁がある。

⒄　奈良輝久＝若松亮「判批」銀行法務21　782号 8 頁，森下哲郎「判批」金法2010号14頁，浅田隆「判批」金法2023号71頁，福島良治「判批」金法2010号18頁，吉田・前掲注（15）79頁などがある。

⒅　そのほか，横山美夏「契約締結過程における情報提供義務」ジュリ1094号128頁以下参照。

⒆　岡田則之＝髙橋康文編『逐条解説　金融商品販売法』（金融財政事情研究会，2001年）94頁。

⒇　鬼頭俊泰「判批」税務事例49巻 3 号66頁。

第3章

企業統治に関する裁判例

株主総会

慶應義塾大学教授・弁護士　菅原　貴与志

1　はじめに

　本稿では，平成17年改正会社法施行以降の裁判例から，株主総会に関する理論と実務の両面において重要と思われる3件を抽出した。すなわち，株主提案権の濫用的行使が問題となった東京高判平成27年5月19日金判1473号26頁，弁護士による議決権の代理行使についての東京高判平成22年11月24日資料版商事法務322号180頁，そして，委任状勧誘をめぐる東京地判平成19年12月6日判タ1258号69頁の各裁判例について，これらを紹介・検討したものである。

2　株主提案権
　～東京高判平成27年5月19日金判1473号26頁（HOYA株主提案権侵害損害賠償請求事件）～

　本件は，株主提案権の行使と権利濫用という争点に関し，株主提案権の侵害を認めず，取締役らの株主に対する損害賠償責任を否定した裁判例である。

(1)　事実の概要

　Xは，Y1社（取締役会設置会社）の300個以上の議決権を6箇月前から引き続き有する株主であり，Y1社の平成20年度定時株主総会（「71期総会」），同

第3章　企業統治に関する裁判例

21年度定時株主総会（「72期総会」）および同22年度定時株主総会（「73期総会」）
に際し，会社法305条1項による株主提案権を行使した。

　しかるに，①71期総会では，X提案の議案が招集通知に記載されず，②72期
総会に関しては，X提案の議案の削減を強要され，これに応じて削減したにも
かかわらず，残る議案のうち一部が招集通知に記載されず，また，③73期総会
では，X提案の議案の内容が改変されて招集通知に記載されたことにより，X
は，自らの株主提案権が侵害され，Xに損害が発生したなどと主張して，Y1
社に対しては会社法350条・使用者責任（民法715条）・共同不法行為（同法719
条）に基づき，Y1社の取締役・執行役であったY2 ～ Y10に対しては会社法
429条・共同不法行為に基づき，損害賠償を請求した。

(2) 判　旨

　原判決（東京地判平成26年9月30日金判1455号8頁）は，次のように判示し
て，Xの請求を一部認容した。

　「Xは，…当初11個の議案を提案していたが，その後ツイッターに，『株主提
案の個数のギネスブック記録っていくつかどなたか知っていますか？　問い合
わせ方法を誰か，知ってたら教えてください。』と投稿し，その5日後に114個
の議案を提案するに至った。しかし，Xは，この点について，『もしギネスブッ
クに株主提案の数について記載があれば，そこの数までは少なくとも容認され
る根拠になると思った』と供述しているところであり（X本人），上記事実か
ら直ちにXが売名目的で株主提案権を行使していたと認めることはできない。
また，…Xは，株主提案に関連して本件を含め複数の訴訟又は仮処分申立てを
行い，その訴状や仮処分申立書をインターネットサイトで公開させたが，上記
事実から直ちにXが売名目的で株主提案権を行使していたと認めることもでき
ない。

　被告らは，XがY2，Xの実父及びY1社従業員に対する個人的な怨恨感情に
基づき，株主提案を行っていると主張するが，株主提案権の名を借りて，Xが
専ら個人的な怨恨感情に基づいて株主提案を行っていたと証拠上認めることは
できない。

　よって，Xが提案した議案の中には濫用的なもので正当とはいえないものが

あるにしても，Xの株主提案権の行使そのものを権利濫用ということはできず，財産権として保護されるべきものである。」

　これに対して，本件控訴審判決は，原判決中，Y１社らの敗訴部分を取り消し，当該取消部分に係るXの請求をいずれも棄却した。

　「Xは，平成21年より前にはY１社に対し株主提案権を行使したことはなかったところ，Xが初めて株主提案権を行使した71期提案が一審被告Y２を取締役から解任すること等を内容とするものであったことは，自らの行ったY１社の新規事業開発に関する調査結果が採用されず，それに関与したのが一審被告Y２であったことと無縁であったとは到底解されない。そして，これに引き続いてされた72期株主総会に係る提案についてみると，Xは，実父であるAの行為に関する不満や疑念の矛先を，当初はAの実兄でありY１社の相談役であるBに向けていたところ，思うような進展がなかったことから，自身が株主であることから株主提案権の行使という形を利用して，Y１社を通じてこれを追及しようとする意図が含まれていたものと認められる。

　このような経過に加え，Xが平成22年４月２日頃，72期株主総会に関し提案件数の数を競うように114個もの提案をしたことは，Xが満足できる対応をしなかったY１社を困惑させる目的があったとみざるを得ない。このことは，Xが，その直前の同年３月28日に，ツイッターに，『株主提案の個数のギネスブック記録っていくつかどなたか知っていますか？　問い合わせ方法を誰か，知ってたら教えてください。』と投稿したことからも明らかであるというべきである（この点について，Xは，もしギネスブックに株主提案の数について記載があれば，その数までは少なくとも容認される根拠になると思ったためであると供述するが，Xが真実そのような意図で上記投稿をしたとは考え難い。）。そして，Xは，Y１社からの重なる要請に従い，最終的には提案を72期提案２の20個にまで削減したものの，その中にはなお倫理規定条項議案及び特別調査委員会設置条項議案が含まれており，それらは，B及びA…を直接対象とするものであり，Xが最後までこれらに固執したことからすれば，72期株主総会に係る提案は，上記のような個人的な目的のため，あるいは，Y１社を困惑させる目的のためにされたものであって，全体として株主としての正当な目的を有するものではなかったといわざるを得ない。また，…提案の個数も，一時114個と

いう非現実的な数を提案し，その後，Ｙ１社との協議を経て20個にまで減らしたという経過からみても，Ｘの提案が株主としての正当な権利行使ではないと評価されても致し方ないものであった。

他方，Ｙ１社の側からみれば，Ｘに対し，その提案を招集通知に記載可能であり，株主総会の運営として対応可能な程度に絞り込むことを求めることには合理性があるといえるし，Ｙ１社が，Ｘに協議を申し入れ，その調整に努めたことは前記認定のとおりであり，このような経過を経てもＸが特定個人の個人的な事柄を対象とする倫理規定条項議案及び特別調査委員会設置条項議案を撤回しなかったことは，株主総会の活性化を図ることを目的とする株主提案権の趣旨に反するものであり，権利の濫用として許されないものといわざるを得ない。

そして，72期株主総会に係る提案が前記のような目的に出たものと認められることからすれば，その提案の全体が権利の濫用に当たるものというべきであり，そうすると，Ｙ１社の取締役が72期不採用案を招集通知に記載しなかったことは正当な理由があるから，このことがＸに対する不法行為となるとは認められない。」

(3) コメント

３－１）株主提案権とは

株主提案権は，経営者・株主間および株主相互間のコミュニケーションを図り，開かれた株式会社を実現するため，昭和58年商法改正によって設けられた制度である[1]。株主提案権が行使される件数は，近年増加する傾向にある[2]。

取締役会設置会社の株主が議題提案権（会社法303条２項）および議案要領通知請求権（同法305条１項）を行使するためには，「総株主の議決権の100分の１又は300個以上の議決権」を「６か月前（非公開会社の場合は不要）」より有していることが必要であるが，権利行使にあたっては，持株要件以外にそれを制約する要件はない。

３－２）株主提案権行使の現況

持株要件は，複数名が共同して充足することも可能であるため，１単元の株数100株が主流である実務の現状では，その行使も容易となっている。また，

216

定款変更という形式を踏まえれば，議案内容の自由度が相当に高いこともあり，たとえば，1人の株主が膨大な数の議案を提案したり，私怨や会社に対する害意といった不当な目的で議案を提案するなど，近年では濫用的な株主提案権の行使事例が見受けられることも指摘されている[3]。

この点，現行法上，提案内容に関しては，「法令若しくは定款に違反する場合又は実質的に同一の議案につき総株主の議決権の10分の1以上の賛成を得られなかった日から3年を経過していない場合」以外に規定はない（会社法304条但書・305条4項）。また，提案理由についても，「明らかに虚偽である場合又は専ら人の名誉を侵害し，若しくは侮辱する目的によるものと認められる場合」には，株主総会参考書類に記載する必要がないとされているに過ぎない（会社法施行規則93条1項3号括弧書）。他方，議題および議案の個数制限はなく，濫用防止のための効果的な制度が存在しているとは言い難い[4]。

かかる状況において，本判決は，株主提案権の行使が，個人的な目的のためや会社を困惑させる目的のためになされるなど，株主としての正当な目的を有するものではなかった場合には，権利の濫用として許されない，と判示した点で重要な裁判例である。ちなみに，従来の学説上も，権利濫用として株主提案権の行使が制限される場合があることを認める見解は存在しており[5]，近時では，株主提案権の行使が権利濫用になる場合の類型化を試みる議論もある[6]。

3−3）権利濫用の判断基準

株主提案権の行使が権利濫用に該当する場合があるとして，その成否については，客観的要素と主観的要素の双方の観点から判断すべきである[7]。

この場合の客観的要素とは，当事者間の利益状況を比較することにより抽出される事実であり，また，主観的要素については，株主側の加害目的や害意といったものの存否を認定することになるだろう。

3−4）当事者間の利益状況の比較

客観的要素（当事者間の利益状況の比較）については，「株主提案に係る議題，議案の数や提案理由の内容，長さによっては，会社又は株主に著しい損害を与えるような権利行使として権利濫用に該当する場合があり得る」との一般論を判示した例がある（東京高決平成24年5月31日資料版商事法務340号30頁）。これは，提案株主による全議題を株主総会参考書類に記録することを求める仮処

第3章　企業統治に関する裁判例

分申請であったが，権利濫用に当たるとまではいえず[8]，保全の必要性がないとの理由で却下されたものである。

　この点，本判決は，①Y１社の側からみれば，Xに対し，その提案を招集通知に記載可能であり，株主総会の運営として対応可能な程度に絞り込むことを求めることには合理性があり，②Y１社が，Xに協議を申し入れ，その調整に努めたにもかかわらず，③Xが特定個人の個人的な事柄を対象とする倫理規定条項議案・特別調査委員会設置条項議案を撤回しなかったことから，Xの行為は，株主総会の活性化を図ることを目的とする株主提案権の趣旨に反するものであり，権利の濫用として許されないと判断した。

　かかる判断を，当事者間の利益状況を比較する観点から分析しようとするならば，株主提案権の濫用的な行使によって会社に生じる不利益を吟味・検討しなければならない。たとえば，株主提案権の濫用的な行使により，会社側における行使要件の充足の確認等の負担に加えて，招集通知等の株主総会関係書類の作成・印刷・発送コストが増加する可能性は高い。また，株主総会の当日には，提案理由の説明等に無駄に時間が割かれ，他株主との実質的な審議時間が少なくなって，株主総会の意思決定機関としての機能が阻害されるおそれもある。これらは，株主共同の利益を害する結果となる[9][10]。

　また，本判決では，Y１社が，Xに協議を申し入れ，その調整に努めたにもかかわらず，Xが個人的な事柄を対象とする議案に固執した事実を挙げている。これは，本件におけるXの株主提案権の行使について，その要保護性は低いとの判断に基づくものであろう。

　ちなみに，議案の数は，権利濫用を判断するための重要な客観的要素である。しかし，議案の数という一要素のみで権利濫用を判断すべきではない。本判決も，これと同様の見解に立脚しているものと考えられる。

3－5）株主の主観

　次に，主観的要素である目的要件について，近時の裁判例は，「その行使が，主として，当該株主の私怨を晴らし，あるいは特定の個人や会社を困惑させるなど，正当な株主提案権の行使とは認められないような目的に出たものである場合には，株主提案権の行使が権利の濫用として許されない」としている（前掲・東京高決平成24年５月31日）。

この点，本判決でも，Xは，①実父Aに関する不満や疑念の矛先を，Y1社相談役のB叔父に向けていた背景事情があり，②ツイッターに株主提案の個数のギネスブック記録を問う旨を投稿して，提案件数の数を競うように114個もの提案をし，③A・Bの個人的な事柄を対象とする倫理規定条項議案・特別調査委員会設置条項議案を撤回しなかった各事実から，「個人的な目的のため，あるいは，Y1社を困惑させる目的のためにされたものであって，全体として株主としての正当な目的を有するものではなかった」と判断した。

3－6）小　括

　以上のとおり，本判決においては，客観的要素と主観的要素の双方を考慮しているが，特に主観的要素（目的要件）に重点を置きつつ[11]，本件株主提案権の行使が「全体として」権利濫用に該当すると判断したものと評価できよう。

　前記3－2）のとおり，現行法上，議題および議案の個数制限はなく，濫用防止のための効果的な制度が存在していない。かかる状況下，本判決は，株主提案権の濫用的な行使が権利濫用に該当することを初めて判断したものであり，実務的にも重要な裁判例である。

　しかし，会社の側としては，株主が株主提案権を濫用的に行使していると判断することは必ずしも容易でなく，その判断には慎重にならざるを得ないという実務の現状がある[12][13]。そこで，株主提案権の濫用的な行使を制限するための立法措置を講じることが検討されるべきである。この点，商事法務研究会が設置する会社法研究会（座長・神田秀樹学習院大学教授）は，平成29年3月2日，株主提案権の濫用的な行使の制限に関し，第一に「提案することができる議案の数の制限」について，また，第二に「不適切な内容の提案の制限」について検討している。すなわち，提案することができる議案の数の制限では，役員の選任および解任に関するものを除き，議案要領通知請求権（会社法305条）に基づき株主が同一の株主総会に提案することができる議案の数を制限することを提言し[14]，また，不適切な内容の提案の制限では，株主が株主提案権を濫用したものとしてその権利の行使が認められない場合に関する規定を設ける方向で規律を見直すこととし，どのような規律とすることが適切であるかについて，引き続き検討する[15]旨を報告した。

　かかる会社法研究会の検討状況を踏まえ，平成29年2月9日，法制審議会総

第3章　企業統治に関する裁判例

会第178回会議において，会社法制（企業統治等関係）の見直しに関する諮問が行われた。今後の議論の状況に注目すべきである。

3　議決権の代理行使
～東京高判平成22年11月24日資料版商事法務322号180頁（大盛工業株主総会決議取消請求事件）～

本件は，株主が非株主の弁護士を代理人とした場合，定款に基づきその議決権行使を拒むことを肯定した裁判例である。

(1)　事実の概要

控訴人である株主X社と被控訴人Y社は，業務提携関係にあったところ，Xが，業務提携強化を目的として，Y社に対し，Xが推薦する取締役の受入れなどを内容とする提案をしたのに対し，Y社は，Xとの業務提携の効果が上がっていないことや，新提案には将来性が期待できないことなどを理由として，その受入れを拒絶した。

Y社の前記対応を受けて，Xは，株主提案権を行使して，Xの推薦する取締役6名の選任を株主総会の目的とすることを求めたところ，同提案権行使のための前置手続（社債株式振替法154条3項による個別株主通知）を履践していなかったため，Y社より，同提案の付議を拒絶された。

そこで，Xは，本件総会の開催に先立ち，Y社の株主に対し委任状勧誘を行い，多数派の形成を期したが奏功せず，総会の場において議長不信任の動議を提出したもののこれも無視されるなどしたため，本件総会の手続上の瑕疵を主張して，取締役選任決議の取消しを求めたものである。

Xが主張する本件総会決議の違法事由の一つが，Y社がXの求めた弁護士の代理出席を認めなかったことにあった。すなわち，本件総会ではXと共にXが依頼した弁護士が株主総会の会場を訪れ，この弁護士自らがXの代理人として出席することを求めた。Y社では，Y社定款「株主は，Y社の議決権を有する他の株主1名を代理人として，その議決権を行使することができる」を根拠に，Xの出席は認め，代理人弁護士の総会への出席を拒否したことから，Xは株主

220

総会の決議取消しを求めて訴えを提起した。原判決は，本件総会の会場ではX
の総会出席を認め現に出席して議決権を行使しているとし，Xの請求を棄却し
たのに対して，Xが控訴した。

(2) 判　旨
控訴棄却。

「一般に弁護士は，社会的な信用が高く法律知識が豊富であるから違法，不
当な行為をしない蓋然性が高いものであると信じられているところではある。
しかし，控訴人がいうところの弁護士等のように，そのような高い信頼の下に
ある職種の者であって，具体的に株主総会をかく乱するおそれのない者につい
ては，株主でない者であっても代理人となることを許さなければならないとす
れば，株式会社は，株主総会に株主でない代理人が来場した際には，その都度
その者の職種を確認し，株主総会をかく乱するおそれの有無について個別具体
的に検討しなければならないことになるが，どのような職種の者であれば株主
総会をかく乱するおそれがないと信頼することができるのか，また，そのよう
な信頼すべきと考えられる職種に属していながらも，当該来場者に株主総会を
かく乱するおそれがあると思料される場合に，どのような要件の下に出席を拒
むことができるのかなど，明確な基準がないままに実質的な判断を迫られ，そ
の結果，受付事務を混乱させ，円滑な株主総会の運営を阻害するおそれがある。
しかも，正当な権利行使とかく乱の行為とが具体的事案において截然と区別す
ることが難しいこともあるところ，実質的な判断基準を持ち込むことにより，
経営陣に与する者の出席を許し，与しない者の出席を許さないなど恣意的運用
の余地を与え，株主総会の混乱を増幅する可能性もある。そうすると，議決権
行使の代理人資格を形式的に株主に限定する本件定款○条の定めは，一定の合
理性を有するものであり，株主による議決権行使の態様を何ら不当ないし不公
正に制限するものではない。

そして，このような考慮は，Xが主張するように，あらかじめ会社にとって
身元の明らかな弁護士が，議事をかく乱しない旨の誓約書を提出している場合
であっても，なお当てはまるといえるから，Xが主張するような事情があって
も，議決権行使の代理人資格を株主に限定することは許されるのであり，本件

定款規定を濫用するものとはいえない。」

(3) コメント

3－1）議決権の代理行使をめぐる諸論点

株主は，自ら総会に出席して議決権を行使するのが原則であるが，議決権行使の機会を現実的に保障するため，代理人により議決権を行使することができる（会社法310条1項)[16]。この点，株式は，没個性的な財産的権利であり，議決権の行使も代理に親しむ行為といえよう[17]。なお，議決権の代理行為を強行法的に保障する必要があるので，定款により議決権の代理行使を禁止することは認められない[18]。

ただし，定款で代理人資格を株主に限定することも許容されている。最判昭和43年11月1日民集22巻12号2402頁は，昭和56年改正前の商法239条3項（会社法310条1項に相当）について，「議決権を行使する代理人の資格を制限すべき合理的な理由がある場合に，定款の規定により，相当と認められる程度の制限を加えることまでも禁止したものとは解されず，右代理人は株主に限る旨の所論Yの定款の規定は，株主総会が株主以外の第三者によって攪乱されることを防止し，会社の利益を保護する趣旨にでたものと認められ，合理的な理由による相当程度の制限ということができる」から，同条同項に反することなく，有効であると解するのが相当であると判示した。実務においても，約95％の会社がこの旨を定款に定めている[19]。

ここで注意すべきなのは，かかる定款規定の一般的な有効性について，判例が「制限目的の合理性」と「制限手段の相当性」（すなわち，事実上，株主の議決権行使の機会を奪うものではないこと）に即して肯定したものに過ぎない点である。したがって，個別具体的な事案によっては，当該定款規定の適用が会社法310条1項の趣旨から問題となり得ることとなる。

たとえば，病気入院中の株主が，非株主である息子・甥に代理権行使させることは許される。それが急病であるならば，株主たる代理人をすぐに探し出すことは困難であり，定款規定の形式的適用は，株主の議決権行使の機会を事実上奪うに等しい（大阪高判昭和41年8月8日下民17巻7＝8号647頁）。

また，株主たる地方公共団体や株式会社が，その指揮命令関係にある職員・

従業員に議決権を代理行使させることも認められる。地方公共団体や株式会社の職員・従業員は，組織の一員として上司の命令に服する義務を負い，代理行使にあたり，株主の代表者の意図に反するような行動はできないようになっており，株主総会がかく乱されるおそれはなく，仮に代理行使を認めないとすれば，事実上議決権行使の機会を奪うに等しいからである（最判昭和51年12月24日民集30巻11号1076頁）。

3－2）弁護士による議決権の代理行使

実務的に悩ましい問題は，本件のように株主が弁護士に委任した事例である。

この点，神戸地尼崎支判平成12年3月28日判夕1028号288頁は，「本件総会へ出席を委任された者が弁護士であることからすれば，受任者である弁護士が本人たる株主の意図に反する行動をとることは通常考えられないから，株主総会を混乱させるおそれがあるとは一般的には認めがたいといえる。したがって，右申出を拒絶することは，本件総会がこの者の出席によって攪乱されるおそれがあるなどの特段の事由がない限り，合理的な理由による相当程度の制限ということはできず，Y社定款○条の規定の解釈運用を誤ったものというべきである。」と判示した。

すなわち，定款規定は有効であるが，会社の利益が害されるおそれがないと認められる場合には，定款解釈の運用を誤ったというべきだとして，議決権行使の拒絶を違法と判断したものである。

これに対して，弁護士による代理権行使の拒絶を適法と判断した裁判例もある。それが宮崎地判平成14年4月25日金判1159号43頁であり，本判決である。

3－3）本判決についての論評

原判決（東京地判平成22年7月29日資料版商事法務317号191頁）は，株主X社側の代表者らが本件株主総会に出席して議決権を行使しており，Xが議決権の行使を妨げられたわけではないから，Y社が弁護士の出席を拒絶したからといって，違法とはいえないと判示した。しかし，議決権の行使を妨げていないとしても，弁護士の出席を拒絶したことが，議決権行使の態様を著しく不公正に制限するかを検討すべきだったはずであり，原判決は，この問題に真正面から答えたものとはなっていない。

この点，本判決は，弁護士の出席を拒絶したことが，議決権行使の態様を著

しく不公正に制限するものであるのかについての検討がなされている。すなわち，弁護士の出席を認めた場合には，①明確な基準がないままに実質的な判断を迫られ，②受付事務を混乱させ，③円滑な株主総会の運営を阻害するおそれがあり，④恣意的運用の余地を与え，⑤株主総会の混乱を増幅する可能性もあるなどと詳細に指摘をした上で，「議決権行使の代理人資格を形式的に株主に限定する本件定款の定めは，一定の合理性を有するものであり，株主による議決権行使の態様を何ら不当ないし不公正に制限するものではない」との結論を導いた。

会社側としては，出席資格のある代理人の入場を拒絶すると決議方法の「法令」違反となる一方，出席資格のない代理人の入場を認めると決議方法の「定款」違反となってしまうため（前掲・最判昭和43年11月1日），その判断を誤れば，どちらに転んでも取消事由となるという，いわば「進退両難」の立場に置かれている。であるならば，会社に個別的具体的な実質的な判断を求めることは適当ではない[20][21]。

ところで，前掲・最判昭和51年12月24日は，前記のとおり，地方公共団体や株式会社の職員・従業員の議決権の代理行使を認めている。では，なぜゆえ非株主である会社の従業員には議決権の代理行使が認められるのに，弁護士の場合には認められないのであろうか。理論的には，前掲・神戸地尼崎支判平成12年3月28日の考え方も成り立ち得ないわけではなかろうが，当該会社の従業員か否かは比較的容易に判断できるのに対し，弁護士については，たとえば，司法書士や税理士の場合はどうなのかなど，その判断の枠組みが明確ではない。

以上の点から，本判決の判旨に賛成したい。

3－4）実務上の留意点

株主総会当日の実務においては，来場株主の受付事務がきわめて重要な事項の一つである[22]。実務的には，どこまでを適法とするかで不平等な扱いが生じるリスクがあるため，あらかじめ取扱いを統一しておくことが必要である。

最近では，投資信託委託業者が受託者の代理人として入場を求めたり，海外機関投資家が国内カストディアンの代理人として議決権行使を求めたりするなど，実質上の株主が名簿上の株主の代理人となることができるかという問題も提起されている[23]。これについては，会社の裁量により総会の傍聴を認める会

社が全体の6割強を占めるに至っている[24]。

4 委任状勧誘と議決権行使に関する利益供与
〜東京地判平成19年12月6日判タ1258号69頁（モリテックス株主総会決議取消請求事件）〜

本件は，Y社の株主XとY社経営陣が，それぞれ取締役および監査役の選任議案を提出し，経営権を争ういわゆる委任状勧誘合戦（proxy fight）を行ったところ，株主総会ではY社側の提案が可決されたのに対し，X側が，株主総会における決議の方法の違法を主張して，決議の取消しを求めたという事案である。

(1) 事実の概要

本件は，Y社（上場会社・株主数約1万人）において支配権の争いがあり，定時株主総会において改選される予定の取締役8名および監査役3名の選任について，大株主のXが独自の候補者を立てる株主提権を行使した。そこで，Xは，Y社の全株主に対し，委任状および参考書類等を送付して，委任状勧誘を行った。

他方，Y社は，書面投票を実施すべき会社であるため，会社提案と株主提案を記載した招集通知・議決権行使書面を全株主に送付した。また，招集通知等には，有効に議決権行使した株主1名につきQuoカード1枚（500円相当）を贈呈する旨が記載されていた。

株主総会において，議長は，Xに委任状を提出した株主につき，これを会社提案には出席議決権数に含めず，株主提案についてのみ出席議決権数に含めた。その結果，会社提案に係る候補者はすべて出席議決権数の過半数を得て当選し，株主提案に係る候補者は全員が出席議決権数の過半数の賛成を得ていないため落選とする決議が行われた。ところが，Xに委任状を提出した株主を会社提案についても出席議決権数に含めて計算すると，会社提案の候補者のうち2名は過半数の賛成を得ていない結果となっていた。

そこで，Xは，決議方法に法令違反があるとして株主総会決議取消訴訟を提

第3章 企業統治に関する裁判例

起した。すなわち，Xは，主位的に，①Y社提案に係る議案の採決に際し，X
に提出された委任状に係る議決権の個数を出席議決権数に含めなかったこと，
②Y社が有効な議決権行使を条件とする株主1名につきQuoカード1枚（500
円相当）の提供に基づき議決権行使の勧誘を行ったことはいずれも違法であり，
決議取消事由に該当すると主張し，予備的に他の4つの取消事由を主張したも
のである。

(2) 判　旨
請求認容（控訴後和解）。

(i)「Yの定款上，本件株主総会において選任できる取締役の員数は最大で
8名，監査役の員数は最大で3名となる…。

そうであれば，本件株主提案と本件会社提案とはそれぞれ別個の議題を構成
するものではなく，『取締役8名選任の件』及び『監査役3名選任の件』とい
うそれぞれ一つの議題について，双方から提案された候補者の数だけ議案が存
在すると解するのが相当である。

XがY社の株主から得た本件委任状には，委任事項として，『原案に対し修正
案が提出された場合（株式会社モリテックスから原案と同一の議題について議
案が提出された場合等を含む。）…（中略）…はいずれも白紙委任とします。』
と記載されている…。

本件においては，XらとY社経営陣との間で経営権の獲得を巡って紛争が生
じていることから，Xらがその提案に係る取締役及び監査役候補者の選任に関
する議案を提出し，株主に対して議決権の代理行使の勧誘を行ってきた場合に，
Y社からもいずれその提案に係る候補者の選任に関する議案が提出されるであ
ろうことは，株主にとって顕著であったものと認められる。また，Y社の定款
に定められた員数の関係から，本件株主総会において選任できる取締役の員数
は最大で8名，監査役の員数は最大で3名であって，本件株主提案に賛成し，
Xに議決権行使の代理権を授与した株主は，本件会社提案に係る候補者につい
ては賛成の議決権行使をする余地がない。

このような状況下においては，本件株主提案に賛成して本件委任状をXに提
出した株主は，委任事項における『白紙委任』との記載にかかわらず，本件委

任状によって，本件会社提案については賛成しない趣旨で，Xに対して議決権行使の代理権の授与を行ったと解するのが相当である。

Y社は，本件委任状には本件会社提案について賛否を記載する欄が設けられていないこと及び本件会社提案に係る候補者に関する参考書類の提供等がないことから，本件委任状は証券取引法194条，同法施行令36条の2第1項，勧誘内閣府令43条等に違反し無効であって，本件委任状による本件会社提案についての議決権行使の代理権授与も無効となると主張する。

本件株主提案に賛成する議決権行使の代理権を授与した株主は，Y社から提案が予想される議案に反対する趣旨で代理権授与を行ったと解される…。

株主総会招集通知に添付された参考書類により会社提案に係る候補者の情報を得た時点で株主提案への賛成を翻意した場合には，株主に対する代理権授与の撤回をすることによって，その意図に沿った議決権行使を行うことが可能である。

株主が株主提案に賛成するとともに会社提案に反対することを内容とする議決権代理行使の勧誘をする場合に，常に会社提案についても賛否を記載する欄を設けた委任状の用紙を作成しなければならないとすると，株主は，株主総会招集通知の受領後に，会社提案について賛否を記載する欄を設けた委任状及び会社提案についての参考書類の作成，株主に対する送付等を行った上で，2週間から上記の作業期間を控除した残りの期間に議決権代理行使の勧誘を行わなければならず，会社と比較して著しく不利な地位に置かれることとなる。

株主が，自らの提案に賛成するとともに会社提案に反対することを内容とする議決権代理行使の勧誘をするためには，常に会社提案についても賛否を記載する欄を設けた委任状を作成しなければならないと解することは，株主に対する議決権代理行使の勧誘について会社と株主の公平を著しく害する結果となるといわざるを得ない。

本件においては，本件委任状の交付をもって，本件会社提案についての株主からXに対する議決権行使の代理権の授与を認めたとしても，議決権代理行使勧誘規制の趣旨に必ずしも反するものではないということができ，本件委任状が本件会社提案について賛否を記載する欄を欠くことは，本件会社提案に係る候補者についてのXに対する議決権行使の代理権授与の有効性を左右しないと

解するのが相当である。」

(ii)「会社法120条1項は,『株式会社は,何人に対しても,株主の権利の行使に関し,財産上の利益の供与(当該株式会社又はその子会社の計算においてするものに限る。…)をしてはならない。』と規定している。同項の趣旨は,取締役は,会社の所有者たる株主の信任に基づいてその運営にあたる執行機関であるところ,その取締役が,会社の負担において,株主の権利の行使に影響を及ぼす趣旨で利益供与を行うことを許容することは,会社法の基本的な仕組に反し,会社財産の浪費をもたらすおそれがあるため,これを防止することにある。

　そうであれば,株主の権利の行使に関して行われる財産上の利益の供与は,原則としてすべて禁止されるのであるが,上記の趣旨に照らし,当該利益が,株主の権利行使に影響を及ぼすおそれのない正当な目的に基づき供与される場合であって,かつ,個々の株主に供与される額が社会通念上許容される範囲のものであり,株主全体に供与される総額も会社の財産的基礎に影響を及ぼすものでないときには,例外的に違法性を有しないものとして許容される場合があると解すべきである。

　Y社が議決権を有する全株主に送付した本件はがきには,『議決権を行使(委任状による行使を含む)』した株主には,Quoカードを贈呈する旨を記載しつつも,『【重要】』とした上で,『是非とも,会社提案にご賛同のうえ,議決権を行使して頂きたくお願い申し上げます。』と記載し,Quoカードの贈呈の記載と重要事項の記載に,それぞれ下線と傍点を施して,相互の関連を印象付ける記載がされていることが認められる。

　Y社は,昨年の定時株主総会まではQuoカードの提供等,議決権の行使を条件とした利益の提供は行っておらず,Xとの間で株主の賛成票の獲得を巡って対立関係が生じた本件株主総会において初めて行ったものであることが認められる。

　株主による議決権行使の状況をみると,…Quoカードの提供が株主による議決権行使に少なからぬ影響を及ぼしたことが窺われる。

　Quoカードの提供を伴う議決権行使の勧誘が,一面において,株主による議決権行使を促すことを目的とするものであったことは否定されないとしても,

本件は，Xら及びY社の双方から取締役及び監査役の選任に関する議案が提出され，双方が株主の賛成票の獲得を巡って対立関係にある事実であること及び上記の各事実を考慮すると，本件贈呈は，本件会社提案へ賛成する議決権行使の獲得をも目的としたものであると推認することができ，この推認を覆すに足りる証拠はない。」

(3) コメント

3−1）書面投票制度と委任状勧誘

　株主には，書面投票や電子投票の制度も認められている。書面投票制度とは，議決権行使書面に記載された議案に関して賛否を問う制度のことである（会社法298条2項・301条1項）。これにより，株主による議決権行使の機会が拡大され，その利便性が向上することとなる。会社法では，議決権を有する株主が1,000人以上であれば，書面投票制度を採用しなければならない（会社法298条2項，会社法施行規則64条）。したがって，大会社であるかどうかを問わず，株主が1,000人以上の会社には，書面投票制度が強制的に適用される。

　他方，委任状勧誘とは，会社や第三者が株主に対して自己の議決権を代理行使させるよう勧誘することである。近年では，会社経営に不満をもつ株主が，株主提案権を行使した場合のみならず，単に会社提案に反対する場合にも，自らの経営方針を実現するために委任状勧誘を行う例が少なくない。なお，株主が行う委任状勧誘については，株主総会の招集通知を受領する前もなすことができるし，一部の議案のみに委任状勧誘することも可能である。

　勧誘を受けた株主の側からすれば，これに応じるべきかどうかの十分な判断材料の提供を受けることと，委任した場合には自らの意思が議決権行使に反映されることが重要となる。この点，金融商品取引法では，上場会社における委任状勧誘に際して，勧誘者は委任状用紙と参考書類を株主に交付しなければならず（金商法194条，金商令36条の2以下）[25]，それらの書式・仕様・内容についても，内閣府令に具体的な定めがある（勧誘内閣府令43条等）。

3−2）本件委任状の有効性

　本件委任状には，会社提案について賛否を記載する欄が設けられておらず，会社提案に係る候補者に関する参考書類の提供もないことから，これが委任状

第3章　企業統治に関する裁判例

勧誘規制に違反するのかが問題となった。すなわち，本件委任状は，株主提案について，「取締役8名選任の件」と「監査役3名選任の件」の別に，被勧誘者の賛否を記載する欄が設けられていたが，会社提案については，賛否を記載する欄が設けられていなかった。また，参考書類には，株主提案に係る取締役候補者8名および監査役候補者3名について，その氏名・生年月日・略歴・地位・担当・他の法人の代表状況等が記載されていたが，会社提案に係る記載はなかった。そこで，本件委任状は委任状勧誘規制に違反し，本件委任状による会社提案に対する授権が無効となるか否かが問題となったのである。

　本件では，株主提案も会社提案も，ともに定款所定の上限となる役員候補者を提案していることから，株主提案に賛成する議決権行使の代理権を授与した株主は，会社提案に反対する趣旨でその委任を行ったと実質的に解釈できるし，株主による委任の撤回可能性や会社提案の内容が判明する時期が株主総会の直前であることにかんがみれば，本件委任状は，委任状勧誘規制の趣旨に必ずしも反するものではなく，また，常に会社提案についても賛否を記載する欄を設けた委任状の作成を株主に要求することは会社と株主の公平を著しく害するとして，これを有効と判示した[26]。

　なお，東京地判平成17年7月7日判時1915号150頁は，委任状勧誘規制に違反することを前提として，決議の方法の法令違反に該当するかなどが問題となった事案であった。これに対して，本判決は，委任状勧誘規制に違反した勧誘に基づく委任の有効性について，直接に明言することなく，規制の趣旨から結論を導いているものと考えられる[27]。

3−3）委任の趣旨

　原告に対する委任（議決権行使の代理権授与）の趣旨について，本判決は，次のように判示している。すなわち，原告らと会社経営陣との間で経営権の獲得を巡って紛争が生じていることから，会社からもいずれ役員選任議案が提案されるであろうことは，株主にとって顕著であった。また，定款所定の役員定数の関係から，株主提案に賛成した株主には，会社提案に賛成する余地はない。このような状況下において，委任状を原告に提出した株主は，会社提案に賛成しない趣旨で委任を行ったと解すべきとしたものである。

　そして，会社提案の採決に際しては，本件委任状に係る議決権数を，出席議

230

決権に算入し，かつ会社提案に対し反対したものと取り扱うべきだったのであるから，会社提案を可決した本件決議は，その方法が法令に違反したものとして決議取消事由を有するとの結論を下した。

　本判決は，株主提案に係る候補者全員に賛成した場合には，会社提案の候補者に賛成する余地はないと解釈しているが，その射程については議論がある。本件においては，前記のとおり，原告らと会社経営陣との間で経営権の獲得を巡って紛争が生じており，会社からもいずれ役員選任議案が提案されるであろうことは，株主にとって明らかであった。かかる事情の下では，すでに委任状を提出した株主の意思を忖度し，いまだ提示されていない会社提案には反対する旨の授権があったと解釈することにも，一定の合理性が認められよう。ちなみに，仮に会社提案を知った後に株主提案への賛成を翻意した場合であっても，委任の撤回は可能である。

　こうした本判決の見解は，提案株主の側にとって，委任状勧誘を早期に着手できる途を拓いたものとも評価し得るのではあるまいか。

3－4）議題と議案の数について

　本判決では，株主提案と会社提案との関係について，①原告と会社の双方から，「取締役8名選任の件」および「監査役3名選任の件」という議題によって各候補者の提案がされたこと，②会社の定款上，株主総会において選任できる取締役の員数は最大8名，監査役の員数は最大で3名となることを認定した上で，「そうであれば，本件株主提案と本件会社提案とはそれぞれ別個の議題を構成するものではなく，『取締役8名選任の件』及び『監査役3名選任の件』というそれぞれ一つの議題について，双方から提案された候補者の数だけ議案が存在すると解するのが相当である」と判示した。すなわち，会社提案と株主提案は別個の議題だとする被告の主張を退け，候補者の数だけ議案があるとした。

　議題の数に関しては，株主総会の招集通知に記載される人数も含めて議題の内容になるのか否か，たとえば，議題は「取締役8名選任の件」か，それとも単に「取締役選任の件」なのかという問題がある。株主総会の自主的判断を過度に制約することは妥当でなく，むしろ招集通知記載の人数は単なる予定数であって，議題の内容に含まれないとする学説もある[28]。しかし，実務上は，招

231

集通知記載の人数も含めて議題の内容になると解釈するのが一般的であろう（東京高判平成3年3月6日金判874号23頁）。

　また，議決権行使書面には，各議案の賛否の欄を設けなければならず，2以上の役員等の選任に関する議案については，候補者ごとに賛否の欄を設けなければならない（会社法施行規則66条1項）。このことから，議案の数について「双方から提案された候補者の数だけ議案が存在する」とした本判決の結論は妥当であろう。

　したがって，仮に会社の定款上，株主総会において選任できる取締役の員数が最大10名であった場合には，「取締役10名選任の件」という一つの議題について，双方から提案された候補者の数だけ議案が存在するものと考えるべきである。

　ちなみに，委任状勧誘規則は，委任状用紙に議案ごとに賛否の欄を記載しなければならないと定めているのみである（勧誘内閣府令43条）。候補者の数だけ議案があるという前記の見解に立脚すれば，委任状にも候補者ごとに賛否の欄を設けなければならないとも解釈できよう。しかるに，本件では，株主提案において一括して賛否を指示する様式を採用していた。したがって，かかる事実が委任状勧誘規制に違反するのではないかも問題とはなり得る。しかし，本判決は，前記3－2）のとおり，この点を判断していない。

3－5）金品贈呈と利益供与

　本件では，議決権行使株主に対するQuoカードの送付が，株主の権利行使に関する利益供与に該当し，違法ではないかが問題とされた。会社法120条1項は，反社会的勢力との絶縁，会社財産の浪費の防止が主眼と考えられていた。この点，本判決では，Quoカードの贈呈が同項の利益供与に該当すると判断し，かかる利益供与を受けてされた決議は，その方法が法令に違反したものとして，決議取消事由を有すると判示した。

　本判決は，利益供与の禁止規定の趣旨について，取締役は，会社の所有者たる株主の信任に基づいてその運営にあたる執行機関であるところ，その取締役が，会社の負担において，株主の権利の行使に影響を及ぼす趣旨で利益供与を行うことを許容することは，会社法の基本的な仕組に反し，会社財産の浪費をもたらすおそれがあるため，これを防止することにあるとした。そして，株主

の権利の行使に関して行われる財産上の利益の供与は，原則として禁止されるが，①当該利益が，株主の権利行使に影響を及ぼすおそれのない正当な目的に基づき供与される場合であって（正当な目的），かつ，②個々の株主に供与される額が社会通念上許容される範囲のものであり（個々の金額の相当性），③株主全体に供与される総額も会社の財産的基礎に影響を及ぼすものでないときには（総額の相当性），例外的に違法性を有しないとの一般論を判示した。

そこで，本件をみるに，500円相当のQuoカード1枚の贈呈は，その額において社会通念上相当な範囲に止まり（前記②），また，その総額も会社の財産的基礎に影響を及ぼすとはいえない（前記③）。しかし，会社提案と株主提案が競合し，委任状勧誘合戦が行われている本件においては，会社が株主に会社提案に賛成してもらいたいと思うのは，むしろ当然であろう。現に会社は，各株主に対し，議決権を行使した株主にはQuoカードを贈呈する旨を記載するとともに，「是非とも，会社提案にご賛同のうえ，議決権を行使して頂きたくお願い申し上げます。」と記載した葉書を送付している。これは，会社提案に賛成する議決権行使の獲得をも目的としており，株主の権利行使に影響を及ぼすおそれのない正当な目的によるものとはいえない（違法性阻却事由①の不存在）。

実務上，株主に対する社会通念上相当な範囲内の金品進呈やお土産が，ただちに利益供与になるわけではない。たとえば，株主総会に実際に出席した株主に対し，来場の労への謝意として社会的儀礼の範囲内でお土産を提供することは許容されてよい[29]。しかし，委任状勧誘合戦が行われている場合などは，たとえ粗品であっても，その贈呈には慎重であるべきであろう。

5　結びに代えて

本稿では，会社法施行以降の株主総会に関する裁判例のうち，理論と実務の両面において重要な3件について検討した。東京高判平成27年5月19日（HOYA株主提案権侵害損害賠償請求事件）は，最近問題となっている株主提案権の濫用的行使につき，初めて権利濫用と判断したものであり，今後の法改正にも大きな影響を与えたという意味においても，重要な裁判例である。また，

株主総会実務では当日の受付事務が重要であるところ，非株主の議決権代理行使をめぐる東京高判平成22年11月24日（大盛工業株主総会決議取消請求事件）は，総会事務局にも多くの示唆を与えた。さらに，東京地判平成19年12月6日（モリテックス株主総会決議取消請求事件）は，すでに数多くの評釈もあるが，委任状勧誘と利益供与に関する著名事件であるため，ここでも取り上げることとした。

　本稿で取り上げたほかにも，最判平成28年3月4日最高裁HP（ARS VIVI-ENDI株主総会否決決議取消請求事件），東京高判平成27年3月12日金判1469号58頁（アムスク株主総会決議取消請求事件），東京地決平成20年12月3日資料版商事法務299号337頁（春日電機臨時株主総会開催禁止仮処分命令申立事件），東京地決平成24年1月17日金判1389号60頁，東京地判平成25年12月19日商事法務2071号63頁（オリンパス株主総会決議取消請求事件），東京地判平成27年3月26日商事法務2076号62頁（HOYA株主総会決議取消請求事件）等，会社法施行後の株主総会に関する重要な裁判例は少なくない。これらについては，今後の研究課題といたしたい。

〔注〕
(1)　稲葉威雄『改正会社法』（金融財政事情研究会，1982）131頁。
(2)　直近の平成28年6月株主総会では，37社において株主提案により167議案が付議され，社数・議案数いずれも過去最多を記録した（平成27年6月総会では29社・161議案）。
(3)　「株主提案議案の現状と今後の課題」商事法務2038号54頁，澤口実「株主提案権の今」資料版商事法務340号18頁。
(4)　諸外国における株主提案権制度として，持株要件（継続して1年間，2,000USDまたは1％以上）を満たしている株主は，特定の株主総会において一つの提案に限り提出できる（アメリカ連邦証券取引所則14a－8(c)），持株要件（基本資本金の5％または500,000EUR）を満たしている株主は，議題の決定および公告を請求することができる（ドイツ株式法122条2項）などの例がある。これには，提案可能な事項や提案内容等を制限する国（アメリカ，ドイツ）と，②提案可能な事項等を制限しないが，持株要件を高く設定する国（イギリス，フランス，日本）とがある。江頭憲治郎『株式会社法〔第6版〕』（有斐閣，2015）329頁。
(5)　大隅健一郎「株主権の濫用」『新版 会社法の諸問題』（有信堂高文社，1983）169頁。
(6)　たとえば，武井一浩「株主提案権の重要性と適正行使」商事法務1973号55頁。
(7)　大判昭和10年10月5日民集14巻1965頁，四宮和夫＝能見善久『民法総則〔第8版〕』（弘文堂，2010）18頁。この点，我妻榮『新訂 民法総則（民法講義Ⅰ）』（岩波書店，1965）35頁は，「権利を行使する者の主観に拘泥することなく，客観的な立場から，権利者の

それによってえようとする利益と，それによって他人に与える損害とを比較考量し，その権利の存在意義に照らして判断されなければならない」とされる。

(8) 具体的には，議案の数が58個に及んでおり，会社に相当な負担を強いることは否定できないが，①株主提案の一部は，会社提案への反対議案に整理できること，②より多数の株主提案が過去になされ，最終的には15ないし20個の議案として上程した経験があること，③株主の請求から会社が招集通知の内容を確定するまで１か月以上の期間的余裕があったことなどにより，権利濫用を認めなかった事例である。

(9) 株主提案権の行使により株主共同の利益を著しく害する場合には提案権の濫用を肯定する見解として，松井秀征「株主提案権の動向」ジュリスト1452号41頁。

(10) 株主総会関係書類の作成・印刷・発送コストは会社が負担するが，それはすなわち全株主の負担である。武井・前掲注(6)54頁。

(11) 主観的事情を重視すべき場合においては，権利行使者の害意等の主観的要素の存在に着目して権利濫用と判断した裁判例も少なくなく（前掲注(7)・大判昭和10年10月５日，最判昭和38年５月24日民集17巻５号639頁，最判昭和41年９月22日判時460号51頁等），本件もこのような事例の一つと位置づけられる。

(12) 小林史治「株主提案権とその権利の濫用―東京高判平成27年５月19日の検討―」商事法務2079号43頁，松下憲「再考・委任状勧誘規制〔下〕―米国のProxy Regulationを参考にして―」商事法務2059号50頁。

(13) 髙橋美加＝笠原武朗＝久保大作＝久保田安彦『会社法』（弘文堂，2016）120頁は，「株主総会の円滑さや効率性の確保と，会社運営への株主関与の確保という，方向の違う二つのベクトルをどのように調和するかという，難しい問題である」と指摘される。

(14) 議案要領通知請求権のほかに，議題提案権（会社法303条）または議場での議案提案権（同法304条）に基づき株主が提案することができる議題・議案の数の制限をする必要があるかどうかについて，および，株主が提案することのできる議案の数については，引き続きの検討を提言している。

(15) 株主総会の議場における議案提案権および議案要領通知請求権に加えて，議題提案権に関しても，その規律を及ぼす必要があるかどうかについては，引き続きの検討を提言している。

(16) 代理人による議決権行使に関して必要な事項（代理権を証明する方法や代理人の人数など）は，株主総会の招集時に個別に定めることができる（会社法施行規則63条５号）。ただし，定款に規定が置かれている事項については，総会招集時に決議する必要はない。

(17) 高田晴仁「議決権行使の代理人資格の制限」別冊ジュリスト229号『会社法判例百選〔第３版〕』（有斐閣，2016）68頁。

(18) 江頭・前掲注(4)339頁。

(19) 商事法務2118号『株主総会白書 2016年版』によれば，代理人を定款で株主に限定している会社は95.6%である。

(20) 前掲・神戸地尼崎支判平成12年３月28日に対して，株主総会の受付事務等の実務的な洞察を欠くなどといった批判が多いのは，かかる理由によるものである。

(21) この点に関し，宮島司『新会社法エッセンス〔第４版〕』（弘文堂，2014）181頁は，「定款のもつ意義や機能からすれば，このような定款をもっている会社では，株主が代理人である場合には定款に適合しているが，株主以外の第三者が代理人である場合には定款

235

第3章　企業統治に関する裁判例

に違反しているという，このいずれかしかありえないはずであろう。定款の効力とはそういうものである」とされる。また，高田・前掲注⑴768頁は，同様の前提に立ちつつ，「実践的に考えれば株主総会の現場で定款規定の限定解釈とその微妙な適用が正しく行われるか甚だ疑問」であるから，当該定款規定を有効と解するときは「株主に議決権行使の機会を保障することと法的安定性を守ることとは両立しがたい」として，「（定款規定の）無効説が主張される根拠がある」とされる。

⑵　議決権の代理行使とは直接関連しないが，同伴者（介助が必要な株主の補助者，配偶者や子供の同伴，外国人株主の通訳等）の扱いも実務的には重要な課題である。

⑵　東京証券取引所「コーポレートガバナンス・コード」（2016年6月1日）は，「信託銀行等の名義で株式を保有する機関投資家等が，株主総会において，信託銀行等に代わって自ら議決権の行使等を行うことをあらかじめ希望する場合に対応するため，上場会社は，信託銀行等と協議しつつ検討を行うべきである。」としている（補充原則1－2⑤）。

⑵　前掲注⑲93頁によれば，「名義株主の背後にいる実質株主（グローバルな機関投資家等）は認めることがある」とした会社のうち，会社の裁量により総会の傍聴を認めると回答した会社は64.1%であった。

⑵　委任状勧誘とその規制については，田中亘「委任状勧誘戦に関する法律問題」金判1300号2頁。会社法上の議決権行使書面の規制と金融商品取引法上の委任状に関する規制内容が類似している点に関し，高橋ほか・前掲注⒀135頁。また，書面投票制度・委任状制度の採用状況に関し，前掲注⑲73頁。

⑵　定員を超える取締役選任の株主提案があった場合の実務対応につき，東京弁護士会会社法部『新 株主総会ガイドライン』（商事法務，2007）307頁。

⑵　後藤元「委任状勧誘合戦と株主総会決議の取消事由」ジュリスト1376号113頁。

⑵　吉本健一「株主総会における取締役選任決議の採決方法」法学新報109巻9＝10号637頁。

⑵　前掲注⑲45頁によれば，お土産を用意した会社は直近で77.3%だが，その比率は年々減少傾向にある。

取締役・社外取締役

青山学院大学大学院会計プロフェッション研究科教授 **重田　麻紀子**

I　はじめに

　本節では，2005年会社法制定以降の取締役の地位をめぐる判例の中から，特に学説及び実務で関心の高いものを抽出し，これに社外取締役の責任が問われた近時の判例を加えて考察する。

　まず，取締役の地位に関する判例に関しては，2つの最高裁判決について取り上げる。1つは，株式会社の破産手続開始決定に伴い当該会社の取締役の地位及び権限は失われるのかという問題を扱った最判平成21年4月17日判時2044号74頁，もう1つは，いわゆる取締役権利義務者に対する解任の訴えの可否について判断を示した最判平成20年2月26日民集62巻2号638頁である。また，下級審判決ではあるが，東京地判平成27年6月29日判時2274号113頁では，定款変更により任期が短縮され退任させられた取締役が会社に対して損害賠償請求することができるかという新しい論点に対して判断が示された。これは，会社法制定以降，非公開会社における役員任期の伸長（会社法332条2項）が認められたことに関連して生じた新しい問題といえ，本稿に加えておきたい。

　次に，社外取締役をめぐる判例に関しては，従来，監視義務違反や善管注意義務違反に基づく責任が問題とされた事案がほとんどであり，その傾向は，会社法制定後の判例においても大きな変化はない。社外取締役は，一般的に経営を監視する者として位置づけられているが，法制化された2001年（平成13年）

237

第3章　企業統治に関する裁判例

商法改正後，数度の法改正を経る中で，その資格要件の見直しを受けるだけでなく，新たな機関設計にも位置づけられるなど，その法概念の変化が著しい[1]。今や社外取締役は上場会社における取締役会改革の中心に据えられる存在となり，常に実務・学説上の関心事であることを踏まえ，ここでは上場会社における社外取締役の責任が問われた判例として，指名委員会等設置会社における社外取締役の責任につき判断した大阪高判平成27年10月29日判時2285号117頁（シャルレ事件）を取り上げる。

Ⅱ　取締役の地位をめぐる判例

1　定款変更による取締役の任期短縮の可否（東京地判平成27年6月29日判時2274号113頁）

　本事案は，取締役が定款変更によって自らの任期が短縮された結果，任期満了により退任扱いされた取締役が，自らの地位の確認と併せて，当該定款変更がなかった場合に得られたはずの取締役の報酬の支払を請求したものである。特に後者の請求に関しては，取締役が任期途中に定款変更により退任扱いされたことに対して損害賠償による保護を求めることができるのかが最大の争点になるが，この場合，会社法上直接適用される根拠規定が存在しないために会社法339条2項を類推適用して損害賠償請求権を認めることができるかが問題となった。これまで裁判例で取り上げられたことのない論点でもあることから，理論上，実務上興味深い判例である。

(1)　事案の概要

　Y株式会社は平成7年9月に設立された非公開会社である。X1は，公認会計士及び税理士の資格を有しており，平成10年8月25日から平成20年5月21日までY社の監査役を務めた後，同日に開催の株主総会においてY社の取締役に選任された。またX2は，X1の子であり，平成18年9月，Y社に従業員として入社し，平成20年5月24日の株主総会でY社の取締役に選任された。Y社は，平成18年8月30日のY社の定時株主総会で，取締役の任期を選任後2年以内に終了する事業年度のうち最終のものに関する定時株主総会の終結の時までから，選任後10年以内へと定款変更をした。平成20年7月，Y社の代表取締役A

238

が死亡し，その後任にBが就任してから，Y1とY2（以下「Y1ら」という。）
はBとY社の経営をめぐって対立状態に至った。Y社は，平成23年1月20日開
催の臨時株主総会において，取締役の任期を，選任後1年以内へ定款変更し（以
下「本件定款変更」という。），X1ら取締役の任期がすでに満了したとして，
X1らを再任せずに，新たな取締役2名を選任した。本件定款変更がなかった
場合，X1らの任期の終期は，早くても平成28年6月末日であった。そこで，
X1らは，主位的に，取締役の任期途中に本件定款変更があったとしても，取
締役の承諾がない限り，Y社の取締役を退任することはないとして，取締役の
地位の確認等を求めた。また，予備的には，本件定款変更による取締役の退任
について会社法339条2項の類推適用により，本来の任期満了日である平成28
年6月末日までの5年5か月に得られたであろう取締役報酬相当額の支払を求
めた。

(2) **判　旨**

① 本件定款変更によるX1らの取締役の退任の有無について

「X1らが現在もなおY社の取締役の地位にあるといえるか否かは，取締役の
任期を短縮する旨の本件定款変更によってX1らがY社の取締役から当然に退
任することになるかに関わるところ，取締役の任期途中において，その任期を
短縮する旨の定款変更がなされた場合，その変更後の定款は在任中の取締役に
対して当然に適用されると解することが相当であり，その変更後の任期によれ
ば，すでに取締役の任期が満了している者については，上記定款変更の効力発
生時において取締役から当然に退任すると解することが相当である。

けだし，上記の定款変更は，取締役の解任と同様の効果を発生させるもので
あるところ，取締役はいつでも株主総会の決議によって解任することができる
とされており（会社法339条1項），他方，定款変更によって当然に退任させら
れた取締役の保護は，解任の場合と同様に，損害賠償によって図れば足りると
いうべきだからである。

これによれば，平成20年5月21日に取締役に選任されたX1らは，平成23年
1月20日に取締役の任期を10年から1年に短縮する旨の本件定款変更がなされ
たことにより，同日，Y社の取締役から当然に退任したことになるというべき
である。その後，X1らがY社の株主総会において取締役に再任された事実は

239

第3章　企業統治に関する裁判例

認められないから，結局，Ｘ１らがＹ社の取締役の地位にあるということはできない。」

②　会社法339条2項の類推適用の可否と損害額について

「会社法339条2項は，株主総会の決議によって解任された取締役は，その解任について正当な理由がある場合を除き，会社に対し，解任によって生じた損害の賠償を請求することができる旨定めているところ，その趣旨は，取締役の任期途中に任期を短縮する旨の定款変更がなされて本来の任期前に取締役から退任させられ，その後，取締役として再任されることがなかった者についても同様に当てはまるというべきであるから，そのような取締役は，会社が当該取締役を再任しなかったことについて正当な理由がある場合を除き，会社に対し，会社法339条2項の類推適用により，再任されなかったことによって生じた損害の賠償を請求することができると解すべきである。

　これを本件についてみると，Ｘ１らは，本件定款変更によって本来の任期よりも前に取締役から退任させられ，取締役として再任されることもなかったのであるから，Ｙ社がＸ１らを再任しなかったことについて正当な理由がある場合を除き，Ｙ社に対し，損害賠償を請求することができることとなる。」

「そこで，Ｘ１らが被った損害について検討する。……Ｘ１らは，Ｘ１らが取締役を退任した日の翌日である平成23年1月21日から本件定款変更前の本来の任期の終期である平成28年6月末日までの間の得べかりし取締役報酬相当額が損害となる旨主張する。

　しかしながら，平成23年1月から平成28年6月までの5年5か月以上もの長期間にわたって，Ｙ社の経営状況やＸ１らの取締役の職務内容に変化がまったくないとは考えがたく，Ｘ１らが平成28年6月までの間に上記の月額報酬を受領し続けることができたと推認することは困難であって，その損害額の算定期間は，Ｘ１らが退任した日の翌日から2年間に限定することが相当である。」

(3)　コメント

　判旨①では，取締役が在任中にその任期を短縮する定款変更があった場合，当該取締役はその影響を受けるのかどうかが問題とされている。この点についての本判決の考えは，短縮後の任期が在任中の取締役にも当然に適用されるとし，本件のＸ１らは，変更後の任期によると任期満了となるから定款変更の効

240

力発生時から取締役から退任するとした。そして，この場合の定款変更については，取締役の解任の場合と同様の効果が生じるから，正当な理由なき解任時における損害賠償によって取締役の保護を図るものとする。この点は，会社法制定以前より，実務上の扱いは，定款を変更して取締役の任期を短縮した場合には，現任の取締役の任期も短縮され，定款の変更時においてすでに変更後の任期が満了しているときは，当該取締役は退任することになるとの対応がなされてきた[2]。同様に，学説でも，役員の任期に関する定款変更の効果が及ぶ人的範囲に在任中の役員も含まれると解されている[3]。したがって，判旨①については，従来の実務における取扱いに合致し，現在の学説においても異論のないところといえる[4]。

次に，判旨①を踏まえ，当該定款変更による任期短縮が取締役に退任をもたらす場合に，解任の場面を定める会社法339条2項の規定を類推適用することができるか，もし，類推適用を認めるとすればその場合の損害賠償額は残任期間の報酬額を基準とするのかという点が問題となる。この関係で，判旨②は，同条の趣旨は，本事案のように在任中に任期を短縮する定款変更によって，本来の任期満了前に退任させられた取締役にも同様に当てはまるとし，再任されなかったことにつき正当な理由がない限り，不再任により被った損害を賠償請求することができるとして，同条の類推適用の余地を認めた。そのうえで，損害額の算定期間については，X1らの退任から本来の任期満了時までの報酬額とするとなると，その長期間（およそ5年5か月）に生じ得るY社の経営や職務内容の変化によって当該報酬額相当を受領できたかどうかは考慮し難いとして，2年間に限定するとした。

会社法339条は，株主に対して取締役をいつでも自由に解任する権限を付与することにより（同条1項），株主の会社支配権を確保するとともに，他方で，解任された取締役には，その解任が「正当な理由」によらない限り，会社に対して解任によって生じた損害の賠償を請求する権利を認め（同条2項），取締役の任期へ期待を保護して地位の安定を図ることが趣旨であるとするのが通説の理解である[5]。会社の定款変更により任期が短縮された取締役が，任期満了に伴い退任することになると，退任した取締役は，取締役の地位が他律的に終了させられたという意味において，事実上，解任と同様の効果を受けることに

241

なるといえるし，決議要件こそ違えども定款変更において株主総会決議を経る点においても解任と同様のプロセスをとることになる。よって，解任と類似の過程を経て同様の利益状況がもたらされる本事案についても，同条の規定の趣旨が妥当すると解することができるから，判旨が同条の趣旨に基づき類推適用を認めた点は自然な解釈である。学説も基本的に支持している[6]。次に，Ｘ１らの損害賠償請求の可否は，同条２項所定の「正当な理由」の存否如何ということになるが，判旨は，「会社が当該取締役を再任しなかったこと」に関し，正当理由の有無を判断する。ただこの判旨についても，不再任の理由だけを考慮する意図であるのか，それとも，任期短縮の定款変更を行う理由をも斟酌して判断するという趣旨であるのか，必ずしも判旨は明確とはいえない[7]。この点，本件ではＸ１らの不再任は定款変更に意図されて付随した必然の結果であり，後者の目的はＸ１らを選任しないことにあるから，判旨は必ずしも不再任の理由だけを斟酌したのではなく，定款変更の理由も含めて「正当な理由」の判断材料としたものと解する[8]。本件では，Ｙ社がＸ１らを再任しなかった理由として，取締役全員が親族関係にあり，取締役会が形骸化していたため，その活性化を図り，経営体質を強化して，経営環境の急激な変化に対応する必要があったことを挙げたのに対し，判旨は，「取締役全員が親族関係にあって取締役会が形骸化していたというのであれば，新たに親族以外の者を取締役として追加すれば足りる」として正当な理由を認めなかった。こうした「正当な理由」の意義についても，これまで解任事例で判例が「正当な理由」として認めた事由として，心身の故障，職務執行への著しい不適任・経営能力の欠如，任務懈怠が挙げられるが，本判決は，こうした一連の判例の考え方に依拠したものといえる[9]。

　最後に，損害賠償額とその算定期間に関して，判旨②では，定款変更前の本来の任期の終期までの残存期間である５年５か月間ではなく，退任して２年間の得べかりし報酬相当額に限定されるとした。本条の損害賠償額の範囲には，従来の判例及び学説上，役員等が解任されなければ本来得られた利益の額，すなわち任期満了まで及び任期満了時に得られたであろう報酬が含まれるとする考え方が示されてきた[10]。本事案を解任事案に準えて解するのであれば，その考え方に即して，本件では本来の残任期間である５年５か月間の報酬額と算定

されるはずであるところ，判旨は，そのように解さず，その理由として，上記期間は長期間であり，その間の経営状況や職務内容の変化があり得ることを考慮すれば，上記期間の報酬額を受領していた蓋然性が低いからとする。しかし，判旨が，本来の残任期間が長期であることを論拠として，従来の損害額算定の考え方に依拠しなかったことは説得的ではない。加えて，判旨が算定期間を2年間に限定したのは，会社法上の取締役の標準任期が2年（会社法332条1項）であることを念頭に置いたものと思われるが，その理由が明確に説示されておらず，この点に関する判旨の論理には疑問が残る[11]。会社法339条2項は，会社・株主と取締役との対立構図が多かれ少なかれ生じている難しい局面において最終的な決着をつけるための利益調整の役割を担う規定であると解される以上，本条における正当な理由と損害の範囲に関する判断は慎重になされるべきであり，ましてや裁判所の裁量に委ねられるべき問題ではないとすれば，今後，司法判断の展開も含め，判断基準の形成に向けた議論の積み重ねが必要である。

2 破産手続開始決定と取締役の地位・権限の存否（最判平成21年4月17日判時2044号74頁）

株式会社は，破産手続開始決定を受けると当然に解散し（会社法471条5号），原則として破産管財人により破産会社の清算手続に入るとするが，会社自体は破産手続の下で清算の目的の範囲内で存続する（破産法35条）。ただ，破産管財人は破産財団の財産管理処分権限しか有しないため（破産法78条1項），破産法上，破産手続開始後も，破産者につき一定の行為を行う権限がある旨規定されている（破産法40条1項1号，41条，153条1項等）。それゆえ，破産手続が終了するまで，会社の組織に関する権限は，会社の機関たる取締役等が一定の権限を担うことになる。

しかし，その一方で，取締役は，会社との関係は委任の規定に従うとされているため（会社法330条），受任者として委任契約の終了事由である会社の破産手続開始によりその地位が終了するということになる（民法653条2号）。そこで，会社の破産手続開始により取締役の地位は失われるのかが問題となる。本件は，本問題を中心に判断された最高裁判決である。

243

第3章　企業統治に関する裁判例

(1)　事案の概要

　Y株式会社の大株主であり取締役であったX1らが，平成19年6月28日に開催されたとするY社の臨時株主総会において，X1らを取締役から，Bを監査役から解任し，新たな取締役及び監査役を選任することを内容とする決議（以下「本件株主総会決議」という。）がなされ，同日に新たに選任されたとする取締役らによって開催されたとするY社の取締役会における代表取締役選任決議（以下，両決議を併せて「本件株主総会決議等」という。）がなされた。これに対して，同年7月10日，X1らは，株主総会招集通知がなされていないとして，本件株主総会決議等の不存在確認を求めて提訴した。Y社は，第1審係属中の同年9月7日，破産手続開始の決定を受け，破産管財人が選任された。

　第1審（福島地判平成19年11月22日金商1321号56頁）は，X1らの請求を認容したが，原審（仙台高判平成20年2月27日）は，Y社が破産手続開始の決定を受け，破産管財人が選任されたことにより，本件株主総会決議で選任されたとする取締役らは，いずれも，Y社との委任関係が当然終了してその地位を喪失し，他方，同決議で解任されたとする取締役らについても，本件訴訟で勝訴したとしても，破産手続開始の時点で委任関係が当然終了したものと扱われるので，Y社の取締役らとしての地位に復活する余地はないから，特別の事情がない限り，本件株主総会決議等不存在確認の訴えは訴えの利益がないところ，訴えの利益を肯定すべき特別の事情があるとは認められないとして，X1らの訴えを却下した。

(2)　判　　旨

　「会社が破産手続開始の決定を受けた場合，破産財団についての管理処分権限は破産管財人に帰属するが，役員の選任又は解任のような破産財団に関する管理処分権限と無関係な会社組織に係る行為等は，破産管財人の権限に属するものではなく，破産者たる会社が自ら行うことができるというべきである。そうすると，同条の趣旨に照らし，会社につき破産手続開始の決定がされても直ちには会社と取締役又は監査役との委任関係は終了するものではないから，破産手続開始当時の取締役らは，破産手続開始によりその地位を当然には失わず，会社組織に係る行為等については取締役らとしての権限を行使し得ると解するのが相当である。」

244

「したがって，株式会社の取締役又は監査役の解任又は選任を内容とする株主総会決議不存在確認の訴えの係属中に当該株式会社が破産手続開始の決定を受けても，上記訴訟についての訴えの利益は当然には消滅しないと解すべきである。」

(3) **コメント**

本事案は，会社が取締役等の選任又は解任を内容とする株主総会決議不存在確認の訴えの係属中に破産手続開始の決定を受けた場合，当該訴えの利益の存否について争われたものであるが，その存否は，会社の破産によって当該会社の取締役の地位が失われるかという問題の如何によって決せられる。そのため，本判決は，本問題に関して，会社の破産によって取締役は当然には地位を失わず，会社組織に係る行為等については取締役としての権限を行使し得ることを示し，そのうえで，当該訴えの利益も当然に消滅しないと結論づけた。

会社が破産手続開始決定を受けた場合に，これと同時に取締役等もその地位を失うか否かに関しては，会社法制定以前より見解が分かれていた。すなわち，破産手続開始決定があっても当然にはその地位を失わないとする立場（非終任説）と，破産手続開始決定により取締役はその地位を失うとする立場（終任説）との対立である。本事案でも，原審が終任説の立場を採用したのに対し，本判決は非終任説に立つが，以下の通り，従来の大審院及び最高裁判決は必ずしも一貫した見解を示してきたわけではない。まず，非終任説に立つものとして，①大判大正14年1月26日民集4巻1号8頁は，失権通知の無効確認の訴えの原告であった会社の取締役が，当該会社の破産後も原告となり得るかが争われた事案において，会社が破産したとき，取締役は破産管財人の権限に属する破産財団の管理又は処分をすることができなくなるにとどまり，当然取締役の資格が消滅するものではなく，当該失権通知無効確認訴訟は破産財団の管理又は処分を目的とするものではないとして当事者適格を肯定した。また，②最判平成16年6月10日民集58巻5号1178頁は，破産宣告を受けた有限会社の代表取締役が保険に付した建物に放火した場合に火災保険契約の免責条項にある取締役の地位に当たるかが争われた事案であるが，「社員総会の招集等の会社組織に係る行為等については，取締役としての権限を行為し得ると解される」とし，破産手続開始決定によって取締役の地位を当然に失わず，免責条項中の取締役に

該当するとした。これに対して，③最二小判昭和43年3月15日民集22巻3号625頁・判タ221号131頁は，株式会社が支払請求訴訟係属中に破産とともに同時廃止決定がなされた後であっても，当該会社の代表取締役が清算人の地位を有するかが争われた事案につき，民法653条を根拠に取締役は会社の破産により当然取締役の地位を失うと判示した。また，③を引用する④最判平成16年10月1日判時1877号70頁は，破産管財人が破産財団から放棄した目的物（不動産）の別除権者がその放棄する意思表示の相手方は誰であるかが問題となった事例であるが，破産宣告当時の取締役が会社財産についての管理処分権限を失うと解すべきと述べたうえで，たとえ当該目的物が破産財団から放棄されたとしても，これにつき従来の取締役が管理処分権限を有すると解すべき理由はないとした。

　これら一連の判例は，結論だけ見ると，①及び②判決が非終任説，③及び④判決が終任説に依ったものと分類することができる。ただ，いずれの判例でも，少なからず前提としている点は，権限の所在が問題となった当該行為が，破産財団の管理・処分に関わるものであるか否かという判断基準である。換言すれば，破産財団の管理・処分とそれに関わる行為は破産管財人の権限が及び，それ以外の行為は破産管財人はなしえず，その場合は従前の取締役がその権限を有するとする論理である。そうした観点で見ると，③及び④判決もまた，必ずしも会社の破産により取締役の地位及び権限も終了するとまで言及しているのではなく，会社破産後は，取締役は破産財団又は会社財産の管理処分権限を有しないと説示したにすぎないと解することができる[12]。そして本判決が，②判決を引用して，役員の選任又は解任のように破産財団に関する管理処分権限に関わらない会社の組織に係る行為等については，破産管財人の権限に属するものではなく，破産者たる会社自らが行うべきであるとしたことをも踏まえると，本判決も含めた一連の最高裁の立場は，破産手続開始時の取締役は，会社財産の管理処分権限を失うが，それ以外の会社組織に係る行為等については従前通りにその権限を行使することができ，その限りにおいて取締役としての地位は失うことはないものと整合的に理解されている[13]。

　他方，学説の議論状況は，従来の多数説が終任説に立ち，本判決以降もこれを支持する学説が少なくない[14]。たしかに，民法653条2号は，その文言上，

取締役に適用されると解するのが自然であり，取締役は会社を破産に導いた張本人であるからそのまま残任することは認められないとする終任説の主張も一理ある。ただ問題の本質は，民法653条2号を破産した会社の取締役に無制限に適用すると，結局，破産法が，破産者たる会社あるいは取締役に一定の場面での行為権限につき定めていることとの平仄が合わなくなるという点をどのように解していくことができるかにある。こうした問題意識に立って，従来の多数説に対峙する非終任説が有力に主張されているわけである[15]。実際には，破産手続開始に伴い会社が新たな取締役を選任する例は見当たらず，これまでの経緯や事情に通じている従前の取締役が組織法上の行為に従事する方が手間がかからないと指摘されており，また，東京地裁破産再生部の実務においても，従前の取締役が破産会社の人格的活動についての意思決定ないし執行機関として活動することを認め，非終任説による運用が行われているとされる[16]。本判決は，こうした実務における実際上の取扱いに即した立場を示したという意味で，混沌たる状況にある学説に対して，一石を投じたものとして評価できる。

4 取締役権利義務者に対する解任の訴えの可否（最判平成20年2月26日民集62巻2号638頁）

会社法346条1項は，役員が欠員となった場合，任期の満了又は辞任により退任した役員は，新たに役員（同条2項の一時役員の職務を行うべき者（以下「仮役員」ともいう。）も含む。）が就任するまで，なお役員としての権利義務を有すると定める。同条に基づき取締役の権利義務を引き続き有する者，いわゆる取締役権利義務者に，職務執行に関し不正の行為又は法令若しくは定款に違反する重大な事実があった場合，役員等の解任の訴えの制度（会社法854条1項）の下に，取締役権利義務者に対して解任の請求をすることができるのかという会社法制定以前から議論されてきた問題につき，本判決は，最高裁が初めて判断を示した判例である。

(1) 事実の概要

Xは，同族会社であるY1株式会社の発行済株式560株のうち280株を所有する株主である。Y2は，Y1社の280株を所有しY1社の代表取締役である。Y2は，取締役の任期満了した際の株主総会において再任決議が否決され，他に

第3章　企業統治に関する裁判例

取締役が選任されていなかったことから，取締役の権利義務を有する者として約2年半以上にわたりY1社の職務に当たっている。そこで，Xは，Y2がY1社の経営を独断専行しているなどと主張して，Y1社及びY2ら（以下「Yら」という。）に対し，Y2の取締役解任の訴えを提起した。これに対しYらは，Y2は任期満了に伴って取締役を退任しており，新たに選任された役員が就任するまで取締役としての権利義務を有する者にすぎず，Y2に対し取締役解任の訴えを提起することはできないなどと主張した。第1審（名古屋地判平成19年2月28日民集62巻2号642頁）は，会社法854条の解任の訴えが暫定的な性格を有する取締役権利義務者を相手方とすることを予定していないこと，すでに退任している取締役を解任の訴えによってさらに辞めさせることは背理ともいえることを理由にXの請求を不適法であるとして却下し，また控訴審（名古屋高判平成19年6月14日民集62巻2号659頁）も，同様の理由からXの控訴を棄却したため，Xが上告した。

(2)　判　旨

「会社法346条1項に基づき退任後もなお会社の役員としての権利義務を有する者（以下「役員権利義務者」という。）の職務の執行に関し不正の行為又は法令若しくは定款に違反する重大な事実（以下「不正行為等」という。）があった場合において，同法854条を適用又は類推適用して株主が訴えをもって当該役員権利義務者の解任請求をすることは許されない，と解するのが相当である。その理由は次のとおりである。

(1)　同条は，解任請求の対象につき，単に役員と規定しており，役員権利義務者を含む旨を規定していない。

(2)　同法346条2項は，裁判所は必要があると認めるときは利害関係人の申立てにより一時役員の職務を行うべき者（以下「仮役員」という。）を選任することができると定めているところ，役員権利義務者に不正行為等があり，役員を新たに選任することができない場合には，株主は，必要があると認めるときに該当するものとして，仮役員の選任を申し立てることができると解される。そして，同条1項は，役員権利義務者は新たに選任された役員が就任するまで役員としての権利義務を有すると定めているところ，新たに選任された役員には仮役員を含むものとしているから，役員権利義務者について解任請求の制度

が設けられていなくても，株主は，仮役員の選任を申し立てることにより，役員権利義務者の地位を失わせることができる。

(3) 以上によれば，株主が訴えをもって役員権利義務者の解任請求をすることは，法の予定しないところというべきである。」

(3) コメント

本判決は，取締役を含む役員権利義務者に対して，会社法854条の適用又は類推適用して解任の訴えをもって解任請求をすることは許されないことを明らかにし，原審の判断を正当として，Xの上告を棄却した。役員権利義務者は解任の訴えの対象にならないとする点は最高裁として初めて判断したものである。その論拠として，本判決は，①会社法854条は解任請求の対象につき，単に役員と規定しており，役員権利義務者を含む旨を規定していないこと，②役員権利義務者について解任請求の制度が設けられていなくても，株主は，仮役員の選任を申し立てることにより，役員権利義務者の地位を失わせることができることを挙げる。

本判決に対する評価として，①の論拠に対しては，「役員」という文言の解釈として，必ずしも役員権利義務者を排除することはできないことから，論拠としては十分とはいえないとの指摘があり，むしろ②の論拠が，実質的な論拠として，理論上，また実務上でも重要な意義を有する[17]。すなわち，役員権利義務者に対する解任の訴えの可否の問題を検討するに当たっては，役員権利義務者による専横をいかに排除するかという前提認識があるところ，本判決は，理由②において，それは解任の訴えによるのではなく，会社法は第346条2項に基づき，利害関係者が裁判所に仮役員の選任申立てを行う方法によって役員権利義務者を終任させることの方を予定していたということを明示したことの意義は大きい[18]。さらに，仮役員の選任に当たっては，同条が定める「必要があると認めるとき」との要件につき，本判決では「取締役権利義務者に不正行為等があり，役員を新たに選任することができない場合」が該当する旨も示した。この点は同条2項の前身である平成17年改正前商法258条2項の下で，任期満了や退任以外の事由に基づく地位の終了により役員権利義務者になる者が不存在となる場合はもとより，役員権利義務者が存在しても，他の者を選任することが適当な場合（例えば，役員権利義務者の長期不在や病気等）に仮役員

の選任が認められると解されていた[19]。よって，従来の解釈では，役員権利義務者の不正行為等があった場合を想定していたかは必ずしも明確ではなかったところを，本判決は，仮役員の選任請求の要件をより具現化したものと解される[20]。

平成17年改正前商法以前の判例は，下級審ではあるが，取締役権利義務者については解任の訴えの対象とすることができないものとしてきた。東京高決昭和60年1月25日判時1147号145頁は，取締役権利義務者に対する職務執行停止・職務代行者選任仮処分の申立てがなされた事案であるが，取締役権利義務者は当然には解任の訴えの対象にならないとして，仮処分申請を否定した。また，名古屋地判昭和61年12月24日判時1240号135頁では，6年半近く業務を執行していた取締役権利義務者に対する解任の訴えを認めなかった。ただ，いずれの判決においても，解任の訴えを認めないことへの代替措置として，役員権利義務者を排除する実効性のある方策については述べられておらず，この点で説得力を欠く判決ではある。

一方，学説においては，会社法制定以前から，取締役権利義務者を解任の訴えの対象とすることを否定するのが多数説であり，また，実務でもそのように取り扱われてきた[21]。その理由として，①取締役解任の訴えの対象は文理上，在任中の取締役と規定していること，②取締役権利義務者は欠員を補充する暫定的な性格を有するもので，これを解任の訴えの対象とすることは予定されていないこと，③すでに任期満了又は辞任により退任している者をさらに解任するということは背理であること，④株主は，仮取締役の選任を請求することにより，取締役権利義務者の地位を失わせることができるから，わざわざ取締役権利義務者を解任の訴えの対象とする必要性がないこと等を挙げている。他方で，前掲名古屋地判昭和61年12月24日を契機として，取締役権利義務者に著しい不正行為等があった場合に正規の取締役と同様に解任の訴えの対象とすべきであるとする見解が有力に主張され，少数株主の保護の見地から取締役のあらゆる権利義務を有している取締役権利義務者が，その解任の余地だけを否定されるのはアンバランスであるなどとする[22]。

以上に述べてきた従来の判例及び学説は，平成17年改正前商法258条1項・2項の下で展開されてきた解釈である。同条は，会社法制定に伴い，会社法

346条1項・2項に引き継がれているが，同条1項おいては，取締役権利義務者は「新ニ選任セラレタル取締役ノ就職スル迄」その地位を有すると規定されるだけであったところ，現行会社法346条1項では，「新たに選任された役員」の後に「（次項の一時役員の職務を行うべき者を含む。）」なる文言が付加された結果，仮役員の選任をもって，取締役権利義務者の地位を失わせることができることが明確となり，あえて解任の訴えによって取締役権利義務者を排除するという迂遠な方法を認める必要はなくなったものといえる。こうした合理的で直截的な方法を不適格な役員権利義務者として追放を求める株主に対して誘導したことは，手続的に，また経済上からも首肯でき，現行法における合理的な解釈を示したとして評価される[23]。なお，また，本事案に関しては，Y1社の株主であるXとY2が同数の議決権を有しており，両者の対立が解消されない限り，株主総会で新たに取締役を選任することは事実上不可能なデッド・ロック状況に陥っており，そのためこの状況を打開し会社を存続させていく方策として，まずは裁判所に仮役員の選任申立てをせざるを得なかったともいえ，そうであれば，妥当な解決を示した判決といえる[24]。

Ⅲ　社外取締役の責任に関する裁判例

1　社外取締役を取り巻く法制

　平成27年6月1日以降，上場会社は，ハードローとソフトローから成る3層の複合的な制度の規律を受けることとなった。そうしたルールに共通する狙いは，取締役会の監督機能の強化であり，その改革のキーパーソンと目されたのが社外取締役である。所有と経営の分離を前提とする上場会社においては，今や取締役会の中に社外取締役を内在していなければガバナンスは成り立たないことは共通認識といえ，会社経営を社内取締役だけで自己完結させる時代から本格的に脱却しようとしていることの強い表れである。

　社外取締役をめぐる制度は，経営監督機能を強化するために社外取締役の資格要件の厳格化が図られた平成17年会社法成立以降，何度も大きな変革を受けてきた。まず，平成26年会社法改正を機に，社外取締役を必置とする機関設計として監査等委員会設置会社が新設され（会社法2条の11の2，399条以下），

第3章　企業統治に関する裁判例

社外取締役を設置していない場合には，社外取締役を置くことが相当でない理由を説明しなければならないことになった（会社法327条の2）。すなわち，現行法上，社外取締役は，指名委員会等設置会社及び監査等委員会設置会社の機関設計においては特別な職務権限とともに設置が強制され，さらには監査役設置会社においても事実上選任することが要請された[25]。次いで，ソフトローではあるが，平成27年6月から，上場企会社に対して，東京証券取引所において上場規則化された「コーポレートガバナンス・コード（以下「CGコード」という。）」が適用され，少なくとも2人以上の独立社外取締役を設置することが求められることになった（CGコード原則4-8）。さらに，東京証券取引所は，平成21年12月に導入した独立役員（一般株主と利益相反が生じる恐れのない社外取締役又は社外監査役）制度において，平成27年2月の改正で，取締役である独立役員を1名以上確保することを要請することとした（有価証券上場規程436条の2）。

2　社外取締役の責任をめぐる判例

　平成13年商法改正において社外取締役が法制化されて以降，次第に取締役会の監督機能を強化するためのコーポレート・ガバナンス強化論が進展し，裁判例も数は豊富とはいえないが，上場企業の社外取締役の監視義務違反や善管注意義務違反に基づく責任につき判断されたものが目に留まるようになる。ここでは，指名委員会等設置会社における社外取締役の責任が問われた最近の判例である大阪高判平成27年10月29日判時2285号117頁を紹介したい。

　本事案は，A会社の代表執行役Y1，取締役Y2及び社外取締役Y3ら（以下「Yら」という。）が，二段階買収の方法でマネジメント・バイアウト（MBO）を実行する過程で，第三者機関にA社の株式の評価額の算定を依頼したところ，Y1がA社内でA社株式の評価額を下げるようメールで指示し，買付価格への不当介入等をしたため，MBOが頓挫した。そこで，A社の株主Xが，A社に無駄なコスト負担を招き，信用を失墜させたとしてYらに対して損害賠償を求めて代表訴訟を提起した。原審（神戸地判平成26年10月26日判時2245号98頁）は，XのY1及びY2に対する請求を一部認容し，Y3ら社外取締役に対する請求をいずれも棄却した。これに対して本判決では，Y3ら社外取締役は，取締役

252

の善管注意義務に基づき，代表執行役らの職務執行を監視することを通じて，公正な企業価値の移転を図る義務を負うほか，自らがMBOに関する株主の利益に配慮した公正な手続により買付者側と交渉すべき立場にあるとし，MBOという構造的利益相反性が内在する局面での責務を具体化した。そのうえで，Y3らは，Y1が価格決定過程で不正に介入していた事実を容易に知り得なかったとして監視義務違反とは認めず，価格決定手続にも不当介入していたとまではいえないとして，善管注意義務違反を否定した。

　本件では，Y1が自らの価格決定への不当介入を社外取締役Y3らに露呈しないように秘匿していたため，Y3らは適切な情報に接することができなかったことが窺え，期待される監視機能を果たすことは不可能であったとされる[26]。つまり，社外取締役が不正に絡む情報から意図的に隔離されてしまった状況下ではもはや監視義務を尽くす術がないものと解される。この点は，社外取締役が情報の提供をタイムリーに受けられない点に配慮したと思われる[27]。もともと情報に疎い傾向にある社外取締役が，不正等の有事に関わる情報に適切にアクセスできる状況下にあったか否かが責任の肯否を左右する大きな要因となる。しかし，平成13年商法改正での法制化以後，社外取締役は取締役の中でも資格要件が厳格化されているから，その負うべき善管注意義務の水準は軽減されていると解する余地はない[28]。むしろ，資格要件を満たす社外取締役は，業務執行者と対峙する地位に位置づけられ，その義務内容及び水準は，社内取締役よりも厳格なものになるし，また，特に専門的資質・能力とか有資格者であることを買われて就任した者の注意義務の水準は，その地位・状況にある者に通常期待される程度のものとされる結果，より高くなると解される[29]。このように，社外取締役が厳格な資格要件を満たした一定の資質を備えた者であることに鑑みて，これに相応して要請される善管注意義務や監視義務の内容が社外取締役の責任を判断するうえでもさらに精緻化されていく必要がある。

3　社外取締役の責任のあり方〜社外取締役の多様性とCGコード原則の影響

　社外取締役は，コーポレート・ガバナンス論との関係性から取締役会の実効的な監督機能が発揮されるべく，おおよそ業務執行に対する監督を行うことが

その職務・役割であると一般的に理解され認識されている。しかしながら，社外取締役の責務について，かように緩やかで抽象的な認識をし，その延長線上で社外取締役の法的責任をも判断することについてはいささか疑問である。一般的かつ横断的に社外取締役を捉えて一義的にその概念を構築することと，社外取締役の職務・責任が法律上どのように問われるべきかが，区別して考える必要があるのではないだろうか。蓋し，平成26年の会社法改正を経た現行会社法下における社外取締役の法的位置づけは，一段と多様化かつ具象化しており，今日，会社法上，社外取締役を一義的に捉えることが，ますます困難になっているからである。たしかに，「社外」取締役とはいえ，あくまでも法的な地位は「社内」取締役と等しく，会社法が求める取締役の義務及び責任に関する基本的規律は社外取締役にも一律に適用される。しかし，会社法上，公開かつ大会社にあたる上場会社が，選択可能な3つの機関設計—監査役設置会社，指名委員会等設置会社，監査等委員会設置会社—において，取締役会の権限及び職務の内容が区別されてそれぞれ規定が置かれていることに鑑みれば，本来は，それに伴い取締役会の構成員たる社外取締役の法的地位についても機関設計ごとに区分して別々に把握すべきと考える。3つの機関設計における取締役会の権限を整理すれば，監査役設置会社のように業務執行の決定及び業務執行の監督の権限を有する従来型の取締役会と，指名委員会等設置会社のような業務執行の決定よりも業務執行の監督にウェイトを置くモニタリングモデルの取締役会とでは，いずれの型の取締役会であるかにより取締役会の法定権限が違い，それぞれガバナンス内部における機関権限の均衡は異なるものとなるがゆえ，取締役会の構成員たる社外取締役の職務内容に少なからず質的な差異がもたらされると考えられる。とりわけ監査等委員会設置会社の場合においては，監査等委員である取締役とそれ以外の取締役とを区別して選任されることになっており（会社法329条2項），監査等委員と取締役の地位は不可分一体であることから，1つの機関設計の中ですら取締役の地位を一元的に捉えることは不可能となっているといえる[30]。つまり，社外取締役は，取締役会の構成員として，その地位は取締役会を基盤とするものであるから，その依って来るところの取締役会，ひいては機関設計の異質性をしっかり踏まえて，社外取締役の法概念の多様性を認識し，見分けるべきである。したがって，現行法制の下での本問

題に関する思考は，法が定める各会社の機関設計と連動させてそれぞれ社外取締役の法的位置づけを確認しつつ，今後，裁判所においても社外取締役が果たすべき注意義務や責任について的確に判断されなければならないと考える。

　最後に，ハードローではないが，すべての上場会社の社外取締役にとっての指針であるCGコード原則 4 - 7 において，社外取締役の責務として，助言機能，利益相反の監督及び選解任及び取締役会の意思決定を通じた業務執行に対する監督が具体的に列挙されていることにも留意しなければならない。とりわけ監査役設置会社の社外取締役は，取締役会に由来する権限しか有しないため，CGコードは，かかる社外取締役の責務を機能的に補完する意味で重要な規範として位置づけられる。当然ながら，CGコードの適用を受ける上場会社の社外取締役にとって，CGコードは行動規範として無視できない重いものであることは否定できない。今後，司法が，社外取締役の責任を判断する際に当たっては，このソフトローとはいえ，実際上コーポレート・ガバナンスの重要な原則として高い権威が認められ，世界標準ともいえるCGコードをどのように評価し対応していくのか，この点も注目されるところである。

〔注〕
(1) なお，平成29年 2 月 9 日，法務大臣より法制審議会に対して，会社法制（企業統治等関係）の見直しに関する諮問（諮問第104号）があり，社外取締役を置くことの義務付けについても審議される予定である。
(2) 昭和35年 8 月16日付け法務省民事四第146号法務省民事局第四課長心得回答，平成18年 3 月31日民商第782号通達「会社法の施行に伴う商業登記事務の取扱いについて」45頁。
(3) 上柳克郎ほか編『新版注釈会社法（ 6 ）』（今井潔）41頁（有斐閣，1987年），岩原紳作編『会社法コンメンタール 7 ―機関 [1]』（榊素寛）460頁（商事法務，2013年）。
(4) 中村信男「本件判批」ひろば69巻 3 号64頁，河村尚志「本件判批」判評691号 2 頁，鳥山恭一「本件判批」法セ739号119頁。
(5) 江頭憲治郎『株式会社法〔第 6 版〕』395頁（有斐閣，2015年），岩原・前掲注(3)528頁（加藤貴仁）。なお通説は，会社法339条 2 項に基づく損害賠償責任の法的性質について，故意又は過失を要しない特別な法定責任であると解する。
(6) 中村・前掲注(4)68頁，河村・前掲注(4) 3 頁，藤林大地「平成二七年度会社法関係重要判例の分析（上）」商事法務2107号14頁，高橋均「本件判批」ジュリ1496号93頁。さらに，本事案において会社法339条 2 項の類推適用を認める論理を妥当とするならば，本事案のほかに，会社の定款変更によって当該役員の任期が短縮し退任させられることになる場面，すなわち，会社法332条 7 項の定める，監査等委員会もしくは指名委員会等の設置又は廃止に関する定款変更（同項 1 号，2 号）及び株式譲渡制限を廃止する旨の定款

255

第3章　企業統治に関する裁判例

変更（同項3号）が行われた場合についても，本事案と同列に扱い，同条の類推適用が及ぶと解し得るかが別途問題となる。同条の定款変更は，取締役の事実上の解任を目的とするものではなく，会社運営に関する別の目的によるものであるが，多数派株主側により対立する特定の取締役を退任させる意図が認定できる場合には，これを肯定する余地はあろう（中村・前掲注(4)72頁）。

(7)　中村・前掲注(4)72頁，河村・前掲注(4)4頁。

(8)　河村・前掲注(4)4頁も，判旨は，定款変更の理由を考慮する余地を一般的に排除したものでは必ずしもないとする。同旨，中村・前掲注(4)69頁。

(9)　この点の判例及び学説の詳細は，岩原・前掲注(3)528頁（加藤貴仁）。

(10)　大阪高判昭和56年1月30日下民集32巻1～4号17頁，江頭・前掲注(3)395頁。

(11)　中村・前掲注(4)72頁，河村・前掲注(4)4頁，藤林・前掲注(6)14頁，高橋・前掲注(6)93頁。

(12)　青山善充＝伊藤眞＝松下淳一編『倒産判例百選［第4版］』別冊ジュリ184号（八田卓也）113頁。この点については，非財産的活動についてまで取締役の地位を消滅させる意図はない，と読むことも不可能ではないとも指摘される（菱田雄郷「本件判批」ジュリ臨増1398号153頁）。また，②判決によれば，③判決は，破産宣告と同時破産廃止決定を受けた場合の特異性のある事案であるとして，その当否はともかくその特殊性から同一平面上に位置づけられないとするようであるから，必ずしも相対立するものではないと解される（野田博「本件判批」金商1337号4頁）。

(13)　青山＝伊藤＝松下・前掲注(12)133頁（田中亘），弥永真生「株式会社が破産手続開始の決定を受けた場合における破産会社の取締役の地位—最二小判平21・4・17を契機として—」金融法務情報1880号6頁，釜田薫子「本件判批」商事法務2027号49頁，野田・前掲注(12)2頁。

(14)　鈴木竹雄＝竹内昭夫『会社法〔第3版〕』270頁（有斐閣，1994年），北沢正啓『会社法〔第6版〕』365頁（青林書院，2001年），前田庸『会社法入門〔第12版〕』373頁（有斐閣，2009年），神田秀樹『会社法〔第17版〕』188頁（弘文堂，2015年）。

(15)　大隅健一郎「破産株式会社の取締役」『会社法の諸問題〔新版〕』360頁（有信堂，1983年），上柳ほか・前掲注(3)86頁（浜田道代），江頭・前掲注(5)394頁。同様に，破産法研究者でも本説を支持する者が多い（谷口安平『倒産処理法〔第2版〕』130頁（筑摩書房，1986年），竹下守夫編集代表『大コンメンタール破産法』（三木浩一）241頁（青林書院，2007年），中島弘雅「委任契約」山本克己ほか編『新破産法の理論と実務』213頁（判例タイムズ社，2008年），伊藤眞『破産法・民事再生法〔第3版〕』299頁（有斐閣，2014年）等）。

(16)　深沢茂之「法人の破産をめぐる付随的問題」園尾隆司＝中島肇編『新・裁判実務大系(10) 破産法』268頁（青林書院，2000年），吉田健司・平16最判解説（民）（上）386頁，本間健裕「本件判批」判タ別冊29号194頁，東京地裁破産再生実務研究会編著『破産・民事再生の実務〔第3版〕破産編』（大野祐輔）276頁（金融財政事情研究会，2014年）。

(17)　そのように解するのは，例えば，株主による取締役の違法行為差止請求を定める会社法360条1項で，その対象に取締役権利義務者も含まれると解さなければ不都合が生ずるところ，法文上単に「取締役」と規定しているに過ぎないことが指摘される（弥永真生・ジュリ1370号224頁，潘阿憲『会社法判例百選［第3版］』別冊ジュリ229号94頁）。

⒅ これに対しては，不正行為等のある役員権利義務者に対しては，取締役としての適格性がない者を排除する趣旨から，解任の訴えでもって対処することが筋であるとの批判がある（川島いづみ・判評598号22頁）。

⒆ 佐々木良一ほか『株式会社法釈義』168頁（巌松堂，1939年），上柳ほか・前掲注⑶88頁（浜田道代）。

⒇ なお，稲村真介『改正株式会社法』217頁（財政経済時報社，1939年）は，仮役員の制度は，退任した取締役に誠実に業務執行が万全に期待できるとは限らないため，昭和13年改正商法で新設されたとする。そうであれば，規定が新設された当時においては，役員権利義務者による不適切な業務執行があった場合に仮役員の選任が想定されていたとも考えられる。

㉑ 東京地裁商事研究会編『商事非訟・保全事件の実務』304頁（判例時報社，1991年），東京地方裁判所商事研究会編『類型別会社訴訟Ⅰ』10頁（判例タイムズ社，2006年）。なお，登記実務においても，取締役権利義務者の解任登記の申請は受理しないものとされていた（昭和39年10月3日民事甲第3197号民事局長回答等。蛯澤久江「代表取締役の権利義務を有する者を解任することの可否」商事法務1197号36頁）。

㉒ 吉本健一・判タ694号55頁，小林俊明・ジュリ952号146頁。

㉓ ただ，本判決を契機に，実務上，同様の場面において仮役員の選任が指向されると，会社内部の勢力争いの目的で，役員権利義務者の地位が脅かされる危険性が指摘される（遠藤曜子・金商1310号29頁）。この点は，肯定説も，仮役員選任手続が対審構造ではないことから，役員権利義務者の保護に欠くことを懸念していたところでもあり，裁判所実務においては，中立性を確保するため，仮役員の候補者の推薦は受け付けず，裁判所が適任と考える弁護士を選任するということにしている（大阪地方裁判所商事部（第4民事部）「一時取締役・監査役職務代行者（仮役員）選任申立ての方法等」http://www.courts.go.jp/osaka/saiban/minji4/dai2_6/index.html）。

㉔ ただし当然ながら，仮役員が選任されたとしても，その後速やかに正規の取締役が選任されない限り，根本的解決には結びつかない。そうでない限り，本事案の場合は株主のいずれかが他方に株式を売却して退社するか，あるいは解散判決を得て（会社法471条6号，833条1項1号），残余財産の分配による決着を図るほかない（受川環大・ジュリ臨増（平20重判解）1376号117頁，潘阿・前掲注⒄94頁）。

㉕ 東京証券取引所「東証上場会社における独立社外取締役の選任状況＜確報＞」（2016年7月27日）によれば，社外取締役を選任する上場会社（市場第一部）の比率は，98.8％となっている。

㉖ 高橋英治「本件判批」法教431号141頁。

㉗ 本文で取り上げた最新判例のほか，上場会社で資格要件を満たした社外取締役の責任が問われたものとして，名古屋地判平成23年11月24日金商1418号54頁がある。本件は，上場会社Xの親会社A社の取締役を兼任する取締役Y1，Y2が強引にXの余剰資金でA社のCP（コマーシャルペーパー）等を購入したところ，Zの経営破綻によりCP等が償還されず，損害を被ったXが，CPの借換えのための取締役会決議に賛成した社外取締役Y3，Y4の責任を追及した事件である。CPの引受けに対する裁判所の判断によると，社内取締役Y1，Y2の責任が取締役の裁量を逸脱したとされたのに対し，社外取締役Y3，Y4には裁量が認められ，責任が否定された。すなわち，Y3は「本件CP決議役

257

第3章　企業統治に関する裁判例

会に際し配布された資料をもとにA社の財務状況について検討しており，……親会社のためにある程度の便宜を図り社債などが円満に償還された方がよいなどと考えたとしても，取締役としての裁量を逸脱したとまではいえない」，Y4は，「本件CPを引受ければ15億円のCPの償還が遅れるという不利益はあるが，本件社債の早期償還といずれが利益であるかは明白なことではないから，本件CPを引受けて借換えをしても取締役の裁量権を逸脱したとまではいえない」と説示した。判旨は，親子会社間の金融支援の場面で取締役に広い裁量を認めてきた従来の判断枠組みに従ったものであるが，社内取締役と社外取締役とで判断が分かれた点に着目すると，両者におけるA社の財務状況に対する情報量の差が勘案されたようである。しかし，この点は，Y3，Y4は親会社A社の推薦でXの社外取締役に就任した経緯や，Y4はA社の監査役の経験もあり公認会計士の資格を有する者であることを踏まえると疑問である。木村真生子「本件判批」ジュリ1475号110頁は，控訴審での認定事実から，社外取締役は親会社の内情を知って賛意を示したのであり，その判断過程に過失があったことは否めないとする。

⑵　高橋・前掲注⒃141頁。

⑵　落合誠一編『会社法コンメンタール9―機関［3］)』（森本滋）273頁（商事法務，2014年）。資格要件と少なからず関連性のある個々の社外取締役の具体的な属性や資質についても，責任を判断するうえで積極的に勘案されるべきである。

⑶　来住野究「取締役の多様化をめぐる諸問題」法学研究89巻1号134頁。

監査役, 社外監査役

早稲田大学教授　**川島　いづみ**

I　はじめに

　ここでは，会社法施行以来の約10年間に現れた，監査役に関する判例・裁判例の中から，特に，監査役の会社に対する責任（会社法423条1項）と第三者に対する責任（同法429条1項）に関するものを検証する。取り上げる裁判例には，平成17年改正前商法277条・278条・280条1項等が適用された事案も少なくない。会社法は，監査役会の設置強制を，それまでの大会社（指名委員会等設置会社を除く）から，大会社である公開会社へと若干縮小し（同法328条1項），監査役の権限について，それまで小会社の監査役は会計監査権限のみを有するとされていたところを，公開会社でない会社であれば，監査役会設置会社および会計監査人設置会社を除いて，定款の定めにより監査の範囲を会計監査に限定できるとする（同法389条1項）など，監査役・監査役会の制度に若干の修正を加えている。しかしながら，監査役の責任に関する理解の基礎には，会社法制定の前後で，基本的な相違はないものと思われるので，会社法施行前の事案であると施行後の事案であるとで，解釈論上重要な違いが生じることはないように思われる。もっとも，会社法の下では，監査役の権限が会計監査に限定される場合には，監査役非設置の会社と同様に，各株主の監督権限の強化等がなされていることの影響をどのように考えるか，ということは解釈論上も問題となり得よう。また，監査役の責任に関する判例・裁判例の動向は，

第3章　企業統治に関する裁判例

指名委員会等設置会社の監査委員の責任，および，平成26年会社法改正により導入された監査等委員会設置会社の監査等委員の責任についても，相当程度，参考になるものと思われる。

　この間に現れた監査役に関する裁判例の大多数は，監査役の対会社責任または対第三者責任に関するものであるが，監査役の選任に関する裁判例（東京地判平成24・9・11金判1404号52頁）や，監査費用の償還請求に関する裁判例（東京高判平成24・7・25判時2268号124頁，原審は横浜地判平成24・2・13判時2268号127頁）も存在する。前者の東京地判平成24・9・11では，監査役会設置会社において，株主総会に提出された監査役選任議案に対する監査役会の同意の欠缺が，監査役選任決議の取消事由に当たる旨が判示され，また後者の東京高判平成24・7・25では，株主から取締役責任追及訴訟の提起請求を受けて，監査役が，取締役（元取締役を含む）の会社に対する責任追及訴訟を提起し，自ら立替払いしたその申立手数料について，会社に対する償還請求等が認められている。また，指名委員会等設置会社の監査委員に関するものであるが，東京地判平成28・7・28（資料版商事法務390号134頁，控訴審は東京高判平成28・12・7金判1510号47頁）では，株主から，役員に対する責任追及訴訟の提起請求を受けて，監査委員が不提訴の判断をしたことについて，善管注意義務・忠実義務違反の有無が争われた（判決は義務違反を否定）。

　このように，監査役の対会社責任・対第三者責任以外の裁判例も増加傾向にあり，監査役の役割が実務的にも重要視されていることの反映とみることもできる。

Ⅱ　監査役の会社に対する責任

1　総　説

　監査役の職務は，取締役の職務執行を監査し，監査報告を作成することである（会社法381条1項。なお，監査役会設置会社の監査役会監査報告につき，390条2項1号）。監査役は，その任務を怠ったときは，連帯して，会社に対し，これによって生じた損害を賠償する責任を負う（同法423条1項・430条）。監査役がその職務執行に際して善管注意義務に違反するときは任務懈怠となり，

会社に対してこれによって生じた損害を賠償する責任を負う，とも説明される[1]。

監査役会設置会社では，監査役会において，常勤監査役か社外の非常勤監査役かなどを考慮し，監査役の職務分掌を定めて組織的な監査が行われるので，取締役の違法な職務執行を看過した場合の責任も，常勤監査役と非常勤の社外監査役とでは異なる可能性がある[2]。また，監査役（近年では，特に社外監査役）に就任する者には，公認会計士や税理士など，専門職業人としての資格を有する者も少なくない。監査役の善管注意義務の程度については，個々の監査役の主観的事情によって注意義務が軽減されることはない（客観的注意義務）とされるが，他方で，その属性に従い注意義務の程度は異なる，とも考えられる[3]。たとえば財務の専門的な知識・経験のない新任監査役が不正取引に気付かなかったとしても，就任当初はやむを得ないと判断される場合があり，逆に，公認会計士・税理士などの専門職業人である監査役については，当該専門分野の監査に関する注意義務は高度なものとなる，といわれている[4]。

従来，監査役の会社に対する責任が認められた事案は，多くは存在しなかったといえよう[5]。かつては役員の会社に対する責任が追及される事案自体が少なかった中で，昭和49年商法改正前は，大会社であっても監査役は会計監査権限しか有さず，同年の商法改正後も小会社の監査役の権限は会計監査に限定されていたことから，監査役の対会社責任が問題とされる例も，ほとんどが会計監査に関するものであった[6]。

会計監査以外の業務監査に関する監査役の任務懈怠責任が認められた公刊裁判例としては，会社法施行当時，大和銀行ニューヨーク支店事件（大阪地判平成12・9・20判時1721号3頁。ただし，損害の立証の点から責任を否定）と，ダスキン株主代表訴訟事件（大阪高判平成18・6・9判時1979号115頁）があった。もっとも，ダスキン事件では，取締役の善管注意義務違反，すなわち，代表取締役らが，事実調査の上で問題の商品の販売中止等の措置や消費者への公表・商品回収の手立てを尽くすことの要否等の検討をせず，積極的な公表をしない方針を採用し，積極的な損害回避の方策の検討を懈怠したことに対して，当該監査役は自ら上記方策の検討に参加しながら，取締役らの明らかな任務懈怠に対する監査を怠った点で，善管注意義務違反が認定されたが，これは，取締役の善管注意義務違反行為に荷担したとみることもできる場合について，監

査役の任務懈怠責任が認められた事案であった。

　他方，たとえば，ヤクルト株主代表訴訟事件判決（東京高判平成20・5・21金判293号12頁）では，一定規模以上の株式会社の監査役は「リスク管理体制の構築及びこれに基づく監視の状況について監査すべき義務」を負うが，監査役自ら「個別取引の詳細を一から精査することまでは求められておらず，下部組織等（資金運用チーム・監査室等）が適正に職務を遂行していることを前提」に，監査室等や監査法人から特段の意見・指摘がない場合はこれを信頼してよく，金融取引の専門家でない監査役がデリバティブ取引について想定元本の限度額規制の潜脱を発見できないとしてもやむを得ない，として善管注意義務違反が否定されている（他の点にふれ，相応の職責を果たしたとの指摘もある（金判1293号40頁））。このように，一定規模以上の株式会社では，内部統制システムの整備が一応過不足なく行われていれば，特段の事情がない限り，監査役はこれを信頼して業務監査を遂行していればよく，また会計監査について内部監査組織や会計監査人から特段の意見・指摘がない限り，会計に関する積極的な監査は求められない，ということになりそうである。

　これらに対して，次にみる①最判平成21・11・27（金法1909号84頁・金判1342号22頁）は，農業協同組合の監事（株式会社の監査役に相当）に関する事案であるが，最高裁が原審の判断を覆して，代表理事の言動に善管注意義務違反の兆候があるにもかかわらず，これを調査・確認しなかった点で，監事は任務懈怠責任を負う旨を判示しており，この点の判断枠組みを最高裁が示した点で，重要な意義のある判決であるということができる。さらに，②大阪地判平成25・12・26（判時2220号109頁・金判1435号42頁）とその控訴審③大阪高判平成27・5・21（判時2220号109頁・金判1469号16頁）（セイクレスト事件）では，代表取締役の度重なる違法行為・不当行為に対して意見書を提出するなどして，これを抑止しようとしていた監査役について，任務懈怠責任が肯定されて，議論を呼んだ。いずれも業務監査権限を有する監査役に関する事案である[7]。

2 農業協同組合の監事
―①最判平成21・11・27（大原町農業協同組合事件）―

(1) 事案の概要

　農業協同組合Ｘ（上告人）が監事であったＹ（被上告人）に対して，業務監査に任務懈怠があったとして損害賠償を求めた事案である。Ｘにおいては，補助金の交付を受けることでＸの資金的負担のない形で行うとの理事会の承認の下，代表理事Ａにより堆肥センターの建設事業計画が進められていたが，Ａは，補助金の交付申請をしないまま，理事会にはこれをしているとの虚偽の報告をし，Ｘの資金を使って建設用地を取得するなどして同事業を実行に移した。結局，同事業は資金調達の目途が立たず中止され，Ｘは，5689万4900円の損害を被った。このようなＡの違法行為（善管注意義務違反）に対するＹの業務監査責任について，原審判決（広島高裁岡山支判平成19・6・14金判1342号27頁）は，Ｘにおいては唯一の常勤理事である代表理事が自ら責任を負うことを前提に理事会の一任を取り付け，様々な事業を処理判断するとの慣行が存在し，Ａはその慣行に沿った形で補助金交付の見通しをあいまいにしたまま，なし崩し的に堆肥センター建設工事の実施に向けて理事会を誘導しており，その間のＡの一連の言動には特に不審を抱かせるような状況もなかったといえるとして，Ｙの義務違反を否定した。

(2) 判　旨

　これに対して，最高裁は，次のように判示してＹの損害賠償責任を肯定している。

　監事の職責は「たとえ組合において，その代表理事が理事会の一任を取り付けて業務執行を決定し，他の理事らがかかる代表理事の業務執行に深く関与せず，また，監事も理事らの業務遂行の監査を逐一行わないという慣行が存在したとしても，そのような慣行自体適正なものとはいえないから，これによって軽減されるものではな」く，「そのことをもってＹの職責を軽減する事由とすることは許されない」。「Ｙは，Ｘの監事として，理事会に出席し，Ａの上記のような説明では，堆肥センターの建設事業が補助金の交付を受けることによりＸ自身の資金的負担のない形で実行できるか否かについて疑義があるとして，Ａに対し，補助金の交付申請内容やこれが受領できる見込みに関する資料の提

出を求めるなど，堆肥センターの建設資金の調達方法について調査，確認する
義務があった」。「Yは，上記調査，確認を行うことなく，Aによって堆肥セン
ターの建設事業が進められるのを放置したものであるから，その任務を怠った
ものとして，Xに対し…損害賠償責任を負う」。「Yが上記調査，確認を行って
いれば，…同事業が進められることを阻止することができたものというべきと
ころ…Yが任務を怠ったことと，Xに生じた上記損害との間には相当因果関係
がある。」

(3) 若干の検討

　本件は，農業協同組合の監事の責任に関するものであるが，株式会社の監査
役の対会社責任とパラレルな問題を取り扱ったものであり[8]，監事の責任が最
高裁で肯定されたことから，注目を集めた[9]。最高裁が，Yが監事として業務
執行の監査を逐一行わない慣行が存在したとしても，それによって責任が軽減
されることはない，と判示すること自体については，従来の判例（最判昭和
55・3・18判時971号101頁）の立場とも整合的であり，反対する見解はまれな
ように見受けられる[10]。むしろ重要であるのは，最高裁が監事の業務監査につ
いて任務懈怠責任を認めた判断枠組みであろう。

　最高裁は，本判決において，Aが，平成13年8月開催の理事会において「補
助金の受領見込みについてあいまいな説明に終始した上，その後も，補助金が
入らない限り，同事業には着手しない旨を繰り返し述べていたにもかかわら
ず」，翌年4月開催の理事会で「補助金が受領できる見込みを明らかにするこ
ともなく，A自身の資金の立替えによる用地取得を提案し，なし崩し的に堆肥
センターの建設工事を実施に移した」Aの一連の言動は，Aの明らかな善管注
意義務違反を「うかがわせるに十分なもの」と述べる一方，「Yが上記調査，
確認を行っていれば，Aが補助金の交付申請をすることなく堆肥センターの建
設事業を進めようとしていることが容易に判明し」，同事業が進められるのを
阻止できたとして，Yの任務懈怠とXの損害との間の相当因果関係を認めてい
る。Yが実際に監事としての職責をどの程度果たしていたのかは必ずしも明ら
かではないが，Yが理事会に出席して監事としての注意を払っていれば（つま
り，適切に業務監査を行っていれば），Aの一連の言動はAの善管注意義務違
反をうかがわせるに十分なものなので，資料の提出を求めるなど，調査・確認

をすべきで，その義務を果たしていれば，Aの不正行為が容易に判明し，これを阻止できたはずであるが，そうしなかったから義務違反であって，因果関係も認められる，というものである[11]。

　ここから，本判決によれば，一般論として，監事（監査役）に積極的に疑わしい点を探し出す義務を課すことになりかねず，とりわけ社外監査役にとって多大な責任のリスクが危惧されるとする見解[12]がある一方，それが過大な積極的義務を課すものかは即断できないと反論する見解[13]もある。不正の兆候に気付かなかったことを任務懈怠とする場合には，気付くことが可能であった事情をより具体的に認定することが望ましいということができ[14]，任務分掌との関係で相当の注意水準で監査活動を実施したかが判断される，とする見解[15]もある。取締役の違法行為（善管注意義務違反）の兆候があり，それに気付くことは業務監査の職責を果たしていれば，容易であるといえる場合であれば，本判決は，積極的に疑わしい点を探し出す義務を課すといったものではない，ということになろうが，それが容易な状況か否かは，裁判においては事実認定の問題に帰着することになろう[16]。

　いずれにしても，監査役の責任に関するその後の裁判例は，基本的には，上述の判断枠組みを踏襲しているものと見受けられる。たとえば，大阪地判平成27・12・14（判時2298号124頁・金判1483号52頁）は，監査役の任務懈怠責任が肯定されるためには，「取締役が善管注意義務に違反する行為等をした，又は，するおそれがあるとの具体的な事情があり」，監査役が「その事情を認識し，又は，認識することができたと認められることを要すると解する」旨を判示している。後にみる監査役の対第三者責任に関する裁判例についても，同様である。

3　上場会社の社外監査役
　—③大阪高判平成27・5・21（セイクレスト事件）—
(1)　事案の概要

　Z社は，分譲マンショの企画・販売等を業とする株式会社（ジャスダック上場会社・監査役会設置会社）であり，公認会計士Xは，平成13年からZ社の社外・非常勤監査役に就任し，平成18年6月にZ社との間で，監査役報酬の2年

分を限度とする責任限定契約（会社法427条）を締結していた。Ｚ社の監査役は３名であり，Ｘは経営管理本部管掌業務の監査を分担し，またＺ社は，日本監査役協会の「監査役監査基準」に準拠した監査役監査規程を採用していた。

Ｚ社は，平成21年３月末には約７億5000万円の債務超過に陥って，上場廃止になるおそれがあった。Ｚ社の代表取締役Ａは，平成21年６月，新株予約権の第三者割当てによって調達した払込金3000万円をＢ社に貸付け，またＣ社との業務提携契約についての内入金2000万円を支払った。また，Ａは，Ｚ社の上場廃止を回避する目的で，平成22年３月に，評価額５億円を上回るものでない山林を，20億円と評価して現物出資することで募集株式の第三者割当てを実行した。後にＡはこの現物出資に関し，金融商品取引法違反（偽計取引）で逮捕・起訴されている。Ｚ社は，その後も資金繰りが逼迫して，平成22年８月頃から12月の間に，適正な理由なしに，複数回に亘り約束手形等を一部は取締役会の承認を得ずに振り出したため，監査役会は手形振出しの経緯等を取締役会で説明するよう求め，十分な説明がなされなければ，監査役全員が辞任する旨の申入書を提出するなどした。Ｚ社の取締役会は，手形取扱規程を定めたほか，Ａの解職を検討したものの後任者の不在から断念している。さらにＺ社は，借入金の返済等に充てるため，株主割当てによる新株発行を実施し，平成22年12月29日に４億2108万9900円が払い込まれたところ，Ａは，従業員に指示して内8000万円を出金させ，来社した第三者に交付させた（「本件金員交付」という。）。

平成23年５月，Ｚ社は破産開始決定を受け，管財人に選任されたＹは，Ｘを含む役員４名を相手方として役員責任査定の申立てを行った。本件は，Ｘが破産裁判所の査定決定（648万円）の取消しを求めて提起したもので，Ｙも反訴を提起している。

原審（②大阪地判平成25・12・26）は，Ｘら監査役には，取締役会に対し，リスク管理体制を直ちに構築するよう勧告すべき義務の違反，ならびに，Ｘら監査役が再三に亘りＡの行為が不適切である旨指摘したにも関わらずそうした行為が繰り返されたという状況に鑑み，Ａの代表取締役からの解職および取締役解任決議を目的事項とする臨時株主総会招集を勧告すべき義務の違反があったとしたが，Ｘの重過失は否定し，責任限定契約の適用を認めた。

⑵　判　旨

控訴棄却（最決平成28・2・25LEX/DB25542266により上告不受理）。

「Ｚ社の取締役ら及び監査役らは，同日の時点において，Ａが，本件募集株式の発行に係る払込金が入金された機会等に，Ｚ社の資金を，定められた使途に反して合理的な理由なく不当に流出させるといった任務懈怠行為を行う具体的な危険性があることを予見することが可能であったということができる。…本件金員交付についての予見可能性があった」。

「Ｚ社においては，日本監査役協会が定めた『内部統制システムに係る監査の実施基準』に，ほぼ準拠して定められた本件内部統制システム監査の実施基準が定められており，……Ｘには，監査役の職務として，本件監査役監査規程に基づき，取締役会に対し，Ｚ社の資金を，定められた使途に反して合理的な理由なく不当に流出させるといった行為に対処するための内部統制システムを構築するよう助言又は勧告すべき義務があったということができる。」

「Ｘは，本件監査役監査規程は，ベストプラクティスを含むものであり，監査役があまねく遵守すべき規範を定めたものではない旨主張するが，Ｚ社が，日本監査役協会が定めた『監査役監査基準』や『内部統制システムに係る監査の実施基準』に準拠して本件監査役監査規程や本件内部統制システム監査の実施基準を定めていることからすると，監査役の義務違反の有無は，本件監査役監査規程や本件内部統制システム監査の実施基準に基づいて判断されるべきであるということができる。」

「Ｘが，Ａを代表取締役から解職すべきである旨を取締役に助言又は勧告すべき義務を履行していれば，Ａが代表取締役から解職された可能性もあり，仮にＡを解職するに至らなかったとしても，取締役会において解職の議題が上程されることによって，Ａが本件金員交付のような任務懈怠行為を思いとどまった可能性もあったということができる。」

「本件責任限定契約にいう『重過失』とは，当該監査役の行為が，監査役としての任務懈怠に当たることを知るべきであったのに，著しく注意を欠いたためにそれを知らなかったことであると解すべき」である。ＸはＡによって行われた一連の任務懈怠行為に対して，取締役会において度々疑義の表明や事実関係の報告を求め，辞任意向の申入れを行うなど「一定の程度でその義務を果た

267

第3章 企業統治に関する裁判例

していたこと」，またＺ社においてＡの職務執行の監督や内部統制システムの整備が全く行われていなかったわけではないことといった事情を考慮すると，Ｘには義務違反があったものの，その義務違反が上記意味での「重過失」とまで認めることはできない。

(3) 検 討

本件の特徴は，監査役Ｘが業務監査を行っており，Ａの一連の違法行為・不当行為に対して意見書の提出等の対処をしていたことである。他方で，Ａの一連の行為からして，本件の状況はいわば有事対応のレベルであって，監査役に対する要請も高まるものと考えられる。そのような場合に，監査役として，どこまでの行為が法的に求められるのかが論点となる。また，Ｚ社の監査役監査規程等（日本監査役協会の「監査役監査基準」等に準拠）との関係も問題となる。大別すれば，これらが第１の論点であり，さらに第２の論点として，責任限定契約における「重過失」該当性の問題がある。いずれの点についても公刊裁判例として初めての判断であり，きわめて注目される判決といえる。

まず第１の点からみると，②原審判決は，(ア)Ａが払込金を不当に流失させるおそれ（本件金員交付のおそれ）を予見できたとして，それを防止するためのリスク管理体制の速やかな構築を勧告すべき義務と，(イ)Ａの代表取締役からの解職・取締役解任のための総会招集を取締役会に勧告すべき義務を認め，これについてＸに義務違反があるとした。③控訴審判決も，これらについて積極的な助言・勧告義務を肯定する点は，②判決と同様である。しかしながら，これらの助言・勧告義務について，会社法383条１項に定める監査役の意見陳述は基本的に取締役会での業務執行の決定についての意見陳述であり，(ア)(イ)の勧告を行うことがそこに含まれるとは想定されておらず，内部統制システムを構築すべきか，また代表取締役を解職すべきか，といったことは取締役会が判断すべきことである，といった批判[17]がある。監査役の職務は，会社法上，違法行為の差止め[18]と取締役会への報告であり，義務違反が問題とされるときは監査役の権限が適切に行使されたかをみるべきである，という主張である[19]。確かに，監査役について(イ)の助言・勧告義務を認めることにはかなりの疑問があると思われるが，(ア)の助言・勧告義務は，状況によっては認められる場合があると考えられるし，助言・勧告を行っていれば，実現していた蓋然性が高いといっ

268

た場合には義務違反が認められる可能性もあろう[20]。

このように，とりわけ代表取締役解職に関する助言・勧告義務に関する判示部分については，かなり批判があるものの，Ｚ社の採用する監査役監査規程を勘案して，判旨に肯定的な見解は少なくなく[21]，判決は一種の禁反言が働くとの見方を採用したのではないかとして，「監査役監査基準」が上場会社でかなり広く採用されていることの影響に言及する見解もある[22]。他方で，監査役監査規程について，監査役と会社との任用契約の内容になるものでも，法的義務の内容を直接に構成するものでもないとする批判も強い[23]。日本監査役協会の「監査役監査基準」は，ガイドラインとなるモデル的な手続（ベストプラクティス）として定められたものであり，②・③判決の判断は，ベストプラクティス普及の障害となるとの見解もある[24]。Ｚ社の監査役監査規程が直ちに義務違反の根拠となるとすることには疑問もあり得ようが，「監査役監査基準」には会社法に定める監査役の義務をより具体化し確認するものと捉えられる条項が含まれており，その限りでは，法規範性を認めることができよう。また，「監査役監査基準」等は，これを採用する会社において，そこに定められた勧告・助言義務等を監査役が履行しなかった場合には，むしろ監査役の側においてその対応の適法性を積極的に示すことが求められるといった形で，監査役の任務懈怠の有無を判断するに当たって重要な考慮要素となるものと考えられる[25]。

ところで，③判決は，②原審判決の結論を維持して，積極的な助言・勧告義務を課すところは原審と同様であるが，他方で，原審がＡによる一連の先行不正行為と本件金員交付を全体として「一連の任務懈怠行為」と捉えているのに対して，③判決は，本件金員交付のみを切り離して，１個の任務懈怠行為として予見可能であったか否かを検討し，これを肯定している。このように③判決が任務懈怠と本件金員交付との間の相当因果関係を肯定した判断に対しては，これを疑問とする見解が多い[26]。むしろ，因果関係が肯定できず蓋然性があるというにとどまるので，責任についても交付全額ではなく蓋然性の限りで認定したと評価できる，とする見解もみられ，そうであれば，責任限定契約がなくても，損害額は本判決と同程度に減額されるべきであるとも論じられている[27]。

次に，第２の責任限定契約の点についてみると，②・③判決はいずれも「重過失」該当性を否定しているが，そもそも義務違反はないとする見解を別とす

269

れば，この結論自体に異論はみられないようである。とはいえ，「重過失」の意義については，②判決が「注意義務の違反の程度が著しい場合」をいうとするのに対して，③判決は，「当該監査役の行為が，監査役としての任務懈怠に当たることを知るべきであったのに，著しく注意を欠いたためにそれを知らなかったこと」とし，その捉え方に相違がみられる。過失とは，一般に要求される能力や識見に照らし，結果発生を予見・防止すべき具体的な行為義務違反（なすべきことをしなかったこと，客観的過失）を意味すると解されており[28]，③判決が主観的過失概念を採用したとみられることは問題であると指摘されている[29]。会社法425条の悪意・重過失については，任務懈怠により会社に損害を及ぼすことを知っていたか「そのことについて著しく注意を欠いた状態」を意味するとの理解もみられる[30]。いずれにしても，監査役の場合についての十分な検討はこれまでのところ行われていない。③判決が，責任限定契約における「重過失」について，会社法423条や429条とは別の「過失」を観念する趣旨なのかどうかも，明らかではない。

また，③判決が，「重過失」該当性の判断において，本件金員交付に関する過失の重大性判断とは関係のない，他のリスクに対する注意義務の履行状況を勘案していることも問題とされている[31]。③判決が，注意義務違反の判断の対象を本件金員交付に絞り込んだことが，逆に「重過失」がないとする判断に矛盾を生じさせたようにも見受けられる。やはり，とりわけ本件のような事案においては，監査役の義務違反の有無・程度は，当該状況の展開の中でみていくことが必要であろう[32]。

このように，学説の趨勢は未だ定まっていないように見受けられるが，本件③判決が最高裁の上告不受理決定により確定したことは，実務において重く受け止められているものと思われる。

Ⅲ　監査役の第三者に対する責任

1　総　説

監査役は，その職務を行うについて悪意・重過失があったときは，これによって第三者に生じた損害を連帯して賠償する責任を負う（会社法429条1項・430

条）。取締役に関する場合と同様に監査役についても，会社法429条の悪意・重過失は，第三者に生じた損害についてではなく，任務の懈怠についての悪意・重過失と解釈される。中小企業においては，従来，取締役の対第三者責任がしばしば問題となり，責任が認められる例も少なくないが，監査役の場合，監査の範囲が会計に関するものに限定されていること（同法389条1項，整備法24条・53条）が一般的であるため，監査役について対第三者責任が認められる事案は少ないということができる[33]。近年では，外国為替証拠金取引や商品先物取引等において，監査役の対第三者責任が追及される例も多く，監査役の責任が肯定される例も散見される[34]。また，平成16年の証券取引法改正前後から，有価証券報告書等の虚偽記載について発行会社とその役員等の責任が追及される事案が増加しており，一般投資家等が平成18年改正前証券取引法（現行の金融商品取引法）21条の2・22条等に基づき発行会社とその役員等の責任を追及した事案において，監査役の責任が認められた例も現れている[35]。

　監査役の対第三者責任に関する近時の裁判例には，会計監査権限のみを有する監査役に関するものと，業務監査権限を有する監査役に関するものの双方がある。前者の事案として，監査役の対第三者責任を肯定する⑪名古屋高判平成23・8・25（判時2162号136頁）と，その原審の⑫名古屋地判平成23・2・1（判時2162号143頁），および，⑬東京地判平成24・1・17（LEX/DB 25491021）（近未來通信事件）があり，他方，後者の例として，対第三者責任を肯定する⑭大阪地判平成28・5・30（金判1495号23頁）（安愚楽牧場事件），これを否定する⑮大阪高判平成26・2・27（判時2243号82頁）（ノヴァ・あずさ監査法人等事件）がある。他にも，監査役の対第三者責任が否定された例はあるが，その多くは取締役の責任自体が否定されているものである。なお，⑭事件の当該会社は，設立当初有限会社であり，商号変更によって株式会社になった時点で負債額基準により大会社に該当したものである。また，⑪の監査役は弁護士，⑭の監査役は税理士である。

　以下，⑪・⑭・⑮を取り上げ，会計監査権限のみを有する監査役の対第三者責任に関する議論と，業務監査権限を有する監査役の場合との比較もまじえて，若干の検討を行う。

第3章　企業統治に関する裁判例

2　会計監査権限のみを有する監査役の対第三者責任
　－⑪名古屋高判平成23・8・25－

⑴　事案の概要

　Aは，外国為替証拠金取引を行うB株式会社（旧商法特例法上の小会社）の代表取締役であり，投資事業組合財産の運用・管理を行うC有限会社の取締役である。Y1は本件事件当時のB会社の監査役であったが，Y1は監査役であることを否定し，現に監査役の職務を行っていなかった。弁護士のY2は，前任監査役が辞任したため，平成17年6月末，C会社の監査役に就任している。D会社は，B会社に外国為替証拠金取引をする客を紹介する代わりに紹介料を得る旨の合意等をC会社との間で行って，沖縄県内外の約150人から年間約24％の高配当をうたって合計約13億円の出資金を集めたが，配当を停止し，出資金や代表者は所在不明となり，平成17年5月から6月にかけて沖縄県内でその旨が報道された。X（原告・控訴人）はAの勧誘に応じて，平成17年6月13日頃B会社とのFX取引を行う投資事業のために優先的匿名組合契約を締結して2000万円および3000万円を送金するなどしたが，結局損害を被り，B会社やAに対して損害賠償請求訴訟を提起して勝訴判決を得た後，B会社等の監査役Y1・Y2に対して，損害賠償を請求した。

　B会社においては，FX取引のために顧客から受領した金員を，次第に顧客に対する配当と解約に伴う返金，会社運営費，関連会社の資金補填，Aの個人的な出費などに充当するようになった。平成17年12月，A他3名が出資法違反で逮捕され，翌年7月C会社とA会社は出資法違反により有罪判決を受けている。原審（⑫名古屋地判平成23・2・1判時2162号143頁）は，Y1・Y2が監査役としての職務権限の懈怠につき悪意であることを認めたものの，会計監査権限しかない監査役は会計書類にB会社等の財務状況が正しく記載されていれば適正意見を出せば足り，それ以上にそうした財務状況自体を是正させるために意見を述べたりする必要はなく，Y1らが出資者の財産の毀損を漫然と放置したことには当たらない，としてXの請求を棄却した。

⑵　判　　旨

　名古屋高裁は，職務権限が会計監査に限定されていても，監査役には，会社の業務・財産状況を調査する権限や取締役の不正行為を防止するためのチェッ

272

ク権限があることから，「会社の財産が損なわれ，それによって会社債権者に差し迫った被害の発生が予見されるような特段の事情がある場合には，監査役は調査の権限を行使して，その結果に基づいて取締役に違法行為を中止することを求める権利と義務が生ずるというべきであり，監査役が取締役の違法行為を放置することはそれ自体違法性を帯びる」とし，平成17年5月頃からD会社に関する多額の出資金が不明であるとの新聞報道がなされ，会計の専門家でなくとも会社債権者に多額の被害が及ぶ危険が高い状況にあったことが容易に判明していたのであるから，会計の専門家とはいえないY1らのような監査役であっても，「遅くともY2の就任して3か月を経過した同年9月30日以降…は，上記調査権限を行使すべきであったということができ，そうすれば巨額の債務若しくは虚偽の記載を発見することができ」と判示して，Y1・Y2の監査役としての任務懈怠に関する悪意・重過失を認め，損害賠償責任を肯定した（上告棄却・不受理により確定）。

(3) 若干の検討

⑫原審判決にあるように，本件の監査役Y1・Y2は，いずれも監査役の職務を全く行っていなかったのであるが，監査の範囲が会計に関するものに限定されていることから，監査役の職務（会計監査）を行っていたとしても，損害発生の結果に変わりはなかったのではないかという点が，ここでは問題となる。本件の監査役には，職務として，財務状況自体の是正までは求められないとするのが⑫原審判決であるのに対し，Aの違法行為を放置すること自体違法性を帯び，Aの違法行為の中止を求めることも監査役の職務であった，とするのが⑪控訴審の判断である。⑬東京地判平成24・1・17（近未来通信事件）も，監査役としての任務を一切行っていなかった監査役に関する事案であるが，当該会社の「計算書類について，粉飾その他の不正又は不当な点があったことを認めるに足りる証拠はないことから」，監査役の任務懈怠と当該会社の事業に係る詐欺行為やそれによる原告らの契約締結との間の因果関係を否定している。

ちなみに，東京地判平成4・11・27（判時1466号146頁・金法1365号43頁）は，昭和49年改正後に小会社の監査役（弁護士）の対第三者責任を認めた初めての公刊裁判例[36]であるが，事案は，計算書類に粉飾決算が行われていたものであって，その点で⑪⑫事件・⑬事件とは事案を異にする。

273

会計監査に権限が限定された監査役には，事前に取締役の法令・定款違反行為を防止し，または発生した事態を是正することは会社法上要請されていない[37]と解する立場が，学説においては一般的なようである。⑪判決についてみると，学説には，監査の範囲が会計に限定されている監査役にも，会計に関する事項を超えて，取締役の違法行為の中止を要請する権限や義務があるという考え方に対して，否定的な見解が多いといえよう。道義的責任がないとはいえないとしても，広く業務全般に対する調査・意見陳述までを法的義務と考えるのは職責の範囲を超える[38]，会計に関する権限しか持たない監査役に業務監査権限があるかのように解することには疑問がある[39]，取締役の違法行為全般について中止を要請する権限があると解することには疑問がある[40]，本判決は詐欺的な投資勧誘について，その内容を知りあるいは実質的に知り得た監査役らについて実質的に共同不法行為が成立すると評価したものと思われるが，安易に会社法上の責任に化体することで，主要事実の認定をあいまいにするべきではない[41]等の批判的な見解がみられる。

他方，Y1・Y2が会計監査に関する権限を全く行使していないところから，代表取締役Aに真に貸し付けていない金銭をAへの貸付金として書類上処理したことが虚偽の経理処理に当たると考えれば，会計監査権限を全く行使せず，誤った会計書類を放置したことによって損害との因果関係を肯定できるかもしれない，とする見解もある[42]が，会計処理に不適切な点があったにせよ，計算書類の虚偽記載が認められていない以上，第三者の損害との間に因果関係があるとはいえないとする見解[43]の方が支持されやすいように思われる。

会計限定監査役にも，業務財産調査権（会社法389条5項）があることから，不適切な会計処理等を糸口としてこれについての積極的な調査義務を認め，その積極的な調査を怠ったという任務懈怠がなければ第三者の損害を防ぐことができたといえるか（因果関係が認められるか），という方向からのアプローチはありうるのかもしれない。とはいえ，このようなアプローチをとったとしても，因果関係が認められる事案は限られることになろう。

3　業務監査権限を有する監査役の対第三者責任

⑴　責任肯定例

―⑭大阪地判平成28・5・30（安愚楽牧場事件）―

〔事案の概要〕

　本件は，原告Ｘら（X1～X9）が，Ａ（旧・有限会社安愚楽共済牧場。商号変更後，株式会社安愚楽牧場）との間で，Ａが所有または管理する黒毛和牛種の繁殖牛を購入すると同時にその飼養を委託する「オーナー契約」を締結し，一定期間後にＡがＸらから同繁殖牛を再売買するという合意の下に，購入および委託代金を支払ったところ，Ａが破綻し（平成23年8月に裁判所に民事再生手続申立てを行い，同年12月に破産手続開始決定），再売買をして代金の支払いを受けることができなかったことにつき，Ｙら（Ａまたはその関連会社の取締役・監査役合計22名）およびＡの関連会社3社に対して，共同不法行為に基づき，さらにＹら個人に対しては会社法429条1項に基づき，Ｘらが被った損害の賠償を求めた事案である。Ｙらのうち，Y5は税理士であって，平成21年9月からＡの監査役を務めており，Ａが商号変更した平成21年4月以降は，業務監査権限を有していたが，業務監査を何ら行っていなかった。Ａは，Ｘらがオーナー契約を締結する際に，⒤オーナー牛が実在すると説明する等し，また，⒤Ａが所有または管理する繁殖牛頭数および既存のオーナー契約頭数の正確な情報を説明せず，水増しした繁殖牛頭数および実際より少ないオーナー契約頭数を説明していた。本判決は，⒤について特定商品預託法4条1項の不実告知に該当するとし，また⒤についてＡの説明義務違反を認めて，監査役Y5と取締役Y6に限って，責任を肯定している。

〔判　　旨〕

　請求一部認容（控訴）。以下，監査役Y5に関する判示部分の一部を引用する。

　「Y5は，平成15年頃から税理士業務を行い，平成21年9月5日からＡの監査役を務めていた…。…商号変更により通常の株式会社に移行した後も」，Ａの定款では監査役の監査の範囲は会計に関するものに限定されており，ＡとY5との間では監査の範囲は会計監査に限定することが前提とされていたが，Ａは負債額の関係から会社法上の大会社に当たるので，「平成21年4月1日以降のＡの監査役は，会計監査のみならず業務監査までを行う任務があったといえる

第3章　企業統治に関する裁判例

（会社法389条1項）」し，Y5は平成22年4月から5月頃には，「Aの監査役の監査の範囲が会計監査に限られないことを認識し，又は少なくとも認識することができたものと認めることができる。」

Y5が平成21年度決算の会計監査を行っていることから，将来の再売買代金支払債務を考慮した場合にAが大幅な債務超過の常況にあり，「…そうである以上，Y5は，監査役として，…計算書類及び事業報告並びにこれらの附属明細書の記載内容，会計帳簿を調査するときには会計監査の場合より厳密な調査を行うべき注意義務及び任務があった」。

「Y5が計算書類の原資料に遡って調査を行っていた場合には，オーナー契約頭数よりも繁殖牛が不足することが常態化しているのに，Aがこれを秘匿してオーナーを募集していることを認識し又は認識することができ，その際に取締役に新たなオーナーの募集を止めるよう進言するなどしていたとすれば，遅くとも平成22年6月以降新たなオーナー契約が締結されることを防ぐことができた可能性があると認められるところ，Y5はこれを怠り，何ら業務監査を行っていない点に注意義務及び任務懈怠があったといえる。」

「従って，Y5が遅くとも平成22年6月以降に締結されたオーナー契約に関する限りで，XらのY5に対する共同不法行為及び会社法429条1項に基づく損害賠償請求は理由がある。」

(2)　**責任否定例**

　―⑮大阪高判平成26・2・27（ノヴァ・あずさ監査法人等事件）―

〔事案の概要〕

外国語会話教室を経営していたA（ジャスダック証券取引所上場）が破綻し，同教室の元受講生Xらが，Aの当時の代表取締役Y1をはじめとして取締役・監査役Y6～Y10（「Y6ら」という。）および会計監査人（まとめて「Yら」という。）に対して，不法行為や対第三者責任規定に基づき，未受講の受講料相当額の損害賠償と遅延損害金の支払いを求めた事案である。Aは，受講生が支払う入学金と受講料の45％（システム登録料）とを契約時に売上（収益）として計上し，受講料の55％（システム利用料）を契約期間に対応した期間の経過に応じて収益として計上する処理方式（「本件処理方式」という。）と，受講開始後に解約した際の受講料の清算について登録ポイント数を介して金額が算

定される特有の方法（「本件解約清算方法」という。これにより，受講料から控除される使用済みポイントの対価額は，契約締結に当たって登録されたポイント数に対応するポイント単価によって算定される使用済みポイントの対価額よりも常に高額となる。）を採用していたところ，平成14年に東京都の調査・指導を受け，平成19年には特定商取引に関する法律（特商法）等違反の疑いで，経済産業省および東京都の立入り検査を受けたほか，最決平成19・4・3（判時1976号40頁）により本件解約清算方法が特商法違反により無効であると判断され，経済産業省の業務停止命令を受けるなどしたことを契機として，同年10月，裁判所に会社更生手続開始を申し立て，同年11月に破産手続開始決定を受けた。

原審判決（大阪地判平成24・6・7）がＹらの責任を否定し，Ｘの請求を棄却したのでＸが控訴した。控訴審はＹ1の違法経営義務違反および取締役の監視義務違反を認めて一部責任を肯定したが，Ｙ6らの責任は否定している。なお，「本件処理方法」等のＡの会計処理方法については，企業会計原則に反し違法とまではいえないと判断されている。

〔判　旨〕

一部変更，一部控訴棄却（最決平成27・3・26により上告棄却・不受理）。

「監査役は，取締役の業務執行が適法に行われているか否かを監査すべき職責を有し，監査のために取締役等に対して事業の報告を求めたり，会社の業務及び財産の状況を自ら調査する権限を有する。被控訴人監査役らが故意又は重大な過失によりその職務を怠り，それによってＸらに損害が生じた場合には，…その損害を賠償すべき責任を負う。」Ｙ6らに任務懈怠があるかについてみると，「監査役は，取締役が違法な業務執行を行っていることに疑いを抱かせる事実を知った場合には，調査権限を行使して違法な業務執行行為の存否につき積極的に調査すべき義務があると解されるが，そのような事実，すなわち調査の端緒となるべき事実もないのに，違法な業務執行の存否について積極的に調査すべき義務があるものとは認めがたい。Ａの取締役会において，本件解約清算方法の採用・維持や，その他の特定商取引法への対応が課題として取り上げられた形跡はなく，Ａの営業活動が特定商取引法の規定に種々反する形で行われ，受講者との間でトラブルが発生していること等をＹ6らが知り得たと認め

るに足りる証拠も存しないことに照らすと，Y6らにおいて，Y1が特定商取引法違反行為を全社的に行わせていたことにつき調査権限を行使せず，これを結果的に放置する形になったことについて，重大な過失による任務懈怠があるとまでは認められない。」

(3) 若干の検討

⑭事件（安愚楽牧場事件）の監査役Y5も，⑮事件（ノヴァ・あずさ監査法人等事件）の監査役Y6らも，いずれも業務監査権限を有しているが，業務監査は行っていなかった点で共通する[44]。いずれの判決においても，監査役の対第三者責任を判断する判断枠組みとしては，適切に監査業務を遂行していたとすれば，取締役の違法行為の兆候に気付くことができ，さらに調査権限を行使するなどして，違法な業務執行行為があると認めれば，それに適切な対処をして，（会社の損害を経由した）第三者の間接損害発生を防ぐべき，という流れで理解されているものと思われる。その限りで，①最判平成21・11・27の判断枠組みが，監査役の対第三者責任についても踏襲されているとみることができよう。なお，⑭判決は，共同不法行為と会社法429条1項の責任が認められる旨をまとめて判示しており，429条1項の「重過失」が認められた点について特段の言及はされていない。

他方，⑮事件判決では，取締役会自体があまり開かれていなかったものの，開催された取締役会においても，本件解約清算方法の採用・維持や特商法への対応が取り上げられた形跡はなく，Y6らが受講者とのトラブル発生等を知り得たと認めるに足りる証拠も存しない旨が述べられており，やはり，適切に監査業務を遂行していたとしても違法行為を疑う端緒がないから，そもそもこれに気付くことができたとは認められない，と認定されているものと受け取られる[45]。なお，Y1以外の取締役の責任は原審では否定されたが，⑮判決は，Y1以外の3名の取締役について，顧客とのトラブルや社内の遵法体制の欠如を容易に知りうる立場にあったことなどから，重過失による監視義務違反によりA会社の経営破綻を招いたとして任務懈怠責任を肯定している。

これに対して，⑭判決では，会計監査を行う際に計算書類の原資料に遡って調査を行っていたとすれば，オーナー契約頭数に対する繁殖牛の不足が常態化していることなどを認識でき，オーナー募集の停止などを進言できた，とされ

ており，「会計監査の場合より厳密な調査を行うべき注意義務及び任務があった」と判示していることが特徴的である。違法な業務執行の兆候が計算書類に現れていたとみられるところに，⑮事件との相違があった，ということかと思われる。⑭判決の「会計監査の場合より厳密な調査を行うべき注意義務及び任務があった」との判示部分は，⑪・⑫事件のように会計監査権限のみを有する監査役であれば責任を問われない可能性があることを，含意するようにも受け取られる。ちなみに，⑭事件の当該会社は会社法上の大会社に該当するものの，会計監査人は設置されていなかった模様であり，大手監査法人の会計監査を受けていた⑮事件とはこの点でも違いがある。

Ⅳ　むすびに代えて

　監査役の義務違反を認める裁判例は，会社法制定の頃まではわずかな数にとどまっており，どのような場合に監査役の任務懈怠が認められるのか，その判断枠組みを判示する判決もほとんどみられなかった。こうした中で，①判決がその判断の枠組みを判示したことから，その後の裁判例は，対会社責任の事案ばかりでなく，対第三者責任の事案についても，これを踏襲して，義務違反の有無と程度を判断しているということができる。この間の裁判例には，社外監査役の任務懈怠を認めた②・③判決（セイクレスト事件）や会計監査権限のみを有する監査役の対第三者責任を認めた⑪判決のように，学説から批判の多いものもみられる。これまで裁判例に現れた事案の大半が，監査役としての職務を全く遂行していない者に関するものであるだけに，②・③事件のように，いわば有事の状況下で監査権限をそれなりに行使してきた監査役について，どのように任務懈怠を判断するかの検討は，必ずしも十分に行われていなかったということができる。その意味で，②・③判決には，社外監査役に対する過大な期待が反映しているのかもしれない。他方で，②・③事件が指名委員会等設置会社の監査委員や監査等委員会設置会社の監査等委員に関するものであれば，判決のいう助言・勧告義務に相当する内容は比較的容易に認められると考えられることからして，制度間競争の中での監査役の存在意義が問われることにもなろう。⑪判決についても，むしろ問題は，会計監査限定監査役という制度自

第3章　企業統治に関する裁判例

体にあるといえるのかもしれない。また，本稿で取り上げた対第三者責任に関する裁判例は，いずれも，一般消費者や一般投資家等が被害を受けた事案に関するものであって，当該会社やその代表者は，出資法違反（⑪・⑫），特定商品預託法等の違反（⑭），特定商取引法違反（⑮）等の罪責を問われている。このように，監査役の対第三者責任に関する事案が，経営破綻した会社の取引債権者等から当該会社の取締役・監査役の対第三者責任が追及されたものではないことも，近時の裁判例の傾向ということができよう。

〔注〕
⑴　岩原紳作編『会社法コンメンタール9―機関［3］』（商事法務，2014年）273頁〔森本滋〕。取締役について会社法は任務懈怠と過失を別の要件としていると解する，いわゆる二元説の立場（相澤哲編著『立案担当者による新・会社法の解説』別冊商事法務293号（2006年）117頁）からは，監査役についてもこれと同様の理解になるものと思われる。
⑵　森本・前掲注⑴275頁。
⑶　森本・前掲注⑴273頁。
⑷　森本・前掲注⑴273頁。この考え方は，イギリス会社法における取締役の責任に関する二重の基準という法理に類似する。イギリス会社法上，取締役（非業務執行取締役につき問題となる事案が多い）の注意義務は，通常人に期待される注意義務のレベル（客観的基準）を基礎とし，その有する知識・技能・経験から要求される注意義務のレベル（主観的基準）まで引き上げられる（石山卓磨「英国会社法における取締役の義務規定の改革―取締役の注意・技量・勤勉義務を中心にして―」石山卓磨ほか編著『21世紀の企業法制』（商事法務，2003年）85頁以下，川島いづみ「イギリス会社法における取締役の注意義務」比較法学41巻1号1頁以下（2007年））。
⑸　この点の指摘は，多くの判例評釈にもみられる。たとえば，近藤光男「判批」私法判例リマークス50号96頁（2015年）。
⑹　会計監査に関して監査役の責任が肯定された例には，神戸地裁姫路支決昭和41・4・11下民集17巻3・4号222頁（山陽特殊鋼事件），大阪地判昭和49・4・26判時781号103頁，東京地決昭和52・7・1判時854号43頁（興人事件）等がある。
⑺　近時の裁判例では，取締役の対会社責任が否定されて，監査役の責任も否定された例も多い（横浜地判平成25・10・22金判1432号44頁，東京地判平成27・10・8判時2295号124頁，東京地判平成27・4・23金判1478号37頁等）。
⑻　弥永真生「判批」ジュリスト1394号45頁（2010年），本多正樹「判批」ジュリスト1443号103頁（2012年）。
⑼　農業協同組合の監事と株式会社の監査役の事件当時における法制度上の詳細については，本稿では省略する。
⑽　藤原俊雄『コーポレート・ガバナンス―課題と展望―』（成文堂，2013年）265-266頁は，事件当時の状況からして，理事会にも出席しない名目的監事なら，任務懈怠責任を免れるとの判断もあり得たのではないかとする。

280

⑾　福瀧博之「判批」商事法務2006号113頁（2013年）は，判決文では，適切に業務監査をしていればという前提が，明確ではないと批判する。

⑿　近藤光男「最近の株主代表訴訟をめぐる動向（下）」商事法務1929号46頁（2011年）。

⒀　本多・前掲注⑻104頁。その後の法改正により，監事の理事会出席義務が明文で規定され，任務懈怠を肯定しやすくなったともいわれる（山田泰弘「判批」判時2084号（評論620号18頁）183頁（2010年））。

⒁　本多・前掲注⑻105頁。

⒂　山田・前掲注⒀183頁。

⒃　その他の評釈として，岡田陽介「判批」法律論叢83巻4・5号207頁（2011年），清水円香「判批」民商法雑誌142巻4・5号465頁（2010年）等。

⒄　伊藤靖史「②判批」私法判例リマークス50号93頁（2015年）。高橋均「②判批」ジュリスト1469号106頁（2014年）も，一般的な解釈から逸脱し，理由づけとして疑問であるとする。

⒅　本件について，むしろ差止めでの対処を検討すべきとする見解も強い。たとえば，遠藤元一「③判批」商事法務2078号8頁（2015年）。

⒆　伊藤・前掲注⒄93頁，高橋・前掲注⒄106頁。

⒇　逆に，勧告したが，実際には勧告に沿った内部統制システムが整備されなかったとしても，その結果生じた不祥事について，監査役は責任を免れうることになるし，改善がみられないことは監査役監査報告の記載事項である。

㉑　高橋・前掲注⒄107頁，遠藤・前掲注⒅11頁も肯定的な見解とみられる。

㉒　弥永真生「③判批」ジュリスト1484号3頁（2015年）。

㉓　伊藤・前掲注⒄93頁，満井美江「②判批」金判1464号20頁（2015年），尾崎安央「③判批」金判1496号6・7頁（2016年）。山田剛志「③判批」判時2302号（評論692号36-37頁）182-183頁（2016年）も疑問があるとする。

㉔　松井秀樹「②判批」金判1439号2頁（2014年），同「監査役監査基準，監査役監査規程と監査役の責任」監査役627号45頁（2014年），尾崎・前掲注㉓6頁。

㉕　尾崎・前掲注㉓6頁は，「監査役監査基準」というガイドラインに従うか，別の方法でその原理を実現するかの選択の問題であるとする。

㉖　得津晶「③判批」ジュリスト1490号122頁（2016年），山田・前掲注㉓184頁。

㉗　満井・前掲注㉓21頁，遠藤・前掲注⒅13頁。過失相殺を認めるべき事情となるのではないかとする見解として，伊藤・前掲注⒄93頁。

㉘　たとえば，岩原・前掲注⑴380頁〔吉原和志〕。

㉙　遠藤・前掲注⒅12頁，高橋陽一『会社法判例百選［第3版］』（有斐閣，2016年）228頁。

㉚　岩原・前掲注⑴229頁〔黒沼悦郎〕。

㉛　得津・前掲注㉖122頁，高橋・前掲注㉙228頁。

㉜　近藤・前掲注⑸97頁。

㉝　江頭憲治郎『株式会社法［第6版］』（有斐閣，2015年）538頁。

㉞　東京地判平成17・11・29判タ1209号174頁，東京地判平成18・6・8先物裁判例集44号374頁，東京地判平成19・1・30先物裁判例集47号346頁，大阪地判平成23・10・31判時2135号121頁。平成22年頃までの監査役の対第三者責任に関する裁判例については，藤原・前掲注⑽305頁以下に詳しい。

第3章　企業統治に関する裁判例

⑶5　たとえば，ライブドア事件について，東京地判平成21・5・21判時2047号36頁，東京地判平成21・6・18判タ1310号198頁。監査役の責任が否定された例に，東京地判平成25・10・15LEX/DB 25515853（ニイウスコー事件）。

⑶6　河野泰義「判批」判タ852号199頁（1994年），近藤光男「判批」商事法務1429号31頁（1996年），鈴木千佳子「判批」法学研究71巻5号89頁（1998年）。

⑶7　酒巻俊雄＝龍田節編『逐条解説会社法〔第5巻〕機関・2』（中央経済社，2011年）120頁〔西山芳喜〕。

⑶8　高橋均「判批」ジュリスト1457号112頁（2013年）。

⑶9　吉田正之「判批」金判1431号6頁（2014年）。

⑷0　重田麻紀子「判批」法学研究87巻9号199頁（2014年）。

⑷1　片木晴彦「判批」私法判例リマークス47号89頁（2013年）。

⑷2　釜田薫子「判批」商事法務2111号54頁（2016年）。

⑷3　高橋・前掲注⑶8113頁。

⑷4　原審大阪地判平成24・6・7の認定によると，Y6らによる業務監査は行われていなかった（金判1403号54頁）。

⑷5　脇田将典「判批」ジュリスト1483号111頁（2015年）は，判決の表現について，取締役の違法な業務執行の疑いを抱かせる事実を実際に知らない限り，その調査権限を行使する義務はないように読める，と批判する。

「事実上の取締役」の第三者責任に関する判例の検討

帝京大学法学部講師　品川　仁美

I　序

　本来，法律上の取締役とは，創立総会または株主総会において選任された取締役のことをいい，本来そのような者でなければ，取締役としての権利を有し，義務を負うことはない[1]。しかしながら，法律上の取締役でも登記簿上の取締役でもないが，事実上の取締役として業務執行を行っている者が，自らの責任逃れのためにこのルールを利用することは，当然ながら適当とはいえない。多くの学説は，会社法のルールに服することなく業務執行をなしうる者が存在するとなれば，会社法の用意する株主・経営者間の利害調整ないし経営者に対する規律が無意味となるため，「事実上の取締役」としての責任が肯定されると説明する[2]。

　実際，本論文の検討によれば，「事実上の取締役」に対する第三者責任の追及の可否について，裁判例は基本的に認める方向にあることがわかった。しかしながら，具体的にどのような者が「事実上の取締役」として責任を負う可能性があるのかについて，いまだに明確な答えはない。本論文では，初めに，「事実上の取締役」の概念のあいまいさを指摘した上で，本論文における定義付けを行う。その上で，多くの裁判例を分析し，裁判所が認定する要件には重要性に差があることを指摘する。そしてどのような要件が「事実上の取締役」の認定において重視される傾向にあるのかについて考察する。

第3章 企業統治に関する裁判例

　なお，本論文で，「事実上の取締役」が負う可能性のある責任の内，第三者に対する責任について取り上げるものであり，事実上の取締役の会社に対する責任（東京地判昭和56年3月26日判例時報1015号27頁，大阪高判平成2年7月18日判例時報1378号113頁）については，今後の課題とする。

Ⅱ　「事実上の取締役」とは

1　「事実上の取締役」の概念の発展

　「事実上の取締役」という概念が多義的であることについては，繰り返し指摘されてきた[3]。「事実上の取締役」の概念の歴史的な展開から丁寧に紐解いた整理によると，「事実上の取締役」に関する明文の定めは商法・会社法に存在しないが，昭和40年代以降，選任登記のような取締役としての外観がありながら，法律上の正式な取締役ではなく，かつ業務執行も行っていない「名目的取締役」のヴァリエーションとして現れ，議論されてきた[4]。「名目的取締役」の中でも，選任手続がないものの，登記簿上の取締役である取締役については，いわゆる「表見取締役」に当たり，外観保護法理や禁反言の法則により第三者に対して責任を負うものと解される[5]。また，株主総会で取締役に選任されたわけではないが，取締役の就任登記に承諾を与えた場合においては，判例上，会社法908条2項の類推適用により善意の第三者に対して取締役でないことを主張することができず，会社法429条1項の第三者に対する責任を免れることができないと解される[6]。以上のような「表見取締役」は，業務執行をしないというニュアンスを含んでいる場合もあると指摘されている[7]。その一方で，業務執行をしている「表見取締役」として，取締役を退任し，権利義務者に当たらないにもかかわらず退任登記が未了の者については，業務執行の実態がない場合であっても，登記に対するその者の同意がある場合には「登記簿上の取締役」として不実登記に関する規定（会社法908法2項）を類推適用し，対第三者責任を認めている[8]。このような退任登記未了の退任取締役に加え，業務執行を行う「表見取締役」として，選任決議の取消により遡及的に取締役の地位を失った元取締役が分類されている[9]。上記の業務執行を行う「表見取締役」を，業務執行を行わない者と区別するため，「事実上の取締役」と呼ぶことがあっ

284

た[10]が，これはあくまでも説明概念としての呼称であった旨が指摘される[11]。

　しかし，昭和50年代になると，アメリカ・イギリスに存する「事実上の取締役」の責任を定めた法が紹介されるとともに，わが国においても同様の要件（外観の存在及び業務執行の有無）をもって「事実上の取締役」の第三者責任を認めることができる旨の主張がなされた[12]。この主張以降，「事実上の取締役」という語を，法的な効力の伴う概念としてとらえる見解がみられるようになったとされる[13]。

　以上のように，従来「事実上の取締役」とは，株主総会決議の瑕疵等により，後日取締役の選任決議が無効となったまたは取り消された，適法な選任手続によって選任された取締役以外の者を称していた。この場合，瑕疵があったにせよ一度は選任手続を経ているなど，既成事実に重点が置かれており，本人や周囲も正式な法律上の取締役だと認識していた事実があるはずである[14]。しかし近年では，全く選任決議も選任登記もない場合，もしくは取締役を辞してその旨の登記もなされたあとで，その者を取締役と同視するべき事情がある場合について，狭義の「事実上の取締役」として会社法429条１項（旧商法266条ノ３第１項）の責任を負わせる理論として用いられるようになってきている[15]。

2　本論文における「事実上の取締役」の定義

　「名目的取締役」「表見取締役」「事実上の取締役」の定義付けについては，時代や論者によって多少のばらつきがある。そこで，このような事情を踏まえ，本論文において採用する「事実上の取締役」及び類似する取締役の分類について，以下の表Ⅰにまとめた。

　「表見取締役」の中に「事実上の取締役」があるとの分類[16]を行い，取締役選任手続がないまま自己が登記されることを許諾した「表見取締役」（表Ⅰの②+③もしくは⑥+⑦）を「事実上の取締役」として把握されるべきとする考えがある[17]が，一方で，「そもそも登記の存在も前提にないものは事実上の取締役のみである」として，登記の事実によって「表見取締役」と「事実上の取締役」を区別する見解も多い[18]。本論文では，後者と同様に「表見取締役」と「事実上の取締役」を区別し，「表見取締役」は法律上の取締役ではないが登記はある取締役とそのヴァリエーションであると捉え，「事実上の取締役」は法律

285

第3章　企業統治に関する裁判例

上の取締役の地位も登記の存在も前提にない。

　にもかかわらず，業務執行を行った取締役（表Ⅰの②+④）とする。したがって，表Ⅰの②+③に当たると考えられる「選任決議取消の取締役」は対象から外す。

　すなわち，本論文における「事実上の取締役」は，（1）正規の取締役を「木偶人形」のようにし，自ら影の取締役として業務執行に強い影響力をもつ者，（2）資力の弱い中小企業において会社財産を私物化している者（元（代表）取締役[19]や支配株主），（3）親子会社において子会社を支配する親会社を指す。とくに（2）と（3）の第三者責任については，中小企業が倒産した場面において，法人格否認の法理の代替機能を果たすものとして期待される。実際に近年の裁判例は，倒産の事例で債権者が取締役の責任を追及するものが多い。

【表Ⅰ】

		法律上の取締役か		登記簿上の取締役か	
		はい	いいえ	はい	いいえ
業務執行	する	①	②	③	④
の有無	しない	⑤	⑥	⑦	⑧

①+③＝通常の取締役

①+④＝選任登記未了の取締役

②+③＝表見取締役（登記簿上の取締役）・退任登記未了の取締役・選任決議取消の取締役[20]

②+④＝狭義の事実上の取締役

⑤+⑦＝名目的取締役

⑤+⑧＝名目的取締役（登記以外の外観がある）

⑥+⑦＝表見取締役（登記簿上の取締役）[21]

Ⅲ　「事実上の取締役」の第三者責任について

　「事実上の取締役」の第三者に対する責任の議論には，3つの段階がある。第一に，そもそも法律上正式に認められた取締役ではなく，登記による外観の

作出もなく，ただ取締役のように職務を執行しているだけのいわゆる「事実上の取締役」は，正式な取締役の負うべき第三者責任と同じ責任を負うことがありうるのか，明確にする段階である。取締役ではないものは，本来，第三者に対する責任は負わないはずである。しかしながら，前述のように学説上では，取締役の責任の潜脱とならないよう，「事実上の取締役」は第三者に対して責任を負うとされてきた。また，下記表Ⅱに取り上げたいくつもの裁判例からも明らかなように，裁判所が「事実上の取締役」の第三者責任の成否について正面から答えた裁判例の内[22]，「事実上の取締役」の第三者責任について言及した上で，その責任を否定したケースは裁判例①⑤⑦だけであり[23]，裁判所も基本的には「事実上の取締役」の第三者責任を認める立場にあることがわかる。

　第二に，「事実上の取締役」が第三者に対する責任を負うことを前提とすると，そもそも当該事例の対象者は「事実上の取締役」に当たるのか，言い換えれば，「事実上の取締役」として認定されるための要件とは何か，要件同士の位置づけも含めて考察する段階がある。この点がまさに「事実上の取締役」に関する議論の中心となっている部分であり，いまだに曖昧さが多く残っている部分である。本論文では，続くⅣにおいて詳細に議論を行っている。

　そして最後の段階として，「事実上の取締役」として認定された者が行った行為，もしくは行うべきなのに行わなかった行為は，第三者を害したといえるのか否かの認定が必要になる。しかしながら，実際の裁判例をみると，「事実上の取締役」を認定することと，当該「事実上の取締役」が第三者に対して損害賠償が認められることはイコールになっていることが読み取れる。さらに，原告が，被告が「事実上の取締役」である旨の主張をしたものの裁判所が「事実上の取締役」について言及しなかった裁判例をみると，多くの場合，第二の段階をとばし，当該当事者の対第三者責任を直接断ずることで結論を導いている。ここから，裁判所は「事実上の取締役」の認定と，当該「事実上の取締役」の第三者責任の認定を同一視していることがわかるだろう。しかしながら，第二段階はあくまでも第三段階を導くための前提であり，たとえ結論が同じになるとしても，裁判所は本来であれば両者を分けて論ずるべきだと考える。

第３章　企業統治に関する裁判例

Ⅳ　「事実上の取締役」の要件

1　「事実上の取締役」の要件に関する学説

　ここからは上記Ⅲで言及した第二段階の「事実上の取締役」の要件について，学説の展開と裁判例の分析に分けて検討を行う。

　学説上「事実上の取締役」の要件として，取締役としての職務を継続的に行っていることを求める点については共通しているが，表現の仕方は様々で，見解が一致しているとは必ずしもいえない[24]。具体的には，（1）イギリスと同様に，取締役としての外観と取締役としての継続的な業務執行の２つを必要とする見解[25]，（2）取締役としての継続的職務執行を挙げる見解[26]，（3）(a)実質的に取締役としての業務を行っており(b)その者がその業務を行う上で，取締役と同様の権限を引き受ける意思があり，(c)取締役としての業務を行うことについて会社の承認ないし許諾があること，の３つを要件とする見解[27]，（4）会社の業務執行への継続的な関与と会社の容認の２つを挙げる見解[28]などの主張がなされている。

　さらに昭和61年５月15日法務省民事局参事官室が公表した「商法・有限会社法改正試案」の二13bでは，「取締役を称する者による会社の業務執行につき，会社がこれを許容しているときは，会社は，第三者に対し，その業務執行による責任を負う。この場合において，当該取締役を称した者も，会社及び第三者に対し，取締役としての責任を負う」との規定が提案された。実際に当該改正試案は成立しなかったものの，取締役としての業務執行と会社の許容が挙げられている点で，（4）の見解を補佐するものであると考えられる。また，他の論者は「事由の如何，登記の有無にかかわらず，取締役として適法に選任されていないか，その選任に瑕疵がある者であっても，会社の業務執行に関与していることを理由として，法律上の取締役と同等の責任を負うことが，（広義の）事実上の取締役の要件である」[29]としており，継続性に関する文言はないものの，実質（2）と同じことを主張しているものと考えられる。

　以上の見解は，一見すると種種雑多にみえるが，竹濱論文において，他の学説や裁判例が継続的な業務執行を挙げているのは，継続性によって（3）(b)(c)

288

の内容が通常見て取れるからだろうとの指摘[30]を勘案するに，学説（2）（3）（4）において主に要件として求められるのは，継続的な業務執行を行っていることであると捉えることもできるだろう。そうであるならば，学説の差異は（1）で主張される外観の要件に集約されることになる。

以下では，初めに「事実上の取締役」に関する裁判例の概要を述べた上で，裁判例が「事実上の取締役」の要件についてどのように捉えているのか分析を行う。

2　「事実上の取締役」に関する裁判例

下記の表Ⅱの①〜⑯は，裁判所が「事実上の取締役」について正面から認めた主たる裁判例につき，「事実上の取締役」の成否，判旨，認定事実，相手方の属性，責任の根拠，倒産の状況か否かの別についてまとめている。

これら裁判例の中で，「事実上の取締役」であることが否定された裁判例は①⑤⑥⑦⑧⑫であり，肯定された裁判例は②③④⑨⑩⑪⑬⑭⑮⑯である。「事実上の取締役」について言及している裁判例は，平成初期に裁判例が極端に減っていた時期をはさんで，裁判例①〜⑤までの，「事実上の取締役」ないし類似する概念（「実質的な取締役」等）が登場した初期の裁判例と，⑥以降の再び裁判例が増加した近年とに分割することができる。初期と比較し，近年の裁判例は，「要件の一般論を提示しその該当性を判断するスタイルを採らず，詳細な事実認定の末に「『事実上の取締役』に該当する」と宣言する手法を採る」ように変化したと分析されている[31]。しかしながら実際には裁判例⑦のように一般論を示した上で当てはめを行っている近年の裁判例もあることから，判断方法の傾向が変化したと断ずるには早いかもしれない。

すなわち，傾向の変化としてではなく併存しているものとして，「事実上の取締役」の認定要件を大きく(A)一般的な要件を定立するタイプと，(B)事実の積み重ねから認定する事例判断タイプの2つに分ける[32]方がよいだろう。下記に述べるように，(A)の一般的な要件は学説上も裁判例上も，統一的な要件が確立しているとはいえない上，実際に裁判上で一般的要件が言及されるのは「事実上の取締役」が否認される場合のみである。これは「事実上の取締役」と認め得る事実が乏しい事案において，「事実上の取締役」として認定することを否

定する根拠を強調するため，一定の枠組みを明らかにした上で枠組みに当たらないという形式をとっていると想像することができる。また，(A)による裁判例の数も大変少ない。

一方，(B)のように実際の事例を丁寧に拾い上げ，事実の中から「事実上の取締役」と認定するにふさわしい要素を集めて，総合的な判断として「事実上の取締役」を認定する方法については，裁判所がこの判断方法を採ることで，「請求者の主張する「任務」にあわせて「事実上の取締役」の認定要素を柔軟に捉えているようにも見える」との指摘がある[33]。表Ⅱの「責任の根拠」をみると，裁判所が実際に様々な「任務」に対応していることは明白である。このような汎用性の高さが，(B)タイプの裁判例が多い理由となっているのかもしれない。しかしながら，最初期の裁判例①において示された(A)の一般的な要件は，必ずしも(B)において意味を持たないわけではなく，裁判例①で示された「取締役に匹敵する権限」という表現が裁判例⑥や⑫でも使われているなど，ある程度の影響力をみることができる。

また，表Ⅱで取り上げたように多くの裁判例が実際に(B)の手法によって事例を積み重ねていく中で，実際にどのような要件をそろえれば「事実上の取締役」と認定されやすいのか，その予見性はいまだに低いと言わざるを得ない。

以下では，過去の裁判例について，初期の裁判例及び近年の裁判例に分けて検討を行い，その後，裁判所がそれぞれの要件についてどの程度重視していたのか分析し，どの要件を重視すべきなのかについての見解を述べる。

(1) 初期の裁判例[34]

裁判例①は，「事実上の取締役」に類似する「実質上の取締役」について，初めて判断がなされた事例である。「実質上の取締役」の責任について疑問を呈しつつも，もし仮にあるとすれば，「『実質上の取締役』たる立場を肯認するためには，その者が，実際上，取締役と呼ばれることがあるのみでは足りず，会社の業務の運営，執行について，取締役に匹敵する権限を有し，これに準ずる活動をしていることを必要とすると解すべきである」との見解が示された。裁判例⑤もまた①と同様に「事実上の取締役」の責任追及を認めておらず，仮に肯定するとしたら，と前置きした上で，①の要件を引用している。

④は，親会社の代表取締役の事例だったが，名称の使用などの外観の存在を

認めることはできず，子会社の業務執行につき取締役に匹敵するだけの権限を有していたとの認定もなかった。そして事実上，支配の実態のみから，親会社の代表取締役を事実上の取締役と認めた点につき，強く批判されている[35]。

　少なくとも初期の裁判例においては，「事実上の取締役」と認定するためには，当該会社を実質的に支配していることが重視されているように思われるとの指摘がある[36]。実際，初期において「事実上の取締役」が肯定された裁判例は②③④であり，そのすべてが支配株主の事例である。反面，否定された①⑤において，支配株主の存在は認定されていない。この事実からみても，上指摘の示す通り，実質的支配の有無が判断に影響を与えていたと推定することができよう。

(2)　近年の裁判例

　「事実上の取締役」の第三者責任に関する近年の裁判例を包括的に分析するに当って，Ⅳ1で概観した学説上の要件を参考に，（1）外観の存在，（2）継続的な業務執行という2つの要件に分類する。その上で，この分類ごとに，より具体的に要件の内容を分析する。すなわち，「事実上の取締役」の要件を満たすといえるためには，どのような事実が裁判所によって認定される必要があるのかについて，過去の裁判例を基に考察する。この時認定される事実は，必ずしも1つの要件と対応するのではなく，1つの認定事実がいくつかの意味をもつことがある。たとえば，裁判例⑪の評釈の1つ[37]は，「会長」という名称使用の事実に言及する裁判所の意図に関して，「A社の業務執行に影響を及ぼすことができる立場にあったことを示す事実であるという面と，業務執行に具体的に関与していたことを間接的に示す事実であるという面を併有している」として，外観の存在を示す事実を，取締役の業務執行への関与を示す事実として組み込んで理解しようとしている。

　また以下で述べる「支配株主である」という事実の扱いは，権限のある外観を創り出すという意味で，外観の存在を示すと同時に，実質的に社内の役員らに対して強い発言権をもつことの証左にもなると思われる。

(A)　外観の存在：名称の使用，登記の有無

(ア)　名称の使用

　「外観の存在」とは，主に「取締役」「会長」などと呼ばれる名称の使用を指

第3章　企業統治に関する裁判例

すものと考えられる[38]。実際にこのような名称の使用について言及している裁判例は多い（裁判例①②③⑤⑨⑩⑪⑬⑭⑮）が，その内で「事実上の取締役」ではないと否定された例は①と⑤に過ぎない。否定されたケースをみると，「専務」（裁判例①），「おかあちゃん」（裁判例⑤）のように，代表権どころか通常の取締役の権限すら推定困難な名称を使用しており，外観の存在の要件を満たしていないことは明確である。

　逆に名称の使用について言及していない裁判例は④⑥⑦⑧⑫⑯で，うち「事実上の取締役」であるとの認定が肯定されたのは④と⑯のみである。裁判例④は初期の裁判例のところで述べた通り，支配の事実のみが認定され，外観の存在も継続的な業務執行も明確には認定されていない事例であり，このような者を「事実上の取締役」と認めたことについて多くの批判が寄せられている。裁判例⑯については，名称の使用の事実は認められていないものの，会社分割制度をリストラのために濫用した悪質な事例であり，情報弱者たる従業員の保護の必要性，支配の実態及び継続的な業務執行が認められることを総合的に判断すれば，たとえ名称の使用がなかったとしても「事実上の取締役」と認定されるべき事例だったといえる。

　このように，裁判所は多くの裁判例において，「事実上の取締役」を認定するための要件として，取締役のような外観を示す名称の使用について，検討を行っており，とくに重要な要件の1つとして扱っていることが推定される。しかしながら裁判例⑯が示すように，総合的な判断を行う中で，第三者の属性による保護の必要性が高い場合や，制度の濫用の場合，他の要件が認められている場合など，他の要素が強く影響するようなときには，名称の使用は必ずしも不可欠な要件と考えられているわけではないといえるかもしれない。

　(イ)　登記の有無

　通常の商人間の取引の場合，登記を確認するなどして，当該人物が取締役か否かの確認をすることがある程度期待できるため，相手方が外観を信頼したことについて善意無重過失が求められる。しかしながら，基本的に登記が存在することが想定されている「表見取締役」とは異なり，「事実上の取締役」は法律上の取締役ではないだけでなく，取締役としての登記も存在しないことが前提となる。

とはいえ，登記の存在という「外観」が，「事実上の取締役」が取締役かのような行為を行った時点で存在していた場合，裁判所は登記の有無について言及する場合がある。裁判例⑥や⑪のように，かつては正式な取締役であって登記もなされていた者が辞任し退任登記もしていることが，裁判所によって認定されている事例である。しかし，確かに裁判所は登記の有無について言及しているものの，裁判所の判断においてどの程度影響を与えたのかは明らかではない。

鑑みるに，継続的に取引を行っている相手方にとっては，正式な取締役だった時と同じ行動をとり続けている取締役が，実は取締役ではなくなっていたということが生じ得る。このように継続的取引の場合には，取引の相手方がたとえ商人であっても，自らの取引相手が「事実上の取締役」であると気づくことは困難であろう[39]。

さらに，裁判例⑦⑪⑬のように原告が商人や会社ではない一般株主である場合や，裁判例③や⑯のように原告が従業員の場合，裁判例⑥のように原告が保険者の場合においても，取締役の登記を調べることをいちいち求めるのは現実的ではなく，取引の迅速性を阻害することになりかねない。

実際の裁判上では，「外観の存在」の内，当該人物の取締役かのような行為時の登記の有無について重くとらえられることはないものの，相手方の特徴によっては，登記の有無の確認を「外観の存在」の判断に読み込むべきではないかと考える。

(ウ) 「表見取締役」における外観との差異

ここで「表見取締役」とは，Ⅱの表Ⅰの②＋③及び⑥＋⑦のタイプの者をいい，「事実上の取締役」と「表見取締役」の違いについては，Ⅱで述べた通りである。両者はともに法律上の取締役ではないという点に類似点があると同時に，当該取締役かのようにふるまう人物の作為・不作為に基づいて第三者が害された場合に，責任が認められるという点で共通する[40]。Ⅳ2(1)の(ア)(イ)において「事実上の取締役」の要件として，裁判所は「外観の存在」について，事実認定を行い，程度こそ不明ながらも判断を下すにあたって考慮に入れているだろうという考えを述べた。それでは，そのような「事実上の取締役」の「外観」と，「表見取締役」において求められる「外観」には何か違いがあるのだろうか。

登記残存の「表見取締役」の第三者責任における「外観」は，「事実上の取

第3章 企業統治に関する裁判例

締役」の第三者責任における「外観」と根本的に異なるものだと考えられる。以下では登記残存の「表見取締役」の第三者への責任の要件と「事実上の取締役」に関する裁判所の判断を比較し，性質の類似性について考察する。

　第一に，退任登記未了の「表見取締役」の第三者責任は，基本的に最判昭和37年8月28日裁判集民事62号273頁により，辞任取締役は社内外における積極的な行為がなければ，責任を負わないとされるが，最判昭和62年4月16日判時1248号127頁により，当該登記残存取締役が不実の登記を残存させることについて明示的に承諾を与えていたような場合には第三者に対して責任を負うことになる。これは外観を信じた第三者の信頼を保護するという外観理論や禁反言に基づき認められるものであり，外観が存在すること，真の権利者に外観作出の帰責性があること，第三者が外観を信頼したこと（善意・無過失）の3つが要件となる。

　続いて「外観」に関する「表見取締役」の要件が「事実上の取締役」についても当たるのか検討する。そもそも裁判所にとって「事実上の取締役」における「外観の存在」の要件は絶対的なものではなく，一般要件を明確にしている裁判例①⑤⑦⑪以外の多数の裁判例では，事実の積み重ねによって総合的に判断しており，その積み重ねられた事実の1つとして「外観の存在」が認定されているに過ぎないことはこれまで述べてきた通りである。したがって，「事実上の取締役」における「外観の存在」の認定の意味は，根本的に「表見取締役」におけるそれとは異なるものとみられる。

　また，外観作出についての会社の帰責性については，既出の昭和61年5月法務省民事局参事官室による「商法・有限会社法改正試案」二13bの中では，会社が名称の使用について許容したことを要件としており，さらに裁判例⑦の一般要件を述べた部分においても，「その者が会社から事実上の取締役としての任務の遂行をゆだねられ」との文言がある通り，会社による許容が要件として示されている[41]。しかしながら，その他の多くの裁判例において，実際に会社の許容・帰責性が要件として直接的に取り上げられているものはないと思われる。とはいえ，以下の「(B)(イ)相手方の属性による判断の違い」でも述べるように，「事実上の取締役」として活動することを放置していたことをもって，会社の帰責性を認めることができるとのも考えられている[42]。

294

最後に，第三者である相手方が外観を信頼したことについての善意・無過失の要件についても，「事実上の取締役」の認定の場面で裁判所は言及していない。「事実上の取締役」の認定という段階は，あくまでも当該人物が「事実上の取締役」であるかのような客観的な事実があることと，継続的に業務執行を行ってきたこと，という客観的な判断基準から判断され，そこに第三者の認知という第三者の主観的視点は不要であると考えられるのだろう。

　以上のように「事実上の取締役」の「外観」は，あくまでも外観理論を基にした「表見取締役」の「外観」とは，性質が異なるものであると裁判所は扱っているとみることができる。

　㈡　支配の事実

　当該人物がいかに当該企業を支配していたのかについての要件は，「事実上の取締役」であることを基礎づける中心的要素であるといわれている[43]。それでは，多くの裁判例や学説において求められる取締役に匹敵する「重大な」権限を有することという要件は，取締役としてどのレベルで会社を支配していることを求めているのだろうか。「事実上の取締役」が，通常の手続を経た取締役が通常有するのと同程度の権限を有することを示すのであれば，「取締役会をコントロールする」ことまでは求めないはずである。しかし実際の裁判例をみると，「取締役に匹敵する権限」との文言を用いているのは裁判例①⑤⑥⑫のケースのみであり，いずれの裁判例も「事実上の取締役」ではないと否定されている。それ以外のほとんどのケースにおいて，通常の取締役よりも強大な権限（支配的な立場と言い換えることもできよう）を要件として求めているようにみえる。実際，裁判例②③④⑦⑧⑨⑪⑬⑭⑮⑯においては，実質的に会社を支配できる立場にあるもしくは実際に会社を支配していることを認定している（設立者（②⑬），グループの総裁・トップ（③⑨[44]⑪），個人企業のオーナー（④），支配株主（⑦⑧⑪⑮[45]⑯），支配株主の親で最高実力者（⑩），社長に次ぐ地位（⑫），交渉における決定権（⑭））。このように「事実上の取締役」といいながらも，実際には支配の事実の要件を求める分，通常の取締役よりも強い権限を有する，いわば「事実上の代表取締役」であることが要求されている。本来なら法律上取締役ではない人に取締役としての責任を負わせる以上，あまりに容易に「事実上の取締役」と認めるべきではないため，この要求は重要な

295

第3章　企業統治に関する裁判例

意味があるだろう。

一方で，一般要件を示した上で事実要件を行った裁判例⑤⑫については，一見支配の事実の要件を求めていないようにみえる。つまり，裁判例⑤⑫の場合，要件はあくまでも「取締役に匹敵する権限」であり，支配権源を求める厳格な要件ではないようにみえる。にもかかわらず，外観の存在及び重要な業務執行については認定されたにもかかわらず，ワンマン経営の下，意思決定に関与する権限がなかったという一点に基づき，「取締役に匹敵する権限」がないとし，「事実上の取締役」であることは否定された。このことから，文言上「取締役に匹敵する権限」を求めている裁判例においても，その他の多くの裁判例と同様に支配の事実を求めていると考えることができる。

当該人物が取締役としてどこまでの権限をもっていれば「事実上の取締役」とみなされるのかについて，明確なことはいえず，少なくとも「同等」の権限をもつとの指摘があるが[46]，以上のようにこれまでの裁判例からは，「事実上の取締役」の要件の検討を行う際に，会社を支配する立場にあったことについては重視されていることがわかる。

(B)　継続的な業務執行

(ア)　継続的な業務執行

「事実上の取締役」の要件として，当該人物が行っていた業務執行の継続性について明確に言及している裁判例は多くない（裁判例④⑤⑪⑫のみ）。

Ⅳ1でも述べたように，業務執行の継続性は，取締役と同等の権限を引き受ける意思及びこの点につき会社の許諾があることを含有しているとの以下のような見解がある。すなわち「事実上の取締役の要件として，継続的な業務執行を挙げているのは，そのことによって事実上の取締役である者の業務執行の意思が明らかとなるだけでなく，会社もそれを許容していることが通常見て取れるからであろう。昭和61年に公表された「商法・有限会社法改正試案」二13bが，事実上の取締役の要件として，その者の業務執行と会社の許容を挙げている（資料「商法・有限会社法改正試案（昭和61年5月15日法務省民事局参事官室）」商事法務1076号15頁）のも，以上のような意味で理解することが可能であるように思われる」[47]という指摘である。しかしながら，そこまで読み込んでよいのかについては疑問である。業務執行の継続性は，当該人物が取締役らしい外

296

観を有していたことを強める理由づけとして，あくまでも補助的な判断材料の1つとして扱うべきであろう。継続性という程度のあいまいさを含む概念にあまり強い意味をもたせるべきではないと考えるからである。

　(イ)　相手方の属性による判断の違い

　第一に，裁判所の判断として，相手方の悪意や過失についての言及はなされていないと述べた（Ⅳ 2⑵(A)(ウ)）が，悪意及び重過失の相手方に対してまで，法律上取締役ではない者に取締役として責任を負わせる必要はないとも考えられる。そこで相手方の過失の程度について，「事実上の取締役」の認定において考察するとした場合，当該人物と相手方の関係が一度きりの関係である単発的関係にあるのか，日常的に取引をしていた継続的関係にある相手なのかという視点で分析する。

　単発の取引相手のような外部性の強い相手方については，取引相手が正式な取締役なのか，事実上の取締役に過ぎないのか，外観から正しく判別するのは困難な場合もあろう。しかし，単発で信頼が形成されていない関係であるがゆえになおさら，取引の相手方について登記を調べることも当然に想定されるのであり，したがって当該取締役が（株主総会の決議を経た正式な取締役か否かの判断は困難であるにせよ，）登記簿上の取締役か否かについては情報を得ることは可能であろう。したがって，もし単発的関係の相手方が登記を調べずに「事実上の取締役」を取締役と誤認した場合，相手方の過失は重くみるべきだろう。

　また，日常的に取引関係にある者との取引の場合，いちいち登記を確認することは期待できないが，取引の相手が正式な取締役なのか，事実上の取締役に過ぎないのか，社内情報を入手しやすいという理由から正しい情報を得ることができる可能性がある。とくに，後日決議取り消しとなった取締役の場合，単発の取引先では気づきようもないが，長期的反復的取引の相手方は，少なくとも前者よりは気づく可能性が高いとも考えられる。もしそうだとすれば，決議取り消しパターンの事実上の取締役について，日常的に付合いのある相手方の場合は，過失が認められるかもしれない。このように相手方に過失がある場合，「事実上の取締役」の認定において，否定する方向へと導く事実として使われることも考えられる。

V　おわりに

　本論文は，「事実上の取締役」の認定における要件について過去の裁判例を中心に分析を試みた。裁判例の積み重ねにより，ある程度傾向は作られているものの，いまだにその基準には明確さが欠けているといえよう。そこで私見を述べると，広く多くの事例に対応するため，多くの裁判例と同様，認定事実の積み重ねによる認定方向を用いることが望ましいと考える。具体的には，Ⅳ 1 の学説のように，「事実上の取締役」の要件を大きく取締役としての外観の存在・継続的な業務執行に分けるべきであると考える。その上で実際の当てはめにおいては，外観の存在として，名称を使用していること，当該人物の取締役としての行為時に登記がなされていたか否かについて検討し，継続的業務執行については，取締役の支配状況・実際の業務執行の有無・相手方の属性（単発的関係にあったか，継続的関係にあったか）を要件の成否の分析として考慮に入れる。これらの事実を総合的に判断を行うことになるが，これらの要件はすべて同じ重さの要件ではなく，それぞれに重要度が異なる。これらの重要度を目安とすることで，総合的判断の中でも，裁判における予見可能性を高めることができると考える。現在のところ，まだ不明確な部分は多いが，今後の判例の積み重ねにより，一層予見可能性は高まることが期待される。

　これにより相手方は，取引を行う際自らを守るためにどの程度の注意を払って，取締役が事実上の存在であるのか正式的な存在であるのかの判断を行えばよいのか，指針を得ることだろう。

※本研究はJSPS科研費JP15K16951の助成を受けたものです。

【表Ⅱ】

裁判例情報	事実上の取締役の成否	判旨	認定事実	相手方の属性	責任の根拠	倒産の状況か否か
①東京地判昭和55年11月26日判時1011号113頁	否定	「取締役として登記されていない者で原告の主張する『実質上の取締役』という立場にある者に対して、商法266条ノ3に基づく責任を追及しうるかについては、疑問の存するところであるが、仮にこれを肯定する見解をとるとしても、ある者につき右『実質上の取締役』たる立場を肯認するためには、その者が、実際上、取締役と呼ばれることがあるというのみでは足りず、会社の業務の運営、執行について、取締役に匹敵する権限を有し、これに準ずる活動をしていることを必要とすると解すべきである。」	＊「専務」と呼ばれる（名称の使用） ＊東京支店での取引に同席（業務執行） ＊会社の事務に従事経験あり（業務執行） ※外観の存在、支配、取締役に匹敵する業務執行について認定されず	売買契約の相手方（継続的関係）	旧商法266条ノ3の責任〔法人格否認の代替〕	倒産

第3章 企業統治に関する裁判例

裁判例情報	事実上の取締役の成否	判旨	認定事実	相手方の属性	責任の根拠	倒産の状況か否か
②東京地判平成2年9月3日判時1376号110頁	肯定	「Y2(事実上の取締役)はY社の取締役にはなっていなかったものの、対外的にも対内的にも重要事項についての決定権を有する実質的経営者(事実上の代表取締役)であったのであるから、…(間接取締役)と同様の義務を負うものと言うべき」商法266条ノ3第1項の類推適用	*「理事長」と呼ばれる(名称の使用) *実質的に唯一の設立者(支配、実質一人会社) *部下を取締役に選任(支配・業務執行) *主要な意思決定はY2に相談していた(支配・業務執行) *運営に関わり、資金調達や重要事項の決定をしていた(支配) *対外的に代表者のように振る舞っていた *会社の容認	債権者(取引先)(継続的関係)	旧商法266ノ3第1項類推適用〔法人格否認の代替〕	倒産

裁判例情報	事実上の取締役の成否	判旨	認定事実	相手方の属性	責任の根拠	倒産の状況か否か
③大阪地判平成4年1月27日労働判例611号62頁	肯定	「Y2（事実上の代表者）は、Y1社の事実上の代表者として全権を有しながら、…漫然と経営を続け、…遂にはG（Y社の経営するラウンジ）の維持・再建の意思をも放棄し、Y社を倒産状態に陥らせた」と認定。商法266条ノ3の類推適用による責任を認めた。	* 「オーナー」を自称し、「社長」と呼ばれる（名称の使用） * 相手方は社長だと信頼していた * グループ総裁（支配） * 営業内容をすべて把握（業務執行） * Gの運転資金をすべて手当て（支配） * 従業員の採用・解雇の決定（支配・業務執行） * 同じ会社の別事業の業務執行をしている * 他者の口出し不可能	従業員だが、後に経営権の譲渡を受けている（継続的関係）	忠実義務違反（商法266条ノ3の類推適用）〔法人格否認の代替〕	倒産

第3章 企業統治に関する裁判例

裁判例情報	事実上の取締役の成否	判旨	認定事実	相手方の属性	責任の根拠	倒産の状況か否か
④京都地判平成4年2月5日判時1436号115頁	肯定	根拠となる一般的な要件については述べていない。 「Y2の言動とA社の経営状況の浮沈との間には密接な対応関係が見られるのであって、…Y2はA社の実質的所有者として、事実上A社の業務執行を継続的に行い、A社を支配していたものであって、A社の事実上の取締役に当たる」 「Y2は、Aの事実上の取締役として、重大な過失により被告Y1の…任務懈怠行為に対する監視義務を怠ったものというべきであって、Y2は…商法266条ノ3第1項により賠償すべき責任がある」	＊A社・B社共、Y2の亡父が設立した実質個人企業の法人成り（支配） ＊A社（Y1（夫）が代表取締役）はB社（Y2（妻）が代表取締役（支配）の完全子会社（支配） ＊A社は完全にB社依存（支配） ＊Y2はA社のために担保設定に承諾、物上保証、負債の返済等していた（支配） ＊Y1とY2離婚後、A社への融資を打ち切り ＊権限の外観、職務行為の有無については微妙。支配要件のみで認定	子会社の債権者（取引先）（単発的関係）	Y2のY1に対する取締役の監視義務違反（商法266条ノ3第1項）[親会社取締役の責任追及]	倒産

裁判例情報	事実上の取締役の成否	判旨	認定事実	相手方の属性	責任の根拠	倒産の状況か否か
⑤東京地判平成5年3月29日判タ870号252頁	否定	「およそ取締役として登記されていない者に対して、仮に原告主張のような行動が認定できたとしても、いわゆる事実上の取締役であること理由として有限会社法30条ノ3に基づく取締役の責任を追及することは許されないものと解する。仮にこれを肯定するとしても「ある者が右にいう「事実上の取締役」であると認めるためには、その者が実際上取締役と呼ばれているなどして取締役の外観を呈しているだけでは足りず、会社の業務の運営、支配、執行について取締役に匹敵する重大な権限を有し、継続的に右のような権限を行使して会社の業務執行に従事していることを必要とするものと解すべきである」	*名称使用はない（名刺に記載なし、呼称は「おかあちゃん」等） *他のいわゆる従業員と随行したり手伝ったりはしていたが、仕入れの交渉はしていない *手形振出の判断してない *一般従業員と同じ仕事 ※外観の存在、支配、取締役に匹敵する業務執行について認定されず	債権者（手形の受取人）（単発的関係）	手形振出及び財産管理の懈怠について有限会社法30条ノ3に基づく責任〔法人格否認の代替〕	倒産

第3章　企業統治に関する裁判例

裁判例情報	事実上の取締役の成否	判旨	認定事実	相手方の属性	責任の根拠	倒産の状況か否か
⑥京都地判平成18年9月29日 LEX/DB文献番号28112203	否定	「Y3（辞任した取締役）がY社の業務の運営ないし執行について取締役に匹敵する権限を有し、これに準ずる活動をしていたと認めることはできないから、Y3が事実上の取締役として商法266条ノ3第1項の責任を負う者であったということはできない。」	＊辞任以前から他の仕事で忙しかったため、主たる運営は別の取締役がしていた（業務執行） ＊経営に関与したことはない（業務執行） ※外観の存在、支配、取締役に匹敵する業務執行について認定されず	保険者（継続的関係）	介護保険法22条3に基づいて不正取得金の返還請求（商法266条ノ3第1項）	不正→介護事業者指定の取消

裁判例情報	事実上の取締役の成否	判旨	認定事実	相手方の属性	責任の根拠	倒産の状況か否か
⑦東京高判平成20年7月9日金判1297号20頁	否定	「旧商法266条ノ3の責任は商法で認められた特別の責任であることに照らすと、株主総会において選任され、就任を承諾した取締役ではない者に対して」同条を類推適用することにはそもそも疑問があるとし、仮に類推適用できるとしても「その者が会社から事実上取締役としての任務の遂行をゆだねられ、同人も事実上その任務を引き受けて、会社に対し、取締役と同様の善良な監督者としての注意義務を負うに至っていると評価されるような事実関係があり、かつ、実際にその者が対外的又は対内的に行動して、当該会社の活動はその者の職務執行に依存していると言えるような事実関係があることが必要」であるが、そのような事実関係は認められない。	*対内的・対外的な職務執行（業務執行） *その者の職務執行への依存（業務執行・支配） →上記について認めるに足る証拠なし *支配株主である（支配） ※外観の存在、取締役に匹敵する業務執行について認定されず支配要件のみ認定	少数株主（継続的関係）	善管注意義務違反に基づく旧商法266条ノ3の責任	再建中

第3章　企業統治に関する裁判例

裁判例情報	事実上の取締役の成否	判旨	認定事実	相手方の属性	責任の根拠	倒産の状況か否か
⑧大阪地判平成21年5月21日判時2067号62頁	<u>否定</u>	「Y1はA社の大株主として会社の経営を一定程度支配していたものと認められるが、その…態様は…(役員)を通じて間接的に行われたものに過ぎない」	＊大株主(支配)(あくまで株主として間接的に支配)※外観の存在、業務執行について認定なし。支配要件のみで認定	商品先物取引の委託者(継続的関係)	職務につき重過失があり、旧商法266条ノ3第1項による損害賠償請求[法人格否認の代替]	倒産
⑨名古屋地判平成22年5月14日判時2112号66頁	肯定	YがA社の経営を「実質的に支配している」ことを認定し、さらにグループ内での資金の流用を認め、「Yによる個人的な金員の取得ないし流用がなければ、A社の経営が破綻することはなく…Xらの損害を賠償することは容易であった」	＊「所長」と呼ばれた(名称の使用)＊グループのトップ(支配)絶対的存在＊大株主(支配)＊社内的にも社外的にも実質的経営者と認識(実質的に支配)＊A社に振り込まれた金銭の多くを引き出し＊支配している事実の認定が厚く、名称の使用は添える程度。具体的な業務執行の例はほとんどない	債権者(取引先)(継続的関係)	忠実義務違反任務懈怠による会429条1項の類推適用[法人格否認の代替。訴訟からの逃亡]	倒産

裁判例情報	事実上の取締役の成否	判旨	認定事実	相手方の属性	責任の根拠	倒産の状況か否か
⑩東京地判平成23年6月2日判タ1364号200頁	一部肯定	右記の事実から、Y2は「事実上の代表取締役であり、かつ、本件株式譲渡…について実質的決定権を有するものであったと認定するのが相当」であると認定した。その上で、Y2は「Xが事情を知れば、…契約1を締結せず、…支出することはなかったであろうと言うべきであり、Xに対し、不法行為責任を負う」とした。	*支配株主の父親 *支配株主から権限委任されている最高実力者（支配）*「会長」と呼ばれる（名称の使用）*代表取締役を指名（支配）*相談役として取締役会に参加（外観の存在、業務執行）*重要な業務について の議案の提出（業務執行）*その他様々な取締役に匹敵する業務執行（業務執行）*会429条の任務懈怠ではなく不法行為が認められた	株主（株式会社）（継続的関係）	循環取引による売り上げ偽装（不法行為）	倒産

第3章　企業統治に関する裁判例

裁判例情報	事実上の取締役の成否	判旨	認定事実	相手方の属性	責任の根拠	倒産の状況か否か
①大阪地判平成23年10月31日判時2135号121頁	肯定	「被告Yの地位、破産会社の他の役員等に対する影響力、破産会社の実際の業務に対する関与度合いや高額な対価の受領等の各事情に照らせば、Yは取締役の退任登記を経た後も、その実質上において、破産会社の経営を支配していたと言うほかなく、破産会社の取締役上の事実行為として…過当営業行為を防止するための社内体制の構築その他の適切な措置を講ずべき職務上の注意義務を負っていたというべきである。」	＊「会長」または「Bグループ会長」と呼ばれる（名称の使用）＊80％を超える支配株主（直接、間接含む）（支配）＊高額な金員の支払い（支配）＊グループの頂点（外観の存在・支配）＊退任後も決裁するなどの継続的な業務執行の事実（業務執行）＊業務執行に取締役らからの反対なし（支配・会社の許容）	債権者（破産管財人）（単発的関係）	任務懈怠による（商法ノ266条ノ3第1項）[法人格否認の代替]	倒産

裁判例情報	事実上の取締役の成否	判旨	認定事実	相手方の属性	責任の根拠	倒産の状況か否か
⑫静岡地判平成24年5月24日判時2157号110頁	否定	「取締役として登記されていない者について事実上の取締役たる立場を肯定するためには、その者が実際について会社の運営・業務執行について取締役に匹敵する権限を有し、継続的にかかる権限を行使して会社の業務執行に従事していることを必要とすると解すべき」と述べた。	*社長に次ぐ地位（支配） *重要な職務を担当（業務執行） *ワンマン経営の会社であったため、重要な事項の決定や意思決定に関与する立場になかった ※外観の存在、業務執行についての認定なし	債権者（注文者）（継続的関係）	会社法429条1項の類推適用〔法人格否認の代替〕	倒産
⑬東京地判平成25年10月22日LEX/DV文献番号25515476	肯定	右の「事実に鑑みれば、Y2は本件会社の実質的な経営者であり、その業務の遂行に重大な影響を与えうる事実上の取締役であった」	*設立した（支配） *取締役や代表取締役を選任（支配） *週2-3日出社（業務執行） *経費を負担 *「社長」と呼ばれた（名称の使用）	未公開株式の株主（単発的関係）	会社ないし従業員の違法営業について、会社法429条1項の類推適用	未公開会社

第3章　企業統治に関する裁判例

裁判例情報	事実上の取締役の成否	判旨	認定事実	相手方の属性	責任の根拠	倒産の状況か否か
⑭高松高判平成26年1月23日判時2235号54頁	肯定	「Y1はB社の代表者…やCの上位に立ち、Y社の経営を主催していたものと認めるべきであるから、特段の事情のない限り、Y1の支持がないのに本件送金先変更契約が締結されることは考えがたいところ、本件では上記特段の事情を認めるに足りる証拠はない。」	＊「会長」としての活動（名称の使用）＊交渉における決定権がY1にある（支配）＊Y1はY社の会長として連帯保証することを了承（外観の存在、業務執行）	債権者（保証債権を有する）（単発的関係）	忠実義務違反による会社法429条の適用〔法人格否認の代替〕	倒産
⑮さいたま地判平成26年12月24日 LEX/DV文献番号25505570	肯定	右の事実から「実質的経営者の地位にあったことから、いわゆる事実上の代表取締役に当たると認めるのが相当である」	＊「会長」という肩書きを（名称の使用）＊資金繰りなどすべての経営や決裁権限を掌握（支配・業務執行）＊社内において実質的な代表者として行動（支配）＊他の株主は現実に出資しておらず、Yは実質的に一人株主（支配）＊一人株主として株主総会を開催＊重要事項の決定に関与＊業務執行していた	債権者（注文者）（継続的関係）	善管注意義務違反による会社法429条1項類推適用〔法人格否認の代替〕	倒産

裁判例情報	事実上の取締役の成否	判旨	認定事実	相手方の属性	責任の根拠	倒産の状況か否か
⑯大阪地判平成27年3月31日判例時報2300号50頁	一部肯定（事実上の取締役については肯定）	「Y1は、取締役退任以降も実質的にA社を支配していたことが認められる」とした上で、Y2は、「本件会社の経営については息子であるY1に任せていて特段関与していない」ということはあり得ることとして、経営への関与を否定した。	＊Y1は会社分割前の代表取締役、Y2はY1の母であり取締役であった ＊Y1は単独で会社分割を用いたリストラを計画し、Y1一人が出席した株主総会で決定した（支配、業務執行） ＊Y1の後任であるCは名前だけの代表取締役（支配）	会社分割により残された従業員及び組合員（継続的関係）	Y1については不法行為に基づく善管注意義務違反作為（会社法429条類推適用）〔法人格否認の代替〕	会社分割→事業閉鎖

第3章　企業統治に関する裁判例

〔注〕

(1) 草間秀樹「わが国の裁判例における事実上の取締役―主に対第三者責任に関する裁判例の分析を中心に―」北海学園大学法学研究48巻4号545頁。

(2) 藤田友敬「いわゆる登記簿上の取締役の第三者責任について」『現代金融取引法の諸問題―米田實先生古稀記念』40頁（民事法研究会，1996年）。

(3) 石山卓磨「事実上の取締役概念の多義性」石山卓磨＝上村達男編『公開会社と閉鎖会社の法理―酒巻俊雄先生還暦記念』52-53頁（商事法務研究会，1992年），石山卓磨「判批」ひろば46巻9号68頁，河本一郎＝今井宏＝森田章『会社法辞典』（中央経済社，1994年）〔石山卓磨〕等。

(4) 「事実上の取締役」の概念に関する歴史的展開については，主に髙橋美加「事実上の取締役の対第三者責任について」岩原紳作＝山下友信＝神田秀樹編『会社・金融・法〔上巻〕』345頁（商事法務，2013年）。

(5) 吉川義春「名目的取締役・表見取締役・事実上の取締役（その1）」『企業法判例の展開　本間輝雄先生・山口幸五郎先生還暦記念』141-142頁（法律文化社，1988年），吉川義春『取締役の第三者に対する責任』6頁（日本評論社，1986年）等。

(6) 最判昭和47年6月15日民集26巻5号984頁。

(7) 髙橋・前掲注(4)348頁。

(8) 最判昭和62年4月16日判時1248号127頁。中村康江「近時の裁判例における「事実上の取締役」」立命館法学2015年5・6号（363・364号）474頁以降，草間・前掲注(15)46頁，髙橋・前掲注(4)346頁等。

(9) 髙橋・前掲注(4)348-349頁。

(10) 竹内昭夫『判例商法Ⅰ』298頁（弘文堂，1976年）。

(11) 髙橋・前掲注(4)349頁。

(12) 石山卓磨『事実上の取締役理論とその展開』163頁以下（成文堂，1984年）。

(13) 髙橋・前掲注(4)349頁。

(14) 髙橋・前掲注(4)350頁。

(15) 草間・前掲注(1)546-545頁，髙橋・前掲注(4)350頁。

(16) 石山・前掲注(12)225頁。

(17) 石山・前掲注(3)52-53頁，石山・前掲注(12)225頁。

(18) 岩原紳作編『会社法コンメンタール9―機関［3］』402頁（商事法務，2014年）〔吉原和志〕等参照。

(19) 下記の裁判例⑪は，すでに退任登記も済ませた元代表取締役かつ元取締役であり，かつ支配株主であった者が事実上の取締役に当たるとされた。

(20) 既述のように，法律上の取締役ではないが，業務執行を行っていた取締役の内「表見取締役」と「事実上の取締役」を区別するのは登記の有無である。この分類によれば，選任決議が取消された取締役は，退任登記未了であれば表Ⅰにおける②＋③の「表見取締役」に当たる。

　　しかしながら遡及的に選任決議が取消されるまでは，通常の取締役として業務執行を行っており，登記もなされていたという点で「選任決議取消の取締役」は表Ⅰにおける②＋③の「表見取締役」とは性質が異なっており，他の「表見取締役」と区別を行うため，「選任決議取消の取締役」を「事実上の取締役」と呼ぶ場合がある（竹内・前掲注(10)298頁）。

本論文では，既述のように「事実上の取締役」はあくまでも登記がない場合をいうと
　　考えるため，「選任決議取消の取締役」を「表見取締役」のヴァリエーションと分類する。

⑵⑴　ただし，藤田・前掲注⑵46頁において，業務執行をせず登記への明示の承諾を与えた
　　だけの表見取締役の責任が肯定された事例はほとんどないと指摘されている。

⑵⑵　原告の訴えの中で「事実上の取締役」の責任につき言及されているにもかかわらず，
　　裁判所の判断で正面から答えていない裁判例については表Ⅱにとりあげない。

⑵⑶　いずれも「事実上の取締役」が第三者に対して責任を負うことについて否定的な見解
　　を述べた上で，仮に認めるとしても，そもそも当該事例の者は「事実上の取締役」にあ
　　たらないとした。

⑵⑷　学説の説明につき，岩原・前掲注⒅402-405頁。中村・前掲注⑻474頁も参照。

⑵⑸　石山・前掲注⑶53頁等。イギリスにおいて立法化されている事実上の取締役に関する
　　議論を紹介したうえで，日本にもこの要件を導入することを示唆している。

⑵⑹　畠田公明「事実上の取締役の責任」沢野直紀・森淳二朗・高田桂一編『企業ビジネス
　　と法的責任』134頁（法律文化社，1999年）。

⑵⑺　竹濱修「事実上の取締役の第三者に対する責任」立命館法学2005年5月号（303号）
　　312頁-315頁。

⑵⑻　吉本健一『レクチャー会社法』（中央経済社，2008年）203頁。

⑵⑼　中村・前掲注⑻487頁（ただし，岩原編・前掲注⒅402-405頁，江頭憲治郎『株式会社
　　法〔第6版〕』508頁（有斐閣，2015年）を引用している部分である。）。

⑶⑴　竹濱・前掲注⑵⑺312頁。

⑶⑴　髙橋・前掲注⑷365頁。

⑶⑵　髙橋・前掲注⑷362頁。

⑶⑶　髙橋・前掲注⑷365頁。

⑶⑷　「事実上の取締役」に関する裁判例を初期と近年とに二分し分析するものとして，中
　　村・前掲注⑻475頁参照。

⑶⑸　江頭・前掲注⑵⑼474頁，中村・前掲注⑻485頁等。

⑶⑹　髙橋・前掲注⑷362頁。

⑶⑺　伊藤雄司「判批」ビジネス法務14巻4号152頁。

⑶⑻　中村・前掲注⑻502頁。

⑶⑼　他方，単発的な取引関係にある者については，通常取引とは異なり，当然に登記を調
　　べることが求められるだろう。また，銀行などの債権者については，資金の提供を行う
　　にあたり，登記を確認することが求められる。

⑷⑴　「事実上の取締役」が第三者に対して責任を負うという前提に立った場合。

⑷⑴　ただし裁判例⑦は，「事実上の取締役」と認められなかった事例である。

⑷⑵　竹濱・前掲注⑵⑺312頁。

⑷⑶　伊藤・前掲注⑶⑺152頁。

⑷⑷　⑨については「事実上の取締役」の認定が否定されている。

⑷⑸　ただし⑮はほかの株主は幻日に出資しておらず，実質的に一人株主の例である。

⑷⑹　中村・前掲注⑻504頁。

⑷⑺　竹濱・前掲注⑵⑺312頁。

第3章　企業統治に関する裁判例

取締役による裁量権行使と経営判断原則

千葉大学教授　**小林　俊明**

1　はじめに

　わが国において経営判断の原則と呼ばれる判断枠組みは[1]，役員責任追及訴訟において取締役の善管注意義務違反の有無を審査する基準ないし方法として用いられている。従来の裁判例でも同原則の表現はさまざまであるが，経営判断原則は，取締役が経営判断を行った当時の状況を前提に，その判断の過程と内容の双方の側面から合理性を審査する方法と考えられる[2]。

　より具体的に経営判断原則といえば，「判断過程・内容における著しい不合理性」の審査，あるいは，「事実認識の過程における不注意な誤り，および，意思決定の推論過程・内容の著しい不合理性」の審査とされる[3]。しかし，どのような視座に基づきこうした枠組みが導き出されたのか，どの程度内容に踏み込んで審査を行うのか，経営判断原則は取締役・会社間の利益相反行為とどのような関係にあるのか等，審査方法であるだけに，いまだ十分に解明されていない。審査方法は，事案に即して裁判官の広い裁量にゆだねられているとしても，それでは高度に複雑化した経営事項につき迅速な判断を迫られる経営者や，リスクの大きな事業に挑む企業家の不安は解消されないだろう[4]。

　もっとも，従来の裁判例は，大まかにみれば取締役の善管注意義務違反の審査に関し，裁量権行使の「合理性」について踏み込んだ分析を行ってきたといえる。また，判断過程については，情報収集・分析といった「手続的側面」が

314

重視される傾向にあるといってよい。

このような点に注意しながら，以下では，最初に裁判例を分析する視座を説明し，裁判例に影響を及ぼしてきた米国の経営判断原則の概要，およびこれに影響を受けたわが国の学説を確認したうえで，一連の判決から見て取れる経営判断原則の考え方やその枠組みの特徴を考察してみたい。本稿は，経営判断原則に積極的な意義があることを認めるものではない[5]。また，とくに新たな視座を提示するものでもないが，会社判例のなかで比較的漠然としか認識されてこなかった日本版経営判断原則の到達点と機能を明らかにすることを目的とする。

2　わが国における善管注意義務違反の存否の審査と経営判断原則の関係

(1)　善管注意義務違反の審査方法のアプローチ（行為義務違反の審査と裁量逸脱の審査）

経営判断の原則は，主として会社に対する取締役の任務懈怠責任[6]において論じられ[7]，過失責任主義の修正や[8]，取締役の責任緩和のための理論ではない[9]。議論はあるが，取締役による経営事項に関する意思決定では，会社ないし株主の利益のために冒険的判断も必要となることから，裁判所はそのような経営判断を回顧的に審査すべきでないとか，後知恵による評価に基づき責任を負わせるべきでないと説明される。

もちろん，取締役の善管注意義務違反の有無に関し，裁判官の審査方法まで拘束する実体法上の法律や解釈があるわけでない。どのような審査方法であれ判決の理由中に具体的な基準が示されていれば，後の事案解決の指針になるほか，訴訟当事者の納得も得られやすいというにすぎない。それでは裁判所がとりうる善管注意義務違反の審査方法にはどのようなものが考えられるだろうか。

これにはいろいろなアプローチが考えられるが，①取締役の裁量権行使の結果から，取締役が本来尽くすべき具体的な行為義務を想定して審査する方法と，②裁量権行使自体の合理性を審査する方法が考えられる。①は善管注意義務の

315

内容ないし具体的注意義務として，何らかのあるべき行為義務ないし行為準則を想定したうえで，取締役の経営判断の結果がこれに抵触していないかを審査するのに対し，②は裁量権行使自体の合理性を評価し，裁量の範囲を逸脱したか否かを審査する方法と解しうる。経営判断の原則の捉え方にもよるが，一般に経営判断原則といえば，②のように裁量権行使自体を評価し，その範囲を逸脱したかという観点から審査するものと考えられる[10]。

　他方，①の場合には，直接，善管注意義務の内容として，一定の具体的な行為義務を設定して審査する。たとえば投資判断や融資判断に際し，回収見込みがないと認識した場合には，取締役はこれを中止すべき義務，投資先や融資先の収益力を審査する義務，融資の安全性を確認する義務，担保を徴求する義務等が課せられる。また，会社資産の売却や購入に即してみれば，その財産の価値を確認する義務等であって，挙げれば切りがない[11]。これらは会社に損害を発生させないようにすべき結果回避義務と包括することもでき，通常，過失の審査と重なると考えられる[12]。この審査方法は一般的なものであって取締役の義務違反の審査に限られない。

　さらに，①と②の中間的なものとして，③裁量権行使を審査して，具体的な行為義務を認定したうえで，最終的に行為義務違反を認め，善管注意義務違反を肯定する形式もある。裁量権行使の延長線上に行為義務が存在するとすれば，こうしたいくぶん曖昧な基準が導き出されることも頷ける。実際の訴訟では，取締役の責任を追及する会社ないし株主が具体的な行為義務を挙げてこれに違反した事実を主張することが多いだろうが，裁判所は，そのような主張にとらわれない。裁量権行使の態様を網羅的に分析し，合理性の範囲にとどまるか否かを判断する審査方法が経営判断原則といわれる枠組みと考えられる。

(2) 経営判断原則の判断過程におけるアプローチ（実体的側面と手続的側面の審査）

　経営判断原則に関する裁判例の分析においてもう一つの注意すべき点は，判断過程の審査にあたって，実体的側面の審査から手続的側面の審査に重点が移ってきた点である。裁判官は，取締役の経営判断の過程と内容の両面から分析するが，必ずしも④実体的側面と⑪手続的側面に分けて分析してきたわけで

はない。判断過程といえば，現在では，会社内部の意思決定手続，専門家の意見聴取，あるいは独立した第三者からの意見聴取等情報収集・分析手続を意味するように思われる。これは手続的側面からみた判断過程を指し，これに対し推論過程といった場合には，実体的側面からみた判断過程ということになる。後者は，判断の過程でなく判断内容に含めることもでき，少なくとも現在の東京地裁商事部の裁判例では，推論過程は判断内容に含めていると考えられる。

判断過程には，後述する近時の下級審裁判例も，実体的側面と手続的側面の双方を含む過程の意味から，手続的側面が重視されるように変化している[13]。

(1)(2)のアプローチは当たり前のことのようであるが，具体的な行為義務違反の審査，裁量範囲の逸脱の審査，および，手続的側面と実体的側面の審査という観点から，一連の裁判例を分析することで，同原則の本質が理解できるように思われる。ただし，手続的側面からのアプローチは，次にみるように米国の経営判断原則から派生したことが窺える。

3　米国における取締役の注意義務と経営判断原則

経営判断原則は，いうまでもなく米国の州判例法において生成発展した理論である[14]。これをわが国の裁判所が直接参考にしたか否かはさておき，米国の経営判断原則が少なからずわが国の経営判断原則に影響を及ぼしている。

取締役は，株主にゆだねられた財産を事業遂行のために利用して会社の最善の利益となるように経営しなければならない[15]。株主が出資した財産を取締役が預かり，事業目的の遂行のために広範な権限を用いてこの財産を利用することができる。しかし，この権限の濫用とまではいえなくとも著しく不合理に権限を行使するおそれがある。そこで，会社法は，株主ないし会社保護のために，取締役の権限行使に対し厳格な義務を課している。この義務はいわゆる信認義務であって，その内容は注意義務・忠実義務を中核とする。受認者が委託者に対し信認義務を負うとされる関係は，取締役と会社・株主の関係に限らず，信託をはじめ多様である。一方当事者が他方当事者に包括的な裁量権限を授与する当事者間で，コモンロー上そのような信認関係が認められてきた。ただ取締役と株主・会社の関係は，信託のように委託者の財産管理を目的とする関係と

317

第3章　企業統治に関する裁判例

は異なり，その目的は株主利益の最大化に向けられるので，取締役は積極果敢にリスクを引き受けることが期待される[16]。

　取締役は厳格な義務を負うという出発点は，裁量の範囲の逸脱ないし著しく不合理な権限の行使を事前に抑止するとともに，会社または株主に損害を発生させた場合には損害賠償責任を課すという形式で担保されるところにある。したがって，会社法上この出発点に相当する義務を緩和することは許されない[17]。しかし，限られた時間と情報のもとで誠実かつ合理的に行われた取締役の経営判断のミスに損害賠償責任を課したのでは，会社の利益を増大させようとする取締役の判断を萎縮させ，ひいては企業の自由で活発な経済活動の妨げとなる。そこで，株主が株主総会で取締役を選任した以上，すなわち裁量権を与えた以上，一定の要件のもとで取締役を損害賠償責任から解放する理論が必要となる。こうした必要性に基づき生まれた理論が経営判断原則である。この原則は，わが国では，取締役の責任緩和を直接的に実現するための理論ではないが，株主の利益のために裁量権を付与する側と付与される側の関係を基礎に機能する点で他の責任緩和の制度と共通の基盤に基づくものといえる。

　もっとも，米国法とは取締役の責任追及訴訟の手続が異なる。したがって，訴訟法レベルで米国の経営判断原則とわが国の経営判断の原則は異なることはいうまでもない[18]。米国の州裁判所では，経営判断原則を適用する場合，事実審理に入る前の訴答（pleading）の段階で，訴訟原因の記載を欠くとして訴えを却下することによって訴訟を終了させる。他の専門家の責任追及訴訟であれば，過失の有無を審理するために訴訟を維持しうる場合でも，取締役の責任に関しては裁判所はそれ以上審理をすすめない。ここから，しばしば米国の裁判所は，経営判断の過程は審査するが，判断内容には立ち入らない点で，日本版経営判断原則とはまったく異なると説かれる[19]。要するに，経営判断原則の訴訟法ないし手続法上の側面からみて異なるという意味と，明らかに経営判断原則が適用される純粋な経営判断の過誤については，それ以上内容に踏み込んだ実体審査を行わない点で異なるという意味がある。

　取締役に対する損害賠償請求訴訟において，裁判手続上，事実審理に入らない点で，わが国の経営判断原則とは異なることはたしかである。また，法令違反や利益相反関係のない純粋な経営判断の失敗であれば，それ以上裁判所は内

容の審査を行わないことも事実であろう。しかし，それが明らかでない場合には，米国であっても裁判所が実体的な側面から判断内容を一定程度評価せざるを得ない。提訴された事案について，判断内容に法令違反がないか，会社・取締役間に利益相反的要素ないし個人的利害関係がないか等，訴訟原因をチェックすることから，裁判官が経営判断の内容をまったく評価しないということはない。明らかに経営判断の過誤の問題であれば，それは訴訟当事者の主張立証に基づく証拠調べを行うことなく，あるいは陪審制をとる州では陪審に付すことなく訴えを却下するというにすぎない。

　米国における経営判断原則といえども，現実には，経営判断の原則を適用すべき事案かどうか検討する段階，いわば経営判断原則の適用の前段階では，判断内容を評価している。さらに，こうした点とは別に，デラウエア州衡平法裁判所ですら，どの程度判断内容を検討すべきかについて議論が続いており，他の州でも，経営判断原則において裁判所がどの程度内容を評価するか，多かれ少なかれその取扱いに関する理解は異なっている[20]。もちろん，わが国でもこうした認識を有する研究者や実務法曹は少なくないだろうが[21]，一般には米国の経営判断原則は判断内容を審査しない，踏み込まないという表現だけが独り歩きしている感がある。

　いずれにせよ米国の経営判断原則は，司法審査が限定されるため[22]，取締役の責任も限定され，わが国と異なって取締役を単純な判断ミスに基づく損害賠償責任から解放するために機能する理論となっている[23]。わが国の経営判断原則の主たる機能は審査方法にすぎないので，実体法上の要件・効果を問題にする必要はないが[24]，そうかといって日本版経営判断の原則はわが国独自のものと過度に強調することも適切とはいえないように思われる。

　米国の経営判断原則は要件・効果が認められ，たとえばデラウエア州裁判所が用いる経営判断原則では，一定の要件が備われば，注意義務違反がないものと推定する訴訟法上の効果が付与される[25]。しかし，推定の意味についても曖昧な点を残している。これに対し，ALI（American Law Institute〔アメリカ法律家協会〕）のコーポレート・ガバナンス原理における同原則は，その当否はさておき，デラウエア州の曖昧な点を修正して要件・効果を明らかにしている[26]。すなわち，①取締役が経営判断について利害関係を有しない場合であっ

第3章　企業統治に関する裁判例

て，②当該状況のもとで相当に（reasonably）適切と信じて経営判断事項に関する情報を収集・分析した場合で，かつ③会社の最善の利益に合致すると合理的に（rationaly）信じた場合には，注意義務を誠実に履行したものとする[27]。経営判断の過程と内容に分けて，経営判断の過程については情報収集にあたり，相当な注意を尽くしたかを審査し，判断内容については会社または株主の最善の利益に合致するように合理的に信じて誠実に判断すれば，取締役は会社に対する注意義務を尽くしたものとして，免責の効果が付与される。このALIによる経営判断原則の要件・効果は洗練されており，わかりやすいこともあって，諸外国にも相当に影響を及ぼしている。わが国の学説ないし実務もその例外ではない[28]。

4　裁判例に影響を及ぼした学説

　わが国でも，取締役の経営判断原則に関してさまざまな学説が唱えられてきた。ここでは裁判例に影響を与えた可能性のある主要な見解を概観しておきたい[29]。大まかにみれば，これらは現在以下の二系統のいずれかに属すると考えられる[30]。

(1)　慎重な審査を促す点に着目した見解

　経営判断の原則は，取締役の経営判断上の過失による責任は慎重に審査されなければならない，あるいは取締役の経営判断は尊重されるべきとする審査態度にすぎないとみる見解がある[31]。これは裁判官の取締役の責任に関する審査の姿勢ないし態度を説いたものであり，会社経営という職務の性質から，他の専門家とは異なる審査態度が必要であることに留意すべきだとするものである。経営判断の原則は，とくに損害賠償責任の成立を阻止する効果をもたらす要件に結びつくわけではない。経営判断の原則をその程度のものと捉えるのであれば，これを法理論と呼ぶまでもない[32]。こうした見解は，わが国には経営判断の原則は存在しないといった主張に結びつきやすいが，存在しないとまではいわなくとも，裁判官に対し審査態度につき注意を喚起する程度の役割は認められるということだろう。このような見解に立つ学説であっても，その多く

320

は判断過程と内容の双方を総合的に考慮して審査することを否定しないものと思われる。もっとも，そのような審査態度は経営判断原則の果たす最低限の役割として，学説および裁判例にすでに広く受け入れられているといってよい。ただし，現在の裁判例では審査態度よりは強い審査方法に関する準則となっていると解するのが相当であろう。

(2) 判断過程と内容の審査の程度に差を設ける見解

取締役の経営判断につき，その過程（事前準備）と内容（意思決定）とを区別し，過程については善管注意義務における行為義務をそのまま適用し，内容については，その判断が合理的根拠に裏づけられていれば免責されるとする見解がある。この見解によれば，裁判官は経営判断の内容の当否を事後的に判定する能力を有しないが，経営判断の過程の当否を事後的に判定する能力は有するという[33]。一方，経営判断の内容については，通常の企業人からみて，明らかに不合理でなければ責任を問われないと説明する[34]。この見解は，ALIによる経営判断原則の定式に強く影響され，これに近い立場に立つものと考えられる。これに対し，ある内容の経営判断を下すに至る判断過程というような時間的な区分は可能であろうが，判断過程として一括して判断内容と異なる審査はできないといった批判もみられる[35]。端的にいえば判断過程と内容を区分することはできないという批判である[36]。しかし，時間的ないし段階的な意思決定の場面に応じて，その情報収集手続の有無や程度は比較的容易に審査できるという見方もあろう。

また，判断過程と内容を分けて内容について審査を緩和する理由が明確でないという批判もある。しかし，判断内容に一切立ち入るべきでないといった見解はさておき，元来，この類の見解は，判断過程で相当な注意義務が尽くされたかについて審査し，内容ないし意思決定の結果については，回顧的審査を避けるために合理性によって審査すべきと主張していたものと思われる。わかりやすく説明するために，単に判断過程は厳格に審査し，内容は緩和した基準で足りるといった表現が用いられ，誤解を招いたおそれがあることも否定できない。

あくまでALIの経営判断原則の趣旨に照らせば，経営判断の過程と内容の両

321

面から審査し，過程については通常の注意義務の審査基準で足りるという理論構成を推奨したにすぎない。わが国の学説も過程と内容をバラバラに分解して分析せよとは考えていない。単に内容の不合理性が明確でない場合に，これを推認する手段として過程の合理性を審査すると考えれば，判断過程と内容は区分できないという批判は当たらないように思われる[37]。

しかし，判断過程と内容で審査の軽重ないし審査密度に濃淡を設けるという解釈は，理論的には可能であっても技巧的で，現実に裁判の場で用いることは難しい[38]。結局，後掲最一判平成22年が審査対象となる判断過程と内容について，同じ程度の審査を行うことを前提に著しい不合理性という基準を採用しており，このような判断がなされたことは必然的であったように思われる。

5　経営判断の原則の正当化根拠

経営判断の原則についてどのような見解に従おうと，取締役は，他の専門家とは善管注意義務違反の審査につき異なる配慮を要するとされる点では争いがない。すなわち，取締役には広い裁量権が認められ，事後的ないし回顧的に経営判断を審査することは許されないといわれる。なぜそのような考え方が適切なのだろうか。すでに多数の文献で繰り返し説明されているが，ここで同原則の正当化根拠を確認しておきたい。

主要な正当化根拠として，①会社法は，取締役が事業に関する適切なリスクを引き受け，革新的ないし創造的な企業活動を推進することを奨励しており，そのようなリスクの引受けは，会社ないし株主の利益にも合致する（取締役によるリスク引受けの奨励）。このようなリスクの引受けを奨励する以上は，②株主もまた，取締役によってなされた合理的かつ誠実な経営判断に関するリスクを負担すべきである（株主によるリスク負担の合理性）。さらに，③会社法自体が機関権限の分配に基づき取締役の経営判断を尊重しており，司法の介入を制限しているといった理由も考えられる（法律によって承認された決定権限の尊重）[39]。

こうした根拠に関連し[40]，裁判所による後知恵に基づく評価は，取締役の経営判断を萎縮させるとか，裁判官は経営の専門家にあらずといった理由づけも

しばしば主張される。ただ，後知恵による評価は，他の専門家の責任追及訴訟であってもそれほど変わらない。裁判官は経営に関する知見を持ち合わせていないといった理由づけも，限定的であって必ずしも全面的に肯定しうるものではない[41]。もちろんそうした理由づけも否定はできないが，過度に強調すべきではないように思われる。

株主は市場を通じて会社から退出できること，会社法上種々の権利が認められていること，株式市場，製品市場，経営者市場等法律以外の経営者に対する規律が機能することも補完的な理由づけとして挙げられるが，これも限定されたものと考えられる[42]。そのように考えると，①経営に伴うリスクの積極的な引受けの奨励と②株主によるリスク負担が最も説得力を有する正当化根拠であって[43]，他の根拠はここから派生するものと思われる[44]。

③の正当化根拠は，当然のこととして説明するまでもないと考えられてきた感があるが，広い裁量権行使が認められる理由として改めて検討する必要があるように思われる[45]。経営判断の原則という用語を用いるか否かはさておき，①から③までの正当化根拠は，経営者の職務が医師等の他の専門家のそれとは異なる特徴をもつものとして，責任追及訴訟における政策的な考慮が必要になることを説明できるのではないだろうか。米国式の経営判断の原則を導入すべきといった議論は必要ないとしても，特異な審査方法が認められる基本的な正当化根拠については，さらに掘り下げて検証していく必要がある。

6　経営判断原則に関する裁判例

(1)　経営判断原則の形成期における裁判例

経営判断の原則に関する裁判例の変遷をたどると，わが国の経済成長に伴う時代背景が反映されており，昭和40年代から萌芽的な裁判例が散見される[46]。これらは閉鎖会社における取締役の対第三者責任の任務懈怠の要件において論じられている点に特徴がある[47]。

裁判例の分析では，融資判断や子会社救済など経営判断の対象となる取引類型ごとに分析を加えるものや[48]，経営判断の過程と内容に分けて，どちらに重点を置いて審査するかという観点から類型化するものなどさまざまであるが[49]，

323

第3章　企業統治に関する裁判例

ここでは時系列に沿って，主要な裁判例の判断過程・内容に関する判断枠組みがどのように変化したか，合理性基準の具体的な考慮要素はいかなるものかに着目し，分析を加えたい。

　元来，取締役の対会社責任において経営判断の原則のような判断枠組みを用いる裁判例自体が少なかったが，平成5年商法改正を機に株主代表訴訟が増加し[50]，取締役の任務懈怠責任に関する裁判例も増加した。その後，平成20年ころまでには経営判断原則の判断枠組みは定着したと考えられる。この間の15年間余りは，いわば経営判断原則の形成期ないし確立期といえるのではないだろうか。そして，現代的な経営判断原則の先駆けとなった裁判例が，次にみる野村証券株主代表訴訟である。

① **東京地判平成5・9・16判時1469号25頁（野村証券損失補填事件）**

　これは大手証券会社の取締役が大口顧客のみを対象に実施した損失補填に対し，株主代表訴訟が提起された事案である[51]。周知のように，いわゆる証券不祥事として社会問題化した一連の損失補填事件のうちの一つとして注目された[52]。取締役の善管注意義務違反の審査基準として，はじめて判断過程と内容に区分し，判断過程を中心に審査した事案といわれている。

　A社（野村証券）は，大口顧客としてB社（東京放送）と資金運用に関する取引を行っており，平成元年末ころ，B社の特金勘定取引（営業特金）口座に損失が生じた。その後の株式市況の急落もあって，さらに損失が拡大し，平成2年末には，B社の損失は3億6000万円に膨らんだ。当時の大蔵省証券局は日本証券業協会に対し，通達に基づき大口顧客に対する損失補填や特別の利益供与を自粛するよう求めていたが，A社では評価損発生による苦情が多かったため，A社の取締役Yらは，B社に対して損失補填を実施した。これに対し，Yらによる違法な支出によってA社に損害を被らせたとして，A社の株主Xにより株主代表訴訟が提起された。本判決は以下のように経営判断原則の根本的な考え方を示している。

　「会社は株主総会で選任された取締役に経営を委ねて利益を追求しようとするのであるから，適法に選任された取締役がその権限の範囲内で会社のために最良であると判断した場合には，基本的にはその判断を尊重して結果を受容すべきであり，このように考えることによって，初めて，取締役を萎縮させるこ

324

となく経営に専念させることができ，その結果，会社は利益を得ることが期待できるのである。このような経営判断の性質に照らすと，取締役の経営判断の当否が問題となった場合，取締役であればそのときどのような経営判断をすべきであったのかをまず考えた上，これとの対比によって実際に行われた取締役の判断の当否を決定することは相当でない」と判示した。

この判旨から，取締役は会社の最善の利益のために株主に代わって経営判断を行う者として選ばれていること，株主もそのリスクを負担すべきだとする正当化根拠に依拠していることがわかるが，より重要なのは，後知恵により経営判断を評価すべきでないということに関連し，平均的な取締役のあるべき行為義務を基準に審査すべきでないという点である。取締役がとるべき行為義務に照らして，いわゆる相当な注意を尽くしたかが問われるのでなく，その行為自体に合理性があるか否かにつき審査すべきということだろう。

この点を踏まえて，「裁判所としては，実際に行われた取締役の経営判断そのものを対象として，その前提となった事実の認識について不注意な誤りがなかったかどうか，また，その事実に基づく意思決定の過程が通常の企業人として著しく不合理なものでなかったかどうかという観点から審査を行うべきであり，その結果，前提となった事実認識に不注意な誤りがあり，又は意思決定の過程が著しく不合理であったと認められる場合には，取締役の経営判断は，許容される裁量の範囲を逸脱したものとなり，取締役の善管注意義務又は忠実義務に違反するものとなる」と述べている。

本判決が現れるまで，下級審判例は，善管注意義務の内容として一定の具体的な行為義務を設定して，あるべき取締役の行為義務に違反したかが審査される傾向にあった[53]。ところが，本判決では，将来の利益を確保するために，損失補填もやむを得ないと判断したその推論過程を中心に審査している点に特徴がある。ここでいう判断過程は，内容面に関する推論過程のことであって，情報収集・分析という手続面について述べたわけではないようである[54]。

事実認識の不注意な誤りという基準も，元来，判断過程とはまったく異質の基準であったものと推測しうる。事実認識の不注意な誤りとは，「事実認識，事実評価および行為の結果」という行為者の意思形成プロセスからみたアプローチであろう。それは実体的側面からみた判断枠組みと解される。本判決は，

325

第3章　企業統治に関する裁判例

損失補填を実施するに至った経緯を簡単に認定するだけで，情報収集・分析手続についてさほど意識しておらず，あくまで意思決定の動機から決定に至るまでの実体的側面に焦点を絞り，検討したものと考えられる[55]。

②　東京地判平成8・2・8資料版商事法務144号115頁（セメダイン株主代表訴訟）

　本件は，Z社（セメダイン株式会社）が米国で設立した合弁会社A社（セメダインUSA）の株式を合弁相手のB社（ハーベイ社）から不当に高値で買い取り，会社に損害を及ぼしたとして，Z社の株主XがYら取締役を相手取って，約7億円の損害賠償を求めた株主代表訴訟である（第一事件）。同時に，Z社の子会社C社（セメダイン通商株式会社）の株主でもあったXが，C社によるA社株式の高値買取りによって，会社に損害を被らせたとして，Yらに対し2億円余の損害賠償を求めて株主代表訴訟を提起した（第二事件）。これら二つの事件は，途中から併合審理され，最終的に，取締役Yらの責任は否定された[56]。

　本件判旨は，①A社買収は，合弁事業が行き詰まり，B社との合弁を続けるのでは状況改善が望めないこと，A社が倒産すれば，②企業として信用を失墜し，重要な取引相手や取引銀行との関係悪化をはじめ，Z社の事業全体に悪影響を及ぼすおそれがある反面，Z社が全権限を握って主導的にA社の経営に当たれば，取引銀行等の協力も得られ，経営改善の見込みがあると判断して株式の買取りが実施されたこと，③将来に懸けて積極策をとるか市場からの撤退を決断して手を引くかといった企業行動の決定は，流動的かつ不確実な市場の動向の予測，複雑な要素が絡む事業の将来性の判定の上に立って行われるものであるから，経営者の総合的・専門的な判断力が最大限に発揮されるべき場面であって，その広範な裁量を認めざるを得ず，最も困難な種類の経営判断が要請される場面であるとする。合弁事業の相手方から株式を買い取る判断がいかに難しい経営判断であるかについて一定の理解を示したものといえる。

　そのうえで「もともと株式会社の取締役は，法令及び定款の定め並びに株主総会の決議に違反せず，会社に対する忠実義務に背かない限り（商法254条の3〔会社355条に相当〕），広い経営上の裁量を有しているが，…最も困難な種類の経営判断が要請される場面においては，とくにそのことが妥当するというべきである。したがって，…その前提となった事実認識に重要かつ不注意な誤

326

りがなく，意思決定の過程・内容が企業経営者としてとくに不合理・不適切な
ものといえない限り，当該取締役の行為は，取締役としての善管注意義務ない
しは忠実義務に違反するものではないと解するのが相当である」と，経営判断
原則の判断枠組みを提示したうえで善管注意義務違反を否定している。

　また，本判決では，株式買取り時の情報収集・分析手続として，「銀行の
M&A部門，海外事業コンサルタント等，海外M&Aについて知識・経験を有
すると認められる者の意見を求め，その賛成を得てもいる」と，簡単ではある
が，専門家の意見聴取を実施した事実にも触れている点が注目される。

　セメダイン事件判決が公表された当初，この判旨が野村証券事件判決と異な
り，「重要かつ不注意な誤りがないこと」として「重要」という語を付け加え
たことから，判断過程と内容の審査基準の程度に差を設けず，判断過程の審査
基準が緩和されたものとして注目された[57]。反対に，野村証券事件判決は，事
実認識に誤りがないことを判断過程と解釈したうえで，過程面の審査は，取締
役の相当な注意義務が適用され，不合理性に比べて厳格に審査されるとする見
解も現れた[58]。しかし，野村証券事件判決を敷衍した裁判例がセメダイン事件
判決であって，後者が現に判断過程として情報収集・分析の事実も認定してい
ることからすれば，実質的な差はないものと思われる[59]。セメダイン事件判決
は，関連会社の株式の高値買取りに関する事案の判断枠組みとして，後掲最一
判平成22年の理論的な基礎となっているようである。最一判平成22年は，単な
る「合理性」か「著しい合理性」か，判断過程と内容の審査の程度にバラツキ
が生じた解釈上の問題に決着をつけた点でも意義がある。

　セメダイン事件判決後の下級審裁判例では，①経営判断の前提となった事実
認識の過程（情報収集とその分析・検討）における不注意な誤りに起因する不
合理さの有無，②事実認識に基づく意思決定の（推論）過程および内容の著し
い不合理さの存否の2点が審査対象とされ[60]，いわゆる東京地裁商事部の経営
判断原則の判断枠組みが裁判実務上支配的となった。そして，判断過程につい
ては，社内手続や専門家の意見聴取等の情報収集手続に焦点が絞られるように
なる[61]。判断過程が修正された経営判断原則に関する多くの裁判例のなかで，
関連会社の支援に関する日本信販事件にもそのような判断枠組みがみられる。

第3章 企業統治に関する裁判例

③ 東京地判平成17・3・3判時1934号191頁（日本信販事件）

本判決の争点は多岐にわたるが，Z社（日本信販株式会社）の取締役が清算段階にある関連会社A社（インターリース株式会社）に約610億円の整理支援金を支出したことによりZ社に損害を被らせたとして，株主Xが取締役Yら14人を相手取って提起した株主代表訴訟である。

Z社がA社の経営再建について事実上責任をもつ実質親会社と認識されていたこと，Z社が金融機関の了解を得ないでA社を清算すれば，Z社自体の信用に疑念が生じ，Z社が黒字倒産に至るおそれがあったこと，支援金の支出は取締役会において弁護士の意見を聴取し十分な審議・検討を経て決定されたこと等から，支援金の支出は，取締役の判断に許容された裁量の範囲を超えていないとしてYらの善管注意義務違反を否定した。

本判決は，経営判断原則の判断枠組みにおける野村証券事件判決以後の裁判例の判断枠組みを集約したものと位置づけることができる。また，判断過程・内容という審査基準の意味を，よりわかりやすく手続的側面と内容的側面に区分したと解することもできる。

判断内容については，以下のように「推論過程および内容」と再構成している点にも特徴がある。すなわち，「このような経営判断は，いわゆる経営判断にほかならないから，本件支援金支出についての取締役の判断の適法性を判断するに当たっては，取締役の判断に許容された裁量の範囲を超えた善管注意義務違反があるか否か，すなわち，意思決定が行われた当時の状況において，当該判断をする前提となった事実の認識の過程（情報収集とその分析・検討）に不注意な誤りがあり合理性を欠いているか否か，その事実に基づく判断の推論過程及び内容が明らかに不合理なものであったか否かという観点から検討が行われるべきである」と判示する。

本判旨から，従来の「事実の認識」の誤りを「事実の認識の『過程』」の誤りとして判断過程の領域に属するものとして捉え直している。意識的か否かは定かでないが，ALIによる経営判断原則における「判断過程と内容」を織り込んだ形式を採用したと解することもできよう[62]。

さらに，内容の合理性について，関連会社を支援するか否かを判断する際に何を比較検討すべきか，より具体的な考慮要素を明らかにしている点にも特色

がみられる。

「支援を行う企業の経営者である取締役としては，当該企業と支援を必要とする関連会社との関係，支援を受ける関連会社が支援を必要とするに至った原因，支援を行う企業と支援を必要とする関連会社が置かれている状況，支援を行う企業の経営状況等を総合的に判断し，支援することにより失われる損失と支援しないことにより失われる損失を慎重に比較検討し，企業経営者としての専門的，予測的，政策的な総合判断を行うことが要求されるというべきである。特に，本件のような清算段階にある関連会社に対する支援については，当該関連会社の再建による損失回避の可能性を考慮することはできないため，支援を行う企業にとって，支援により回避される損失の内容については，より慎重に比較検討すべきことが要請されている」と判示する。ここでは一歩踏み込んで，より会社の損失を抑えられる方策をとるよう比較検討すべきことを要求しており，清算段階に入った関連会社を支援する際に要求される経営判断の内容の合理性に関する具体的な考慮要素を示した点に特徴がみられる。

これは取締役の善管注意義務の内容となる具体的な行為義務とは異なる。行為義務というほど強いものではなく，合理性を判断すべき考慮要素と考えられる。

(2) 経営判断原則と銀行取締役の融資判断

取締役の経営判断が個別具体的な法令違反に該当しないが，裁量の範囲の逸脱が著しいことから善管注意義務違反が認定された事案として，銀行取締役の融資判断に関する裁判例が参考になる。もっとも，近年は銀行取締役の責任として，銀行業以外の事業会社における取締役の責任とは別個に論じられるようになっており，取締役が負う注意義務の水準は高度なものとする最高裁判例の影響を受けた裁判例が増えている。このため同じ経営判断原則の枠組みが用いられていても，善管注意義務については異質のものといった印象を受けるが，経営判断の原則を裁量権行使に関する審査方法と捉えれば，これらの裁判例も経営判断原則の枠組みが用いられた事案と位置づけることができる。

この類の事案には，裁量権行使の観点から審査し，結果的に具体的な行為義務に違反したか否かに言及するものもある。いずれも杜撰な融資判断であった

329

第3章　企業統治に関する裁判例

ことから，取締役の責任が肯定されており，経営判断原則よりは具体的行為義務違反の審査に近いようにもみえる。しかし，同原則が用いられたと考えるほうが適切であろう。ただし，銀行取締役の融資判断については，具体的な行為義務が確立しつつある領域であって，将来的には経営判断原則の適用領域から外れ，独自の判断枠組みを形成する可能性もある。

　以下の銀行取締役の責任に関する事案には，いわゆるバブル期の特殊な経済環境下で生じた事案であるが，皮肉なことに取締役が負うべき善管注意義務違反を審査する判断枠組みとして，後の裁判例に大きく貢献していることは疑いない。

④　**札幌高判平成17・3・25判タ1261号258頁（拓銀カブトデコム事件控訴審判決）**

⑤　**最二判平成20・1・28判時1997号148頁（同事件上告審判決）**

　④判決は上告審において破棄されたが，やや特異な経営判断原則の枠組みを用いて善管注意義務違反を否定している点に特徴がある。この事案では，A銀行（北海道拓殖銀行）がB社（カブトデコム株式会社）に行った3回にわたる融資について，元代表取締役Yらに善管注意義務違反があったとして，X（整理回収機構）により損害賠償請求訴訟が提起された事案である[63]。

　A銀行は，昭和60年当時，道内の中堅・中小企業や若手経営者の育成に力を注ぎ，積極的な不動産開発・企業育成路線（インキュベータ路線）に乗り出した。バブル経済を背景に当初はA銀行に利益をもたらしたこともあって，不動産開発事業等によって急成長したB社をその対象企業の一社と選定し，会員制リゾート施設「エイペックスリゾート洞爺」の建設・運営事業を積極的に支援することとした。その支援策は，B社への第一融資，第二融資および第三融資であって，総額1200億円に達するものであった。このうち第一融資は，東証二部への上場を目指すB社が第三者割当増資を計画し，その新株の引受先となる関連企業に約200億円を貸し付けたものである。次いで，第二融資は，経営難に陥ったB社を支援するために追加的に約540億円を貸し付けたものであった。さらに，第三融資は，B社が破綻に直面した段階で，同社の延命策として行われた409億円の追加融資であった。

　第一審判決（札幌地判平成14・12・25（平成10年（ワ）第3160号））は，第

330

一融資から第三融資まですべての融資に関与した取締役Yらの善管注意義務違反を肯定した。

これに対し④判決は，取締役の経営判断には一定の裁量が認められると述べたうえで，「各取締役について，その予測や判断の基礎となった資料の収集・検討において杜撰であったとか，あるいは，当該案件について取締役が会社と利益相反する客観的事情があったというような著しく不合理なものが認められ，当該取締役の予測や判断そのものが不誠実であったと認められるような場合であれば格別，そうした不誠実性が認められない場合には，各取締役の予測や判断と結果との不一致を捉えて注意義務違反を認め，損害賠償責任を課すのは相当でない」と判示して，第一審判決を変更し，第一融資と第三融資に関する取締役の善管注意義務違反を否定した。

④判決では，取締役の行為の利益相反性を含め，広く不誠実性という表現を用いて，取締役の善管注意義務違反を否定した点が注目された。米国のALI基準と近似したこのような表現は，取締役が会社の最善の利益を図るために「誠実」に判断した場合には，情報収集・分析手続における過失ないし重過失の存在すら問題とされず，責任が否定されると解されるおそれがある。つまり，過失責任主義をとらない緩やかな基準を想起させてしまう。ここから行きすぎた要件緩和だとする厳しい批判にさらされた[64]。ただ，本判旨の前後の文脈を読めばわかるように，それほど緩やかな判断枠組みを用いる意図はなかったことが窺える[65]。もっとも，誤解を招く表現であることは疑いなく，「不誠実性」，「著しい不合理性」，「相当性」といった用語の使い分けに関する共通の認識がないことに起因する問題かと思われる。

④判決は，経営判断の過程と内容について異なる判断枠組みを用いるものではないが，融資の判断過程および内容について同等に合理性を欠くか否かについて審査したと考えてよいだろう[66]。

これに対して，上告審判決（⑤判決）は，原判決を破棄し，第一融資および第三融資についても，Yらの善管注意義務違反を肯定した[67]。本判旨では，「Yらの判断は，当時の状況下において，銀行の取締役に一般的に期待される水準に照らし，著しく不合理なものといわざるを得ず，Yらには銀行の取締役としての忠実義務，善管注意義務違反があった」と判示した。事実認定から，Yら

第3章　企業統治に関する裁判例

は融資の可否の検討も十分に行わず，回収見込みのないまま融資を実行したと述べ，その判断は合理性を欠くとするが，判断過程を検討するまでもなく追加融資の判断が著しく杜撰であったことが善管注意義務違反を肯定する決め手になったものと考えられる。

　一連の銀行取締役の責任に関する裁判例は，経営判断の原則の判断枠組みを維持しながらも，他の下級審裁判例と同様に，融資決定に至った経緯を分析し，詳細な事実認定を行って合理性を審査している。これは積極的に判断内容を審査する日本的な経営判断原則の特徴を示すものといえる。もっとも，判断過程についても，第一融資の担保の危険性およびそれを回避する方策について検討された形跡はないと認定していることから，情報の収集・分析等の手続面の審査も行われている。その意味では，本判決もまた判断過程・内容の両面から不合理性を審査した判決と位置づけることができる[68]。

⑥　**最判平成21・11・27判時2063号138頁（四国銀行株主代表訴訟）**

　本判決もまた，取締役の融資判断に関する一連の拓銀事件判決を踏襲し，これと同じ判断枠組みを用いた[69]。

　この事案は，Z銀行（四国銀行）が高知県の観光名所において闘犬興業を行うA社（土佐闘犬センター株式会社）またはその代表者Bに対し実施した融資の回収不能について，同銀行の株主Xによって元取締役Yらに対し提起された株主代表訴訟である。A社に対する融資は，もともと高知県によりA社に9億5000万円の融資が計画されたもので，その決定まで時間がかかるため，Z銀行は県からつなぎ融資を要請され，A社およびBに対し実質的に無担保で同額の融資が実行された。しかし，最終的に県の融資は行われなかったという事情があった。

　もっとも，県側からA社に対する融資実行を示唆する言動もあり，Z銀行は2億9700万円の追加融資を実施した（追加融資①）。次いで，Z銀行は，県知事によってB会長一族の経営からの排除をA社への融資条件とされたにもかかわらず，状況打開の進展もみられないまま，A社の資金不足を救済するため，再度1億6500万円の追加融資を実施した（追加融資②）。さらに，Z銀行は，資産査定でA社を要注意先から破綻懸念先に変更したにもかかわらず，A社に3億9350万円の融資を実施した（追加融資③）。結局，A社は破綻し，Z銀行は

332

融資金相当額を回収することができなかった。

第一審判決（高知地判平成17・6・10資料版商事法務260号194頁）は，追加融資①②ともに融資判断が著しく不合理であったとまではいえないとして，Yらの善管注意義務違反を否定し，追加融資③の一部について善管注意義務違反を認めた。控訴審判決（高松高判平成19・3・16資料版商事法務260号194頁）は，追加融資③も含め，Yらの善管注意義務違反を否定しXの請求をすべて棄却した。

これに対し上告審判決（⑥判決）は，「本件追加融資の実行を決裁したことに合理性が認められるのは，本件つなぎ融資の融資金の回収原資をもたらす本件県融資が実行される相当程度の確実性があり，これが実行されるまでA社の破綻，倒産を回避して，これを存続させるために追加融資を実行した方が，追加融資分それ自体が回収不能となる危険性を考慮しても，全体の回収不能額を小さくすることができると判断すること…に合理性が認められる場合に限られる」と述べたうえで，「県の対応によってもB会長一族の排除につき格別の進展が見られない場合にまで，本件回収見込判断の下，追加融資を続けるときは，本件県融資が実行される可能性も十分見込めないまま，いたずらに回収不能額を増大させるだけで，その合理性を欠くに至るものといわざるを得ない」と判示し，県による融資が実行される可能性に疑念を抱くべき事情が生じていた後に行われた追加融資③について，善管注意義務違反を肯定した。

本判決では，融資決裁時の取締役の注意義務基準が銀行以外の事業会社の取締役が負うべき注意義務より高度なものか否かについて言及していないが[70]，裁量権行使の合理性という観点から経営判断原則の枠組みを用いたものと解される[71]。認定事実に即して注意義務違反の有無を具体的に審査したにすぎないとする主張もあるが[72]，経営判断原則の判断枠組みを用いたと考えてよいだろう。

銀行取締役の融資判断に関する責任については，通常，決裁に関与した取締役がどの程度，回収可能性を認識していたのかが問われ，情報収集・分析の手続が一応整っている場合には，内容の合理性を検討せざるを得ない。本判決では，取締役は県からの融資を受けることを期待し，それまでのつなぎ融資として貸付けを実施したところ，経営状態の悪化によって貸付先に破綻のおそれが

333

生じたため，追加融資を行ったものである。追加融資の判断であっても合理性が認められる場合があることを留保しつつ，県の融資が困難だと認識した時点では，追加融資を中止すべきであったということである[73]。しかし，本判決はそのような行為義務が存在することを明示せず，合理性を欠くか否かという観点から善管注意義務違反を肯定した。

　きわめて杜撰な融資判断がされた場合には，具体的な行為義務違反か裁量の範囲逸脱か，いずれの審査方法を用いようとほとんど差がないといえる[74]。回収見込みのない融資判断は，融資を中止すべき義務としてすでに確立したものと考え，これに明らかに違反したと評価するのであれば，取締役がこの義務を怠ったというだけでもよいはずである。しかし，裁判所が経営判断当時の状況に照らし，そのような行為義務を設定することに若干躊躇を感ずるのであれば，裁量の範囲逸脱という判断枠組みに従ったほうが説得力のある判旨に落ち着くということではないだろうか。

(3)　経営判断原則の発展期における裁判例（内容審査の精緻化とその限界）

⑦　東京高判平成20・10・29金判1304号28頁（アパマンショップホールディングス株主代表訴訟控訴審判決）

⑧　最一判平成22・7・15判時2091号90頁（同上告審判決）

　本件は，Z社（株式会社アパマンショップホールディングス）が機動的なグループ経営と競争力強化を実現するため，事業再編計画を策定する過程で行った子会社株式の買取りをめぐって起きた事案である。

　Z社は，不動産賃貸斡旋のフランチャイズ事業を営む親会社であって，その傘下の子会社A社（株式会社アパマンショップマンスリー）の発行済株式総数の3分の2を保有していたが，少数派株主であるフランチャイズ加盟店からA社株を任意に買い取って，完全子会社化したうえでB社（株式会社アパマンショップリーシング）と合併させる計画を策定した。その際，Z社がこの事業を行っていくうえで，加盟店との良好な関係の維持も重要である等の事情から，A社の設立当初の払込金額である1株5万円の価格で買い取った。ところが，A社株は実際には1株1万円にも満たない評価額であったことから，Z社の株

主Xらは，不当に高値でA社株の買取りを行い，Z社に損害を被らせたとして，Yらに対し約1億3000万円の損害賠償を求める株主代表訴訟を提起した[75]。

第一審判決（東京地判平成19・12・4金判1304号33頁）は，取引相場のない株式については，評価目的等に応じて評価額が異なるものであることを前提に，特定の株主から株式を取得する必要性，株式数，取得費用から会社の財務状況への影響，会社の規模，株主構成，今後の会社運営への影響等諸般の事情を考慮した企業経営者としての専門的，政策的な総合判断が必要となると判示したうえで，従来の判断枠組みを用いて，Yらの善管注意義務違反を否定した。

これに対し控訴審判決（⑦判決）は，「判断の前提となった事実の調査及び検討について，特に不注意な点がなく，その意思決定の過程および内容がその業界における通常の経営者の経営上の判断として特に不合理または不適切な点がなかったかどうかを基準」としたうえで，「その判断が許された裁量の範囲内であるというためには…買取りを円滑に進めるために必要であったかどうか，より低い価格では買取りが進まないといえるかどうか，また，買取価格が適正価額から乖離する程度と買取りによって会社経営上の期待することができる効果（必要性ないし有益性）とが均衡を失しないかどうか，買取りの手続と同時に計画されていた株式交換の手続における交換比率及びこれを決定する前提となるA社の株式の評価額はいくらであるか等の諸点に関する調査及び検討について特に不注意な点がなく，その意思決定の過程及び内容がその業界における通常の経営者の経営上の判断として不合理又は不適切な点がなかったことが必要である」と判示した。そのうえで，取締役の経営上の判断として許された裁量の範囲を逸脱したものとして，取締役の善管注意義務違反を肯定した。

この判決では，不合理性の程度を審査するにあたって，子会社株式取得の必要性・有益性を比較検討しており，こうしたシミュレーションを行って比較し分析する方法自体は，従来の裁判例においても説示されていた[76]。しかし，株式の買取りという純粋な経営政策に属する問題について，その判断の過程と内容に積極的に踏み込んで検討を行い，善管注意義務違反を肯定した点に特徴がある[77]。これに対し，こうしたシミュレーションを用いることは困難だという批判もあろうが[78]，株式取得の必要性や有益性といった具体的な考慮要素自体は目新しいものではなく，このような合理性審査のための具体的な考慮要素を

第3章　企業統治に関する裁判例

提示したこと自体は，むしろ評価されてよいように思われる。ただ，取締役の責任を肯定した結論については，過去の裁判例に比して均衡を欠くと批判されてもやむを得ないのではないだろうか。

　一方，上告審判決である最一判平成22年（⑧判決）は，原判決を破棄し，次のように判示した。「本件取引は，A社をB社に合併して不動産賃貸管理等の事業を担わせるというZ社のグループの事業再編計画の一環としてA社をZ社の完全子会社とする目的で行われたものであるところ，このような事業再編計画の策定は，完全子会社とすることのメリットの評価を含め，将来予測にわたる経営上の専門的判断にゆだねられていると解される。そして，この場合における株式取得の方法や価格についても，取締役において，株式の評価額のほか，取得の必要性，Z社の財務上の負担，株式の取得を円滑に進める必要性の程度等をも総合考慮して決定することができ，その決定の過程，内容に著しく不合理な点がない限り，取締役としての善管注意義務に違反するものではないと解すべきである」と判示して，Yらの善管注意義務違反を否定した[79]。

　本判決は従来，東京地裁商事部が示してきた「事実認識の不注意な誤り」を経営判断原則の判断枠組みから外したと評価する見解もある[80]。たしかに形式的には除外しているが，不合理性の判断基準の一つとして判断過程に含めたと考えるのが自然であろう。本判旨はあえて簡潔に「判断過程，内容」という用語を用いたと解しうる。

　さらにこの点を踏まえ，取締役の善管注意義務違反を肯定するには，著しい不合理性が基準とされ，経営判断が単に不合理というだけでは，善管注意義務違反は認められないことも明らかにされている。ここから前述のように，本判決は，判断の合理性について過程面と内容面に分けたうえで過程面を厳格に審査すべきとする学説の立場はとらないことを明確にした点に意義がある。

　本判決は，従来の東京地裁商事部の判断枠組みと異なるものでなく，これを維持していると解される[81]。本判決の元をたどればセメダイン事件判決における経営判断原則の判断枠組みに行き着くが[82]，本件のいずれの審級においても，表現に若干の差はあるものの判断枠組みに変わりはない。それにもかかわらず，本判決・原々判決と原判決との間で結論が異なるということは，経営判断の過程，内容の著しい不合理性による審査が現実の訴訟ではいかに難しいものであ

336

るかを物語っている。結局，いずれの判断枠組みを使おうと経営判断の原則によって特別な結論を導き出せるわけでなく[83]，こうした判断枠組みには限界があることも認識すべきだろう[84]。

本件では，最終的に1株の実質価値が1万円にも満たない子会社株式を5万円で買い取った事実は認められるが，加盟店と良好な信頼関係を壊さないように，当初の出資額である1株5万円を支払うことによって円満に株式を取得するという判断に，相応の合理性が認められるということだろう[85]。一気に株式交換を使って1万円で加盟店である少数株主を締め出すことも可能であったにもかかわらず，任意の買取りによって加盟店に納得してもらおうと判断した子会社株式の取得が裁量の範囲逸脱といえるかであるが，先行する裁判例をみるかぎり，裁量の範囲逸脱とはいえない。

非上場株式の算定方法には相当の幅があることを認め，それ以上判断内容に立ち入らないと説示する点から，本判決は，取締役の特定の経営判断を完全に尊重したとみることもできる。この点について，従来の裁判例を一歩すすめたものという見方もある[86]。ただ，これまでもセメダイン事件判決のように，下級審裁判例ではこのような判断も散見され，とくに目新しいわけではないことから，最高裁判決として従来の下級審裁判例を追認したことに本判決の意義があると考えられる。

もっとも，非上場株式の評価という高度に技術的，専門的な経営判断については，裁判所は判断内容に立ち入らず，それ以上比較検討を要しないとする趣旨であるが，これが非上場株式の評価という専門的事項に限定されたものか否かは明らかでない。しかし，少なくとも非上場株式の株価算定については，最高裁の立場として完全に取締役の判断を尊重する方向で固まりつつある[87]。

この点に関して，本判決の射程は，非上場会社の株式価値の評価のように取締役の経営判断を尊重すべき要請がとくに強い場面に限定されるとする見解と[88]，他の経営判断も含めて広く一般に適用されるべきと積極的に評価する見解がある[89]。換言すれば，さまざまな経営判断事項でも，何が「将来予測にわたる経営上の専門的判断」とされる事項に当たるかである。投資ないし融資の決定，資産の廉価処分，子会社ないし関連会社の支援・整理，組織再編等のように取引類型に応じて検討せざるを得ない。それでも株価の算定という限定さ

第3章　企業統治に関する裁判例

れた局面における経営判断と，意思決定が長い期間にわたって重層的な段階を経て行われるような経営判断を単純に比較できない。したがって，本判決の射程の安易な一般化は避けるべきであって，非上場会社株式の評価方法および，取得方法に関する経営判断に限定されると解するのが相当であろう。

経営判断の原則に関する議論では，この判断枠組みだけを取り出してその定式の内容の是非を論じても意味はない[90]。しかし，経営判断の原則に関する裁判例のなかで，具体的な合理性審査の考慮要素ないし基準が精緻化されていくことには意味がある。実際にその後の裁判例も判断枠組みの表現はさておき，積極的に判断内容を審査する傾向が窺われる[91]。

⑨　さいたま地判平成23・9・2金判1376号54頁（メデカジャパン事件）

本件は，取締役会の決議を経ることなく代表取締役Yが取引先の関連会社の社債を引き受けたところ，当該社債が償還されないまま破産したことによりX社（メデカジャパン株式会社）が35億円の未償還額の損害を被ったとして，取締役Yに対し損害賠償を求めて提訴した事案である。

YはA社（株式会社ファイティング・ブル・インベストメント）の社債引受けにあたり，取締役としてA社の財務状況等を調査せず，大手商社の事業を一部下請けしている事実を軽信し，責任限定契約が付されたリスクの高い社債であったにもかかわらず，当該社債の引受けを決定しており，その償還可能性につき慎重かつ十分な検討がなされていなかったとして，Yの善管注意義務違反が肯定されている。

本判決では社債の引受けに関する取締役会決議がなかったことが認定されており，取締役の法令違反行為を認定した以上，経営判断原則の適用の可否を検討する必要はなかったと考える余地もある。しかし，X社の主張に沿って，経営判断の原則の枠組みを用いて，取締役の社債引受けの決定が合理性を欠く不適切なものであったと判示している。その際の判断枠組みは，従来の東京地裁商事部が示した判断枠組みと同じものと考えられる。

本判決のように取締役会による意思決定に法令違反が認められる場合であっても，当事者の主張に沿って取締役の経営判断に合理性があったのか説示することは，より説得力のある判断を示すために望ましいものと思われる。会社の重要な財産の処分（会社362条4項1号）に当たるのであれば，取締役会決議

338

を経なければならず，かりにその決議を欠けば法令違反になるが，形式的に決議を欠くというだけでは，善管注意義務違反を認定する根拠として薄弱といえる。それゆえ，社債引受けの判断における過程と内容につき合理性基準に基づいて審査した本判決は妥当なものと解される。

⑩　**名古屋地判平成23・11・24金判1418号54頁（佐藤食品工業事件第一審判決）**

⑪　**名古屋高判平成25・3・28金判1418号38頁（同事件控訴審判決）**

本件はA社（株式会社SFCG）のコマーシャル・ペーパー（CP）やその子会社の社債を引き受けたが，A社が倒産したために償還されず，会社にCP引受相当額の損害を被らせたとして，X社（佐藤食品工業）が元取締役Yらに対し，3億円余の損害賠償を請求した事案である。

X社側が経営判断原則の枠組みを用いて善管注意義務違反を主張したことから，第一審判決（⑩判決）は，東京地裁商事部の示す判断枠組みを適用し，4名の取締役のうちY$_1$およびY$_2$について裁量権の範囲を逸脱したと判示し，善管注意義務違反を肯定した。

X社は，A社の子会社を通じてその発行済株式の過半数をA社に保有されており，取締役会の多数派もA社が派遣した取締役であって，とくにY$_1$およびY$_2$はA社の役員にも就任していた。このためYらは，A社のCPの償還可能性が低いことを認識しながら，X社の取締役会で当該CP引受けの議案を提案したと認定された。したがって，本判決は最初から経営判断原則の適用の可否を論ずるまでもない事案であったと考えられる。

一方，取締役・会社間の利益相反的要素の強さを考慮してか，控訴審判決（⑪判決）は，経営判断の枠組みには触れていない。A社が発行するCPについて，その償還能力を強く懸念し，最後の引受決議時にいったんA社からの融資要請を断るとの経営判断をしたにもかかわらず，これを覆して引受決議を行っていること，CP引受けの必要性，安全性が厳密に検討されるべきであって，A社の償還能力を積極的に肯定するに足りる特段の事情が認められないかぎり，取締役としての善管注意義務に違反するものといわざるを得ないとする。そして，最終的に「CPの償還能力が強く懸念され，X社において債権回収不能による損害を被るおそれがあることを十分に認識しながら，その引受けを推進したも

339

第3章 企業統治に関する裁判例

のとして，X社の取締役として善管注意義務に違反するものというほかない」
と判示した。

本事案の事実認定のもとでは，YらがX社の利益ないしその株主利益の最大
化を配慮しているといえないことは明らかで，経営判断原則の枠組みを適用し
ても，判断過程，内容の著しい不合理性が肯定されることは明らかである。

X社にとって何のメリットもなく，その利益の犠牲のもとに支配会社の資金
繰りを支援するという利益相反性の強い行為は，経営判断の原則は適用されな
いというが，そのような考え方に従った判決が⑪判決といえる[92]。もっとも，
日本版経営判断の原則については，次のように利益相反的要素が強い場合でも，
経営判断原則の枠組みを用いるものも見受けられる。

⑫　大阪地判平成25・1・25判時2186号93頁（甲野興産事件）

本件は，閉鎖的な同族会社X社（甲野興産株式会社）が，保有していた関係
会社Z社の株式の廉価売却によってX社に損害を被らせたとして，元取締役で
あったYらに対し，約16億円の損害賠償を求めて提訴した事案である。

X社は，不動産賃貸等を業とする会社であり，Z社は，Y1・A兄弟の父が創
業し，水道管用特殊継手の製造に関する優れた技術によって安定した財務基盤
を有する優良会社であった。Z社の発行済株式総数は，X社が51％を保有し，
それに次いでY1・Aの母Bが18％を保有していた。しかし，Bは高齢で病気療
養中だったため，Bの相続問題と合わせて，Bの死亡によるZ社の支配権の帰趨
が一族の最大の関心事となっていた。

一方でAはY1と対立しており，Y1は，Bの死亡によって相続が開始しても単
独でZ社を支配しうる見込みはなかった。そこで，Y1は，X社が保有するZ社
株式を自己の関連会社や近しい者に譲渡することによって，Z社の支配を確立
しようと画策し，これを実行に移した。

ところが，Aが取締役兼代表取締役となった後，X社は，別件訴訟でZ社の
株主権確認訴訟を提起し，Z社株式の譲渡の一部を無効とする判決を得たが，
本件譲渡が有効とされた部分については，不当な廉価売却であって，X社に適
正価額との差額分の損害を被らせたとして本訴を提起した。

X社は，当時の取締役であったYらによる株式譲渡は，背任的な譲渡に当た
ると主張したのに対し，Y1は，Z社の資金需要や節税対策等のための譲渡であっ

340

たと主張して争った。

　本判決は，背任の意図をもって行われた株式譲渡と認定したうえで詳細な株式価値の評価も行っている点に特徴がある。

　「本件株式譲渡は，…X社の収益の源泉であるZ社に対する支配権をYらに移すという個人的利益を図る背任の意図をもって，1株2556円のZ社株式を1株100円で譲渡した廉価売却であり，Yらは，X社に対し，Z社に対する支配権を失わせるという重大な損害を与えたのであるから，本件株式譲渡当時，…譲渡による利益及び節税効果による利益が生じていたとしても，その判断過程にも判断内容にも著しい不合理が認められる」として，善管注意義務違反を肯定した。

　本件判旨は，最一判平成22年の判断枠組みを示しているが，経営上の専門的判断に踏み込まないというものではなく，積極的に譲渡時の適正譲渡価格の検討を行っている。こうした点から，実質的には最一判平成22年とは大きく異なり，内容の判断に深く踏み込んだ判決となっている。もっとも，Yらの個人的な利益追求の目的が認定されており，取締役・会社間の利益相反性が強く，それのみで善管注意義務違反が肯定される事案であった[93]。

　本判決は，取締役・会社間の利益相反的要素を認定していることから，経営判断原則を適用しないというのではなく，むしろ同原則の判断枠組みを用いて，その判断過程および判断内容が著しく合理性を欠くと判断したものと考えられる。ここからわが国では善管注意義務違反の審査に際して，常に利益相反的要素を取り出して別個の厳格な審査基準を適用するわけではないことがわかる。会社の利益を犠牲にし，自己または第三者の利益を図る取締役の行為は，著しく不合理な行為の典型例と位置づけることも可能である。

⑬　**東京地判平成23・11・24判時2153号109頁（株式会社ユーシン事件）**

　本件は，自動車，産業機械等の機器・部品の製造販売を主たる事業とするX社（株式会社ユーシン）が子会社A社（株式会社ユーシン広島）による工場兼倉庫用の不動産の取得について，取締役としての調査等を怠り，騒音規制で工場として利用できない物件を購入し，X社に損害を被らせたこと，および，必要もないのにB社（ナイルス株式会社）との経営統合に向けた調査（デューデリジェンス）を実施し，その費用相当額の損害を被らせたとして元代表取締役

341

第3章　企業統治に関する裁判例

Yらを相手取り，約8億円の損害賠償を求めて提訴した[94]。

　本判旨は，Yらは不動産購入に先立ち，物件の調査義務に違反して選定・購入したか，その後，騒音規制発覚後にとるべき結果回避義務に違反したかという点につき，それぞれ丹念に事実認定を行ったうえで善管注意義務違反を否定した。すなわち，「不動産を選定する判断の前提となる調査については，当該調査の必要性及び程度についての判断に著しく不合理な点がない限り，取締役の善管注意義務に違反するものではない」と判示し，また「不動産の購入の前提となる調査の必要性及び程度についての判断に著しく不合理な点は認められない」と，選定時と購入時の判断に分けて分析している。

　さらに，事業目的遂行の妨げとなる事実が発覚した後の具体的対応について，「当該対応に係る判断の過程及び内容に著しく不合理な点がない限り，取締役として結果回避義務違反はなく，善管注意義務に違反するものではない」と判示した。Xの具体的な行為義務違反の主張に引きずられた感はあるが，経営判断原則の枠組みを用いて著しい不合理性を否定するとともに，結果回避義務違反も否定するという理論構成をとったものと考えられる。判断過程および内容について，Yらの経営判断の意思決定の経緯に応じて，段階的に審査している点にも特徴があり，興味深い。

　他方，Yらが経営統合のためにデューデリジェンスに関する不要な費用を支出させたとする点については，X社は，B社のX社への統合の提案は，B社株の9割以上を保有する外資系ファンドC（RHJインターナショナル）の意向によるものであったこと，X社の取締役にYを推薦したのも当時X社の筆頭株主Cであったこと，YがB社の元役員であったこと等から，特定の株主Cの利益のために統合提案を行ったと主張した。さらに，X社は，YがB社の実質的な債務超過を認識しながら，取締役会においてその事実を明らかにせず，経営統合を止めるべき義務に違反してデューデリジェンスを実施させたと主張した。

　しかし，本判旨はYには実質債務超過の認識はなかったと認定し，統合相手の会社に対するデューデリジェンスの実施について，Yによる決定の過程，判断内容は，X社の取締役として著しく不合理なものということはできないとして，善管注意義務違反を否定した。Yに利益相反的要素があったが，詳細な事実認定を行ったうえで，経営判断原則の判断枠組みに基づきYの善管注意義務

342

違反を否定した。本判決は，同一判決中で取締役の具体的行為義務違反と裁量範囲の逸脱に関する双方の審査が混在している事案といえる。

⑭ **東京地判平成25・2・28金判1416号38頁（国際興業ホールディングス事件）**

本件は，A社（国際興業株式会社）の株主であるX社（国際興業ホールディングス株式会社）が，Yらを相手取り，約260億円の損害賠償を求めて提起した株主代表訴訟である。X社によれば，同社の取締役YらがA社の支配会社であった外資系ファンドB（サーベラス・グループ）に利益を取得させるため，A社の子会社に多額の借入れをさせ，Bに対するA社の債務を弁済させることによって，また，他にもA社の再建過程において，YらがA社の保有株式・不動産を廉価で売却し，A社に損害を被らせたとして，善管注意義務違反を主張した。

A社は，平成16年3月当時，約3800億円の有利子負債を抱え，経営危機にあったが，経営を再建するためにBに支援を求め，A社グループ再建のためにメインバンクの承認を得て，Bグループをスポンサーとする再建の基本合意に至った。その基本合意が定める投資スキームによれば，A社に対する債権をBグループがすべて買い取り，これをシニア債権，劣後債権，A種種類株式，B種種類株式とする財務リストラクチャリングを行い，BグループがA社グループに総額9億ドルを貸し付けるというものであった。

その後，A社は，A社グループとしてD銀行（ワコビア銀行）から19億ドルを借り入れ，これを原資としてBグループに対する債務を返済することを計画した。A社はこの一連の金融取引を「京屋リファイナンス」と称し，実行に移した。

そこで，X社は，D銀行からの借入れによって支払った子会社A社の金利支払額から，Bに対し金利等の支払いを免れた額を差し引いた金額がA社の損害であるとし，これはそのまま親会社であるX社の損害であると主張した。

これに対し，本判決は，「京屋リファイナンスは，A社がBグループの支援を受け，経営再建の過程において行われた資金の調達や運用に係るもので，このような経営再建過程における資金の調達と運用等の企業の活動は，A社のみならず，子会社の財務状況等を勘案した上での，借入債務の返済ないし借換えの

343

可能性の検討，調達した資金のグループ内での融通を含めた運用の在り方に関する評価を含め，将来予測にわたる経営上の専門的判断に委ねられている」と述べたうえで，「この場合における調達すべき金額や調達の方法，調達した資金をもってする既存の債務の弁済についても，取締役において，グループ全体の財務状況，グループ内の資金移動の各種手段の優劣，当該資金運用のメリット及びデメリット等を総合考慮して決定することができる」と判示した。

本判旨は，Ｙらの善管注意義務違反を否定するに際して，最一判平成22年の判断枠組みを借りているが，実際には，判断内容に立ち入ってその合理性について審査しており，実質的には従来の東京地裁商事部の判断枠組みと変わらない。非上場会社株式の評価方法と異なり，経営建直しのスキームに関する取締役の経営判断であるためか，その内容に踏み込んで審査している。ここから最一判平成22年の表現に従いながら，その実質は従来の東京地裁商事部の判断枠組みを維持した判決と位置づけることができる。

⑮　**東京地判平成26・4・10金判1443号22頁（ジー・トレーディング事件）**

本件は，車両や機械等の売買等を目的とするＸ社（株式会社ジー・トレーディング）がその元代表取締役Ｙに対し，Ｘ社の完全子会社であってロシア法人であるＺ社（G-Trading RUSLLC）に建設機械の売却または貸付けを行い，Ｘ社に約11億6000万円の損害を被らせ，また，Ｚ社に対する売掛金・貸付金が累積しているにもかかわらず，さらに建設機械の売却または貸付けを繰り返し，Ｘ社に約17億円の損害を被らせたと主張して，損害賠償請求訴訟を提起した事案である。本件では，その一部の取引について取締役会の決議を経ないで実施されたとして，法令違反も主張されているが，取締役会決議を欠くものではない旨認定されている[95]。

Ｘ社は，ロシアに建設機械の販売事業およびレンタル事業を目的とする完全子会社Ｚ社を設立し，Ｚ社を通じて建設機械を販売していた。実質的にはロシアにおける建設機械市場や機械の需要予測を誤ったにすぎず，経営判断の原則が適用される純粋な経営判断の過誤に関する事案といえないこともない。

本判旨は，「外国に設立した完全子会社に対し，果たして又どの程度の信用を供与して事業展開を図るか等は，当該ビジネスモデルの実行に伴うリスクをどのように評価するかを含め，将来予測に係る経営上の専門的判断に委ねられ

ていると解される。このような場合は，取締役は当該事業の収益の見通し，売掛金や貸付金が累積することや在庫が積み上がることが経営に与える影響，外国と貿易取引をするリスク，当該外国の経済状況や建設機械の需要に関する見通し，為替リスク等の諸事情を総合的に考慮して，建設機械の売却や金員の貸付けをするか否か，また，これらの行為を継続するか否かを判断することができ，その判断の過程及び内容が著しく不合理なものであった場合に，善管注意義務違反の責任を負う」と判示する。ここから最一判平成22年の同じ判断枠組みを採用していることが窺える。しかし，販売計画の策定・実施から多額の債務を抱えるまで長期的なタイムスパンのなかで取締役の経営判断が行われていることに配慮して，期間を区分して段階的に経営判断の内容を検討している。その審査方法は，経営判断に踏み込まないといったものとは程遠く，従来の東京地裁商事部の審査方法と何ら変わりない。

⑯　**東京地判平成27・10・8判時2295号124頁（TOC株主代表訴訟第一審判決）**

⑰　**東京高判平成28・7・20金判1504号28頁（同事件控訴審判決）**[96]

本件は，オフィスビルや商業ビルなどの不動産の賃貸事業等を営むZ社（株式会社テーオーシー）の株主であるXらが，Z社が行ったA社（株式会社イー・エス・アイ）およびB社（穴吹工務店）の株式の取得について生じた損害の賠償を求めて提起した株主代表訴訟である。創業当初のベンチャービジネスであること，および，異業種ながら事業提携によってシナジー効果の享受が期待できることを目的とした投資判断の失敗に関する取締役の責任が追及された事案である。

A社は，産業廃棄物等の処理機械・装置の設計，製造および販売等を目的とする，いわゆるベンチャー企業であって，平成15年12月にA社が行う第三者割当増資における株式引受けの要請に応じて，Z社が約8億円の引受けを実施する旨を取締役会で決定した。しかし，平成16年4月に，A社は不渡処分により事実上倒産し，Z社の投資が回収不能となった。

さらに，B社株の取得については，B社との関係強化によるZ社の事業のシナジーを見込んで，Z社が平成19年から平成21年にかけて3回にわたってB社の優先株式を引き受けたところ，平成21年11月にB社の会社更生手続が開始さ

れ，B社によって全株式が無償取得された結果，Z社は約46億円の投資回収の不能に陥った。

第一審判決（⑯判決）は，「取締役の経営判断の結果として株式投資が行われたが，これが失敗して会社に損害が生じた場合に，取締役が善管注意義務に基づく責任を負うべきか否かについては，いわゆる経営判断の原則に基づいて判断すべきであり，具体的には，投資行為の必要性（投資目的の合理性）や危険性，収益性等の前提事実について，情報を収集して分析，検討して認識する過程に不注意な誤りに起因する不合理な点がなく，そのような認識を前提として行った判断の推論過程及び内容に著しく不合理な点がない限り，取締役としての善管注意義務に違反するものではないと解すべきである」と判示した。

ほかに，A株取得に関し，取締役会で審議し決定したという手続履践も指摘したうえ，「Yらが会社のための利益でなく，自己又は第三者の利益のために本件A社株式の取得を決定したといった事情も見当たらない」として，利益相反的要素がない旨も判示した。

以上の判断枠組みは，従来の東京地裁商事部の基準とほぼ同じものである[97]。ただし，本事案に即して投資の必要性，危険性，収益性等の考慮要素を示しており，合理性の審査の具体的基準を示している。創業間もないベンチャービジネスであり，A社側から財務資料を提供させ，財務状況に関するヒアリングを実施したこと，A社がベンチャー企業として業界紙等にも取り上げられ，業界で一定の評価を得ていたことも，著しく合理性を欠く判断でないことを認定した一因となっている。A社代表者が組織的に架空売上げを計上し，後に詐欺罪の有罪判決を言い渡されているといった事情もあるが，他の金融機関であってもA社による計算書類等の偽造等の不正を発見できなかったことも合理性の範囲内とされる事情として考慮されている。

これに対しXは控訴し，取締役に求められる善管注意義務の内容や程度は，業務執行事項ごとにその具体的内容に応じて定められるべきであって，善管注意義務違反の有無の検討において，経営判断の特性を踏まえ取締役の裁量を考慮するとしても，その裁量の幅には，④当該業務執行行為の有するリスクの程度と⑤業務執行行為と会社の本業との関連性の程度に応じた差があると主張し，ここから具体的に，B社株取得について，Z社の本業である営業用建物の

賃貸等と，投資先のB社のマンション販売事業とは相当異質であり，そのように取締役が通暁しない事業への参入または業務提携から得られる利益の検討にあたっては慎重な対応が求められ，経営判断の裁量は限定的になると主張した。

控訴審判決（⑰判決）は，⑯判決と同じ枠組みをとるとともに，これを補正し，Xらの新たな主張に対して，「経営判断において，長期的な視点から企業を発展させていくためには，異業種や新規事業を選択することに加えて，業務提携等を目的とした異業種企業の株式取得も重要な方法であるから，異業種事業に関する場合であっても，事業の採算性や将来性のほか，既存の事業との関連性や事業内容を多角化させる必要性など，多様な要素を考慮に入れて，会社全体の運営のために限られた時間内で専門的知識経験及び政策的考慮に基づいて判断を下すことになるので，基本的には既存の事業活動に関する経営判断の場合と同様に，広い裁量が認められるべきものである」と判示した。

このようなXの追加的主張は，銀行取締役の融資判断において裁量の範囲が限定されることにヒントを得たものであって，Y側も事業内容の特殊性といった例外があることを認識している。しかし，本判決が述べるように，取締役が経営判断のためにどの程度の調査および検討を要するかについては，それ自体経営判断の内容となっており，軽々しく経営判断原則の適用範囲を狭めるような解釈をすべきではないだろう。この点は，銀行取締役も含めて広い裁量権を認めたうえで，個別の経営判断ごとに情報収集・分析の程度を考慮していくべきではないだろうか[98]。

⑷　最一判平成22年以後の裁判例の傾向

㈠　判断過程と内容の審査

ここに挙げた近時の裁判例を概観しただけでも，回収見込みのない社債ないしCPの引受け（⑨，⑩，⑪判決），会社資産の廉価売却（⑫，⑭判決），不要なM&Aの調査費用の支出（⑬判決），子会社に対する過剰貸付け・過剰販売（⑮判決），会社再建スキームにおける不要な借入れ（⑭判決），株式の引受けに関する判断の失敗（⑯，⑰判決）と，経営判断原則が問題となった訴訟の類型は多種多様である。日本版経営判断原則といわれるとおり，従来と変わらず内容審査の範囲も程度も網羅的で踏み込んだものが多く，取締役の善管注意義務違

反を否定するのみならず，認めるものも少なくない。また，判断過程の審査では，情報収集手続の分析・検討に重点を置いて審査する傾向にある。

経営判断の原則に関する最一判平成22年がそれ以後の裁判例の判断枠組みを実質的に変えたということもない。たしかに表現のうえでは，判断の前提となる「事実認識の不注意な誤り」に触れないものもあるが，判断過程の面で実質的に審査していると考えられる。表現の差をもって判断枠組みが実質的に緩和されたとか，経営上の専門的判断に立ち入らないようになったということもない。経営判断の判断過程において原告の主張立証さえあれば，事実認識の誤りを審査することを示唆する⑭判決のような裁判例もみられる。

「将来予測にわたる経営上の専門的事項」については，経営者の総合的な判断にゆだねられるというが，非上場会社の株式の評価やその取得方法等に関する経営判断は，相当程度，専門性ありとして取締役の判断が尊重されることになろう。しかし，それ以外の経営判断事項をどの程度尊重するのかに関しては，今後の裁判例の動向を注視する必要がある。

経営上の専門的事項でない経営判断の内容に関し，どの程度踏み込んだ審査がされるのかについては，従来と変わらないといってよいだろう。最一判平成22年の表現を模したと思しき裁判例であっても，依然として判断内容の審査は，これまでどおり積極的だといってよい。すなわち，これまでの東京地裁商事部が示してきた判断枠組みが機能しており，その審査の程度は事案にもよるが，具体的な考慮要素ないし審査基準はいっそう精緻化されているといえる。

（ロ）　**利益相反行為・法令違反と経営判断原則の関係**

取締役の利益相反行為や法令違反行為には，経営判断の原則は適用されないとされる。明確な利益相反行為であれば，裁判所は，裁量の範囲の逸脱を論ずるまでもない。会社・取締役間に利益相反関係が認められる場合には，会社ないし株主のために中立公正に判断しうる意思決定権者が会社内部には存在しないこととなり，代わりに裁判所が判断する，すなわち，当該経営事項に立ち入って審査する必要性が生ずるわけである。もっとも，利益相反行為については，株主ないし会社の利益の犠牲のもと，取締役または第三者の利益を図る行為であって，それは，著しく合理性を欠く経営判断として，経営判断の枠組みを用いたうえで，善管注意義務違反を認めることもできる。⑫判決がその典型例と

いえよう。⑬⑭判決でも，利益相反性が相当程度疑われるが，経営判断原則の枠組みが用いられ，善管注意義務違反が否定されている[99]。著しく不合理とまではいえないということだろう。会社・取締役間の利益相反関係には濃淡があることから，明確な利益相反行為でないかぎり，経営判断原則の枠組みを用いるほうが適切なのかもしれない。このような点を考慮すれば，経営判断の原則は，利益相反的な行為には適用されないと解する必要はないという見解もあり得ようが[100]，会社・取締役間の利益相反性が強い場合にその判断枠組みは利用できないという趣旨と解すべきであろう。

　同じことは法令違反行為にも当てはまる。明らかに法令違反となる経営判断と認められる場合は，経営判断原則を用いるまでもない。しかし，法令違反かどうか解釈上疑義がある場合には，⑨判決のように経営判断の原則の枠組みを併用し，法令違反による理由づけを補強することもある。たとえば取締役会の決議を欠く重要な財産の処分等の場合には，形式的な法令違反であって，それだけでは損害賠償責任を負わせる理由としては薄弱であるためか，経営判断原則の枠組みで著しく合理性を欠くことを認める裁判例は少なくない。とりわけ法令違反行為と裁量権行使の逸脱の境界が明らかでない場合には，経営判断原則の判断枠組みを用いて合理性の審査を行うことは妥当であろう[101]。

(5)　小　括
(イ)　裁量権行使の合理性の審査方法
　現在，経営判断原則における著しい不合理性の審査方法は，裁量の範囲を逸脱するものか否か裁量権行使自体を審査するものであって，裁量権行使の結果があらかじめ想定された具体的な行為義務に反するか否かについて審査するものとは異なる。また，必ずしもあるべき平均的な取締役の行為義務に照らして審査するものでもない[102]。法令違反や利益相反的要素のない，純粋な経営上の専門的判断については，そもそも行為義務を想定することが難しい。経営判断の種類は多岐にわたり，経営判断が行われた当時の状況を前提にあらかじめ行為義務を設けて審査する場合には，どうしても後知恵による審査を行ったという疑いが生ずる。そのような後知恵による審査を避けるためにも，裁量権行使の観点からその逸脱の有無を論ずるものと考えられる。

第3章　企業統治に関する裁判例

　もちろん裁判所は，取締役の具体的な行為義務を設けて審査できないわけではない。法令違反や利益相反的要素の強い行為であれば，具体的に行為義務を設けてこれに違反すると判断したほうが説得力のある判決になることもあろう。あるいは，審査対象となる経営判断が法令違反や利益相反行為と重なる領域やこれに隣接する経営判断については，どちらの方法でも審査できるだろう。杜撰な回収見込みのない融資判断もその一つであって，そのような経営判断は実質的には特別背任や横領と隣り合わせの関係にあるのではないだろうか。もちろん，明らかに法令違反に該当する行為については，法律が定める特定の行為義務が存在するので，端的にその旨明示すべきかもしれない。経営判断原則の適用を論ずる余地がないといわれるのはそのような場合だろう。利益相反行為も明確なものは経営判断原則の適用がないといえる[103]。しかし，利益相反的要素が疑われるにすぎないという場合は審査が難しい。このため経営判断原則の枠組みで合理性基準に従って審査する裁判例が生ずるものと考えられる。そのほか裁判官自身が経営判断に対する判断の誤りをおかすおそれがあることを懸念して，裁量の範囲逸脱を中心に審査する方法を好むという見方もできるように思われる。

　㈡　**判断過程における事実の認識過程の誤り**

　元来，前提となる事実認識の不注意な誤りとは，意思決定の行為者による「事実の認識，評価および行為の結果」という視座から導かれる枠組みであって，事実認識に誤りがあれば当然評価の結果も誤りとなり，それに基づく行為の結果も裁量の範囲を逸脱したことになる。裁判官は，行為者がどのように判断の前提となった事実を認識したかについて審査し，その認識に過誤，欠落，不備，あるいは不足があったのかにつき判断する。行為者の意思決定においては，事実を認識し評価を加え，判断が下され，その結果が現れる。事実認識の誤りという基準は，実体的な側面から一連の意思決定のプロセスにおける瑕疵を捉えた概念であって，当初は裁判例でも取締役がどれだけ情報収集のために尽力したかについては，あまり意識されていなかったと考えられる。

　ところが，ALIの経営判断原則の定式，あるいはこれに影響を受けた学説によって，情報収集・分析という手続面がかなり裁判官にも意識されるようになった。「前提となった事実認識の誤り」という基準を判断過程と理解し，さらに

350

過程のなかでも，手続的要素である情報収集に置き換えて審査する裁判例が徐々に増えはじめた。これが東京地裁商事部が用いる経営判断原則の判断枠組みに収れんしたと思われる。もちろん，原告の主張方法にも関連し，内容の不合理性に比べれば，情報収集・分析の不備・欠欸のほうが主張立証しやすいという要因も重なって今日に至っている。

「事実認識の誤り」を「事実の認識『過程』の不注意な誤り」と表現したり，「事実認識の過程（情報収集・分析）」といった説明のための用語を付加しているのは，手続的側面からの審査だという趣旨をよりわかりやすくする意図もあったのだろう。一方，情報収集手続については，平均的な取締役であればそのような情報を収集していたかという注意義務基準に馴染みやすいことから，判断過程と内容で審査の程度に軽重をつける学説が唱えられる。これがかなり下級審裁判例にも影響を及ぼしたが，現実の裁判ではそのように審査の程度に差をつけることは難しい。むしろ著しい不合理性という同じ基準のもとで，それぞれ具体的事案に即した合理性の内容の考慮要素を検討していくことが重要だと考えられるようになったのではないだろうか。

7　結　語

取締役が職務を遂行するうえで会社に損害を被らせないようにすべき措置を怠り，会社に損害を発生させたという場合は，認定された事実に基づき直接的に損害回避義務に違反したか否かを示せば足りるが[104]，経営判断の原則の枠組みを用いてその判断過程と内容の面から裁量権行使に著しく合理性を欠く点がなかったかについて分析することによって，説得力ある判決を導き出すことができる。とりわけ取締役の責任を否定する場面で有効に機能するのが経営判断原則の特徴といえよう。

もちろん経営判断の内容の審査は難しいものの，その評価が不可能というわけではない。重要なのは一応の目安として判断過程と内容に分けて分析するという視座ではないだろうか。経営判断の過程面と内容面における審査は，けっして意味のないものでなく，組織における意思決定の合理性の審査にあたって，今後もその考慮要素の精緻化がすすむものと思われる[105]。

351

第3章　企業統治に関する裁判例

　経営判断の判断過程と内容につき著しい不合理さがあるか否かにつき審査するに際して，最一判平成22年が提示したとおり，どちらをより厳格に審査しなければならないというものではない[(106)]。結局，経営判断原則の総論的な判断枠組みに関する最一判平成22年の表現も，東京地裁商事部の従来型の表現も実質的な内容上の差はないといえよう。最一判平成22年の著しい不合理性という基準は，簡素化されたものではあるが，必ずしも現実の訴訟で責任の緩和につながる基準になるわけではないだろう。将来的には各裁判所が事実認定を踏まえ，合理性の程度をどのように評価するかにかかっている。具体的な審査基準は，事案の蓄積によって明らかにされることが望ましい。ただし，複雑な経営判断が増加するにつれ，裁判所が経営判断を尊重する範囲，すなわち，将来予測にわたる経営上の専門的判断の範囲は広がることも予想される。経営判断原則は，裁判所の審査にかかるコストを低減しうる点で魅力的な理論といえる。しかし，あくまで日本版経営判断原則は判断内容も審査するものであって，不用意な不審査範囲の拡大には注意する必要があろう。

　一方で，取締役の具体的な行為義務が確立することによって経営判断原則の枠組みが不要となる領域が拡大する可能性も否定できない。裏返せば，そのような明確な行為義務が確立していないか，それが曖昧な領域で経営判断の原則が機能しているといえる。現在，裁判所による経営判断の審査方法は，取締役のあるべき行為義務の審査と裁量逸脱の審査とが個別の事案に即して微妙なバランスで共存しているとみることもできよう。

〔注〕
(1)　江頭憲治郎『株式会社法（第6版）』466頁（有斐閣，2015年），吉原和志「取締役の経営判断と株主代表訴訟」小林秀之＝近藤光男編『新版 株主代表訴訟大系』82頁（弘文堂，2002年），石山卓磨『最新判例にみる会社役員の義務と責任』58頁以下（中央経済社，2010年）参照。
(2)　いわゆる拓銀ソフィア特別背任事件判決（最三決平成21・11・9刑集63巻9号1117頁）は，最高裁としてはじめて「経営判断の原則」という用語を用いた点で注目される（松山昇平「『経営判断の原則』と取締役の責任」金法1896号（2010年）12頁，岩原紳作〔判批〕ジュリ1422号（2011年）136頁）。もっとも，あくまで傍論であって，特別背任罪の要件となる任務違背の枠組みとして，経営判断原則の限定的な適用可能性を認めたにすぎない（橋爪隆「任務違背行為の意義」山口厚＝佐伯仁志編『刑法判例百選Ⅱ各論（第7版）』別冊ジュリ221号143頁（有斐閣，2014年））。そもそも赤字を垂れ流している状

352

態にある企業と認識しながら，融資が実行された点で，経営判断原則の適用の可否を論ずるまでもなく，取締役の任務違背を肯定しうる事案であった（弥永真生〔判批〕ジュリ1392号（2010年）178頁）。

(3) 東京地方裁判所商事研究会編『類型別会社訴訟Ⅰ（第3版）』239頁（判例タイムズ社，2011年）。

(4) 役員の責任追及訴訟は，同じ事実認定であっても結論が変わることが多く，結果の予測が難しい訴訟類型の一つと考えられる（松田亨「近時の取締役責任追及をめぐる実務上の留意点」日本弁護士連合会編『平成23年度研修版日弁連研究叢書 現代法律実務の諸問題』243頁（第一法規，2012年））。

(5) 通常，経営判断の原則を適用するという場合には，より狭く取締役の責任を否定するか，善管注意義務違反を否定する意味で用いられる。そのような狭義の経営判断の原則を否定するものではない。本稿でもそのような意味で用いている箇所がある。また，その規範的要件が論じられることもあるが（永石一郎「株主代表訴訟における主張・立証責任の構造」金法1552号（1999年）26頁），これを否定するものでもない。

(6) 取締役の任務懈怠が会社に対する責任成立のための重要な規範的要件の一つであることはいうまでもない。善管注意義務違反となる事実が任務懈怠の評価根拠事実となり，これを原告株主・会社が主張立証し（請求原因），これに対し被告取締役が評価障害事実（抗弁）として帰責事由の不存在，すなわち過失がないことを主張立証することになる。しかし，実際には，株主側が任務懈怠に関する評価根拠事実と，無過失に関する評価障害事実を主張立証するのに対し，取締役側が任務懈怠に関する評価障害事実と，無過失に関する評価根拠事実を主張立証することになり，ほとんど共通する事実を当事者双方が主張立証することになる。そうであるとすれば，経営判断の失敗事例の場合には，善管注意義務違反と過失を区別する意味はあまりないといえる（伊藤滋夫編『商事法の要件事実』29－34頁（日本評論社，2015年））。また，これは過失の審査とほとんど差がないので，過失の審査方法に特徴があると解することもできる。なお，大杉謙一「取締役の責任―債権法改正と任務懈怠・帰責事由の概念」伊藤・前掲商事法の要件事実128頁以下参照。

(7) 会社または株主によって取締役の任務懈怠責任（会社423条1項）が追及される事案は，①具体的法令違反，②善管注意義務違反（会社330条，民644条）に分けて論じられる。さらに善管注意義務違反の事案のなかで，(a)業務執行に関する義務違反と(b)監視・監督義務違反に関する事案に分けることができる。わが国の裁判例では，取締役の第三者責任（会社429条）でも任務懈怠が責任成立の要件とされるため，裁判例で経営判断原則が盛んに用いられてきた（江頭憲治郎＝門口正人編『会社法大系（3）』230頁〔門口正人＝松山昇平〕（青林書院，2008年））。このような分類は実務においても定着していると考えられる（東京地裁商事研究会・前掲注(3)206頁以下参照）。ほかに①具体的法令違反類型，②経営判断類型，③監視・監督義務違反類型，④内部統制システム構築義務違反類型と区分するものもある（澤口実編著『新しい役員責任の実務（第2版）』12頁以下（商事法務，2012年）参照）。

(8) 川浜昇「米国における経営判断原則検討（二・完）」法学論叢114巻5号（1984年）59頁，近藤光男『取締役の損害賠償責任』8頁（中央経済社，1996年）。

(9) 岩原紳作編『会社法コンメンタール第9巻 機関[3]』239－240頁〔森本滋〕（商事法

務，2014年），石山卓磨『現代会社法講義（第3版）』288頁（成文堂，2016年）。

(10)　もちろん，このような区分には意味がないという批判も予想される。かりに経営判断原則とは，過失認定という規範的要件の判断基準であり，具体的には，取締役の裁量範囲の逸脱を明確化するためのルールと考えれば，行為義務違反も裁量の範囲逸脱も同じことになろう（森本滋「経営判断と『経営判断原則』」田原睦夫先生古稀『現代民事法の実務と理論』675頁（きんざい，2013年））。しかし，経営判断原則の枠組みを用いる裁判例からは本文のような区別も可能であろう。

(11)　不法行為や債務不履行責任の要件とされる過失について，その有無を判断する際に用いられる予見可能性を前提とした結果回避義務と同じように解される。原告は，経営判断原則の適用を否定するために，具体的な行為義務の違反を主張立証することが多いだろうが，これは一般に実務法曹が過失の存在の主張立証に慣れていることにも起因するように思われる。

(12)　近時は，行政庁による羈束行為になぞらえ，取締役の裁量に基づかない判断を「羈束的な判断」と呼ぶ表現も用いられている。取締役の裁量の範囲が著しく制限されたものか，あるいはほとんど取締役の判断に裁量の余地がない行為義務に基づく判断を意味するものと思われる（匿名コメント・金判1418号42頁）。

(13)　信頼の原則は，取締役の監視義務違反の領域で発展しているが，経営判断の失敗事例の領域にも同様の議論が当てはまる（対木和夫「信頼の原則」野村修也＝松井秀樹編『実務に効くコーポレート・ガバナンス判例精選』103頁（有斐閣，2013年））。

(14)　一説によれば，後知恵に基づく評価を避ける傾向は，およそ170年前のルイジアナ州最高裁にみられるとされる（Percy v. Millaudon, 8 Mart. (N.S.) 68 (La. 1829). 並木俊守「アメリカの経営上の判断の原則（Business Judgment Rule）」法学紀要（日本大学）23巻（1982年）14頁参照）。さらに遡れば，18世紀中ごろの英国の裁判例（Charitable Corp. v. Sutton, 2 Atk. 400, 404 (1742)）にたどりつく（1 Stephen A. Radin, The Business Judgment Rule 26 (6th ed. 2009)）。米国でもALIによる経営判断の原則は別として，そのような理論は不要であるとか，いまだに謎であるといった議論が少なくない。

(15)　柴田和史「経営判断の原則・研究序説」柴田和史＝野田博編著『会社法の実践的課題』57頁（法政大学出版局，2011年）。同時に行政裁量と類似する点に着目し，この点から分析を試みる論文も増えている(松本伸也「経営判断の司法審査方式に関する一考察(上)(中)（下）」金判1369号2頁・1370号2頁・1371号2頁（2011年），勝野真人「取締役の経営判断についての司法審査方式」中央ロー・ジャーナル10巻3号（2013年）193頁)。

　とくに前提となった事実認識に誤りがないか否かという判断枠組みは，外国人の在留期間更新の許否に関するいわゆるマクリーン事件判決（最判昭和53・10・4民集32巻7号1223頁）にみられる。法務大臣の裁量権は広範であって司法審査は限定されると判示した。もっとも，法務大臣の裁量権の逸脱・濫用の審査基準として類似の枠組みが用いられていることは，以前から指摘されている（神崎克郎「経営判断の原則」森本滋＝川濱昇＝前田雅弘編『企業の健全性確保と取締役の責任』215頁（有斐閣，1997年））。

　取締役会ないし取締役といった会社機関であろうと，行政庁であろうと，組織の運営にあたって，包括的な裁量権を有する理事者であれば，権限濫用・逸脱の審査方法として経営判断原則類似の枠組みが用いられるのは自然であろう。ただ，その組織体や理事者の性質によって裁判所が行う審査の程度・密度または範囲には差がある（塩野宏『行

政法Ⅰ（第6版）』138頁以下（有斐閣，2015年）参照）。行政庁の裁量処分にもいろいろあるが，たとえば原子炉設置許可処分の取消訴訟における裁判所の審理方法でも，経営判断原則類似の表現が用いられていることはよく知られている（たとえば，最一判平成4・10・29民集46巻7号1174頁（伊方原発訴訟））。

⒃　わが国においても，信託の受託者に対し経営判断の原則を適用しうるか議論されている（「金融取引におけるフィデューシャリー」に関する法律問題研究会「金融取引の展開と信認の諸相」金融研究29巻4号（2010年）197・200頁，能見善久＝道垣内弘人編『信託法セミナー（2）』24頁以下〔藤田友敬発言〕（有斐閣，2014年）参照）。

⒄　わが国の会社法でも，取締役の損害賠償責任を事後的に軽減したり，株主代表訴訟の提訴手続で制限を課したり，因果関係や損益相殺といった解釈上のテクニックで取締役の責任を緩和する制度や解釈は認められても，株式会社である以上，委任ないし準委任に基づく取締役の義務の程度をあらかじめ任意に軽減することはできない。取締役の義務が強行規定とされる点は米国であっても同じである。業務執行者の責任を信認義務のレベルで制限したければ，LLC等の契約型の組織体を利用するといった手段もある。実際にLLC等が全米で急増した一因として，信認義務レベルでの義務排除・緩和の許容が挙げられる。

⒅　ドイツ株式法93条1項2文もまた，ALIによる経営判断原則の定式の影響を受けている。2005年ドイツ株式法改正に関する邦語文献として，マルクス・ロート（早川勝訳）「ドイツの経営判断原則と取締役責任の追及」ワールド・ワイド・ビジネス・レビュー7巻2号（2006年）105頁，福瀧博之「ドイツ法における経営判断の原則」関法57巻4号（2007年）632頁，福瀧博之「経営判断の原則の実質的根拠」関法63巻4号（2013年）1300頁，高橋英治「ドイツと日本における経営判断原則の発展と課題（上）（下）」商事2047号16頁・2048号37頁（2014年），福瀧博之「ドイツ法における法典化後の経営判断の原則について」関法65巻4号（2015年）1435頁，内藤裕貴「経営判断原則の再考（1）～（3）」早大法研論集153号219頁・154号183頁・155号225頁（2015年）等参照。なお，ドイツのほかにもオーストラリア，マレーシア，南アフリカおよびネバダ州でも制定法に基づく経営判断原則を定めている（Douglas M. Branson, *A Business Judgment Rule for Incorporating Jurisdictions in Asia?* 23SAcL. J. 687（2011).)

⒆　江頭・前掲注⑴466頁，神田秀樹『会社法（第18版）』226頁（弘文堂，2016年）。

⒇　Stephen M. Bainbridge, Corporate Law and Economics 242（2002).デラウエア州裁判所であっても，判断過程さえ相当であれば，判断内容は不問に付すというほど単純ではないようである。どの程度実体的な判断内容を検討するかについては，裁判例によって差がある（桜沢隆哉「経営判断原則の理論的基礎（2）」京女法学2号（2012年）124頁）。

㉑　同志社大学日本会社法制研究センター編『日本会社法制への提言』236頁〔黒沼悦郎発言〕（商事事務，2008年），小林一郎「経営責任判断原則の日米比較にみるコーポレート・ガバナンスの在り方」金法1945号（2012年）21－22頁。ALIのコーポレート・ガバナンス原理における経営判断原則は，判断過程の審査に適用する注意義務は相当性基準を用い，内容面はそれよりも緩やかな合理性基準で審査する。デラウエア州衡平法裁判所は，少なくとも判断過程については通常の過失基準を用いるといわれ，他方で内容をどの程度審査するかについては議論がある。ただし，判断過程に関し過失基準を用いるといっても一般にはデラウエア州は重過失基準に従うと考えられている。

(22)　河本一郎ほか「取締役の責任―わが国における経営判断原則の具体化」民商109巻6号（1994年）925頁〔川浜昇発言〕。

(23)　経営判断の原則は，実体法レベルで米国も日本も同じ方向に収斂していくことを示唆する見解として，落合誠一『会社法要説（第2版）』102頁以下（有斐閣，2016年）参照。これに対し懐疑的な見解もないわけではない（堀田佳文「経営判断の原則とその判断基準をめぐって」落合誠一先生古稀『商事法の新しい礎石』266－267頁（有斐閣，2014年））。

(24)　これに対して，経営判断原則の要件・効果の明確化を推奨する見解もみられる（落合・前掲注(23)108頁参照）。

(25)　判例法上確立されたもので事実上の推定に近いものとされるが，見解は分かれる。ただ，推定にすぎないことから，原告が詐欺，法令違反または利益相反的要素があることを反証し，推定を覆すことができれば，完全公正性基準（fairness test）によって審査されるといわれる（1 RADIN, *supra* note 14, at 62 ; Walt Disney Co. Derivative Litig., 906 A 2d. 27, 52 (Del. 2006)）。

(26)　ALIによって採択された経営判断原則は，模範法に準ずるものであるから，一定の権威を有することはたしかであるが，デラウエア州における経営判断の原則は，デラウエア州法を設立準拠法とする多くの大企業に判例法として現実の裁判で適用されてきたものであるから非常に大きな影響力を及ぼしている。また，デラウエア州のように適法な義務履行につき推定の効果を付与する州裁判所は，デラウエア州以外にも35州あるといわれる（1 RADIN, *supra* note 14, at 45)。いずれにせよデラウエア州法の経営判断原則とALIのそれとどちらが理論上優れているといった問題ではない。

(27)　1 American Law Institute, Princeple of Corporate Governance : Analysis and Recommendations 135 (1994). 本文ではrationalを「合理的」と，reasonableを「相当」と訳しているが，わが国の主要な文献では，rationalを「相当」と，reasonableを「合理的」と翻訳している（証券取引法研究会国際部会訳編『コーポレート・ガバナンス―アメリカ法律協会「コーポレート・ガバナンスの原理：分析と勧告」の研究―』（日本証券経済研究所，1994年））。そもそも英語圏でもこれらの用語は互換的に用いられており，デラウエア州裁判所ですらそのような使い分けはされていないという指摘もある（Norwood P. Beveridge, *Jr., The Corporate Director's Duty of Care : Riddles Wisely Expounded*, 24 Suffolk U.L. Rev. 923, 940 (1990))。ただし，近年のわが国の条文にみられる用語からは，本文の訳語のほうが適切であろう。たとえば，有価証券届出書の虚偽記載に関する役員の責任について，虚偽記載に関し善意・無過失を証明すれば，役員は責任を免れるが，この場合の無過失の証明は，「相当」の注意を用いたにもかかわらず，虚偽記載等を知らなかったこととされる（金商21条2項1号)。かりに上記の用語法に従うとすれば，「相当」のほうが厳しく，「合理的」な注意では許されないことになる。

(28)　自由民主党法務部会商法に関する小委員会「コーポレート・ガバナンスに関する商法等改正試案骨子」（平成9・9・8）は，株主代表訴訟の見直しのなかで，取締役の経営判断の原則を法律に明定するとの項目を掲げていた。同じく経済団体連合会コーポレート・ガバナンス特別委員会「コーポレート・ガバナンスのあり方に関する緊急提言」（平成9・9・10）でも，「米国で導入されている経営判断の原則を法律の規定に明記する」との記載がみられる（「コーポレート・ガバナンスをめぐる最近の検討状況」商事1468号（1997年）27頁)。ここでいう米国で導入されている経営判断原則がALI原理に

よるものか否かはわからないが，同原理に刺激され経済界も米国の経営判断原則に注目していたことは事実である。もっとも，平成13年商法改正で取締役の責任の軽減制度や株主代表訴訟に関する規定が整備され，表立って経営判断の原則の明文化は主張されなくなっている。

(29) 大塚龍児「株主権の強化・株主代表訴訟」鴻常夫先生古稀『現代企業立法の軌跡と展望』71頁（商事法務，1995年），吉原・前掲注(1)91頁以下，近藤光男「経営判断の原則」浜田道代＝岩原紳作編『会社法の争点』156頁（有斐閣，2009年）参照。

(30) わが国の学説の状況については，吉原・前掲注(1)90頁以下，宮本航平「取締役の経営判断に関する注意義務違反の責任（1）」法学新報115巻5＝6号（2008年）48頁以下参照。

(31) 大阪谷公雄「取締役の責任」田中耕太郎編『株式会社法講座（1）第3巻』1120頁（有斐閣，1956年），近藤光男『最新株式会社法（第6版）』277頁（中央経済社，2011年）。

(32) 龍田節『会社法大要』92－93頁（有斐閣，2007年），森本滋『会社法（第2版）』254頁（有信堂高文社，1995年）。同原則は，政策的考慮に裏づけられたものでなく，裁判所による訴訟活動の展開のされ方によって偶発的に発生したとする見解も主張されている（森田果「わが国に経営判断原則は存在していたのか」商事1858号（2009年）4頁参照）。

(33) 神崎克郎「経営判断の原則は取締役に何を期待するか」判タ438号（1981年）4頁，神崎克郎『取締役制度論』68－69頁（中央経済社，1981年），吉原和志「取締役の注意義務と経営判断原則」鴻常夫＝竹内昭夫＝江頭憲治郎編『会社判例百選（第5版）』119頁（有斐閣，1992年）。

(34) 戸塚登「経営判断の法則（二・完）」阪大法学127号（1983年）50頁，本間輝雄「株主代表訴訟と経営判断の原則」西原先生追悼論文『企業と法（下）』213頁（有斐閣，1995年），伊勢田道仁『取締役会制度の現代的課題』179頁（大阪府立大学経済学部，1994年），新井修司「アメリカ法律協会『コーポレート・ガバナンスの原理』における取締役及び役員の注意義務と経営判断の原則」阪大法学46巻（1996年）11頁。

(35) 田中亘『会社法』260頁（東京大学出版会，2016年）。

(36) 森本・前掲注(10)675頁。

(37) ただし，判断内容の合理性を認定しながら判断過程の不合理性を認定して善管注意義務違反を肯定したかのように読める裁判例もないわけではない（後掲注(83)参照）。

(38) そのほか，判断過程について相当な注意を尽くせば善管注意義務が尽くされたとの推定が働くとする見解もある（前嶋京子「わが国における経営判断の原則の適用について」下関市立大学論集36巻1＝2号（1992年）12頁以下参照。会社法のもとでも判例によってそのような推定効を付与すべきとする主張もみられる（高橋英治「ドイツと日本における経営判断の原則の発展と課題（下）」商事2048号（2014年）47頁））。この見解の特徴は，判断過程において相当な注意を尽くせば善管注意義務を履行したものと推定されるとする。しかし，任務懈怠の要件は，もともと原告側が善管注意義務違反等任務懈怠となる事実を主張立証し，被告取締役がこれについて無過失であることを証明しなければならないことから，推定の効果を付与する意味がない（片木晴彦「経営判断原則における事実の認識過程」広島法科大学院論集11号（2015年）193頁）。

(39) 伊藤靖史ほか『会社法（第3版）』233頁（有斐閣，2015年）。

(40) 吉原和志「取締役の任務懈怠責任」潮見佳男＝片木晴彦編『民・商法の溝をよむ』

第3章　企業統治に関する裁判例

135頁（日本評論社，2013年）。

⑷　医師や建築士等他の専門家と同じように，裁判官にその職務内容に関する知見がないという正当化根拠はさほど説得力を有しない。専門委員制度（民訴92条の2）等を利用するなど高度の専門知識に関し助言を得ることができる。しかし，それでは費用も時間もかかりすぎる場合がある。裁判所の人的資源にも限りがあることに配慮する必要もあろう。

⑿　田中・前掲注㉟260頁。

⒀　吉原・前掲注⑴91頁以下，豊澤佳弘『最高裁判所判例解説民事篇平成12年度（下）』642頁，近藤・前掲注㉙156頁，佐藤丈文「経営判断の原則」野村＝松井・前掲注⒀73頁参照。

⒁　ALIの経営判断原則も①②の正当化根拠を挙げて同原則の正当性を説明している（1 AMERICAN LAW INSTITUTE, *supra* note 27, 135）。

⒂　株式会社というシステムでは，所有と経営を制度的に分離し，取締役に業務執行の決定をゆだねているので，裁判所もそれを尊重すべきだという趣旨だが，このことに関連し，取締役も裁判所もその判断にミスが生ずることは避けられず，そうであるとすれば取締役の判断を尊重すべきだという考え方，あるいは，最終的な意思決定権者は，取締役であって裁判官ではないといった考え方も成り立つが，いずれもこの正当化根拠に含めて説明することもできる。

⒃　一般的に経営判断の原則といえば，子会社の救済のための融資継続が裏目に出て，子会社が破綻した結果，融資を回収できなかったとして，親会社の取締役の責任が追及された事案（福岡高判昭和55・10・8判時1012号117頁）がよく知られている。この事案でも，取締役は，会社部内の意見も聴取したうえで，経営判断を行ったことを認定している。ただし，取締役のリスク負担の奨励，または株主によるリスク負担の妥当性といった正当化根拠からは説明できず，本来の経営判断原則とは異なる理由づけが必要であるように思われる。

⒄　吉原・前掲注⑴100頁以下，近藤光男編『判例法理経営判断原則』7頁（中央経済社，2012年）。

⒅　経営判断原則に関する裁判例の分析では，取引類型ごとの分析が比較的多い。たとえば，澤口・前掲注⑺70頁以下，山口拓郎「取締役の善管注意義務・忠実義務（上）」商事1837号（2008年）32頁参照。

⒆　より細かく①判断過程と判断内容とを区別しないもの，②判断過程を重視するもの，③判断過程と内容の審査基準に差異を設けないもの，④判断過程には厳しい基準を，判断内容にはより緩やかな基準を適用するという変遷を経て，判断枠組みが形成されたと整理する文献として，堀田・前掲注㉓265頁。神作裕之ほか「ハイブリッドモデルの取締役会等における経営判断と攻めのガバナンス（上）」商事2089号（2016年）10頁，澤口・前掲注⑺46頁以下参照。

⒇　当時の会社関係訴訟の状況について，金築誠志「東京地裁における商事事件の概況」商事1425号（1996年）4頁参照。

㉑　本判決を，現在のわが国の経営判断原則のリーディング・ケースと位置づける見解は少なくない（田中亘〔判批〕ジュリ1442号（2012年）103頁，東京地裁商事研究会・前掲注⑵239頁参照）。この判決による同原則の基準は，意思決定の過程も内容も著しく不

358

合理であったかどうかを基準とするようにも読めることから，あまりに緩やかすぎると批判されている（吉原・前掲注⑴103頁）。

⑫　事案としては法令違反があったか否か，および，法令違反であることを認識しなかった点に過失があったかがより重要な争点である。本判決は，法令違反を認めたが，会社に損害がないことを理由に原告の主張を退けた。控訴審（東京高判平成 7・9・26民集54巻 6号1812頁）では，主たる争点が法令違反の解釈等に移り，さらに，上告審（最二判平成12・7・7民集54巻 6号1767頁）では，法令違反の認識可能性について過失がなかったとされたため，経営判断の原則は問題とされなかった。第一審判決に対し，検討の順序が逆であるなど批判的な論調の見解が多いが，経営判断の原則の適用場面と法令違反の適用場面との区別が難しい事案であったことから，第一審判決のような検討順序による判断がされたものと考えられる。明確な法令違反があれば，当然経営判断原則が適用される余地はないが，当時の証券取引法および独占禁止法に明確に違反していたわけではないため，本判決は裁量権逸脱の問題と把握したのではないだろうか。

⑬　たとえば，野村証券事件と同時期に現れた東京地判平成 5・9・21判タ827号47頁（日本サンライズ株主代表訴訟）は，代表取締役が本業である賃貸ビル業による営業利益をはるかに上回る多額の借入れをして株式投資を行い，会社に損害を被らせたとして，株主が代表取締役に対し提起した株主代表訴訟である。株式投資を行った代表取締役に対し，会社の営業規模等に照らし，回復が困難な損失を出す危険性があり，かつ，その危険性を予見することが可能である場合には，その新規事業を行うことを避止すべき善管注意義務があることを前提として，これに違反したとする。もっとも，あえて危険をおかすことを正当化するに足りる必要性が認められることもある旨付言する。あるべき取締役の行為義務を設定したうえで事実を当てはめる審査方法は，裁量権行使を審査する方法とは異なるものと考えられる。

⑭　同じように解する見解として，田中・前掲注⑪103頁。

⑮　損失補填のほかにとりうる手段がなかったかどうか分析すべきことを示唆する点も，後の合理性基準の具体的審査方法として引き継がれた重要な点である。

⑯　この判決は，法令違反および利益相反的要素がある場合には，経営判断原則が適用されないことを明示している点も示唆に富む。

⑰　たとえば，島田邦夫＝田路至弘〔判批〕商事1426号（1996年）23頁，松山三和子〔判批〕金判1017号（1997年）47頁参照。

⑱　事実認識の「不注意な誤り」と「重大かつ不注意な誤り」を比較して論ずることにどれほど意味があるのか疑わしい（たとえば，澤口・前掲注⑺55頁参照）。このような文言にこだわる見解は，法文にみられる「過失」と「重過失」のような相違を意図したのだろうが，法文でもない判旨の文言をそのように比較することが適切なのだろうか。もともと不注意な誤りには，重大ないし明らかな不注意に基づく誤りを含むという解釈も成り立つ。

⑲　松山昇平「アパマンショップ最高裁判決の位置付け」金法1962号（2013年）33・37頁。

⑳　東京地裁商事研究会・前掲注⑶239頁。

㉑　東京地判平成14・4・25判時1793号140頁（長銀初島事件），東京地判平成16・3・25判時1851号21頁（長銀ノンバンク事件）等がその基礎になっていると考えられる。

㉒　東京地判平成16・9・28判時1886号111頁（そごう旧取締役損害賠償査定異議訴訟）

第3章　企業統治に関する裁判例

でも「事実認識の不注意な誤り」と「その行為に基づく選択決定に不合理な点」から審査し，「当該行為をすることが著しく不合理と評価されるか」という判断枠組みを示している。旧そごうの取締役がトルコ共和国への出店事業計画における現地法人への貸付けおよび回収が不能となり，会社に損害を被らせたとして，取締役の善管注意義務違反が問われた事案である。この枠組みは③判決と比べると今一つ洗練されていないようにみえるが，実際には詳細な事実認定を行ったうえで善管注意義務違反を否定している。

⑹3　拓銀関連訴訟の一つである最二判平成20・1・28判時1997号143頁（栄木不動産事件）もまた，整理回収機構によって，確実な担保をとらず追加融資を決定した取締役の融資判断に関する責任が追及された事案である。この事案からもまたバブル期の杜撰な融資実態が窺える事案である。控訴審では責任は否定されたが，背任罪とはいえないまでも法令違反に準ずる追加融資が実施されており，判断過程・内容につき著しい不合理性が認められたものと解しうる。

⑹4　岩原紳作「銀行融資における取締役の注意義務」『商事法論集Ⅰ会社法論集』282頁（商事法務，2016年），中原利明「融資の実行を決定した銀行取締役の忠実義務違反，善管注意義務違反が認められた事例」金法1844号（2008年）18頁。

⑹5　同じように評価するものとして，南健悟〔判批〕北法59巻6号（2009年）392頁。

⑹6　清水真＝阿南剛「北海道拓殖銀行カブトデコム事件最高裁判決の検討」商事1896号（2010年）36・46頁。この論文では本最高裁判決の枠組みは，経営判断の原則の枠組みに忠実に即したものと位置づける。

⑹7　木村哲彦「金融機関による融資についての取締役の責任と経営判断原則」判タ1323号（2010年）16頁，吉井敦子「銀行の取締役の善管注意義務」岩原紳作ほか編『会社法判例百選（第3版）』別冊ジュリ229号106頁（有斐閣，2016年）およびそこに掲げられた文献参照。

⑹8　松山昇平「銀行取締役の融資判断における注意義務」金法1833号（2008年）26・36頁。一連の拓銀訴訟では，銀行取締役であれば当然行うべき情報収集等を怠っている点を指摘し，経営判断原則は適用されないという。

⑹9　拓銀事件判決は整理回収機構が訴訟を提起したのに対し，四国銀行事件判決は破綻していない銀行に対する株主代表訴訟であった点にも特色がある。

⑺0　銀行取締役の善管注意義務の水準は高度であるという表現は，有力な学説の影響を強く受けたもので（岩原・前掲注⑹4223・258頁，吉井敦子『破綻金融機関をめぐる責任法制』267頁（多賀出版，1999年），神吉正三「銀行取締役の注意義務」筑波法政28号（2000年）106頁），銀行の特殊性が考慮されなければならないとしても，それが直接取締役の注意義務の水準を高度にするものか否かについては議論の余地がある（森本・前掲注⑼247頁，川口恭弘「事業の公益性と取締役の責任」商事1740号（2005年）10頁）。業種や会社規模によって取締役の注意義務の水準は相対的に異なるものであるから，これらの業種等につき具体的に類型化すべきである，あるいは，抽象的に高度とか厳格であると論ずる意味はないという見解も有力に主張されている。一般事業会社それ自体の範囲が明らかでない以上，むしろ会社の規模，業種の性質，取引類型等に分けて取締役の裁量の範囲を明らかにしていくべきではないだろうか（北村雅史〔判批〕判時1993号（2008年）195頁（判例評論590号33頁），志谷匡史〔判批〕判時2014号（2008年）196頁（判例評論597号34頁），藤川信夫「銀行取締役の追加融資責任に関する考察」日本法学54巻（2012

360

年）55・111頁，高橋紀夫「金融機関の融資における取締役（理事）の善管注意義務」白鷗大学法科大学院紀要6号（2012年）75頁，和田宗久〔判批〕金判1304号（2008年）20頁，出口哲也〔判批〕法と政治60巻2号（2009年）88頁，南健悟〔判批〕北大法学59巻6号397頁，松嶋隆弘〔判批〕金判1411号（2013年）33頁）。

⑺ 弥永真生〔判批〕ジュリ1396号（2010年）44頁，松井智予〔判批〕判時2081号（2010年）190頁（判例評論619号28頁），吉井敦子〔判批〕ジュリ1420号（2011年）137頁。

⑺ 小塚壮一郎〔判批〕銀法1905号（2010年）19頁。

⑺ 清水円香〔判批〕商事2021号（2014年）96頁。

⑺ 近時の裁判例は，融資業務における銀行取締役の注意義務の水準が高いことを前提に，善管注意義務違反を肯定する傾向にある（前橋地判平成23・7・20判時2127号104頁（東和銀行事件），東京地判平成28・5・19金判1502号42頁（日本振興銀行事件），東京地判平成28・9・29金判1507号26頁（日本振興銀行事件））。ただし，責任を否定した事例として，東京地判平成27・3・26判時2271号121頁（新東京銀行事件）参照。

⑺ 吉原・前掲注⑶104頁およびそこに掲げられた文献参照。

⑺ 大阪高判平成19・3・15判タ1239号294頁（ダスキン株主代表訴訟判決）は，非上場株式である自己株式の取得について，取締役の責任が追及された事案であって，経営判断原則が適用されて善管注意義務違反は否定された。自己株式の取得時の株価算定にあたって，その価格で「当該株式を取得する必要性，取得する株式数，取得に要する費用からする会社の財務への影響，会社の規模，株主構成，今後の会社運営への影響，資本維持の観点から当該価格の1株あたり純資産額からの乖離の程度など諸般の事情を考慮した企業経営者としての専門的，政策的な総合判断が必要となる」と判示し，具体的に踏み込んだ検討も行っている。他方，同じ非上場株式である自己株式の取得に関する事案でも，経営判断原則が適用され，善管注意義務違反は否定されたが，買取価格の評価につき踏み込んだ審査を行っていない（大阪地判平成11・5・26判時1710号153頁（朝日新聞株主代表訴訟））。

⑺ 弥永真生〔判批〕ジュリ1368号（2008年）58頁。

⑺ 石井亮「アパマンショップホールディングス株主代表訴訟事件」奈良輝久ほか編著『最新M&A判例と実務』320頁（判例タイムズ社，2009年）。

⑺ 落合誠一「アパマンショップ株主代表訴訟最高裁判決の意義」商事1913号（2010年）4頁。

⑻ 大塚和成＝高谷裕介〔判批〕ビジネス法務10巻11号（2010年）12頁，山田泰弘〔判批〕監査役578号（2011年）113頁。

⑻ 田中・前掲注⑸103頁は，緩やかな基準で審査したものと解するようである。

⑻ 北村雅史〔判批〕ジュリ1420号139頁，奈良輝久「アパマンショップ株主代表訴訟上告審判決」判タ1370号（2012年）4・10頁。

⑻ 判断内容の合理性を認めながら，判断過程が合理性を欠くとして，善管注意義務違反を認めたとも解しうる異色の裁判例もある。さいたま地判平成22・3・26金判1344号47頁（日本精密事件）は，子会社化した会社に出資したところ，倒産したため，出資金が無に帰したとして，会社によって取締役に対し損害賠償請求訴訟が提起された事案である。東京地裁商事部の採用する枠組みを採用しながら，取締役の善管注意義務違反を肯定した。意思決定の過程・内容に著しい不合理性は認めなかったが，前提となった事実

361

第3章　企業統治に関する裁判例

認識に誤りがあるとして，善管注意義務違反を肯定しており，かなり特異な判断をしている。取締役の判断過程に誤りがあれば，内容の不合理性が推認されると考えるのが通常であるが，この判決は，情報収集・分析の誤りのみを指摘し，最終的に責任を課したように読める。それゆえ，この点について多くの学説から批判されている。元来，判断内容が妥当なのか否か評価が難しいことから，手続の公正性をチェックすることで，内容の公正性を推認するのが適正手続の基本的な考え方である。したがって，判断内容が妥当であるが，判断に至る手続が合理性を欠くので経営判断原則を適用しないという論理は本末転倒であろう（三浦治〔判批〕金判1352号（2010年）2頁，北沢義博〔判批〕大宮ローレビュー7号（2011年）128頁，片木・前掲注(38)193頁）。かりに判断過程と内容を分けて分析するとしても，最終的には総合的な裁量権逸脱の有無を評価すべきであって，両者の判断をバラバラに行っている点でも違和感を禁じ得ない。

(84)　判断過程に関連し，弁護士等専門家の意見聴取を行う際に，どのような範囲でどの程度の意見を聴取し検討すれば，情報収集・分析を尽くしたといえるのかは裁判例の集積を待つ必要がある。

(85)　子会社が設立時から買取りまで5年しか経っていないことから，設立時の株式の払込金額が買取価格であっても不合理ではないとする理由について，5年は短期間とはいえないと批判する見解もみられるが（藤原俊雄〔判批〕金判1350号（2010年）4頁，川島いづみ〔判批〕速報判例解説（2010年）170頁），経過期間それ自体を取り出して批判しても意味はないように思われる（同旨，水島治〔判批〕武蔵大学論集58巻4号（2011年）70頁）。

(86)　松井秀征〔判批〕民商143巻6号（2011年）711頁。

(87)　最高裁は，非上場株式の評価方法については，取締役の判断を尊重する傾向にある。たとえば，最一判平成27・2・19民集69巻1号51頁（アートネーチャー事件），最一判平成28・7・1民集70巻6号1445頁（ジュピターテレコム株価決定申立事件）もそのような流れに位置づけられる事案といえよう。

(88)　黒沼悦郎「商法判例の動き」ジュリ1420号（2011年）120頁は，最高裁が経営判断の原則を採用したとか，最高裁として経営判断の内容を提示したと読むべきでないとする。

(89)　最判平成22年の枠組みを積極的に評価する見解として，落合・前掲注(79)13頁，田中・前掲注(51)104頁がみられる。一方，事案の特徴を踏まえたうえで慎重に解する見解として，和田宗久「判批」金判1364号（2011年）4頁がある（佐藤・前掲注(43)80－81頁）。

(90)　このような方向性を示唆する見解として，森本・前掲注(9)254頁（経営判断の原則を導入すべきか否かという抽象的な議論は，理論的にも実務的にも混乱を惹起するおそれがあると指摘する），大杉謙一「役員の責任─経営判断の原則とその射程」江頭憲治郎編『株式会社法大系』308頁以下（有斐閣，2013年）参照。

(91)　取締役の対第三者責任に関する事案であるが，東京地判平成23・9・29判時2318号134頁（興亜損保事件）は，共同株式移転における株式移転比率が不公正であって株式価値が毀損されたとして，少数株主が取締役に対し損害賠償責任を追及した事案である。東京地裁商事部は，従来どおりの判断枠組みを用い，しかも具体的な比率を検討したうえで取締役の善管注意義務違反を否定した。

(92)　受川環大〔判批〕金判1433号（2014年）2頁は，Y₁・Y₂が取締役会の承認を要する利益相反行為（会社356条1項2号，365条1項）に該当しないとしても，取締役会決議

における特別利害関係取締役（会社369条2項）に該当するにもかかわらずCP引受けの議案の決議に参加している事実から，法令違反による善管注意義務違反と解する余地があると指摘する。

(93) 経営判断の原則の枠組みを用いずに，利益相反行為であることを前提に取締役の責任を肯定するものとして，東京高判平成16・12・21判時1907号139頁がある。

(94) 本判決は，親会社の取締役が子会社の経営判断に対して義務を負うこと認めている点でも重要な判決と考えられる（飯田秀総〔判批〕ジュリ1468号（2014年）99頁）。

(95) 取締役会決議不存在の主張立証責任に関する問題を含め，原弘明〔判批〕金判1456号（2015年）2頁参照。

(96) Xらは上告受理の申立てをしたが，すでに不受理決定がされている（最三判平成29・2・7（平成28年（受）第2166号））。

(97) 横浜地判平成25・10・22金判1432号44頁（NFKホールディングス事件）も取締役の善管注意義務違反を否定している。これは匿名組合への出資判断の過誤によって会社に損害を被らせたとして取締役の責任が問われた事案である。取締役による善管注意義務が尽くされたか否かの判断は「行為当時の状況に照らし合理的な情報収集・調査・検討等が行われたか，および，その状況と取締役に要求される能力水準に照らして不合理な判断がなされなかったかを基準になされるべきである」とする。ここでは判断過程という用語を用いていない。さらに「情報収集や調査の際，弁護士や公認会計士など専門家の知見を信頼した場合には，当該専門家の能力を超えると疑われるような事情があった場合を除き，善管注意義務違反とはならないし，他の取締役・使用人等からの情報等については，特に疑うべき事情がない限り，それを信頼すれば善管注意義務違反とはならない」として，いわゆる信頼の原則に言及している。取締役らが，金融関係の知見を有し会社顧問として財務を取り仕切っていた者の説明を信頼し出資の決定を行ったことから，善管注意義務違反を否定した点に特色がある。

(98) 原則として経営判断原則の適用範囲は広いが，営利法人と非営利法人，閉鎖型会社と公開型会社，あるいは，業務執行取締役と非業務執行取締役でその適用範囲が異なるかといった問題は，今後検討すべき課題であろう。

(99) 従来の裁判例からは，会社・取締役間の利益相反取引に該当する場合でないときは，善管注意義務違反の認定には相当に慎重であることが窺える。わが国の裁判所が利益相反的な行為に甘いというわけではないが，利益相反的な行為であっても実際には会社に利益をもたらす場合があることを考えると，簡単には善管注意義務違反を認定できないということだろう。

(100) 森本・前掲注(9)249頁。

(101) 任務懈怠について，個別具体的な法令違反と善管注意義務の関係を一元的に捉える一元説であっても，あるいは，別々に捉える二元説であっても，この点は変わらないだろう。また，法令違反の問題として，取締役が法令違反について認識しなかったことに過失があるか否かという認識可能性も別の議論である。

(102) 善管注意義務違反の審査では，一般的な水準の注意義務が想定される。民事法上，善管注意義務といえば，債務者の職業，その属する社会的・経済的な地位などにおいて一般に要求される程度の注意義務である（我妻栄『新訂 民法総則』26頁（岩波書店，1965年））。

363

第3章　企業統治に関する裁判例

⑩　利益相反的構造が存在することを理由に明確な行為義務を確立しうる場合であれば，経営判断原則は適用されないか，限定されたものになる。たとえば，MBOの実施において，少数派株主に支払われる対価に関し，取締役が会社に対して負う善管注意義務の内容として，公正価値移転義務，適正情報開示義務，MBO完遂尽力義務（手続的公正性配慮義務および合理性確保義務）等を認めるが，これも行為義務の一例と解される（東京高判平成25・4・17判時2190号96頁（レックスホールディングス事件），神戸地判平成26・10・16判時2245号98頁（シャルレ事件第一審判決），大阪高判平成27・10・29判時2285号117頁（シャルレ事件控訴審判決））。

⑩　近時の裁判例でも，福岡高判平成24・4・13金判1399号24頁（福岡魚市場事件控訴審判決）もそのような事案の一つと位置づけることができる。

⑩　情報収集・分析手続の面で，信頼の権利ないし信頼の原則に関してさらに掘り下げた検討が必要となろう。

⑩　松山・前掲注⑤⑨39頁。

364

内部統制システムの構築・運用と
取締役等の監視義務・信頼の原則

明治学院大学教授　田澤　元章

はじめに

　本稿は，内部統制システム構築に関する論点について，現在の判例の基本的な枠組みを明らかにし，併せて近時の裁判例の紹介を行うものである。内部統制システム構築義務は，取締役の善管注意義務の具体的な内容として生ずるものであり，会社の業務の適正を確保するための体制整備に関する取締役会の決定義務（会社法362条5項等）を根拠に生ずるものではないと解される。この意味で，平成17年会社法制定前の判例の先例的価値は現在においても減ずるものではない。

　以下では，判例の基本的な枠組みを形成した，大和銀行事件判決（大阪地判平成12年9月20日判例時報1721号3頁），ダスキン事件判決（大阪高判平成18年6月9日判例時報1979号115頁），ヤクルト事件判決（東京高判平成20年5月21日判例タイムズ1281号274頁），日本システム技術事件判決（最判平成21年7月9日判例時報2055号147頁）の4つの判決と他の下級審裁判例を引用しながら述べることとする[1]。

第3章　企業統治に関する裁判例

I　内部統制システムの構築義務とその法的根拠

1　内部統制システムの判例上の意義

　判例上，内部統制システムとは，法令遵守体制を含むリスク管理体制を意味するものと解される。大和銀行事件判決は，「健全な会社経営を行うためには，目的とする事業の種類，性質等に応じて生じる各種のリスク，例えば，信用リスク，市場リスク，流動性リスク，事務リスク，システムリスク等の状況を正確に把握し，適切に制御すること，すなわちリスク管理が欠かせず，会社が営む事業の規模，特性等に応じたリスク管理体制（いわゆる内部統制システム）を整備することを要する」と判示し，ダスキン事件判決も全く同じ旨を判示している。また，大和銀行事件判決は，「会社全体として法令遵守経営を実現」するため，従業員を含む「法令遵守体制を確立するべき義務があり，これもまた，取締役の善管注意義務及び忠実義務の内容をなす」とし，「事務リスクの管理体制の整備は，同時に法令遵守体制の整備を意味する」と述べる。

　デリバティブ取引の損失リスク管理体制が問題となったヤクルト事件判決を除いて，現在までの公刊裁判例はほとんどが役職員の不正行為・違法行為の防止体制が問題となっており，リスク管理体制といいつつも，法令定款遵守体制の構築を中心に内部統制システムの裁判例が展開してきたといえる。

　判例上問題となる内部統制システムは，その不備によって会社に損害が生じ，取締役の任務懈怠の有無が争われる場合がほとんどである。したがって，会社法上の業務の適正を確保するための体制のうち，法令定款遵守体制や損失の危険の管理体制は訴訟で問題となりやすいが（会社法362条4項6号，同施行規則100条1項2号・4号など），情報の保存・管理や業務の効率性の確保に関する体制（同施行規則100条1項1号・3号など）などは，裁判で争われることはあまり考えにくいといえよう。

2　内部統制システム構築義務と監視義務

　取締役はその善管注意義務の内容として内部統制システムの構築義務を負うと解される。大和銀行事件判決は，「重要な業務執行については，取締役会が

366

決定することを要するから（商法二六〇条二項），会社経営の根幹に係わるリスク管理体制の大綱については，取締役会で決定することを要し，業務執行を担当する代表取締役及び業務担当取締役は，大綱を踏まえ，担当する部門におけるリスク管理体制を具体的に決定するべき職務を負う。この意味において，取締役は，取締役会の構成員として，また，代表取締役又は業務担当取締役として，リスク管理体制を構築すべき義務を負い，さらに，代表取締役及び業務担当取締役がリスク管理体制を構築すべき義務を履行しているか否かを監視する義務を負うのであり，これもまた，取締役としての善管注意義務及び忠実義務の内容をなすものと言うべきである。監査役は，…，業務監査の職責を担っているから，取締役がリスク管理体制の整備を行っているか否かを監査すべき職務を負うのであり，これもまた，監査役としての善管注意義務の内容をなすものと言うべきである。」とされる。ヤクルト事件判決がほぼ同旨を判示するほか，会社法施行後の裁判例として，西松建設事件判決（東京地判平成26年9月25日資料版商事法務369号72頁）も同旨の一般論を述べる。

　構築義務の根拠は，善管注意義務と解されるが，善管注意義務それ自体は，注意義務の程度を示す規範であり，職務内容を含むものではない。最初から独立した義務内容として内部統制システム構築義務があるのではなく，個々の会社の具体的な状況の下で，一定のリスク管理体制を構築しなければ，取締役として著しく不合理な経営判断であるといえるような場合に，それに必要な範囲でのみ善管注意義務の中身となると解される[2]。

　学説には，取締役の監視義務から内部統制システム構築義務を根拠づけて理解するものがある[3]。このような理解に立つと思われる判例として，商品先物会社事件判決（東京地判平成19年5月23日判例時報1985号79頁）がある。すなわち，「取締役の監視義務の履行を実効あらしめ，かつ，その範囲を適正化する観点から，個々の取締役の職務執行を監督すべき取締役会が，個々の取締役の違法な職務執行をチェックしこれを是正する基本的な体制を構築すべき職責を有しており，これを前提に，会社の業務執行に関する全般的な監督権限を有する代表取締役と当該業務執行を担当する取締役が，その職務として，内部管理体制を構築し，かつ，そのような管理体制に基づき，個々の取締役の違法な職務執行を監督監視すべき一次的な職責を担っている」と判示する。ヤクルト

第3章 企業統治に関する裁判例

事件判決も同様の立場であると解する余地がある[4]。

　内部統制システムの構築・運用により，取締役の監視義務が実効的となることは確かにそうである。しかし，内部統制システム構築義務を取締役の監視義務により説明することは，内部統制システムの範囲・対象及び具体的な構築の仕組み等と整合的ではないと思われる。内部統制システム構築義務を取締役の監視義務の履行の一環であると説明した場合，各取締役の監視義務は他の取締役の違法行為等の監視を問題とするものであるのに対し，内部統制システムは，単に取締役の違法行為等を抑止・発見するための仕組みではなく，従業員を含む会社全体を対象とし，違法行為に限定しない経営上のリスクの管理体制であることから，その内容は整合しないことになる。また，取締役会による基本方針の決議と代表取締役以下による具体的構築という仕組みは，他者に対する監視の問題ではなく自らの積極的な行為義務であるから，各取締役の監視義務から導き出せるか疑問がある[5]。

II　構築義務を生ずる会社

　株式会社の機関設計の如何を問わず，会社の規模や事業内容等に応じ，内部統制システムの構築が取締役の義務として認められると解される。

1　大会社等における内部統制システム整備の決定義務の意味

　会社法は，大会社と監査等委員会設置会社及び指名委員会等設置会社に対し，業務の適正を確保するための体制の整備につき取締役又は取締役会の決定を義務づけている（会社法348条4項，362条5項，399条の13第2項，416条2項）。学説には，社外者による監査・監督を予定していないタイプの大会社について，その業務が広範・複雑なものであるとは限らないのに内部統制システムの構築を強制することを疑問視する見解もあった[6]。会社法の立案担当者は，大会社や委員会型の会社であっても，上場会社から資産管理会社等まで，その実情は様々であることから，会社法では，法務省令等で定める体制等について各会社において必ず何らかの体制を整備しなければならないこととはせず，体制の整備の要否も含め，各会社において自社の実情に応じて判断すべきこととした

368

ものという。したがって,「内部統制システムを設けない」という決定も上記の取締役又は取締役会の決定義務には違反するものではないと解している[7]（もちろん,整備が必要なのにしなかった場合には,取締役は任務懈怠責任を負う）。しかし,会社法が大会社など一定の会社に対し取締役の決定又は取締役会の決議を求めるのは,文字通り,会社法・同施行規則に従って内部統制システムの基本的枠組みを整備することであって,それを行わないことは許されないとする見解もある[8]。

2 大会社以外の会社における内部統制システム構築義務に関する裁判例

会社法上,内部統制システムの整備につき取締役会決議等の義務を負わない会社についても,判例上は内部統制システム構築義務が問題とされた。

平成17年会社法制定前の事案であるが,ジャージー高木乳業事件判決（名古屋高裁金沢支判平成17年5月18日判例時報1898号130頁）は,資本金1000万円,従業員数は平成6年ころ正社員38名,パート社員15名が最高で,その後減少傾向にあった株式会社でも,違法な牛乳再利用を防止する社内体制を速やかかつ確実に構築する義務があるとされた事例である。

会社法施行後の裁判例である広島ガス開発事件判決（広島地判平成24年10月25日平成21年（ワ）第1292号）は,従業員による架空取引の防止体制が問題となった事案である。同社は,資本金8400万円,負債総額約61億円と会社法上の大会社ではないが,従業員数は,正社員89名,出向社員9名,嘱託社員2名であり,組織としては,品質管理室,管理部,営業部,工務部,施設部という5つの部・室を置き,さらにその下に1室,12課を置く会社であったところ,「内部統制システム構築義務は,明示的には,大会社を対象として,会社法348条4項,362条5項,416条2項に規定されているが,内部統制システムの整備自体は,会社法を待つまでもなく各社の実情に応じて,業務執行者の善管注意義務の一環として認められるべきものであるから,大会社ではない広島ガス開発においても問題とされ得る」と適切な判示がなされている。

サンユートレックス事件判決（東京地判平成21年12月21日先物取引裁判例集62号165頁）は,大会社でも取締役会設置会社でもない外国為替証拠金取引業

369

者（資本金や資産・負債額，従業員数等は判決上認定がない）につき，「内部統制システムの整備に関する事項を決定すべき義務を課せられていない大会社以外の株式会社においては，取締役は，使用人の職務の執行が法令及び定款に適合することを確保するよう職務上配慮すべき義務を果たすための当然の前提として，個々の使用人の職務の執行が法令及び定款に適合しているか否かを監視・監督すべき職務上の義務（以下「職務執行監督義務」という。）をも負っているものと解さなければならない」と判示する。この判示は，大会社以外の会社には内部統制システム構築義務が生ずることはないとの趣旨に読めなくもないところは問題である。しかし，そうではなく，取締役は，内部統制システムを整備する義務が生じないと解される場合においても，使用人が法令定款を遵守するよう監視・監督する義務を負うという趣旨の判示であれば，妥当である。

Ⅲ　構築義務違反の判断の基準時と経営判断の原則・取締役の裁量

1　判例による経営判断原則の採用

取締役の構築義務違反の有無を判断する際には，現時点ではなく不祥事当時の内部統制システムの水準により構築義務違反を判断すべきこと，また，どのような内容のシステムを整備すべきかは経営判断の問題であり取締役の広い裁量に委ねられるというのが判例の立場である。この旨を明快に述べる大和銀行事件判決は，「整備すべきリスク管理体制の内容は，リスクが現実化して惹起する様々な事件事故の経験の蓄積とリスク管理に関する研究の進展により，充実していくものである。したがって，様々な金融不祥事を踏まえ，金融機関が，その業務の健全かつ適切な運営を確保するとの観点から，現時点で求められているリスク管理体制の水準をもって，本件の判断基準とすることは相当でないと言うべきである。また，どのような内容のリスク管理体制を整備すべきかは経営判断の問題であり，会社経営の専門家である取締役に，広い裁量が与えられている」と判示し，ダスキン事件判決も全く同内容を判示する。ヤクルト事件判決も同旨と思われるが，「経営判断」との言葉は用いず，単に「どのよう

なリスク管理の方針を定め，それをどのようにして管理するかについては，…，会社の規模その他の事情によって左右されるのであって，一義的に決まるものではなく，そこには幅広い裁量があると考えられる」と述べる。これは次に述べる学説の批判を意識してのことかもしれない。近時の西松建設事件判決（前出Ⅰ2）も「リスク管理体制の具体的内容は経営判断に係るものであって，取締役はリスク管理体制の具体的内容を決定するに当たり一定程度の裁量を有している」と判示するが，従来の「広い裁量」，「幅広い裁量」から「一定程度の裁量」と表現がやや抑えられており，次の学説の議論を意識したものかもしれない。

2　経営判断原則の適用をめぐる学説上の議論

学説においては，判例と同じく，内部統制システムの構築に経営判断原則の適用を肯定する見解が多数説と思われる[9]。経営判断原則の背後には，リスクとリターンを考慮して行う経営において，結果的に失敗した場合に，後知恵的に厳しく取締役の責任を問うと，経営は萎縮し，結局は株主のためにもならないという政策的考慮がある。利益を生み出さない内部統制システム構築に，そのような政策的配慮はあてはまらないことから，構築義務それ自体に経営判断原則を及ぼすのは妥当ではないという学説がある。すなわち，構築すべき最低水準のシステムを前提としたうえで，その具体的な手段の選択と，最低水準を超えてどこまで充実させるかという点に経営者の裁量が働くと考えるものである[10]。

しかし，この説に対しては，何が最低水準かは一義的に明確ではなくその判断は難しい場合が多いため，取締役は責任を問われないよう，過剰な内部統制システムを構築しがちになり，かえって株主のためにならないとの批判がなされている[11]。また，経営判断原則の適用を認めても，「著しく不合理な」体制は構築義務違反となるのであり，それを適用否定説における「最低水準を下回る」体制にあたるといえば，結局は，肯定説・否定説どちらに拠っても同じ結論になるという指摘がある[12]。経営判断原則というかどうかはひとまず措き，内部統制システム構築に係る判断の適法性を審査するに際して，裁判所は謙抑的であるべきであり，判断内容がとくに不合理・不適切であり取締役に認めら

第3章　企業統治に関する裁判例

れる裁量を逸脱しているか否かに限って審査すべきであるとの考え方が有力である[13]。取締役の裁量の確保とそれによる濫用の防止との間で適切なバランスをとるための裁判所による介入の仕組みが経営判断原則であり，この点は，内部統制システム構築に係る判断にも基本的に妥当する[14]。対象となる体制により裁量の幅が相当異なり，経営上のリスク管理体制は裁量が広く，法令等遵守体制は狭いとの指摘もあるが[15]，裁判例をみる限り，法令遵守体制でも相当に裁量の幅を認めているように思われる。

IV　構築すべき内部統制システムの水準と対応すべきリスクの範囲

内部統制システムの構築においては，具体的にどの程度の水準の体制を構築すれば，善管注意義務を尽くしたことになるのだろうか。

1　ヤクルト事件判決—他社に劣らない程度

デリバティブ取引のリスク管理体制についてヤクルト事件判決は，当時の民間研究所の調査結果をもとに事業会社のデリバティブ取引のリスク管理体制と比較し，金融機関向けに大蔵省や日銀が公表したデリバティブ取引のリスク管理体制のチェック項目やガイドラインには劣るものの，「他の事業会社において採られていたリスク管理体制に劣るようなものではなかった」とし，「当時のデリバティブ取引についての知見を前提にすると，ヤクルト本社においては，相応のリスク管理体制が構築されていたといえる」として取締役の善管注意義務違反を否定した[16]。

内部統制システムは，取締役が善管注意義務，すなわち，「同様の状況にある平均的な取締役に要求される程度の注意義務」を用いて構築するのであるから，具体的な内容はさて措き「他社に劣らない程度」ということは，善管注意義務を尽くしたと評価し得るからであろう。かつて日本ケミファ事件判決（東京高判平成3年11月28日判例時報1409号62頁）も，「新薬の開発に当たり，データねつ造等の不正が行われず又は右不正を看過しないよう社内の管理体制を整備すべきことは当然であるが，一般的な製薬会社の組織として，控訴人会社の

372

当時の新薬開発管理の体制がねつ造等防止の点で同業の他社に比べて特に劣っていたと認めるに足りる証拠はない。…，控訴人会社の開発部門で本件のデータねつ造が行われ，社内的にこれを防止又は発見できなかったことについて，代表取締役たる控訴人山口に職務執行上の重大な過失があると認めることはできない」と判示しているところである。

しかし，法令定款遵守体制を含め各種のリスク管理体制が，常に他社と比較可能とは限らないといえる。また，他社並みの水準を下回れば，常に善管注意義務違反となるとも言い切れない[17]。この意味で基準としては限界があるといえよう。

2　日本システム技術事件判決——通常想定される不正行為を防止し得る程度

ヤクルト事件判決を除けば，裁判例のほとんどは，法令定款遵守体制に関する事例ともいえる。会社の役職員のあらゆる不正行為を想定し，完璧な対策を講じることは不可能であり，膨大なコストがかかって経営の効率性も害されることになる。会社に求められる内部統制システムは，あらゆる不正を防止するに足りるものである必要はないと解されている。では，どの程度の水準が求められるのか。

これについては，日本システム技術事件判決（最判平成21年7月9日判例時報2055号147頁）が，事例判決ではあるが先例的価値を有する。この事件は，架空売上げ計上により有価証券報告書に虚偽記載がなされ，それが公表されたことにより株価下落の損害を被った元株主が，代表取締役の不法行為による会社の損害賠償責任（会社法350条）を追及したものである[18]。代表取締役が虚偽記載の原因となった従業員の架空取引等を防止する管理体制を構築しなかったことが，原告に対する不法行為法上の過失となるとして争われたものである。なお，本件の内部統制システム構築に義務違反があったとしても，それは代表取締役の会社に対する任務懈怠にはなり得ても，民法709条との関係で第三者に対する過失にあたるとは直ちに評価できないと指摘されている[19]。

同判決は，下記(i)~(iv)にように，本件不正行為を予見可能であったという特別な事情が存在しない限り（(iii)），通常想定される不正行為を防止し得る程度

373

第3章　企業統治に関する裁判例

の管理体制を整備すればよく（(i)(ii)），代表取締役に，本件不正行為を防止するためのリスク管理体制を構築すべき義務に違反した過失があるということはできないと判示した。

(i)　「本件不正行為当時，上告人は，〔1〕職務分掌規定等を定めて事業部門と財務部門を分離し，〔2〕甲事業部について，営業部とは別に注文書や検収書の形式面の確認を担当するBM課及びソフトの稼働確認を担当するCR部を設置し，それらのチェックを経て財務部に売上報告がされる体制を整え，〔3〕監査法人との間で監査契約を締結し，当該監査法人及び上告人の財務部が，それぞれ定期的に，販売会社あてに売掛金残高確認書の用紙を郵送し，その返送を受ける方法で売掛金残高を確認することとしていたというのであるから，上告人は，通常想定される架空売上げの計上等の不正行為を防止し得る程度の管理体制は整えていたものということができる。」

(ii)　「そして，本件不正行為は，甲事業部の部長がその部下である営業担当者数名と共謀して，販売会社の偽造印を用いて注文書等を偽造し，BM課の担当者を欺いて財務部に架空の売上報告をさせたというもので，営業社員らが言葉巧みに販売会社の担当者を欺いて，監査法人及び財務部が販売会社あてに郵送した売掛金残高確認書の用紙を未開封のまま回収し，金額を記入して偽造印を押捺した同用紙を監査法人又は財務部に送付し，見掛け上は上告人の売掛金額と販売会社の買掛金額が一致するように巧妙に偽装するという，通常容易に想定し難い方法によるものであったということができる。」

(iii)　「また，本件以前に同様の手法による不正行為が行われたことがあったなど，上告人の代表取締役であるAにおいて本件不正行為の発生を予見すべきであったという特別な事情も見当たらない。」

(iv)　「さらに，前記事実関係によれば，売掛金債権の回収遅延につきAらが挙げていた理由は合理的なもので，販売会社との間で過去に紛争が生じたことがなく，監査法人も上告人の財務諸表につき適正であるとの意見を表明していたというのであるから，財務部が，Aらによる巧妙な偽装工作の結果，販売会社から適正な売掛金残高確認書を受領しているものと認識し，直接販売会社に売掛金債権の存在等を確認しなかったとしても，財務部におけるリスク管理体

374

制が機能していなかったということはできない。」

　不正行為当時の通常想定される不正行為を防止する体制が整えられていれば足りるとの判旨(i)の立場は，代表取締役の行為当時の経営判断を尊重するものであり，また，判旨(iv)は，後述（Ⅴ）する信頼の原則として説かれていた考え方と軌を一にするものであるといえる[20]。なお，判旨(iii)は，本件不正行為の発生を予見すべき特別の事情という予見可能性を論じている。これは不法行為の過失要件との関係で論じられたものであるが，不法行為法上の過失は結果回避義務違反として理解されるところ，結果回避義務の前提としての予見可能性を問題としたものと理解できる。従来，内部統制システム構築義務違反は取締役の任務懈怠責任との関係で論じられてきたから，代表取締役の不法行為の過失要件との関係で論じられた本件事案は特殊なものといえる[21]。しかし，問題となる内部統制システムが不正行為・違法行為等の防止体制である場合，①通常想定される不正行為の防止体制の整備と，②問題となった不正行為を予見すべき特別事情の有無という２段階の判断枠組みは，過度な内部統制システムの構築を強いることを避けつつ，問題となった不正行為の予見可能性を問題とすることで，結論の具体的妥当性にも配慮できるという優れた面を有すると評価できる。

　どの程度の体制を整備すれば，通常想定される不正行為を防止し得る程度の体制といえるのかは明確ではなく，今後の裁判例の集積に俟つしかない。しかし，内部統制システムの水準は日々進歩するものであるから（Ⅲ１参照），過去の裁判例と同じ程度で十分ということには必ずしもならないだろう。

　通常想定されるリスクを把握する作業は，過去に自社及び同業他社で現実化した様々な事件・事故などの蓄積の中から，経験則に照らして，今後も生ずる蓋然性があるものを特定していくという分析過程を経ることになろう。また，自社や同業の他社において新たに生ずる事件・事故を踏まえて随時見直しが必要となると思われる[22]。

3　下級審裁判例の動向

　下級審裁判例の中で特異なのは，大和銀行事件判決である。同判決は，「検

375

第3章　企業統治に関する裁判例

査方法に重大な不備がある以上，仮に，他の金融機関で同じ方法が採られていたとしても，そのことから，大和銀行の検査方法が不適切でなかったものと評価される訳ではない」とし，他行が行っている通常レベルの内部統制システム構築でも免責されないとすることなどのほか，多くの点が学説より批判されている[23]。

　ダスキン事件判決は，業務担当取締役らが，自社が販売する食品に違法な添加物が含まれていることを知ったにもかかわらず，その販売を継続した事案であるが，同判決は，法令遵守体制の構築義務違反を否定したうえで，事業部門の最高責任者とこれに次ぐ地位の者が共同して秘密裏に違法行為を行うことまで想定して，体制を整備する必要はないとも判示している。通常想定される不正行為を防止し得る程度の体制で足りるとの考え方に通ずるものがあるといえる。

　日本システム技術事件判決後，同判決と同じ2段階の判断枠組みにより，内部統制システム構築義務違反の有無を検討した裁判例として，日経インサイダー事件判決（東京地判平成21年10月22日判例時報2064号139頁）[24]，広島ガス開発事件判決（前出Ⅱ2），JR東日本事件判決（東京地判平成27年4月23日金融・商事判例1478号37頁），東芝事件判決（東京地判平成28年7月28日金融・商事判例1506号44頁）などがある（いずれも構築義務違反を否定）。最高裁が示した2段階の判断枠組みは，下級審レベルで定着しつつあるといえる。

V　取締役・監査役による監督義務・監視義務と信頼の原則

1　監督義務・監視義務と信頼の原則

　代表取締役・業執行取締役等は内部統制システムの構築及び運用につき職責を有し，監督義務を負う。内部統制システムの構築・運用について，その他の取締役は監視義務を負い，監査役は監査する注意義務を負う。その際には，信頼の原則が適用される。監督義務・監視義務の履行と信頼の原則の適用は，内部統制システムの構築・運用に限ったものではなく，取締役の監督義務・監視義務及び監査役の監査上の善管注意義務について一般的に問題となるものである。内部統制システムの構築・運用との関係では，大和銀行事件判決及びヤク

376

ルト事件判決が，信頼の原則について言及し判示している。ヤクルト事件判決は，下記(i)~(iii)のような一般論を判示した。

(i)　代表取締役と経理担当取締役について

「会社の業務執行を全般的に統括する責務を負う代表取締役や個別取引報告書を確認し事後チェックの任務を有する経理担当の取締役については，デリバティブ取引が会社の定めたリスク管理の方針，管理体制に沿って実施されているかどうか等を監視する責務を負うものであるが，ヤクルト本社ほどの規模の事業会社の役員は，広範な職掌事務を有しており，…，自らが，個別取引の詳細を一から精査することまでは求められておらず，下部組織等（資金運用チーム・監査室，監査法人等）が適正に職務を遂行していることを前提とし，そこから挙がってくる報告に明らかに不備，不足があり，これに依拠することに躊躇を覚えるというような特段の事情のない限り，その報告等を基に調査，確認すれば，その注意義務を尽くしたものというべきである。」

(ii)　その他の取締役について

「その他の取締役については，相応のリスク管理体制に基づいて職務執行に対する監視が行われている以上，特に担当取締役の職務執行が違法であることを疑わせる特段の事情が存在しない限り，担当取締役の職務執行が適法であると信頼することには正当性が認められるのであり，このような特段の事情のない限り，監視義務を内容とする善管注意義務違反に問われることはないというべきである。」

(iii)　監査役について

「監査役は，…，上記リスク管理体制の構築及びこれに基づく監視の状況について監査すべき義務を負っていると解されるが，…，監査役自らが，個別取引の詳細を一から精査することまでは求められておらず，下部組織等（資金運用チーム・監査室等）が適正に職務を遂行していることを前提として，そこから挙がってくる報告等を前提に調査，確認すれば，その注意義務を尽くしたことになるというべきである。」

　具体的なあてはめにおいて，判決は特段の事情の存在を認めず，これらの取

377

第3章　企業統治に関する裁判例

締役・監査役に義務違反はないとした。なお，内部統制システムの構築・運用の監督・監視に信頼の原則を適用した近時の裁判例として，石原産業事件判決（大阪地判平成24年6月29日資料版商事法務342号131頁）とJR東日本事件判決（前出Ⅳ3）がある[25]。

2　信頼の原則の法的基礎

　信頼の原則（信頼の権利，信頼の抗弁ともいう。）とは，取締役は，他の取締役や従業員が，それぞれ誠実に職務を遂行していると信頼して自己の職務を遂行すればよいという趣旨のものであり，もともとは米国で生成された概念であるが[26]，我が国でも判例上認められてきたものである[27]。具体的には，次の2つのかたちで適用される。

　まず，取締役は，下部組織からの報告，情報収集とその分析結果などについて，これに依拠することに躊躇を覚えるような不備・不足があるなど特段の事情がない限り，自分ではじめから検討し直すことなく，そのまま信頼して意思決定等を行うことが許されるというものである。この場合，たとえ下部組織からの報告や情報に間違いがあるために判断を誤っても，善管注意義務違反を問われることはない。

　次に，取締役の監督義務や監視義務が問題となる場面では，担当取締役の職務遂行が違法であることを疑わせる特段の事情のない限り，担当取締役が適法に職務を遂行していると信頼することに正当性が認められるというものである。この場合，たとえ，担当取締役の職務執行が違法であったとしても，監督義務違反・監視義務違反を問われないということになる。

　信頼の原則を認める根拠は，基本的には，会社業務が職務分担により遂行されることに求められる[28]。職務分担による効率的経営を認める以上，分担していない職務について責任を追及することはできないとするほかないし[29]，他人の職務についていちいち調査・確認を求めることは不適切かつ非現実的であるからである。前述（Ⅴ1）したヤクルト事件判決の判旨(ii)や後述（Ⅴ3）するニイウスコー事件判決など近時の判例や学説は，職務分担だけでは根拠として不十分であり，内部統制システムが機能し，他の役職員が職務を合理的かつ適切になされていると推測できるような状況にあるからこそ，それを信頼しても

378

過失がないと考えているものと思われる[30]。そうすると，内部統制システムが適切に構築されていない場合，信頼の原則が適用されず，取締役の注意義務が事実上重くなることもあり得ると考えられる。

信頼の原則は，職務分担による会社業務の遂行を効率的にし，取締役の監督義務・監視義務を過重な負担にならないようにする機能を有する。したがって，信頼の原則の趣旨が損なわれることのないよう，「特段の事情」が認められるケース[31]は相当程度限定されるべきだとの見解がある[32]。

なお，信頼の原則は，監督義務や監視義務を免除するものではない。取締役はなすべき監督・監視は行う必要がある。例えば，部下に職務執行状況について報告を求め，質問する等により，その過程で，違法行為を疑わせるような事実が出てくることもあり得るのである。

3 監査役と信頼の原則

職務を分担した監査役相互間には信頼の原則の適用があり，また，会計監査人の監査方法に対する監査役の信頼は，専門家への信頼として保護されると解されている[33]。

ニイウスコー事件判決（東京地判平成25年10月15日平成21年（ワ）第24606号）[34]は，虚偽記載があった有価証券報告書について，非常勤の社外監査役に金融商品取引法21条2項1号の過失の有無が問題となった事案である。常勤監査役が社内会議に出席し，稟議書の確認や意見交換等を行い，非常勤の社外監査役は，常勤監査役から監査状況について報告を受けるという職務分担は，日本監査役協会作成・公表の監査役監査基準の内容とも整合しており，常勤監査役と非常勤監査役の職務分担として合理性・相当性を欠くものとはいえないこと，また，常勤監査役の職務遂行の適正さについてとくに疑念を抱くような事情は認められないことから，常勤監査役，会計監査人，内部監査室等の内部統制組織による各職務遂行が適正にされていることを前提に自らの職務遂行を行うことができたと解され，金融商品取引法24条の4，24条の5第5項及び22条2項において準用する同法21条2項1号の規定の適用上，相当な注意を用いて監査役としての職務執行を行っていたものと評価できると判示された。

これに対し，監査役と取締役との間には職務分担関係はないので，たとえ内

部統制システムが適正に機能していても，監査役は，取締役の職務執行が適法になされていると信頼することは許されない。監査対象に信頼の原則を適用することは，監査を無意味にするからである。ヤクルト事件判決（Ｖ１での引用の判旨(iii)）やニイウスコー事件判決は，監査役は，監査室や内部監査室等の下部組織等が適正に職務を遂行していることを前提として，そこからあがってくる報告等を前提に職務を遂行できるとする。しかし，内部監査室などの下部組織が取締役の指揮命令系統に属する場合，監査対象である取締役の指揮命令下にある使用人の報告に信頼の原則を適用するのは，いささか問題があるとの批判があり得る。会社法は内部統制システムの内容として，監査役の職務を補助する使用人の取締役からの独立性や監査役への報告を理由に不利な取扱いを受けないことを確保するための体制等を規定しており（会社法施行規則100条3項2号・5号など），これらの内部統制システムが整備されているのであれば，実質的な問題はないと考えられよう。

4　構築義務違反を発見した場合の行為義務の内容

(1)　取締役

取締役が代表取締役の内部統制システム構築義務違反を発見したときは，取締役会への報告・発言（会社法362条2項2号参照），監査役への報告（会社法357条）など会社法上の権限を行使してその是正に努める義務がある。なお，取締役会等に報告したにも関わらず何の措置もとられないときは，場合にもよるが，弁護士に相談する，事実を公表すると代表取締役を脅す，あるいは辞任する等までしなければ任務懈怠となることもあるという見解がある[35]。

(2)　監査役

監査役が取締役の内部統制システム構築義務違反を知ったときは，いかなる行為をすれば注意義務を尽くしたといえるのか。まず監査役は当該事実を取締役会に報告する義務を負う（会社法382条）。セイクレスト事件判決（大阪高判平成27年5月21日金融・商事判例1469号16頁）は，監査役が代表取締役の任務懈怠行為の反復について熟知していた事案であるが，取締役会に対し会社資金の不当な流出行為に対処する内部統制システムを構築するよう助言又は勧告すべき義務，取締役ら又は取締役会に対し代表取締役から解職すべきである旨を

助言又は勧告する義務があったと判示している。監査役がこのような助言，勧告をなすことは会社法上禁じられてはいないが（会社法383条1項参照），会社法上の義務ではないので，このような行動をとらなかったことを任務懈怠あるいは善管注意義務違反と評価することは適当ではないとの批判が多い[36]。しかし，そのような助言，勧告ができる旨を定めた日本監査役協会の監査役監査基準に準拠して本件会社の監査役監査規程が定められたことにより，監査役の職務内容に取り込まれ法的義務となるので，社内の規程・基準として採用したこれらの基準に則って適切に対処しない場合，監査役の任務懈怠となり責任を負うこともあり得ると解されよう[37]。

Ⅵ 内部統制システム構築義務違反の主張・立証について

取締役が内部統制システム構築義務に違反することは任務懈怠にあたり，株主代表訴訟（会社法847条）や取締役の第三者責任（会社法429条1項）を追及する訴訟の対象となる。いずれの場合も，原告は，単に抽象的に善管注意義務に違反しているなどと主張するだけでは足りず，会社の内部統制システムについての具体的な不備や，本来構築されるべき体制の具体的内容などについて，具体的に主張・立証することを要する。

三菱商事黒鉛電極カルテル株主代表訴訟事件判決（東京地判平成16年5月20日判例時報1871号125頁）は，原告らが会社内部の法令遵守体制の構築義務の不履行を抽象的に指摘するのみであり，①会社の法令遵守体制についての具体的な不備，②本来構築されるべき体制の具体的な内容，③これを構築することによる従業員による本件カルテルの関与という結果の回避可能性について何らの具体的主張を行わないから，原告の主張はそもそも主張自体失当であるとされた事例である。また，雪印食品株主代表訴訟事件判決（東京地判平成17年2月10日判例時報1887号135頁）では，原告は，牛肉偽装工作のような不祥事が直ちに上司に報告されるような社内体制を構築するべきであったと主張したが，裁判所は，原告の主張は本件偽装工作の防止策としては抽象的にすぎ，具体的にいかなる社内体制を構築するべきであったかについては不明確であるといわざるを得ず，失当であるとして斥けた。

第3章　企業統治に関する裁判例

　株主代表訴訟では，原告株主が会社内の情報を入手しにくいために，その主張が抽象的なものにとどまることが多い。このような場合，裁判所は，原告の請求をどのように処理すべきかという訴訟指揮上の問題を抱えることになる。主張自体失当として斥けることもできるが，訴訟資料の収集手段に乏しいことに配慮し，裁判所は，被告側に立証を促して，被告側から提出された資料等に基づいて判断することもできよう[38]。実際，前述の三菱商事黒鉛電極カルテル株主代表訴訟事件では，被告側に訴訟参加した会社から膨大な証拠が提出されたようである[39]。しかし，そのためには，訴訟資料を豊富に有する会社が訴訟参加する必要があるが，会社には参加義務がないこと，また，もし被告側に訴訟参加すれば，被告取締役が支配する会社が積極的に訴訟活動をすることになり，公正性を疑わせる懸念があるという[40]。

　原告が法令遵守体制構築義務違反を取締役の任務懈怠として第三者責任追及訴訟において主張する場合，被告取締役の会社が，業法違反等で行政処分を受けていたり，従業員の違法行為に関し多数の訴訟が提起されたり敗訴している等の事実がある場合は，違法行為が継続しており，必要な是正措置・体制の構築がなされていなかったことの証拠となり得る。その場合，原告の立証の負担が事実上軽くなり，裁判所も構築義務違反を認定しやすくなると思われる。従業員等の違法行為により，行政処分を受けたり多数の訴訟を提起された会社の取締役について法令遵守体制構築義務違反が認められた裁判例として，大起産業事件判決（名古屋高判平成25年3月15日判例時報2189号129頁），日本アクロス事件判決（神戸地裁姫路支判平成23年5月9日先物取引裁判例集63号1頁）など，先物取引業者の事件にその例が多い。特定商取引法違反による行政処分を受け，また契約相手の個人から多数の訴訟を起こされていた会社の取締役に法令遵守体制の構築義務違反が認められた事例として，ノヴァ事件判決（大阪高判平成26年2月27日判例時報2243号82頁）がある。写真週刊誌の取材・報道行為に関し名誉毀損や肖像権侵害等の違法行為が繰り返され訴訟ともなっていた事実から，出版社の代表取締役に違法行為の発生を防止する管理体制の整備義務違反を認めた事例として，新潮社フォーカス事件判決（大阪高判平成14年11月21日民集59巻9号2488頁）がある。

〔注〕

⑴　これらの主要判例等をもとに内部統制システム構築義務を論じた近時の論考として，吉井敦子「内部統制システム構築義務と「赤旗の兆候・red flag」」大阪市立大学法学雑誌60巻3・4号（2014年）1043頁，松嶋隆弘「会社法上の内部統制システムにおいて要求される水準と措置について―近時の裁判例を素材として―」日本法学76巻2号（2010年）383頁などがある。

⑵　中村直人『判例に見る会社法の内部統制体制の水準』（商事法務，2011年）50頁。

⑶　監視義務の実効化の視点から内部統制組織，法令遵守体制を論じたのが，神崎克郎「会社の法令遵守と取締役の責任」法曹時報34巻4号（1982年）1頁である。この考え方からは，内部統制システムは取締役の監視義務との関係で理解される。岩原紳作「大和銀行代表訴訟事件一審判決と代表訴訟制度改正問題〔上〕」商事法務1576号（2000年）12頁，清水毅「取締役の監視・監督義務と内部統制システム構築義務」野村修也＝松井秀樹編『実務に効くコーポレート・ガバナンス判例精選』（有斐閣，2013年）142頁。

⑷　清水・前掲注⑶142頁。ヤクルト事件判決は取締役の監視義務につき判示する最判昭和48年5月22日民集27巻5号655頁を引用する。

⑸　中村・前掲注⑵47頁。

⑹　黒沼悦郎「株式会社の業務執行機関」ジュリスト1295号（2005年）67頁。

⑺　相澤哲＝葉玉匡美＝郡谷大輔編著『論点解説 新・会社法』（商事法務，2006年）334頁。平成26年会社法改正後もこの解釈は維持されている。坂本三郎編著『一問一答 平成26年改正会社法〔第2版〕』（商事法務，2015年）236頁注2。

⑻　大塚和成＝柿﨑環＝中村信男編著『内部統制システムの法的展開と実務対応』（青林書院，2015年）58頁〔中村信男〕。

⑼　田中亘「取締役の責任軽減・代表訴訟」ジュリスト1220号（2002年）32頁，岩原・前掲注⑶12頁など。

⑽　野村修也「内部統制システム」岩原紳作＝神作裕之＝藤田友敬編『会社法判例百選〔第3版〕』（有斐閣，2016年）109頁。

⑾　清水・前掲注⑶146頁。

⑿　中村・前掲注⑵60頁。

⒀　大杉謙一〔判批〕ジュリスト1244号（2003年）289頁，酒巻俊雄＝龍田節編代『逐条解説会社法第4巻機関⑴』（中央経済社，2008年）522頁〔川村正幸〕。

⒁　佐藤丈文「会社法の内部統制システムと実務上の課題」岩原紳作＝小松岳編『会社法施行5年 理論と実務の現状の課題』（有斐閣，2011年）49頁。

⒂　大川博通＝尾崎安央＝武井一浩編著『内部統制の実務と監査役監査―内部統制法制を踏まえた新たな企業統治と監査役監査の方向性―』〔別冊商事法務307号〕（2007年）85頁以下〔武井一浩〕。

⒃　本件会社が行ったのは投機目的のデリバティブ取引であり，当時多くの事業会社が行っていたリスク・ヘッジのためのデリバティブ取引とは異なるので，当時の事業会社一般の水準と比較したことを批判する見解として，受川環大〔判批〕金融・商事判例1325号（2009年）23頁。

⒄　酒巻＝龍田・前掲注⒀522頁〔川村正幸〕は，一般的基準に照らすと欠陥のある内部統制でも，コスト面も考慮して欠陥を実質的に補う代替の仕組みが備わっているのであ

第3章　企業統治に関する裁判例

れば，経営判断として許容される場合があるとの例をあげる。

⒅　事件当時，有価証券報告書虚偽記載による提出会社の賠償責任規定（平成16年改正後証券取引法21条の2（金融商品取引法21条の2））が適用されなかったため，原告は，会社に対する不法行為責任の追及により賠償を求めた事案である。

⒆　弥永真生〔判批〕ジュリスト1385号（2009年）61頁，松井秀征〔判批〕私法判例リマークス41号（2010〈下〉）89頁。本件と同様，虚偽記載のある有価証券報告書の提出会社に対し会社法350条による損害賠償を求めた事案である東京地判平成26年11月27日（証券取引被害判例セレクト49巻1頁）は，「会社法上，取締役らが善管注意義務の一内容として，本件虚偽記載を防止するためのリスク管理体制を構築すべき義務を負うことがあるとしても，かかる義務は会社に対する関係で負うものであるから，特段の事情がない限り，当該義務の違反が直接会社以外の第三者に対する関係で会社法350条の任務懈怠や民法上の不法行為を構成するということはできない」と判示している。なお，現在，有価証券報告書の虚偽記載に関する提出会社の責任との関係では，取締役が虚偽記載の原因となった架空取引等を防止する管理体制を適切に構築し運用したことを立証すれば，金融商品取引法21条の2第2項の過失がなかったことの証明をとなり賠償責任免れ得るといえよう。

⒇　松井・前掲注⒆88頁，弥永・前掲注⒆61頁。

㉑　松井・前掲注⒆89頁。

㉒　清水・前掲注⑶145頁。

㉓　岩原・前掲注⑶12頁以下，田中・前掲注⑼32頁，森本滋〔判批〕判例評論508号〔判例時報1743号〕（2001年）45頁以下。

㉔　同じ2段階の判断枠組みであるが，「通常想定される」との文言ではなく「一般的に予見できる」との文言を用いている。一般的に予見できる従業員によるインサイダー取引を防止し得る程度の管理体制を構築しており，従業員によるインサイダー取引の一般的な予見可能性を超えて，本件インサイダー取引のような従業員による不正行為を予見してこれを防止するために具体的に何らかの指導監督をすべき職責や必要があったと認めることはできないと判示した。

㉕　石原産業事件判決の評釈として，松中学〔判批〕平成24年度重要判例解説〔ジュリスト臨時増刊1453号〕（2013年）105頁，吉行幾真〔判批〕金融・商事判例1475号（2015年）2頁。JR東日本事件判決の評釈として，山本爲三郎〔判批〕私法判例リマークス53号（2016〈下〉）86頁。

㉖　アメリカ法律協会「コーポレート・ガバナンス原則」第4.01条⒜⑵，畠田公明『コーポレート・ガバナンスにおける取締役の責任制度』（法律文化社，2002年）40頁以下。

㉗　本文で述べた大和銀行事件判決，ヤクルト事件判決のほか，大阪高判平成9年12月8日資料版商事法務166号138頁，東京地判平成14年4月25日判例時報1793号140頁，本文Ⅵで引用した新潮社フォーカス事件判決（大阪高判平成14年11月21日民集59巻9号2488頁）など。

㉘　例えば，前掲注㉗東京地判平成14年4月25日。

㉙　中村・前掲注⑵108頁。

㉚　岩原・前掲注⑶14頁は，信頼の原則が適用されるためには，それを信頼してよいような適切な体制が構築されていることが前提となるという。弥永真生「会社法の下での企

384

業集団における内部統制—問題の所在といくつかの特徴—」商事法務2090号（2016年）7頁。本文で述べた大和銀行事件判決，ヤクルト事件判決参照。

(31) 前掲注(27)東京地判平成14年4月25日は，銀行の取締役に追加融資の可否の判断材料として担当部署から提供された情報について，追加融資打切りの場合のリスクの最小化や銀行への影響の分析・検討，追加融資実施の場合の回収可能性の検討，融資先の採算性の検討などの諸点に不足・不備があることを特段の事情とした。前掲注(27)大阪高判平成14年11月21日は，出版社の代表取締役が担当取締役に写真週刊誌の編集等を一任していたが，その取材・報道行為に関して違法行為が繰り返され被害者から会社が訴えられていることも知っていた場合，担当取締役らによる従来の組織体制につき疑問をもって再検討し，違法行為を防止する管理体制を整えるべき義務があったとした。

(32) 対木和夫「信頼の原則」野村＝松井・前掲注(3)113頁。

(33) 岩原・前掲注(3)14頁，森本・前掲注(23)45頁。

(34) 「金融判例Digest第99回」金融法務事情2005号（2014年）142頁，松井秀樹「監査役監査基準，監査役監査規程と監査役の責任～注目される最近の2つの裁判例～」月刊監査役627号（2014年）44頁。

(35) 江頭憲治郎『株式会社法〔第6版〕』（有斐閣，2015年）467頁注5。

(36) 高橋均〔判批〕ジュリスト1469号（2014年）106頁，伊藤靖史〔判批〕私法判例リマークス50号（2015〈上〉）93頁，弥永真生〔判批〕ジュリスト1484号（2015年）3頁，尾崎安央〔判批〕金融・商事判例1496号（2016年）4頁，山田剛志〔判批〕判例評論692号〔判例時報2302号〕（2016年）37頁。

(37) 得津晶〔判批〕ジュリスト1490号（2016年）122頁，柿﨑環〔判批〕法学セミナー増刊・速報判例解説18号〔新・判例解説Watch2016年4月〕105頁。

(38) 志谷匡史〔判批〕商事法務1713号（2004年）40頁。

(39) 宮廻美明〔判批〕ジュリスト1326号（2007年）201頁。

(40) 中島弘雅「民事手続法の観点からみた株主代表訴訟」ジュリスト1191号（2000年）10頁以下。

第3章　企業統治に関する裁判例

競業取引と利益相反取引

嘉悦大学ビジネス創造学部教授　小菅　成一

I　はじめに

　株式会社の取締役は，会社の承認を受けないと，会社の事業の部類に属する
取引をしたり（競業取引），自己の利益のために会社の取引を利用したり（利
益相反取引）することが規制される。本講では，取締役の競業避止義務（競業
行為に関連し取締役の従業員の引抜きの問題についても触れる）や利益相反取
引に関わる会社法施行後の裁判例を取り上げることとする。

II　競業避止義務に関わる裁判例
　　（名古屋高判平成20・4・17金判1325号47頁）

1　事実の概要

　X株式会社（原告）は綿花業を営み，Y1（被告）とその弟のAやBが中心と
なって運営されていたが，平成5年ごろからは，Y1，A，Bが共有する土地
にコンテナを設置して貸コンテナ事業を開始した。

　平成13年7月，Y1の家族が出資して，やはりコンテナの賃貸業等を目的と
するY2会社（被告）が設立され，その代表取締役にはY1の長女が就任し，
同社の取締役にはY1の家族のほか，平成14年月にはY1自身も就任していた。

386

平成16年1月ごろ、Y1はAとBに対し、Y1がX会社の代表取締役を退任すると共に、X会社とその関連会社であるC会社の貸コンテナ事業を譲り受け、一方で、AとBは、X会社と他のグループ各社の株式を取得するという提案を行った。AとBは、このY1の提案を協議したが、結局、Y1がX会社の代表取締役を退任することについては承諾したものの、Y1がX会社等の貸コンテナ事業を譲り受けてX会社グループを事実上分割することには反対したため、Y1とAらとの合意は成立しなかった。その後、Y1がX会社の代表取締役を退任したため、Bが後任の代表取締役に就任した。

　X会社は、同社の代表取締役であったY1が、Y2会社の事実上の主宰者として貸コンテナ事業を行ったとして、Y1とY2会社に対し、主位的には、X会社とY1との間の委任関係またはその類推に基づいてコンテナの引渡しとそこから得た利益の返還を求め、予備的には、Y1の競業取引または不法行為に基づく損害賠償（Y2会社の得た利益および将来得られる利益、またはY1およびその家族らが得た利益を主張）を請求するとともに、Y2会社に対しても、法人格否認の法理（法人格の濫用）により同様の連帯責任があると主張した。

　第一審（名古屋地判平成19・10・25金判1325号54頁）は、まず、主位的請求については、X会社とY1との間が会社と取締役の関係にあるからといって、会社が取締役に対しコンテナの引渡請求をすることが認められるとはいえないとし、また、仮に本件コンテナの引渡請求を認める考え方をとるにしても、Y1がX会社に対して本件コンテナの引渡義務を負うものであって、X会社が本件コンテナに関する賃貸借契約の当事者になると解する余地はないから、直接的でかつ根本的な解決が必ず実現できるともいえないとして、当該請求を棄却した。次に、予備的請求については、Y2会社の貸コンテナ事業はY1の存在なくして成り立たないことから、Y1がY2会社の代表取締役でもなく出資持分を有していなくても、Y2会社の事実上の主宰者に該当し、X会社に対する競業避止義務違反が認められるとして、損害賠償責任を負う旨判示した（Y2会社に対する請求は棄却された）。

　そして、X会社の損害につき、裁判所は、Y2会社が設立されてからY1がX会社の代表取締役を退任するまでの期間、Y2会社の損益計算書が常に赤字であったことから、同社が利益を得ていなかったことを認定しつつ、Y1がY

第3章 企業統治に関する裁判例

2会社から得た報酬額（同居の親族とＹ1が受領した報酬額の6割に当たる約1626万円）が，平成17年改正前商法（以下，「旧商法」という）266条4項（会社法423条2項）により，X会社の損害と推定される旨判示した。

X会社とＹ1の双方が控訴。控訴審である本判決は，主位的請求については請求の理由がないとして認めず，予備的請求については以下のように判示した。

2 判決要旨

(1) Ｙ1の競業避止義務違反

「①Ｙ1は，Ｙ2会社の出資持分を有していないが，Ｙ2会社の運転資金の多くはＹ1からの借入に拠っていること，②コンテナの敷地となる土地の賃貸借についてＹ1が連帯保証人となっていること，③Ｙ1はX会社で貸コンテナ事業を担当していたところ，Ｙ2会社においては，貸コンテナ事業で重要な土地の賃貸借契約をＹ1が担当し，土地の貸主の紹介，貸コンテナの設置作業，仲介及び集金等についてはX会社が利用してきたのと同一の業者を利用していること，④Ｙ2会社の事務所はＹ1の自宅であり，これはＹ1の取締役在任中のX会社及びC会社の貸コンテナ事業の事務所と同一であることなどからすれば，Ｙ2会社においては，資金調達，信用及び営業についてＹ1が中心的役割を果たしているといえる。これにＹ2会社に出資し業務に従事しているのがＹ1の家族であることからすれば，Ｙ1はＹ2会社を事実上主宰して，Ｙ2会社において貸コンテナの利用に係る賃貸借契約をして，競業避止義務に違反したというべきである。」

(2) Ｙ1の得た利益とX会社の損害

（第一審判決と同様に，Ｙ2会社が利益を得ていなかったことを認定しつつ）「Ｙ1が競業避止義務違反によって得た利益は，役員報酬又は給与手当が役務の対価又は労務の対価であり，Ｙ2会社においてＹ1が資金調達，信用及び営業について中心的役割を果たしていることに鑑みれば，（略）Ｙ1及びその家族の報酬の合計額の5割とするのが相当である。なお，上記報酬額には，X会社からのコンテナの譲渡が無効とされた分21か所及び取締役退任後に開設された分2か所に対応する役務の提供に係る報酬も含まれているので，結局，競業避止義務違反によりＹ1の得た利益は，全報酬額から上記部分を除いたものの

388

概ね5割である1953万円とするのが相当である（略）。したがって，旧商法266条4項により，Y1が，競業取引をすることによってX会社が被った損害は1953万円となる。」

「Y1の実質的な報酬額を算定するに際しては，実際の役務の負担状況に応じて算定するのが合理的であり，また，家族であれば，同居の有無や実際の役務の負担状況とは無関係に所得税等の税金が有利になるように配慮して報酬を決めることもあり得ることからすれば，実質的な報酬額を判断するに際し同居の有無を考慮するのは相当とはいえない。」

(3) Y2会社の責任

「Y2会社は，Y1とは別個の法人格を有している。しかし，Y1はY2会社を事実上主宰していること，Y2会社をして貸コンテナに係る賃貸借契約をさせることによりY1に競業避止義務違反による責任が生じうることを潜脱しようとしたこと，上記賃貸借契約による利益はY2会社に帰属することからすれば，本件においては，Y1とY2会社の法人格が異なることを否定して，Y2会社にもY1と同じ程度で競業避止義務による損害賠償責任を負担させるのが相当である。」

3　検　討

本判決は，貸コンテナ事業を営む会社の代表取締役が，同人の家族等によって設立された競業会社の事実上の主宰者として取引を行ったとして，当該代表取締役だけでなく競業会社に対しても競業避止義務違反に基づく損害賠償責任を肯定し，また，旧商法266条4項（会社法423条2項）に基づき，当該代表取締役が競業会社から受領していた役員報酬の額を会社の損害額と認定した事案である。以下，本判決につき検討していくこととする[1]。

(1) 取締役の競業取引に対する規制

会社法では，在任中の取締役が自己または第三者のために事業の部類に属する取引をしようとするときは，①非取締役会設置会社では株主総会の承認が（会社法356条1項1号），②取締役会設置会社では取締役会の承認が（同法365条1項），それぞれ必要とされる旨規定する（指名委員会等設置会社における執行役も規制の対象となる〔会社法419条2項を参照〕）。こうした競業避止義務は，

389

第3章　企業統治に関する裁判例

取締役が競業取引を行う場合，会社のノウハウ，顧客情報等を奪う形で会社の利益を害する危険が高いので，予防的・形式的に規制を加えたものとされている[2]。

　会社法における取締役の競業避止義務に対する基本的な規制の枠組みは，旧商法と変わりない。しかし，旧商法には，取締役の行った競業取引について会社のためになされたものとみなし，会社の決定により，取締役に対し当該取引から得た権利・利益等を会社に移転させる権利（介入権）を認める旨の規定（旧商法264条3項）が置かれていたが，これとは別に，取締役の競業避止義務違反の責任については，取締役または第三者が得た利益の額を会社の損害額と推定するという規定も置かれていたため，介入権の役割は損害額の推定規定でカバーできるとして，会社法制定時に介入権制度は廃止された[3]。

(2)　事実上の主宰者としてのＹ１の責任

　競業避止義務が問題とされた裁判例として，東京地判昭和56・3・26判タ441号73頁（山崎製パン事件）や大阪高判平成2・7・18判タ734号218頁等がある。これらはいずれも，事実上の主宰者による競業取引が問題となったケースであるが，本件にも登場する「事実上の主宰者」とは，会社の取締役であるにもかかわらず，（会社の許可を得ることなく）競業会社の支配株主として当該会社の取締役の背後にあってこれを自己の道具として利用し，競業取引を行う者と解されている[4]。

　ところで，本件において裁判所は，詳細な事実認定に基づき，Ｙ２会社の資金調達や信用，営業活動等に対しＹ１が中心的役割を果たしており，Ｙ１の存在なくしてＹ２会社が成り立たなかったことから，Ｙ１をＹ２会社の事実上の主宰者と認定し，競業避止義務に違反する旨判示したが，Ｙ１がＹ２会社に出資をしていなかったり，同社の取締役に就任していたりと，山崎製パン事件等の過去の裁判例とはやや異なる点もある。

　このうち前者については，Ｙ１の家族がＹ２会社の全持分を所有し，Ｙ１が同社の経営を実質的に支配していた本件の特殊性を考慮すると，例え競業会社に出資をしていなくても，当該会社を通じて競業取引を行った者を事実上の主宰者に認定することは可能であると思われることから，本判決がＹ１を事実上の主宰者に認定したことは，妥当であったと解する。

390

また，後者については，Y1がY2会社の取締役に就任していたことから，わざわざ事実上の主宰者を持ち出さなくても，同社の経営に深く関与していたY1に対し，端的に競業避止義務違反を肯定することも可能であったようにも解される。しかし，本件では，Y1はY2会社が設立されてから半年以上経過してから同社の取締役に就任しているため，設立当初からのY1の競業避止義務違反を肯定しなくてはならなかった関係上，Y1を事実上の主宰者に認定する必要があったものと思われる。

(3) X会社の損害について

本件において裁判所は，Y2会社が設立されてからY1がX会社の代表取締役を退任するまでの期間，Y2会社が利益を得ていなかったことから，X会社の損害について，Y1が競業取引により得た利益の額ではなく，Y1がY2会社から受けた役員報酬である旨判示している。旧商法266条4項（会社法423条2項）では，取締役による競業取引の結果，当該取締役または第三者が得た利益の額を会社の損害額と推定すると定めているが（競業会社の得た営業利益を会社の損害額と認定した事例として，東京地判平成2・7・20判時1366号128頁がある），競業会社の取締役の職務対価として得た役員報酬の額を，旧商法266条4項にいう利益の額と解することは可能なのであろうか。

この点，小規模な企業では，会社の利益が実質的には役員報酬として支払われている場合が少なくないとされていることから，本件でも，裁判所はそうした実態を考慮して，Y1がY2会社から受領した役員報酬の額が，X会社の損害額であると推定したと解することもできる[5]。

そして，本件では，Y1がY2会社の事実上の主宰者であったにもかかわらず，他の役員（Y1の家族）と対比すると報酬額がほぼ同額もしくは低額・無報酬であり，単純にY1の受け取った報酬額を利益として算定すると，認定できる損害額が著しく低額となってしまうので，本判決では，Y1が得た利益を認定するに当たり，同人が報酬として現実に受け取った額を利益とするのではなく，実質的にY1が得た利益を損害額と推定するとの考え方を採用したと思われるのである。つまり，同居の有無にかかわらず役員の全報酬額を基礎として，その5割をY1の実質的な利益と解したわけである[6]。

いずれにせよ，競業会社に何ら利益がないのであれば，事実上の主宰者の得

第3章　企業統治に関する裁判例

た利益を会社の損害とみるほかないことから，本判決のように，Ｙ１の役員報酬の額をＸ会社の損害額と認定したことは妥当であったと解する。ただし，Ｙ１の得た役員報酬は，Ｙ２会社による競業取引自体から得た利益ではないことから，旧商法266条4項ではなく，民事訴訟法248条（同条では，損害が生じたことが認められる場合において，損害額の立証が極めて困難であるときは，裁判所が，口頭弁論の全趣旨や証拠調べの結果に基づき，相当な損害額を認定することができる旨規定している）に基づき，Ｘ会社の損害額を認定する方がより適切だったのではなかろうか[7]。

⑷　Ｙ２会社の責任について

本判決では，Ｙ１がＹ２会社を利用して競業避止義務を潜脱しようとしたこと，貸コンテナ事業に係る賃貸借契約の利益がＹ２会社に帰属していたことなどを考慮して，法人格の否認によりＹ２会社の責任を肯定している。

法人格否認の法理は，法律の適用を回避するため，会社（法人格）を濫りに利用した一人株主の個人責任を追及する際に用いられるが（最判昭和44・2・27民集23巻2号511頁等），その中には，競業避止義務を潜脱するために会社を利用するようなケースも含まれると解されている（名古屋高判昭和47・2・10金判317号9頁等を参照）。しかし，本件のような「法人格の逆否認」により，競業避止義務を負う者だけでなく競業会社の責任も認めた裁判例は，公表されている限り本判決が初めてなのではないだろうか[8]。

しかし，この法人格の逆否認については，例えば，損害賠償責任の主体である主宰者に資力がない場合に，それに代わって競業会社に賠償させるため，利用することは可能であると解されるが，本件では，Ｙ２会社に何ら利益がなかったからこそ，Ｙ１の役員報酬の額をＸ会社の損害額と認定したのであるから，Ｙ２会社にまで責任を肯定する必要はなかったように思われる。

Ⅲ　従業員の引抜きに関わる裁判例
（東京地判平成22・7・7判タ1354号176頁）

1　事実の概要

Ｘ（原告）は，情報処理事業を行う株式会社であり，総売上の約53％は，IP

電話付加価値サービスの開発・販売を行う事業部（以下,「本件事業部」という）が占めていた。Ｙ１（被告）は，平成17年３月より，Ｘの取締役兼本件事業部長を務めていた。

Ｘは，平成19年度当初から業績不振の影響で財務状況が悪化していたことから，取引先Ａの紹介により，平成19年９月11日，Ｙ１は，IP電話システム業務を中心とする株式会社Ｙ２（被告）の代表取締役Ｂと面談，ＢからＸの従業員をＹ２に移籍させ，Ｙ２がＸのソフトウェア等の保守管理業務を実施し，ソフトウェアの使用料をＸに支払う形で業務提携を行う提案がなされた。翌日，Ｙ１はＸの経営会議において，Ｙ２との業務提携を行う選択肢もあり得ると発言，Ｙ１はＢに対し，Ｂの提案がＸの役員間で概ねよい反応があった旨の連絡を行っている。

その後，Ｙ１は，Ｘの主要株主Ｃとの間でECS製品のライセンスの売却の交渉に当たる一方で，Ｂとは，Ｙ２との業務提携について協議を続けていた。

同年10月26日，Ｘの従業員全員が出席する全体会議の場において，Ｘ代表取締役Ｄから，Ｃからの支援が得られ，増資の引受けの意思を表明する会社も増えてきたとの報告がなされた。

11月７日，Ｙ１はＢに対し，Ｃらが増資により資金調達をしようとしているものの，Ｃに対するECS製品のライセンスの一括売却が，Ｘの将来の業績に悪影響を及ぼす可能性があることなどを説明した上で，Ｙ１としては，従業員をＹ２に移籍させて協業する方法を考えていることなどを述べた。

Ｙ１は，同月14日ごろ，移籍の対象と考えていた従業員を自室に呼び，Ｙ１自身がＹ２に移籍する予定であり，本件事業部もＹ２に移転させること，一緒に移籍して本件事業部の仕事を続けるか，Ｘに残って現在とは違う仕事をするか，あるいは辞めるかの意思を決めてほしいことなどを伝えた上で，Ｙ２からの内定通知書（Ｙ１から開示された従業員の雇用条件を勘案してＹ２が作成した書類）を交付した。

同月16日，ＸはＣとの間で，ECS製品のライセンスを一括して２億8500万円で売却する売買契約を締結した。

同月19日，Ｙ１は，10名近くの本件事業部の従業員を連れてＹ２に移籍する予定であることをＤに伝えた。Ｄは，Ｙ１らが移籍するとＸの存続が困難になる

第3章 企業統治に関する裁判例

として再考を促した。

同年12月3日，Xは，Y2との間で上記業務提携交渉のための機密保持契約を締結し，その交渉を開始したものの，ECS製品の改変権譲渡の対価をめぐり，両者の間で折り合いが付かなかった。

その後，Xは，増資を引き受ける意思を表明していた7社に対し，Y1らがY2に移籍する予定であることを説明したところ，7社はXの事業計画に大幅な変更が生じるとして増資を辞退した。

同月31日，Y1はXの取締役を辞任し，Xを退職した従業員8名らとともに，平成20年1月以降，Y2に入社した。

平成20年1月30日，Xは本件事業部をEに4億9000万円で譲渡した。

Xは，主位的に，Y1及びY2に対し不法行為責任を，予備的に，Y1に対しては善管注意義務・忠実義務違反による会社法423条1項に基づく責任を，Y2に対してはBの行為に関連して会社法350条に基づく責任を，それぞれ請求した（Y1らの移籍に関連して，Y2に委託せざるを得なかった業務の費用や受注を辞退せざるを得なかったシステム開発に関する逸失利益，事業譲渡に伴い閉鎖した事務所の原状回復費用，弁護士費用等，2億2592万3573円余を請求）。

2 判決要旨

(1) Y1の責任

Y1の責任について，裁判所は，本件事業部の従業員が移籍するまでのY1とY2の交渉状況，当時のXの社内状況，Y1による勧誘の方法等についての事実経過を認定した上で，「Y1の行為は，Xの取締役の地位にありながら，Xに重大な影響を与える移籍について，DらXの他の取締役に対して隠密理（ママ）に計画を進行させ，その最終段階で不意打ちのような形でこれを明かしたものであって，Xに対して著しく誠実さを欠く背信的なものであるといわざるを得ない。」「従業員に対する勧誘の方法をみても，虚偽を含む事実を告げて不安を助長する面を含む不適切な方法によっており，また，Xの内規に違反してY2に対して本件事業部の従業員の雇用条件を開示し，Y2からこれを勘案して作成した内定通知書の発行を得てこれを交付している点でも不当である。

したがって，Ｙ１による本件事業部の従業員に対する移籍の勧誘は，取締役としての善管注意義務（会社法330条，民法644条）や忠実義務（会社法355条）に違反し，社会的相当性を欠くものであって，不法行為を構成するというべきである。」とした。

⑵　Ｙ２ないしＢの責任

　Ｙ２ないしＢの責任について，裁判所は，①Ｙ１からの情報により，Ｂが，Ｘの従業員の移籍がＸ内部である程度肯定的に受け止められていると考えていたこと，②Ｙ１との面談を通じて，Ｂが，Ｘが増資やＣからの支援，Ｙ２との協業について検討していることを認識していたものの，ＸがＣから支援を受けることを決定し，それを機に増資の引受けの内示が得られつつあることまでは認識していなかったことなどを認定し，「Ｂが，Ｙ１らの移籍によって，Ｘの増資による資金調達に向けた努力を覆すことを意図していたことはもとより，これを認識していたことも認めることはできない。」とした。

　また，ＢによるＸの従業員に対する勧誘方法については，Ｂが，①Ｘの従業員に内定通知書を発行し，当該従業員と面接したことについて，Ｄらがそのことを承知していると考えていたとしてもおかしくないこと，②Ｙ１との間で具体的な移籍の方法に関する打ち合わせをした証拠等が認められないこと，③Ｙ１がＸの内規に違反していることを認識していたとは認められないことなどから，裁判所は，「Ｙ２は，Ｙ１らの移籍がＸに重大な影響を与えることを認識しながら，Ｙ１との協議の下に勧誘を行ったものではあるが，（略）Ｙ２による移籍の勧誘は，Ｙ１による勧誘行為とは大きく異なるものであって，社会的相当性を欠く違法なものであったということはできない。」とし，「同様に，（略）Ｂの勧誘行為が社会的相当性を欠くものであったとも認められず，Ｂが職務を行うについてＸに損害を加えたということとはできない」として，Ｙ２ないしＢは，不法行為責任を負わない旨判示した。

⑶　Ｘの損害額

　Ｘの損害について，裁判所は，①Ｙ１らの移籍がなくても本件事業部の譲渡がなされた可能性があったこと，②事業譲渡の決定は，Ｘの経営判断上の問題であり，本件については，Ｙ１らの移籍がその契機になったものの，Ｙ１らの移籍が譲渡の原因になったとまでは認められないことなどから，Ｙ１らの移籍

第3章　企業統治に関する裁判例

後，Y2に委託せざるを得なかった業務の費用や受注を辞退せざるを得なかったシステム開発に関わる逸失利益，弁護士費用のみをXの損害と認定し，事業譲渡に関わる費用については，その対象から除外した（5486万8288円余の損害額を認定）。

3　検　討

　本件は，経営難に陥った会社の取締役が競業会社に移籍する際に，担当する事業部の従業員も勧誘して競業会社に入社させたことが違法な引抜きに当たるとして，引抜かれた会社から，勧誘をした取締役と競業会社に対し不法行為責任が請求された事案である。本件事案に対し，裁判所は，取締役にのみ責任を認定した。以下，本判決につき検討していくこととする。

(1)　従業員の引抜きと取締役の責任の成立要件

①　忠実義務違反

　本件では，Y1に対し主位的に不法行為責任が，予備的に善管注意義務・忠実義務違反の責任がそれぞれ請求されているが，取締役が退任後の競業準備行為の一環として，その在任中に自己の設立した会社等に従業員を引抜いた事案については，引抜かれた会社から主位的に忠実義務違反に基づく請求がなされることが多い[9]。そうした事案として，①東京地判昭和63・3・30判時1272号23頁，②東京高判平成元・10・26金判835号23頁（①判決の控訴審），③東京地判平成3・8・30判時1426号125頁（責任否定），④前橋地判平成7・3・14判時1532号135頁，⑤大阪地判平成8・12・25判時1686号132頁（選択的に不法行為も請求），⑥東京地判平成8・12・27判時1619号85頁，⑦大阪高判平成10・5・29判時1686号117頁（⑤判決の控訴審），⑧東京地判平成11・2・22判時1685号121頁，⑨大阪地判平成14・7・18LEX／DB28072249（責任否定），⑩東京地判平成19・4・27労判940号25頁，⑪千葉地松戸支決平成20・7・16金法1863号35頁等がある。

　また，忠実義務違反の成立要件をめぐっては，学説上，①取締役がその在任中に従業員の退職勧奨をすれば，それだけで忠実義務違反になるとする見解（厳格説）[10]と，②引抜きをめぐる事案では，会社を支配する代表取締役等と対立した取締役が，子飼いの部下等を引き連れてやむを得ず独立するというような

場合もあることなどを理由に，取締役の退任の事情や退職従業員と取締役との関係（自ら教育した部下か否か），引抜かれた人数等諸般の事情を考慮した上で，勧誘方法が不当であると評価されたものだけが忠実義務違反になるとする見解（不当勧誘説）[11]とが，それぞれ主張されている。

　上記の学説のうち，厳格説は，従業員の引抜きが会社の利益の犠牲において取締役自身の利益を図る行為であることや，引抜きに関わる諸般の事情は，事後的に損害額の算定の際に考慮されることになると指摘する。しかし，この説の判断枠組みでは，会社を退任せざるを得なかった取締役には酷であることや，取締役と従業員との関係を考慮していないことなどから[12]，それぞれの事案ごとに衡平な解決がなされるためにも，不当勧誘説の方が妥当であると解する。

　なお，上記の裁判例のうち，①，②，④，⑤，⑦，⑩の各判決が厳格説の立場を，③，⑥，⑧，⑨，⑪の各判決が不当勧誘説の立場をそれぞれとっているようである。

　②　不法行為責任

　これまでの裁判例の中にも，従業員を引抜いた取締役に対し不法行為責任が追及されたものがあるが，こうした事例では，取締役の引抜き工作に関与した移籍先会社に対する共同不法行為責任を追及するため，取締役に対しても主位的に不法行為責任が請求されているようである（東京地判平成18・12・12判時1981号53頁〔⑫判決〕等。⑫判決では，予備的に忠実義務違反も請求されている）[13]。本件については，Ｙ２の代表取締役Ｄが，Ｙ１と共にＸの従業員の引抜きを行った疑いがあったことから，両者に対し主位的に不法行為責任が追及されたものと思われる。

　⑫判決は，LPガスを販売する会社の取締役が，ガス供給会社と共謀して新会社を設立し，従業員の引抜きや顧客を奪取したことが問題となった事案であるが，裁判所は，取締役による引抜きが秘密裏にかつ短期間のうちに手際よく実施され，その結果，会社に対し大きな打撃を与えたことから，当該取締役の行為は忠実義務に違反し，その方法が背信的で一般的に許容される転職の勧誘を超えるとして，不法行為責任も負うとした（東京地判平成17・10・28判時1936号87頁等も参照）。なお，⑫判決では，取締役と共謀したガス供給会社と新会社の行為が社会的相当性を逸脱するとして，両社の不法行為責任も認定さ

第3章　企業統治に関する裁判例

れている。

(2) 本判決に対する検討

① Ｙ1の責任について

本判決は，Ｙ1が，(a) Ｘの取締役会での議論を経たり，ＤらＹの取締役に説明したりすることなく，従業員の移籍の準備を進めたこと，(b) 従業員に対し，Ｙ2と提携する旨の虚偽の情報を告げて不安を助長させたり，Ｙ2の作成した内定通知書を交付したりして，秘密裏に従業員を移籍させたことなどが，「取締役としての善管注意義務（略）や忠実義務（略）に違反し，社会的相当性を欠くものであって，不法行為を構成する」旨判示する。

本件において，Ｙ1はＸの取締役であったことから，本来であれば，経営難に陥ったＸの再建のため，Ｙ2以外からの支援交渉にも尽力しなくてはならない立場にあったといえる。しかし，Ｙ1は，Ａや他社からの支援によりＸは一時的に現金を手にするものの，Ｘの重要な資産ともいうべきＥＣＳ製品のライセンスがＡに売却されることにより，Ｘの将来性が危ういと考えたことから，本件事業部の従業員の移籍等を内容とするＢの提案の方に魅力を感じ，Ｙ2との提携（実質的にはＸからの逃げ出し）に邁進したものと思われる。

こうしたＹ1の行為については，従業員の雇用に心を配る経営者の立場からすれば，理解できなくもない。しかし，上記 (a)，(b) を勘案すると，Ｙ1の行為は，過去の裁判例に照らしても，社会的相当性を欠くと思われることから，裁判所が不法行為責任を肯定したことは正当であったと解する。

なお，判決中の「（取締役としての）忠実義務（略）に違反し，社会的相当性を欠くものであって，不法行為を構成する」についてであるが，先の⑫判決も，従業員の勧誘方法に背信性があれば，当該勧誘をなした取締役は忠実義務違反のみならず不法行為責任も負う旨判示していることから，両判決とも不法行為責任の成立要件につき，忠実義務違反の要件よりも厳しく解しているようにも読み取れる[14]。しかし，それぞれの事案において，裁判所は引抜きの不当性等を検討した上で，忠実義務違反と不法行為責任とを認定していることから（忠実義務違反という観点からすれば，本判決や⑫判決は不当勧誘説の立場をとっていると解される），両者の成立要件には，大差がないといえるのではないだろうか[15]。いずれにせよ，本件におけるＹ1の行為については，忠実義務違反

398

だけでも十分成立したものと解される。

② Y2ないしBの責任について

Y2ないしBの不法行為について、裁判所は、BがY1らの移籍がXに重大な影響を与えることを認識しながらY1との協議の下に勧誘を行ったものの、Y2ないしBの行為が社会的相当性を欠く違法なものではなかったとして、その責任を否定した。

本件において、Bは、Xの従業員のY2への移籍だけでなく、Xのソフトウェア等の保守管理業務を実施し、ソフトウェアの使用料をXに支払う形での業務提携を提案するなど、経営難に陥っているXを支援する姿勢が窺われる。こうしたことから、Bは、Xの従業員や顧客等の奪取のためではなく、Xからの逃げ出しを狙っていたY1の言動に惑わされて、Y1らの移籍に関与してしまったというべきかもしれない。

そうしたBが、Xの代表取締役でもないY1の話のみを信じて、Y1らの移籍を進めたことは、経営者として不注意な点があったといえなくもないが、Xの経営再建のための増資を妨害したり、顧客を奪ったりするような事実が認められないようであることから、Y2ないしBに責任がないとした本判決は、是認できるものと思われる[16]。

③ Xの損害額について

これまでの従業員の引抜きをめぐる裁判例においては、損害額の算定に当たり、従業員が退職せずに稼動していれば得られたであろう会社の逸失利益、退職従業員の新人教育に要した費用、社会的・経済的信用の失墜による損害等が問題とされてきた[17]。

この点、本判決では、Y2に委託した業務の費用や受注を辞退したシステム開発に関する逸失利益と弁護士費用のみをXの損害と認定し、事業譲渡に関わる費用については損害から除外している。本件事業譲渡について、Y1らの移籍との関係が認定されていない以上、本判決における損害額の算定は、妥当であったと解されよう[18]。

第3章　企業統治に関する裁判例

Ⅳ　利益相反取引に関わる裁判例
（東京地判平成25・9・27裁判所HP）

1　事実の概要

　X（原告）は，被服布帛の製造・販売等を業とする会社であり，創業者の長男Aが代表取締役に，次男Bが取締役に就任していた。

　Y（被告）は，昭和60年3月に設立された美術品の販売やリース等を業とする会社であり，平成16年2月末以降，Aの妻Cが代表取締役に，Aが取締役にそれぞれ就任し，その他の役員には，Aの子が就いていた（Yの株主はAとその家族であった）。

　Xとその子会社は「アプロングループ」と呼ばれ，その製造する白衣等の商品のネーム，梱包物，カタログ等について，「up-RON」という標章を付するなどしていた。その後，「up-RON」を更に発展させた標章4種（アプロン／AP-RON，アプロン白衣等）につき，商標登録がなされた（以下，Xの各商標を「本件各商標権」とする）。

　平成19年3月ごろ，Xの取締役について，Bはその妻や息子を選任することを求め，Aは子息のDを選任することを求めたが，同年4月6日のXの株主総会において，Bの家族は取締役に選任されたものの，Dは選任されなかった。

　同年5月19日，AとBは，それぞれの代理人弁護士を交えて話し合い，Aの側ではB家族の取締役選任に反対であり，Aに経営を委ねてほしい旨の申入れをしたが，協議は物別れに終わった。

　同年5月21日，AとCは，Bらに一切相談することなく，本件各商標権のYへの譲渡（移転）を決め，同年6月6日には，本件各商標権に係るYへの移転登録がなされた。

　平成20年7月8日と9月2日，AとBおよびXの訴訟代理人弁護士らは交渉を行い，その度にAは「アプロンアパレル」の商標がほしい旨の発言を行っていた。

　平成22年1月26日，同日に開催されたXの取締役会において，BからAに対し本件各商標権のYへの譲渡についての質問がなされた後，AはXの代表取締

400

役から解職され，同じ取締役会においてAとCをXの取締役から解任する提案
をするための臨時株主総会の招集が決議された。同年4月25日，Xの臨時株主
総会が開催され，AとCはXの取締役を解任された。

Xは，AがXの代表者として本件各商標権をYに譲渡したのは，会社法362条
4項1号に定める重要な財産の処分ないし同法356条1項2号または3号の利
益相反取引に当たるところ，本件各商標権の譲渡は，Xの取締役会の決議ない
し承認を経ずに行われたことから無効であり，Aの個人会社であるYは明らか
にこれを認識していたから，Xは譲渡の無効をYに対抗できるとして，Yに対
し本件各商標権の移転登録の抹消手続を請求した。

2 判決要旨
(1) 取締役会決議を経ていないことについてYは認識していたか

まず，裁判所は，本件各商標権の譲渡が会社法362条4項1号に定める重要
な財産の処分に当たるか否かにつき，当該財産の価値，その会社の総資産に占
める割合，当該財産の保有目的，処分行為の態様および会社における従来の取
扱等の事情を総合して考慮すべきとした最高裁6年1月20日第一小法廷判決
（民集48巻1号1頁）の立場に依拠しつつ，①サービスユニフォーム業界第2
位のXの主力ブランドが「アプロン」であること，②Xでは白衣等の売上げが
事業の中心を占めており，それがXにおける財産価値や会社の総資産に占める
割合が大きいこと，③Xの本件各商標権を保有することは，主力ブランドであ
る「アプロン」商標の持つ自他識別力・品質保証機能等のため重要であること，
④取締役選任をめぐってAとBとが対立するなか，Xの事業にとって重要な商
標のYへの移転をAが行ったこと，⑤アプロングループ傘下の企業でなく，ま
た本件各商標権を保有する具体的必要性が認められないYに対し，Xが無条件
かつ無償で本件各商標権を譲渡したこと，などの事実から，本件各商標権がX
にとって「重要な財産」に該当するとした。その上で，本判決は，本件各商標
権の譲渡に関わるXの取締役会決議の有無についてYが認識していたか否かに
つき，以下のように判示する。

「Yは，Aの妻であるCが代表者であり，Yの役員，株主もみなA，Cとその子
らで構成されていること，Cは，アプロングループの取締役，監査役にも就任

していたこともあること，Cは，Yの実務をAに任せていたのであって，Yの実質的な経営者はAであると認められること，本件各移転登録がなされる数か月前である平成19年3月ころから，Xの取締役就任について，AとCの子であるDと，Bの妻子の就任の問題を巡っては，結局Bの妻子が取締役となり，Dの取締役就任が叶わなかったことについて，Bの対応にはCもショックを受けたこと，その直後である平成19年5月21日に，AとCはB側に一切相談することなく本件各商標権のYへの移転を決めたこと，本件各商標権は，アプロングループ全体で築いてきた価値のあるものであることについてCも認識していたにもかかわらず，本件各商標権の移転は，対価を全く伴わない無償での譲渡という著しく不自然な形態のものであったこと，しかも，Yの側で，Xに対し，これら商標権の移転を受けた後にはこれをXないしアプロングループのため使う実効性ある計画を示すなど，X取締役会の了承を得るべく事前の説明をした事実等が全く認められないこと，このような状況のもとにおいて，Xの取締役会の構成からすれば，X取締役会の決議が得られる見込みのあるものでないことはCにおいても当然予測可能であったといえること，以上の事実を総合すると，本件各商標権の譲渡について，Xにおいて必要な取締役会決議を経ていないことについて，Yは悪意であったものと認めることができる。

　そうすると，Xは，本件各商標権の譲渡につき取締役会決議を経ていないことを認識していたYに対し，本件各商標権の譲渡の無効を主張することができるというべきである（最高裁昭和36年（オ）第1378号，同40年9月22日第三小法廷判決，民集19巻6号1656頁参照）。」

(2)　会社法356条1項2号または3号の適用の可否

　「取締役と会社との間に成立すべき利益相反取引については，会社は，同取締役に対して，取締役会の承認を受けなかったことを理由として，その無効を主張し得るが，取締役が会社を代表して自己のためにした会社以外の第三者との取引については，その第三者が取締役会の承認を受けていなかったことについて悪意であるときに限り，その無効を主張し得るというべきである（最高裁昭和42年（オ）第1327号，同43年12月25日大法廷判決，民集22巻13号3511頁参照）。

　これを本件においてみると，（略），Yは，実質的にはAが支配する会社であるといえ，Xの代表取締役であったAが，Xの代表者として，自らが実質的に

支配するYに対し本件各商標権を無償で譲渡する行為は，利益相反取引に該当するものと認めるのが相当である。

そして，Yが本件各商標権の譲渡につき，取締役会の承認を得ていないことにつき，Yが悪意であったことは，前記（略）で説示した理由（本稿でいう上記②＝筆者注）と同様に，これを認めることができる。」

3　検　討

本件は，原告の主力ブランドに関わる商標（本件各商標権）を，原告の代表取締役が自己の実質的支配下にある被告に無償で譲渡したことにつき，原告から本件各商標権の移転登録の抹消が求められた事案である。本件事案につき，裁判所は，①本件各商標権が会社の重要な財産に該当するにもかかわらず，その譲渡が原告の取締役会決議を経ずになされており，しかも被告もこの点について悪意であったことから，譲渡が無効であること，②原告の代表取締役による本件各商標権の譲渡行為は利益相反取引に該当すること，などから，原告側の請求を認容した（本件各商標権の移転登録の抹消登録手続をYに命じた）。以下，本判決につき検討していきたい。

(1)　取締役会決議を欠く本件各商標権の譲渡

本判決につき，本来であれば，本件各商標権が会社法362条4項1号に定める重要な財産に当たるか否かにつき解説したいところであるが，紙幅の関係上この問題は省略し[19]，ここでは，Xの取締役会決議を経ずになされたAのYに対する本件各商標権の譲渡に関わる問題について検討したい。

取締役会決議を経ずになされた代表取締役の取引の効力については，本判決も引用する最三小判昭40・9・22民集19巻6号1656頁（以下，「昭和40年最判」とする）は，原則として取締役会決議を欠いた重要財産の処分行為は有効であるが，相手方が決議を経ていないことを知りまたは知り得べかりしときは無効であるとする。この昭和40年最判の理論的根拠は，民法93条ただし書の類推適用にあるといわれるが[20]，これに対し，学説は，相手方に重過失がある場合はともかく，軽過失しかない場合についてまで取引を無効としてしまう判例の立場では，相手方にとって酷であると批判する[21]。

これまでの会社法362条4項違反に関わる裁判例では，昭和40年最判の立場

第3章　企業統治に関する裁判例

に依拠しつつ相手方の悪意または過失の有無を検討しているが[22]，本判決は，Yの悪意のみを認定している[23]。これは，本件事案の性質上，そのような判断がなされたものと思われる。そもそも本件訴訟が提起されたのは，同族会社であるXの経営支配権をめぐるAとBとの対立に端を発しているといえる。そして，両者の間では，今後のXの経営支配権や「アプロン」ブランドの取扱いに関する協議がなされたものの，Aは，協議が物別れに終わることを見越して，妻でありYの代表取締役でもあるCらと謀り，XからYに本件各商標権を移転させたのではないだろうか。Aは，本件各商標権を自己の支配下に置くことで，Bから有利な条件を引き出そうとしたのかもしれないが，裁判所は，そうしたAの利己的な行為を是正するため，本件各商標権の譲渡を無効にしたものと推測される。

　いずれにせよ，Y（その代表取締役C）は，本件各商標権の移転に関わる経緯を熟知し，なおかつXの取締役会において当該商標権の譲渡に関する決議がなされていないことを知っていたわけであるから，本件事案については，Yの過失が判断される余地はないものと解する。したがって，Yの悪意のみを認定した本判決は是認できよう。

(2)　本件各商標権の譲渡と利益相反取引

　本件では，AがXの取締役会の承認を経ずに，Yに本件各商標権を譲渡した行為が利益相反取引規制に反するのか否かが問題とされている。この点，会社法では，①取締役が自己または第三者のために会社と取引（会社財産の譲受け，会社に対する財産の譲渡，金銭の貸借等）をしようとする場合（これを「直接取引」と呼ぶ〔会社法356条1項2号〕），②会社が取締役の債務を保証することその他取締役以外の者との間において会社とその取締役との利益が相反する取引（会社による取締役の債務引受けや取締役の債務に対する担保提供等）をしようとする場合（これを「間接取引」と呼ぶ〔会社法356条1項3号〕）には，取締役会設置会社ではその取引に関わる重要な事実を開示し，取締役会（非取締役会設置会社では株主総会）の承認を受けることを要求している（会社法356条1項，365条1項。指名委員会等設置会社における執行役も規制の対象となる〔会社法419条2項を参照〕）。これは，取締役が会社の利益の犠牲において自己または第三者の利益を図ることを防止する趣旨で設けられている[24]。し

404

たがって，取締役会の承認のない取引につき，会社は，直接取引の相手方に対しては，常に取引の無効を主張できるが，判例は，間接取引の相手方については，取引安全の観点から承認のない取引は無効であるものの，会社がそれを主張するためには，第三者の悪意を主張・立証しなければならないとする（最大判昭和43・12・25民集22巻13号3511頁，最大判昭和46・10・13判時656号85頁等を参照）[25]。学説の多くもこの判例の立場（相対的無効説）を支持する[26]。

　本判決は，Aが実質的に支配するYに対し，Xの代表者として本件各商標権を無償で譲渡した行為が利益相反取引に該当するとし，また，相対的無効説の立場を引用しつつ，Yが本件各商標権の譲渡につき，Xの取締役会の承認を得ていないことについて悪意であったとする。

　まず，本件各商標権の譲渡が利益相反取引に該当するか否かであるが，このことに関し，本件におけるYの代表者がAの妻Cであることに留意する必要がある。会社の財産の譲受先の代表者が譲渡会社の取締役の妻であった場合，それだけで譲渡会社の取締役による財産の譲渡行為が利益相反取引に当たると解するのは，難しいところである[27]。しかし，先述のように，本件におけるAの目的が，本件各商標権を自己の利益のために使用することにあったと思われることから，こうした点も考慮すると，Aの行為は利益相反取引に当たるといえよう。

　Aの行為が利益相反取引に該当するとして，次に，それが直接取引なのか間接取引なのかという問題がある。この点，相対的無効説を引用していることからも分かるように，本判決は，Aの行為を間接取引と捉えているようであるが，会社の重要財産である本件各商標権を自己の支配するYに譲渡したAの行為は，直接取引に該当するようにも思われる。こうしたことから，裁判所は，Aの行為が直接取引ないしは間接取引のどちらに該当するのかを詳細に検討する必要があったのではないだろうか。

　いくつか検討すべき点はあるものの，Aの行為について利益相反取引に該当するとした本判決の結論には，筆者も賛成する。しかし，本判決が別にYの悪意を認定し，Xの取締役会決議のない本件各商標権の譲渡を無効としていることから，裁判所としては，わざわざ利益相反取引について判断する必要はなかったものと思われる。この点についても，本判決には疑問が残る[28]。

第3章　企業統治に関する裁判例

〔注〕

⑴　本件事案の第一審判決を論じたものとして，藤原俊雄「事実上の主宰者の競業と損害
　　額の推定」民事法情報271号22頁以下（平成21年），吉本健一「判批」私法判例リマーク
　　ス39号74頁以下（平成21年）等がある。

⑵　江頭憲治郎『株式会社法〔第6版〕』434頁（有斐閣・平成27年）。

⑶　相澤哲編著『一問一答 新・会社法〔改訂版〕』120頁（商事法務・平成21年）。

⑷　詳細は，中村信男「判例における事実上の主宰者概念の登場―事実上の主宰者への取
　　締役会関連規定の適用事例」判例タイムズ917号108頁以下（平成8年）等を参照。

⑸　鳥山恭一「本件判批」金融・商事判例1313号8頁（平成21年），弥永真生「本件判批」
　　ジュリスト1389号67頁（平成21年）。

⑹　詳細は，松嶋隆弘「競業取引における救済についての一考察」日本法学84頁以下（平
　　成22年）を参照。

⑺　鳥山・前掲注⑹8頁，重田・前掲注⑸82頁ほか，岩崎友彦「競業避止義務の範囲」野
　　村修也他『実務に効くコーポレート・ガバナンス判例精選』173頁（有斐閣・平成25年）
　　も参照。

⑻　なお，債権者保護と法人格の逆否認の問題を論じたものとして，井上健一「小規模企
　　業組織における法人格の逆否認」黒沼悦郎他『江頭憲治郎先生還暦記念―企業法の理論
　　（上巻）』27頁以下（商事法務・平成19年）がある。本件事案に対し法人格否認の法理を
　　用いている以上，裁判所としては，事実上の主宰者概念に触れる必要はなかったとする
　　見解もある（重田麻紀子「本件判批」法学研究83巻11号78頁以下（平成22年）を参照）。

⑼　裁判例（本文中の④，⑦，⑪の各判決）の中には，引抜き行為に対し会社法上の競業
　　避止義務を課したものもある。しかし，取締役が在任中に明確に競業行為をしたのでな
　　い限り，引抜き等の競業準備行為に対しては忠実義務違反のみが問題とされるものと解
　　する。この点につき，落合誠一編『会社法コンメンタール〔第8巻〕』58頁〔近藤光男
　　執筆〕（商事法務・平成21年）を参照。

⑽　吉原和志「判批」ジュリスト920号37頁（昭和63年），北村雅史「従業員の引抜きと取
　　締役の忠実義務」法学論叢164巻1～6号302頁（平成21年）等。

⑾　江頭・前掲注⑵437頁，田中亘「忠実義務に関する一考察」小塚荘一郎他『商事法へ
　　の提言―落合誠一先生還暦記念論集』265頁（商事法務・平成16年）等。

⑿　江頭・前掲注⑵438頁（注7）。

⒀　このほか，取締役を退任した幹部従業員による引抜きの方法が社会的相当性を逸脱し
　　ていた場合（秘密裏に従業員の移籍を計画・準備し，競業会社の役員と共に同社への移
　　籍工作をした）につき，不法行為責任が肯定されたものがある（東京地判平成3・2・
　　25判時1399号69頁。東京地判平成17・10・28判時1936号87頁等も参照）。

⒁　この点，清水円香「本件判批」私法判例リマークス45号76頁（平成24年）は，本判決が，
　　不法行為成立の要件の一つとして忠実義務違反を認定しているようにも読めると説く。

⒂　久保大作「本件判批」ジュリスト1441号122頁（平成24年）は，引抜きの事案につい
　　て不法行為が成立するためには，忠実義務違反における不当性を超える何らかの社会的
　　不相当性が要求されると主張する。

⒃　久保・前掲注⒂122頁を参照。

⒄　こうした損害額については，取締役の責任を追及する会社側の方で証明することが要

求されている。しかし，損害額の証明が容易でないことから，⑫判決のように，民事訴訟法248条により，裁判所に相当の損害額の認定を求めた事例も存する。

⒅　本判決におけるXの損害額の問題については，清水・前掲注⒁77頁も参照。

⒆　本判決における重要財産該当性に関わる詳細は，拙稿「本件判批」金融・商事判例1459号2頁以下（平成27年）を参照されたい。

⒇　豊水道祐「判解」『最高裁判所判例解説民事篇（昭和40年度)』350頁以下（法曹会・昭和41年）。

(21)　詳細は，落合編・前掲注⑼19頁以下〔落合誠一〕を参照。

(22)　東京地判平成9・3・17判時1605号141頁，福岡高裁那覇支判平成10・2・24金判1039号3頁，東京地判平成18・4・26判時1930号147頁，東京高判平成11・1・27金法1538号68頁，東京地判平成24・2・21判時2161号120頁等を参照。

(23)　相手方の悪意のみが認定された裁判例として，大阪地判平成6・9・28判時1515号158頁がある。

(24)　江頭・前掲注⑵439頁。

(25)　最大判昭和46・10・13は，手形行為についても利益相反取引となることを認めた事例である。

(26)　詳細は，落合編・前掲注⑼87頁以下〔北村雅史〕を参照。

(27)　この点，江頭・前掲注⑵439頁以下を参照。なお，会社の実質的な支配者（事実上の主宰者）の利益相反取引が問題とされた事例として，大阪高判平成2・7・18判時1378号113頁がある。

(28)　なお，代表取締役による約束手形の裏書行為につき，代表権の濫用と利益相反取引の双方が認定された事例として，東京高判平成26・5・22金判1446号27頁がある。

第3章　企業統治に関する裁判例

報酬規制

日本大学法学部教授　**大久保　拓也**

一　取締役・執行役の報酬規制の概要

1　報酬の決定機関

役員等（取締役，会計参与，監査役，執行役または会計監査人（会社法423
条1項））の報酬規制について，会社法361条1項は，「報酬，賞与その他の職
務執行の対価として株式会社から受ける財産上の利益」を「報酬等」と定義づ
けて，この概念を役員等の報酬規制に統一して使用している。金銭報酬が典型
であるが，業績連動型報酬，退職慰労金や退職年金の受給権も含まれる。

この業務執行機関である取締役・執行役の場合，次の表のようになる。

①	取締役(委員会を設置しない会社の場合)	定款の定めまたは株主総会の決議（会社法361条1項）
②	取締役（監査等委員会設置会社の場合）	定款の定めまたは株主総会の決議（会社法361条1項，2項）
③	取締役・執行役（指名委員会等設置会社の場合）	報酬委員会の決定（会社法404条3項）

日本の多くの会社は，委員会を設置しない①の会社形態が多く，本稿で取り
上げる裁判例もこの形態の裁判例に関するものであり，定款に定めていなけれ
ば，株主総会の決議によって定めなければならない（会社法361条1項，309条
1項）。もっとも，定款に定めると役員報酬額を変更する場合に定款変更が必

408

要となるため（株主総会の特別決議，会社法309条2項11号），株主総会決議で定めるのが一般的である。

2　報酬規制の趣旨

　取締役と会社との関係は委任に関する規定に従う（会社法330条）から，取締役は特約がない限り会社に対して報酬を請求できず，原則として無償である（民法648条1項）ものの，通常は会社・取締役間の任用契約において明示的または黙示的に報酬を有償とする特約があると解するのが，判例・通説の理解である[1]。

　この規制の趣旨につき，判例は，取締役が会社から受ける報酬の決定自体は業務執行に属するので，取締役会および代表取締役が決定することができてしかるべきであるが，これらの者に自己または同僚の報酬を定めさせると，いわゆる「お手盛り」が生じ公正な報酬額の決定が期待できないから，お手盛りを防止し会社・株主の利益を保護するために規定されたと解する（最判昭和60年3月26日判時1159号150頁）。すなわち，結局は株主が報酬の公正さを判断することで，報酬の高額化によって会社・株主の利益を害する危険を避けようとする規制となっている。

　この観点からすれば，定款の定めや株主総会の決議によって個々の取締役ごとに報酬等を定めることまでは必要とされず，取締役全員に支給する総額等のみを定めて，各取締役に対する具体的配分は取締役の協議等に委ねることもできる（取締役会設置会社では取締役会の決定になろう）。

　このような報酬規制の趣旨が，本稿で扱う役員報酬に関する裁判例の分析における重要な考慮要素である。

3　役員報酬に関する裁判例

　1で述べたように委員会を設置しない会社が多いため，会社法制定以来の役員報酬に関する公刊裁判例もこの会社に関するものがほとんどである。それは多数にのぼるため，本稿ではその主要なものを取り上げ，その裁判例の傾向を検証するものである。

　1・2で述べたように役員報酬については，株主総会決議をそれを大別する

409

第3章　企業統治に関する裁判例

と，①株主総会の決議があるにもかかわらず，報酬請求権の当否が争われた事例と②株主総会決議を欠く報酬支給に関する事例に分けられる。それぞれ検討することとしたい。

二　株主総会の決議がある場合の報酬請求に関する事例

1　株主総会決議があったにもかかわらず不支給とした事例

(1)　はじめに

一1③で述べた指名委員会等設置会社以外の株式会社では，取締役の報酬は，定款または株主総会の決議によって定めなければならず（会社法361条），それを経ずに支給された報酬は無効と考えられている。つまり定款の定めや株主総会の決議が報酬請求権の発生の手続要件であって，それがない場合には，具体的な報酬請求権は発生せず，取締役は会社に対して報酬を請求することはできない（最判平成15年2月21日金判1180号29頁[(2)]）。

一1で述べたように定款で報酬を定めるよりも株主総会決議で定めるのが一般的であるため　報酬請求に関する裁判例においては，株主総会の決議という手続を経て支給されているか否かが解決の決め手となっている。そのような事例が問題となった裁判例を以下に分析することとしたい。

(2)　一任された取締役会の決議のない退職慰労金支給の可否

株主総会で退職慰労金を支給する旨と支給内規に従って金額等を取締役会に一任する旨が決議された後に，取締役会で退職慰労金の支給決議を行わなかった場合に，退職慰労金の支給を求めたのが，〔判例①〕東京高判平成20年9月24日判タ1294号154頁[(3)]である。

［1］事実の概要

［a］Y会社（被告，控訴人，付帯被控訴人）は，昭和51年9月1日に設立された合成樹脂製品に関する製造販売等を目的とする株式会社であり，X（原告，被控訴人，付帯控訴人）は昭和57年に取締役に就任，平成3年から代表取締役社長に就任し，平成18年5月26日の定時株主総会（本件定時総会）終結時をもって取締役を退任した。この間，Y会社の業績は向上し，少なくとも，経営上の問題を生じさせたことはなかった。他方，Xは，上記代表取締役就任前

410

である昭和58年6月1日から平成3年2月28日までは，A会社の取締役に就任していた。

［b］Y会社は，東京証券取引所一部上場会社であるA会社によって発行済株式総数4万株のうち2万4000株（持株比率60％）を所有される子会社である。

Y会社は，退任した取締役または監査役（以下「役員」という）の退職慰労金について，本件退職慰労金内規を制定しており，それに基づいて退任役員について退職慰労金を支給してきた。

［c］平成18年5月26日の本件定時株主総会において，代理人を含むY会社の株主6名のうち5名（持株比率合計40％）が出席して，開催され，第5号議案「退任取締役に対し退職慰労金贈呈の件」について，出席株主全員が当該議案を承認して，「会社内規に従い，金額，時期，方法については後日開催する取締役会に一任する」との内容でXに退職慰労金を支給する旨の本件退職慰労金決議をした。しかし，2万4000株（持株比率60％）を保有するA会社は，代理人による出席も含めて出席しておらず，上記決議には参加していなかった。

［d］A会社は，本件退職慰労金決議がされた後，A会社の役員を務めた後に関連会社の専任役員に就任した者が当該関連会社を退職する際は退職慰労金を支給しない旨のA会社の内規が定められているとして，Xに対する退職慰労金の支給に反対した。そのため，代表取締役BらY会社の取締役は，取締役会において，Xへの退職慰労金の支給について，審議や決議を行わなかった。

その後，平成19年7月30日に開催されたY会社の臨時株主総会（本件臨時株主総会）において，本件退職慰労金決議を撤回する旨の決議がされた。この決議には，委任状を含め，Y会社の株主6名のうち5名（A会社も含む。持株比率合計92％）が出席し，出席株主全員が上記議案どおり議決した。

［e］そこで，Xが本件退職慰労金内規により社長として15年間在任したY会社に支給する基本的慰労金の支給を求めたのが本件である。

［2］判　旨

東京高裁は次のように判示してXの請求を認め退職慰労金および遅延損害金の支払を命じた。

Y会社においては，「退任した役員の退職慰労金について，本件退職慰労金内規を制定し…Y会社の株主総会において，退職する役員について，本件退職

411

慰労金内規に従い，金額，時期，方法等については取締役会に一任するとの内容の退職慰労金支給決議をし，これに基づく取締役会の決議により，各役位別年数に各役位別定額を乗じた計算方法により算出された金額の退職慰労金（基本的退職金部分）を支給するという運用がされていた。Y会社についても，本件定時株主総会において，従前同様，『会社内規に従い，金額，時期，方法については後日開催する取締役会に一任する』との内容で本件退職慰労金を支給する旨の決議がされたのである。」

「本件定時株主総会において，会社内規（すなわち本件退職慰労金内規）に従い退職慰労金を支給することを決めた以上，基本的退職金部分については，自動的に算定され，取締役会には，その額を増やしたり，減らしたりするといった裁量の余地はないことになるのである。すなわち，基本的退職金部分の支給は株主総会の決議により確定的になったものということができる」。

「本件退職慰労金内規の定め方に照らすと…基本的退職金部分は，取締役会の決定を待たず，支給することに確定したものと解されるのであるから，基本的退職金部分については，取締役会の決議を経ずとも，XとY会社との合意の内容になったというべきである（なお，このように解したとしても，会社法361条…の趣旨目的（取締役ないし取締役会によるいわゆるお手盛りの弊害の防止）を潜脱することにならないことは明らかである。そもそも会社法は，取締役に対する報酬の支給につき株主総会の決議を要求しているが，取締役会の決議を要件としているわけではないのであるから，株主総会の決議で内容が確定し，取締役会でもはや変更できない部分まで，取締役会の決議を経なければ，内容が確定せず，当事者間の合意の内容にならないと解する必要性はないのである。）。」

⑶　退職年金の一方的不支給の可否

株主総会の決議を経て退職慰労年金を支給していた会社が，会社の業績悪化により，退職慰労年金の支給を止めることができるかどうかが争われたのが，〔判例②〕最判平成22年3月16日判タ1323号114頁・金判1346号38頁[4]である。

［1］事実の概要

［a］X（原告，被控訴人，上告人）は，平成2年6月から平成11年6月29日までY会社（被告，控訴人，被上告人）の常務取締役の地位にあった。

412

Y会社は，平成11年6月29日開催の定時株主総会において，Y会社の定める一定の基準による相当額の範囲内でXに退職慰労金を贈呈することとし，その具体的金額，贈呈の時期，方法等については取締役会に一任する旨の決議をした。その後，Y会社の取締役会は，Xに対する退職慰労金の額，贈呈の時期，方法等の決定を代表取締役に一任する旨の決議をした。

　Xの退任当時のY会社の役員の退職慰労金の算定基準等を定める本件内規によれば，退職慰労金には退職慰労一時金と退職慰労年金とがあり，退職慰労年金については次のとおり支給するものとされていた。「月額　基本額6万円及び役位別基本額に在任期間を乗じた額の合計額（上限20万円）」「支給期間　取締役会決議のあった月（60歳未満の者については60歳に達した月）の翌月から20年間」

　Y会社の代表取締役は，本件内規に従って，退職慰労一時金5683万円と退職慰労年金月額13万3000円（支給期間は平成13年3月から20年間）を決定し，Y会社は退職慰労一時金と，平成13年3月分から平成16年4月分までの本件退職慰労年金を支給してきた。

　［b］Y会社は，平成9年度に約270億円，平成10年度に約193億円の経常損失を計上し，同年度の不良債権処理額は約314億円にのぼった。これについて，Y会社は，平成11年9月に400億円の公的資金の投入を受けた。また，Y会社の株式を保有する持株会社であるB会社は，平成15年8月に金融庁から業務改善命令を受けた。

　Y会社は，平成15年8月〜9月，Xを含む退職慰労年金を受給中の元取締役らに対し，退職慰労年金の支給を停止せざるを得なくなったとして，上記の経緯等を口頭および書面で説明し，Xを除く大部分の者から同意を得た。

　Y会社は，平成16年4月12日開催の取締役会において，同月30日をもって本件内規を廃止する旨の決議をし，同年5月1日，退職慰労金として退職慰労一時金だけを支給するものとする「役員退職慰労金内規」を施行して，同月以降の本件退職慰労年金の支給を打ち切った。

　［c］これに対して，XがY会社に対し，未支給の退職慰労年金の支払等を求めて訴えを提起したのが本件である。

　Y会社は，退職慰労年金における集団性，画一性等の制度的要請から，一

413

第3章　企業統治に関する裁判例

定の場合には退任取締役の同意なく契約内容を変更することが許される等と主
張して争った。

　　［2］判　旨

　原判決（東京高判平成21年3月19日金判1346号42頁）は集団的，画一的処理
を図るという制度的要請から，Y会社は一定の場合には本件内規を改廃できる
のであり，その効力は同意していないXに対しても及ぶと判示した。

　これに対して，最高裁は次のように判示して，原判決を破棄・差し戻した。

　「Y会社の取締役に対する退職慰労年金は…会社法361条1項にいう報酬等に
当たる。本件内規に従って決定された退職慰労年金が支給される場合であって
も…Y会社の株主総会決議による個別の判断を経て初めて，Y会社と退任取締
役との間で退職慰労年金の支給についての契約が成立し，当該退任取締役が具
体的な退職慰労年金債権を取得するに至るものである。Y会社が，内規により
退任役員に対して支給すべき退職慰労金の算定基準等を定めているからといっ
て，異なる時期に退任する取締役相互間についてまで画一的に退職慰労年金の
支給の可否，金額等を決定することが予定されているものではなく，退職慰労
年金の支給につき，退任取締役相互間の公平を図るために，いったん成立した
契約の効力を否定してまで集団的，画一的な処理を図ることが制度上要請され
ているとみることはできない。退任取締役がY会社の株主総会決議による個別
の判断を経て具体的な退職慰労年金債権を取得したものである以上，その支給
期間が長期にわたり，その間に社会経済情勢等が変化し得ることや，その後の
本件内規の改廃により将来退任する取締役との間に不公平が生ずるおそれがあ
ることなどを勘案しても，退職慰労年金については，上記のような集団的，画
一的処理が制度上要請されているという理由のみから，本件内規の廃止の効力
を既に退任した取締役に及ぼすことは許されず，その同意なく上記退職慰労年
金債権を失わせることはできないと解するのが相当である。」

　(4)　**コメント**

　退職慰労金は，終任した役員等に対して役員等の退任後に，その在任期間や
役職位等に基づいて支給されるものである。在職中の職務執行の対価すなわち
報酬の後払い的性質があることから，「報酬等」に含まれると解されている（会
社法361条1項1号）。判例は，無条件に取締役会等に退職慰労金の決定を一任

414

するのではなく，会社の業績，退任取締役の勤続年数，担当業務，功績等から算定された一定の支給基準に従い，それを株主が推知し得る状況において，決定すべきことを一任するのであれば無効とはいえないとする（最判昭和39年12月11日民集18巻10号2143頁[5]）。取締役会への一任決議がされるのは，日本では一般に退任取締役個々人の具体的な退職慰労金の額が株主総会で明示されることが好まれないためだとされている。そこで，取締役会への一任が内規に基づいてなされることになるのである。この一任決議に関連するのが，〔判例①〕東京高判平成20年9月24日である。〔判例①〕の特色は，取締役会に一任したものの，取締役会で具体的配分を決定せず，かつ事後的に撤回する株主総会決議があった場合に，退任取締役は報酬の請求をできるかである。(1)で述べたように取締役の報酬（退職慰労金・退職年金）の支給については，株主総会の決議によって定められ，これがなされた場合には取締役に具体的報酬請求権が発生するとしてきた。〔判例①〕もこの流れに沿うものであり，株主総会決議だけで具体的報酬請求権は発生すると判示した。この事件では内規に基づく功労加算の余地がある部分は取締役会決議に基づくとするが，基本的退職金部分は請求できるとした点が重要である。

　また，〔判例②〕最判平成22年3月16日では，取締役の退職慰労年金を事後的に不支給とできるかが問題となった。

　取締役の報酬を任期途中で減額し，無報酬に変更する旨の株主総会決議があった場合に関する判例には，最判平成4年12月18日民集46巻9号3006頁がある。この判例は，定款または株主総会の決議によって取締役の報酬額が具体的に定められた場合には，その報酬額は，会社と取締役間の契約内容となり，契約当事者である会社と取締役の双方を拘束するから，その後株主総会が当該取締役の報酬につきこれを無報酬とする旨の決議をしたとしても，当該取締役は，これに同意しない限り，右報酬の請求権を失うものではないと解するのが相当であると判示した。また，同判決は，取締役の職務内容に著しい変更があり，それを前提に右株主総会決議がされた場合であっても同様であるとする[6]。

　〔判例②〕は，この前掲最判平成4年12月18日の判示に沿うものであり，会社の業績の悪化等の事情変更があっても取締役の同意がなければ不支給は認められないとする。具体的報酬請求権が発生した場合，退任後の退職年金につい

第3章　企業統治に関する裁判例

ても同様の請求権が認められるとしたところは，〔判例①〕と同様の傾向に従うものといえよう。

2　取締役報酬議案の不当性と対第三者責任追及の可否

⑴　はじめに

次に，取締役の報酬が株主総会によって定められたものの，報酬額が少なかった場合はどうであろうか。特に，退任取締役の退職慰労金については，退任取締役は退任後に決定される報酬議案の作成に関与できないため，報酬額が適正であるかどうかをめぐって問題となる。

この問題に関して，不当な内容の報酬議案を提出した現取締役に第三者に対する損害賠償責任（会社法429条1項）を追及したのが，〔判例③〕東京地判平成19年6月14日金判1271号53頁[7]である。そこで，この判例について概説して問題点の検討を行い，その上で実務上の留意点を述べることにする。

⑵　事実の概要

A会社は，平成4年4月8日に設立された情報システムの企画，設計並びに管理運営を主たる目的とする株式会社あり，Y1が代表取締役，Y2およびY3が取締役である。A会社の発行済株式総数は普通株式のみ800株で，XやYら8名で保有されていた。

Xは，設立時からA会社の取締役営業部長であったが，平成17年9月末日に退職した。

平成18年6月20日に，A会社の定時総会が開催された。A会社の定款によれば，「取締役の報酬，退職慰労金は株主総会の決議をもって定める」（同定款21条）ことになり，その承認は，株主総会の普通決議（過半数の株主出席の上，その議決権の3分の2以上の多数の賛成）をもって行うものとされている（同定款16条）。この株主総会（出席株主の有する発行済株式総数は660株）では，Yらによって，Xの退職慰労金支給額を130万円とする旨の議案が提出された。Xはこの議案に反対し，支給額を800万円とする修正動議を提出したが，否決され（賛成はX（120株）だけである），原案が可決された（Xを除く540株の賛成）。

Xは，Yらの虚偽の事実（平成17年前期のA会社の業績低迷はXの任務懈怠

416

による）を前提とした議案提出行為は，ＸのＡ会社に対する長年の功労を全く
無視したものであって，Ｙらの取締役としての任務懈怠（善管注意義務違反お
よび監視義務違反）に当たると主張して，適正な退職慰労金（3105万円：これ
はＡ会社と同程度の規模の会社における適正な退職慰労金と主張するもの）か
ら既払額130万円を控除した額（2975万円）等を，会社法429条１項，430条に
基づいてＹらで連帯して支払うべきことを求めて訴えた。

(3) **判　旨**

東京地裁は，次のように述べてＸの請求を棄却した。

「取締役報酬に関しては，報酬支給の対象である取締役（又は元取締役）は，
議案を提案した取締役に対して，提案した議案の実質的内容が不当であること
を提案取締役の義務違反として取締役に対する損害賠償請求をすることは，特
段の事情がない限り，できないものというべきである。

そして，特段の事情の存在しない本件においては…Ｘの主張…の当否（Ｘの
任務懈怠の有無等）について，裁判所として判断を示すべきものではなく，Ｘ
の請求は，主張自体理由がないものとして棄却すべきである。」

(4) **コメント**

［１］　Ａ会社における退職慰労金の決定手続

報酬（退職慰労金）の適正性をめぐる裁判例は多くみられるが，本件のよう
に不当な内容の報酬議案を提出した現取締役に対して損害賠償責任を追及した
事例はあまり例をみない。Ａ会社の定款によれば，取締役の報酬・退職慰労金
は株主総会の決議をもって定めることになっているが，一２で述べたようにそ
の決議は特別決議と同じ要件であるから，株主相互間の慎重な審議のもとに決
定することが想定されている。

また，Ａ会社では株主間の信頼関係が重視されていた[8]から，株主総会にお
いてＸの退職慰労金の支給について審議するに際して，株主間の意見表明の機
会が保障されていたか問題となる。これについて本件では，その総会にＸも株
主として出席して審議に加わっており，本件の株主総会の審議では株主間の自
由闊達な意見表明の機会がないといった特段の事情もない。

このような慎重な審議がなされた後にも，Ａ会社のように複数の株主がいる
場合には株主間で意見が分かれることがあるので，最終的には法定の多数決に

417

第3章　企業統治に関する裁判例

よって議案を決定することになる（前掲最判平成15年2月21日）。本件ではYらの原案が賛成多数で可決されたから，Xはこれ以上の報酬を求めることは困難だといえるであろう。

［2］議案を提出した取締役に対する損害賠償請求の可否

残る問題は，株主総会の決議があったにもかかわらず，議案を提出した取締役に対して議案の内容が不当であることを理由に損害賠償請求権（会社法429条1項）が認められるかどうかである。先例をみると，退職慰労金の支給内規がある会社において，株主総会において退職慰労金を当該内規によって算出される額（208万円）よりも低い額（100万円）とする決議をした事案について，株主総会が取締役会または代表取締役に一任するとの決議をした場合には当該内規が適用されるが，退職慰労金の額を株主総会で具体的に決議した場合には当該内規を適用する余地はないとして，内規に基づく退職慰労金支給議案を提出しなかった取締役の第三者に対する損害賠償責任を認めなかった事例がある（大阪高判平成16年2月12日金判1190号38頁）。本件は退職慰労金の支給内規があったかどうかは明らかではないが，仮に内規があったとしても，この判例に従えば株主総会で具体的に退職慰労金支給議案を決議すれば取締役の第三者に対する損害賠償責任は認められないということになろう。

このように，〔判例③〕東京地判平成19年6月14日は，それまでの裁判例に従うものであり，取締役の報酬は株主総会の決議という株主の意思によって定められ，取締役の第三者に対する損害賠償請求が認められるのはかなり限られることを示したものといえよう。

三　株主総会決議を欠く報酬支給に関する事例

1　株主総会決議を欠く場合の報酬請求権

⑴　はじめに

一1③で述べた指名委員会等設置会社以外の株式会社では，取締役の報酬は，定款または株主総会の決議によって定めなければならず（会社法361条），それを経ずに支給された報酬は無効と考えられている。二1⑴で述べたように，前掲最判平成15年2月21日は，定款の定めも株主総会の決議もない場合には，具

418

体的な報酬請求権は発生せず，取締役は会社に対して報酬を請求することはできないと解している。

　ところが，中小閉鎖的会社においては株主総会を開催せず，しかも定款規定も整備していないまま報酬を支給しているケースが多い。このような会社では，形式的に株主総会を開催していないのであるが，実質的には株主全員が報酬支給に同意していること等を理由に，総会決議がないという手続上の不備は一般に問題とならない。しかし，一度取締役・株主間に何らかの対立状態が生じた場合には，手続上の不備をもとに報酬支給の有効性が争われることになる。そのような事例が問題となった裁判例を以下に分析することとしたい。

(2)　退職慰労金の不支給決議と不法行為責任

　過半数を超える支配的な株主が内規に従って退職慰労金を支給する旨を説明したにもかかわらず株主総会で不支給決議を主導した場合に，退任取締役が退職慰労金相当額の不法行為責任を追及したのが，〔判例④〕佐賀地判平成23年1月20日判タ1378号190頁[9]である。

　[1]　事実の概要

　[a]　A会社は，清掃事業および衛生設備事業を目的とする有限会社（平成18年5月1日以後は整備法2条1項に基づく特例有限会社）であり，発行済株式総数は6600株である。

　A会社の設立者の一人であるY1（被告）は，発行済株式総数のうち3690株とA会社の過半数の株式を有する代表権のない会長（平成16年11月1日まで代表取締役）である。Y1の子であるY2（被告）は，平成8年に取締役に，平成16年9月1日からは代表取締役に就任した者であり，710株を有する。

　X1（原告）は，昭和48年4月にY1の妻の姪と結婚し，昭和59年に取締役に，平成10年に常務取締役に就任し，900株を有する株主であったが，平成18年3月20日，臨時社員総会において，取締役を解任された者である。X2（原告）は，経理責任者として長年勤務し，平成15年7月1日に取締役に選任された，300株を有する株主であったが，平成18年3月20日，臨時社員総会において，取締役を解任された者である。

　A会社のその他の発行済株式は，Y2の妻Cが600株，Dが300株，Eが100株を有している。

419

第3章　企業統治に関する裁判例

〔b〕X1・X2とも，就任前にY1から退職慰労金は本件内規のとおり支払うことを告げられていたことから，退職時に本件内規のとおりの退職慰労金が支給されることを信頼し，期待していた。

〔c〕Y1，X1ほか2名が出資するA会社の100％子会社であるB会社には，取締役にX1（代表取締役）とY2が就任した。ところが，X1・X2がB社での取締役報酬名目での横領行為に加担したとの疑いがかけられた。

A会社の代表取締役であったY2は，X1が入院したことから，平成17年12月15日，Xらに対して招集手続を取らないまま，A会社の臨時社員総会を開催し，Yら出席のもと，X1が取締役報酬名目でB社から金銭を横領し，X2がこれに加担したことなどを理由として，XらをA会社の取締役から解任する旨の決議を成立させ，同日，X2に対し，X2を従業員としても即時解雇（懲戒解雇）する旨の意思表示をした。

しかし，別訴において取締役報酬の不正受給や加担がないとする判決が確定したことから，上記手続上について瑕疵が指摘された。そこで，Y2は，Y1に相談してXらを解任する決議に賛同する旨の意思表明を取り付けた上，平成18年3月20日に再び臨時社員総会を開催して，全社員が出席した同総会において，賛成多数により，上記と同一の理由により再びXらを取締役から解任する旨の決議を成立させた。

平成22年4月7日，A会社の臨時株主総会において，退任したYらに対する退職慰労金支給の相当性を確認する決議が全員一致でなされたのに対し，Xらに対する退職慰労金支給の可否に関する議題については，Yらが反対したため不支給が決定された。その際，Y2は，議長として，決議に先立ち，A会社としてはXらの在任中の労に報いる必要はないと判断している旨を述べた。

〔d〕そこで，Xらは，Yらに対し，退職した取締役には退職慰労金を支給する旨の事実たる慣習が存在することや，代表取締役や支配株主が退職慰労金を受け取る権利や利益を侵害したこと等を理由に，退職慰労金相当額の損害について民法709条に基づき不法行為責任を追及したのが本件である。

〔2〕判　旨

佐賀地裁は次のように判示してXらの退職慰労金相当額の損害賠償請求を認めた。

420

まず，退職慰労金については，算定基準内規があっても株主総会決議による個別の判断を経て初めて，退任取締役は会社に対する具体的な請求権を取得するのであって，退職慰労金の不支給決議がなされた場合にはその取得は認められないと判示した。

その上で，退職慰労金を支給しないことにつき不法行為が成立するか否かについて「実績等による上乗せをせず，一律に在任期間のみを算定の基礎として退職慰労金を支払う旨の本件内規が存在し，Ａ会社の取締役となったＸらは本件内規に基づく退職慰労金が支払われることを任用契約時に当時の支配的な株主であるＹ１から告げられ，現にＹ１はＸらを除く取締役に対しては株主総会…において支給決議に賛成して支給決議を成立させ，本件内規のとおり退職慰労金が支給されてきたというのであるから，少なくとも，過半数を超える支配的な株主…として支給決議を実質的に決定することができる立場にあったＹ１が，みずから内規のとおり退職慰労金を支給する旨を説明したにもかかわらず，故意又は過失によって，過半数を超える支配的な立場を利用して，支給決議に賛成しないことが相当といえる特段の事情が認められないのに不支給決議を主導した場合には，会社に対する具体的な退職慰労金請求権を取得し得る原告らの法的保護に値する権利又は利益を侵害したものとして，Ｘらに対して不法行為責任を負うものと解すべきである。」

(3) 退職慰労金の不当利得返還請求と信義則

株主総会の決議なしに退職慰労金を支給した会社が，支給を受けた元取締役に対して事後的に不当利得返還請求をすることができるか，それとも信義則に反して認められないかが争われたのが，〔判例⑤〕最判平成21年12月16日金判1338号22頁[10]である。

［1］事実の概要

［a］Ｘ会社（原告，控訴人，被上告人）は，亡Ａによって設立された株式会社であり，Ａが発行済株式総数の約99％を保有していた。平成18年当時は，Ａの子であるＸ会社代表者Ｂがその発行済株式総数（５万株）の99.24％（４万9620株）を保有していた（その他４人の株主が380株を保有）。

Ｙ（被告，被控訴人，上告人）は，設立時から非常勤監査役，昭和47年９月から平成17年12月までＸ会社の常勤取締役を務めた。

421

第3章　企業統治に関する裁判例

　X会社では役員の退職慰労金の算定基準等に係る内規を定めており，それによれば退職慰労金の支給は常勤取締役および常勤監査役に限り，普通退職（任意退職）の場合の退職慰労金の額は退職時の報酬月額に在任期間の年数を乗じた額とする旨の定めがあった。

　［b］ところで，X会社においては，退任取締役に対する退職慰労金は，通常は，事前の株主総会の決議を経ることなく，代表取締役が，経理部の担当者に退職慰労金の額を算定させ，それを退任取締役に送金し，次期の定時株主総会において，支給済みの退職慰労金の額を退任取締役ごとに明らかにして，計算書類の承認を受けるという手続で支給されていた。

　［c］X会社代表者Bは，平成18年2月ころ，Yに対し，退職慰労金を支給しない意向を告げた。そこで，Yが，弁護士を通じ，同年3月2日付けの内容証明郵便をもって，本件内規に基づく退職慰労金の支給をするよう催告をしたところ，同月13日，X会社から，本件内規に従って算定された額である4745万6433円が送金されたが（これを「本件送金」といい，本件送金に係る金員を「本件金員」という），本件送金は，株主総会の決議も，X会社代表者Bの決裁も経ずにされたものであり，本件送金後に開催された定時株主総会において承認を受けた計算書類においても，Yに対して支給された退職慰労金の額は明らかにされていない。

　［d］X会社は，平成18年10月3日，民事再生手続開始の決定を受けた。X会社は，平成19年2月21日，Yに対し，同月20日付けの内容証明郵便をもって，本件送金は適法な退職慰労金の支給とは認められないとして，本件金員の返還を求めたが，Yはこれを拒否した。Yは，本訴において，本件請求は信義則に反し，権利の濫用に当たるなどと主張している（以下，この主張を「信義則違反等の主張」という）。

　［e］第1審判決（東京地判平成20年5月19日金判1338号30頁）は，一旦X会社からYに対して退職慰労金として送金した本件金員の返還を求めるのは，信義則に違反するとして，X会社の請求を棄却した。これに対して，原審（東京高判平成20年10月30日金判1338号28頁）は，X会社の株主総会における決議がなかったのであるから，Yに対する退職慰労金の支給は認められず，退職慰労金支給は，その法的根拠を欠くとして，X会社はYに対し送金額相当の金銭

422

を支払うよう判示した。

　［2］判　旨

　最高裁は，次のように判示して原審判決を破棄・差し戻した。

　「Yに対し退職慰労金を支給する旨の株主総会の決議等が存在しない以上は，Yには退職慰労金請求権が発生しておらず，Yが本件金員の支給を受けたことが不当利得になることは否定し難いところである。しかし，前記事実関係によれば，X会社においては，従前から，退任取締役に対する退職慰労金は，通常は，事前の株主総会の決議を経ることなく，上記…記載の支給手続によって支給されており，発行済株式総数の99％以上を保有する代表者が決裁することによって，株主総会の決議に代えてきたというのである。そして，Yが，弁護士を通じ，平成18年3月2日付けの内容証明郵便をもって，本件内規に基づく退職慰労金の支給をするよう催告をしたところ，その約10日後に本件金員が送金され，X会社においてその返還を明確に求めたのは，本件送金後1年近く経過した平成19年2月21日であったというのであるから…本件送金についてX会社代表者の決裁を経たものと信じたとしても無理からぬものがある。また，X会社代表者が，上記催告を受けて本件送金がされたことを，その直後に認識していたとの事実が認められるのであれば，X会社代表者において本件送金を事実上黙認してきたとの評価を免れない。さらに，Yは，Yが従前退職慰労金を支給された退任取締役と同等以上の業績を上げてきたとの事実も主張しており，上記各事実を前提とすれば，Yに対して退職慰労金を不支給とすべき合理的な理由があるなど特段の事情がない限り，X会社がYに対して本件金員の返還を請求することは，信義則に反し，権利の濫用として許されないというべきである。」

　⑷　コメント

　同族会社や中小閉鎖的会社においても，会社法361条1項が適用されるため，定款の規定または株主総会の決議によって報酬の金額が定められなければ，取締役は会社に対して報酬を請求することはできない。したがってこれらの手続を取るべきであるが，日本では中小会社がほとんどであり，厳格に手続を遵守していないケースもみられる。しかも三1⑴で述べたように取締役・株主間に対立状態がなく事後的に問題とならないケースが一般的である。そのため，役

第3章　企業統治に関する裁判例

員の側から報酬（特に退職慰労金）相当額の支払を求める方法の可否がしばしば争われてきた。

　これについては個別事案ごとに支給の可否を判断することになるが，①否定する裁判例（大阪高判平成16年2月12日金判1190号38頁）と，②株主総会の決議と同視できる株主の同意がある場合，上記報酬規制を形式的に適用して無効とする必要がないため，報酬の支給を認めることができる等として肯定する裁判例がある 。②の例としては，二人会社で退職慰労金分配約束に関して取締役でもある両株主の意思が合致している場合[11]，オーナー取締役が退任取締役に対し事前に支給約束（支給基準の作成）をしたことが総会で決議を成立させる旨の一種の議決権拘束契約が成立したと考えられる場合[12]，慣行化された手続を経て決定され実質的株主の利益が害されない場合[13]，等が挙げられていた。

　〔判例④〕佐賀地判平成23年1月20日と〔判例⑤〕最判平成21年12月16日も②の例に連なるものである。すなわち，〔判例④〕は，退職慰労金支給内規の定めがあり，過半数を超える支配的株主が退職慰労金を支給する旨を説明したにもかかわらず不支給決議を主導した場合には退任取締役に対して不法行為責任が生じるとし，〔判例⑤〕は，99%以上を保有する代表者の決裁によって株主総会の決議に代えて退職慰労金の支給がなされ，その約1年後に返還請求することは，信義則に反し，権利の濫用として許されないと判示したものである。

　さらに（本稿では詳しく扱うことはできないが），〔判例⑥〕大阪高判平成21年3月12日判時2075号133頁[14]（株主総会等の開催はせずに会社の事業（遺産分割未了の相続財産でもある）を実質株主が決定していた場合には，取締役として職務を執行していない者でも，取締役報酬の実質が会社の不動産の収益の分配であるという性格を免れないとして，信義則上取締役報酬名目の金銭の支払を拒むことはできないとされた事例）や，〔判例⑦〕東京地判平成25年8月5日金判1437号54頁[15]（同族会社において，株主総会決議を経ないで取締役の報酬が支払われた場合であっても，株主総会決議に代わる全株主の同意があった場合には，会社法361条1項の趣旨目的を没却するような特段の事情が認められない限り，役員報酬の支払は適法有効なものになるとされた事例）も，判例の同じ系譜に連なるものといえよう。

424

2 事後に株主総会決議がなされた事例

(1) はじめに

通常は事前に報酬支給の株主総会決議を行うが，それができなかった場合に，その事後処理として事後に株主総会決議を行う方法は有効であるかどうかがしばしば問題となる。すなわち，取締役への報酬支給を事後追認する株主総会決議の有効性である。それを行った場合に，役員報酬決議には遡及的効力が生じるのか否かが争われたのが，〔判例⑧〕東京地判平成27年5月26日金法2034号84頁[16]である。

(2) 事案の概要

〔1〕Y1株式会社は，日用品雑貨等の販売業等を目的とする株式会社（公開会社）であり，発行済株式総数3万株，取締役会設置会社かつ監査役設置会社である。Y1会社の定款16条は，「取締役及び監査役の報酬は株主総会の決議により定める」と規定している。実際には，Y1会社は，A，Y2，Y4およびY5が現実に働くことにより雑貨等の販売および貸しビル業を営み，収益を維持してきた家族会社であった。

Aは，平成14年4月1日以前から平成24年9月8日までY1会社の取締役および代表取締役を務めたが，同日死亡した。Y2（Aの妻）は，平成14年4月1日以前から平成23年5月29日と平成25年5月31日以降取締役である（なお平成24年10月18日の株主総会で取締役に就任したが，別訴で取消判決が確定した）。Y3はAの長女である。Y4（Aの二女）は平成23年5月29日から取締役，平成24年10月18日以降代表取締役である。Y5（Aの長男）は，平成14年6月10日以降取締役である。

Y1会社の株式保有状況は，Yら側が1万7070株（Y2：5685株，Y3：3795株，Y4：3795株，Y5：3795株）である。他方，X1は5700株，X2は7100株を保有する。その他，Bが100株，Cが30株である。

〔2〕Y1会社は，平成14年4月から平成25年3月までの間に，A，Y2〜Y5に対して，総額6956万円（年額では960万円以下）を支給してきたが，支給のために必要とされる株主総会決議がなされてこなかった（会社法361条，Y1会社定款16条）。

〔3〕X1・X2は，平成26年3月27日，Y2〜Y5に対して，代表取締役A，

425

第3章　企業統治に関する裁判例

（代表）取締役Y4，取締役Y5が支給された報酬相当額の損害をY1会社に
与えたとして，平成17年改正前の商法266条1項または会社法423条1項に基づ
く損害賠償請求（株主代表訴訟）を提起した。

これに対して，平成26年6月24日，Y1会社の臨時株主総会において，Y1
会社の株主8名中7名が出席し，Aらに対する取締役報酬の支払を追加承認す
る議案が審議された。X1・X2・Bは反対したものの，Y2らの賛成により
当該議案は可決された。

(3)　判　旨

東京地裁は，次のように述べて株主総会の追認決議の有効性を認めた。

「Y1会社においては，基本的には，株主総会の決議によって取締役報酬の
額等を定めた上で行うことを要する（定款16条…会社法361条1項）。

しかしながら…会社法361条1項がそのように規定している趣旨目的は，取
締役又は取締役会によるいわゆるお手盛りの弊害を防止し，取締役報酬の額等
の決定を株主の自主的な判断に委ねるところにあると解されるところ，株主総
会の決議を経ずに取締役報酬が支払われた場合であっても，これについて後に
株主総会の決議を経ることにより，事後的にせよ上記の趣旨目的は達せられる
ものということができるから，当該決議の内容等に照らして上記の趣旨目的を
没却するような特段の事情があると認められない限り，当該取締役報酬の支払
は株主総会の決議に基づく適法有効なものになるというべきである（最高裁…
平成17年2月15日判決・判タ1176号135頁参照）。

そして，本件各支払のうち本件問題支払以外の支払については，その後，こ
れを承認する旨の本件決議が行われている。」

X1・X2は，本件決議について上記の特段の事情がある旨主張するが，「X
1・X2の主張内容及び本件全証拠によっても，本件決議による本件各支払の
承認について…会社法361条1項の趣旨目的を没却するような特段の事情があ
ると認めることはできない。」

(4)　コメント

株主が取締役への報酬支給の公正さを判断するとの観点から定款の定めや株
主総会の決議が必要であるところ，株主総会の決議をいつの時点で行うべきか
は明文で定められていない。そのため，報酬支給後に事後の株主総会で追認で

426

きるか問題となる。

　これに関する先例として，〔判例⑧〕が引用する最判平成17年2月15日が参考になる。この判決は，事後的な株主総会決議でも有効であるとする。これは，一2で述べた取締役の報酬規制（会社法361条）の制度趣旨は，取締役についてはお手盛りの弊害防止であって，報酬額の決定は株主の自主的な判断に委ねられている。そのため，事後的であっても株主総会の決議を経ればこの制度の趣旨目的は達成されるとするものである。

　その際，〔判例⑧〕が「趣旨目的を没却するような特段の事情があると認められない限り」は適法なものになると判示しているが，この事例ではXらの責任追及訴訟がなされた後で事後決議がされているため，同訴訟の却下目的で事後決議がなされた場合が「特段の事情」に当たるかが問題となろう。しかしそれには当たらないと考えるべきである。なぜなら，事後的決議には遡及的効力が認められることとなるため，役員報酬の支払は有効になればY1会社の損害とはならず，Xらの責任追及等の訴えは却下される[17]。事後の決議が無効だとすると，報酬支給の適法化を図ることは永久にできないことからすれば，事後の総会決議の効力を肯定すべきである[18]。

　このようなことが考慮できる点で，〔判例⑧〕は最判平成17年2月15日に従いつつ「特別の事情」の意義をより明らかにした裁判例ということができよう。

※本研究は科研費科学研究費基盤研究（C）「株式会社監査の公監査的再構成」（課題番号 26380131）の研究成果の一部である。

〔注〕

(1)　無償委任説。大阪高判昭和43年3月14日金判102号12頁，江頭憲治郎『株式会社法（第6版）』（有斐閣，2015年）445～446頁。

(2)　この判例の評釈として，大久保拓也「判批」税経通信59巻6号（2004年）189頁。

(3)　〔判例①〕東京高判平成20年9月24日の評釈として，松阿彌隆「判批」別冊判タ29号（2010年）186頁，小林俊明「判批」ジュリ1421号（2011年）114頁等がある。

(4)　〔判例②〕最判平成22年3月16日の評釈として，中村信男「判批」金判1346号（2010年）7頁，弥永真生「判批」ジュリ1400号（2010年）126頁，木下崇「判批」速報判例解説8号（2011年）147頁，中村康江「判批」ジュリ1420号（2011年）134頁，黒石英毅「判批」永井和之ほか編『会社法新判例の分析』（中央経済社，2016年）146頁等がある。

(5)　ここにいう「株主が推知し得る状況」とは，①書面または電磁的方法による議決権行

使がなされる会社（会社法301条，302条）では，株主総会参考書類に当該基準の内容を記載するか，または，②当該基準を記録した書面等を本店に備え置いて株主の閲覧に供する等，各株主が当該基準を知ることができるような適切な措置が講じられていることをいい（会社法施行規則82条，82条の2），それ以外の会社でも株主が本店で請求すれば基準の説明を受けられる措置を講じておかなければ，一任決議が無効になる可能性がある。なお，株主総会の議場で株主から支給基準について説明を求められた場合には，基準を閲覧できる状況になっていても，取締役は説明しなければならない（東京地判昭和63年1月28日判時1263号3頁）。

⑹　この判決による限り，減額・不支給の可否の決め手となるのは，当該取締役の「同意」の有無ということになる。もっとも，黙示の同意の存在が認められる余地があるか否かは慎重に考慮する必要がある（これを肯定するものとして，東京地判平成2年4月20日判時1350号138頁）。

⑺　〔判例③〕東京地判平成19年6月14日の評釈として，拙稿「判批」商事法研究52号（2007年）9頁，木村真生子「判批」ジュリ1391号（2009年）155頁等がある。

⑻　A会社は，8名の株主中からなり，大株主が取締役を兼ねる小規模の会社であり，情報システムの企画・設計・管理運営を主要な目的としているから，同族会社というよりはむしろ情報システムの知識を有する者（友人同士）が設立した会社ではないかと思われる。そのため株主（取締役）間の信頼関係が重要な会社であるといえる。このような会社のため，取締役会や株主総会の運営はかなり柔軟に行われていたようである。

⑼　〔判例④〕佐賀地判平成23年1月20日の評釈として，木下崇「判批」金判1423号（2013年）2頁，山下典孝「判批」新・判例解説Watch13号（2013年）121頁，小林量「判批」リマークス47号（2013年）82頁等がある。

⑽　〔判例⑤〕最判平成21年12月16日の評釈として，拙稿「判批」商事法研究81号（2010年）15頁，秋坂朝則「判批」速報判例解説7号（2010年）139頁，弥永真生「判批」ジュリ1393号（2010年）36頁，北村雅史「判批」リマークス42号（2011年）86頁，菊池秀雄「判批」金判1356号（2011年）2頁，潘阿憲「判批」永井ほか前掲注⑷138頁等がある。

⑾　大阪地判昭和46年3月29日は，法人成りした株式会社の全株主（AおよびX）が同意している場合において，Y会社の代表取締役Aが同社の従業員兼取締役であるXとの間で従業員退職金および取締役退職慰労金を分配することを約束したときには，株主総会決議がなくともこの契約は無効ではないとした。

⑿　京都地判平成4年2月27日は，ワンマン会社で株主総会が開催されたことのないY会社が，退任取締役Xに，株主総会の決議という形式ではないが退職慰労金の支給を決定し，その旨を通知し，同社の損益計算書に計上した上で法人税の申告も行った場合には，退職慰労金支給承認の株主総会決議を行わなかったとの手続違背のみを理由に，その支給を拒絶することは衡平の理念からして許されない，とした。

⒀　東京高判平成15年2月24日は，株主総会の決議はないから違法ではあっても事実上株主の了解を得て慣行とされてきた手続を経て，退任した役員への退職金支給決定がされ，それによって実質的に株主の利益が害されないなど特段の事情が認められる場合には，株主総会の支給決議の欠缺を理由に退職慰労金の支払を拒むことは信義則上許されない，とした。

⒁　〔判例⑥〕大阪高判平成21年3月12日の評釈として，新津和典「判批」金判1363号（2011

年）9頁，品谷篤哉「判批」商事1985号（2012年）47頁等がある。

⒂　〔判例⑦〕東京地判平成25年8月5日の評釈として，福島洋尚「判批」金判1445号（2014年）2頁，藤原俊雄「判批」新・判例解説Watch15号（2014年）127頁，弥永真生「判批」ジュリ1463号（2014年）2頁，伊藤雄司「判批」ジュリ1476号（2015年）92頁等がある。

⒃　〔判例⑧〕東京地判平成27年5月26日の解説として，大久保拓也「取締役への報酬支給を追認する株主総会決議の効力」Monthly Report88号（2016年）34頁がある。

⒄　大久保拓也「判批」税務事例39巻2号（2007年）66頁。

⒅　松嶋隆弘「判批」判タ1215号（2006年）175頁。

第3章　企業統治に関する裁判例

Ｍ＆Ａと取締役の義務

日本大学大学院法務研究科助教　**金澤　大祐**

Ⅰ　はじめに

　本稿では，Ｍ＆Ａの分野のうち，近時注目すべき裁判例が相次ぎ，学説上も議論が生じているMBOにおける取締役の義務について検討し，MBOにおける取締役の義務について，未解明の問題点を明らかにすることを目的とする。

　そもそも，MBOとは，現在の経営者が資金を出資し，事業の継続を前提として対象会社の株式を購入することをいう[1]。わが国における上場会社のMBOは，平成26年会社法改正以前，第１段階として，取締役等経営者らが自社株式の公開買付けを行い，株主総会の特別決議に必要な議決権数まで取得し，第２段階として，全部取得条項付種類株式（171条１項）を用いて，強制的に株式を取得するという２段階の手続を踏んで行われていた。もっとも，平成26年会社法改正後は，支配株主が第１段階の公開買付けで対象会社株式の90％以上を取得すれば，株式等売渡請求制度（179条１項）によって，第２段階における株主総会決議を省略してMBOを行うことが可能となった。株式等売渡請求制度においては，対象会社の取締役の承認が求められており（179条の３），その承認に際して，取締役には少数派株主の保護が求められている[2]と解されている[3]。

　また，会社の経営者が自社株式を取得することになるMBOには，取締役側が自社株式を取得することから，取締役につき，①構造的な利益相反が生じ，

430

②株式の売却側である株主との間に情報の非対称性が存在することなどの問題点が指摘されており⁽⁴⁾，少数派株主保護のために，MBOの対象会社の取締役に義務を課す必要が生ずる。

MBOにおける取締役の義務が問題となった裁判例として，レックス・ホールディングス損害賠償請求事件高裁判決（以下「レックス事件判決」という）⁽⁵⁾及びシャルレ代表訴訟事件高裁判決（以下「シャルレ事件判決」という）⁽⁶⁾がある⁽⁷⁾。本稿では，レックス事件判決においては，公正価値移転義務及び適正情報開示義務，シャルレ事件判決においては，善管注意義務違反が認められた義務及び情報開示義務に限定して検討し，現在のMBOにおける取締役の義務に関する議論を紹介して，未解明の問題点について明らかにすることとする。

Ⅱ　レックス事件判決

1　事実の概要

A社（株式会社レックス・ホールディングス）は，Y_2によって創業され，外食産業に参入し，A社の株式（以下「A株」という）は，平成16年12月，ジャスダックにおいて上場された。

A社は，急激に事業を拡大したが，収益が鈍化するなどの経営上の問題が生じた。そこで，Y_2は，経営改善策として，MBOを検討するようになり，平成18年7月14日，投資ファンドとの間で，SPCが①A株の公開買付け（以下「本件公開買付け」という）を行い，②全部取得条項付種類株式を用いてA株を取得し，③端株を任意売却して，その売却代金を残存株主に交付するMBO（以下「本件MBO」という）に関する「基本合意書」（以下「本件基本合意書」という）を取り交わした。本件基本合意書に基づき，Y_1社（株式会社AP8。後に商号を株式会社レックス・ホールディングスに変更）が設立された。

A社は，平成18年8月21日，適時開示規制に基づき，特別損失33億9000万円の発生及び同年12月期の連結業績予想の下方修正を発表した（以下「8月プレス・リリース」という）。なお，8月プレス・リリースの段階で本件MBOの準備が具体的に進められていたという情報（以下「本件情報」という）は公表されていなかった。8月プレス・リリースの公表により，A株の株価は，一時，

431

第3章　企業統治に関する裁判例

8月プレス・リリース公表前の半分以下にまで下落した。

　A社は，B社（アビームM＆Aコンサルティング株式会社）より平成18年11月9日，A株につき，市場株価法で19万3000円から20万7000円，類似会社比準法で16万3000円から18万9000円，DCF法で19万3000円である旨の「株主価値評価算定書」（以下「B評価書」という）と，23万円というTOB価格は本件MBOと類似する株式非公開化取引におけるTOB価格と比較すると，積極的に妥当であると判断するまでの水準には至らないものの，その他の算定方式によって得られた算定結果等を総合的に勘案し，かつ業績予想追加修正の不可避性を必須の要件として，A社株主にとって財務的見地から妥当であると判断する旨の「意見書」（以下「B意見書」という）の提出を受けた。

　A社取締役会は，同月10日，「B評価書」及び「B意見書」並びに法律事務所の意見等を踏まえ，買付価格（23万円）を含む本件公開買付けの諸条件は妥当と判断し，本件公開買付けに賛同の意見を表明する（以下「本件賛同意見表明」という）旨の決議をした。

　Y₁社は，本件公開買付けによって，A社の発行済株式総数の91.51％の株式を保有するに至った。そして，A社は，全部取得条項付種類株式を用いた株主の締出しに必要な定時株主総会及び普通株主による種類株主総会の承認を得て，平成19年5月9日，全部取得条項付種類株式を株主から1株当たり，23万円で取得した。Y₁社は，同年9月1日，A社を吸収合併し，商号を変更した。

　A社の全部取得条項付株式の取得決議に反対するA社株主らは，裁判所に対し，会社法172条1項に基づき，A社発行に係る全部取得条項付株式の取得価格の決定を申立てた。

　かかる申立てに対し，高裁は，8月プレス・リリースにつき，意図的な株価操作がなされたことまでは認定しなかったものの，特別損失の計上及び業績予想の下方修正に説明不足があったことから，市場において，実態よりも悲観的な受け取られ方をされるおそれが大きかったとして，①株式の客観的価値を独自に算定した（東京高決平成20年9月12日金判1301号28頁。以下「別件決定」という）。また，別件決定は，②株価の上昇に対する期待につき，Y社が取得していた事業計画や株価算定評価書が裁判所に提出されなかったことを踏まえ，他のMBOの事案を参考に，株式の客観的価値の20％とした。そして，別

432

件決定は，公正な価格は33万6966円（①28万0805円＋②5万6161円）とした。なお，最高裁（最決平21・5・29金判1326号35頁）において，田原補足意見は，「公正な価格」は，①MBOが行われなかったならば株主が享受しうる価値と，②MBOの実施によって増大が期待される価値のうち株主が享受してしかるべき部分とを合算して算定すべき旨を述べている。

A社の株主であったXらが，A株1株の適正な取得価格33万6966円と，実際の取得価格である23万円の差額，10万6966円の損害が生じたとして，Y₁社に対しては会社法350条または民法709条に基づく，A社の取締役であったY₂～Y₅（以下「Y₂」らという），監査役であったY₅Y₆に対しては会社法429条1項に基づく損害賠償請求を求めたのが，レックス事件である。

原審は，主に，取締役がMBOにおける利益相反を解消したか否かという観点から検討し，結果として，取締役の義務違反を否定している（東京地判平成23年2月18日金判1363号48頁）。

2 判 旨

東京高裁は，以下のように判示し，Xらの控訴を棄却した。

(1) 公正価値移転義務について

「MBOにおいて，株主は，取締役（及びこれを支援するファンド）が企業価値を適正に反映した公正な買収価格で会社を買収し，MBOに際して実現される価値を含めて適正な企業価値の分配を受けることについて，共同の利益を有するものと解されるから，取締役が企業価値を適正に反映しない安価な買収価格でMBOを行い，旧株主に帰属すべき企業価値を取得することは，善管注意義務に反するというべきである。

したがって，取締役及び監査役は，善管注意義務の一環として，MBOに際し，公正な企業価値の移転を図らなければならない義務（以下，便宜上「公正価値移転義務」という。）を負うと解するのが相当であり，MBOを行うこと自体が合理的な経営判断に基づいている場合…でも，企業価値を適正に反映しない買収価格により株主間の公正な企業価値の移転が損なわれたときは，取締役及び監査役に善管注意義務違反が認められる余地があるものと解される。」

「8月プレス・リリースが株価操作であるとのXらの主張の当否にかかわら

ず，B評価書の評価は，結論として，第三者によるＡ社の企業価値についての一つの客観的で合理的な評価として排斥し難いものと認められる。適正な買収価格に一定の幅があることは，前記説示のとおりであり，類似会社比準法及びDCF法からは十分なプレミアム水準とされる本件公開買付価格が，本件MBO当時のＡ社の企業価値を反映した株式価格ではなかったと認めることはできない。」

(2) 適正情報開示義務について

「本件MBO当時においても，取締役は，善管注意義務の一環として，株式公開買付けにつき会社として意見表明をするときは，当該意見表明において，株主が株式公開買付けに応じるか否かの意思決定を行う上で適切な情報を開示すべき義務を負っていたと解するのが相当であり，例えば，賛同意見表明において，株主の判断のために重要な事項について虚偽の事実を公表したり，又は公表すべき重要な事項若しくは誤解を生じさせないために必要な重要な事実の公表をしなかった場合には，善管注意義務違反の問題が生じるものというべきである。」

「Y₂らが，本件賛同意見表明の段階において，本件情報及びこれによって生じるであろう株価操作の疑いを払拭する情報を開示しなかった点については，適正情報開示義務違反があった（本件適正情報開示義務違反）と認めるのが相当である。」

「Y₂らには，本件賛同意見表明の段階における情報開示について，本件適正情報開示義務違反があったと認められるが，これにより，Ｘらに損害が発生したと認めることはできない。」

3 解 説

(1) レックス事件判決の意義

レックス事件判決は，MBOに際して，MBOの対象会社の取締役が対象会社株式の取得価格を下げるために株価操作をした疑いが生じ，対象会社の株主が対象会社の役員に対して，会社法429条１項に基づく損害賠償請求を求めた事案についての控訴審判決である[8]。レックス事件判決は，MBOにおける取締役の具体的な義務として公正価値移転義務と適正情報開示義務を認め，適正情報

開示義務違反を認めた初めての判決であり，極めて重要な意義を有する[9]。

　レックス事件判決で述べられた公正価値移転義務は，平成26年改正会社法で新設された株式売渡請求制度を用いた上場会社のMBOのみならず，他のキャッシュ・アウトや企業再編一般にも妥当する可能性がある[10]。

(2)　公正価値移転義務について

　レックス事件判決は，MBOにおいて，取締役は，善管注意義務の一環として，公正価値移転義務を負う旨を判示し，買付価格算定の根拠となったB評価書につき，B社のY₂らとの中立性，B評価書の算定方法の合理性，B意見書が前提としているA社の業績の下方修正されていることを考慮して，公正価値移転義務違反を否定している[11]。

　Y₂らによる株価操作が認定できず，A社の業績が急激に悪化していることを踏まえると，B意見書の合理性を認めて公正価値移転義務違反を否定したレックス事件判決の結論は支持できる[12]。

　レックス事件判決の「公正価値移転義務」は，別件決定の上告審における「公正な価格」と同様の内容であると学説上評価されている[13]。この点，上場会社のMBOにおける株主総会決議の取消事由該当性の判断[14]との整合性，上場会社のMBOにおける少数派株主の保護の本質は，適正な企業価値の分配にあること，MBOにおける取締役の行為規範の明確化の観点から，「公正価値移転義務」の「公正価値」の内容は，価格決定における「公正な価格」と同一の内容と解すべきである[15]。

　MBOにおける取得価格決定の事案について，近時の最高裁は，①「一般に公正と認められる手続」を経て，②公開買付価格と同額で取得した場合には，③特段の事情のない限り，裁判所は，現実の買収価格（公開買付価格）をもって，「公正な価格」と決定するのが相当である旨を判示している[16]。そのため，「公正価値移転義務」の「公正価値」の内容が同一であれば，MBOにおいて取締役が負う公正価値移転義務の違反の有無についても，「一般に公正と認められる手続」がとられているか否かで判断することになろう[17]。もっとも，レックス事件においては，A社による株価操作の疑いが生じており，手続の公正さが認められなかったため，裁判所が手続面のみならず，価格の公正さまで踏み込んで判断する必要があったといえる[18]。

435

第3章　企業統治に関する裁判例

　また，別件決定とレックス事件判決とでは，同一の事案にもかかわらず，公開買付価格の評価が異なっている。もっとも，別件決定の事案においては，Xらが，A社を承継したY₁社側に対して，再三にわたり事業計画と株価評価書を提出するように求めたにもかかわらず，Y₁社側がこれを拒否している。他方，レックス事件判決の事案においては，Y₁社側より，B意見書及びB評価書が提出されている。別件決定とレックス事件判決とでは，Y₁社側の訴訟戦略の違いによって，取得価格に対する評価の差異が生じているといえる[19]。また，非訟でも訴訟に近い性質を有する価格決定については，非訟事件手続法の改正により当事者の手続保障の拡充が図られており，訴訟である損害賠償請求と非訟である価格決定についての違いは，今日においては，少なくなっている[20]。したがって，本決定と本判決の取得価格の評価に対する差異は，「公正価値移転義務」と「公正な価格」の内容が異なることを意味しない。

(3)　**適正情報開示義務**について

　本判決は，取締役が賛同意見表明を行う場合，株主が株式公開買付けに応じるか否かの意思決定を行う上で適切な情報を開示すべき義務を負い，公表すべき重要な事項を公表しなかった場合には，善管注意義務違反の問題が生じるとして，取締役の適正情報開示義務違反を認めつつ，株主に損害が発生していない旨を判示している。

　レックス事件判決の適正情報開示義務に対しては，公正価値移転義務と切り離して適正情報開示義務違反のみによる損害を証明することは困難であり，両義務を截然と区別すべきであるのか，立法論をも含めた検討を要するとの批判[21]がある。

　公開買付価格や取得価格を不公正にするような行為に関する情報開示義務違反については，「一般に公正と認められる手続」がとられているか否かの判断に含まれるため，公正価値移転義務内での考慮も可能である。現に，別件決定は，「公正な価格」の判断に際して，取締役の適正な情報開示がなされたかを検討している。

　したがって，レックス事件判決が述べる適正情報開示義務は，公正価値移転義務の判断に内包されるべきである[22]。

Ⅲ　シャルレ事件判決

1　事実の概要

　A社（株式会社シャルレ）は，昭和50年に設立され，主として，女性用下着の試着販売を行うことを主たる営業形態とした委員会設置会社（現・指名委員会等設置会社）であり，平成20年当時，その株式（以下「A株」という）を大阪証券取引所市場第2部に上場しており，創業家一族及びその資産管理会社がA株の総議決権数の55％以上を保有していた。

　A社は，時代の変化に伴い，販売形態が社会情勢にそぐわなくなり，売上げが平成8年をピークに減少し続けた。そこで，A社のBらは，A社創業者の長男であるY₁に対し，A社の当時の経営陣を退陣させ，C社をアドバイザー，D社をパートナーとして行うMBO（以下「本件MBO」という）を提案し，Y₁は，C社との間で，C社をアドバイザーとする合意をした。そして，平成19年6月27日，A社の定時株主総会において，経営陣が刷新され，Y₁が代表執行役兼取締役，Y₁の母Y₂（以下，Y₁及びY₂を併せて「Y₁ら」という）が取締役，Y₃〜Y₅（以下，Y₃〜Y₅を「Y₃ら」という）が社外取締役，Bを含む3名が執行役となった。

　Bは，本件MBOのプロジェクトの責任者として，本件MBOを実施すべく，適正買付価格算定機関であるE社（株式会社KPMG）に対し，A株の株価算定を依頼したところ，E社より，平成20年7月30日付で，DCF法で1104〜1300円，株式市価法で528〜544円，株価倍率法（類似会社比準法）で897〜1129円とする算定結果のドラフトが開示された。他方，A株の公開買付け（以下「本件公開買付け」という）のために，D社により設立されたF社がA株の株価算定をG社に依頼したところ，DCF法で646〜908円，市場株価法で498円〜600円，類似会社比準法で599〜855円との算定がなされた。

　Y₁は，D社が本件MBOにおける公開買付価格（以下「本件公開買付価格」という）につき，700円を予定していることを認識し，E社とG社の株価算定結果に乖離が生じたことから，このままでは本件MBOが頓挫してしまうのではないかという危機感を抱いた。そこで，Y₁は，本件公開買付価格を700円と

437

すべく，Bに対し，社外取締役とのミーティングに際し，C社の代表者Hを同席させる必要がある旨及びE社による価格の説明に際しては，A社の顧問法律事務所であるI法律事務所の弁護士を同席させいない旨並びにE社がこれ以上算定結果を下げられないのであれば，DCF法を採用しないことや類似企業比較法において特定の企業を入れること及びE社がそれらを受け入れないのであれば，他の第三者評価機関に依頼することも検討すること等をメールにて指示した。ところが，Y₁は，公開買付価格の決定に関与することの法的リスクを避けるため，平成20年8月27日以降の取締役会会及び役員ミーティングに参加しないことをしたため，それ以降，Y₃らを中心に，E社によるA株の株価算定の資料となった7月22日付利益計画の見直しが行われた。

その後，A社は，本件MBOに関する法律意見書のドラフトをI法律事務所より交付を受けた。当該ドラフトには，8月31日付利益計画がE社算定書の提出された後に作成された点につき，Y₃らが善管注意義務に問われる可能性がある旨の記載があった。そこで，Y₃らは，平成20年9月7日，I法律事務所に対し，法律意見書の正本は不要である旨の回答をした。

平成20年9月16日，A社はD社らとの間で，本件公開買付価格を800円で合意し，同月18日，A社の創業家一族，D社，F社等の間で，解除請求権を含む本件MBO基本契約が締結され，創業家の資産管理会社の株式がF社に譲渡された。試算管理会社の株式の譲渡代金は，F社がJ銀行から融資を受けて支払われる予定であった。なお，D社らが800円という価格を受け入れたのは，創業家が保有していた資産管理会社の株式の譲渡価格を引き下げたためであった。また，同月19日，A社は，プレスリリースにおいて，F社の子会社が行う本件公開買付けに賛同の意見表明をしたが，その中に，「なお，当社取締役会は，平成20年6月より，本取引に法的論点に関する説明を弁護士法人I法律事務所からから受けております。」との記載があった。

ところが，平成20年10月16日以降，A社の法務部やI法律事務所等に対し，A社において本件公開買付価格の算定手続に違法な点があった旨の内部通報が寄せられた。そのため，A社において，第三者委員会や検証委員会が設置され，Y₁による利益相反行為の有無や株価算定を行う際の利益計画の検証が行われた。また，平成20年11月19日，J銀行がF社に対し，本件公開買付けに係る融

資を行わない旨を連絡し，Ａ社は，同年12月２日，プレスリリースにおいて，本件公開買付けについての不賛同表明を行った。そして，Ｆ社が本件MBO基本契約中の解除請求権を行使したため，創業家一族は，本件公開買付けの募集への応募を撤回し，本件公開買付けは不成立となり，本件MBOは頓挫した。

　そこで，Ａ社の株主であるＸが，Ｙ₁ら及びＹ₃らに対し，善管注意義務違反ないし忠実義務違反によりＡ社が無駄な費用を支出したとして，会社法423条１項，430条及び847条３項に基づき，５億円及びこれに対する遅延損害金の支払を株主代表訴訟で求めたのが本事案である。

　１審[23]においては，Ｙ₁らにつき，手続的公正性配慮義務違反が認められるとして，本件MBOの頓挫に至る過程において，それに関連して支出を余儀なくされた費用１億9706万9421円及び遅延損害金の支払が命じられたが，Ｙ₃らに対する請求は棄却された。

2　判決の要旨

Ｙ₁らにつき原判決変更，Ｙ₃らに対する控訴棄却

⑴　Ｙ１の善管注意義務違反

「取締役の義務は，株主との関係では，最終的には一般株主に対する公正な企業価値を移転することに尽きるから，企業価値の移転に係る公正な手続として想定される手続の一部が欠け，あるいは一部の手続に瑕疵があったとしても，最終的に公正な企業価値の移転がされていると認められれば，全体としては公正な手続が執られたと評価すべき場合はあろうし，仮に個々の行為に善管注意義務違反が認められたとしても，損害の発生がないことになり，損害賠償義務は発生しない。しかし，会社との関係を考えると，取締役が企業価値の移転について公正を害する行為を行えば，公開買付け，ひいてはMBO全体の公正に対する信頼を損なうことになり，会社は本来なら不要な出費を余儀なくされることは十分に考えられるから，取締役は，そのことによって会社が被った損害を賠償すべき義務を負うべきものと解される。このように，公開買付けあるいはMBOにおいて，企業（株式）価値の移転について取締役が負う公正性に関する義務は，会社に対する関係と株主に対する関係では異なる点があることに留意すべきである。」

439

第3章　企業統治に関する裁判例

「Y₁は，買付者側の想定価格である700円に近づけるため，根拠のない，あるいは根拠の薄弱な利益計画による数字合わせを図り，算定手法の選択や類似業者の選定に係るE社の算定方法に不当に介入してその独立性をも脅かしたものと認められる。以上のようなE社に対する株式価値の算定に対する介入が，許される限度を超え，MBOにおける取締役としての善管注意義務に違反するものであることは明らかである。

　また，Y₁は，Bに対し，8月12日の役員ミーティングにHを同席させ，株価算定についての議論にI法律事務所の弁護士の同席をさせないように指示しているが，これも本件各メールの送信等と同様に，A社が買付者側と交渉する際に，買付者側の想定していた株価に近づけるよう，Y₃ら社外取締役を誘導するためにされたものと認めるのが相当であり，善管注意義務に違反する上記の行為の一環をなす行為と評価することができる。」

(2)　情報開示義務

「9月19日付け賛同意見表明において，Iドラフトが上記利益計画の変更についてY₃らが善管注意義務違反に問われる可能性が十分にあると指摘した事実及びY₃らがこのような指摘のある法律意見書の正本の受領を拒否した事実を記載しなかったことは，一般株主のA社の株式価格についての判断を誤らせるものとはいえず，上記各事実は，「公表すべき重要な事実」，「誤解を生じさせないために必要な事実」には当たらないと解するのが相当である。」

3　判例の解説

(1)　シャルレ事件判決の意義

　シャルレ事件判決は，MBOに際して，取締役が公開買付価格を不当に低くするように働きかけ，MBOが頓挫した事案において，株主が取締役に対して，MBOに際して会社が支出した費用の損害賠償を求めて株主代表訴訟を提起した事案の控訴審判決である[24]。

　シャルレ事件判決は，レックス判決における公正価値移転義務との整合性を図りつつ，MBOが頓挫した場合における取締役の善管注意義務違反を肯定し，取締役の対会社責任を認めた事例として意義を有する。

　なお，本稿においては，Y₁の責任に限定して検討する。

440

(2) 善管注意義務違反について

シャルレ事件判決は，原判決と異なり，MBO完遂尽力義務[25]及び手続的公正性配慮義務に言及せず[26]，Y_1がBに対しメールにて，①E社がこれ以上算定価格を下げた算定書を提出できないにもかかわらず，DCF法の不採用や株価倍率法による対象業者の拡大を指示し，E社がそれらを受け入れないのであれば，他の第三者機関に株価の算定を依頼することも検討することを伝えたこと（しかも，そのことがBを介してE社に伝わっていた），及び，②8月12日の役員ミーティングに，創業家のアドバイザーC社の代表者Hを同席させ，株価算定の議論にI法律事務所の弁護士を同席させないように指示したこと（実際に，役員ミーティングにて，Hは同席し，I法律事務所の弁護士は同席しなかった）につき，MBOにおける取締役の善管注意義務違反を認めた。シャルレ事件判決は，原判決に比して，Y_1の善管注意義務違反となる具体的な行為につき，明確にしているといえる。すなわち，Y_1からBに対する①の指示は，公開買付価格を買付者側の想定価格である700円に近づけるために行っているものであり，そのような指示が認められると，株価算定機関であるE社の独立性が損なわれ，Y_1の言いなりの株価算定書の作成を認めることになり，MBOにおける公開買付価格の公正さを害する[27]。また，Y_1からBに対する②の指示は，A社の社外取締役Y_3らに対し，買付側のアドバイザーC社の代表者Hによる説明のみが行われ，E社の算定書と買付側の算定書の問題点について，弁護士の見解を得る機会を奪うことによって，MBOにおける公開買付価格を買付者側の想定価格700円へと誘導するものといえ，MBOにおける公開買付価格の公正さを害する[28]。さらに，本件MBOは，J銀行より融資を受けて行うものであり，MBOに際して用いることができる予算に限度があったと考えられるが，本件公開買付価格は，最終的には，創業家が保有していた資産管理会社の株式の譲渡代金を引き下げることによって800円となっており，そもそも700円以上でも可能であった。Y_1からBへの①②指示は，いずれも，公開買付価格の公正さを害する行為であり，本判決は，Y_1の善管注意義務違反となる具体的な行為として，公開買付価格の公正を害するような行為のみを認定している。

では，MBOにおいて，取締役が公開買付価格の公正を害するような行為を会社に対する善管注意義務違反としてよいか。この点につき，学説上は，取締

役の会社に対する義務として，公開買付価格決定のプロセスの公正さが確保されようにすべき義務を認めることに肯定的な見解が多い[29]。上場会社のMBOにおいては，株主に対し，強制的な締出しの対価として，適正な対価を交付することが重要であり[30]，本判決の述べるとおり，「取締役が企業価値の移転について公正を害する行為を行えば，…会社は本来なら不要な出費を余儀なくされ」，会社が損失を被ることもあるため，公開買付価格の公正を害するような行為を会社に対する義務としても，正当化されうる[31]。

シャルレ事件判決は，MBOにおける取締役の義務につき，株主との関係では，手続に瑕疵があっても，最終的に公正な価値の移転が認められれば，株主に損害がなく損害賠償義務は発生しないが，会社との関係では，公正を害する行為を行うと，会社は本来なら不要な出費を余儀なくされるため，損害賠償義務が発生する旨を判示している。学説上は，対価の公正性自体を直接に判断するのは困難であるから，交渉プロセスの公正性を審査して，これが公正であれば原則として対価も公正であると扱われるべき関係であるとして，手続の公正性を買収価格の公正性と切り離して位置付けることを疑問視する見解もある[32]。もっとも，本事案は取締役の対第三者責任でなく対会社責任が問われており，価格自体が公正であっても，会社の損害は発生しうるし[33]，Y₁の行為は，十分に公正な価格の決定を害するような行為であることからすると，シャルレ判決のような構成も肯定されよう[34]。

なお，シャルレ事件判決は，Y₁らの善管義務違反とMBO頓挫の因果関係を否定し，A社がその検証，調査等のために支出を余儀なくされた費用に限定して，Y₁らの善管注意義務違反との因果関係を肯定し，原審の認容額から合計7700万円を減額している。

(3) 情報開示義務について

シャルレ事件判決は，原判決と同様に，株主の判断のために，公表すべき重要な事項，誤解を生じさせないために必要な重要な事実の公表を怠った場合には，情報開示義務違反の問題が生じるとする。もっとも，シャルレ事件判決は，Y₃らの情報開示義務違反を認めた原判決と異なり，ⅠドラフトがY₃らの善管注意義務違反の可能性を指摘した事実及びY₃らがそのような指摘のある法律意見書の正本の受領を拒否した事実の不開示が情報開示義務違反となるかにつ

き，Ｉ法律事務所の法律意見書の内容や法律意見書を受領しなかった理由なども考慮し判断している。シャルレ事件判決のように，Y₃らが７月22日付利益計画を修正して８月31日付利益計画を作成したことが利益相反行為に当たらず，Ｉ法律事務所の意見を受け入れなかったことに相当の理由があるとすると，それらの事実は，一般株主のＡ社の株式価格について判断を誤らせるものとはいえず，情報開示義務違反が否定されることになろう[35]。

そもそも，取締役の対第三者責任が問題となったレックス事件判決においては，損害との関係で適正情報開示義務と別個に適正情報開示義務を観念する必要性は乏しかった。もっとも，取締役の対会社責任が問題となったシャルレ事件判決においては，損害との関係で，MBOにおける公正さを害する行為を行わない義務と別個に，情報開示義務について観念する必要が生じる[36]。

他方で，シャルレ事件判決においては，原審と情報開示義務違反の有無の判断が異なっており，いかなる場合に情報開示義務違反になるのかが不明確になっている[37]。そして，シャルレ事件においては，そのような不明確な情報開示義務によって取締役の責任が生じる可能性が示されている。シャルレ事件判決においては，情報開示義務の内容の明確化が問題として残されたといえる。

Ⅳ　おわりに

以上のように，MBOにおける取締役の義務の内容については，レックス事件判決及びシャルレ事件判決によって明らかにされつつある。すなわち，MBOにおいて，取締役は会社に対する善管注意義務として公正価値移転義務及び情報開示義務を負うことになる。公正価値移転義務における「公正価値」は，価格決定における「公正な価格」と同内容であると思われる。また，取締役の対第三者責任の場面では，情報開示義務については，損害との関係で公正価値移転義務と別個に観念する必要性が低い。他方で，取締役の対会社責任の場面では，損害との関係で公正価値移転義務とは別個に情報開示義務を観念する意義がある。

もっとも，①なぜ，公正価値移転義務が取締役の会社に対する義務となるのかという理論的な問題については，義務を肯定することについては異論が少な

第3章　企業統治に関する裁判例

いようであるが[38]，その理由付けについては学説上も定まっていないよう思われる。

また，②情報開示義務の内容の不明確さという問題は残されたままである。

さらに，近時のMBOにおける「公正な価格」の算定方法について示した最高裁決定が下されている。公正価値移転義務における公正価値は「公正な価格」と同義であるとすると，かかる最高裁決定による公正価値移転義務に関する議論への影響という問題点も残されたままである。

これらの問題点は今後の判例及び学説の発展により明確になることが望まれる。

本稿は，ＪＳＰＳ科研費（課題番号：26380131）の助成を受けた研究成果の一部である。

〔注〕

(1)　企業価値研究会「企業価値報告書2006」45頁（2006年3月31日公表）

(2)　坂本三郎編『一問一答　平成26年改正会社法』246頁（商事法務，2014）

(3)　株式等売渡請求につき，上田純子＝菅原貴与志＝松嶋隆弘編『改正会社法　解説と実務への影響』65～98頁（三協法規，2015）参照。

(4)　MBOの問題点につき，明石一秀ほか編『非公開化の法務・税務』3-6頁（松嶋隆弘）（税務経理協会，2013）。

(5)　東京高判平成25年4月17日金判1420号20頁

(6)　大阪高判平成27年10月29日金判1481号28頁

(7)　レックス事件判決及びシャルレ事件判決を素材として，MBO対象会社の取締役の義務と責任を検討する先行研究として，田中亘「企業買収・再編と損害賠償」法時88巻10号21頁（2016），杉田貴洋「MBO対象会社の取締役の義務と責任」法教433号21頁（2016）。

(8)　レックス事件判決の評釈として，弥永真生「判批」ジュリ1456号2頁（2013），白井正和「判批」ビジネス法務13巻11号46頁（2013），飯田秀総「判批〔上〕」商事2022号4頁・「判批〔下〕」2023号17頁（2014），齊藤真紀「判批」セレクト2013〔Ⅱ〕19頁（2014），山本爲三郎「判批」金判1434号2頁（2014），大塚和成＝西岡祐介「判批」金法1992号14頁（2014），川島いづみ「判批」判評663号32頁（2014），伊藤吉洋「判批」平成25年度重判解1466号112頁（2014），渡辺伸行＝岡部洸志「判批」金法1994号42頁（2014），戸門大祐「判批」法論87巻1号271頁（2014），森本滋「判批」リマークス49号90頁（2014），拙稿「判批」税務事例47巻6号55頁(2015)，井原宏隆「判批」専修法研論集57号73頁(2015)，玉井利幸「判批」岩原紳作ほか編『会社法判例百選〔第3版〕』112頁（有斐閣，2016）。

(9)　弥永・前掲注(8)3頁

(10)　飯田秀総「特別支配株主の株式等売渡請求」商事2063号32頁（2015），玉井・前掲注

444

⑻113頁参照。また，田中・前掲注⑺23頁は，買収条件をめぐって買収者と交渉する場合について，取締役は公正価値移転義務を負っていると解されるとされる。

⑾ 田中・前掲注⑺23頁は，取締役の職務の中には，会社の利益を通さず，直接に，株主の共同の利益に影響を与えるものがあり，その場合には，取締役は株主の共同の利益のためにその職務を行うべきことは，従来から認められてきたとする。

⑿ 飯田・前掲注⑻商事2022号12頁は，レックス事件判決は，評価書及び意見書を無条件に前提とするのではなく，その中立性を確認し，さらには，算定上の問題点についてＸらの主張する点については詳細に判断を加えたものとされる。

⒀ 田中亘ほか「座談会レックスＨＤ事件高裁判決の意義と実務への影響（上）」ビジネス法務13巻12号44頁（田中亘発言）（2013）

⒁ 江頭憲治郎『株式会社法〔第6版〕』159頁（注36）（有斐閣，2015）参照

⒂ 拙稿・前掲注⑻58頁

⒃ 最決平成28年7月1日金判1492号8頁

⒄ 田中・前掲注⑺24頁

⒅ 田中・前掲注⑺24頁

⒆ 川島・前掲注⑻36頁は，レックス事件判決と別件決定とが結論を変えた理由として，非訟事件と損害賠償請求事件の違いに加えて，別訴では提出されなった評価書と意見書が証拠で提出されたことによる差が大きいとする。

⒇ 中東正文「会社非訟事件の現状と課題　会社法の視点から」川嶋四郎＝中東正文『会社事件手続法の現代的展開』247頁以下（日本評論社，2013）参照

㉑ 山本・前掲注⑻6頁

㉒ 拙稿・前掲注⑻59頁

㉓ 神戸地判平成26年10月16日金判1456号15頁

㉔ シャルレ事件判決の評釈として，鳥山恭一「判批」法セ733号95頁（2016），阿南剛「判批」商事2095号32頁（2016），鳥山恭一「判批」ひろば69巻6号54頁（2016），中村信男「判批」金判1495号2頁（2016），拙稿「判批」法学セミナー増刊速報判例解説19号127頁（2016），荒達也「判批」岩原紳作ほか編『会社法判例百選〔第3版〕』226頁（有斐閣，2016）。

㉕ 志谷匡史「判批」商事2061号7頁（2015），白井正和「MBO完遂尽力義務により導かれる手続の公正性配慮義務」金判1471号1頁（2015）は，原判決におけるMBO完遂尽力義務につき，善管注意義務違反から手続的公正性配慮義務を導くための中間項として用いられたとする。

㉖ 鳥山・前掲注㉔法セ733号95頁

㉗ 今川嘉文「MBOの実施過程の公正性と取締役間の独立性」正井章筰先生古希祝賀『企業法の現代的課題』19頁（成文堂，2015）は，原判決に対し，Ｙ₁によるメール内容は，株価算定方法を操作するとまでいえるのかと疑問を呈する。

㉘ 学説上は，MBOにおいて，取締役と株主との間に，構造的利益相反が生じるため，取締役の義務違反の審査は厳格にすべきとの見解がある（志谷・前掲注㉕10頁，玉井利幸「判批」法学セミナー増刊・速報判例解説17号130頁（2015），鳥山・前掲注㉔法セ733号95頁，田中・前掲注⑺23頁）。

㉙ 志谷・前掲注㉕10頁，村上康司「判批」愛学56巻3・4号201頁（2015），石山卓磨「判

445

第3章 企業統治に関する裁判例

批」Monthly Report78号33-34頁（税経システム研究所，2015），鳥山・前掲注(24)法セ733号95頁

(30) 拙稿・前掲注(8)58頁

(31) 白井・前掲注(25)1頁は，シャルレ事件判決の事案は，対会社責任の事案であることから，取締役の義務内容について会社の利益を中心に考察することは不適切とはいえないとされる。また，玉井・前掲注(28)130頁は，原判決につき，MBO完了メカニズムを利用することで，価格形成過程の公正性という手続的な問題として取締役の義務内容に取り込み，司法審査の対象としたとされる。

(32) 飯田秀総「判批」ビジネス法務15巻7号61頁（2015）

(33) 川島いづみ「判批」判時2268号170-171頁（判例評論681号24-25頁）（2015），白井正和「判批」リマークス52号89頁（2016）

(34) 阿南・前掲注(24)38頁は，レックス事件判決における公正価値移転義務とシャルレ事件判決における公正手続実施義務の内容にはほとんど違いがないとされる。

(35) 中村・前掲注(24)7頁は義務違反を認めなかった点に反対し，田中・前掲注(7)28頁は賛成する。

(36) 金判1481号30頁匿名コメント

(37) 田中・前掲注(7)29頁

(38) 田中・前掲注(7)23頁，杉田・前掲注(7)24頁

第4章

企業会計に関する裁判例

公正な会計慣行

関西学院大学教授　**岡本　智英子**

I　はじめに

　会社法431条は，「株式会社の会計は，一般に公正妥当と認められる企業会計の慣行に従うものとする」と規定している[1]。平成17年改正前商法32条 2 項「商業帳簿ノ作成ニ関スル規定ノ解釈ニ付テハ公正ナル会計慣行ヲ斟酌スベシ」を受け継いだものである。「商業帳簿ノ作成ニ関スル規定ノ解釈ニ付テハ」は「株式会社の会計」に，「公正ナル会計慣行」は「一般に公正妥当と認められる企業会計の慣行」に，「斟酌スベシ」は「従うものとする」に変更されている。「従うものとする」についての立法担当者の説明では，「実質的な規定内容が変わるものではないと考えられる。」[2]とある。

　平成17年改正前商法32条 2 項は昭和49年改正において新設されたものであるが，出発点は，昭和26年 9 月28日に経済安定本部企業会計基準審議会が法制審議会あてに提出した「商法と企業会計原則との調整に関する意見書」である。意見書の第六（計算書類の作成）において「損益計算書，貸借対照表等の計算書類は，正規の会計原則にしたがって作成すべき旨の規定を設けること」を提言したのである[3]。この意見書を受けて，法制審議会商法部会は，『会計処理に関する原則規定を設けるべきか』という問題を提起したが[4]，「会計処理は，公正妥当な会計慣行に従わなければならない旨の規定を設けると，公正妥当（判断基準がよくわからない）な会計慣行（その企業の慣行か，その企業の業種の

第4章　企業会計に関する裁判例

慣行か，あるいは株式会社一般の慣行かよくわからない）の内容は明らかでは
ない。公正妥当な会計慣行に従わなければ違法となり，民事的には有効・無効，
損害賠償などの法律効果が結びつき，刑事的には罰則が結びつくことになるか
らである。」という反対論があり，原則規定を設けないこととなり[5]，昭和37
年改正試案において盛り込まれなかった[6]。

　「一般に公正妥当と認められる企業会計の慣行」に該当しない会計処理が行
われた場合には，取締役等の民事及び刑事の責任の問題となり，「一般に公正
妥当と認められる企業会計の慣行」とは何かが問題とならざるを得ない。「一
般に公正妥当と認められる企業会計の慣行」は，刑事責任の構成要件事実とな
り，民事責任の違法配当責任の要件事実となる。会社法431条が問題となった
判決はまだないが，会社法施行後まもなく，平成17年改正前商法32条2項にお
ける上記の問題がまさに生じ，最高裁判決も出された。

　本稿では，平成17年改正前商法32条2項における「公正ナル会計慣行」が問
われた最判平成20年7月18日[8]を通して，まず，会社法431条における「一般
に公正妥当と認められる企業会計の慣行」とは何かを検討する。この最高裁判
決において「公正妥当な会計慣行」とは何かについての議論は深まったといえ
るが，着地点には程遠いというのが現状である。その後，民事事件においては
いわゆる経営判断の原則との関係が生じる判決も出され，トライアングル体制
の中において，税法は商法・会社法とは全く別の方向に進もうとしている。法
人税法22条4項における「一般に公正妥当と認められる会計処理の基準」が問
題となった判決の検討も合わせて行い，会社法制定以来10年の「公正妥当な会
計慣行」についての判決の流れを追うこととする。

II　最判平成20年7月18日

1　事　実

　Y₁は，平成7年4月28日から平成10年9月28日までの間，東京都千代田区
内に本店を置き長期信用銀行業務等を目的とする長期信用銀行で，発行する株
式が東京証券取引所第一部等に上場されている株式会社日本長期信用銀行（以
下「長銀」という。）の代表取締役頭取であった者，Y₂は，平成9年10月1日

450

から平成10年8月21日までの間，長銀の代表取締役副頭取であった者，Y₃は，平成9年10月1日から平成10年3月31日までの間，長銀の代表取締役副頭取であった者であるが，Y₁ら3名は共謀の上，長銀の業務に関し，平成10年6月29日，大蔵省関東財務局長に対し，長銀の平成9年4月1日から平成10年3月31日までの事業年度（以下「平成10年3月期」ともいう。）の決算には5846億8400万円の当期未処理損失があったのに，取立不能のおそれがあって取立不能と見込まれる貸出金合計3130億6900万円の償却又は引当をしないことにより，これを過少の2716億1500万円に圧縮して計上した貸借対照表，損益計算書及び利益処分計算書を掲載するなどした上記事業年度の有価証券報告書を提出し，もって，重要な事項につき虚偽の記載のある有価証券報告書を提出し，長銀の上記事業年度の決算には，上記のとおり，5846億8400万円の当期未処理損失があって株主に配当すべき剰余金は皆無であったのに，平成10年6月25日，長銀本店で開催された同社の定時株主総会において，上記当期未処理損失2716億1500万円をもとに，任意積立金を取り崩し，1株3円の割合による総額71億7864万7455円の利益配当を行う旨の利益処分案を提出して可決承認させ，そのころ，同社の株主に対し，配当金合計71億6660万2360円を支払い，もって，法令に違反して利益の配当をした。

　上記の当期未処理損失は専ら関連ノンバンク及びこれと密接な関連のある会社で長銀の関連親密先とされるものに対する貸出金に係るものであるところ，検察官は，商法（平成17年法律第87号による改正前のもの）32条2項にいう「公正ナル会計慣行」としては，後記資産査定通達等によって補充される改正後の決算経理基準のみがこれに該当し，これによれば長銀には平成10年3月期に公訴事実記載の未処理損失がある旨を主張した。そして，第1審（東京地判平成14年9月10日）[8]は，公訴事実どおりの事実を認定して，Y₁に対し懲役3年，4年間執行猶予，Y₂に対し懲役2年，3年間執行猶予，Y₃に対し懲役2年，3年間執行猶予の各判決を言い渡し，原審（東京高判平成17年6月21日）[9]は，事実誤認，法令適用の誤り等を理由とするY₁らの控訴をいずれも棄却した。

第4章　企業会計に関する裁判例

2　裁判所の判断

破棄自判

　資産査定通達等によって補充される改正後の決算経理基準は，特に関連ノンバンク等に対する貸出金についての資産査定に関しては，新たな基準として直ちに適用するには，明確性に乏しかったと認められる上，本件当時，関連ノンバンク等に対する貸出金についての資産査定に関し，従来のいわゆる税法基準の考え方による処理を排除して厳格に前記改正後の決算経理基準に従うべきことも必ずしも明確であったとはいえず，過渡的な状況にあったといえ，そのような状況のもとでは，これまで「公正ナル会計慣行」として行われていた税法基準の考え方によって関連ノンバンク等に対する貸出金についての資産査定を行うことをもって，これが資産査定通達等の示す方向性から逸脱するものであったとしても，直ちに違法であったということはできない。

　そうすると，長銀の本件決算処理は「公正ナル会計慣行」に反する違法なものとはいえないから，本件有価証券報告書の提出及び配当につき，Y₁らに対し，虚偽記載有価証券報告書提出罪及び違法配当罪の成立を認めた第1審判決及びこれを是認した原判決は，事実を誤認して法令の解釈適用を誤ったものであって，破棄しなければ著しく正義に反するものと認められる。

　よって，刑訴法411条1号，3号により原判決及び第1審判決を破棄し，同法413条ただし書，414条，404条，336条によりY₁ら3名に対しいずれも無罪の言渡しをすることとし，裁判官全員一致の意見で，主文のとおり判決する。なお，裁判官古田佑紀の補足意見がある。

　裁判官古田佑紀の補足意見は，次のとおりである。

　「私は，平成10年3月期における長銀の本件決算処理が，当時の会計処理の基準からして直ちに違法とすることはできないとする法廷意見に与するものであるが，以下の点を補足して述べておきたい。

　本件は，当時，銀行の財務状態を悪化させる原因であるいわゆる不良債権の相当部分を占めていた関連ノンバンク及びその不良担保の受皿となっていた会社など関連ノンバンクと密接な業務上の関係を有する企業グループに対する貸付金等の評価に関する事案である。

　関連ノンバンクについては，母体行主義が存在していたため，母体行である

452

銀行は，自行の関連ノンバンクに対し，原則として積極的支援をすることが求められる立場にあったと認められるところ，税法基準においては，積極的支援先に対する貸付金には原則として回収不能と評価することはできないという考え方が採られており，この考え方からは，関連ノンバンクに対する貸付金を回収不能とすることは困難であったと思われる。

本件当時，関連ノンバンクに対する貸付金の評価については，関連ノンバンクの体力の有無，母体行責任を負う意思の有無等によって区分して評価することとした９年事務連絡が発出され，これを反映した全国銀行協会連合会作成の追加Ｑ＆Ａが発表されているものの，同事務連絡自体は公表されておらず，内部文書にとどまっていることからすれば，これに金融機関を義務付けるような効果を認めることは困難であり，また，その適用においても金融機関において相当の幅が生じることが予想されるものであったと考えられる。

そうすると，本件における長銀の関連ノンバンク等に対する貸付金の査定基準は，貸付先の客観的な財務状態を重視する資産査定通達の基本的な方向には合致しないものであるとしても，法廷意見も指摘するとおり，母体行主義のもとにおける関連ノンバンク等に対する貸出金についてこれまで採られていた資産査定方法を前提とするような表現があるなど，少なくとも関連ノンバンクに関しては，同通達上，税法基準の考え方による評価が許容されていると認められる余地がある以上，当時として，その枠組みを直ちに違法とすることには困難がある。

もっとも，業績の深刻な悪化が続いている関連ノンバンクについて，積極的支援先であることを理由として税法基準の考え方により貸付金を評価すれば，実態とのかい離が大きくなることは明らかであると考えられ，長銀の本件決算は，その抱える不良債権の実態と大きくかい離していたものと推認される。このような決算処理は，当時において，それが，直ちに違法とはいえず，また，バブル期以降の様々な問題が集約して現れたものであったとしても，企業の財務状態をできる限り客観的に表すべき企業会計の原則や企業の財務状態の透明性を確保することを目的とする証券取引法における企業会計の開示制度の観点から見れば，大きな問題があったものであることは明らかと思われる。」

第4章　企業会計に関する裁判例

3　検　討

(1)　意　義

本件は，旧長銀が実施した平成10年3月期の決算処理について，「公正ナル会計慣行」に反する違法なものといえないとし，本件有価証券報告書の提出及び配当につき，虚偽記載有価証券報告書提出罪及び違法配当罪の成立を認めた第1審判決及びこれを是認した控訴審判決を破棄し，旧長銀の代表取締役等に対し無罪を言い渡した最高裁判決である。平成17年改正前商法32条2項が問題となった最初の最高裁判決である。旧長銀の平成10年3月期の決算処理については，民事事件[10]も問われた。

(2)　学説・判例

平成17年改正前商法32条2項について，学説においては，次のように論じられてきた。

「公正なる」は，商業帳簿作成の目的に照らして公正なもの，つまり，平成17年改正前商法32条1項の「営業上の財産及び損益の状況を明かにする」という目的に照らして公正であるか否かということである[11]。

「慣行」は，民法92条の「事実たる慣習」の「慣習」と慣行を区別する必要はないとする説[12]，慣行は慣習と異なり事実の繰り返しが慣習よりも少なくてよいし，またそれが行われる場所的範囲も狭くて差し支えないのみならず，すでに実際上慣行として実施されていないものでも，近く実行される見込みが確実であるならば十分であるとする説[13]，確立した会計慣行のみを慣習として認めればよく，まだ実施されていないけれども，近く実行される見込みが確実な会計基準については，その会計基準が公正なものと認められる場合に，商法32条2項を類推適用しても構わないとする説[14]がある。

「斟酌する」とは，問題となっている事情，条件などを酌み上げて判断することであり，商法32条2項における「斟酌する」は，公正な会計慣行がある場合，特別な事情がない限り，必ずそれによって解釈しなければならないものということになる[15]。昭和49年新設の際の立法担当官の説明によると，「斟酌は，基づく，ではないから法規の解釈について用うべき素材を慣行に限定するものではなく，判例，学説，条理などとともに会計慣行を解釈の素材としてとりあげることを意味する。新規の公正な合理的な償却方法が案出され，その新規の

454

方法によって償却することがより合理的であると判断される場合にはその方法によることもできる。斟酌にはそのような解釈のための素材の選択が許される意味をも含んでいる。」とする[16]。

　企業会計原則その他の会計基準との関係については，当然に「公正なる会計慣行」であるとの解釈ではなく，企業会計原則は，商法計算規定の目的に適合する範囲で「公正なる会計慣行」と認められるとされてきたが[17]企業会計原則は「公正なる会計慣行」にあたり，企業会計審議会の公表する会計基準が唯一の「公正なる会計慣行」であると考えられるべき場合がある，あるいは，そのように（強く）推定されるとする見解がきわめて有力になっている[18]とされる。

　税法基準との関係については，商法・商法施行規則又は公表されている企業会計の基準がカバーしていない領域においては，実務上，いわゆる税法基準によって会計処理が行われることが多いといわれているが，税法の目的と商法の目的とは異なるのであって，税法は，企業の財産及び損益の状況を正確に判断することを必ずしも目的とはしていないのであるから，税法基準が「公正なる会計慣行」であるか否かは，個別的に検討を加える必要がある[19]。

　判例においては，本件と同様に，基準の変更が行われたとき，どちらが「公正なる会計慣行」となるのかについて，争われたものとして，長銀の刑事事件として，①東京地判平成14年9月10日[20]，②東京高判平成17年6月21日[21]，③本件最判平成20年7月18日[22]，長銀の民事事件として，④東京地判平成17年5月19日[23]，⑤東京高判平成18年11月29日[24]，⑥最決平成20年7月18日[25]，⑦大阪地判平成19年4月13日[26]，日債銀の刑事事件として，⑧東京地判平成16年5月28日[27]，⑨東京高判平成19年3月14日[28]，⑩最判平成21年12月7日[29]，⑪東京高判平成23年8月30日[30]，日債銀の民事事件（平成9年3月期）として，⑫京都地判平成15年9月24日[31]，⑬大阪高判平成16年5月25日[32]がある。①②⑧⑨判決では，新基準が唯一の公正なる会計慣行となるとしたが，③④⑤⑥⑦⑩⑪⑫⑬判決は，新基準は唯一の公正なる会計慣行にはなっておらず，旧基準もまた「公正なる会計慣行」であるとした。いわゆる税法基準による会計処理が「公正なる会計慣行」にあたるどうかが問題となった判例として，⑭大阪地判平成15年10月15日[33]，⑮大阪地判平成18年2月23日[34]，⑯大阪地判平成17年9月21日[35]があるが，いずれも，いわゆる税法基準による会計処理であっても，平成

455

第4章　企業会計に関する裁判例

17年改正前商法32条2項の「公正なる会計慣行」にあたるとする。長銀事件等以後の判例として，⑭宇都宮地判平成23年12月21日[36]，⑮大阪地判平成24年6月7日[37]，⑰大阪高判平成26年2月27日[38]，⑱最判平成平成27年3月26日[39]，⑲大阪地判平成24年9月28日[40]があり，⑲判決については，経営判断原則も加味されている。

　判例においては，「公正なる会計慣行」について判示したものは，「公正な会計慣行に合致する会計基準は，一般的に複数存在することもあり得る」（⑬判決），「少なくとも証券取引法の適用がある株式会社においては，企業会計原則に違反しない会計処理をしている以上，特段の事情がない限り，「公正なる会計慣行」に違反していないものと解するのが相当である」（⑭判決）の二つである。「公正なる」「会計慣行」「斟酌する」について，どう解釈するかについて明示した判例は本件民事事件の第1審である④判決が初めてであり，本判例においても引き継いでいると思われるが，⑭⑮判決においても，その明示に基づき，旧基準，新基準について検討しているわけではない。

(3)　公正な会計慣行とは

　「公正なる会計慣行」についての意義・内容について，「公正なる」「会計慣行」を分けて検討し，公正かどうかは，商法上・会社法上の目的に照らして検討しなければならず，基準時点とされる時点以後，ある業種の商人の実務において広く反復継続して実施されることがほぼ確実であると認められる場合は，会計慣行にあたると解される。慣行性が強い場合には，公正性がある程度弱くても公正妥当な会計慣行と認められるとする説[41]，「公正なる会計慣行」の内容を理解する上では，「公正」性と「会計慣行」とを独立して評価することはできず，二つの要素が相まって（時には公正性が強い要素となり，ときに慣行性の要素が強く認められる）ある会計実務なり会計基準なりが「公正な会計慣行」と評価されると理解すべきであるとする説[42]があるが，公正性と慣行性は独立に評価し，たとえ慣行性があったとしても，公正性がない場合は，それは，「公正な会計慣行」とはいえないと考える。

(4)　結　論

　平成14年改正前商法285条ノ4第2項は，昭和37年改正法において新設されたが，取立不能のおそれがあるときは，昭和37年改正前においても取立不能の

見込額を減額しなければならないものと解釈されており，昭和37年改正商法においては，これを明確にしたとされ，取立が不能になったときは，減額又は計上しないのは当然であるが，この減額をするには合理性がなければならないのである[43]。取立不能のおそれとは，債務者の財産状態，担保の有無，担保物の価値，保証人の資力などについての判断によるものであり，もちろん，その判断は必ずしも法律上の手続によることを必要とせず，企業の合理的な経営活動の範囲内において，取り立てることができないと認められる場合も含み，また，取立不能の見込額は，個々の債権について判定することもできるが，企業の有する金銭債権全部について，又は特定の種類の金銭債権について，過去の実績や景気の傾向なども勘案して，取立不能の見込額を推定することもできるのである[44]。取立不能の見込額と税法の貸倒準備金等の額とは，必ずしも一致するとは限らず，本条2項は，会社において取立不能の見込額を合理的に見積もるのであり，税法は，一定の限度を定めそれ以下としているからである[45]。本条2項が，取立不能見込額の減額を認めたのは，金銭債権の実質的価値，すなわち，資産の現在価値を決定するためである[46]。

　その後，平成17年改正前商法32条2項は，昭和49年商法改正において，株式会社監査制度の改正に伴い，証券取引法と商法の監査基準が一致することを明らかにすることを主な目的として新設された[47]ので，平成14年改正前商法285条ノ4第2項を解釈する上で，平成17年改正前商法32条2項における公正なる会計慣行を斟酌することとなったのである。

　平成10年3月期においては，平成14年改正前商法285条ノ4第2項があるのである。金銭債権につき回収可能であると見込まれる額のみを計上することができるとする趣旨に照らしてまず検討すべきである。そして，いわゆる税法上許容されていた会計処理方法は，平成14年改正前商法285条ノ4第2項の趣旨と必ずしも合致していなかったのではないかと検討すべきである[48]。

　旧基準は，貸出金の償却・引当を税法基準によることを明示し，税法基準の限度額まで貸倒償却及び貸倒引当金の計上を義務付けるものであり，銀行が関連ノンバンクに対する支援を継続する限り，関連ノンバンクに対する貸出金の償却・引当は不要とされていたのである。平成14年改正前商法285条ノ4第2項は，取立不能のおそれがあるときの判断基準について，ある程度の主観的判

断が入ることも差し支えないが，客観性のあることが要請されているのである[49]。取立控除額に関する明瞭な基準が存しないなかで，税法基準である旧基準が事実上会計処理の基準として慣行性があったといえるが，税法上の目的と商法上の目的は異なるのであり，商法における公正性はなかったと評価できるので，公正な会計慣行ではなかったと考える。いわゆる「新基準」として示されたのは，平成10年3月期前に行われていた，税法上の損金算入が認められる限度でのみ貸付金について償却・引当を行うという実務慣行が，同決算期以降は公正性を有しなくなるというこの一点である[50]という指摘があるが，平成10年3月前においても，公正性はなかったのである。公正性とは，営業上の財産及び損益の状況を明らかにするという目的に照らして公正であるか否かということである限り，何に対して公正なのかは変わりはないのであるから，旧基準に公正性はなかったのである。会計慣行に過ぎなかったのである。Y₁を含む主要19行は，平成10年3月期の有価証券報告書には，貸倒引当金の計上基準として，新基準である改正決算経理基準と四号実務指針の内容を明記していることは，旧基準の慣行性が失われたことをうかがわせる[51]。新基準は，貸出先の実体に応じて有税による償却・引当の実施を定め，銀行の関連ノンバンクの資産の実体に即して償却・引当を実施すべきものとするものである。まさに，平成14年改正前商法285条ノ5第2項の趣旨どおりであり，公正性もあり，新基準が平成10年3月期以降，銀行の実務において広く反復継続して実施されることがほぼ確実であると認められるのであるから，慣行性もあるといえ，平成10年3月期において，新基準が公正な会計慣行と考える。

　よって，Y₁らは，平成10年3月期において，貸出金の償却・引当処理の基準として，新基準ではなく旧基準により行ったことにより，商法32条2項の公正なる会計慣行に違反し，2716億円の償却引当不足が生じ，配当可能利益が存しないにもかかわらず配当がなされたもので，本件決算配当も本件中間配当について，有価証券報告書虚偽記載及び違法配当の罪を負わなければならない。

Ⅲ　法人税法22条4項における公正処理基準と実務指針
～東京高判平成25年7月19日[52]　ビックカメラ事件～

　控訴人は，家庭用電気製品の売買等を目的とする株式会社であり，本件事業年度中の平成20年6月以降その発行する株式を東京証券取引所市場第一部に上場しているところ，これに先立つ平成14年に，資金の調達等の目的で，その所有する土地及び建物等を信託財産とする信託契約（以下「本件信託契約」といい，これに係る信託財産を「本件信託財産」という。）を締結した上で，それに基づく受益権（以下「本件信託受益権」という。）を総額290億円で第三者に譲渡すること等を内容とするいわゆる不動産の流動化をし，これについて，法人税の課税標準である所得の金額の計算上本件信託受益権の譲渡をもって本件信託財産の譲渡と取り扱った内容の会計処理をして，以後，本件信託契約及びこれに関係する契約を終了させた本件事業年度までの間，この会計処理を前提とした内容の法人税の各確定申告をしていたが，その後，上記の不動産の流動化について本件信託財産の譲渡を金融取引として取り扱う会計処理をすべきである旨の証券取引等監視委員会の指導を受け，過年度の会計処理の訂正をした。

　本件は，本件事業年度の法人税について，控訴人が，上記のとおり，その前提とした会計処理を訂正したことにより，同年度の法人税の確定申告（以下「本件確定申告」という。）に係る確定申告書の提出により納付すべき税額が過大となったとして，国税通則法（平成23年法律第114号による改正前のもの。以下「通則法」という。）23条1項1号に基づき，更正をすべき旨の請求（以下「本件更正請求」という。）をしたところ，豊島税務署長から更正をすべき理由がない旨の通知（以下「本件通知処分」という。）を受けたため，その取消しを求めた事案である。

　第1審（東京地判平成25年2月25日）[53]判決に若干の補正を加えつつも全面的に引用し，公正処理基準に該当するか否かについては法人税法固有の観点から判断されるとし，法人税法における公正処理基準と金融商品取引法の規制における公正会計基準とは常に一致するものでなく，リスク・経済価値アプローチに基づく不動産流動化指針は公正処理基準に当たらないと判示した[54]。

第4章　企業会計に関する裁判例

　学説等においては，公正処理基準の該当性を法人税法固有の観点に基づいて判断するという考え方については否定的な見解が少なくない[55]。通説もしくは多数説では，企業会計原則や慣行等が必ずしも公正処理基準に該当するとは限らないと解されてきたものの，明文化された基準それ自体の公正処理基準の該当性を争うものはほどんとなく，地裁での事例（福岡地判平成11年12月21日（税資245号991頁））がわずかあるのみであった[56]。

　法人税法22条4項は，目的が異なるとして，実務指針を公正な会計慣行ではないとし，税法は独自の道を辿ろうとしているが，会社法は限りなく会計に寄り添おうとしている。会計は国際化の道を進まなくてはならず，国内法の会社法とは距離を置くことになるにもかかわらず，会社法は会計に寄り添う方向でいいのかどうか。

Ⅳ　おわりに

　今後，会社法431条そのものが問われる判決が現れるであろうが，平成17年改正前商法32条2項が問題となった判決を踏襲するならば，会社法431条違反となる結論には導かれないであろう。さらに，会社法431条が問題となる場面においても，経営判断の原則が加味されるならば，どのような粉飾決算事件も，取締役の責任は問われない可能性が高い。取締役の責任が問われないならば，監査役・監査委員・監査等委員，会計監査人の責任も問われることはないということになる。

　しかも，平成17年改正前商法32条2項においては，「公正なる」「会計慣行」「斟酌すべし」とそれぞれの文言について，学説においても判例においても解釈が行われてきたが，会社法431条においては，「一般に」「公正妥当」「企業会計の慣行」「従う」のそれぞれの文言について解釈する余地はほとんどなくなり，「一般に公正妥当と認められる企業会計の慣行」とは何かが問題となっていく可能性がある。「一般に」という文言が入ったことにより，また，会社法431条が会社法第5章計算等の先頭に来たために，公正性は会社法の目的理念によって判断されるという解釈が遠のく可能性がある。会社法431条は平成17年改正前商法32条2項を引き継いでいる条文であることを忘れてはならない。

460

法人税法22条4項が問題となった判例において，法人税法22条4項を税法の目的によって判断しているように，会社法431条が問われる判例において，公正性については会社法の目的理念によって判断されなければならない。

　商法（会社法）の計算規定というものは，決して企業会計の唯一のあり方を定めるべきものではなくて，株主及び債権者の利益を保護するためのワク組を定めるべきものであり[57]，企業経営の一環としての会計処理についてはかなり選択の幅を認めておき，一方において，違法な処理に対する経営者の責任を強化することの方が，法律の機能により即した規制のあり方であると考える[58]。

〔注〕
⑴　平成15年10月22日に公表された「会社法制の現代化に関する要綱試案」（別冊商事法務271号（2004年）105頁）においても，また，その後平成16年12月8日に公表された「会社法制の現代化に関する要綱案」（別冊商事法務288号（2005年）133頁）においても，会社法431条に関する内容は取り上げられなかったが，「会社法案」において初めて改正された条文が登場したのである。
⑵　別冊商事法務295号（2006年）122頁。
⑶　経済安定本部企業会計基準審議会は，昭和27年6月16日に，税法に対しても包括規定を置くよう提言している。
⑷　上田明信＝味村治「株式会社の計算の内容に関する商法改正要綱法務省民事局試案に付いて（一）」企業会計12巻12号（1960年）122頁。
⑸　上田＝味村・前掲注(6)123頁。
⑹　企業会計12巻12号（1960年）114頁。
⑺　最高裁判所刑事判例集62巻7号2101頁。
⑻　最高裁判所刑事判例集62巻7号2469頁。
⑼　最高裁判所刑事判例集62巻7号2643頁。
⑽　第1審：東京地判平成17年5月19日（判例タイムズ1183号129頁），控訴審：東京高判平成18年11月29日（判例タイムズ1275号245頁）。上告されたが，最高裁において，上告理由（原審判決の理由不備・食違いの主張）は認められないとして，本件と同日に上告棄却の決定が下された（最決平成20年7月18日，平成19年（オ）第410号，平成19年（受）第462号）。
⑾　味村治「「商法改正案要綱案」について」企業会計22巻4号（1970年）86頁，矢沢惇『商法改正の諸問題』（商事法務研究会，1970年）16頁，龍田節『新版注釈会社法（8）』（有斐閣，1987年）4頁，弥永真生「会計基準の設定と「公正ナル会計慣行」」判例時報1911号（2006年）26頁。
⑿　矢沢・前掲注⑾17頁。
⒀　田中誠二『全訂商法総則詳論』（勁草書房，1976年）321頁。
⒁　服部栄三『商法総則（第三版）』（青林書院，1983年）353頁。
⒂　法令用語研究会編『有斐閣法律用語辞典（第3版）』（有斐閣，2006年）773頁。

第4章　企業会計に関する裁判例

⒃　田邊明「商法の一部を改正する法律案要綱案について」商事法務517号（1970年）3頁。

⒄　矢沢惇「商法改正要綱における商法と企業会計原則」産業経理30巻6号（1970年）78頁。

⒅　弥永・前掲注⑾26頁。

⒆　弥永・前掲注⒅32頁。

⒇　前掲注⑻。

㉑　前掲注⑼。

㉒　前掲注⑺。

㉓　前掲注⑽。

㉔　前掲注⑽。

㉕　前掲注⑽。

㉖　平成9年9月中間期：判例時報1994号94頁。

㉗　最高裁判所刑事判例集63巻11号2400頁。

㉘　最高裁判所刑事判例集63巻11号2547頁。

㉙　最高裁判所刑事判例集63巻11号2165頁。

㉚　第2次控訴審・判例時報2134号127頁。

㉛　判例時報1863号119頁。

㉜　判例時報1863号115頁。

㉝　金融商事判例1178号19頁。

㉞　判例時報1939号149頁。

㉟　判例タイムズ1205号221頁。

㊱　判例時報2140号88頁。

㊲　金融・商事判例1430号30頁。

㊳　金融・商事判例1441号19頁。

㊴　棄却，不受理平成26年（オ）第767号　平成26年（受）第978号，平成26年（オ）第766号　平成26年（受）第977号。

㊵　判例時報2169号104頁（三洋事件）。

㊶　久保大作「一般に公正妥当と認められる企業会計の慣行に従うことの意味」『会社法の争点』ジュリスト増刊（有斐閣，2009年）176頁。

㊷　片木晴彦「公正な会計慣行と取締役の責任：日本長期信用銀行事件の考察」広島法科大学院論集第3号（2007年）194頁。

㊸　上田明信「商法の一部を改正する法律の解説」法曹時報14巻5号（1962年）19頁。

㊹　高松和男「金銭債権の評価」企業会計14巻4号（1962年）73頁。

㊺　上田明信「商法の一部を改正する法律の解説（五）」財政経済弘報941号（1962年）3頁。

㊻　蓮井良憲『新版注釈会社法』（有斐閣，1987年）166頁。

㊼　田邊・前掲注⒃2頁。

㊽　弥永真生「長銀刑事事件最高裁判決の意義と今後の影響」経理情報1192号（2008年）28頁では，長銀刑事事件の最高裁判決は，そのようなことを問うことを要しないという前提によっていると解するのが最も自然であるとされる。

㊾　蓮井・前掲注㊻164頁。

㊿　片木・前掲注㊷194頁。

⑸　船繁夫「第一審・刑事第一審評釈」税経新法543号（2007年）49頁。

⑸　訟務月報60巻 5 号1089頁。

⑸　訟務月報60巻 5 号1103頁。

⑸　角田亭介「法人税法22条 4 項に関する一考察―企業利益概念の変革と公正処理基準の解釈の観点から―」税務大学校論叢79号（2014年）44頁。

⑸　角田・前掲注⑸45頁。

⑸　角田・前掲注⑸45頁。

⑸　倉澤康一郎『会社法改正の論理』（成文堂，1994年）296頁。

⑸　倉澤・前掲注⑸298頁。

第4章　企業会計に関する裁判例

会計帳簿閲覧権と業務執行検査役選任請求権

愛知大学大学院教授　**上田　純子**

序

　会計帳簿閲覧請求権は，情報資源を持てる者から持たざる者へと移転しその対称化を図ることにより株主の監視コストの低減に最も資する権利のひとつである。しかし他方で，会計帳簿に含まれる情報は，機密性が高く，それがゆえに経営側の意向と株主の利益との衝突が最も先鋭に浮かび上がり，その調整に工夫を要する制度でもある。株主への開示を通じた情報漏示については，その抽象的危険が認められた段階で裁判所も開示に抑制的な判断をなさざるをえず，請求資格，行使要件，拒否事由等の明文上のハードルに加え，条文解釈としても株主の権利行使に制限的になりがちである。

　他方，業務執行検査役選任請求権については，株主の目からみれば専門家によるいわば間接的情報収集の手段とはいえ，調査対象がより一般化されており，もともと少数株主による濫用のおそれに十分警戒した制度枠組みであるうえにそのような趣旨に鑑みた制限的解釈がとられているといえる。

　本章では，会計帳簿閲覧権および業務執行検査役選任請求権の株主の監督是正権としての意義に鑑み，従来の判例・学説で浮かび上がった論点に即して会社法施行後の裁判例・判例の立場を検討し，その妥当性を検証する。まず，論点を整理し，論点ごとに会社法施行後の事例をみていく。

464

I　少数株主の会計帳簿閲覧権

1　会計帳簿閲覧権の制度的保障—沿革・意義—

　会計帳簿閲覧権は，1950年（昭和25年）の商法改正において設けられたものである[1]。昭和25年の商法改正においては，株主総会の権限の縮小と取締役会の権限の拡大，それに伴う株主の地位の強化が図られ，取締役の違法行為の差止請求権（会360条（旧商法272条）），取締役の責任追及の代表訴訟提起権（会847条（旧商法267条）），取締役の解任請求権（会854条（旧商法257条3項））など，株主の監督是正権が相次いで導入された[2]。会計帳簿閲覧権は，これら監督是正権の実質化を図るべく，いわば車の両輪として同時に制度化されたものである（旧商法293条ノ6第1項）。その背景には，会社の利害関係者は，計算書類やその附属明細書を閲覧しうるが（旧商法282条，会442条に引き継がれている），それらは，取締役が株主の閲覧に供するために作成したものであって，オリジナルな帳簿・資料ではないため必ずしも詳細ではなく，また経営判断が強く反映されるため会社の財政状態等につき必ずしも十分正確な情報を提供するものではなく，経営者の不正等を探知するための情報は通常得られないということがある[3]。制度設計にあたっては，アメリカ法の帳簿・記録閲覧権（inspection rights of books and records）が参考とされた[4]。

2　少数株主権

　請求権者は，総株主の議決権の100分の3以上の議決権を有する株主，または自己株式を除く発行済株式の100分の3以上を保有する株主と親会社社員のみである（会433条1項，3項）[5]。株主の議決権比率の算定にあたっては，株主総会の決議事項の全部について議決権を行使することができない株主（会108条1項3号参照）はその分母から除かれる。そのほか，議決権比率で算定する場合には，単元未満株式（会189条1項），自己株式（会308条2項），相互保有株式（会308条1項本文かっこ書，会施規67条）がないかどうか，慎重な確認を要する。旧商法では，議決権基準で100分の3以上を有する旨の定めのみを置いていたが，議決権行使できない株主であっても一定割合以上の出資を

していれば同様の権利行使を認めるべきであるとの考慮から会社法では前記の通り，保有株式割合基準を追加するに至った[6]。複数の株主による共同行使も可能であるが，請求時から閲覧謄写時まで100分の3の要件を充足している必要がある。会社は，この100分の3の比率を定款において引き下げることができる（会433条1項柱書）。親会社社員については，特段権利行使に必要な持株割合等が定められていないが，親会社社員と親会社との関係においても権利濫用のおそれがあるため，親会社の総社員の議決権の100分の3以上または100分の3の出資が必要と解される[7]。親会社社員の場合には，許可申立時から許可決定後の閲覧謄写時まで当該親会社の議決権または出資の100分の3を保持している必要がある。もっとも，会社が株主の請求を妨害する目的で新株を発行した等の特段の事情が認められる場合には，所定の比率を下回るに至ったとしても，当該会社の株主の請求または親会社社員による許可申立てが維持される可能性はある（この点については，検査役選任請求権の箇所において改めて後述する）[8]。当該会社または親会社が振替株式発行会社である場合には，当該会社の株主または親会社社員は権利行使に際して個別株主通知を行い，当該個別株主通知から4週間以内に権利行使する必要がある（振替154条，振替施行令40条）。

　請求権者の範囲をいかに定めるかは，株主の権利確保と権利濫用のおそれとのバランスのうえに政策的に判断されるべきものである。権利濫用への対応策は持株・議決権要件に限られず，行使事由の制限・行使要件の厳格化，請求者への担保提供の要求，拒絶事由の明文化，過料等の制裁等，他にもありうるから，会計帳簿閲覧権の濫用防止策としてバランスを欠いていないか総合的に判断されるべきである。また，ハードルとしての数字の意味は，株式保有の実態によっても事実上左右されうるから，その変容（たとえば，個人株主の増加，分散保有化。株式保有状況が統計上明らかとなっていない非上場会社については別途考察が必要であろう）をも含めたうえで制度設計される必要があろう[9]。

　いずれにせよ，請求権者の範囲は，条文上の要件から客観的に画定される必要があり，解釈の幅は狭い。立法の方向性としては，当該会社や親会社の株主以外の利害関係者も含めるべきか，また，含めないとしても，現行会社法上の定款上の緩和が事実上機能できない場合に備え，単独株主権とすべきか，少数

株主要件を緩和すべきか等の議論はありうると思われるが，会社法施行後の判例分析を行うという本書の目的からは逸れるため，本章では立ち入らない。

3　閲覧対象となる会計帳簿・資料

　会社法433条1項の閲覧謄写対象は，「会計帳簿またはこれに関する資料」となっており，「会計帳簿」および「これに関する資料」とは具体的に何を指すのかは必ずしも明確ではない。にもかかわらず，請求または申立てにあたっては，閲覧対象である「会計帳簿またはこれに関する資料」（会433条1項，3項）およびその閲覧範囲を特定しなければならない。

　会社法433条（旧商法293条ノ6）の閲覧謄写対象である会計帳簿・資料の意義・範囲については，会社法施行前から学説上争いがある。すなわち，「会計帳簿」とは，会社計算規則59条3項にいう「会計帳簿」，つまり，計算書類およびその附属明細書等の作成の基礎となる帳簿（仕訳帳，総勘定元帳，補助記入帳，補助元帳）のことであり（会施規116条1項，計規90条，91条3項），また，「これに関する資料」とは，その会計帳簿の記録材料となった資料その他会計の帳簿を実質的に補充する資料であるとする限定説[10]と会社の経理の状況を示す一切の帳簿・資料が対象となると解する非限定説とに分かれている[11]。限定説は，少数株主等による帳簿閲覧権（会433条）と会社の業務財産状況に関する帳簿・書類の閲覧（会358条）とは区別される必要があり，また，間接的に会社の会計に関するもの一切を含むものとすればその範囲は無限に拡大して両者の区別が困難になるおそれがあることを根拠としている。他方，非限定説によれば，会社法433条の閲覧謄写対象は，会計監査人および定款の定めによる監査範囲が会計に限定された監査役の閲覧・謄写対象となる「会計帳簿またはこれに関する資料」（会389条4項，396条2項）と同義であり，また，閲覧権の対象の範囲は閲覧目的との関連で画定されれば足り，対象範囲を当初から限定する必要性に乏しいと説くこととなる[12]。

　結局，実務では，当該会社の少数株主または親会社社員は，法人税確定申告書や行政監督上作成が要求される帳簿等，会社計算規則59条3項の会計帳簿またはその作成材料である資料に限定せず広く閲覧を希望する書面等の閲覧謄写を会社に請求し（当該会社の少数株主の場合），ないしは，当該書面等の閲覧

第4章　企業会計に関する裁判例

謄写を申立ての趣旨に記載し（親会社社員の場合），前者では会社が閲覧謄写対象とならないとして請求を拒んだ場合，また後者では閲覧謄写の許可申立てを行う場合，その可否を裁判所の判断に委ねることとなる[13]。

　会社法施行前の事案では，「過事業年度に係る法人税確定申告書控および終了予定事業年度に係る法人税確定申告書案」（東京地決平成元年6月22日（判時1315号3頁）），①総勘定元帳，手形小切手元帳，現金出納帳，売掛金に関する売上明細補助簿，②会計用伝票，③当座預金照会表，手形帳・小切手帳の控，普通預金通帳の全て，売掛金に関する請求書控，納品書控，領収書控，経費・固定資産税に関する領収書・請求書等，④法人税確定申告書（横浜地判平成3年4月19日（判時1397号114頁）），あるいは，①総勘定元帳およびその補助簿，②法人税確定申告書およびその添付書類（大阪地決平成11年3月24日（判時1741号150頁））が「会計ノ帳簿及資料」にあたるかが問題となっており，横浜地判では①と②のみ，大阪地決では①のみの請求が認められ，いずれも法人税確定申告書（控や案を含む）については閲覧対象とならないとされている。この点に関する会社法施行後の決定例として，下級審ではあるが，名古屋地決平成24年8月13日（判時2176号65頁）がある。以下に同決定例を簡潔に紹介することとしよう。

［事案の概要］

　Aは，Y株式会社ら三社（以下，「Yら」という場合にはこれら三社を指す）を設立し経営していたが，死亡するまでにそれらの代表取締役を退任ないし取締役を辞任した。Aの二男であるBは，Aの死亡前後に，Yらの代表取締役に就任したが，そのうちの一社につき代表取締役の職務執行停止仮処分を受け，職務代行者が選任された。

　Yらの平成12年および平成13年の法人税申告書に添付された「同族会社の判定に関する明細書」には，Aの長男であるXがYらの株式を有する旨の記載がある。

　平成14年以降，XとBは会社内で反目するようになり，Bが株主名簿や計算書類等の開示を拒んだ結果，XはYらの株主構成や株式数を知ることができなくなった。

468

Aは平成16年8月23日に死亡した。Xおよび他の相続人（以下「Xら」という）とBとの間で遺産確認訴訟ならびにXおよび他の株式名義人とBとの間で株主権確認訴訟が提起され，いずれも，Xらに対するAからの株式の贈与の事実およびXらがYらにおいて所定の株式数を有する株主であることを確認する旨の判決がなされ，確定した。

X（Yの100分の3以上の株式を保有していることが確認されている）は，Yらに対し，株主名簿のほか，①平成19年度以降の各事業年度に係る勘定科目内訳書，②Yらの取引等一覧表記載の行為と関連性のあるYらの総勘定元帳および総勘定元帳を作成する材料となった契約書，信書，請求書，覚書，領収書，発注書，納品書，請書等の資料の閲覧謄写に係る仮処分の申立てを行った。

［決定要旨］

①については，「勘定科目内訳書（勘定科目内訳明細書）とは，株式会社が法人税法及び同法施行規則に基づき法人税の確定申告をする際に申告書に添付することが義務づけられている書類であり（同法74条3項，同施行規則35条3号），会社法442条に定める計算書類やその附属明細書に含まれるものではないと解される（会社法435条2項，会社計算規則59条1項参照）。また，勘定科目内訳明細書の上記の性質上，会社法上の会計帳簿に含まれないことも明らかである。そうすると，会社法442条3項（ないし同法433条）の規定に基づき勘定科目内訳書の閲覧等を請求することはできないというべきであるから，その余の点について判断するまでもなく，当該書類に係るXの申立ては却下を免れない。」とし，②については，「…また，Xは，かかる請求理由に基づき，各Yらにつき，別紙一ないし四に記載の行為（略）と関連性のあるYらの総勘定元帳（電磁的記録をもって作成されている場合には電磁的記録を含む。）及び総勘定元帳を作成する材料となった契約書，信書，請求書，覚書，領収書，発注書，納品書，請書等の資料（上記資料が電磁的記録をもって作成されている場合には電磁的記録を含む。）の閲覧及び謄写を求めているが，これらは会社法433条1項にいう「会計帳簿又はこれに関する資料」に該当し，かつ上記請求理由との関係で特定されたものであると認められる。」とした。

第4章　企業会計に関する裁判例

　非限定説が当然に含めている帳簿・書類は，従来の裁判例の立場および限定説の立場においても「会計資料」を広く解することによって，閲覧等の対象に含むことができ，結果的に実質的な判断のレベルでは両説に顕著な相違はなくなるのではないかと思われる[14]。会社が会計目的からまったく離れて「任意に作成した書類」を保持することは実際上想定し難い[15]。両説において違いが生じるのは，「法人税確定申告書（控や案を含む）」についてであろう。非限定説に立つとこれも閲覧等の対象に含まれる余地がある。他方，限定説に立つと，計算書類や会計帳簿の作成にはつながらないため，閲覧等の対象に含まれない[16]。その意味では，従来の裁判例は，「限定説」に立っていたとみることができる。上記の通り，本決定例は，総勘定元帳およびその作成材料となった契約書・信書等の資料を「会計帳簿またはこれに関する資料」に該当するとし，会計帳簿に「関する」資料をそれと牽連性の認められるものに比較的幅広く認める一方，法人税確定申告書添付の勘定科目内訳書については明確に除外していることから，従来の裁判例の流れに抗うものではないと思われる。

4　請求理由・閲覧謄写範囲の特定

　請求者は，閲覧等の対象となる帳簿およびその附属資料等を特定する一方で，請求の理由を明らかにする必要がある（会433条1項）。これは，会社に拒絶事由の有無および閲覧等に供する会計帳簿等の範囲を判断させるとともに株主による探索的・証拠漁り的な閲覧等を防止し，株主の権利と会社の経営の保護とのバランスを図るためである[17]。したがって，請求理由には，具体的に特定の行為が違法または不当である程度の具体性をもった記載が求められると解され[18]，請求理由に照らし，閲覧対象およびその範囲の特定もまた，具体的にされていくこととなる。「株主等による会計帳簿等の閲覧謄写請求は，請求に当たっての理由の明示が要件とされていることからすれば，請求理由と関連性のある範囲の会計帳簿等に限って認められると解される」のである（東京高判平成28年3月28日（金判1491号16頁））。

　会社法施行後の裁判例としては，「請求理由」に関するものが散見される。上記名古屋地決平成24年8月13日では，請求理由が具体的に示されているか否かも争点となっており，また，より最近の上記東京高判平成28年3月28日はま

470

さにその点を主たる争点とする。

　従来，請求理由に関しては，第一に，どの程度具体的に記載すべきか，第二に，その請求理由を示す客観的事実が存在する（請求者側にその立証の）必要があるか，が問題となってきた。これに関して，裁判例の立場は，会社が対象たる書類を特定できる程度に一定程度の具体性がある必要はあるものの，その請求理由を示す客観的事実が存在することまでは必要ではないという立場で一貫していた（最判平成2年11月8日（集民161号175頁），最決平成16年7月1日（民集58巻5号1214頁））。

　ここでは，会社法施行後の上記2事案を紹介することとしよう。

　名古屋地決平成24年8月13日の事案については既述の通りであるが，Xの総勘定元帳等の閲覧謄写請求理由としては，「BがYらの所有する多数の不動産をBが代表取締役を務める別会社に売却していること，Yら名義の銀行口座から多額の現金を引出していることなどから，株主としてBの取締役としての損害賠償責任（会423条）を追及する株主代表訴訟を提起する前提として当該取引に関係する会計帳簿等の開示を請求する必要がある」とされていた。ここでは，請求理由に関する決定要旨のみを引用する。

　［決定要旨］

　Xは，請求の理由として，Yらの代表取締役であったBが，Yらが所有する多数の不動産をBが代表取締役を務める甲株式会社及び乙株式会社に売却していること，Yら名義の銀行口座から多額の現金を引出していることなどから，株主としてBの取締役としての損害賠償責任（会社法423条）を追及する株主代表訴訟を提起する前提として，当該取引に関係する会計帳簿等の開示を請求する必要があるとしており，かかる目的は請求の理由として十分に具体的かつ特定されたものということができる（なお，請求理由を基礎づける事実の存否については，会社から開示された会計帳簿等に基づき，取締役の責任追及のための株主代表訴訟等において立証すべき事柄であるから，その前提として会計帳簿等の開示を求める段階では，この点の疎明が不要であることはいうまでもない。）。

　また，Xは，かかる請求理由に基づき，各Yらにつき，別紙一ないし四に記

471

載の行為と関連性のある債務者らの総勘定元帳（電磁的記録をもって作成され
ている場合には電磁的記録を含む。）及び総勘定元帳を作成する材料となった
契約書，信書，請求書，覚書，領収書，発注書，納品書，請書等の資料（上記
資料が電磁的記録をもって作成されている場合には電磁的記録を含む。）の閲
覧及び謄写を求めているが，これらは会社法433条１項にいう「会計帳簿又は
これに関する資料」に該当し，かつ上記請求理由との関係で特定されたもので
あると認められる。

　続いて，東京高判平成28年３月28日に目を転じる。

［事案の概要］

　Y株式会社（以下「Y社」という）の株式の100分の３以上の株式を有するXは，
①Y社は，平成17年３月に関連会社である有限会社Aに対する貸付金4000万円
の返済を受けたことになっているが，Y社の平成16年度の短期貸付金は前年度
より減少しているものの，これと未収入金，立替金，仮払金および貸倒引当金
の合計額は前年度とほとんど変わっておらず，帳簿の不正操作が疑われるから，
Xは，株主として，会計帳簿等を確認して，不正を明らかにするとともに，帳
簿を操作した役員に対し責任追及を行う必要がある，②Y社の平成16年度以降
の決算書の地代家賃および賃借料の項目をみると，金額の急激な上昇とその後
の上昇傾向，さらにその後の下降がみられ，極めて不自然であり，他方，Y社
代表者は，その所有する自宅の一部をY社に店舗として賃貸しており，自宅を
不当に高くY社に貸し付けて利益を得ていた可能性が疑われるから，Xは，株
主として，不正を正し，役員の責任追及を行う必要がある，および，③Y社代
表者およびその妻でY社取締役であるBは，平成18年９月以降，Y社に対し有
利子の貸付けを行い，利益相反取引を行っているところ，これについてのY社
の取締役会の承認の手続は，Xから利益相反取引である旨の指摘を受けた後で
ある平成25年７月８日に開催された取締役会においてとられたにすぎないので
あり，他にも，Y社代表者，Bまたはその他の取締役とY社との間の利益相反
取引が行われていることが推認される。Xは，株主として，貸付けの必要性を
調査し，不必要な貸付けがある場合には役員に対して責任を追及する必要があ
り，さらに，役員との利益相反取引の有無を確認し，不必要な取引があれば，

役員に対して責任を追及する必要がある，との理由を示して，平成16年10月１日から平成25年９月30日までの総勘定元帳の所定の勘定元帳のうち，Ａ，Ｂ，Ｙ社の関連会社Ｃ，その他Ｙ社の取引先，金融機関との金銭財貨の移動に関する部分の閲覧謄写を求めた。

第１審（長野地松本支判平成26年７月17日金判1491号29頁）は，Ｘの請求を認めたため，Ｙ社が控訴した。

［判　旨］

(1)　会社法433条１項に基づく会計帳簿等の閲覧謄写請求をする株主等は，その理由を具体的に記載しなければならない（最判平成16年７月１日民集58巻５号1214号参照）。そして，株主等に理由を具体的に記載させるのは，請求を受けた会社が閲覧等に応ずる義務の存否及び閲覧させるべき会計帳簿等の範囲を判断できるようにするとともに，株主等による探索的・証拠漁り的な閲覧等を防止し，株主等の権利と会社の経営の保護とのバランスをとることにあると解されるから，違法な経営が行われているとの疑いを調査するために上記請求をする場合には，具体的に特定の行為が違法又は不当である旨を記載すべきであると解される。

(2)　Ｘの主張する理由①は，Ｙ社がＡに対する貸付金4000万円の返済を受け，平成16年度の短期貸付金は減少したものの，これと未収入金，立替金，仮払金及び貸倒引当金の合計額は前年度とほとんど変わっておらず，帳簿の不正操作が疑われるというものであるところ，このことのみでは，上記返済を受けた以降の全ての資金の流れを把握するというに等しく，違法又は不当であるとする行為が具体的に特定されているとはいい難い。もっとも，Ｘは，ＡからＹ社に返済された4000万円は，そのうち一部が本件普通預金口座から当座預金口座に送金されて，さらにＡに再び送金されていることを踏まえ，ＢによってＡの口座から現金等による引出しがされたことが推測され，また，同様に，Ｙ社の当座預金口座から関連会社であるＣに送金され，ＢによってＣの口座から現金等による引出しがされたことも推測される旨主張しており，Ｙ社からそのＡ及びＣに対して不必要又は不適切な財貨の移動がされていないかを確認する必要があることを理由として主張しているものと解される。そうすると，Ｘの主張す

473

第4章　企業会計に関する裁判例

る理由①は，AからY社に返済された4000万円の資金についてA及びCに対する財貨の移動を通じた不正会計処理という限度において，Y社の取締役らの問題とする行為を具体的に特定していると解することができる。

　…そうすると，Y社からA及びCに対する財貨の移動を確認する旨の理由は，会計帳簿等の閲覧謄写を請求する理由として具体性に欠けるところはないと認められる。

　(3)　Xの主張する理由②は，Y社代表者において，その所有する自宅の一部をY社に店舗として不当に高く賃貸して利益を得ていた可能性が疑われ，責任追及を行う必要があるというものであり，会計帳簿等の閲覧謄写を請求する理由として具体性に欠けるところはない。

　Xは，また，平成16年度以降の決算書における地代家賃及び賃借料の金額について急激な上昇とその後の上昇傾向，更にその後の下降がみられ，極めて不自然である旨を主張するところ，Y社の平成16年度以降の地代家賃及び賃借料の負担が適正であるか否かを明らかにするというものであると善解することができ，この限度で具体的な請求理由を主張するものと認めることができる。

　(4)　Xの主張する理由③は，Y社代表者及びBからY社に対する有利子の貸付けの相当性や平成18年9月以降の取締役の利益相反取引の有無を明らかにするというものであり，会計帳簿等の閲覧謄写を請求する理由として具体性に欠けるところはない。

　会社法施行後の上記2事案を通覧しても，従来におけると同様に，理由の具体性は求められているが，請求を基礎づける客観的事実の存在，ましてその事実の存在の証明は要求されていない。前記名古屋地決平成24年8月13日は請求理由の記載に関する一般論を示していない。東京高判平成28年3月28日が，「具体的に特定の行為が違法又は不当である旨を記載すべき」とするのは請求を基礎づける主観的事実としての違法または不当行為の摘示を意味していると解され，従来の判例・学説と矛盾するものではないであろう。なお，閲覧対象・閲覧範囲の特定との関係でいえば，通説は，従来から，請求の理由は具体的に記載される必要はあるものの，閲覧の範囲を特定できる程度に具体的であれば足り，個別具体的な閲覧対象・範囲まで特定する必要はないとしてきた[19]。過去

474

には，「法は，閲覧等の請求書に，例えば何年度のどの帳簿というように閲覧の対象を明示して請求することを当然の前提としているものと解するのが相当である」としたものがあるが（高松高判昭和61年9月29日（判時1221号126頁）），当該判決は事例判決と解するべきであり（請求株主が会社でありプロ株主である可能性があったという事案の特殊性ゆえの判断ではないかと推測される），過去の裁判例が一貫して厳格に閲覧対象の特定を要求してきたとみるべきではない。実際には，株主の請求に対して，会社側が請求理由との関連で不必要であることを立証するなどして[20]，閲覧対象が絞り込まれていくこととなる。実務的には，対象不特定ゆえに却下という事態を避けるべく，裁判所の釈明権の行使にも期待されよう[21]。

保存機関が経過した会計帳簿等が会社法上の閲覧等の請求の対象となりうるかという問題もあるが，名古屋高決平成20年8月8日（民集63巻1号31頁）は，保存期間を経過した会計帳簿等であっても，それらが現に保管されている限り閲覧等を拒むことはできないとしている。

5　請求拒絶事由・不許可事由

少数株主の会計帳簿等閲覧権には拒絶事由が定められている。すなわち，持株等要件を充足する少数株主は会社の営業時間内に請求理由を明らかにして請求するが，①その権利の確保または行使に関する調査以外の目的で請求を行ったとき，②当該会社の業務遂行を妨げ，株主共同の利益を害する目的で請求を行ったとき，③当該会社と実質的に競争関係にある事業を営み，またはこれに従事するものであるとき，④会計帳簿またはこれに関する資料の閲覧または謄写によって知り得た事実を利益を得て第三者に通報したことがあるものであるとき，または，⑤過去2年以内に，会計帳簿またはこれに関する資料の閲覧または謄写によって知り得た事実を利益を得て第三者に通報したことがあるものであるときには，会社は閲覧謄写請求を拒むことができる（条文上は，拒絶事由に該当すると認められる場合を除き拒むことができないという書きぶりとなっている。会433条2項）。会社法においても，基本的には，旧商法293条ノ7における拒絶事由の文言が現代語化されたのみで，内容に実質的な変更はないと立案担当者は説明している[22]。少数株主が請求を行った場合には，会社が

475

第4章 企業会計に関する裁判例

拒絶事由の有無について第一次的に判断することになる。他方，親会社社員については，その権利を行使するため必要があるときに裁判所の許可を得て閲覧謄写請求を行うことになり（会433条3項），拒絶事由の有無は裁判所が判断することになる（会433条4項）。

以上の5つの拒絶事由のうち①および②は，一般的拒絶事由であり，対して，③ないし⑤は特殊具体的な拒絶事由という関係に立つと説明される[23]。これらのなかで，近年意義ある判例・裁判例が認められるのは，上記③，すなわち，会社法433条2項3号の競業請求者を理由とするものに関してである。上記の通り，立案担当者は，会社法下の拒絶事由は旧商法下の拒絶事由を踏襲すると説明しているが，旧商法下の相当規定（293条ノ7第2号）の文言は「株主ガ会社ト競業ヲ為ス者ナルトキ，会社ト競業ヲ為ス会社ノ社員，株主，取締役若ハ執行役ナルトキ又ハ会社ト競業ヲ為ス者ノ為其ノ会社ノ株式ヲ有スル者ナルトキ」であって，定型的に広く本事由該当性が認められる可能性があり，会社法下でも同様の解釈が維持されうるのか疑問の余地がないわけではない。請求者側の競業に利用する意図などの主観的要件の有無を忖度する解釈が現れるのも，本事由該当性の解釈如何によってはありうる方向性と思われる。旧商法下において，競業該当性の解釈に関し，近い将来競業を行う蓋然性が高い場合をも含むとした決定例として，東京地決平成6年3月4日（判時1495号139頁），本号該当性に関する解釈に関し，主観的意図不要説を採用したものとして，名古屋高決平成8年2月7日（判タ938号221頁）があった。この点に関し，下級審ではあるが，会社法施行後早い時期に下された東京地判平成19年9月20日（判時1985号140頁）は，会社法のもとでの実質的競争関係の判断および請求者の主観的要件の要否の判断を初めて示したものとして（その仮処分決定として，東京地決平成19年6月15日（金判1270号40頁），東京高決平成19年6月27日（金判1270号52頁）），また，その後下された最決平成21年1月15日（民集63巻1号1頁）は，請求者の主観的要件の要否に関する最高裁の立場を初めて示したものとしていずれも意義深い。以下ではこれら2事案を取り上げる。まず，東京地判平成19年9月20日（判時1985号140頁）をみてみよう。相手方会社と競争的事業を営む会社の完全子会社が会計帳簿閲覧請求を行った事案である。

476

［事案の概要］

　Y株式会社（以下「Y社」という）は放送事業等を営む上場会社である。Y社は平成18年度から平成19年度にかけて，約925億円かけて有価証券を取得したが，その目的は「ビジネス上の関係先等との間での事業上の連携強化」であると説明していた。

　一方，X社は有価証券の保有および運用を業とする株式会社であり，平成19年6月に開催予定のY社株主総会の時点において，Y社の発行済株式の約15％（100分の3以上）を保有していた。また，R社はX社の完全親会社であり，平成17年頃からY社に対して業務提携の提案をしたり，Y社株式を買い集めたりしていた。

　X社は，Y社が安定株主工作としてどのような行為をなし，どのように財産が流出したかを知る必要がある，またY社役員に責任がある場合の責任追及の準備に必要である等として，Y社に対して，Y社の保有する有価証券台帳等の会計帳簿の閲覧請求をした。

　これに対してY社は，X社の完全親会社であるR社の事業が，Y社の提携先等と共同して展開するビジネスと競争関係にある等と主張して，会社法433条2項3号によって閲覧を拒絶した。そのため，X社が本訴を提起した。

［判　旨］

　会社法433条2項は，相手方会社が株主からの会計帳簿の閲覧等の請求を拒むことができる事由を揚げ，同項3号は，「請求者が当該株式会社の業務と実質的に競争関係にある事業を営み，又はこれに従事するものであるとき」と規定している。同項3号の趣旨は，競業者等が会計帳簿及び書類の閲覧等により会社の秘密を探り，これを自己の競業に利用し，又は他の競業者に知らせることを許すと，会社に甚大な被害を生じさせるおそれがあるので，このような危険を未然に防止することにあると解されるところ，そのようなおそれは，単に請求者の事業と相手方会社の業務とが競争関係にある場合にとどまらず，請求者の親会社の事業が相手方会社の業務と競争関係にある場合にも生じ得るものである。また，旧商法においても，上記の点を考慮して，会計帳簿の閲覧等の拒絶事由として，閲覧等の請求者が会社と競業をする者であるときだけでなく，

477

第4章 企業会計に関する裁判例

請求者が会社と「競業ヲ為ス者」のために当該会社の株式を有する者であるときをも規定しており（293条ノ7第2号），親会社が競業社である場合の完全子会社もこれに当たると解されていた。そして，会社法は，旧商法が定めていた会計帳簿の閲覧等の拒絶事由の実質をほぼ維持して，改めて会計帳簿の閲覧等の拒絶事由を定めたものである。そうだとすると，請求者が相手方会社と競争関係にある会社の完全子会社であるような場合に，請求者自体が競争関係にある事業を営んでいないとして，会社法433条2項3号所定の拒絶事由に該当しないと解するのは，上記会社法の制定経緯に沿うものということはできない。

　したがって，会社法433条2項3号所定の「請求者が当該株式会社の業務と実質的に競争関係にある事業」を営む場合とは，単に請求者の事業と相手方会社の業務とが競争関係にある場合に限るものではなく，請求者（完全子会社）がその親会社と一体的に事業を営んでいると評価することができるような場合には，当該事業が相手方会社の業務と競争関係にあるときも含むものと解するのが相当である。

　また，会社法433条2項3号の趣旨が上記のとおりであることからすれば，近い将来において競争関係に立つ蓋然性が高い者からの請求も相手方会社に甚大な被害を生じさせるおそれがある点では，現に競争関係にある者からの請求と実質的に変わるところはない。そうだとすると，会社法433条2項3号所定の「競争関係」とは，現に競争関係にある場合のほか，近い将来において競争関係に立つ蓋然性が高い場合をも含むものと解するのが相当である。

　X社は，有価証券の保有及び運用等を目的とする株式会社であるが，R社がその発行済株式のすべてを保有し，R社の完全な支配に服し，また，R社とX社は，Y社の株主に対する委任状勧誘など株主としての権利行使を共同して行っている。そうだとすると，X社とR社は一体的に事業を営んでいると評価することができ，会社法433条2項3号の実質的な競争関係の有無を判断するに当たっては，R社の事業内容をも併せて考慮すべきである。

　そして，本件において，R社は，インターネットでの通信に関するサービス事業のほか，既に放送事業を営んでおり，他方で，Y社は放送事業のほか，既にインターネットでの動画配信業務を行い，平成18年以降インターネットとの融合を企図した事業展開を遂行している。そうだとすると，Y社の営む事業と

478

X社らの営む事業は，基本事業であるインターネットと放送の点において，現に競争関係にあり，かつ，両者とも「インターネットと放送の融合」を指向しているのであるから近い将来においてその競争関係はますます厳しくなる蓋然性が高いものと認めるのが相当であり，当該判断を覆すに足りる証拠は存在しない。

以上によれば，R社を完全親会社とするX社とY社は，「実質的に競争関係にある」ということができ，Y社は，会社法433条2項3号所定の拒絶事由により，本件書類の閲覧等請求を拒絶することができると解するのが相当である。

判旨は，会社法433条2項3号は旧商法293条ノ7第2号の実質を維持しているとしたうえで，「実質的に競争関係にある」の解釈につき，「単に請求者の事業と相手方会社の業務とが競争関係にある場合に限るものではなく，請求者（完全子会社）がその親会社と一体的に事業を営んでいると評価することができるような場合には，当該事業が相手方会社の業務と競争関係にあるときも含む」としている。旧商法下では，親会社が競業社である場合の完全子会社の請求も拒絶事由に当たると解されており[24]，会社法において若干文言は変更されたとはいえ，同様の解釈が踏襲されている。また，判旨は，実質的競争関係には，「現に競争関係にある場合のほか，近い将来において競争関係に立つ蓋然性が高い場合をも含む」としており，これは「事業の部類に属する」取引（会356条1項2号）の解釈と轍を一にするものであろう[25]。

続いて，最決平成21年1月15日（民集63巻1号1頁）をみてみよう。親会社株主が裁判所に対し子会社の会計帳簿等の閲覧許可を求めた事案である。

［事案の概要］

Yは，名古屋市中央卸売市場北部市場において青果仲卸業務の受託等を目的とする株式会社（以下「Y社」という）であり，その発行済株式5000株の全てが，名古屋市内において青果の仲買業等を目的とするA株式会社（以下「A社」という）によって保有されている（すなわち，A社はY社の完全親会社である）。Y社およびA社は，もっぱら野菜類を取り扱い，将来において果物類を取り扱う予定はない。

479

第4章　企業会計に関する裁判例

　Xは，A社の株式5840株（総議決権の約3.6％）を保有し，Xの子Zは，その3万4320株（同約21.5％）を有するほか，B株式会社（以下「B社」という）株式の30％以上を保有し，B社の監査役に就任している。XはB社株式を有していない。なお，B社は，名古屋市中央卸売市場本場において青果物の仲卸業等を目的とするが，もっぱら果物類を取り扱い，将来において野菜類を取り扱う予定はない。

　XおよびZは，A社の株主として，旧商法293条ノ8第1項（会433条3項）に基づき，原々審に，A社の完全子会社であるY社の会計帳簿の閲覧謄写の許可を申請した。原々審は，XおよびZについて各別に拒絶事由の有無を判断し，Zについては，旧商法293条ノ7第2号（会433条2項3号）の拒絶事由が認定されて，同法293条ノ8第2項（会433条4項）に基づき許可申請を却下する原々審決定が確定したが，Xについては，拒絶事由にあたる事実はないとして閲覧謄写が一定の範囲で許可された。これに対し，Y社が抗告した。原審は，①同居母子であり，同一手続，同一代理人による，XおよびZの請求は，実質において一体のものと認められ，Zにつき拒絶事由がある場合には，Xについても拒絶事由があると認めるのが相当，および，②会計帳簿等の閲覧謄写を求める株主が旧商法293条ノ7第2号（会433条2項3号）の競業会社の株主等であるという客観的事実があれば，原則として同号の拒絶事由にあたるが，当該株主が，会計帳簿等の閲覧謄写によって知りうる事実を自己の競業に利用し，または，他の競業者に利用させようとする主観的意図がないことを立証した場合には，同号の拒絶事由にあたらず，閲覧謄写を許可できると解するのが相当，としたうえで，A社およびY社とB社の取扱商品は，現在および近い将来において競合する可能性はなく，したがって，Zが本件会計帳簿等の閲覧謄写により得られたY社の野菜類についての営業秘密をB社の果実類の商取引に利用することはあり得ず，Zに上記主観的意図が存在しないことは立証されたといえるから，Zについて旧商法293条ノ7第2号（会433条2項3号）の拒絶事由はなく，したがって，Xについても同号所定の拒絶事由は認められないとして，Xの閲覧謄写請求を一部許可した。これに対し，Y社が許可抗告を申し立てた。

　［決定要旨］

480

商法293条の7第2号〔会社法433条2項3号〕は，会計帳簿等の閲覧謄写を請求する株主が会社と競業をなす者であること，会社と競業をなす会社の社員，株主，取締役又は執行役であることなどを閲覧謄写請求に対する会社の拒絶事由として規定するところ，同号は，『会社ノ業務ノ運営若ハ株主共同ノ利益ヲ害スル為』などの主観的意図を要件とする同条1号と異なり，文言上，会計帳簿等の閲覧謄写によって知り得る事実を自己の競業に利用するためというような主観的意図の存在を要件としていない。そして，一般に，上記のような主観的意図の立証は困難であること，株主が閲覧謄写請求をした時点において上記のような意図を有していなかったとしても，同条2号の規定が前提とする競業関係が存在する以上，閲覧謄写によって得られた情報が将来において競業に利用される危険性は否定できないことなども勘案すれば，同号は，会社の会計帳簿等の閲覧謄写を請求する株主が当該会社と競業をなす者であるなどの客観的事実が認められれば，会社は当該株主の具体的な意図を問わず一律にその閲覧謄写請求を拒絶できるとすることにより，会社に損害が及ぶ抽象的な危険を未然に防止しようとする趣旨の規定と解される。

したがって，会社の会計帳簿等の閲覧謄写請求をした株主につき同号に規定する拒絶事由があるというためには，当該株主が当該会社と競業をなす者であるなどの客観的事実が認められれば足り，当該株主に会計帳簿等の閲覧謄写によって知り得る情報を自己の競業に利用するなどの主観的意図があることを要しないと解するのが相当であり，同号に掲げる事由を不許可事由として規定する同法293条の8第2項〔会社法433条4項〕についても，上記と同様に解すべきである。

XとZは，各々，A社の議決権の100分の3以上を有し，Y社の会計帳簿等の閲覧謄写請求資格を有するため，旧商法293条の7第2号（会社法433条2項3号）の客観的事実の存否も各別に判断すべきであり，Xは，B社の株主ではなく，役員であるなどの事情もうかがわれないから，Xについては同号所定の拒絶事由がない。

上記に紹介した通り，旧商法は，請求者が会社の競業者である場合のほか，その競業会社の社員，株主，取締役，執行役または競業者のためにその会社の

株式を有する者の閲覧請求を拒みうることとしていた（旧商法293条ノ7第2号）。この点については，会社法における実質的な変更はないという立案担当官見解が提示されており[26]，かかる見解に従う限り，競業者の取締役や執行役のみならず，競業者の社員，株主，あるいは，競業者のために当該会社の株式を有する者も，会社法433条2項3号の「これ〔実質的に競争関係にある事業〕に従事するもの」に読み込まれることになる。これに対し，会社法においては，もっぱら実質的な競争関係の有無によって拒絶事由を判断する限定的枠組みに変更されたとする見解もある[27]。その場合には，「これに従事するもの」の範囲は，まさに解釈に委ねられることとなり，従来商法が明示的に列挙していた競業者の社員や株主，競業会社のために株式を保有する者などにあっても当然に競業請求者に含まれるとはいえなくなる。

　上記した競業請求者の判断枠組みに変更があったか否かの問題はあるものの，仮に本事由に該当する競業者が閲覧謄写請求の許可申立てを行ってきた場合には，請求の背後にある具体的意図にかかわらず，許可することができないとするのが通説[28]でありまた判例[29]である（主観的意図不要説）。その根拠は，文理上そのように解されること，主観的意図の立証が困難であること，いったん請求者に主観的意図の不存在を認めたあとに請求者が情報の不正利用をした場合に会社の対抗手段がなくなること，などに求められている。学説には，このほか，請求者には自らの競業に利用または他の競業者に利用させようとする具体的意図が必要ではあるが，請求者は主観的要件の不存在を立証すれば帳簿閲覧権の行使が認められるとする見解（主観的意図推定説）[30]や，さらに，請求者側に競業に利用する意図を要するとする見解（主観的要件必要説）がある[31]。主観的意図推定説は，旧商法下において，会社側が拒絶しうる競業請求者の範囲が定型的に広く規定されていたことを背景とする。前述のように，旧商法293条ノ7第2号ないし第4号（会433条2項3号ないし5号）は，同項1号（同項1号，2号）を特殊具体化した規定であるので，形式的に同項2号（同項3号）以下の閲覧拒絶事由に該当するとしても，請求者の濫用の意図の不存在が立証された場合には閲覧請求を認めて差支えないと考えられること，旧商法293条ノ7第2号において会社の拒絶事由に挙げられている者の範囲は広く，かつ，請求者が競業会社の株式を1株でも有していれば会社は閲覧請求を拒み

うるとすれば，実質的な妥当性に欠けるなどの点を根拠とする。

次に，本事由にいう「実質的に競争関係にある」については，現に競争関係にある場合のみならず，近い将来において競争関係に立つ蓋然性が高い場合をも含まれると解されている[32]。むろん，会社法356条1項1号の「会社の部類に属する取引」におけると同様の解釈をとる必要はないうえ，近い将来の競業の蓋然性の判断は実際には容易ではないこと，拒絶事由としての競業関係は客観的・制限的に解すべきこと，等から現に競業を行っているものおよびそれに従事するものに限定すべきとの見解もある[33]。

さらに，複数の親会社社員が少数株主権の要件を満たして閲覧謄写請求を行う場合，その中に1人でも本事由に該当する者がいるときは請求を拒絶することができ，その者の持株数を除いてもなお他の者で少数株主権の要件を満たすとしても，請求は拒絶することができると学説は解しているが[34]，最高裁は，各別に少数株主要件を充足する場合には，各々拒絶事由の存否を判断するという立場をとっている[35]。

6　小　括

以上の通り，会社法施行以降の会計帳簿閲覧請求事例は，制度枠組みに変更がないため，基本的には旧法下での争点・論点を引きずりつつ，それらを会社法下でも定着させるものと評価することができる。そのようななか，最高裁まで争われることがそもそも珍しいこの種の事例において，最高裁が会社法433条2項3号の拒絶事由の存否の判断に主観的意図不要説を採用する旨を明らかにした意義は大きい。

次に，業務執行検査役選任請求権にかかわる会社法施行後の裁判例・判例をみていくこととしよう。

Ⅱ　少数株主の業務執行検査役選任請求権

1　業務執行検査役選任請求権の制度的保障－背景・意義－

検査役とは，株式会社の設立，現物出資，会社の業務財産の状況の調査や，株主総会の手続等の調査を職務とし，裁判所によって一時的に選任される会社

第4章　企業会計に関する裁判例

の臨時的機関である[36]。検査役は必要な調査をし，その結果を裁判所に報告し，裁判所は，検査役の調査結果に対応して決定や命令等の必要な措置を講じる[37]。資格制限はない[38]が，職務の性質上，取締役・監査役や支配人その他の使用人は検査役になることができないと解されている[39]。会社との関係は準委任契約に基づくが，報酬の決定権は裁判所にあり，この報酬は最終的に会社が負担する（会358条3項）。本節では，上記の株主の会計帳簿閲覧権を補完する業務執行検査役選任請求権に関する会社法施行後の動きを取り上げる。

　業務執行検査役は，株式会社の業務の執行に関し，不正の行為または法令もしくは定款に違反する重大な事実があることを疑うに足りる事由があるときに，少数株主の請求に基づき裁判所が会社の業務財産を調査すべく選任される。既述の通り，株主は，各種監督是正権を有するとともに（会329条，339条，360条，847条），これらの権利を有効適切に行使するために，計算書類の備置・閲覧制度（会442条），さらには会計帳簿の保存・閲覧制度（会432条2項，433条）を定めている。しかし，これらの手段は，会計に関する書類・記録に限定されており，収集される情報に不足する場合があるため，これらの書類等に限らず，会社の業務財産一般につき調査させるべく，検査役制度が構築されたとされる[40]。

2　規定の変遷

　業務執行検査役制度は，ロェスレル草案を経て明治32年（1899年）の商法制定当時から存在し，次の変遷を経ている[41]。まず，明治32年商法198条1項は「裁判所ハ資本ノ十分ノ一以上ニ当ル株主ノ請求ニ因リ会社ノ業務及ヒ会社財産ノ状況ヲ調査セシムル為メ検査役ヲ選任スルコトヲ得」と規定していた。昭和13年の改正においては，これが294条へ移り，その第1項は，「会社ノ業務ノ執行ニ関シ不正ノ行為又ハ法令若ハ定款ニ違反スル重大ナ事実アルコトヲ疑フベキ事由アルトキハ三月前ヨリ引続キ資本ノ十分ノ一以上ニ当ル株式ヲ有スル株主ハ会社ノ業務及財産ノ状況ヲ調査セシムル為裁判所ニ検査役ノ選任ヲ請求スルコトヲ得」と変更された。条文から示される通り，この段階で実質的要件（選任事由）が加わった。さらに，株式保有の期間に関する要件も加わっている。昭和25年改正では，株式と資本の関係が切断されたこととの関係で，上記「資

484

本ノ十分ノ一」が「発行済株式ノ総数ノ十分ノ一以上ニ当ル株式ヲ有スル株主」
と変更された。また，監督是正権の強化のために，株式保有期間の要件は削除
された。その後，平成11年改正において，実質的要件を維持したまま，持株比
率要件が「発行済株式ノ総数ノ百分ノ三」と改められた。同年改正では，検査
役の子会社に対する調査権の規定も加わった（旧商法294条2項）。平成13年の
改正では，単元株制度の創設に伴い，発行済株式総数と議決権数の間に齟齬が
生ずる可能性があることに鑑み，持株比率要件が「総株主ノ議決権ノ百分ノ三」
に改められた。会社法では，会計帳簿閲覧権におけると同様に，議決権要件に
加え，「発行済株式（自己株式を除く。）の百分の三」との持株要件も併記され
た。議決権・持株保有要件を会社が定款によって緩和できる点，共同行使によ
り持株・議決権等保有要件を満たしうる点[42]，および，議決権比率算定の際の
一般的留意事項も会計帳簿閲覧権の場合と同様である。いずれにせよ，規制の
枠組み自体には変更はなく，旧商法下での議論は会社法の下でも基本的には継
承されうると考えられる。本要件が請求時点で充足されていなければならない
のは当然であるが，いつまで充足しなければならないのかについては解釈とな
り，分かれうる。この点については，会社法施行後の判例（ただし，適用条文
は旧商法下のもの）が一定の立場を示しているため，後述する。

3　選任原因

　検査役の選任原因は，「株式会社の業務の執行に関し，不正の行為又は法令
若しくは定款に違反する重大な事実があることを疑うに足りる事由があるこ
と」である。「業務の執行」とは広く会社の経営を意味し，取締役会の意思決
定や取締役の業務執行行為，支配人その他の使用人の行為が含まれる[43]。「不
正の行為」の例としては，会社の利益を害する悪意の行為，取締役が自己また
は第三者の利益を図って会社を害する行為（忠実義務違反）[44]などが挙げられ
る。「法令違反」とは，商法や会社法の規定の違反だけでなく，わが国の法令
一般への違反が問題とされる[45]。「重大な事実」に当たるか否かは，業務財産
状況の調査を検査役にさせることを相当とする程度のものであるかどうかが基
準となる[46]（これらの点については，後述5を参照）。検査役選任を請求した株
主は，「疑うに足りる事由」を主張立証すればよいのであり，「不正の行為」「法

485

第4章　企業会計に関する裁判例

令違反」そのものを主張立証しなければならないわけではない[47]。以上の要件を満たす限り裁判所は検査役の選任をしなければならない[48]。取締役等がその調査を妨げた場合は過料に処せられる（会976条5項）。

4　株式等保有要件に関する事例

　第二次世界大戦前の古いものではあるが，株式の譲渡（大判大正10年5月20日（民録27号947頁）），あるいは，株金の払込未了に基づく一部失権（長崎控決昭和5年12月23日（新聞3217号11頁））により請求時から裁判確定時までの間に株式保有要件を充足できなくなった事例があり（なお，第二次世界大戦後の決定例中傍論的に触れたものとして，東京高決昭和59年3月23日（判時1119号144頁）があるが，保有要件を下回るに至った理由は不明），いずれも検査役選任の裁判確定時まで充足することが必要と判示していた。そのようななか，会社法施行後の平成18年9月28日には，同様の論点ではあるが，保有要件を下回るに至った原因が新株引受権者による新株引受権行使という請求株主の行為に直接起因しない事案について，最高裁の判断が示された（最決平成18年9月28日（判タ1223号119頁））。以下，同決定例を紹介する。

　［事案の概要］

　Y株式会社（以下「Y社という」）の株主であったX₁，X₂（以下「Xら」と総称することがある）は，Y社の業務執行に関し「不正経理」という不正の行為または法令若しくは定款に違反する重大な事実があることを疑うべき事由があるとして，旧商法294条に基づき，Y社の業務および財産の状況を調査させるために裁判所に検査役選任請求（以下「本件請求」という）をした。

　本件請求当時（平成17年7月29日）は，上述のように，商法条文中議決権保有要件のみ規定されており（旧商法294条1項参照），Y社の発行済株式総数24万株に対し，X₁はY社の株式を3100株，X₂はY社の株式を4570株有し（X₁およびX₂の合計で7670株），請求者X₁およびX₂の議決権を合算して，Y社の株式の総議決権のおよそ合計3.2％にあたり，「議決権ノ百分ノ三」という要件を充足していた。

　ところが，それ以前の平成12年2月7日，Y社は株主総会において，新株引

受権付社債の発行を決議し，同年3月24日にそれを発行していた。そして，本件請求後の平成17年8月16日に，当該新株引受権が合計1万8000株について行使され，同日17日にその払込金（1800万円）が払い込まれた。その結果，同日Y社の発行済株式総数が25万8000株へと増加し，それに伴いX$_1$およびX$_2$の合計議決権比率は，Y社の株式の総議決権のおよそ2.97％へと減少し，同要件を満たさなくなった。

第一審（東京地決平成17年9月28日（民集60巻7号2640頁））は，Xらの請求を却下した。その理由として，本請求権は検査役選任の請求権を有するための要件であるので，選任請求をする時点だけでなく，検査役選任の決定をする時点においても満たしていなければならないことを指摘している。そのうえで，新株発行の場合は，株主の意思によらずに議決権保有要件を満たさなくなる場合が生じるが，それを株主が自らの意思で（たとえば株式譲渡により）満たさなくなった場合と区別しないことを原則とするとする。もっとも，会社が株主の権利行使を妨げる意図のもとに新株発行をしたような場合は例外であるようであるが，第一審では正面から言及されておらず，裁判所の立場の詳細を窺い知ることはできない。

原審（東京高決平成18年2月2日（民集60巻7号2643頁））は第一審とは異なる見解をとった。すなわち，議決権保有要件は，申請時にのみ満たしていれば，その後に新株発行が行われて，検査役選任決定時までの間に満たさなくなったとしても検査役選任請求権は消滅しないという。その理由として，新株発行など請求者が何ら関与しない事情により検査役選任請求権が左右されることは不合理であり，法の趣旨に反する点を挙げている。他方，株式譲渡のように株主自ら議決権比率を低下させる行為をとった場合は検査役選任請求権を失うのは当然であるが，本件はこれに当たらないと指摘している。

下級審において判断が分かれた本件について，最高裁は，以下のように判示した。

［決定要旨］

株式会社の株主が商法294条1項に基づき裁判所に当該会社の検査役選任の申請をした時点で，当該株主が当該会社の総株主の議決権の100分の3以上を

第4章　企業会計に関する裁判例

有していたとしても，その後，当該会社が新株を発行したことにより，当該株主が当該会社の総株主の議決権の100分の3未満しか有しないものとなった場合には，当該会社が当該株主の上記申請を妨害する目的で新株を発行したなどの特段の事情のない限り，上記申請は，申請人の適格を欠くものとして不適法であり却下を免れないと解するのが相当である。

　前記事実関係によれば，Y社の株主であるXらは，原々審にY社の検査役選任の申請をした時点では，合計して総株主の議決権の約3.2％を有していたが，その後，Y社が新株引受権付社債を有していた者の新株引受権の行使を受けて新株を発行したことにより，合計しても総株主の議決権の約2.97％しか有しないものとなったというのであるから，Y社がXらの上記申請を妨害する目的で上記新株を発行したなどの特段の事情のない限り，上記申請は，申請人の適格を欠くものとして不適法であり却下を免れないというべきであるとして，原決定を破棄し，特段の事情の有無等についてさらに審理を尽くさせるため本件を原審に差し戻した。

　従前，通説は，検査役選任請求における株式保有要件について，請求のときから確定裁判があるときまで充足することを要するとするが[49]，株式を譲渡して法定の持株比率を下回る場合には権利が失われ[50]，他方，請求後の「新株発行」により株主が保有要件を欠くに至った場合については，株主は申立適格を失わない，と解していた[51]。その論拠の詳細は後述するが，「申請時に要件を満たしていれば，実体法上検査役選任請求権を有することになる」[52]が，裁判の確定まで当該要件を維持する必要があることを原則としつつ，新株発行を背景とする場合については，「株式を譲渡したことによって要件を欠缺した場合とは事情を異にする」[53]などと説明されている。上記事案は，新株予約権行使の場合にあたり，画一的になされる募集株式発行等の場合とは異なるとも考えられるが[54]，これに対する最高裁の立場は，X₁およびX₂による申立ては，新株発行の場合であっても，原則的には，検査役選任請求資格を欠き却下されるというのであるから，通説とも一線を画している。そこで以下では，便宜的に，学説を①上記最高裁（およびおそらく第一審）決定の立場と同じと思われる継続説，②申立時説，③原審の立場と同じと思われる区別説（通説），および，④折衷説，

488

と銘打ち，整理することとする。

　①は，経営上の必要性から適法に新株発行され，その結果，申立人の議決権比率が低下したときは，議決権比率の低下が新株発行による場合であっても，法律に定める議決権保有要件を満たさなくなった以上は申立人適格が原則として失われ，例外的に会社が検査役選任請求を妨害する目的で新株発行を行った等の事情が認められる場合に限り，申立人適格喪失の主張を，信義則ないし権利濫用により制限すれば足りるというものである。その論拠として，(i)旧商法294条（会358条）の文理上，株式保有要件については申立人適格要件である，(ii)通説（後述③）によれば，株式が申立時に株式保有要件を満たしている場合に実体法上の権利を有するに至っているはずであるのに，自ら株式譲渡をした場合についてその申立てが却下されることとなる理由が説明し難い，(iii)新株発行は会社の財務行為として予定されており，これにより株主の持株割合が変動することは，株主において当然に予期すべき事情であり，それ自体を信義則違反，権利濫用にあたると解することは困難である，(iv)少数株主権の意義が没却される事態は回避されなければならないが，そのような特段の事情のある場合は例外的に救済する方策をとれば十分である[55]，および，(v)明文の規定なくして申立人適格の継続を認めることは不当であるとする[56]，などと主張されている。②は，申立時にのみ株式保有要件を満たしていれば，検査役選任が可能であるとする見解である。条文上は，とくに「裁判確定時まで」などという文言は見当たらないため，このような解釈も可能であると思われる。

　上記2つが両極にある考え方であるとすると，学説の大勢は，③，すなわち，株式譲渡など株主側の事情により株式保有要件を満たさなくなった場合と，新株発行など請求株主の意思とは無関係の事情により同要件を欠くに至った場合とを区別し，後者について却下を免れるとする。たとえば，とくに①説に対する反論として，(i)少数株主権一般の趣旨を株主権の濫用防止であるとすると，少数株主権を裁判確定時まで満たす必要がなく，申立時に満たしていればその濫用防止機能は果たされる[57]，(ii)検査役は裁判所が選任するので，裁判所のコントロール下に置かれており，それ自体濫用の可能性が少ないゆえ，申立時に株式保有要件を満たしていれば十分である[58]，(iii)株式保有要件以外に会社の業務執行に関し「不正の行為」または「法令定款違反」の重大な事実・その疑い

があること，という実体要件が別にあることから，株式等保有要件自体を厳格に解する必要性に乏しい[59]，および，(iv)「申請時から裁判確定時まで継続して」株式等保有要件を満たさなければならないという前提では，申立株主が新株発行の事実を知り，株式を買い増したとしても，一時的に株式保有要件を満たさない時点が生ずることが考えられ，その時点をもって却下とするのは不当である[60]，などと主張されているが，これらの主張のみでは，②説をとらず，請求株主が任意に株式を譲渡した場合等にのみ申立てが却下されることとなる理由が明らかとはならない。この点については，次のように解されているようである。すなわち，検査役選任請求時点で法定要件の具備の有無を判断すれば足り，その後の事情は請求権の消滅等の帰趨に影響を及ぼさず，請求株主による株式譲渡など自らの意思によるものを株主権の放棄として扱えば足りる[61]，と。

　上記最高裁決定に対しては，通説論者は次のように批判する。たとえば，新株発行を装った検査役選任申請潰しは比較的会社にとって容易である反面，その「特段の事情」を立証することは株主にとって甚だ困難であり，当該請求権そのものが有名無実化されてしまうことになりかねない[62]として，小数株主保護の制度趣旨に反する点を問題とするものがある。他方，「100分の3」の形式要件を充足していない＝請求権の消滅と捉えつつ，特段の事情によって消滅しているはずの請求権の行使が可能となる判旨の論理の矛盾を突くもの[63]もある。④は，少数株主権の意義に立ち返り，株主への資格づけおよび濫用防止の側面から従来の判例・学説の妥当性を検討しようとする試みである。「少数株主権における株式保有要件は，権利の濫用を防止することを狙っているといわれることが多いが，そこでの濫用とは，当該株主の主観的な意図や会社への加害という意味であろうか。そうであれば，一度要件を満たした者について，本人の意思に基づかない理由で要件を欠くに至った場合には，依然として権利行使を認めるべきである。株式保有要件が濫用防止を目的としているのであれば，株主の行動がよほど悪質でない限り，このような一度資格が認められた者が，自己の意思にかかわらず株式保有要件を満たさなくなっても，権利行使を認めるべきであると考えられるからである。これに対して，株式保有要件は，当該株主の主観的意図がどうあれ，株式保有要件を満たすだけの会社に利害関係を有する者が権利を行使するに値するとの考えに基づくものと理解するのであれ

ば，いかなる理由であっても，要件を欠くに至った場合には，権利行使を否定することが合理的にも思える。株式保有要件を会社への利害の深さと捉えるからである[64]」。要するに，その意義づけ次第では，上記のいずれの立場にも帰結しうる考え方であり，株式保有要件を資格要件として理解する場合には，最高裁決定の立場も支持することができる，とする[65]。株式保有要件には，株主の主観的意図等からの濫用防止，および，会社との利害関係の尺度（資格づけ）のいずれの意義もありうると思われるが，会社法上の他の少数株主権も含め—必ずしも相互にパラレルに解釈する問題ではないのかもしれないが—，要件化の背景や趣旨に立ち返り，議論を深化させることは必要であろう。

5 小括—その他の論点とともに—

　会社法上の業務執行検査役選任請求制度に関しても，制度枠組みにおける旧法から会社法への大きな変更はなく，従来からの議論が引き続き会社法のもとでもなされている状況にある。とりわけ，株式等保有要件に関しては，上にみたように，会社法施行後最高裁決定例が出され，当該判決を機に議論もいっそう充実してきたように思われる。もっとも，上記要件より実際には議論の余地があると思われる「不正の行為又は法令若しくは定款に違反する重大な事実があることを疑うに足りる事由」という業務執行検査役選任請求に係る実体要件（会358条1項）については，従前から裁判例および学説に乏しく，会社法のもとでも，公表事案は出ていない。旧法下では，①株主総会を開催せず，取締役会で代替する等の手続違反（東京高決昭和40年4月27日（下民集16巻4号770頁；消極（ただし，請求株主の権利濫用を理由とする）））, ②株主総会不開催，計算書類不作成，代表取締役選定手続不存在，会社財産の不正流出，および，役員報酬の不当性（大阪高決昭和55年6月9日（判タ427号178頁；積極）），ならびに，③上場会社における子会社への回収の見込みのない融資および増資資金の払込み（東京高決平成10年8月31日（金判1059号39頁；経営判断原則類似の規範の適用により，消極））などの事案があった。この点に関する学説には，単に違法・不正行為が疑われるのみでは不十分であり，会社の経理・会計ないし会社財産に影響を及ぼす必要があるとする限定説[66]，そのような制限を付さず，業務の執行とは，会社の機関たる取締役の行為に限らず，支配人その他の

第4章 企業会計に関する裁判例

使用人の行為をも包含し，不正の行為とは会社の利益を害する悪意の行為をいい，法令違反とは単に株式会社法の規定に違反する場合のみに限らず，その他の法令の規定に反する場合も包含する[67]とする非限定説のほか，立法論として，現在の会社法358条1項の選任請求原因を「会社の業務執行に関し，検査役選任が営利目的に反しなくなると考えられる程度に重大な法令定款違反の事実あることを，疑うべき事由あるとき[68]」と改正することを提唱するものなどがあるが，この点に関する会社法施行後の公表裁判例・判例が見当たらないため，本章では立ち入らない。

結

以上，本章は，少数株主の監督是正権のうち，少数株主に対し情報収集の術を制度的に付与する会計帳簿閲覧権と業務執行検査役選任請求権に関する会社法施行後の裁判例・判例に光をあて，従前からの判例の流れにおけるその位置づけ等を検討してきた。いずれにおいても，会社法の該当規定において旧法の文言からの実質的な変更はないとの前提のもと，目立った解釈の変更等も示されていない。これらの権利が，株主が実体的な権利の行使をする前段階で利用されるものであって，そもそも情報収集の前提となっている事実の疑いを察知するのが困難であること，また，これらの権利を行使して情報収集してみても，実際に後続する実体的な権利の行使に役立つ情報が得られるかどうかは定かでないこと等に鑑みると，もともと事案自体が少ない分野であることにも，また，そのためか学説上議論が活発であるとはいえないことにも，首肯できる。もっとも，情報の非対称性の是正は，コーポレート・ガバナンスにおいて古典的かつ常に喫緊の課題であり続けており，会社法上の他の株主（あるいは親会社社員等）の監督是正権と関連づけつつ，引き続きいっそうの議論の進展が望まれるテーゼでもある。

〔注〕
⑴ たとえば，田中誠二ほか『四全訂 コンメンタール会社法』勁草書房（1984年）1224頁以下，上柳克郎ほか編『新版 注釈会社法（9）株式会社の計算（2）』有斐閣（1988年）201頁以下〔和座一清〕，戸田修三ほか編『注解会社法〔下巻〕』青林書院（1987年）651

492

頁以下［蓮井良憲］。

(2) 奥島孝康＝落合誠一＝浜田道代編『新基本法コンメンタール 会社法2 （第2版）』日本評論社 （2016年） 400頁以下［出口正義］など。

(3) 出口・前掲(2)400頁以下参照。

(4) 鈴木竹雄『新版 会社法（全訂第五版）』弘文堂 （1994年） 258頁。

(5) 当初この要件は発行済株式総数の「10分の1」とされていた。10分の1の持株比率は要件として厳格すぎ, 大規模な会社の株主は1人でこの要件を満たすことがほとんど不可能であるため, 会計帳簿閲覧等請求権は「画餅」になってしまっていると指摘されていたこと（当時の上場企業約2100社の株主のうち, 10分の1 （10％以上）の要件を満たす株主は1300名程度しかいないことが指摘されていたが, 平成5年の改正によって「100分の3」に緩和された結果, 帳簿閲覧権を行使できる株主は10倍程度に増えると推計されていた（法務省民事局参事官室編『一問一答 平成5年改正商法』商事法務 （1993年） 56頁, 秋坂朝則『新訂版 商法改正の変遷とその要点—その創設から会社法の成立まで—』一橋出版 （2006年） 119頁ほか））, また, 日米構造問題協議により, アメリカから株主権強化の一環として帳簿閲覧権の持株要件の緩和（と拒絶事由の明確化）が求められたこと等により, 平成5年の商法改正は, この要件につき, 発行済株式総数の100分の3に緩和した。なお, この改正の過程において, 会社荒らしや競業に利用される危険性のほか, 訴訟増加, 会社に資本参加する金融機関のほとんどが会計帳簿閲覧権を持つに至ることなどを理由に, 主に中小企業から反対論が相次いだ。しかし, これら主に中小企業からの反対に対しては, 株式に譲渡制限を付すことで不都合を回避できる, 請求を受けた会社は拒絶事由（平成5年改正前商法293条ノ7）を主張立証すればよい等の理由から, 最終的に, 持株比率要件を一律100分の3とすることとなった。総会招集請求の許可（平成5年改正前商法237条1項, 2項, 430条2項）, 取締役等の解任請求（同法257条3項, 280条1項）等, 株式保有期間の要件が付加された少数株主権も存在するが, これらは, 裁判所に一定の行為を要求するものであり, 会計帳簿閲覧権はそれらとは異なるとの理由から, 保有期間の要件も付されなかった（神田秀樹「会計帳簿等の閲覧謄写権」ジュリ1027号 （1993年） 24頁, 酒巻俊男＝藤原祥二『平成5年改正商法による監査役監査・代表訴訟』中央経済社 （1993年） 203頁参照）。

(6) 相澤哲＝岩崎友彦「株式会社の計算等」商事1746号 （2005年） 27頁。

(7) 相澤＝岩崎・前掲載(6)27頁, 江頭憲治郎＝弥永真生編『会社法コンメンタール （10）』商事法務 （2011年） 145頁［久保田光昭］, 出口・前掲注(2)402頁。

(8) この点については, 本文に後述するが, 検査役選任請求権行使に関する同様の論点として, 最決平成18年9月28日民集60巻7号2634頁参照。

(9) 日本取引所グループ「2016年度株式分布状況調査の調査結果について」によれば, 個人株主および外国株主は近年増加傾向にある〈http://www.jpx.co.jp/markets/statistics-equities/examination/01.html〉。

(10) 横浜地判平成3年4月19日判時1397号114頁, 前田庸『会社法入門（第12版）』有斐閣 （2009年） 210頁など。

(11) 久保田・前掲注(7)138頁, 青竹正一『新会社法（第4版）』信山社 （2015年） 496頁以下など。

(12) 江頭憲治郎「新会社法制定の意義」ジュリ1295号 （2005年） 2頁。

⒀　閲覧対象となりうるか否かが会計帳簿や計算書類等の作成の基礎となっているか否かによって限定されると株主の権利が不安定になり，また，会社による選別や株主への説明に要するコストや時間，また，同様に裁判所を介することによるコストや時間が請求者・申立人，会社，および裁判所のいずれにとっても負担になることもまた，非限定説の論拠となりうる。黒沼悦郎「判批」判評373（判時1333）号（1990年）220頁，神谷光弘「ピケンズ―小糸事件における法的問題の検討〔上〕」商事1258号（1991年）37頁。

⒁　黒沼・前掲載⒀219頁参照。

⒂　久保欣哉「判批」『平成元年度重要判例解説』〔ジュリ臨増957号〕有斐閣（1990年）108頁，森田章「判批」商事1309号（1993年）92頁参照。

⒃　法人税確定申告書について消極の見解として，黒沼・前掲注⒀220頁，久保・前掲注⒂107頁，神谷・前掲注⒀37頁。積極の見解として，青木英夫「判批」金判837号（1990年）51頁，岸田雅雄「判批」『会社判例と実務・理論Ⅱ』〔判タ臨増975号〕判例タイムズ社（1998年）202頁，居林次雄「判批」金判894号（1992年）51頁など。

⒄　本文後掲東京高判平成28年3月28日金判1491号16頁，山下徹哉「判批」法教433号（2016年）156頁。

⒅　岩原紳作「判批」ジュリ1056号（1994年）157頁ほか。

⒆　前田雅弘「判批」商事1207号（1990年）26頁，近藤光男「判批」民商104巻4号（1991年）530頁，吉本健一「判批」法セ447号（1992年）116頁，久保大作「判批」岩原紳作ほか編『会社法判例百選〔第3版〕』〔別冊ジュリ229号〕有斐閣（2016年）158－159頁，など。

⒇　石井照久『会社法 下巻（商法Ⅲ）（第2版）』勁草書房（1972年）245頁，大隅健一郎＝今井宏『会社法論 中巻（第三版）』有斐閣（1992年）505 頁など。

㉑　岸田雅雄「判批」商事823号（1978年）31頁参照。

㉒　相澤哲編著『一問一答 新・会社法〔改訂版〕』商事法務（2009年）145頁。

㉓　和座・前掲注⑴219頁，江頭憲治郎『株式会社法〔第6版〕』有斐閣（2015年）702－703頁注2，久保田・前掲注⑺140頁など。

㉔　大隅＝今井・前掲注⒇510頁。

㉕　東京地方裁判所商事研究会編『類型別会社訴訟Ⅱ〔第三版〕』判例タイムズ社（2011年）683頁。

㉖　相澤・前掲注㉒145頁。

㉗　鳥山恭一「判批」法セ637号（2008年）116頁，片木晴彦「判批」民商141巻3号（2009年）355頁。

㉘　大隅＝今井・前掲注⒇510頁ほか。

㉙　本文掲記・最決平成21年1月15日民集63巻1号1頁。

㉚　和座・前掲注⑴223頁，前掲最決平成21年1月15日の原審（名古屋高決平成20年8月8日民集63巻1号31頁）ほか。

㉛　伊澤孝平『註解新会社法』法文社（1950年）526頁ほか。

㉜　本文掲記・東京地決平成6年3月4日判時1495号139頁，東京地判平成19年9月20日判時1985号140頁。

㉝　坂本延夫「判批」金判954号（1994年）45頁。

㉞　大隅＝今井・前掲注⒇510頁。

⑶　前掲最決平成21年1月15日。

⑶　金子修編著『一問一答 非訟事件手続法』商事法務（2012年）308頁。

⑶　金子・前掲注⒂309頁。

⑶　法人もなることができる（江頭・前掲注⒇32頁）。なお，現実には弁護士が就任することが多い（江頭憲治郎ほか編『会社法大系　第4巻［組織再編・会社訴訟・会社非訟・解散・清算］』青林書院（2008年）505頁［髙山崇彦］）。

⑶　田中誠二『会社法詳論 上巻［3全訂版］』勁草書房（1993年）699頁，金子・前掲注⒂309頁ほか。

⑷　酒巻俊雄ほか編『逐条解説会社法 第4巻 機関1』中央経済社（2008年）442頁［石山卓磨］，落合誠一ほか編『会社法 コンメンタール8 機関⑵』商事法務（2009年）107頁［久保田光昭］。

⑷　上田純子「株式会社における経営の監督と検査役制度―イギリスにおける展開を機縁として―（一）」民商116巻1号（1997年）47頁ほか参照。

⑷　石山・前掲注⑷443頁参照。

⑷　大隅＝今井・前掲注⒇501頁参照。石山・前掲注⑷443頁参照。

⑷　上柳ほか・前掲注⑴230頁［森本滋］（「取締役が自己または第三者の利益を図って会社を害する行為」とは，とくに善管注意義務とは区別された忠実義務に反する行為を意味し，取締役の義務違反の程度が一般的な任務懈怠の場合よりも悪性であるとして，法令定款違反とは別個に規定されたものであるとする）。なお，石山・前掲注⑷444頁も参照。

⑷　森本・前掲注⑷230頁。

⑷　大隅＝今井・前掲注⒇501頁，森本・前掲注⑷230頁。

⑷　大隅＝今井・前掲注⒇501頁，石山・前掲注⑷444頁。

⑷　田中・前掲注⑶696頁。

⑷　大隅＝今井・前掲注⒇500頁，松田二郎＝鈴木忠一『條解株式會社法（下）』弘文堂（1952年）465頁，服部榮三『株式の本質と会社の能力』有斐閣（1964年）19頁注9，大森忠夫ほか編『注釈会社法（6）』有斐閣（1970年）400頁［中馬義直］，森本・前掲注⑷229頁，松岡誠之助「判批」我妻栄編『新版 会社判例百選』〔別冊ジュリ29号〕有斐閣（1970年）57頁，中村一彦「判批」鴻常夫ほか編『会社判例百選［第3版］』〔別冊ジュリ63号〕有斐閣（1979年）144頁。なお，裁判確定時まで同一の様式を保有する必要があるかについても，議論がある。

⑸　大隅＝今井・前掲注⒇500頁。

⑸　根本伸一「判批」法セ増刊速報判例解説 Vol.11（2012年）150頁。

⑸　松田＝鈴木・前掲注⑷458頁，大森ほか・前掲注⑷400頁，中村・前掲注⑷145頁など。

⑸　松岡・前掲注⑷58頁。

⑸　検査役選任請求前に新株予約権付社債が発行されている本件のような場合には，通常の募集株式の発行等の場合とは異なり，新株発行の予見可能性は高いと考えられる。この点につき，中村康江「判批」岩原ほか編・前掲注⒆123頁。

⑸　絹川泰毅「最高裁判所判例解説」曹時59巻12号（2007年）321頁，絹川泰毅「時の判例」ジュリ1336号（2007年）108頁参照。

⑸　来住野究「判批」信州大学法学論集9号（2007年）337頁。

495

第4章　企業会計に関する裁判例

(57)　根本・前掲注(51)149頁，黒沼悦郎「判批」金判1268号（2007年）16頁。

(58)　黒沼・前掲注(57)15頁。

(59)　根本・前掲注(51)15頁。

(60)　黒沼・前掲注(57)16頁。

(61)　尾崎安央「判批」民商136巻6号（2007年）685頁以下。

(62)　周劍龍「判批」金判1265号（2007年）51頁。

(63)　尾崎・前掲注(61)685頁以下。

(64)　近藤光男「会社法における株主の権利行使と持株要件」布井千博ほか編『川村正幸先生退職記念論文集 会社法・金融法の新展開』中央経済社（2009年）157－158頁。

(65)　近藤・前掲注(64)158頁。

(66)　服部榮三『三訂 会社法原理』ミネルヴァ書房（1967年）146頁，服部榮三『会社法通論（第二版）』同文舘出版（1982年）198頁。

(67)　大隅＝今井・前掲注(20)513頁。

(68)　井上明「判批」金判640号（1982年）50頁。

株式会社の組織再編による行為
又は計算に対する課税上の否認

二松學舎大学国際政治経済学部准教授　**高岸　直樹**

1　はじめに

　株式会社も租税法に基づき租税を負担する。租税は課税要件が充足されることにより，その納税義務が成立するが，株式会社の所得については法人税法等により課税要件が明らかにされている。この課税要件は，さまざまなビジネスや多様な経済現象があるなかで，これらを定型化し定められている。しかし，営利性を有する株式会社にとり，法人税もコストであるところ，この課税要件の充足を回避することにより，法人税の負担を回避しようとすることがある。

　本稿は会社と税務との関わりについて検討することを目的とすることから，個々の課税要件の充足に関する検討は別稿に譲り，課税要件の充足を回避する会社の行為又は計算と，その包括的否認について取り上げることとしたい。

　この一例として，会社が法人税法に定める組織再編税制を利用して，法人税の負担を不当に減少させる組織再編成が行われる可能性があり，法人税法132条の2は，会社の行為又は計算にかかわらず，税務署長の認めるところにより，法人税額等を計算することができるという規定を設けている。

　だが，この法人税法132条の2は包括的規定であるがゆえに，どのような不当性要件のもとで，誰の行為及び計算につき否認されるのか，明確ではなかったところ，今般，合併前に合併会社の役員が被合併会社の役員に就任し，特定役員引継要件を満たしたものとして被合併法人の未処理繰越損失金額を合併法

第**4**章　企業会計に関する裁判例

人に引き継いだ行為につき，同条を適用した課税庁の更正処分等に対して，合併法人がその取消を求めた事案（ヤフー事件）が生じた。

ところで，同族会社では株主との一体化を背景に，同族会社の行為及び計算により法人税を不当に減少させる場合につき，法人税法132条はその行為及び計算を否認することを規定しているところ，ヤフー事件とほぼ同時期に，米国企業傘下の日本法人の株式を日本の中間持株会社が取得し，その後当該日本法人が自己株式として取得したことによる租税軽減の事案（IBM事件）に対する最高裁判断が示された。両事案とも，租税回避[1]が問われた事案であったが，ヤフー事件は法人側敗訴，IBM事件は法人側勝訴で終結したことから，実務界においても，研究者においても注目された。

ヤフー事件とIBM事件の結論の差異は，組織再編成での「不当性要件の判断基準」と，同族会社の取引での「不当性要件の判断基準」の差異である。そこで，本稿では，このうちヤフー事件に主に焦点をあて，法人税法132条の2の適用を巡り考察するものとし，①不当性判断の基準，②租税回避の意図の要否，③租税法律主義との関係をみる。さらに，ヤフー事件は被合併法人の行為が争われたことから，④更正や決定を受ける法人と否認される行為を行った法人が同一でない場合の適用についても触れることとしたい。

2　役員に就任した行為と租税回避〜最一判平成28年2月29日〜

(1)　はじめに

法人税法132条の2は，組織再編成を利用した租税回避を防ぐため，組織再編成に係る行為又は計算の否認について規定している。本事案では，X株式会社（ヤフー株式会社，原告・控訴人・上告人）が，X社の筆頭株主である訴外B株式会社（ソフトバンク株式会社）の完全子会社である訴外C株式会社（ソフトバンクIDCソリューションズ株式会社）を吸収合併した後，C社が有していた未処理欠損金額につき，特定役員引継要件を満たしているものとして，X社の欠損金額とみなして法人税申告を行ったところ，この特定役員引継要件の充足につき組織再編成に係る行為又は計算の否認として争われた事例である。

498

(2) 事実の概要

X社の代表取締役社長Aは，平成20年12月26日にC社の取締役副社長に就任した。

平成21年2月24日，X社はB社よりC社の発行済株式の全部を譲り受け，C社をX社の完全子会社とした（以下，「本件買収」という）。

同年3月30日，X社はX社を合併法人，C社を被合併法人とする吸収合併を行った（以下，「本件合併」という）。

以上の経緯の下で，X社は，平成20年4月1日から平成21年3月31日までの事業年度の法人税の確定申告に当たり，本件合併は法人税法で定める適格合併（平成22年法律第6号による改正前の2条12号の8）であり，法人税法57条3項に基づく特定役員引継要件（平成22年政令第51号による改正前の法人税法施行令112条7項5号），すなわち，合併法人と被合併法人の常務取締役以上の役員のいずれかの者が，合併後にそれぞれ合併会社の常務取締役以上の役員になる見込みがあるという要件を満たしており，適格合併における被合併法人の未処理欠損金額の引継ぎを制限する法人税法57条3項の適用はないとして，同条2項に基づき，C社の未処理欠損金額約542億円をX社の欠損金額とみなして，同条1項に基づきX社の損金の額に算入して申告した。

これに対し，課税庁は，組織再編成に係る行為又は計算の否認規定（平成22年法律第6号による改正前の法人税法132条の2）を適用し，C社の未処理欠損金額をX社の欠損金額とみなすことを認めず，X社に対し，法人税の更正処分及び過少申告加算税の賦課決定処分を行ったことから，X社が国（被告・被控訴人・被上告人）に対し，本件副社長就任につき組織再編成に係る行為又は計算の否認規定は適用されないなどと主張して，上記更正処分等の取消を求めた事案である。

本件での主要な争点は，①法人税法132条の2にいう「法人税の負担を不当に減少させる結果となると認められるもの」（不当性要件）の意義，②法人税法132条の2にいう「その法人の行為又は計算」（行為主体要件）の意義の二点である。

原審（東京高判平成26年11月5日）は，①の点につき，以下の通り判示した。法人税法132条の2が設けられた趣旨，組織再編成の特性，個別規定の性格に

照らせば, (i)法人税法132条と同様に, 取引が経済的取引として不自然, 不合理である場合のほか, (ii)組織再編成に係る行為の一部が, 組織再編成に係る個別規定の要件を形式的には充足し, 当該行為を含む一連の組織再編成に係る税負担を減少させる効果を有するものの, 当該効果を容認することが組織再編税制の趣旨・目的又は当該個別規定の趣旨・目的に反することが明らかであるものも含むと解することが相当である。このように解するときは, 組織再編成を構成する個々の行為について個別にみると事業目的がないとはいえないような場合であっても, 当該行為又は事実に個別規定を形式的に適用したときにもたらされる税負担減少効果が, 組織再編成全体としてみた場合に組織再編税制の趣旨・目的に明らかに反し, 又は個々の行為を規律する個別規定の趣旨・目的に明らかに反するときは, 上記(ii)に該当するものというべきことになる。

本件において, 副社長就任はC社及びX社のいずれにとっても, X社の法人税を減少させるという税務上の効果を発生させること以外に, その事業上の必要は認められず, 経済的行動としていかにも不自然・不合理なものと認めざるを得ないのであって, 副社長就任の目的が専らX社の法人税の負担を減少させるという税務上の効果を発生させることにあると認められ, 仮に上記目的以外の事業上の目的が全くないとはいえないものと認定する余地があるとしても, その主たる目的が, X社の法人税の負担を減少させるという税務上の効果を発生させることにあったことが明らかであると認められる。これらの点を総合すればAが本件買収時にC社の役員であり, 本件合併時にその取締役副社長であることによっても, 本件合併において双方の経営者が共同して合併後の事業に参画しており, 経営の面からみて, 合併後も共同で事業が営まれているとは認められず, C社の未処理欠損金額をX社の欠損金額とみなして損金に算入することは法人税法57条3項及び同法施行令112条7項5号が設けられた趣旨・目的に反することは明らかである。したがって, 本件副社長就任及びそれを前提とする計算は, 不当性要件に該当する。

また, ②の点について, 以下の通り判示した。法人税法132条の2の「その法人の行為又は計算」の「その法人」は, その前の「次に掲げる法人」を受けており, 「その法人の行為又は計算」は「次に掲げる法人の行為又は計算」と読むべきであって, 同条の規定により否認することができる行為又は計算の主

体である法人と法人税につき更正又は決定を受ける法人とは異なり得るものと解すべきである。

本件において，副社長就任の行為の主体がC社又はAであって，X社ではないとしても，本件副社長就任に係るC社の行為を否認し，X社の法人税につき更正をすることができるものと解される。のみならず，本件副社長就任の経緯等を総合すれば，本件副社長就任については，法人税法132条の2の適用において，X社の行為とも認められるというべきである。

以上に対し，X社は上告受理申立をし，①の点につき，不当性要件の判断基準は誤りである旨，事実認定やこれに基づく評価は不当であるとし，本件副社長就任は不当性要件に該当しないこと，②の点につき，行為主体要件の「その法人」とは，規定の文言に照らし，更正又は決定を受ける法人のみを意味すると解すべきてあること，を主張した。

(3) 判　旨

上告棄却。

法人税法132条の2にいう「法人税の負担を不当に減少させる結果となると認められるもの」とは，法人の行為又は計算が組織再編税制に係る各規定を租税回避の手段として濫用することにより法人税の負担を減少させるものであることをいい，その濫用の有無の判断に当たっては，①当該法人の行為又は計算が，通常は想定されない組織再編成の手順や方法に基づいたり，実態とは乖離した形式を作出したりするなど，不自然なものであるかどうか，②税負担の減少以外にそのような行為又は計算を行うことの合理的な理由となる事業目的その他の事由が存在するかどうか等の事情を考慮した上で，当該行為又は計算が，組織再編成を利用して税負担を減少させることを意図したものであって，組織再編税制に係る各規定の本来の趣旨及び目的から逸脱する態様でその適用を受けるもの又は免れるものと認められるか否かという観点から判断するのが相当である。

X社がC社の発行済株式全部を買収して完全子会社とし，その後C社を吸収合併した場合において，X社の代表取締役社長Aが上記買収前にC社の取締役副社長に就任した行為は，C社の利益だけでは容易に償却し得ない多額の未処

理欠損金額を上記の買収及び合併によりX社の欠損金額とみなし，X社においてその全額を活用することを意図して，上記合併後にAがX社の代表取締役社長の地位にとどまってさえいれば法人税法施行令112条7項5号の要件が満たされることとなるよう企図されたものであり，その就任期間や業務内容等に照らし，AがC社において同号において想定されている特定役員の実質を備えていたということはできないなど判示の事情の下では，法人税法132条の2にいう「法人税の負担を不当に減少させる結果となると認められるもの」に当たる。

法人税法132条の2にいう「その法人の行為又は計算」とは，更正又は決定を受ける法人の行為又は計算に限られるものではなく，同条各号に掲げられている法人の行為又は計算を意味する。

3 法人税法132条における不当性要件の意義

法人税法132条の2は，組織再編成を利用した租税回避を防止する包括的な規定である。ところで，法人税法132条は，同族会社につき，その法人の行為又は計算で，これを容認した場合には法人税の負担を不当に減少させる結果となると認められるものがあるときは，その法人の行為又は計算の否認について規定している。

本事例でX社は，本事例で問題となった法人税法132条の2が，法人税法132条の枝番であること，不当性要件に係る文言の共通性等から，法人税法132条の2の不当性要件の判断基準についても，法人税法132条の不当性要件の判断基準である経済合理性基準（最二小判昭和53年4月21日訟月24巻8号1694頁の原審である札幌高判昭和51年1月13日訟月22巻3号756頁）を採用することを求め，具体的には「不当性要件は，私的経済取引プロパーの見地から合理的理由があるか，すなわち純経済人の行為として不合理・不自然な行為又は計算か否かという観点から判断されるべきである。そして，純経済人の行為として不合理・不自然とは，行為が異常ないし変則的で，かつ，租税回避以外に正当な事由ないし事業目的がない場合をいう。」と主張した。

そこで，まずは法人税法132条における不当性要件について確認しておきたい。近時，法人税法132条が争われた事例として東京高判平成27年3月25日判

時2267号24頁（最高裁平成28年2月18日上告不受理，以下「IBM判決」という）
がある。この事例は，米国D社が所有していた日本E社株式の全部を，D社か
らの増資及び融資による資金により，取得した日本F社が，その株式の一部を
1株当たりの購入価額と同額でE社に譲渡したものであり，E社はF社から自
己株式を取得したこととなるため，平成22年改正前の法人税法に照らし，F社
は譲渡代金の額からみなし配当額を控除した差額が譲渡損失であるとして法人
税の申告を行ったところ，課税庁より法人税法132条1項の規定により譲渡損
失額の損金算入を否認する更正処分等をしたことから，F社が国に更正処分等
の取消を求めた事案である。一審判決（東京地判平成26年5月9日判タ1415号
186頁）は譲渡損失額の損金算入を認め更正処分等を取り消し，控訴審（東京
高判平成27年3月25日判時2267号24頁）も控訴棄却したものである。

　このIBM事件の一審判決では，最二小判昭和53年4月21日を引用し，法人税
法132条の趣旨・目的に照らし「『法人税の負担を不当に減少させる結果となる
と認められる』か否かを，専ら経済的，実質的見地において当該行為又は計算
が純粋経済人の行為として不合理，不自然なものと認められるか否かを基準と
して判定し，このような客観的，合理的基準に従って，同族会社の行為又は計
算を否認する権限を税務署長に与えているものと解するのが相当である」と判
示したうえで，国の主張である①F社を中間持株会社としたことに正当事由な
いし事業目的があったとはいいがたい，②本件一連の行為を構成する融資は，
独立当事者間の通常の取引とは異なる，③租税回避の意図が認められた，をい
ずれも認めず，「不当」には当たらないとした。

　これに対し，IBM事件控訴審では，国がその主張の①及び③を撤回し，我が
国の源泉所得税の圧縮のために一体的に行ったものであり，独立当事者間の通
常の取引と異なるという点を主張したのに対し，控訴審判決は「法人税法132
条が同族会社と非同族会社の間の税負担の公平を維持する趣旨である」とし，
「当該行為又は計算が，純粋経済人として不合理，不自然なもの，すなわち，
経済的合理性を欠く場合には，独立かつ対等で相互に特殊関係のない当事者間
で通常行われる取引（独立当事者間の通常の取引）と異なっている場合を含む
ものと解するのが相当であり，このような取引に当たるかどうかについては，
個別具体的な事案に即した検討を要するものというべきである。」と判示した。

第4章 企業会計に関する裁判例

もっとも，IBM事件については，F社を中間持株会社とするまでの行為は我が国の源泉所得税の圧縮のために一体的に行われたと認めたものの，E社株式の一連の譲渡は源泉所得税の圧縮のために行ったとは認められないとし，E社株式の一連の譲渡が経済合理性を欠くか否かは，各譲渡それ自体により判断されるべきとして，独立当事者間の通常の取引と異なるとは認められないなどとして，法人税法132条1項の「不当」には当たらないとした。

　法人税法132条は，従来，法人と，その株主等の法人の特殊関係者たる個人とを一体として考え，結果的に法人税の軽減が認められる場合に，同族会社の行為又は計算を否認するものと考えられてきた。IBM事件においても，法人税法132条における不当性要件の判断基準については，最高裁昭和53年判決を踏襲し，経済合理性基準を採用している。もっとも，その経済合理性の有無を判断するに当たり，一審判決では同族会社と非同族会社を対比するなかで，同族会社ならではの経済合理性のない取引を「不当」とする考え方であるのに対し，控訴審判決では当該取引を，通常のビジネスとして捉えるなかで，独立当事者間の通常の取引に該当しない取引を「不当」とする考え方である。不当とされる取引が拡大されたとの批判も見受けられるが，比較対象とする非同族会社の取引を仮定する上で，比較すべき取引を独立当事者間取引であることを明らかにするものであり，むしろ不当とする取引を明確化したものと評価できる。

4　法人税法132条の2における不当性要件の意義

　ヤフー事件で，法人税法132条の2における不当性要件の判断基準に関して，X社は，法人税法132条における不当性要件の判断基準である経済合理性基準の採用を主張した。

　これに対し，国は，法人税法132条の2の立法趣旨等から，「制度濫用基準」を採用することを求め，具体的には「不当性要件については，組織再編税制における各個別規定の趣旨，目的に鑑みて，ある行為又は計算が不合理又は不自然なものと認められる場合をいい，租税回避の手段として組織再編成における各規定を濫用し，税負担の公平を著しく害するような行為又は計算がこれに当たる。」と主張した。

504

ヤフー事件で，一審，原審は趣旨目的基準を採用したが，最高裁判決でも「法人の行為又は計算が組織再編税制に係る各規定を租税回避の手段として濫用することにより法人税の負担を減少させるものである」と判示し，最高裁として制度濫用基準を採用することを明らかにしている。

そこで，最高裁判決が採用した制度濫用基準について，以下，三点を検討する。すなわち，①法人税法132条の2の不当性要件の判断基準をどのように考えるか，②租税回避の意図を要するか，③租税法律主義に沿っているか，という点である。

(1)　法人税法132条の2の不当性要件の判断基準

まず，第一点につき検討する。

原告の主張の通り，法人税法132条での不当性要件の判断基準は，経済合理性基準である。この法人税法132条は同族会社の本来的ではない行為又は計算による租税回避の防止のため，課税上，不当な行為又は計算の否認を定めている。この不当性の判断基準の具体的内容としては，行為又は計算が異常ないし変則的で，租税回避以外にそのような行為・計算を行ったことにつき，正当な理由ないし事業目的が存在しないと認める場合[2]とされるのが通説である。ある私法上の行為又は計算につき，複数の法形式が考えられるときに，経済人として通常であれば選択する法形式を，あえて採用せず他の法形式を採用したことが，通常であれば選択される法形式により課税される租税を回避するため以外に合理的説明ができないと認められるとき，不合理・不自然であり租税回避の目的で選択したものとして，課税上否認するものである。さらに，IBM事件控訴審判決では，ある取引が，この従来の通説における「経済人として通常であれば選択する法形式」による取引か否かの判定に当たり，独立当事者間取引を基準とする見解を示すことにより，不当とされる取引をより明確化しようとしている。

このように，法人税法132条が租税回避を防止する目的から，不当な行為又は計算として否認する範囲を明確化するために，その「取引」の経済合理性の有無をもって，同条の適用の有無を決するとする基準は合理的なものである。

これに対し，法人税法132条の2は，「租税回避『取引』」をターゲットにし

505

第4章　企業会計に関する裁判例

ていない点に特徴がある。法人税法132条の2の立法趣旨をみると,「組織再編
成の形態や方法は,複雑かつ多様であり,資産の売買取引を組織再編成による
資産の移転とするなど,租税回避の手段として濫用されるおそれがあるため,
組織再編成に係る包括的な租税回避防止規定を設ける必要がある」[3]として設
けられたものである。

　組織再編成に関しては,会社法上の組織再編行為のうち,課税上,一定の要
件を満たす組織再編行為につき,会社の意図には関わらず,適格組織再編行為
として簿価による引継ぎとしている。また,一定の要件を満たす場合には,欠
損金の引継ぎを認めている。法人税法132条の2が予定しているのは,このよ
うな組織再編成に関する税制を用いた租税回避の防止であり,法人税法132条
での法形式の選択による租税回避の防止ではない。法人税法132条の2の不当
性要件の判断基準としては,租税回避を意図した組織再編成行為を,課税上不
当とすることを目的としている以上,不当性の判断基準として制度濫用基準は
妥当である。

　もっとも,最高裁判決は,経済合理性基準を全く考慮していないとはいえな
い。原審は「(i)法人税法132条と同様に,取引が経済的取引として不自然,不
合理である場合の『ほか』,(ii)組織再編成に係る行為の一部が,組織再編成に
係る個別規定の要件を形式的には充足し,当該行為を含む一連の組織再編成に
係る税負担を減少させる効果を有するものの,当該効果を容認することが組織
再編税制の趣旨・目的又は当該個別規定の趣旨・目的に反することが明らかで
あるものも含むと解することが相当である。」と判示しており,『ほか』とある
ように,経済合理性基準と趣旨目的基準を併存している。これに対し,最高裁
判決は,法人税法132条の2の立法趣旨に照らし,制度濫用基準を採用したも
の[4]である。しかし,最高裁判決は,濫用の有無の判断基準として,「①当該
法人の行為又は計算が,通常は想定されない組織再編成の手順や方法に基づい
たり,実態とは乖離した形式を作出したりするなど,不自然なものであるかど
うか,②税負担の減少以外にそのような行為又は計算を行うことの合理的な理
由となる事業目的その他の事由が存在するかどうか等の事情を考慮した上で,
当該行為又は計算が,組織再編成を利用して税負担を減少させることを意図し
たものであって,組織再編税制に係る各規定の本来の趣旨及び目的から逸脱す

506

る態様でその適用を受けるもの又は免れるものと認められるか否かという観点から判断するのが相当である。」と述べている。これは経済合理性基準に含まれている2つの要素を、組織再編成の場面に即して表現を修正したものといわれている[5]。

また、組織再編成での「行為又は計算」に何らかのメリットを見いだすことは容易であることから、最高裁判決では「そのような行為又は計算を行うことの合理的な理由となる事業目的その他の事由が存在するかどうか等の事情を考慮」するとし、不当性を否定するには、単に「行為又は計算」に「合理的な理由」があるだけでは足りず、租税回避以外の「事業目的その他の事由」との比較から、「そのような行為又は計算」につき合理的理由が必要と述べている点も注目すべきである。

(2)　租税回避の意図の必要性

次に、第二点につき検討する。

本判決で、最高裁は「税負担の減少以外にそのような行為又は計算を行うことの合理的な理由となる事業目的その他の事由が存在するかどうか等の事情を考慮した上で、当該行為又は計算が、組織再編成を利用して税負担を減少させることを意図したものであって、組織再編税制に係る各規定の本来の趣旨及び目的から逸脱する態様でその適用を受けるもの又は免れるものと認められるか否かという観点から判断するのが相当」と判示し、行為者に①租税回避の意図（主観的意図）と、②制度趣旨及び目的からの逸脱の態様（客観的態様）、があったことが不当性要件を判断するのに必要としている。

本事例に先駆けて、外国税額控除制度を濫用した事例（最二小判平成17年12月19日民集59巻10号2964頁）で、最高裁は、「（この事案での取引は）我が国の外国税額控除制度をその本来の趣旨目的から著しく逸脱する態様で利用して納税を免れ、我が国において納付されるべき法人税額を減少させた上、この免れた税額を原資とする利益を取引関係者が享受するために、取引自体によっては外国法人税を負担すれば損失が生ずるだけであるという本件取引をあえて行うというものであって、我が国ひいては我が国の納税者の負担の下に取引関係者の利益を図るものというほかない。そうすると、本件取引に基づいて生じた所

507

得に対する外国法人税を法人税法69条の定める外国税額控除の対象とすることは，外国税額控除制度を濫用するものであり，さらには，税負担の公平を著しく害するものとして許されないというべきである。」として，外国税額控除の適用を否定した。この事例で，最高裁は，①租税回避の意図と，②制度趣旨及び目的からの逸脱の態様，を認定している。

法人税法132条の同族会社の行為計算否認では，経済合理性基準の下，当該取引に経済合理性が認められないという事実があればよく，主観的意図は必要とされないとするのが通説である。しかし，本事例では，一審と原審において趣旨目的基準を採用したのに対し，最高裁は主観的意図と客観的態様の双方を求めた。制度の濫用と評価するには，行為者に一定の主観的要素が必要との考え方によるものと評価できる[6]。

本事例では，C社が有していた未処理欠損金額をX社に引き継がせるために，短期間のうちに計画的に組織再編成が実行されている。C社が有していた未処理欠損金額をX社に引き継ぐためには，特定役員引継要件を満たす必要があったことから，AをC社副社長に就任させることにより，この要件を満たそうとしたものである。しかし，①その就任の経緯をみると，当該組織再編成の提案後に，グループトップのB社代表取締役の依頼を受けてX社のAほかが了承したものであって，X社とC社との間で事業上の目的や必要性が具体的に協議された形跡がないこと，②Aの副社長就任期間をみると，わずか3か月程度であり，特定資本関係が発生するまでの期間に限れば2か月程度とごく短期的であること，③Aの副社長としての業務内容をみると，合併等の準備やその後の事業計画に関するものにとどまり，C社固有の業務に携わったものとはいえないこと，④Aの実質的な地位や権限等をみると，C社では代表権のない非常勤取締役であり，具体的な権限を伴う専任の担当業務を有していたわけでもなく，C社から役員報酬も受領していなかったこと，という具体的事情に鑑みると，特定役員引継要件において，想定されている特定役員の実質を備えているということはできず，Aの副社長就任は実態と乖離したものであり，要件の形式を作出する明らかに不自然なものであり，税負担の減少以外に合理的な理由といえるような事業目的等があったとはいえない。このことから，Aの副社長就任は，租税回避の主観的意図，本来の趣旨及び目的を逸脱する態様で組織再編税

制の適用を受けるもの又は免れるものと認められるものとしており，妥当な判断といえよう。

(3) 租税法律主義との関係

最後に，第三点につき検討する。

このように法人税法132条の2の不当性要件につき制度濫用基準で判断するとした場合に，同条にはなんら具体的になにをもって制度濫用というのか明らかにされていないことから，納税者の予測可能性を害し，租税法律主義との関係で問題ではないかという批判が考えられる。

租税法律主義は，租税の賦課徴収が，法律の根拠に基づき，法律に従って行われなければならないとする原則であり，私人にとって将来の予測を可能にし，法的安定を確保することを目的とするものである。

そこで，ある組織再編成が，法人税法132条の2の不当性要件につき制度濫用とされることが，組織再編成の行為者にとって明確であり，予測可能性を確保していることが必要と考えられる。

この点，本判決では，制度濫用の判断に当たり，第二点で検討した租税回避の意図を求め，さらに，制度趣旨及び目的から逸脱する態様を必要としており，当該組織再編成の行為者にとり，当該組織再編成が組織再編税制に照らし，本来その適用がない，もしくは適用されることが明らかであり，本来あるべき課税が予測される状態にある以上，租税法律主義との関係で問題とされるものではないといえよう。

5　法人税法132条の2における行為主体要件の意義

本事例でX社は，法人税法132条の2の「その法人の行為又は計算」の「その法人」とは，文理上，更正又は決定を受ける法人のみを意味すると解すべきであり，Aの副社長就任はC社とAの行為であって，X社の行為ではなく，Aの副社長就任につき同条の適用はないと主張した。

この点につき，原審は，①法人税法132条の2第3号との関係においては，合併等をした一方又は他方の法人の行為を否認して，その株主等の法人税につ

第4章　企業会計に関する裁判例

き史止又は決定をする場合を予定していると解されるから，法人税法132条の2の規定は，否認することができる行為又は計算の主体である法人と法人税につき更正又は決定を受ける法人とが異なる場合も予定しているということができること，②同条の文言上，否認の対象とすることができる「その法人」とは，その前の「次に掲げる法人」を受けていると解釈することができること，③平成19年法律第6号による改正前の法人税法132条の2は「これらの法人」と規定していたところ，上記の改正が，同条の規定により否認することができる行為又は計算の主体である法人と法人税につき更正又は決定を受ける法人との関係を変更することを意図してされたことはうかがわれないこと，④組織再編成においては，複数の法人が関与することがその性質上当然に予定されており，組織再編成に関する複数の当事者の中のいずれかの法人が不当な行為・計算を行うことによって，当該法人についてのみならず，組織再編成の当事者である他の法人についても，法人税の負担の減少が生じ得ることが当然に予定されていること，以上の点に加え，⑤組織再編成の形態や方法の多様化に対応するために設けられたという同条の趣旨に鑑みれば，法人税法132条の2の「その法人の行為又は計算」の「その法人」は，その前の「次に掲げる法人」を受けており，「その法人の行為又は計算」は「次に掲げる法人の行為又は計算」と読むべきである，とした。

　最高裁判決でも，法人税法132条の2は，平成19年法律第6号による改正前において，「合併等をした一方の法人若しくは他方の法人又はこれらの法人の株主等である法人」を受けて「これらの法人の行為又は計算」と規定し，行為又は計算の主体を更正又は決定を受ける法人に限定していなかったところ，上記改正においては，同条の適用対象となる法人の範囲が拡大され，同条各号に掲げられることとなったため，同条柱書きの「次に掲げる法人」を受けて「その法人の行為又は計算」と規定されることになったにすぎず，上記改正が行為又は計算の主体である法人を限定するものであったとはうかがわれないとし，法人税法132条の2により否認することができる行為又は計算の主体である法人と法人税につき更正又は決定を受ける法人とは異なり得るものと解されるとされた。

　ヤフー事件のように，被合併会社側の行為・計算を否認しなければ，合併後

510

の存続会社における法人税の負担を不当に減少となる結果が生じる場合をも，本条の趣旨及び目的から適用対象とするのは妥当であり，また納税者としても事前に十分に理解し得る解釈である。

6　むすびにかえて

ヤフー事件もIBM事件もグループ企業であったがゆえ，同じ租税回避事案のようにみえる。しかし，非同族会社であってもIBM事件でのスキームはあり得ることから，取引自体を不当とはいいがたい。これに対し，非同族会社が意図を有して組織再編税制を濫用することはあり得るし，この場合は不当とされるであろう。つまり，本来的に，法人税法132条と法人税法132条の2では，不当性判断の要件が異なるといえる。

このような法人税法132条の2では，むしろ，どのような場合に適用されるのかを明確にする必要がある。この点，ヤフー事件での最高裁判決は，制度濫用基準を明らかにするとともに，租税回避につき主観的意図と客観的態様を求めた点で，より明確になったと評価すべきであろう[7]。

〔注〕
(1)　ヤフー事件とIBM事件を租税回避事案か否かを検討するものとして，今村隆「ヤフー事件及びIBM事件最高裁判断から見えてきたもの（上）―IBM事件は租税回避か？」税務弘報（平成28年）64巻7号54頁以下がある。
(2)　金子宏『租税法（第21版）』（弘文堂，平成28年）478頁。
(3)　政府税制調査会法人課税小委員会「会社分割・合併等の企業組織再編成に係る税制の基本的考え方」平成12年10月。
(4)　「最高裁調査官解説」ジュリスト（平成28年）1497号83頁。
(5)　前掲注(4)85頁。
(6)　前掲注(4)87頁。
(7)　太田洋「ヤフー・IDCF事件最高裁判決の分析と検討」税務弘報（平成28年）64巻6号47号は，ヤフー事件最高裁判決を納税者の予測可能性を損なう面があることは否定しがたい，と批判するも，「原審判決が示した法人税法132条の2の不当減少性要件に関する緩やかな解釈に一定の歯止めをかけたもの」と評価している。

511

第5章

会社の組織再編等に関する裁判例

濫用的会社分割

関西大学法学部准教授　**原　弘明**

I　はじめに

　平成17年会社法において，債務の履行の見込みのない会社分割も有効となる立案担当者見解が示されて以来，債権者への債務履行を回避するための会社分割事例が多数現れるようになった。本章ではこれらを濫用的会社分割と呼び[1]，それら事案の判例による処理を概観することとする。原告が援用する法律構成は以下の複数に及びうるが，以下では実際の裁判例で多くみられた主張を概ね時系列に沿って並べ，適宜検討することとしたい。

　なお，裁判例には複数の法律構成が主張されているもの，ひとつの法律構成が主張されているに過ぎないものが混在している。また，裁判所が特定の法律構成を肯定したため，他の法律構成につき判断されていないものも少なくない。様々な裁判例の射程を慎重に検討する必要がある分野である。平成26年改正による影響についても若干言及する。

　なお整理のため，本文の叙述順に，会社法施行後の各裁判例（原則として公刊された最上級審）に通し番号を付した。

II　商号続用法理の類推適用事案

1　ゴルフ場運営会社の事業譲渡にかかる最判平成16年2月20日民集58巻2

号367頁の法理が，会社分割にも類推適用されたのが，(1)最判平成20年6月10日集民228号195頁〔破棄自判（請求認容）・確定〕[2]である。ゴルフ場運営会社の場合，その商号と運営するゴルフ場の名称とは別個のものであることが多く，事業譲渡・会社分割を実施しゴルフ場事業部門を移転させた場合，事業譲受会社・吸収分割承継会社・新設分割設立会社の商号は事業譲渡会社・吸収分割会社・新設分割会社と一致していないこともしばしばである。この場合，いわゆる商号続用法理[3]の直接適用が文理上困難であるため，類推適用が認められるかが問題となってきた。最判平成16年は，「預託金会員制のゴルフクラブの名称がゴルフ場の営業主体を表示しているものとして用いられている場合において，ゴルフ場の営業の譲渡がされ，譲渡人が用いていたゴルフクラブの名称を譲受人が継続して使用しているときは，譲受人が譲受語遅滞なく当該ゴルフクラブの会員によるゴルフ場施設の優先的利用を拒否したなどの特段の事情がない限り，会員において，同一の営業主体による営業が継続しているものと信じたり，営業主体の変更があったけれども譲受人により譲渡人の債務の引受けがされたと信じたりすることは，無理からぬものというべきである」として，譲受人は特段の事情がない限り，（平成17年改正前）商法26条1項の類推適用により預託金返還義務を負うとした。(1)最判平成20年は平成17年会社法が適用される新設分割の事案において，「会社分割に伴いゴルフ場の事業が他の会社又は設立会社に承継される場合，法律行為によって事業の全部又は一部が別の権利義務の主体に承継されるという点においては，事業の譲渡と異なるところはな」いとして，会社法22条1項の類推適用を認めた。また，「会社分割においては，承継される債権債務等が記載された分割計画書又は分割契約書が一定期間本店に備え置かれることとなっているが……，ゴルフクラブの会員が本店に備え置かれた分割計画書や分割契約書を閲覧することを一般に期待することはできないので，上記判断は左右されない」とする[4]。

　商号続用法理の趣旨については，外観責任規定であるとする理解のほか，債務の引受けの意思を認めたとするもの，債権者が譲受会社の財産をあてにすることを想定したとするものなど，その理解が区々に分かれている。最判平成16年・(1)最判平成20年は，必ずしも特定の見解に拘泥することなく，柔軟な問題解決を志向しているようにみえる。また，最高裁のいう「特段の事情」の主張

立証責任は，商号続用法理による責任を免れようとする債務者側にあることになる。

2　他方，当該2最判はゴルフ場運営会社という特殊な事業部門にかかるもので，会社の商号とゴルフ場の名称は往々にして異なり，会員が重視するのはむしろ後者ともいえる。それ以外の事業形態において，特に金融機関や取引債権者のように，商号自体が重要とも考える場合について，どの程度商号続用法理の類推適用が認められるかはやや不分明である[5]。(1)最判平成20年以降会社分割について商号続用法理の類推適用の可否が争われた下級審裁判例として，(2)東京地判平成21年7月1日2009WLJPCA07018003〔棄却・控訴〕[6]，(3)東京地判平成22年7月9日判時2086号144頁〔一部認容・確定〕[7]，(4)大阪地判平成22年10月4日金法1920号118頁〔棄却・控訴〕[8]，(5)東京地判平成22年11月29日判タ1350号212頁〔認容・確定〕[9]，(6)神戸地姫路支判平成23年4月25日消費者法ニュース89号162頁〔一部認容〕，(7)札幌高判平成25年9月20日租税関係行政・民事判決集（徴収関係判決）平成25年1月～平成25年12月順号25－42〔控訴棄却〕[10]がある。

(2)東京地判は最判平成16年を参照して外観法理説に立った上で，被告が原告に対し，吸収分割に際し経営改善計画書を作成・送付しており，原告が求償債務が承継されなかった事実を誤解なく認識していたこと，22条1項を類推適用して保護すべき信頼があったとは認め難いとし，また，当該計画書では新設分割会社・新設分割設立会社で債務の移転をしない旨の明記があったことから，22条2項後段の通知があるとして，22条1項類推適用に基づく請求は認められなかった。(3)東京高判はクレープハウス運営会社の新設分割事案であり，分割計画書の内容から設立会社の重畳的債務引受けは認められなかったが，分割会社が経営する店舗の名称をその事業主体を表示するものとして用いていた場合において，会社分割に伴い当該店舗の事業が新設会社に承継され，新設会社が当該店舗の名称を引き続き使用しているときは，新設会社は，会社分割後遅滞なく債権者に債務引受けをしない旨通知したなど免責を認めるべき特段の事情がない限り，会社法22条1項の類推適用により，分割会社が債権者に対して同事業により負担する債務を弁済する責任を負うとする。また，一般債権者に会社分割にかかる分割計画書の閲覧を期待することは妥当でなく，特段の事情の

主張立証もないとする。(4)大阪地判は印刷・不動産業を営む会社が商号変更を行い，新設分割設立会社が旧商号を利用した事案であるが，債務を承継されなかった金融機関である原告には代表取締役・税理士が債務を引き継がないことを説明し，税理士から会社分割を実行した旨の説明を受け，分割計画書等の資料の送付も受けていることに照らせば，原告において，同一の営業主体による営業が継続している，あるいは，譲受会社により債務又は履行の引受けがされたと信頼したと認めるには足りないとされた。(5)東京地判は，新設分割設立会社が新設分割会社の事業主体を表示する名称を，そのホームページで事業主体を表示するものとして用いており，事業を承継して従業員等の労働関係もすべて承継していること，特段の事情の主張立証もされていないことから，会社法22条1項に定める事業の譲渡が存在したことは明らかであるとし，22条1項の類推適用を肯定した。(6)神戸地姫路支判は金融商品販売にかかる事案であり，顧客の販売業者に対する損害賠償請求権が承継の対象とされた「顧客財産」に含まれていたかが争点となった。吸収分割会社が商号を変更し，吸収分割承継会社が吸収分割会社の旧商号に変更した上で権利義務を承継したことから，22条1項類推適用が認められた。(7)札幌高判は(1)最判同様ゴルフ場経営会社に関する事案であるが，原告が預託金制会員の租税滞納処分で会員権を差し押さえた国である点に特徴がある。被告から会員に配布された再建スキームの説明では，新設分割設立会社が会員権の口数毎に，2万円以下と超過部分の2％相当額を債務引き受けする旨の記載があった。裁判所は当該通知が新設分割前に新設分割会社からのみなされていることから会社法22条2項の（類推）適用を否定し，上記通知の内容から，預託金債務が（少なくとも部分的に）承継されないことは会員に明らかであったとして，(1)最判のいう特段の事情も存在しないとして，22条1項類推適用による主位的請求を棄却した。

3　会社法22条1項については事業譲渡にかかる事案でも判断が蓄積しており，会社分割のみを捉えて分析をすることは必ずしも適切でないと思われるが，若干コメントする。(2)東京地判は，原告・被告の新設分割会社・新設分割設立会社の商号の続用に関する主張を正面から検討せず，専ら原告の認識に焦点を当てて判断している。2最判のような事案においてすら商号に準ずる名称についての配慮がある以上，より一般的な企業において商号・名称についての検討

を省略することは適切ではない。22条1項類推適用について，債権者の属性を考慮すべきとする判示は正当であるが，やや結論先取り的な印象をぬぐえない[11]。(3)東京高判は，実際の屋号の共通性からみて結論は支持できるとしても，一般論としては(1)最判の「特段の事情」を過度に一般化している印象をぬぐえない[12]。ゴルフ場会員のような債権者と，金融機関，取引債権者などを同列に論じることは，債務・義務の承継についての理解の差がある以上適切でないようにも思われる。(1)最判の趣旨からも遠くなるように思われ，「特段の事情」の内容についてはなお慎重な検討が必要であるように思われる。他方，(4)大阪地判は請求を棄却したやや異色のものだが[13]，(1)最判のゴルフ場会員のように，事業主体の組織再編の有無についておよそ認識が困難であるものとは原告の立場も大きく異なるものである。また，商号続用規定の解釈論としては，(1)最判を拡大解釈して濫用的な事案をすべて救済するという結論が望ましいとは限らず，原告の認識が明確である以上類推適用を否定した結論には一理あるようにも思われる[14]。(5)東京地判は主張立証責任での処理を模索したものであるが，「特段の事情」の具体的内容がみえづらい状態においては，特にゴルフ場経営会社以外の事案おいて，当該法理の適用を否定しようとする被告にとっての立証負担は軽くないように思われる。(6)神戸地姫路支判は商号という22条1項の文理に即してみると当然の解釈であり，少なくとも原告にとってみれば吸収分割が詐害的とも評価できる事案であった。(7)札幌高判は(1)最判と同様のゴルフ場経営会社にかかる事案であるが，預託金返還債務の多くが承継されないことは(1)最判の事案と異なり明確であるといえ[15]，(1)最判と整合的に理解できる判決といえるだろう。

Ⅲ　会社分割無効の訴えによる事案

1　名古屋地判平成16年10月29日判時1881号122頁〔認容・確定〕[16]は，平成17年改正前商法の適用される事案において，債務の履行の見込みのない会社分割を無効とした有名な下級審裁判例である。もっとも，会社法施行規則は「債務ノ履行ノ見込アルコト」という従前の文言を「債務の履行の見込みに関する事項」と改め，立案担当者は，債務の履行の見込みのない会社分割も有効であ

第5章　会社の組織再編等に関する裁判例

る旨の認識を示している[17]。このため，会社法施行後にはかかる会社分割が多数行われるようになり，採算部門を切り離す新設分割における，不採算部門に残された債権者（残存債権者）の保護が重要な課題となった。

2　会社法施行後，平成17年改正前商法下の濫用的会社分割について吸収分割無効の訴えが認容された事案として東京高判平成21年9月30日金法1922号109頁〔原判決取消し（一部認容），上告審で上告棄却・不受理〕[18]がある。他方，会社法適用事案として，新設分割無効の訴えが争われた(8)福岡高判平成22年7月23日公刊物未登載（平21（ネ）169号）〔控訴棄却・上告受理申立て（上告不受理）〕[19]，(9)東京高判平成23年1月26日金判1363号30頁〔控訴棄却・確定〕[20]がある。(8)福岡高判は新設分割会社（破産会社）の残存債権者が新設分割無効の訴えを提起し，新設分割会社破産管財人が原告に補助参加した事案である。また，原告は分割計画書などの内容や債務の履行の見込みに虚偽の記載があるとし，補助参加人は被告が新設分割計画書等の備置義務を果たしていなかった旨主張するなど[21]，無効事由があったともみられる事案であった。第1審・控訴審とも，残存債権者は債権者保護手続の対象外であること，債務超過会社の場合は債権回収率が低下する問題が生じうるが，偏頗弁済と同様の問題として詐害行為取消権・否認権で対応すべきであるとし，人的分割の規定の類推適用もできないとして原告適格を否定した。(9)東京高判は，828条1項10号が原告適格を「新設分割について承認をしなかった債権者」に限定していることから，承認するかどうか述べることができる債権者，すなわち異議を述べることができる債権者のみ原告適格を有するとし，原告の訴えを却下した原審を支持し控訴を棄却した。同判決は当該解釈の理由として，828条2項10号の趣旨は，新設分割による権利義務の承継関係の早期確定と安定の要請を考慮しているためであるとする。また，新設分割会社に新設分割設立会社が割り当てた株式が交付純資産に相当するものでなかった場合，債権者が不利益を受けるおそれを指摘しつつ，新設分割無効の訴え以外の方法で個別に救済を受ける余地があるとする。

3　反対説の指摘するように，条文の文言を異議と承認で書き分けた理由は必ずしも明確ではないし[22]，新設分割無効の訴えの原告適格を，条文の文理よりも政策的に広げる解釈はあり得ないではない[23]。しかし，訴訟要件を厳密に

画し，訴訟判決・本案判決を明確に区別する実務的発想からすれば，濫用的会社分割の救済を他の手段に委ねて，原告適格を明確にするため異議と承認を結びつける解釈にも十分な理由があるように思われる[24]。詐害行為取消しにかかる後掲(15)最判平成24年10月12日によって，詐害行為取消権の行使と会社分割無効の訴えとの間に，法人格の取扱いの差があることも明確になり，他の救済手段も工夫された現在，前掲(8)福岡高判・(9)東京高判のような取扱いは安定的になったといえるだろう。

Ⅳ　詐害行為取消し事案

1　商号続用法理の類推適用ができないような事案において，残存債権者保護の方策として用いられたのが，会社分割の詐害行為取消し（民424条）である[25]。適用否定説も皆無ではなかったものの[26]，多くの見解は適用肯定説であり，会社法立案担当者も，債務の履行の見込みのないことは会社分割無効の訴えの無効事由とならないことを述べるに際して，問題がある場合には詐害行為取消権を適用できる旨を示唆していた[27]。

2　裁判例においては(10)東京高判平成22年10月27日金法1910号77頁〔控訴棄却・確定〕[28]が早い時期の有名な事案であり，後掲最判平成24年10月12日以前の他の事案として(11)福岡高判平成23年10月27日金法1936号74頁〔取消自判（一部認容），上告・上告受理申立て〕[29]，(12)名古屋高判平成24年2月7日金法1945号111頁〔控訴棄却，上告・上告受理申立て〕[30]，(13)東京地判平成24年5月17日Ｄ1－LAW28181684〔認容〕，(14)福岡高判平成24年6月8日訟月59巻5号1426頁〔控訴棄却・確定〕[31]がある[32]。東京高判平成22年では，新設分割に対する詐害行為取消権の行使が認められ，効果としての価額賠償が認められた。民法の詐害行為取消権の一般論としては，効果は現物返還が原則であり，価額賠償は例外的にのみ認められるとされるが[33]，会社分割では財産変動が頻繁に行われ，債権者が資産を特定することが困難であることから[34]，この結論も概ね支持されている。(11)福岡高判平成23年の原審である福岡地判平成22年1月14日では，対価株式の交付を根拠に会社分割の詐害性が否定された一方[35]，主位的請求としての法人格否認の主張が容れられたが，控訴審はこれを認めず，予備的請求

521

第5章　会社の組織再編等に関する裁判例

としての詐害行為取消しを認めた。原告は株式譲渡までの全体を含めて人的分割であり債権者保護手続が必要であると主張したが，裁判所は新設分割と株式譲渡は別個であるとして退けた。また，控訴審は被告新設分割会社が原告と十分に協議せず新設分割を実行したことは信義則に反するとしたものの，新設分割設立会社を支配していたとは評価できないとして，法人格濫用法理の適用を認めなかった。他方，価額賠償の額としては事業価値をもって計算できるとし，事業価値に関する意見書の下限額である8億円程度と認められるとした。(12)名古屋高判平成24年も価額賠償請求を認めた。(13)東京地判平成24年は前掲(11)東京高判平成22年と同一の被告にかかる事案であり，価額賠償が認められたが，その理由付けにおいて「現物を返還させることは被告の事業運営に支障が生じる可能性もある」と明記している点でやや特徴的である。(14)福岡高判平成24年は国税債権にかかる事案で，控訴審は新設分割会社の株式の安価処分を認定した上で詐害性の根拠として価額賠償請求を認めた。

　3　初の最上級審判断である，(15)最判平成24年10月12日民集66巻10号3311頁〔上告棄却・確定〕[36]も，一般論として，新設分割の詐害行為取消しを肯定し，第1審・原審が認めた現物返還の結論を支持した。(15)最判平成24年は，新設分割は民法424条にいう財産権を目的とする法律行為としての性質を有すること，詐害行為取消権の対象となることを否定する明文の規定が存しないこと，新設分割会社の残存債権者保護の必要性があること，新設分割無効の訴えと異なり会社の設立の効力には何ら影響を及ぼすおそれはないことから，残存債権者は詐害行為取消権を行使して新設分割を取り消すことができるとした。須藤正彦補足意見は，新設分割により残存債権の責任財産と承継財産の責任財産に大きな差が生じたことをもって，両債権者の間で著しい不平等が生ずるに至ったことをもって，詐害性が認められるとする。

　4　(15)最判平成24年が出る前の，会社分割の詐害行為取消しにかかる論点は，取消しの対象となるのは何か，詐害性はどのように判断するか，の2点に大別できる。

　前者については，会社分割そのものとする説[37]，個別の権利義務の移転とする説[38]，積極財産の移転とする説[39]が存在した。もっとも実際には，現物返還・価額賠償のいずれの事案においても，債権の保全に必要な限りで取消しが認め

られるため，効果はいずれの説をとっても変わらないと思われる。(15)最判平成
24年の調査官解説は，会社設立には影響を及ぼさないことから権利義務の移転
に限定する必要はないこと，新設分割の（部分的）包括承継性を重視し，詐害
行為取消権の対象としての「行為」性とその効果としての権利（資産）承継と
を区別する観点から，会社分割そのものが対象となる旨述べる[40]。結論に影響
がない場合，実務にとってはいずれかの解釈が確定することが重要であるから，
今後は会社分割自体を対象とすることを前提としてよいだろう。(15)最判の第1
審・原審と他の事案とでは主文に会社分割を取り消す旨の明示の有無にばらつ
きがあるものの，現物返還・価額賠償の違いによるものとみられ，(15)最判以前
の裁判例も会社分割自体を取り消すという(15)最判の法律構成に反するものでは
ないと思われる。

　後者についてはやや問題が残る。債権法改正において，詐害行為取消権は破
産法上の否認権に対応する形で条文が整理されることが予定されている[41]。現
行の条文であれば判例法理である相関関係説に従って詐害性が認定できれば足
りるものの，改正後は条文によって詐害行為取消しの対象となる行為が分かれ
ることになる。そのため，現在でも破産法の条文に対応する形で議論が展開さ
れている。須藤補足意見の評価も区々に分かれているが，残存債権者・承継債
権者の不平等性を説く以上，偏頗性を問題視しているものと思われる。もっと
も同意見は現行法上の条文を前提としている以上，狭義の詐害行為・相当対価
処分行為として詐害行為取消しが認められる可能性を排除するものではないと
解すべきである[42]。

　5　(15)最判平成24年以降の下級審事案として，(16)東京地判平成25年1月18日
LEX/DB25510538〔一部認容〕，前掲(7)札幌高判平成25年9月20日，(17)京都地
判平成27年3月26日判時2270号118頁〔棄却・確定〕，(18)東京地判平成28年1月
22日LEX/DB25533658・D1－LAW29016468〔一部認容〕がある。これらの
裁判例はほぼ(15)最判に沿った内容となっているが，(16)東京地判は共同担保とし
ての価値の実質的毀損に詐害性を求めつつ，承継した権利義務の差額が取消額
になる旨の被告に対し，須藤補足意見同様残存債権者・承継債権者間の不平等
になることを根拠として否定する。(7)札幌高判では，対価として交付された株
式の評価額が簿価よりも大幅に低かったことが，詐害性の根拠とされている。

523

⒄京都地判は法人格否認・詐害行為取消し（・債権の代位行使）の請求のいずれも棄却した珍しい事案である。詐害性については，対価としての株式処分が破産管財人により否認され，改めての競落により一般財産が回復したことをもって，詐害行為取消権の行使を認める必要はないとされた。また，残存債権者・承継債権者間の不平等については，詐害性の判断は，あくまで当該行為により一般債権者の引当てとなる債務者の責任財産が減少したかどうかで判断すべきであり，行為の前後で責任財産の減少が認められない場合には，仮に債権者間に結果として不平等が生じたとしても，それをもって詐害性を認めることはできないとする。⒅東京地判では，併存的債務引受け・法人格否認の主張が否定された。他方，新設分割と代物弁済を一連のものとしてみる旨判示され，詐害行為取消しが認められた。また，詐害行為前の元本債権についての遅延損害金も被保全債権となるとされている。⒅東京地判は新設分割設立会社の元取締役が新設分割会社に貸し付けた金銭の担保権を実行して株式を取得した事案であるが，裁判所は新設分割と当該担保権実行は，一連のものとしてみれば詐害行為に当たるとし，価額賠償を認めた。

　6　⒂最判平成24年以降の各裁判例は，詐害性の判断に当たって概ね共同担保価値の毀損に依拠しており，狭義の詐害性基準を採用している。残存債権者・承継債権者間の不平等をいたずらに強調することは，事業再生スキームとして合理的な，いわゆる「よい分割」と濫用的会社分割との境界線を不明確にするものであり，適切ではないかもしれない。もっとも，⒂最判のように取消しの範囲について整理する際に，残存債権者・承継債権者間の不平等性を根拠とするのもまた適切ではない。あくまでも債権の保全に必要な限度で現物返還・価額賠償を認めるとのみ応答すればよかったものと思われる。また，⑺札幌高判のように対価株式の価値が客観的に明らかな事案は限られている以上，株式の価値ではなく，残存債権者の意図的な選別や，会社分割の実行に際しての債権者との協議の有無などを詐害性の徴表とすべきであろう。他方，⒃東京地判は破産手続中の事案であり，債権者が事実上の優先弁済効を享受しえない事案であった。株式換価による一般財産の増加が客観的に認められ，詐害性の判断基準時は処分行為時・事実審口頭弁論終結時の双方であることからすれば[43]，当該結論も是認できるのではないか。⒅東京地判は新設分割と株式の新設分割会

社の元代表取締役への代物弁済という一連の流れを重視しているようにみえるが，新設分割会社への融資という事情に影響された判示とみるべきであろう。一般的に交付された株式の帰趨について会社分割の詐害性認定に取り込むことは容易ではない。本判決の場合は新設分割・事後の株式の帰趨が一体として計画されたと認定されており，そのような事実認定が可能であれば，そのことが新設分割の詐害性を推認させる一事情にはなりうるが，基本的には会社分割そのもののみで詐害性は判断されるべきものであり[44]，株式の帰趨は法人格否認・破産法上の否認権の場合に積極的な意味を持つようにも思われる。

V 法人格否認の法理による事案

1 以上のような各種法理のほか，法人格否認の法理の適用を主張した事案も散見される。法人格否認の法理は様々な事案の集合体であり，形骸化・濫用の2類型による分析手法には学説上の批判が強いところであるが[45]，ここでは判例法理の要件に即した分析を行う。

2 前掲(2)東京地判平成21年7月1日は，吸収分割承継会社にほかに多数の株主がおり，また最終的に吸収分割会社が1株も保有していないことなどから，支配の要件が否定された。(19)東京地判平成21年12月15日2009WLJPCA12158007〔棄却・確定〕は，原告が，被告新設分割会社が債務超過の新設分割設立会社を設立し，新設分割会社に債務免脱の意図があったと主張した事案である。原告は被告が秘密裡に新設分割手続を進めたとして，債務支払拒絶が信義則違反であるとし，法人格濫用もあわせて主張したが，裁判所は，新設分割にかかる法定公告が行われていること，持株会社移行目的の新設分割であることから信義則違反を否定し，また有価証券報告書・有価証券届出書の記載に関連して課徴金納付・上場廃止の見通しであったものの，新設分割設立会社が債務超過にあることを認めるに足りる的確な証拠はなく，新設分割会社が新設分割に利益を見出だす余地があるとも解しがたい，分割前後の会社で役員構成が重複することはしばしばみられるとして，法人格の同一視は困難とされた。売掛金債務の保証債務について争われた(20)東京地判平成22年7月22日金法1921号117頁〔認容・控訴後和解〕[46]は，設立会社に実態がなく，採算部門を新設分割会社に残

第5章　会社の組織再編等に関する裁判例

した上で新設分割設立会社に原告にかかる債務を免責的債務引受けさせたものである。裁判所は原告の免責的債務引受けが無効である旨の主張を排斥した上で，当該売掛金債務を免れる目的で新設分割を行ったものとして[47]，法人格の濫用を認めている。前掲(5)大阪地判平成22年10月4日は，濫用類型のうち支配要件は容易に認めることができるとし（当事者に争いもないとする），会社分割で残存債権が生じても，直ちに弁済を免れるために行われ，目的要件もあると推認することはできないとした上で，倒産状況の偽装・虚偽説明などと，債権者平等の要請・分割会社債権者の配当の見込みの減少など特段の事情がある場合のみ認められるとする。またそのあてはめにおいては，新設分割設立会社の経営状況は必ずしも良好でないなど，配当率の引下げは明らかでなく，虚偽性もないことから，結局目的要件は満たされないとする。(21)福岡地判平成23年2月17日金判1364号31頁〔認容・控訴〕[48]では法人格否認の法律構成のみ主張され，裁判所は一般論として最判昭和48年10月26日民集27巻9号1240頁を引用し，支配要件の充足を認めた上で，目的要件について以下のように判示する。被告の最大債権者である原告に再建スキームの具体的内容を会社分割後4ヶ月経過するまで一切明らかにしていないこと，原告と他の債権者に対する被告の説明・交渉の態度が明らかに異なっているなど不誠実であること，原告以外の債務は担保権を有しなくても全額が承継され，相当部分の回収が期待できる状態であることなどから，著しく公平性を欠き信義則に反する。会社分割制度を形式的に利用あるいは濫用して再建スキームを実行したといわざるを得ず，違法または不当な目的を有していた（目的要件）というべきである。(11)福岡高判平成23年10月27日の原審の福岡地判平成22年1月14日は，新設分割の対価株式の譲渡が事業価値を反映した相当なものではなく，また増資によって当該株式の価値が割合的に低減されたとし，被告新設分割会社は事業再生に向け協働していた原告の利益や期待を著しくそこなることのないよう合理的な配慮をする信義則上の義務を負担するという。そして新設分割・株式譲渡・増資を一体とした手法は，原告との関係では会社分割制度を濫用的に用いたものと評価せざるを得ないとする。しかし控訴審は新設分割設立会社の独立性を指摘して支配要件を満たさないと判断し，予備的請求としての詐害行為取消請求を認容した。(22)東京地判平成24年7月23日金判1414号45頁〔認容・控訴〕[49]は，金融機

526

関との間の通貨オプション取引に基づく清算金債務について新設分割が行われたやや特徴的な事案であるが，原告金融機関が詐害行為取消し・法人格否認の双方を主張したところ，法人格否認の主張が認められ請求が認容された事案である。比較的最近の事案である，前掲(17)京都地判平成27年3月26日では，法人格否認・詐害行為取消しの双方が主張されたが，法人格濫用の目的が認められず，詐害行為取消しも含めて請求棄却された[50]。

3　従前の評釈でも指摘されているように，吸収分割で支配・目的双方の要件を満たすことはあまり多くないだろう[51]。ほかに株主がいることや独立した事業を行っていることが多いからである。新設分割の場合は支配要件の充足は少なくないと思われるが，(11)福岡高判のように認められない場合もある。さらに，目的要件についての判断は事案によってまちまちであり，特に(21)福岡地判では，結論はともかく理由付けとして信義則違反を持ち出して目的要件を認定したことへの批判がある[52]。(11)福岡高判も新設分割会社の信義則上の義務を認めているが，新設分割設立会社には当該義務はないとして，うまく機能していない。結局のところ，濫用的会社分割は法人格濫用法理の要件を確実に充足するとはいえず，先例に照らして確実に要件が充足するといえる事案を除き，当該法律構成のみでは債権の履行確保を確実に行うことはできないのではないか。実務的には複数の法律構成を主張すべきように思われる。詐害行為取消権と法人格否認の法理の適用関係についても議論があるが，一方が他方を排除するような関係にはないと思われる[53]。

Ⅵ　破産法上の否認規定の適用事案

1　当事会社が破産手続に入った後は，破産管財人としては破産法上の各種否認規定を援用することが考えられる。この場合，否認の対象のほか，破産法上の詐害行為否認（破160条）・相当対価処分行為否認（破161条）・偏頗行為否認（破162条）のいずれが適用されるかについても争いがある。積極財産の減少という点を捉えると160条説または161条説，残存債権者と承継債権者の不平等性を共著すると162条説に行き着くことになりそうである。前者の難点は，（少なくとも形式的には）会社分割の対価として株式が交付されており，立案担当

者の考え方からすれば対価性は見合っているという点にある。また，161条説には，財産を株式に替えることは，現金に換えることのように隠匿等の処分をするおそれを現に生じさせるものとは想定されていないという難点が，162条説には，これを強調するとおよそ「よい会社分割」も制限することになりかねないという難点がある。

　2　⑵福岡地判平成21年11月27日金法1911号84頁〔棄却・否認決定認可・確定〕は新設分割と交付株式の対価1円での譲渡が行われた事案で，新設分割の160条1項1号該当性を肯定し，会社分割無効の訴えのように組織法的側面には影響しないこと，残存債権者に無効の訴えの原告適格がなく保護が十分でないことから否認権行使も可能とした。⑵福岡地判平成22年9月30日判タ1341号200頁〔認容・控訴〕[54]は，⑾福岡高判と同一の被告にかかる事案である。裁判所は，会社分割の実質は，個別財産の移転を要素とし，分割会社の一般財産を減少させる行為であるとして，会社分割による個々の財産移転行為が否認権の対象となり，残存債権者保護にも資するとする。その上で，新設分割設立会社の資本金と対価株式の譲渡価格から株式の価値を認定し，承継した土地の価格との間に大きな差があることをもって160条1項の否認を認めた。⑵東京高判平成24年6月20日判タ1388号366頁〔控訴棄却・確定〕[55]は，新設分割は，会社間で財産を移転することを要素としており，債務者たる分割会社の一般財産を減少させうる行為であって，160条・161条の否認権の対象となるとし，残存債権者保護の必要性を説く。また，分割会社が債務の一部を重畳的債務引受けしつつ資産のすべてを逸出したことで，債権者が満足を得られなくなったことは明らかであるとし，対価としての株式・社債の交付については，詐害行為となるか否かは計算上の一般財産の減少だけで判断すべきではなく，一般財産の共同担保としての価値を実質的に毀損して，債権者が債権の弁済を受けることがより困難になったと認められる場合には詐害行為に当たり，換価性の困難な株式・社債の交付で詐害性が否定されることにはならないとする。⑵東京地判平成28年5月26日金判1495号41頁〔認容・否認決定取消し・確定〕[56]は民事再生手続にかかる事案であり，いわゆる人的分割を構成する剰余金配当としての株式交付の否認が問題となった。裁判所は⒂最判が詐害行為取消権について債権者異議手続と関連して検討したことから，債権者異議手続のある人的分割にお

いては監督委員は特段の事情なき限り否認権を行使できないとした。同判決は，新設分割の効力発生後の分割会社の再生手続が開始された場合，常に株式配当の否認権行使が可能であることの弊害も指摘している。

3　否認権の対象については会社分割自体とするか個別の権利移転とするかにばらつきがみられ，最高裁判例も存在せず学説も区々分かれている以上，今後も様々な構成が予想される。否認の根拠規定は160条（または161条）によるものが多く，詐害行為取消権についての近時の下級審と同様の流れにあると評価できる。⒆判決は人的分割にかかるもので，債権者異議手続と詐害行為取消権・否認権との関係についての⒂最判の理解も含めて正当であるといえよう。

Ⅶ　その他の裁判例

1　⒄大阪地堺支判平成22年9月13日金法1921号117頁（②判決）〔認容・確定〕[57]は，被告である吸収分割会社の保証人が，吸収分割に際して吸収分割承継会社に債務の免責的債務引受けがなされたため保証債務は消滅した旨主張した事案である。裁判所は労働契約承継にかかる最判平成22年7月12日を参照して会社分割が包括承継であるとした上で，連帯保証債務も随伴性により移転したとしつつ，免責的債務引受けには債権者の同意がいる以上保証債務は消滅しないとする。その上で，異議を述べなかったことが免責的債務引受けの同意に当たる旨の被告の主張に対し，異議制度は組織法上の行為に対する意思表示であり，承継される個々の債権・債務に関する意思表示ではないから同一視できないとして，請求を認容した。しかし，組織法・取引法峻別論は⒂最判平成24年10月12日でも厳格に守られている訳ではないし，債権者異議手続と債務者の交替にかかる同意が連動しないのであれば，事業再生スキームとしての「よい会社分割」も，債権者の事後的な機会主義的行動で覆滅されかねない。当該判示は支持できない[58]。

2　⒅東京地判平成22年11月29日判タ1352号215頁〔棄却・確定〕[59]は，預金債権を新設分割設立会社に承継する新設分割が行われ，新設分割設立会社からの預金払戻請求に対し，被告金融機関側が新設分割会社に対する債権による相殺を主張した事案である。同判決は相殺の弁済期に関する最判昭和50年12月8

第5章　会社の組織再編等に関する裁判例

日民集29巻11号1864頁の無制限説を参照した上で，相殺の担保的機能を強調する。また，残存債権者に異議権がなく会社分割無効の訴えの提訴権がないことを理由に，相殺の必要性を強調し，債権譲渡と会社分割による債権の承継とは，法律行為と組織法上の行為に基づくという違いはあるが，債務者の意思にかかわらず，債権が同一性を維持したまま第三者に移転するという点で差異はないとし，被告の民法468条2項の類推適用の主張を認め，請求を棄却した。

Ⅷ　平成26年会社法改正

1　詐害行為取消権（民法424条）と直接請求規定（会社法759条4項・764条4項など）

前掲⒂最判平成24年10月12日の調査官解説は，直接請求規定と詐害行為取消権との関係について，立案担当者[60]などの併存説[61]を必ずしも採用していない[62]。今後の動向は判然としないが，詐害行為取消権の総債権者のための責任財産保全という趣旨を強く打ち出せば併存説が，事実上の優先弁済効が重視されれば直接請求規定への一本化が想定される。

2　商号続用法理（会社法22条1項）と詐害事業譲渡規定（会社法23条の2・商法18条の2）

平成26年会社法改正において，濫用的会社分割について直接請求規定を置いたことと平仄を合わせるため，詐害事業譲渡についても直接請求ができる旨，会社法・商法総則に規定が新設された。このことは，会社分割に商号続用法理の類推を認めた判例法理に影響するだろうか[63]。詐害事業譲渡規定が想定するのは従前の判例法理に照らして明らかに責任が認められる濫用的事業譲渡であって，立案担当者の759条4項・764条4項に関する理解と同様，追加的に当該規定が新設されたと理解するのであれば，特に当該条文ができたとしても影響は及ばないと考えられる。他方，⑴最判平成20年における「特段の事情」の範囲が不分明であった以上，それが広がるような事案の取扱いは問題となりうる。「特段の事情」の主張立証責任は会社分割を行った当事会社側にあるが，「特段の事情」による免責を広く認めると会社法22条1項の類推による債権者保護機能が狭まる。このことを前提とすれば，債権者である原告は無理に22条1項

の類推を主張することは訴訟戦略上適切とはいえず，裁判所も他の法律構成を支持しやすい場合はそちらを採用するだろうから，今後「特段の事情」に関する裁判例が積み上がることは，実際には想定しにくいだろう。

IX　おわりに

濫用的会社分割は，事業再生スキームとしての会社分割の有用性，残存債権者と承継債権者の利害関係，対価株式の帰趨，詐害行為取消権の本質論など様々な法的論点が絡み合う複雑な分野である。事案に沿った適切な法律構成と，それに対応した事実の主張・立証が何よりも重要である。本稿がその際の一助になれば，望外の喜びである。

本稿は，JSPS科研費26780068による成果の一部である。また，資料収集に際して，羽賀由利子金沢大学准教授，黒木和彰弁護士，松本幸太弁護士のご協力を得た。記して感謝申し上げる。

〔注〕
⑴　文献によっては詐害的会社分割と呼ぶものもあり，会社法23条の2（詐害事業譲渡）の見出しとも整合的ともいえる。他方，破産法上の詐害行為否認との混乱も予想されるため，本章では濫用的会社分割の語を用いている。
⑵　第1審・名古屋地判平成17年6月22日金判1302号54頁，控訴審・名古屋高判平成18年2月2日金判1302号53頁。第1審評釈として，弥永真生・ジュリ1371号107頁。上告審評釈として，弥永真生・ジュリ1360号84頁，笹本幸祐・法セ644号133頁，石毛和夫・銀法52巻9号67頁，得津晶・NBL888号4頁，川島いづみ・商事法研究64号9頁，安西明毅・ビジ法8巻11号10頁，奈良輝久・法の支配152号76頁，前嶋京子・帝塚山法学18号285頁，片木晴彦・民商140巻1号83頁，池野千白・平成20年度重判解125頁，河原文敬・白鴎大学法科大学院紀要3号389頁，吉田正之・新潟大学法政理論42巻2号129頁，新津和典・法と政治60巻2号91頁，菊池秀雄・金判1331号13頁，沢野直紀＝山崎淳司・西南学院大学法学論集42巻1＝2号50頁，瀧浪武・銀法54巻2号36頁，滝澤孝臣・平成20年度主要民事判例解説（別冊判タ25号）146頁，片木晴彦・法教371号117頁，遠藤喜佳・東洋55巻2号175頁，元吉哲郎・豊田愛美・判タ1369号46頁，斉藤武・龍谷44巻2号213頁，中村さとみ＝森文弥・判タ1416号16頁，高橋陽一・会社法判例百選〔第3版〕232頁。
⑶　会社法22条1項・商法17条1項。
⑷　もっとも，被告会社が会員に送付した「お願い書」については，多数意見・田原睦夫補足意見と那須弘平意見との間で評価が分かれている。

531

第5章　会社の組織再編等に関する裁判例

(5)　得津・前掲注(2)6頁も，ゴルフ場会員の消費者投資家的性格を加味すれば①最判の「特段の事情」は非常に限定的となろう，とする。小菅成一「会社分割に対する会社法22条1項の類推適用」嘉悦大学研究論集52巻1号17頁，31頁は，取引先企業（債務者）を監視・調査する能力があり，当該企業との交渉力を持つ債権者には，22条1項類推による保護は必要ないとする。

(6)　元芳哲郎＝豊田愛美「会社分割と会社法22条1項類推適用」判タ1369号46頁，51頁以下によると，控訴審東京高判平成21年11月18日公刊物未登載（平21（ネ）4121号）は控訴を棄却した。

(7)　評釈として，土岐孝宏・法セ674号127頁，受川環大・金判1375号2頁。

(8)　評釈として，弥永真生・ジュリ1424号54頁，コーエンズ久美子・山形大学法政論叢53号1頁，新津和典・金判1405号10頁。

(9)　評釈として，山田泰弘・金判1402号2頁，野田耕志・ジュリ1452号119頁。

(10)　原審・札幌地岩見沢支判平成24年11月27日租税関係行政・民事判決集（徴収関係判決）平成24年1月～平成24年12月順号24-62〔一部認容〕を若干補正の上（商号続用責任についてはほぼ原文のまま）維持している。

(11)　元芳＝豊田・前掲注(6)52頁によると，控訴審はこの点を意識して，「両商号を類似した商号と認めることができず，会社分割の効力が発生した時点で，代表者，本店所在地も異なっているから，会社法22条1項を類推適用する要件を欠く」と追加判示したようである。

(12)　片木・前掲注(2)121頁，特に注18参照。

(13)　弥永・前掲注(8)は，分割計画書等の交付の存在から会社法22条1項の類推適用が否定されていることから，従来の裁判例とは異なる立場を採用している可能性があるとする。

(14)　コーエンズ・前掲注(8)16頁も本判決を支持する。

(15)　(1)最判の田原睦夫補足意見も参照。

(16)　評釈として，野口恵三・NBL809号58頁，石毛和夫・銀法646号68頁，受川環大・判タ1212号61頁，田中亘・ジュリ1327号140頁，鈴木千佳子・法研80巻4号149頁，川島いづみ・会社法判例百選194頁，菊池雄介・受新652号12頁，清水円香・商事1863号58頁。

(17)　相澤哲＝葉玉匡美＝郡谷大輔『論点解説新・会社法』（商事法務，2006年）673～674頁。しかし，なお有力な反対説も存在する。江頭憲治郎『株式会社法〔第6版〕』（有斐閣，2015）905頁注3，柴田和史『会社法詳解』（商事法務，2015年）440頁注8。

(18)　原審・東京地判平成20年12月16日金法1922号119頁〔棄却〕。控訴審評釈として，松元暢子・ジュリ1438号105頁。

(19)　原審・福岡地判平成21年1月19日公刊物未登載（平19（ワ）4185号）〔却下〕，上告審・最決平成24年1月13日公刊物未登載（平22（受）2222号）〔上告不受理〕。

(20)　原審・静岡地浜松支判平成22年7月28日金判1363号35頁〔却下〕。控訴審評釈として，弥永真生・商事1936号4頁，鳥山恭一・法セ683号125頁，潘阿憲・ジュリ1436号114頁，中東正文・リマークス44号98頁，神谷隆一・銀法734号36頁，石毛和夫・銀法742号126頁，小松卓也・平成23年度重判解（ジュリ1440号）103頁，菊田秀雄・金判1399号2頁，笠原武朗・判セレ2011-II（法教378号別冊付録）20頁，古川朋雄・商事2075号125頁。

(21)　書類備置義務が果たされていない株式交換が無効とされた最近の事案として，神戸地尼崎支判平成27年2月6日金判1468号58頁。

532

⑵　弥永真生「会社分割無効の訴えの原告適格」商事1936号4頁は，原告適格を広げる解釈をとる理由のひとつに掲げる。

⒁　潘・前掲注⒇115頁以下，笠原・前掲注⒇20頁はかかる可能性を指摘しつつ，他の救済手段を概観する。中東・前掲注⒇101頁は，結論には強い疑義はないが，債権者異議手続の対象と会社分割無効の訴えの原告適格を安易に連動させた理由を疑問とする。

⒂　古川・前掲注⒇128頁も同旨。無効事由に絞りをかけることにより処理すべきであるとして判旨に反対するものとして，菊田・前掲注⒇4頁，弥永・前掲注⑵7頁。立法論として残存債権者にも異議権を認めるべきとするものとして，鳥山恭一・金判1367号1頁。

⒄　前掲東京高判平成21年9月30日では詐害行為取消しも主張されたが，主位的請求の吸収分割無効の訴えが認容されたため判断されていない。

⒃　岡伸浩「濫用的会社分割と民事再生手続」NBL922号6頁，9頁，後藤孝典「民事再生と会社分割（上）」ビジ法10巻3号50頁，58頁。

⒅　相澤ほか編著・前掲注⒄673～674頁・723～724頁。

⒇　原審・東京地判平成22年5月27日判時2083号148頁〔一部認容〕。原審評釈として，足立格・銀法722号4頁，内海順太・銀法722号12頁，浅田隆・NBL939号44頁，山田純子・判例セレクト2011-II（法教366号）22頁，近藤隆司・明治学院大学法律科学研究所年報27号291頁。控訴審評釈として，弥永真生・金法1910号30頁，同・ジュリ1412号68頁，広瀬主嘉・銀法55巻2号1頁，後藤孝典・ビジ法11巻3号78頁，菊田秀雄・監査役580号58頁，神作裕之・商事1924号4頁・1925号40頁，石山卓磨・龍谷43巻4号385頁，伊藤邦彦・金法1918号101頁，日向隆・事業再生と債権管理25号1号22頁，伊藤靖史・リマークス43号102頁，後藤元・金法1929号75頁，松阿彌隆・平成22年度主要民事判例解説（別冊判タ32号）216頁，鳥山恭一・法セ681号131頁，山下眞弘・金判1377号2頁，宮島司＝大島忠尚＝森明日香・ビジ法12巻1号92頁，金澤大祐・日本大学法科大学院法務研究8号175頁，河村寛治・NBL976号93頁，同・明治学院大学法科大学院ローレビュー16号37頁，大越一毅・登記情報52巻6号26頁・7号24頁，日下部真治＝倉賀野伴明・判タ1369号75頁。

⒆　原審・福岡地判平成22年1月14日金法1910号88頁〔一部認容〕。原審評釈として，水島治・武蔵大学経済論集59巻4号17頁，片木晴彦・リマークス44号82頁。控訴審評釈として，金澤大祐・税経通信67巻8号177頁，受川環大・Watch11号115頁，山下眞弘・金判1403号2頁，武田奈穂・法と政治63巻4号10頁，村岡賢太郎・最新金融・商事法判例の分析と展開（別冊金判）96頁。

⑳　原審・名古屋地判平成23年7月22日金法1936号118頁〔一部認容〕。原審評釈として，石毛和夫・銀法742号59頁。控訴審評釈として，込山芳行＝太郎良留美・山梨学院ロー・ジャーナル7号75頁，森本滋・リマークス46号90頁。

㉑　原審・福岡地小倉支判平成23年12月12日租税関係行政・民事事件判決集（徴収関係）平成23年1月～12月順号23-68〔認容〕。原審評釈として，熊谷功太郎・民事研修671号62頁。

㉒　法人格否認の法理で触れる，後掲㉒東京地判平成24年7月23日では詐害行為取消しも主張されたが，法人格濫用の主張が容れられたため判断されていない。

㉓　奥田昌道編『新版注釈民法（10）II債権（1）債権の目的・効力（2）』（有斐閣，

第5章　会社の組織再編等に関する裁判例

2011年）904頁以下，特に918頁以下〔下森定〕。

(34)　民法の事例で想定されている不動産の権利移転との対比については，拙稿「会社分割の詐害行為取消しにおける効果論」京園70号41頁で若干の検討をしている。また，原告（債権者）は被保全債権の額を主張立証すればよく，現物返還が不可能または著しく困難でないことの主張立証責任は被告（新設分割設立会社など）にあるとされる（奥田編・前掲注(33)925頁〔下森〕）。

(35)　もっとも，かかる解釈は（詐害性を狭義の詐害性・偏頗性のいずれに引きつけて考えるかはさておき）後掲(15)最判24年10月12日で否定されたと解すべきである。得津晶「会社分割等における債権者の保護」神田秀樹編『論点詳解平成26年改正会社法』（商事法務，2015年）237頁，256頁注55。

(36)　第1審・大阪地判平成21年8月26日民集66巻10号3329頁〔認容〕，控訴審・大阪高判平成21年12月22日同3350頁〔控訴棄却〕。調査官解説として，谷村武則・最高裁判所判例解説民事篇平成24年度（下）654頁（初出：曹時67巻8号239頁）。拙稿・商事2087号48頁で先行する評釈の一覧を掲げているので，必要に応じて参照されたい。その後公刊された評釈として，小出篤・会社法判例百選〔第3版〕190頁。

(37)　神作・前掲注(28)商事1925号45頁。弥永真生「株式会社の新設分割と詐害行為取消し」金法1910号30頁，37頁は，積極財産のみの移転とする説を批判するが，趣旨はこの説ではないかと考えられる（同旨・谷村・前掲注(36)673頁注19）。

(38)　難波孝一「会社分割の濫用を巡る諸問題」判タ1337号20頁，26頁注17は弥永説をこの見解に分類する。

(39)　黒木和彰＝川口珠青「濫用的会社分割をめぐる問題点」金法1902号63頁，72頁，難波・前掲注(38)31頁など。組織法上と財産法とに分けて資産の移転のみを否認の対象としうるとする，内田博久「倒産状態において行われる会社分割の問題点」金法1902号54頁，55～56頁も同様の発想によると考えてよいだろう。

(40)　谷村・前掲注(36)666頁。

(41)　民法改正法案424条～424条の4参照。

(42)　拙稿・前掲注(36)52～54頁。現時点で偏頗性を重視すると，民法改正法案424条の3が現行民法424条よりも要件を厳格化しているため，詐害行為取消しが認められる範囲が狭められる恐れがある。濫用的会社分割を偏頗行為としつつ支払不能概念の厳格化を主張する得津・前掲注(35)272頁，「担保の供与」に含める解釈を提案する井上聡「濫用的会社分割における問題の本質」金法1903号4頁，6～7頁など参照。

(43)　大判大正8年10月28日民録25輯1908頁など，奥田編・前掲注(33)850頁〔下森〕参照。

(44)　数個の連続してなされた詐害行為の詐害性判定は，個々の行為ごとにされるべきとするのが判例である。大判昭和12年11月10日民集16巻1599頁，奥田編・前掲注(33)849頁〔下森〕参照。

(45)　会社法下の整理として，江頭憲治郎編『会社法コンメンタール1』（商事法務，2008年）90頁〔後藤元〕参照。

(46)　評釈として，弥永真生・ジュリ1418号52頁。

(47)　原告が債権の履行請求を本格化させた後に分割計画書を作成していること，売掛金債務の弁済期到来後もそれに見合った現金が承継されていないこと，本店所在地・公告方法を変更するなどしていることを理由としている。

534

⑷ 厳密には平成17年改正前商法下の会社分割にかかる事案だが，法人格否認の法理については影響がないと見られるためここで取り扱う。評釈として，高橋英治・平成23年度重判解105頁，高間佐知子・新報118巻11＝12号193頁，長畑周史・法研85巻9号55頁，坂本達也・金判1408号2頁，郡谷大輔＝田中麻理恵・実務に効くM&A・組織再編判例精選121頁，小林信明＝高井伸太郎・実務に効く事業再生判例精選194頁。

⑷ 評釈として，高岸直樹・月刊税務事例47巻5号75頁。

⑸ この他，後掲東京地判平成22年11月29日では法人格否認の主張もされたが，相殺の主張が容れられたため判断されていない。

⑸ 高橋・前掲注⑷107頁参照。

⑸ 問題点を詳細に論ずるものとして，水島・前掲注⑵37頁以下。坂本・前掲注⑷5頁は，会社分割の濫用ではなく法人格の濫用の認定が必要とし，判決はそのような趣旨であるとする。高間・前掲注⑷203 〜 206頁も参照。

⑸ 森本滋「会社分割制度と債権者保護」金法1923号34頁など参照。

⑸ 評釈として，石毛和夫・銀法742号124頁，木下雅之・最新金融・商事法判例の分析と展開（別冊金判）104頁。福岡高判平成23年5月17日公刊物未登載（平22（ネ）1087号）で控訴棄却〔確定〕。

⑸ 原審・東京地判平成24年1月26日判タ1370号245頁〔一部認容〕。原審評釈として，石毛和夫・銀法756号64頁，孫創洲・ジュリ1480号115頁，控訴審評釈として，松田真治・関西大学大学院法学ジャーナル89号249頁，牧真理子・大分大学経済論集67巻6号183頁，山下徹哉・会社法判例百選〔第3版〕231頁。

⑸ 異議訴訟申立前の第1審・東京地決平成27年7月30日資料版商事388号87頁。異議審評釈として，飯田秀総・法教435号177頁。

⑸ 評釈として，田中良・ビジ法11巻3号10頁，渡邊博己・京園65号159頁，来住野究・明学92号227頁，村上裕・金沢法学54巻2号133頁，周剣龍・金判1393号2頁。

⑸ 田中・前掲注⑸，村上・前掲注⑸137頁も結論同旨。渡邊・前掲注⑸，周・前掲注⑸5 〜 6頁は判旨に賛成する。来住野・前掲注⑸234頁は保証債務の帰趨を一般承継・特定承継に分けて考察する。

⑸ 評釈として，石毛和夫・銀法742号60頁，酒井太郎・金判1388号2頁，同・一橋法学11巻2号305頁，鳥山恭一・リマークス45号78頁。

⑹ 坂本三郎編著『一問一答平成26年会社法改正〔第2版〕』（商事法務，2015年）356頁。

⑹ 学説上の見解として，北村雅史「濫用的会社分割と詐害行為取消権〔下〕」商事1991号10頁，14 〜 15頁など。佐藤誠「詐害的会社分割条項の立法論的一考察」福法61巻1・2号1頁，25頁は併存説を支持しつつ，両者の関係の立法による明確化を主張する。

⑹ 谷村・前掲注⑶669頁本文。注29・30も参照。江頭憲治郎＝中村直人『論点体系会社法補巻』（第一法規，2015年）15頁〔金丸和弘〕，448頁〔林浩美〕も新設規定の「保護もあり得る中で，常に詐害行為取消権を行使することが許容されるか否かは必ずしも明らかではない」とする。

⑹ この点につき検討するものとして，山下眞弘「商号続用責任規制（会社法22条）はどう解釈されるべきか（下）」ビジ法16巻9号91頁，94 〜 95頁。得津・前掲注⑶247頁注19は，会社分割との比較において事業譲渡では個別の資産について狭義の詐害性を問題にすれば足りるとする。この考え方からは，22条1項類推は狭義の詐害性が認定できな

535

第5章　会社の組織再編等に関する裁判例

い場合の（文理に当たる程度での）二次的な法理となるだろうか。

　直近の商号続用法理にかかる裁判例として，東京地判平成27年10月2日金判1480号44頁などがある。

事業譲渡にかかる判例法の発展

大分大学准教授　**牧　真理子**

I　はじめに

　事業（営業）譲渡[1]とは，ある会社が事業の全部または一部を構成する各種の財産および事実関係を，他の会社に譲渡する行為である。「事業」の概念は，平成17年改正前商法下の「営業」の解釈が引き継がれ，「一定の営業目的のために組織化され，有機的一体として機能する財産」と解されている[2]。

　事業譲渡は，企業の組織再編の局面で利用されることが多く[3]，経営が危機的状態にある会社にとっては，事業再生，倒産手続における重要な手法となっている。典型的には，そのような会社が，採算性のある営業部門を保有している場合に，その事業について簿外債務を承継する恐れのない条件で別の会社に承継させ，事業の存続，再建を図るものや，事業譲渡により譲渡会社が事業の選択と集中を図ったり，不採算部門を譲渡することで財務状況を改善するというものがある[4]。しかし，経営が危機的状況にある会社が，すべての事業を他の会社に廉価売却したり，採算性のある営業部門のみを他の会社に譲渡して，譲渡会社が破産するような場合等に用いられることがあり，このような詐害性を帯びる事業譲渡のあり方が問題となる。

　事業譲渡および会社分割では，事業に関する権利義務のどの部分を承継するかは当事者の意思に委ねられているが，特定承継と部分的包括承継という差異が債権者異議手続上の違いを導くなど，両制度は手続や効果等の規律の面で異

なっている。もっとも，会社分割は事業の権利義務を包括承継することから，許認可が必要な事業が承継される場合に，改めて許認可を取り直す必要がないこと[5]，倒産手続において，債務者の事業の再生のために必要であるなど一定の要件を満たす場合には，会社分割では計画案によることが義務付けられているが，事業譲渡では，いわゆる計画外事業譲渡により，再生計画案等の効力発生を待つことなく，債務者の事業をスポンサー等に対して速やかに譲渡することができること（民再42条，会更46条2項，破78条2項3号，会社536条）等，債権者等の利害関係人の利益を保護するために，企業価値の迅速な保全，維持を可能としている点が実質的な違いといえる[6]。一方で，詐害的事業譲渡に関する平成26年改正会社法の規制においては，会社分割との接近がみられる[7]。

　会社法下において，事業譲渡にかかる判例法は，事業譲渡を行った会社の債権者をどのように保護するかという観点から，商号続用責任規定の類推適用，破産法上の否認権行使，不法行為による責任追及という手法が発展したと観察される。商号続用責任に関する判例では，商号続用責任の性質ほか，類推適用の拡張が問題となる。破産法上の否認権行使に関する判例では，詐害性の判断，不法行為との関係についても問題となる。

II　商号続用責任規定の類推適用

1　判　例

⑴　ゴルフクラブの名称の続用（最判平成16年2月20日民集58巻2号367頁）

　訴外A社からゴルフ場の事業を譲り受けたY社は，A社の商号ではなくA社のゴルフクラブの名称を続用してゴルフ場を経営していた。事業譲渡前からゴルフクラブの正会員であったXは，A社が用いていたゴルフクラブの名称をY社が継続して使用していることから，平成17年改正前商法26条1項の類推適用により，Y社に対しゴルフクラブの正会員の資格を取得する際にA社に支払った預託金の返還請求をした。

　最高裁は，「譲受人が譲受後遅滞なく当該ゴルフクラブの会員によるゴルフ場施設の優先的利用を拒否したなどの特段の事情がない限り，会員において，同一の営業主体による営業が継続しているものと信じたり，営業主体の変更が

あったけれども譲受人により譲渡人の債務の引受けがされたと信じたりすることは，無理からぬものというべきである」として，Ｙ社は，ＸがＡ社に交付した預託金の返還義務を負うと判示した。

本判決は，商号続用責任の性質を外観法理に立脚して解することを示しつつ，会員制ゴルフ場の事業譲渡における屋号続用について，会社法22条１項の類推適用を認めた[8]。

⑵ 会社分割におけるゴルフクラブの名称の続用（最判平成20年６月10日判時2014号150頁）

訴外Ａ社から会社分割によりゴルフ場経営等を目的として設立されたＹ社は，Ａ社が使用していたゴルフクラブの名称を引き続き使用していた。当該会社分割の分割計画書には，会員資格保証金返還債務に関する記載はなかった。会社分割前からゴルフクラブの正会員であったＸは，ゴルフクラブからの退会の意思表示をするとともに，Ａ社が用いていたゴルフクラブの名称を会社分割後もＹ社が継続して使用していることから，平成17年改正前商法26条１項の類推適用により，Ｙ社に対し預託金の返還を請求した。Ｙ社は　会社分割の場合には商法26条１項が類推適用される余地はないなどとして，請求に応じなかった。

最高裁は，上記最高裁平成16年２月20日判決を引用したうえで，「…会社分割に伴いゴルフ場の事業が他の会社又は設立会社に承継される場合，法律行為によって事業の全部又は一部が別の権利義務の主体に承継されるという点においては，事業の譲渡と異なるところはなく，事業主体を表示するものとして用いられていたゴルフクラブの名称が事業を承継した会社によって引き続き使用されているときには，上記のような特段の事情のない限り，ゴルフクラブの会員において，同一事業主体による事業が継続しているものと信じたり，事業主体の変更があったけれども当該事業によって生じた債務については事業を承継した会社に承継されたと信じたりすることは無理からぬものというべきである…。なお，会社分割においては，承継される債権債務等が記載された分割計画書又は分割契約書が一定期間本店に備え置かれることとなっているが…，ゴルフクラブの会員が本店に備え置かれた分割計画書や分割契約書を閲覧することを一般に期待することはできない…。」として，Ｙ社は，ＸがＡ社に交付した

第5章　会社の組織再編等に関する裁判例

預託金の返還義務を負うと判示した。

本判決は，ゴルフクラブ会員の置かれる状況が事業譲渡の場合と変わりないことから，預託金制のゴルフ場事業が会社分割され，ゴルフクラブの名称が続用された場合において，会社法22条1項の類推適用を認めたものである[9]。

(3)　**商号の略称・標章の続用**（東京地判平成27年10月2日金判1480号44頁）

訴外A社は，内装工事の設計，監理等を主な事業とする株式会社であり，同社の商号を英語で表記した場合の頭文字であるアルファベット1文字を自己の略称として使用し，当該文字を裏返しにしたものを標章としていた。A社は，資金状況が悪化するなかで，有力な従業員が退職し，業務継続が困難となったことから，知り合いの公認会計士が保有していた休眠会社のY社を別法人として用いることにして，Y社の商号をA社の略称とし，目的をA社の目的と同一のものとし，代表取締役をA社の取締役のB，本店所在地をA社の事業の本拠であるシェアオフィスと同じビルとする変更登記を行った。Y社はA社の標章を同社の許諾を得て利用している。銀行業務等を行うX社は，Y社がA社の事業を譲り受け，その標章を続用しているとして，会社法22条1項の類推適用により，Y社にA社に対する貸付金の返済を請求した。

裁判所は，「〔YによるAの名称及び標章の利用は，AからYに対して財産的価値を有するブランドの承継があったと評価できること，Aにおいて継続中であった案件をYが引き継いだこと，Yの従業員はAに在籍していた者のうちYにおいて勤務することを希望した者が雇用されたこと，YのウェブサイトＵ上の記載等は，YがAの業務を承継したことをうかがわせるものであること等〕以上を総合すると，AはYに対し，Aが…行っていた事業であるオフィスデザインの設計・監理事業のために組織化され有機的一体として機能する財産を譲渡したものと認めることができる。…YがAの略称…を商号の主たる部分としていたことと相まって，Aという営業主体がそのまま存続しているとの外観を作出していたものということができる」として，A社が使用していた標章を引き続き使用したことは商号続用の場合に準じ，会社法22条1項の類推適用により，Y社はA社のX社に対する債務の弁済責任を負うと判示した。

本判決は，譲渡会社の略号を商号として使用し，かつ譲渡会社の標章を使用している場合において，営業主体の存続という外観の作出を認め，会社法22条

540

1項の類推適用を認めたものであり，商号以外の営業主体の表示の続用に関しても，譲渡会社の残存債権者保護の必要性は同様であると評価されている[10]。

2 検 討

(1) 商号続用責任の性質

① 学 説

会社法22条１項は，事業譲渡において譲受会社が譲渡人の商号を続用する場合には，譲受会社は譲渡会社と不真正連帯責任を負うことを規定している。本規定の趣旨について，伝統的な通説および判例は，事業譲渡において商号が続用される場合は，債権者は事業主体の変更を知り難いこと，または事業主体の変更により自己の債権が譲受会社に承継されたと解することが考えられるため，このような外観を信頼した債権者を保護するべきであるとの立場から説明する（外観保護説）[11]。しかし，外観保護説によると，事業譲渡について悪意の債権者が保護されないことになるとの批判がある[12]。

次に，事業譲渡について悪意の債権者の保護を含めるため，事業上の債務は企業財産が担保となっていることを前提にして，債務引受けをしない旨を積極的に表示しない限り，企業財産の現在の所有者である譲受会社が原則として併存的債務引受けをしたものとみなして，譲受会社も責任を負うとする見解がある（企業財産担保説）[13]。この見解によると，譲受会社は譲り受けた財産を上限として責任を負うことになり，条文上は無限責任を負っていることと整合せず[14]，会社法22条２項に基づく責任免除の理由や同法23条の商号続用がない場合に責任が生じない理由について説明し難いという批判がある[15]。

商号を続用する譲受会社は事業上の債務を承継する意思があるのが通常であり，商号を続用しない譲受会社にはその意思がないと理解し，商号を続用する譲受会社が会社法22条２項により債務を負う意思のないことを表明した場合には，譲渡会社の事業上の債務を承継しないとする見解もある（譲受人意思説）[16]。この見解に対しては，商号の続用があるときは，譲受会社が債務引受けをする意思があることを前提としていることに批判がある[17]。

そして，詐害的事業譲渡，すなわち弁済資力が危機的状態にある譲渡会社が，譲受会社と抜け駆け的な事業譲渡を行い，債権者との協議もないまま一方的に

541

詐害的な事業譲渡による再建を試みることは防止されるべきであるという観点から，会社法22条1項は同条2項の定める措置がとられるよう誘導するためのサンクションとしての規定であるとする見解がある[18]。この見解は，理論的整合性に拘泥せず，会社法22条1項の現代的機能を重視しているとして，注目されている[19]。さらに，最高裁の判示には，債務だけを残して事業を移転してはならないというある種の詐害譲渡的発想が含まれるとし，商号続用責任の趣旨について，債権者の権利行使機会が保障されているか問題とする見解もある[20]。学説上，商号続用責任の性質は，事業譲渡が企業の組織再編の局面で利用されることが多くなったことも相まって，事業譲渡をめぐる関係者間の利害調整機能として議論される方向へ変遷してきた[21]。譲受会社が商号を続用しているからといって，そのことで事業譲渡が詐害性を有するとは言い難いため，譲受会社の責任発生の要件は商号続用ではなく詐害性および詐害意思とすべきであると解する説もある[22]。

　②　商号続用と詐害性

　現在の判例は，判決理由によると外観保護説に近い立場にあるが，譲渡会社の態様については外観信頼を緩やかに判断する傾向にあると観察できる。学説上，事業の譲受会社の責任について，商号続用ではなく詐害性から判断するという議論が進んでおり，商号続用責任を詐害的な事業譲渡を中心として論じる場合には，平成26年改正会社法で導入された詐害的事業譲渡における債権者保護規定との関係が問題となる[23]。

　平成26年会社法改正により導入された23条の2は，譲渡会社が譲受会社に承継されない債務の債権者（以下，「残存債権者」という）を害することを知って事業を譲渡した場合には，残存債権者は，その譲受会社に対して，承継した財産の価額を限度として，当該債務の履行を請求することができると規定している。商号続用責任を詐害性から捉えるならば，上記の判例は，詐害的事業譲渡の規定の枠組みにより解決されうるため，商号続用責任と詐害的事業譲渡の規定は競合する。商号続用責任規定によると，譲受会社が無限責任を負い譲渡会社との不真正連帯債務となるが，詐害的事業譲渡の規定によると，責任の範囲は譲受会社が承継した財産の価値が上限であり，譲受会社が責任の名宛人となっていることが両規定の相違として挙げられる。これらの相違が実際上どの

程度の差異をもたらすのかという点から，商号続用責任規定の存在意義が問題
となり，立法論として当該規定の削除が議論されることもある[24]。

　破綻状態にある譲渡会社に関係する債権者の保護という実質面に配慮し，商
号続用がある場合は詐害性があると整理するならば，会社法23条の2による処
理は問題ないことになる。しかし，詐害性の認定は困難であるし[25]，譲受会社が，
事業譲渡の局面において譲渡会社の商号や屋号等従前の名声を続用したいとい
う事情がある場合，すなわち詐害性のない本来の事業譲渡が行われる可能性も
ある。両規定の責任の範囲が異なることは，譲受会社が承継した財産の内容に
よって，債権者の債権回収に大きな影響を及ぼす。ゆえに，上記の問題に関す
る立法論については慎重に考えるべきであろう。

⑵　**商号以外の名称等への類推適用**

　従前の下級審裁判例は，譲渡会社の商号を譲受会社が屋号として続用した場
合（東京地判昭和60年5月30日判時1156号146頁，東京地判平成12年9月29日
金判1131号57頁等）や，譲渡会社の屋号を譲受会社の商号とした場合（東京地
判平成13年8月28日判時1785号81頁等）について，平成17年改正前商法26条1
項の類推適用を肯定するもの，譲受会社の使用する屋号が譲渡会社の商号の重
要な構成部分を内容としていない場合において，譲渡会社の屋号を譲受会社の
商号として続用した場合（東京地判平成18年3月24日判時1940号158頁等）に
類推適用を否定するものなどがあった[26]。

　最高裁は，判例⑴において，会員制ゴルフ場の事業譲渡に伴う屋号続用につ
いて，外観保護説に近い立場であることを示しつつ，商号続用責任規定を商号
以外の名称等へ類推適用することについて肯定し，判例⑵において，会社分割
におけるゴルフクラブの名称の続用の場合についても同様に，商号続用責任規
定の類推適用を認めた。裁判所は，判例⑶において，譲渡会社の財産的価値を
有するブランド力の承継について，外観信頼を保護するとの立場から，譲渡会
社の商号の略称・標章の続用についても商号続用責任規定の類推適用を認め，
さらに進んだ判断を示した。

　学説上は，事業の譲受会社が会社法22条2項に基づく免責登記をなしうるの
は，商号続用の場合に限り，屋号等の続用の場合は含まれず，商号と屋号は明
確に区別されていること，譲受会社は屋号をそのままにした形での事業の譲受

543

第5章　会社の組織再編等に関する裁判例

けを躊躇する事態が生じ，企業再生の可能性がかえって奪われかねないことから，屋号の続用は慎重にするべきであると考えられている[27]。

判例は，譲渡会社と譲受会社の一体性等，債権者の外観への信頼を積極的に解していると観察できるが，学説上は，屋号続用における類推適用は消極的に解されている。判例(3)について，譲渡会社の商号の略称・標章の続用については特にブランド力がある場合には例外的な取り扱いがされるにしても，商号続用責任規定の類推適用の範囲を拡張することについて議論があるだろうと解されている[28]。商号続用責任発生の要件を，商号続用ではなく詐害性の基準から判断すると解するならば，詐害性の認定が困難であるという問題は残るが，商号，屋号，商号の略称・標章の続用により譲渡会社と譲受会社の一体性が認められる場合において，商号続用責任規定の類推適用の拡張自体は肯定されるであろう。但し，判例では，個々の事案における当事者の属性によって判断されている部分が大きいことから，類推適用は慎重にされるべきと考えられる。なお，商号続用責任規定の類推適用が問題となる事件においては，事案に応じて会社法23条の2の適用も可能であろう。

⑶　会社分割への類推適用

商号続用責任規定の類推適用は，判例(2)や，詐害的な会社分割の局面においても利用され，分割会社の残存債権者保護の類型として定着した（東京地判平成22年7月9日判時2086号144頁，東京地判平成22年11月29日判タ1350号212頁等）[29]。

学説上は，会社分割は事業譲渡とは異なり債権者異議手続や事前・事後の開示手続が行われるため，新設会社または設立会社が分割会社の商号を続用したとしても，商号続用責任規定の類推適用は否定されるとする説[30]と，詐害譲渡法の一般法理として類推適用を肯定する説[31]がある。商号続用責任規定と平成26年改正会社法で導入された詐害的会社分割における債権者保護規定（会社法769条4項，764条4項）との関係については，詐害的事業譲渡と同様に解されるであろう（2（1）②「商号続用と詐害性」参照）。

544

Ⅲ　事業譲渡の否認

1　判　例

⑴　譲渡会社の不法行為と否認対象該当性（東京高判平成25年12月5日金判1433号16頁）

　訴外Z社は，CD・DVD・ビデオ等の録音・録画物の原盤の企画・制作・製造販売等を目的とする株式会社であった。Y₁社は平成21年3月5日に設立された株式会社であり，業界大手の株式会社P社の子会社である。Y₂社もP社の子会社であり，Y₂社の代表取締役Cは，平成19年11月30日から平成21年3月19日までZ社の取締役であった。平成21年10月16日，Z社は破産手続開始を申し立て，同月28日に破産手続開始決定を受け，Xが破産管財人に選任された。

　平成20年11月頃，Z社の代表取締役Aからの提案でP社と事業譲渡計画が話し合われ，Y₁社への事業譲渡およびY₂社への事業譲渡が行われ，Z社は，各々の事業譲渡代金を取引先に対する未済債務の弁済に充てた。本件各弁済は，平成21年2月から3月にかけて，A，当時Z社の取締役であり後にY₁社の代表取締役となったBおよび経理担当者の間で，各事業譲渡代金の弁済方法について協議した方針に従ったものであった。Z社は，平成21年3月31日当時，決算書によれば4000万円弱の純資産合計となっていたが，弁済期の到来した簿外債務として訴外S社に約9億円余を有しており，その弁済は平成19年12月5日以降されていなかった。

　Xは，Y₁社・Y₂社に対し，主位的には本件事業譲渡が破産法161条1項所定の要件を満たすとして否認権を行使して価額償還を請求し，予備的に支払不能状態にあったZ社は債権者に対して公平に弁済する義務があるにもかかわらず，代表取締役Aが行った本件各弁済はそのような義務に違反する行為で違法であり，Y₁社の代表取締役B，Y₂社の代表取締役Cは，その職務の執行として当該行為に加功したとして，会社法350条または民法709条に基づき損害賠償を請求した。

　原審（東京地判平成25年5月31日金判1433号25頁）は，Y₁社およびY₂社に対する否認に基づく価額償還請求は認めなかったが，Z社が支払不能の状態に

545

あり，破産手続開始に至る高度の蓋然性があることを認識しつつ，Ｚ社に益するところのない偏頗弁済を行ったことは不法行為を構成し，Ｙ₁社の代表取締役Ｂは偏頗弁済に積極的に加功したため，Ｙ₁社は会社法350条によりＺ社の破産財団ないし破産管財人が被った損害を賠償する責任があるとした。

　本判決は「一般に，債務の本旨に従った弁済については，その弁済に充てられた債務者の積極財産が減少するものの，その分債務が消滅するため，債務者の純資産を増減させないものであるから，その点において，債務を減少させることなく，一方的に債務者の財産を責任財産から逸出させてしまう『隠匿』や『無償の供与』とは質的に異なるものであり，このことは，当該弁済が特定の債権者に対してのみされたという事実によって左右されるものではない。破産者の責任財産の実質的な減少を防ぐという破産法161条の立法趣旨に照らして，このような債務の本旨に従った弁済は，それが偏頗弁済として弁済自体が否認の対象となり得るものであったとしても，破産債権者を害する程度において『隠匿』や『無償の供与』と同程度のものであると評価されるべき特段の事情がある場合を除き，同条１項１号にいう『破産債権者を害する処分』には当たらないと解するのが相当である」と原判決を引用し，「債務の弁済は，支払不能にある債務者がするものであって，債権者その他の利害関係人の利益及び債務者と債権者との間の権利関係を適切に調整し，もって債務者の財産等の適切かつ公平な清算を図るために制定された破産法の規定（162条）に基づいて否認される場合，債権者取消権に基づいて詐害行為として取り消される場合又は公序良俗に違反して無効となる場合は別として，弁済に至る経緯，弁済の時期，動機，態様，債務者と債権者との関係，債務者が支払不能であることについての債権者の悪意等の事情を考慮し，当該債務の弁済が著しく取引通念に反し，信義に反する弁済であるなどの特段の事情がない限り，これが直ちに他の債権者の対する債務者の不法行為を構成するものではなく，債務者である会社の代表取締役が，会社が支払不能又は債務超過にある場合に特定の債権者に対して弁済することは，上記の特段の事情がない限り，直ちにその職務上の義務に違反するものではないと解するのが相当である。…支払不能にある債務者がする債務の弁済が不法行為を構成し得るのは，実際上否認権の行使が認められるような場合に絞られるのであり，上記特段の事情があるときに限り債務者の不法行

為を構成するものと解するのが相当である」として，本件各弁済はこれに該当しないので，破産法162条の要件を満たす場合に同条に基づいて否認されることがあるのは別として，本件各弁済によりＺ社の他の債権者に対する不法行為を構成することはないと示した。

(2) 否認権行使対象となる事業譲渡に対する助言等の効果（東京高判平成26年1月23日金法1992号65頁）

訴外Ａ社は大別して塗装工事事業（以下，「本業」という）と塗料および建築資材等販売事業を営む株式会社である。Ｙ社は，企業の事業譲渡，業務提携および合併等に関する調査，企画，斡旋，仲介等に関する業務を目的とする株式会社である。Ｙ社は，Ａ社が塗料および建築資材等販売事業の入金が滞納しており手形の不渡りを出す可能性があること，できるかぎり本業を継続させ従業員の雇用や取引先を守りたいとの意向を伝えられたうえで，平成21年1月30日，Ａ社とＹ社はアドバイザリー契約を締結した。

Ｙ社はＡ社と打ち合わせをするなかで，本業と本業以外を切り分ける手法として，会社分割および事業譲渡の説明をし，Ａ社は譲渡先をＡ社の完全子会社であるＢ社とする事業譲渡を行うことを決定して，平成21年2月17日事業譲渡を行った。Ｙ社は，Ａ社に対する説明資料に，いずれの方法によってもＡ社に破産手続開始決定がされることを前提としており，事業譲渡による場合，Ａ社が法的手続に移行した後，当該事業譲渡が否認されるリスクがある旨を記載していた。Ａ社は，同月20日，手形の不渡りを出した。同月23日，2回目の不渡りを出し，同年12月19日，Ａ社は破産手続開始の申し立て，平成22年1月6日，破産開始決定を受け，ＸがＡ社の破産管財人に選任された。Ｘは，本件事業譲渡は詐害行為にあたるとして，Ｂ社に対して否認権を行使し，裁判所は請求を認めた。

Ｘは，Ｙ社が本件アドバイザリー契約によりＡ社の財務を悪化させ，またはＡ社に損害を与える内容の助言等をしてはならないという債務ないし注意義務，もしくは法令を遵守し適法かつ有効な行為を助言すべき債務ないし注意義務を負っていたにもかかわらず，これに違反したことにより，Ａ社は本件事業譲渡の対象となった資産のうち担保が付けられていた部分を差し引いた残額相当の資産を喪失したとして，Ｙ社に対して債務不履行または不法行為に基づき，

547

喪失した資産の時価相当額および報酬相当額にかかる損害の一部について，損害賠償を求めた。

原審（東京地判平成25年7月24日判時2205号56頁）は，本件アドバイザリー契約の記載から，直ちに，助言等を必要としている企業の具体的状況やどのような財務改善を目的として助言を求めているかにかかわらず，財務を現状から悪化させることがなく，あるいは，一切の損害を与えない内容の助言をすべき具体的義務を負っているということはできないとしたが，否認権行使の対象となる行為の提案ないし助言をしたことは助言業務の提供にあたって法令を遵守すべき義務に違反した債務不履行の存在を肯定した。

本判決は，「…Ｙは事業譲渡等に関する事項に関する事務処理及び助言等をするだけであって，その事業譲渡等に関する事項は，あくまでもＡが『自らの最終的判断，危険負担及び責任において』，『自ら主体的に実施する』という内容のものである。…Ａは，Ｙの提案ないし助言を受けて，Ａの顧問弁護士とも協議の上，最終的には自らの判断で本件事業譲渡をすることに決め，これを行ったことが認められるのである。…Ｙの行為と本件…損害の間には条件的な因果関係ないし事実上の因果関係があるといえるにとどまり…相当因果関係があるということはできない」。「…本件業務委託報酬は，Ｙが行う本件アドバイザリー業務（Ａの事業譲渡等に関する事項に関する事務処理及び助言等）の対価であって，Ｙが上記事務処理及び助言等の業務を行えば請求権が発生するものであり，その業務が行われた結果としてＡの目的が達成されることやＡが経済的利益を得ることは条件となっておらず，いわゆる成功報酬ではないものと認められる。…〔Ａの報酬支払義務については〕…後に本件事業譲渡につき否認権の行使がされたとしてもなんら左右されないというべきである。」として，Ｙ社の損害賠償責任をすべて否定した[32]。

2 検 討

(1) 否認権の行使

① 否認権の類型

経営が危機的状態にある会社が事業再生，倒産手続に入った場合において，否認権行使が問題となった裁判例は，会社分割に多く観察されてきた（東京高

判平成24年6月20日判タ1388号366頁，東京地判平成24年1月26日判タ1370号245頁等）。詐害的な事業譲渡にかかる従前の裁判例は，事業譲渡の破産手続等の否認権行使に関して，破産者の財産を絶対的に減少させる行為を破産者が詐害意思をもって行ったかという「詐害行為性」（破160条1項）が争点とされる傾向にあった（東京地決平成22年11月30日金判1368号54頁，東京地判平成25年7月24日判時2205号56頁等）。これに対し，判例(1)では，破産法161条1項による否認権行使の可否が争われた[33]。

　相当対価行為否認とは，破産者が財産の処分を適正価格で行ったが，売却代金が見つからない場合や贈与された場合など，責任財産が実質的に減少し，破産者が真の債権者を害する隠匿等の処分をその意思をもって行い，そのことを相手方も知っている場合に，これを否認するものである（破産法161条1項）[34]。偏頗行為否認とは，破産者が，支払不能，または破産手続開始の申立てから破産手続開始までの時期に，既存の債務について債務者財産からの出捐による担保提供または債務の消滅に関する行為を行い，他の債権者を害することについて否認するものである（破産法162条1項）。

　②　譲渡会社の行為の否認対象該当性

　判例(1)では，Ｚ社の行った本件弁済は本旨弁済であり，破産法161条1項が規定する「破産債権者を害する処分」に該当しないと判示された。学説上，判旨のように本旨弁済が偏頗行為否認の対象に該当するような場合には，当該弁済を否認の問題として対処すべきであって，元の資産売却という処分自体の問題ではないと整理する見解がある[35]。しかし，Ｚ社は本件事業譲渡の際には既に支払不能の状態にあり，Ｚ社は本件各事業譲渡について実質的にみて代金を流出させていたので，隠匿等の処分の意思があったとして「特段の事情」により破産法161条1項が適用される可能性もあったと思われる[36]。

　本判決は，破産法162条1項の否認権行使の可能性についても示唆している。しかし，破産法161条1項が適用されるには，Ｚ社の隠匿等の処分の意思について相手方が悪意であったこと，同法162条1項についてはＸがＺ社の支払不能に悪意であることが必要となるが，その立証が困難であり，事業譲渡にかかる間接事実から総合的に判断する必要があるため，不法行為による責任追及がされたと解されている[37]。もっとも，本件事業譲渡のような事例で，結果とし

第5章　会社の組織再編等に関する裁判例

てＺ社の債権者の平等取り扱いがなされないならば，それを「詐害性」の本質であると捉えたうえで，破産法上の否認権行使によるのではなく，会社法23条の２による手当てがなされる余地もあろう[38]。

判例(2)では，Ｙ社が事業譲渡等に関する事項の事務処理および助言等を行ったことにより，本件事業譲渡から損害が生じたかについて判断された。原審（東京地判平成25年７月24日金法1984号144頁）は，本件事業譲渡が破産法160条１項１号所定の否認対象行為に該当するとしたうえで，否認対象行為に該当する内容の助言ないし提案をしたことは，助言業務の提供にあたって法令を遵守すべき義務に違反すると示したが，本判決は，本件における損害は，本件事業譲渡がされること自体に生ずるものであって，本件事業譲渡について否認権の行使がされることによって生じるものではないとの構成をとった。判例(2)については，否認権行使対象となる事業譲渡に対する助言等を行ったことが不法行為にあたるかを判断したものであるから，前提として本件事業譲渡の否認対象該当性について検討すべきであるとの見解がある[39]。詐害性のある事業譲渡等に関する助言業務等を行い報酬を得る場合には，Ｙ社は事業譲渡の内容を熟知しており悪意であるといえるから，本件アドバイザリー契約自体に詐害性があり否認権を行使できると解される余地があるが，否認対象該当性は，本件における不法行為責任が成立する要件ではないため，前提として事業譲渡の否認対象該当性を検討するべきとの見解には首肯し難い。

(2)　**不法行為との関係**

判例(1)では，否認権行使ではなく不法行為による責任追及がされた。原審（東京地裁平成25年５月31日金判1433号25頁）は，支払不能状態にあり，破産手続開始決定に至る高度の蓋然性があるものと認められる会社の代表取締役は，債権者に対して公平に弁済する義務を負い，会社がそのような状態にあることを認識しつつ偏頗弁済を行うことは，上記の義務に違反し，将来の破産財団を構成する財産を不当に減少させる違法な行為として，破産財団ないし破産管財人に対して不法行為を構成すると示していた。

本件については，破産法162条１項の偏頗行為否認に該当する場合，同時に不法行為を構成することになりそうであるとする見解と[40]，偏頗弁済否認にみられる債権者の平等取扱いは破産手続開始決定が行われたがゆえに認められる

550

もので，平時の経済活動に法が倒産時以上の介入をすべきでないという意味であると考えられるという趣旨であろうという見解がある[41]。しかし，否認対象該当性が存在すれば不法行為を構成するというのではなく，判旨は，否認権行使の対象となりうる詐害性を帯びる行為が，不法行為を構成しうるという一般論を述べたものと解されよう。

判例(2)では，本件事業譲渡は詐害行為にあたるとして否認権の行使は認められたが，Ｙ社の不法行為については，Ａ社はＹ社の行った事業譲渡等に関する事項に関する事務処理および助言等を受けて，あくまで自らの判断で事業譲渡を行ったものであるから成立しないと示された。本件アドバイザリー契約には法令遵守義務，すなわちＹ社はＡ社に対して適法な内容の事業譲渡契約の立案実施に対する助言，指導等を行う義務があり，否認権行使の対象となる事業譲渡を行ってはならないといえる[42]。本件事業譲渡はＡ社の自らの意思と行動により実現したものであり，Ｙ社のアドバイスとＡ社の損害に相当因果関係はないとされたが，これについては疑問が残る。平時ではない窮地にある債務者が専門家アドバイザーの助言に沿って行動した場合に，自己決定という理論を媒介にしてＹ社の責任を全面的に否定するのは形式的にすぎ，実態に即していない[43]。ゆえに，Ｙ社が上記義務の違反したことにより，正面から債務不履行に基づく損害賠償請求を認める余地があろう。

Ⅳ　おわりに

事業譲渡が事業再生，倒産手続における手法として利用が進んだことに伴い，事業譲渡における債権者保護のあり方もさまざまに発展した。判例上は，商号続用責任については類推適用の範囲が拡大し，詐害的事業譲渡については破産法上の否認権行使の対象となりうるかが問題となり，そのような事業譲渡の助言，指導等をした者に対して不法行為による責任追及が判断され，解決が図られてきた。詐害的事業譲渡における債権者保護については，平成26年改正会社法において詐害的会社分割と併せて立法上の手当てがされた。当該規定が既存の判例上の類型に及ぼす影響や適用範囲は重要な問題であり，倒産法および民法の視点から詐害性の意義について留意しつつ，今後の判例法の展開を引き続

第5章　会社の組織再編等に関する裁判例

き観察し，なお詳細に検討する必要がある。

〔付記〕本稿は，（公財）民事紛争処理研究基金による平成28年度助成にかかる
成果の一部である。

〔注〕
⑴　平成17年改正前商法において「営業」として規定されていた概念は，会社法の下で
　は「事業」と呼称されるようになったが，その内容に実質的変更はないと理解されてい
　る。以下では，「営業譲渡」についても「事業譲渡」と同義のものとして論じることと
　する。
⑵　最高裁昭和40年9月22日判決民集19巻6号1600頁。近年は，譲受会社が競業避止義
　務を負うものであるかという議論は不要であるとする学説が有力である（江頭憲治郎＝
　中村直人編著『論点体系会社法4　株式会社Ⅳ　持分会社』（第一法規，2012年）9頁以
　下〔菊池伸〕。）。
⑶　落合誠一編『会社法コンメンタール12－定款の変更・事業の譲渡等・解散・清算（1）』
　（商事法務，2009年）71頁以下〔武井一浩〕。
⑷　遠藤賢治「倒産法における営業譲渡」奥島孝康＝田山輝明＝加藤哲夫＝本間法之＝
　近藤隆司編『櫻井孝一先生古稀祝賀　倒産法学の軌跡と展望』（成文堂，2001年）247頁，
　菅原貴与志「事業譲渡をめぐる実務問題—債権者保護を中心に－」法学研究87巻9号
　（2014年）168頁。
⑸　郡谷大輔＝黒川遥「会社分割と事業譲渡の選択における基本視点」商事1873号（2008
　年）152頁。なお，税務面の取扱いについて，同頁参照。
⑹　相澤光江「計画外の営業譲渡」田邊光政編『最新　倒産法・会社法をめぐる実務上
　の諸問題』（民事法研究会，2005年）227頁以下，井出ゆり・藤田将貴「事業譲渡」園尾
　隆司＝多比羅誠編『倒産法の判例・実務・改正提言』（弘文堂，2014年）478頁。
⑺　山下眞弘「会社分割・事業譲渡の機能接近化と実務への影響」関西商事法研究会編『会
　社法改正の潮流—理論と実務—』（新日本法規，2014年）360頁以下。
⑻　伊藤靖史ほか『事例で考える会社法〔第2版〕』（有斐閣，2015年）384頁以下〔伊藤
　靖史〕。
⑼　伊藤ほか・前掲書（注8）394頁以下〔伊藤〕。
⑽　藤林大地「平成27年度会社法関係重要判例の分析〔上〕」商事2107号（2016年）5頁。
⑾　鴻常夫『商法総則〔新訂第5版〕』（弘文堂，1999年）149頁。
⑿　近藤光男『商法総則・商行為法〔第6版〕』（有斐閣，2006年）112頁以下。
⒀　服部栄三『商法総則〔第3版〕』（青林書院，1983年）418頁。
⒁　大塚英明＝川村いづみ＝中東正文『有斐閣アルマ商法総則・商行為法〔第2版〕』（有
　斐閣，2008年）47頁〔中東正文〕。
⒂　江頭憲治郎＝中村直人編著『論点体系会社法1　総則，株式会社Ⅰ』76頁〔木俣由美〕
⒃　田邊光政『商法総則・商行為法〔第3版〕』（新世社，2006年）155頁。

⑴ 落合誠一「商号続用営業譲受人の責任」法教285号（2004年）29頁。

⑱ 落合・前掲（注17）31頁。

⑲ 江頭＝中村編著・前掲書（注15）76頁以下〔木俣〕。

⑳ 得津晶「会社法22条１項類推適用は詐害譲渡法理か？」NBL888号（2008年）５頁。

㉑ 清水真希子「商号続用責任－事業（営業）譲渡における債権者保護」法教384号（2012年）４頁以下参照。

㉒ 後藤元「商法総則－商号・営業譲渡・商業使用人を中心に（日本私法学会シンポジウム資料：商法改正）」NBL935号（2010年）22頁以下。

㉓ 商号続用責任を詐害性の基準を用いて考える場合には，事業譲渡に悪意の債権者が保護されないという債権者の主観的事情に対する外観保護説への批判は解消されるであろう。

㉔ 村上裕「改正会社法の下での事業譲渡における債権者保護について」金沢法学58巻１号（2015年）38頁。

㉕ 山下眞弘「商号続用責任規制（会社法22条）はどう解釈されるべきか（下）」ビジネス法務９巻（2016年）92頁以下。

㉖ 東京地判平成18年３月24日判決（判時1940号158頁）では，「譲渡人であるＡの商号は『Ａ』であり，屋号は『Ｂ』であるから，屋号が商号の重要な構成部分を内容としているとの要件を充足していない」として，類推適用が否定された。

㉗ 江頭＝中村編著・前掲書（注15）78頁以下〔木俣〕。

㉘ 山下・前掲（注25）91頁以下。

㉙ 会社分割への類推適用を否定した事案として，大阪地判平成22年10月４日金法1920号118頁がある。

㉚ 江頭憲治郎編『会社法コンメンタール（１）　総則・設立（１）』（商事法務，2008年）218頁以下〔北村雅史〕。

㉛ 得津・前掲（注20）５頁。なお，相澤哲編著『立案担当者による新・会社法の解説』別冊商事295号（2006年）210頁以下参照。

㉜ 山下徹哉「平成26年度会社法関係重要判例の分析〔下〕」商事2075号（2015年）96頁以下。

㉝ 高橋美加「事業譲渡の否認と譲受人の不法行為との関係」ジュリ1471号（2014年）110頁。

㉞ 会社分割の局面において，破産法161条の適用を認めた事案として，福岡地判平成22年９月30日金法1911号（年）71頁がある。

㉟ 伊藤真＝松下淳一＝山本和彦編『新破産法の基礎構造と実務』ジュリ（2007年）399頁〔小川秀樹発言〕。

㊱ 高橋・前掲（注33）110頁参照。

㊲ 高橋・前掲（注33）110頁。佐藤真太郎＝寺門峻佑「相当対価での事業譲渡に対する否認権行使事例」金法2017号（2015年）58頁は，その立証の困難性や，多数の取引債権者に対する否認権行使と比較した費用対効果の関係から不法行為責任を追及したのであろうと推測している。

㊳ 詐害性事業譲渡における「詐害性」の意味については，債権法改正の影響を受ける可能性がある。

第5章　会社の組織再編等に関する裁判例

⑶　岡伸浩「否認権行使の対象となった事業譲渡の助言をしたフィナンシャルアドバイザリー会社に対する破産管財人からの損害賠償請求の可否（東京高判平成26.1.23）」事業再生と債権管理145号（2014年）81頁。

⑷　佐藤＝寺門・前掲（注37）58頁。

⑷　高橋・前掲（注33）110頁以下。

⑷　新設分割に対する破産法上の否認権の行使が争われた事件（東京地判平成24年1月26日判タ1370号245頁）も参照。

⑷　岡・前掲（注39）80頁。

554

非公開化（スクイーズ・アウト）

西南学院大学教授　一ノ澤　直人

1　はじめに

　上場会社が株式を非公開化する場合がある。その中でも，現経営者が資金を出資して，事業の継続を前提に対象会社の株式を購入するMBO（マネジメント・バイアウト）の場合や，親会社が上場会社である子会社を完全子会社化する場合が，近年多く利用されるようになってきた[1]。非公開化のメリットとしては，株式会社の所有と経営の分離に起因するエージェンシー問題の解決や長期的視点に立った事業改革の実行，上場コストの削減，税務上のメリット，グループ外への利益流失の防止，親子上場の解消などが実務上指摘されてきた[2]。非公開化においては，公開買付けを行い，その後全部取得条項付種類株式の取得あるいは，金銭交付や親会社株式の交付による組織再編を行うことなどによって，残存株主の締出し（スクイーズ・アウト）がなされることが実務上なされてきた[3]。とくに，金銭交付による少数株主の締出し（キャッシュ・アウト）は，対象会社の事業に継続的に投資することを望む株主の意思に反して，株主を対象会社から締出すという側面がある[4]。そして，キャッシュ・アウトにおいては，締め出される少数株主の保護として，取得対価が「公正な価格」であるようにするための制度が必要である[5]。「公正な価格」の算定にあたっては，公開買付けとキャッシュ・アウトという二段階買収がなされることによる強圧性が問題となり[6]，MBOや上場子会社の完全子会社化などにおいては，親会社

555

第5章　会社の組織再編等に関する裁判例

や対象会社の取締役は，対象会社の他の株主との間で構造的に利益相反の状態になることなどをどのように考慮するかのかが問題とされてきた[(7)]。さらに，MBOにおいて，現在の経営者以外の投資ファンドなどの出資者が関与する場合，取締役が実質的に「買主」になるのか，「売主」になるのかによって状況は異なり，利益相反の強弱によって採るべき措置や内容も異なってくると指摘されている[(8)]。これらのことにより，裁判所がその算定をするのを難しくする要因になっている。

　本稿では紙幅の都合上，株式の非公開化（スクイーズ・アウト）に伴う手続において，公開買付後の全取得条項付種類株式の取得価格に関する「公正な価格」の判断枠組みないし取得決議「基準日」以後に株式を取得した株主の価格決定申立ての適法性について，メルクマールとなったと考えられる事件として，レックス・ホールディングス事件最高裁決定，セレブリックス事件高裁決定，ジュピターテレコム事件最高裁決定を整理してみたい。

2　株式の非公開における「公正な価格」（MBOにおける全部取得条項付種類株式の取得価格）〔レックス・ホールディングス事件〕
〜最小三決平成21年5月29日金判1326号35頁〜

(1)　事実の概要

　本件は，平成19年9月1日，Y（原々決定相手方，原決定抗告人，本決定抗告人）に吸収合併されたA社（上記合併前の株式会社レックス・ホールディングス）の株主であったXら（原々決定申立人，原決定抗告人，本決定相手方）が，平成19年3月28日開催されたA社の株主総会に先立って，A社による全部取得条項付株式の取得に反対する旨を通知し，同株主総会において当該取得に反対した上，会社法172条1項に基づいて，Xらが所有するA社発行に係る全部取得条項付株式の取得価格の決定を求めた事件である。本件では，Aの代表取締役であったBを中心とするMBOの一環として，平成18年11月10日に，Yにより，A社の普通株式1株につき23万円を買付価格とする公開買付けを実施する旨公表されている。A社は，同公表前に，同年8月21日のプレスリリースにおいて

556

特別損失の発生等を公表するとともに，業績予想の下方修正をしたため，同日のA社株式の株価の終値30万4000円であったものが，同年 9 月26日には，14万4000円までに下降し，その後は上昇し，同年11月10日終値は21万9000円まで回復している。

本件公開買付けの結果，Yは，本件公開買付後に行われた間接所有分を含め，A社の発行済み株式総数の91.51％の株式を所有するに至った。

原々決定（東京地決平成19年12月19日判時2001号109頁）は，Xらが所有するA社発行に係る全部取得条項付株式の取得価格を 1 株当たり23万円と決定し，原決定（東京高決平成20年 9 月12日資料商事295号128頁）は， 1 株当たり33万6966円と変更したため，これを不服とするYらが，即時抗告をした事案である。

(2)　決定要旨（抗告棄却）

「本件事実関係の下においては，所論の点に関する原審の判断は，その裁量の範囲内にあるものとして是認することができる。」

（田原睦夫裁判官の補足意見）

「取得価格とはいかなる価格を意味するかについて，法は何らの規定も設けてはいない。

ところで，会社法上，株主が株式買取請求権を行使する場合における買取価格は，公正な価格と定められている（469条 1 項，785条 1 項，797条 1 項，806条 1 項）ところ，上記の場合において，当事者間で協議が調わないときは，当事者の申立てにより裁判所がその価格を決定することとされている（470条 2 項，786条 2 項，798条 2 項，807条 2 項）。そして，裁判所が決定する上記価格は，上記各条に定める公正な価格をいうものと一般に解されており，取得価格も，裁判所が決定するものである以上，上記の株式買取請求権行使の場合と同様，公正な価格を意味するものと解すべきである。もっとも，その公正な価格を算定する上での考慮要素は，必ずしも株式買取請求権行使の場合と一致するとは限らない」

「会社法172条 1 項各号に定める株主により取得価格の決定が申し立てられると，裁判所は，取得日（173条 1 項）における当該株式の公正な価格を決定する。

その決定は，取得価格決定の制度の趣旨を踏まえた上での裁判所の合理的な裁量によってされるべきものである。すなわち，取得価格決定の制度が，経営者による企業買収（MBO）に伴いその保有株式を強制的に取得されることになる反対株主等の有する経済的価値を補償するものであることにかんがみれば，取得価格は，〔1〕MBOが行われなかったならば株主が享受し得る価値と，〔2〕MBOの実施によって増大が期待される価値のうち株主が享受してしかるべき部分とを，合算して算定すべきものと解することが相当である。

原決定が，「公正な価格を定めるに当たっては，取得日における当該株式の客観的価値に加えて，強制的取得により失われる今後の株価の上昇に対する期待を評価した価額をも考慮するのが相当である」とする点は，後の「株価の上昇に対する期待の評価」の項において説示するところからすれば，実質的には上記と同旨をいうものと解することができる。」

「ところで，MBOの実施に際しては，MBOが経営陣による自社の株式の取得であるという取引の構造上，株主との間で利益相反状態になり得ることや，MBOにおいては，その手続上，MBOに積極的ではない株主に対して強圧的な効果が生じかねないことから，反対株主を含む全株主に対して，透明性の確保された手続が執られることが要請されている（経済産業省の委嘱による企業価値研究会の「企業価値の向上及び公正な手続確保のための経営者による企業買収（MBO）に関する報告書」〔平成19年8月2日付け。以下「MBO報告書」という。〕参照）。それ故，裁判所が取得価格を決定するに際しては，当該MBOにおいて上記の透明性が確保されているか否かとの観点をも踏まえた上で，その関連証拠を評価することが求められる。」

「本件MBOにおいては，「買付け等の価格の算定に当たり参考とした第三者による評価書，意見書等」は公開されなかった。なお，ＭＢＯ報告書によれば，事業計画や株価算定評価書等を開示した上で，買付価格の合理性について株主らに検討する機会を与えることが望ましいとされている。」

「MBOの実施に際しては，株主に適切な判断機会を確保することが重要であり，MBOに積極的ではない株主に対して強圧的な効果が生じないように配慮することも求められるところ，本件MBOにおける公開買付者のプレスリリースやYに吸収合併されたA社の株主あてのお知らせには，公開買付けに応じな

い株主は，普通株式の１株に満たない端数しか受け取れないところ，当該株主が株式買取請求権を行使し価格決定の申立てを行っても，裁判所がこれを認めるか否かは必ずしも明らかではない旨や，公開買付けに応じない株主は，その後の必要手続等に関しては自らの責任にて確認し，判断されたい旨が記載されており，MBO報告書において避けるべきであるとされている「強圧的な効果」に該当しかねない表現が用いられている。」

「原決定は，本件MBOにおける上記の事実経過を踏まえた上で，取得日における本件株式の価値を評価するに際し，〔１〕Yの主張する市場株価方式と純資産方式（修正簿価純資産法）及び比準方式（類似会社比準法）とを併用すべきであるとの点については，Y主張の純資産方式及び比準方式による各試算額が，本件公開買付価格と著しく乖離していることや，A社が様々な事業を展開しており，その業態，事業形態に照らし，その企業価値は収益力を評価して決せられる部分が多いことなどから適切ではないとし，〔２〕A社が平成18年8月21日に公表した「同年12月期の業績予想の下方修正は，企業会計上の裁量の範囲内の会計処理に基づくものとはいえ，既に，この段階において，相当程度の確実性をもって具体化していた本件MBOの実現を念頭において，特別損失の計上に当たって，決算内容を下方に誘導することを意図した会計処理がされたことは否定できない」とした上で，本件公開買付けが公表された前日の６か月前である平成18年５月10日から同公表日の前日である同年11月９日までの市場株価の終値の平均値をもって取得日における本件株式の価値とした。」

「原決定は，Xらの度重なる要請にもかかわらず，Yが，MBO後の事業計画や，公開買付者においてA社につきデューディリジェンスを実施した上で作成した株価算定評価書を提出しなかったことを踏まえ，本件MBOに近接した時期においてMBOを実施した各社の事例を参考に，上記の本件株式の価値に，本件MBOにおいて強制取得の対象となる株主に付加して支払われるべき価値部分として，その20％を加算し，これをもって取得価格と定めるのが相当であるとした。」

「原決定の認定判断は，本件MBOの経緯や原審までの審理経緯をも踏まえてされたものであり，本件記録に現れた証拠関係から肯認することができ，また，その取得価格の算定方法に裁量権の逸脱は認められないものというべきであ

第5章　会社の組織再編等に関する裁判例

る。」

(3)　検　討

　本決定は，MBOによる全部取得条項付種類株式の取得価格についての初めての最高裁決定である。しかし，本決定は，原審の判断は，その裁量の範囲内にあるものとして是認することができるとして，棄却に関する具体的な根拠を示していない[9]。このため，本稿では，田原裁判官の補足意見を手掛かりにして，最高裁決定の立場を考えてみたい。

　まず，会社法172条による裁判所が決定する全部取得条項付種類株式の取得価格は，他の株主買取請求権と同様に「公正な価格」でなければならないとする。同条は，他の株主買取請求権のように，この文言は用いていないが，裁判所が主体である以上，決定する取得価格は「公正な価格」を意味すると述べられている。ただし，他の買取請求権とは考慮要素は必ずしも一致するとは限らないとする。そして，その公正な価格は，「裁判所の合理的な裁量によって」決定されるべきものであるとする。

　その上で，公正な価格は，「取得日（173条1項）における当該株式の公正な価格」であるとする[10]。そして，MBOによって強制的に取得される反対株主の株式の経済的な価値を補償する趣旨であるから，「MBOが行われなかったならば株主が享受し得る価値」と，「MBOの実施によって増大が期待される価値のうち株主が享受してしかるべき部分」とを，「合算して算定すべきもの」と述べる。これは，企業再編時の反対株主の買取請求権と同様に，株式の「客観的価値」と企業価値の増加分がある場合にそれを加えた「増加価値分配価格」であると思われる。補足意見は，原決定の「株式の客観的価値」及び「強制的取得により失われる今後の株価の上昇に対する期待を評価した価額」も実質的に同旨であるとしているが，逆に同一ではないとの指摘もなされている[11]。

　①MBOが行われなかったならば株主が享受し得る価値，言い換えれば，取得日における株式の客観的価値について，本件では，原決定と原々決定の結果は異なっているが，これは，市場株価の平均値を算定するための期間の起算点が異なっているためであり，すなわち，原決定と原々決定では，業績の下方修正を，価格操作目的や意図的な会計処理のために行われたものと捉えるかどう

560

かの違いによるとされる[12]。田原裁判官の補足意見からすると，原決定と本最高裁決定は同様と思われる[13]。

　本件は，MBOの一環としてなされた全部取得条項付種類株式の取得の事例である。MBOの場合，取締役が買収者と買収対象会社の双方の立場にたつため，買収対象会社の取締役と株主の利益が対立する構造になり，株主に有利な価格提示がなされなかったり，株主の判断に必要な情報が提供されない危険があるとされる[14]。

　そして，MBOの対価の形成が公正でない場合は，裁判所は価格決定に介入し，取得価格を決定する[15]。原決定と原々決定では，MBOに伴う利益相反が本件にどれだけ影響しているかについての捉え方が異なる結果であり，本決定・原決定では，上記のとおり，業績の下方修正のあり方を問題にしているといえる[16]。

　そして，②MBOの実施によって増大が期待される価値のうち株主が享受してしかるべき部分である「増加価値分配価格」については，原々決定が強制取得によって失われる期待権も含め公開買付けの買付価格である23万円を上回ることはないとして，同額としたのに対して，原決定は，近接した時期におけるMBOの各社のプレミアム平均値から算出し，本件株式の客観的価値に20％を加算した価格（33万6966円）とした。田原裁判官の補足意見においても，原決定の判断を裁判所の取得価格の算定方法の裁量権の範囲内であるとしている。

　また，株主の判断機会確保のためMBOで避けるべきとされる「強圧的」表現が株主に対してなされており，「Xらの度重なる要請にもかかわらず，Yが，MBO後の事業計画や，公開買付者においてA社につきデューディリジェンスを実施した上で作成した株価算定評価書を提出しなかった」ことを問題として，田原裁判官の補足意見においても，原決定の算定方法を相当であるとしている。本件に対しては，近接した時期による他社のMBOを基にプレミアムを平均していることから批判もあるが[17]，裁判所の価格決定の鑑定評価のために必要な事業計画書や株価算定評価書の提出がなかった結果であると考えられる[18]。

561

第5章 会社の組織再編等に関する裁判例

3 基準日後取得株主による取得価格決定申立てとMBOに伴う取得価格の決定〔セレブリックス事件〕
～東京高決平成25年11月8日LEX／DB25502629～

(1) 事実の概要

A社（利害関係参加人，セレブリックス社）は，平成10年5月15日に設立された営業マネジメントの代行及び労働者派遣等を業とする株式会社である。A社は，平成17年5月から大阪証券取引所が開設するJASDAQグロース市場に上場していた。A社は上場後，事業を拡大して，平成19年3月期までは順調に業績を伸ばしていたが，買収企業の業績悪化や，金融危機などの影響により，業績が低下し，財務内容が悪化の一途を辿り，平成24年3月期決算において，赤字となり債務超過の状態に陥ったため，上場規程により債務状態を解消しない場合には，上場廃止になる状況になった。このため，A社の代表取締役であるBと取締役Cは，上場廃止及び法的倒産手続を回避するため，民事再生手続を視野に入れ，A社を対象とするMBOの実現可能性について，D社に買収監査させた。その結果，MBOの実施により，上場廃止による信用毀損の回避や上場コストの削減により，株主の投下資本回収の機会の喪失を避けることができ，事業改革や長期的視点での事業運営が可能であることが判明した。このため，A社に対し，BとCが出資して買収目的会社E社を設立し，第三者委員会の助言をもとにA社が交渉し，E社は1株当たりの買付価格を1310円として，平成24年11月26日，公開買付けの決定をし，二段階買収の方針なども公表した。

公開買付けは成立し，E社は，平成25年1月22日時点で，A社の72.64％の株式を保有するに至ったため，A社は基準日を平成25年1月31日と定め，臨時株主総会及び種類株主総会を開催し，全部取得条項付種類株式の取得の一連の決議がなされた。A社の普通株式を保有していたX（原決定申立人，本決定抗告人）が，A社による全部取得条項付種類株式の全部取得をMBOの一環として，A社の代表取締役であるBとCが出資するD社による株式の公開買付けの実施後に，株式に全部取得条項（会社法108条1項7号）を付すなどの定款変更をした上で行った株式の全部取得に反対し，会社法172条1項に基づき，平成25年3月

27日，東京地方裁判所に対し，Xが保有していた株式2427株の取得価格の決定を求める申立てをした事案である。なお，Xが保有していた株式のうち，本件基準日後に2081株を取得している。

原審（東京地決平成25年9月17日金判1427号54頁）は，取得価格申立ての適法性について，「会社法172条1項2号は「当該株主総会において議決権を行使することができない株主」と規定するのみであり，他に基準日後に取得した株主に取得価格決定の申立権を認めない旨の明文の規定は存在しない。また，株主が株式の全部取得に係る株主総会の基準日後に株式を取得した場合であっても，その時点において，当該株主が株主総会の議案を認識しているとは限らず，全部取得に係る株主総会決議が成立することが決定しているものでもない。実質的にも，基準日後に株式を取得した株主は，株式の全部取得に係る株主総会の決議において議決権を有しないとしても，その後の株式の全部取得に係る取得価格決定の申立権までも有しないものと解すべき必然性はなく，全部取得によって株主は強制的に株式を取得されることや，一般的に基準日から株主総会決議の日まで相当の期間が設定される可能性があることに照らすと，基準日後に株式を取得したことをもって，当該株主に対しその投下資本の回収の機会を保障しないとする合理的な理由があるものと認めることはできないというべきである。このことは，株式会社が基準日後に取得した株主の総株式数やその後にされる反対株主による取得価格決定の申立て及びその取得価格を把握できない事情があるとしても，上記判断を左右しない。」として，「本件基準日の設定前に株式の全部取得に係る本件株主総会の議案を公表したことや，本件公開買付けによって本件全部取得に係る本件株主総会決議の成立が確実であったことを考慮しても，Xの本件取得価格の申立てを不適法とまで認めることはできず，その他，申立人が株式取得価格決定の申立制度を濫用し不当な投機的目的のみをもって本件基準日後に参加人の株式を取得したことを認めるに足りる証拠はない。」として申立ての適法性を認めた。

さらに，取得価格決定の判断基準については，「本件公開買付けを含む本件MBOは，経営者と株主との利益相反関係を踏まえ，これを抑制するための相応の措置が講じられ，株主の利益を踏まえた交渉を経て決定されたものと認めることができる上に，本件公開買付けも適切な情報開示がされた上で株主の多

563

第5章 会社の組織再編等に関する裁判例

数の賛成を得て成立したものということができ，これらを総合的に考慮すれば，本件買付価格は，本件取得日における参加人の客観的価値（703円）に比して相当のプレミアムが付されていると評価することができる。」として，「本件においては，本件公開買付けに近接した時期に実施された他社の事例におけるプレミアム率は明らかでないものの，本件買付価格は，本件ＭＢＯの実施によって増大が期待される価値のうち株主が享受してしかるべき部分として十分な増加価値の分配がされているものと認められる。」したがって，株式取得価格も，買付価格と同額が相当であって，A社発行に係る普通株式のうち，Xが保有していた2427株の取得価格を1株につき1310円と決定した。

Xは，本件株式の取得価格は，公開買付開始前の一定期間（1箇月，2箇月，3箇月，4箇月，5箇月，6箇月又はそれ以上の任意の期間）の終値単純平均（公開買付前1箇月前は1301円，3箇月前は1433円，6箇月前は1527円）もしくは出来高加重平均を株式の「客観的価値」とみなし，それに対して，最低でも20％のプレミアムを上乗せした価格とすべきであり，原決定を不服として，抗告をした事案である。

(2) 決定要旨（棄却）

「当裁判所も，参加人発行に係る普通株式のうち，抗告人が保有していた2427株の取得価格を1株につき1310円と決定するのが相当であるものと判断する。その理由は，……当審におけるYの補充主張に対する判断を付加するほかは，原決定の「理由」中……に記載のとおりであるから，これを引用する」

「株式取得価格決定申立事件における「公正な価格」とは，基準日である取得日において，経営者による企業買収（MBO）が行われなかったならば株主が享受し得る価値（ナカリセバ価格）と，MBOの実施によって増大が期待される価値のうち株主が享受してしかるべき部分とを合算して算定するのが相当であり，裁判所はその合理的な裁量により，これを決定するものであると解される。そして，投資家に開示された以外の情報や債務超過であることなどの会社の財務状況は，会社の客観的価値に関係がないとはいえないから，裁判所は，公正な価格を決定するに当たり，その合理的な裁量によりこれらを考慮することができると解される。なお，Xが援用する東京高裁平成20年9月12日決定

564

（レックス・ホールディングス事件）は，市場株価の算定に当たり，当該事案においては，公開買付けの公表直前日以前の6箇月間の市場株価を単純平均することにより算定するのが相当であるとしたものであり，債務超過であることなどの会社の財務状況を考慮することができないと判断したものとは解されない。」

「Xは，平成25年3月31日までに債務超過の状態を解消しなければ上場廃止基準に該当するにもかかわらず，平成24年8月時点では，民事再生手続の申立てを視野に入れた検討を開始しなければならず，債務超過の状態を解消する具体的な見込みがなかったものである。このような参加人の財務状況からすると，参加人の株式の市場株価が参加人の客観的な企業価値を反映していないことをうかがわせる特段の事情があるということができるから，ASCの株式価値算定書のとおり，市場株価法とDCF法の各算定結果の平均値を1対1で平均した結果として，株式価格を1株当たり703円としたことは，合理的なものとして是認することができる。」

「本件取得日における本件株式の客観的価値は，1株当たり703円と認めるのが相当である。」

「703円に20％のプレミアムを上乗せしても843円（703×1.2＝843.6）であるから，本件における相当な株式取得価格は1310円を上回らないというべきである。」

「取得価格は，1株につき1310円と定めるのが相当であり，これと同旨の原決定は相当である。」

(3) 検 討

本決定は，全部取得条項付種類株式の取得価格決定の申立てができる株主の範囲として，株主総会の基準日以後に株式を取得した株主が含まれるとした高裁判断としての意義がある。このため，本決定は，基準日後取得株主による全部取得条項付種類株式取得価格決定申立ての可否に関するリーディングケースである[19]。

基準日後取得株主の価格申立権について，本決定は，①会社法172条1項2号の「当該株主総会において議決権を行使することができない株主」文言から，

565

第5章　会社の組織再編等に関する裁判例

他に基準日後に取得した株主に取得価格決定の申立権を認めない旨の明文の規定は存在しないという形式的理由と②「株主が株式の全部取得に係る株主総会の基準日後に株式を取得した場合であっても，その時点において，当該株主が株主総会の議案を認識しているとは限らず，全部取得に係る株主総会決議が成立することが決定しているものでもない。実質的にも，……全部取得によって株主は強制的に株式を取得されることや，一般的に基準日から株主総会決議の日まで相当の期間が設定される可能性があることに照らすと」，基準日後取得株主に対しても投下資本の回収の機会を保障する実質的理由があるとする。

株式買取請求権に関しては，合併等について反対の意思を会社に通知し，当該承認決議に反対することが要件であるため，基準日後に株式の全部について初めて取得した株主は，買取請求権は行使できないと解されてきた[20]。

これに対して，条文の文言解釈から[21]，組織再編等における反対株主の保護制度であること[22]，基準日段階での株主総会議案が不明な場合があり，基準日後取得株主のリスクが過大であることを理由として，肯定説も近年有力に主張されている[23]。

本件のような全部取得条項付種類株式についても，文言解釈を理由として[24]，基準日後株主への公正価格の支払いの確保する手続保障の点から[25]，肯定説が妥当と思われる[26][27]。

さらに，本決定，原決定は，いずれもレックス・ホールディングス事件の前掲最高裁決定における田原裁判官意見の枠組みを踏襲した上で[28]，取得価格決定にあたって，「ナカリセバ価格」算定の基礎として，「特段の事情」を認め[29]，市場価格を採用しなかった初の判断である[30]。

本件の「特段の事情」として，事業再生型MBOとしての特殊性があり，株式の客観的価値として，債務超過状態にあることなどにより[31]，市場株価が客観的な価値を反映していないとして，第三者裁定機関が用いた市場株価法及びDCF法を用いていることが特徴である[32]。

さらに，本決定では，プレミアムである増加価値分配価格を加えた価格が，公開買付価格を結果的に上回らないとされた。これについては，公開買付価格と全部取得条項付種類株式の取得価格が本来的には同一であり，裁判所が一から裁定を行うものではなことを前提に，買付価格の算定方法及び結果が合理的

であるかどうかを判断するものであるとの指摘がなされている[33]。

4　公開買付後の全部取得条項付種類株式の「公正な価格」
〔ジュピターテレコム事件〕
～最一小決平成28年7月1日民集70巻6号1445頁～

(1)　事実の概要

　Y（原々決定利害関係人，原決定抗告人・相手方，本決定抗告人・相手方）は，ケーブルテレビ局の統括運営を通じた有線テレビジョン放送事業及び電気通信事業やケーブルテレビ局及びデジタル衛星放送向け番組供給事業を主な事業内容とする株式会社であり，平成22年6月当時，その発行する普通株式を大阪証券取引所のJASDAQスタンダード市場に上場していた。A社及びB社が合計してYの総株主の議決権の70％以上を直接又は間接に有していた。

　A及びB両社でYの株式を全部保有することなどを計画し，A社，B社他1社は，平成25年2月26日，買付予定数を180万1954株，買付期間を同月27日から同年4月10日まで（30営業日），買付価格を1株につき12万3000円として，本件株式及びYの新株予約権の全部の公開買付けを行う旨，本件株式等の全部を取得できなかったときは，Yにおいて本件株式を全部取得条項付種類株式とすることを内容とする定款の変更を行うなどして同株式の全部を本件買付価格と同額で取得する旨を公表した。

　Yは，上記の公表に先立ち，本件公開買付けに関する意思決定過程からA社及びB社と関係の深い取締役を排除し，両社との関係がないか，関係の薄い取締役3人の全員一致の決議に基づき意思決定をした。また，Yは，法務アドバイザーに選任したC法律事務所から助言を受け，財務アドバイザーに選任したD証券株式会社から，本件株式の価値が1株につき12万3000円を下回る旨の記載のある株式価値算定書を受領するとともに，本件買付価格は妥当である旨の意見を得ていた。さらに，Yは，有識者により構成される第三者委員会から，本件買付価格は妥当であると認められる上，株主等に対する情報開示の観点から特段不合理な点は認められないなどの理由により，本件公開買付けに対する応募を株主等に対して推奨する旨の意見を表明することは相当である旨の答申

第5章　会社の組織再編等に関する裁判例

を受けて，同年2月26日，同答申のとおり本件公開買付けに対する意見を表明した。

本件公開買付けは，A社及びB社を除いた株主等のうち約3分の2が本件公開買付けに応募があり成立している。

そして，平成25年6月28日に開催されたYの株主総会及び種類株主総会において，「新たな種類株式」を発行することができる旨の定款を変更し，Yの普通株式を全部取得条項付種類株式とし，全部取得条項付種類株式1株につき「新たに発行される種類株式」69万4478分の1株の割合をもって交付する旨定款を変更し，この変更の効力発生日を平成25年8月2日とすること，及び，Yは，取得日を平成25年8月2日と定めて，全部取得条項付種類株式の全部を取得することを決議した。同日，Yは，全部取得条項付種類株式の全部を取得した。

本件総会に先立ち，全部取得条項付種類株式の全部取得に関する議案の反対株主であるXら（原々決定申立人，原決定抗告人・相手方，本決定抗告人・相手方）は，会社法172条1項所定の期間内に，取得価格の決定の申立てをした。

原々決定（東京地決平成27年3月4日金判1465号42頁）は，「客観的価値」について，市場株価が評価基準時点よりも9箇月以上も前のものであり，その間に本件株式にも影響を与えるものと推認されるような事情により市場全体の株価の動向を示す指標が大きく変動したのであるとして，回帰分析を用いて取得日における株式の客観的価値の補正を行うことが適当であるとして，10万4165円とし，「増加価値分配価格」については諸般の事情にかんがみて，客観的価値に対して25％が相当であるとして，取得価格を13万0206円とした。原決定（東京高決平成27年10月24日）は，原決定を相当であるとして，いずれの抗告も棄却している。

⑵　決定要旨（破棄自判）

「原審の上記判断は是認することができない。その理由は，次のとおりである。」

「株式会社の株式の相当数を保有する株主（以下「多数株主」という。）が当該株式会社の株式等の公開買付けを行い，その後に当該株式会社の株式を全部取得条項付種類株式とし，当該株式会社が同株式の全部を取得する取引におい

568

ては，多数株主又は上記株式会社（以下「多数株主等」という。）と少数株主との間に利益相反関係が存在する。しかしながら，独立した第三者委員会や専門家の意見を聴くなど意思決定過程が恣意的になることを排除するための措置が講じられ，公開買付けに応募しなかった株主の保有する上記株式も公開買付けに係る買付け等の価格と同額で取得する旨が明示されているなど一般に公正と認められる手続により上記公開買付けが行われた場合には，上記公開買付けに係る買付け等の価格は，上記取引を前提として多数株主等と少数株主との利害が適切に調整された結果が反映されたものであるというべきである。そうすると，上記買付け等の価格は，全部取得条項付種類株式の取得日までの期間はある程度予測可能であることを踏まえて，上記取得日までに生ずべき市場の一般的な価格変動についても織り込んだ上で定められているということができる。上記の場合において，裁判所が，上記買付け等の価格を上記株式の取得価格として採用せず，公開買付け公表後の事情を考慮した補正をするなどして改めて上記株式の取得価格を算定することは，当然考慮すべき事項を十分考慮しておらず，本来考慮することが相当でないと認められる要素を考慮して価格を決定するものであり（最高裁平成26年（許）第39号同27年3月26日第一小法廷決定・民集69巻2号365頁参照），原則として，裁判所の合理的な裁量を超えたものといわざるを得ない。」

「したがって，多数株主が株式会社の株式等の公開買付けを行い，その後に当該株式会社の株式を全部取得条項付種類株式とし，当該株式会社が同株式の全部を取得する取引において，独立した第三者委員会や専門家の意見を聴くなど多数株主等と少数株主との間の利益相反関係の存在により意思決定過程が恣意的になることを排除するための措置が講じられ，公開買付けに応募しなかった株主の保有する上記株式も公開買付けに係る買付け等の価格と同額で取得する旨が明示されているなど一般に公正と認められる手続により上記公開買付けが行われ，その後に当該株式会社が上記買付け等の価格と同額で全部取得条項付種類株式を取得した場合には，上記取引の基礎となった事情に予期しない変動が生じたと認めるに足りる特段の事情がない限り，裁判所は，上記株式の取得価格を上記公開買付けにおける買付け等の価格と同額とするのが相当である。」

第5章　会社の組織再編等に関する裁判例

　「以上に説示したところによれば，本件株式の取得価格は，Yの主張すると
おり，原則として本件買付価格と同額となるものというべきであり，本件の一
連の取引においてその基礎となった事情に予期しない変動が生じたとは認めら
れない。したがって，……全部取得条項付種類株式の取得価格をいずれも1株
につき12万3000円とする」

　（小池裕裁判官の補足意見）

　「本件は，多数株主による完全子会社化に向けた公開買付けと全部取得条項
付種類株式の全部取得という二段階取引が行われた事案であり，多数株主等と
少数株主との間に利益相反関係が存し，会社から退出を余儀なくされる少数株
主の保護が要請される取引が対象となっている。しかし，このように構造的な
利益相反関係が存する場合についても，取引に関する意思決定過程が恣意的に
なることを排除するための措置が講じられ，一般に公正と認められる手続が実
質的に行われ，多数株主等と少数株主との利害が適切に調整され，株式の買付
価格が公正に定められたものと認められる場合には，裁判所は，独立当事者間
の取引の場合と同様に，原則としてこのような手続を通じて定められた価格（取
引条件）を尊重すべきものであると考えられる。すなわち，裁判所は合理的な
裁量に基づいて株式の取得価格の決定をするが，その判断においては，まず，
関係当事者間の取引において一般に公正と認められる手続が実質的に行われた
か否か，買付価格がそのような手続を通じて形成された公正な価格といえるか
否かを認定することを要し，それが認定される場合には，原則として，公正な
手続を通じて形成された取引条件である買付け等の価格を尊重し，取引の基礎
とした事情に予期しない変動が生じたと認めるに足りる特段の事情のない限
り，当該買付け等の価格をもって取得価格とすべきものであると解するのが相
当である。」

　「株式価格の形成には多元的な要因が関わることから，種々の価格算定方式
が存する。そのため，株式価格の算定の公正さを確保するための手続等が講じ
られた場合にも，将来的な価格変動の見通し，組織再編等に伴う増加価値等の
評価を考慮した株式価格について一義的な結論を得ることは困難であり，一定
の選択の幅の中で関係当事者，株主の経済取引的な判断に委ねられる面が存す
るといわざるを得ない。このような株式価格の算定の性質からすると，本件の

ような事案において，裁判所は，買付け等の価格という取引条件の形成に関わる手続の公正について的確に認定するという点で特に重要な機能を果たすものといえる。そして，公正な手続等を通じて買付け等の価格が定められたとは認められない場合には，裁判所が取得価格を決定することになるが，その算定方法は市場株価分析によらざるを得ないこともあろう。ただし，裁判所が裁量権の行使に当たり，関係当事者等の経済取引的な判断を尊重してこれに委ねるべきか否かを判断するに当たっては，この方法が株式価格に関する多元的な要因を広く捉えるものとはいい難いという点も考慮する必要があろう。」

「原審は，本件の一連の取引は基本的に公正な手続を通じて行われたということができ，株式の取得日における客観的価値が市場株価から補正すべき事情がない場合であれば，本件買付価格は公正な価格といえるとしている。その上で，仮に本件公開買付けがなければ，本件株式は株価指標の推移に連動して一定程度の上昇があったと考えるのが合理的であるとし，取得価格の算定に当たり，本件買付価格を採用することなく，株価の回帰分析の方法等に基づく算定をした。しかし，一般に公正と認められる手続を通じて本件買付価格が定められた場合には，取引の基礎とした事情に予期しない変動が生じたと認めるに足りる特段の事情のない限り，その価格を尊重しこれを取得価格とすべきものであるところ，原審は，特段の事情が認められないにもかかわらず本件買付価格を採用しなかった上，本件買付価格には取得日までに生ずべき市場の一般的な価格変動が織り込まれているといえるにもかかわらず改めて事後の事情を考慮した補正をする算定をしており，本件取得価格の算定に関する原審の判断は，裁判所の合理的な裁量を超えたものといわざるを得ないと考える。」

「本件において上記の特段の事情が認められないことは，少数株主の多数や株式市場によって本件買付価格が受け入れられたとみられることなどからも裏付けられるといえるであろう。」

(3) 検　討

本件は，株式の非公開化において一般的になされる公開買付け後，公開買付けに応じなかった少数株主を締め出すために全部取得条項付種類株式を用いてキャッシュ・アウトがなされた事案である。本件の特徴として，公開買付時に，

一定の独立した取締役及び専門家の意見聴取がなされた上で，公開買付価格が決定されている。その上で，公開買付価格と同額を全部取得条項付種類株式の取得価格とすることがあらかじめ公表されていた場合に，当該取得価格が「公正な価格」であるかが問題となったといえる。公開買付公表日以後の市場の価格変動によって，全部取得条項付種類株式の取得価格を補正すべきかどうかが争点とされた。レックス・ホールディング事件の前掲最高裁決定の田原裁判官の補足意見によれば，全部取得条項付種類株式の「取得日（173条1項）における当該株式の公正な価格」である。本決定ならびに小池裁判官の補足意見によると，公開買付価格が「取得日までに生ずべき市場の一般的な価格変動についても織り込んだ上」としていることからすると，「公正な価格」は，株式の取得日であるとする点を変更していないようにも思われる。しかしながら，本決定は「公正な手続」により公開買付けがなされた場合に，公開買付けと同額の取得価格は，「公正な価格」であるとする。そのことは，実質的には，「公正な価格」について，「公開買付時」の，取得日までの一般的な市場価格の変動を含む「公正な価格」という意味になるだろう[34]。

　さらに，本決定では，公開買付価格には，公開買付公表後の価格変動も考慮されており，それらが「一般に公正と認められる手続」で決定される必要があるとする。この「公正な手続」とは公開買付手続における価格決定などにおいて恣意性の排除や，応募しない株主の保有分についても公開買付けと同額での取得の旨の明示とされ，公開買付手続の形成過程の公平性が重要視されることになる[35]。裁判所が公表後の市場価格の変動を補正することは，「本来考慮することが相当でないと認められる要素を考慮して価格を決定するもの」であるとして[36]，「原則として，裁判所の合理的な裁量を超えたもの」であるとしている[37]。小池裁判官の補足意見をあわせてみるならば，「裁判所は独立当事者間の取引の場合と同様に」，取引条件である価格を尊重することになる[38]。

　原々決定，原決定と同様に下級審判断では[39]，公開買付公表後の市場価格の変動なども考慮した価格補正がなされるべきとの判断がなされるものもあったが[40]，本決定はこれと一線を画するものである。

　その上で，その前提である一般に公正と認められる手続について，「独立した第三者委員会や専門家の意見を聴くなど多数株主等と少数株主との間の利益

相反関係の存在により意思決定過程が恣意的になることを排除するための措置
が講じられ，公開買付けに応募しなかった株主の保有する上記株式も公開買付
けに係る買付け等の価格と同額で取得する旨が明示されているなど一般に公正
と認められる手続」としている[41][42]。このことは，利益相反関係がない主体に
よる判断であること，またその判断の内容が取得価格を（公表後の市場価格の
変動を含めて考慮された）公開買付価格にするという判断内容の合理性を担保
するものであるとする必要があるだろう[43]。

　そして，小池裁判官の補足意見によれば，「公正な手続」を通じて買付け等
の価格が定められたとは認められない場合は，裁判所は介入することになると
する。

　さらに，「特段の事情」がある場合は，当該判断の合理性は失われるので[44]，
裁判所の裁量による補正は，合理的なものとなる。そうであるとすると，「特
段の事情」である「基礎となった事情に予期しない変動が生じたと認めるに足
りる」場合が具体的にどのような場合なのかが明らかにされる必要があるだろ
う[45]。

5　結びに代えて

　本稿では，株式の非公開化（スクイーズ・アウト）における「公正な価格」
について考えるために，とくに会社経営者である取締役と株主の利益相反関係
になるMBOや多数株主と少数株主の利益が相反する企業再編めぐる近時の主
要な事例を手懸りに，裁判所による取得価格の決定の判断の枠組みについて概
観してきた。

　レックス・ホールディング事件最高裁決定における田原裁判官の補足意見を
参考にするならば，①MBOが行われなかったならば株主が享受し得る価値と，
②MBOの実施によって増大が期待される価値のうち株主が享受してしかるべ
き部分とを，合算して算定すべきものが「公正な価格」として判断する枠組み
が示されたといえる。言い換えれば，「公正な価格」とは取得日における株式
の「客観的価値」と「増加価値分配価格」の合計額で決定されなければならな
いとするものである。

573

第5章　会社の組織再編等に関する裁判例

　そして，この「公正価格」について，公開買付けとの二段階でなされる場合，ジュピターテレコム事件最高裁決定の判断枠組みは，公開買付けが一般に「公正な手続」によりなされ，公開買付価格と全部取得条項付種類株式の取得価格があらかじめ同一とされている場合，当該取得価格は「公正価格」であり[46]，特段の事情がない場合には，裁判所の介入である「補正」が合理的なものとはならないことが明らかにされた。

　さらに，基準日後取得株主の申立ての適法性については，セレブリックス事件東京高決でみられるように，価格決定の申立てができる株主が，全部取得条項付種類株式の取得決議のための株主総会の基準日後に取得した株主についても，反対株主の買取請求権における議論はあるものの，同決定が，基準日以後の株主の公正価格の支払い確保の観点からこれを認めたことは，裁判所が，価格決定の場面で，強制的に株式を取得される株主の投下資本回収しようとしていることを確保することを窺うことができる[47]。

　さらに，同事件では企業再建時の債務超過の状況における特殊性から，単純に市場株価からではなく，DCF法などの算定もあわせて，考慮している事例である。そして，レックス・ホールディングス事件最高裁決定において指摘された強圧性の問題やデューデリジェンスの問題は，いずれもジュピターテレコム事件最高裁決定が示す「公正な手続」の問題となり，それらを欠く場合には，裁判所の介入である「補正」が必要となる。また予期しない変動である特段の事情がある場合も，裁判所の「補正」が必要になる。

　ジュピターテレコム事件最高裁決定によって，「取得日」における公正な価格という場合に，取得日以後の市場価格の変動も考慮要素として公開買付価格に含まれており，あらかじめ公開買付価格と同額の取得価格が設定がされている場合には，公開買付価格は，「公正な価格」であるとした。このことは，「公正な価格」や「公正な手続」について，全部取得条項付種類株式の取得に先立つ公開買付時の合理性を裁判所が審査する必要があることを示唆している。

　今後，裁判所は「公正な価格」の算定においては，原則として公開買付時の買付価格を基礎として，その合理性を失わせる要素がある場合に，裁判所は「補正」をするという枠組みが採られることになるだろう。そして，「公正な手続」か否かの判断要素として，当事者が予測できるようにするために[48]，MBOの場

574

合には，ソフト・ローとしてのMBO指針に沿ったMBOの手続がなされているかどうか[49][50]，ということも，重要視されるべきである[51]。さらに，ジュピターテレコム事件におけるように，従属した会社の非公開化における「一般に公正と認められる手続」を明らかにする参考になるだろう。

そして，このような裁判所の判断枠組みは，公開買付けとの二段階によるMBOにおける全部取得条項付種類株式取得価格決定時に限られるものではなく，平成26年改正で認められた特別支配株主の株式等売渡請求における売買価格決定申立て（179条の8）や，株式併合などを用いたキャッシュ・アウトの場合にも共通する問題であるだろう[52]。「特段の事情」に，それらを含めた判断要素として，どのようなものがあるのか，今後の判断蓄積が俟たれるところである。

〔注〕

(1) 水野信次＝西本強『ゴーイング・プライベート（非公開化）のすべて』3頁（商事法務　2010年）参照。

(2) 水野＝西本・前掲注(1)5頁以下参照。

(3) 水野＝西本・前掲注(1)16頁以下参照。

(4) 田中亘『会社法』598頁（東京大学出版会　2016年）。

(5) 山下友信編『会社法コンメンタール4』105頁〔山下友信〕（商事法務　2009年）は，172条による全部取得条項付種類株式の取得価格の決定の申立ては，定款変更等に反対の種類株主の株式買取請求権（116条1項）や各種組織再編行為に反対の株主の株式買取請求権（785条1項など）における「公正な価格」のように法定されていないが，株主総会決議による不当な取得対価の決定への救済方法として，裁判所が決定すべき価格は「公正価格」と解すべきであるとする。

(6) 田中・前掲注(4)599頁以下参照。

(7) 水野＝西本・前掲注(1)10頁以下参照。

(8) 水野＝西本・前掲注(1)11頁以下参照。

(9) 加藤貴仁「レックス・ホールディングス事件最高裁決定の検討（中）：「公正な価格」の算定における裁判所の役割」商事1876号6頁。

(10) 藤田友敬「公開買付前置型キャッシュアウトにおける公正な対価」資料版商事法務388号54頁（2016年）は，公開買付前置型のキャッシュアウトにおける公平さの判断時点は，原則として，公開買付時点であり，「当該株式の取得日」という基準日は考える意味がないとする。

(11) 藤田・前掲注(10)51頁は，株式の客観的価値は，当該株式の将来の変動を評価した上でなされ，問題の時点における評価額にほかならないのであり，「今後の株価の上昇に対する期待を評価した価額」とを区別して，両者を加算する必要はないとする。

(12) 受川環大「本件（最三小決平成21年5月29日）判批」永井和之＝中島弘雅＝南保勝美

編『会社法新判例の分析』62頁（中央経済社　2017年）。

⒀　弥永真生「原決定（東京高決平成20年9月12日）判批」ジュリ1366号43頁（2008年）は，原決定が業績の下方修正時に会社の財産及び損益が悪化したのではないことを認定しており，評価できるとする。

⒁　加藤・前掲注⑼6頁参照。

⒂　德本穰「原決定（東京高決平成20年9月12日）判批」会社法判例百選〔第3版〕183頁（2016年）。

⒃　伊藤靖史「原決定（東京高決平成20年9月12日）判批」ジュリ1376号（平成20年度重判解説）111頁（2009年）。

⒄　太田洋「原決定（東京高決平成20年9月12日）判批」商事1848号11頁（2008年）。

⒅　德本・前掲注⒂183頁。

⒆　三浦治「（東京地決平成25年7月31日資料版商事358号148頁（グッドマンジャパン事件））判批」金判1480号4頁（2015年）は，本事件の前後するグッドマンジャパン事件地決が，本事件を含めた基準日後の取得株主の適法性に受け継がれているとする。

⒇　大隅健一郎＝今井宏＝小林量『新会社法概説〔第2版〕』131頁脚注63（有斐閣　2010年）参照。なお買い増しの場合は，買取請求の対象になるとする。

(21)　弥永真生「反対株主の株式買取請求をめぐる若干の問題」商事1867号7頁（2009年）。

(22)　田中亘「組織再編と対価柔軟化」法教304号80頁（2006年）参照。

(23)　弥永・前掲注⒀7頁。

(24)　松嶋隆弘「原決定（東京地決平成25年9月17日）判批」永井和之＝中島弘雅＝南保勝美編『会社法新判例の分析』93頁（中央経済社　2017年）。

(25)　三浦・前掲注⒆4頁は，基準日後取得株主に申立てを認めると，会社は申立てが行われる株式数を予想することができなくなるが，そのことが株主に投下資本回収を与えない理由にはならないとする。

(26)　矢崎淳司「原決定（東京地決平成25年9月17日）判批」都法55巻2号422頁。

(27)　松嶋・前掲注(24)93頁は，事業再生型MBOの観点から，MBOの機会を捉えて公開買付価格以上での売却をもくろみ，あえて基準日後に取得する者については，投下資本回収の機会を保護する必要はないとし，申立ての濫用として対応すべきであるとする。

(28)　矢崎・前掲注(26)423頁。

(29)　矢崎・前掲注(26)423頁。

(30)　弥永真生「原決定（東京地決平成25年9月17日）判批」ジュリ1461号3頁（2013年），中村信男「原決定（東京地決平成25年9月17日）判批」金判1438号4頁（2014年）参照。

(31)　藤田友敬「新会社法における株式買取請求制度」江頭憲治郎先生還暦記念『企業法の理論（上巻）』308頁（商事法務　2007年）参照。

(32)　松嶋・前掲注(24)94頁。

(33)　矢崎・前掲注(26)424頁。

(34)　藤田・前掲注⑽54頁参照。

(35)　加藤・前掲注⑼5頁。また形成過程の公平さについて，田中・前掲注(22)（2006年）79頁。

(36)　最一小決平成27年3月26日民集69巻2号365頁参照。

(37)　鳥山恭一「本件（最一小決平成28年7月1日）判批」法セ741号113頁（2016年）は，本決定により，最高裁はむしろ，当事者が決定した株式の価格への裁判所の介入を抑制

する姿勢を示したとする。

⑶8 田中・前掲注⑷632頁。

⑶9 東京地決平成27年3月25日金判1467号34頁参照。

⑷0 北村雅史「本件（最一小決平成28年7月1日）判批」法教434号163頁（2016年）は，最高裁の本件立場は，公開買付後の他のキャッシュ・アウト取引の場合の価格決定申立てや株式買取請求にも妥当するとする。

⑷1 価格形成過程の公平さと第三者委員会の有効性について，白井正和「利益相反回避措置としての第三者委員会の有効性の評価基準」岩原紳作＝山下友信＝神田秀樹編『会社・金融・法〔下巻〕』166頁（商事法務　2013年）参照。

⑷2 加藤・前掲注⑼8頁は，公開買付価格が尊重されるためには，①公開買付けに構造的な強圧性が存在しないこと，②買付価格の適切性が条件とされると指摘する。

⑷3 弥永真生「本件（最一小決平成28年7月1日）判批」ジュリ1498号3頁（2016年）は，独立委員会や専門家の意見聴取だけではなく，小池裁判官の補足意見からすると，公開買付けの対象株式の半数以上に及ぶ一定の応募があったことが，少数株主の多数や株式市場に買付価格が受け入れたとし，それらが適切な措置の存在を推測させる要素になると指摘している。

⑷4 鳥山・前掲注⑶7113頁は，「予期しない変動」の発生の疎明が必要であるとする。

⑷5 弥永・前掲注⑷33頁は，公開買付けの時点で全部取得条項付種類株式の取得日がいつになるかが全く明らかになっていない場合や公開買付けに際して取得日として予定されていた日よりも実際の取得日が相当後になったような場合を指摘する。

⑷6 公開買付価格をもって公正な価格であるとする理由として，飯田秀聡「株式買取請求・取得価格決定事件における株式市場価格の機能」商事2076号44頁は，取得価格決定の申立てを使った投機のおそれを指摘する。

⑷7 ジュピターテレコム事件においても，原々決定は，基準日後取得の株主の適法性が争点とされたが，いずれの株主も申立権の濫用等はないとされており，その後，原決定，最高裁決定では，争われていない。

⑷8 徳本・前掲注⒂183頁は，裁判所がいかなる基準に基づいて判断を行うのか，その判断枠組みの内容を明確化してゆくことが，当事者の予測可能性の観点から重要であるとする。

⑷9 経済産業省「企業価値の向上及び公正な手続確保のための経営者による企業買収（MBO）に関する指針」（平成19年9月4日）。

⑸0 白井・前掲注⑷1161頁以下参照。

⑸1 受川・前掲注⑿65頁。

⑸2 藤田・前掲注⑽55頁参照。

第5章　会社の組織再編等に関する裁判例

組織再編における株式買取請求権

駒澤大学教授　**受川　環大**

I　はじめに

　近時，上場会社の組織再編行為に反対する株主から株式買取請求がされた事案について，①最高裁平成23年4月19日第三小法廷決定民集65巻3号1311頁[1]（以下「ＴＢＳ事件最決」という。），②最高裁平成23年4月26日第三小法廷決定集民236号519頁[2]（以下「インテリジェンス事件最決」という。），および③最高裁平成24年2月29日第二小法廷決定民集66巻3号1784頁[3]（以下「テクモ事件最決」という。）が公表されている。①ＴＢＳ事件最決は，Ｙ社（東京放送ホールディングス）を吸収分割株式会社，Ａ社（ＴＢＳテレビ）を吸収分割承継株式会社とする吸収分割に関する事案であり，②インテリジェンス事件最決は，Ｙ社（インテリジェンス）を株式交換完全子会社，Ａ社（ＵＳＥＮ）を株式交換完全親会社とする株式交換に関する事案であるところ，①および②の決定（同一の裁判官で構成される第三小法廷決定）は，吸収合併等によりシナジーその他の企業価値の増加が生じない場合における「公正な価格」の意義・算定基準日などについて同一の判断を示している。これに対し，テクモ事件最決は，Ａ社（テクモ）およびＢ社（コーエー）を株式移転完全子会社とし，Ｃ社（コーエーテクモホールディングス）を株式移転設立完全親会社とする株式移転に関する事案であるが，株式移転によりシナジーその他の企業価値の増加が生じる場合における「公正な価格」の意義・算定基準日などについて判示し

578

たものである。

本稿では，上場会社の組織再編における株式買取請求権を取り上げ，その制度趣旨（Ⅱ），「公正な価格」の意義・算定基準日等（Ⅲ），算定方法（Ⅳ）について，上記の３つの最高裁決定を対比して，それぞれの判断内容および射程を検討する[4]。また，最高裁平成27年３月26日第一小法廷決定民集69巻２号365頁は，非上場会社の吸収合併に反対する株主からの株式買取請求の事案において，非上場株式の評価方法につき重要な判断を示していることから，この問題についても検討する。なお，本稿は，最高裁決定を批判的に論ずるものではなく，最高裁の決定内容を前提に，当該決定と従来の学説・裁判例との関係，当該決定の内容と射程を分析し検討するものである。

Ⅱ 株式買取請求権の制度趣旨

1 決定要旨

ＴＢＳ事件最決およびインテリジェンス事件最決は，吸収合併等に係る反対株主の株式買取請求権の立法趣旨について，次のような判断を示している。吸収合併，吸収分割または株式交換（以下「吸収合併等」という。）が行われる場合，「反対株主に『公正な価格』での株式の買取りを請求する権利が付与された趣旨は，吸収合併等という会社組織の基礎に本質的変更をもたらす行為を株主総会の多数決により可能とする反面，それに反対する株主に会社から退出の機会を与えるとともに，退出を選択した株主には，吸収合併等がされなかったとした場合と経済的に同等の状況を確保し，さらに，吸収合併等によりシナジーその他の企業価値の増加が生ずる場合には，上記株主に対してもこれを適切に分配し得るものとすることにより，上記株主の利益を一定の範囲で保障することにある。」との判断を示している。

また，テクモ事件決定は，新設型の組織再編行為である株式移転に関する株式買取請求権の趣旨について，ＴＢＳ事件最決およびインテリジェンス事件最決と同様の判断を示している（ただし，「吸収合併等」を「株式移転」に言い換えている。）。

579

第5章　会社の組織再編等に関する裁判例

2　検　討

　反対株主の株式買取請求権は，昭和25年（1950年）の商法改正により，アメリカ法の州会社法における権利（appraisal right）を参考に導入された制度である[5]。その導入当初は，株式買取請求権制度の意義ないし趣旨については，多数株主の決定に反対する少数株主の経済的利益を保護する側面と，会社ないし多数株主が少数株主の反対に煩わされることなく，合併・営業譲渡等の重要な行為を円滑に遂行することを可能とする側面とが認められると説明されていた[6]。その後，多数株主の利益と少数株主の利益とをいかに調和し，そのいずれに重点を置くべきかが問題とされていたところ，反対株主に対し投下資本の回収を保障して経済的救済を与えるという少数株主保護の側面のほうが重視されるようになった[7]。さらに近時は，アメリカにおける学説や立法の動向の影響も受けて，いわば持分会社の社員と同様の投下資本の回収を株主にも認めることは，会社財産の社外流出を伴うことから，経営陣やその背後にある多数株主に慎重な行動を求めて，彼らの横暴を抑制する効果も期待されるようになった[8]。平成17年（2005年）の会社法制定前の学説の状況としては，少数株主の経済的保護を基本としつつも，経営陣等に対する抑制機能に重点を置いて説明する見解が次第に有力になっていたと整理することができるであろう[9]。

　会社法の下でも，①株式買取請求権の制度趣旨の基本は，単に投下資本回収の手段付与にあるのではなく，②少数派株主が受けた不当な不利益を救済する手段として理解するのが通説的理解であるといわれている[10]。また，②の目的を一層強調する見解も主張されている。すなわち買取価格について，従来の「決議ナカリセバ其ノ有スベカリシ公正ナル価格」（以下「ナカリセバ価格」という。）（旧商245条ノ2第1項）からシナジーの配分を取り込んだ「公正な価格」（会社785条1項等）に文言が変更されたことに伴って，株式買取請求権は，あるべき組織再編条件を想定し，そこから逸脱した組織再編が行われた場合に反対株主に救済を与えるという性格が認められ，あるべき組織再編条件をエンフォースするための裁判所の役割が拡充されたと説明されている[11]。さらには，株式買取請求権制度は，第一義的には①「部分解散ないし部分清算」による株主の退出の機会を保障するものであり，第二義的には，これに加えて②資本多数決に基づいて忠実義務違反の組織再編行為がなされたことによって反対株主

が被った「損害ないし不利益」の塡補を一定の範囲で認める機能を有すると解する見解も主張されている[12]。

　これに対して，3つの最高裁決定においては，株式買取請求権は少数派株主が受けた不当な不利益を救済する手段であるとまでは明示されていない。ＴＢＳ事件最決およびインテリジェンス事件最決は，吸収合併等に係る株式買取請求権の制度趣旨について，①吸収合併等を株主総会の多数決により可能とする反面，反対株主に会社から退出の機会を付与すること，②退出を選択した株主には吸収合併等がされなかったとした場合と経済的に同等の状況を確保すること，③吸収合併等によりシナジーその他の企業価値の増加が生ずる場合には上記株主に対してもこれを適切に分配し得るものとすることにより，上記株主の利益を一定の範囲で保障することにあると判示している。また，テクモ事件最決は，新設型の組織再編行為である株式移転に係る株式買取請求権の趣旨についても，以上と同様の判断を示している。したがって，退出を選択した株主が保障されるべき経済的利益とは，ナカリセバ価格にとどまらず，シナジー等の適切な分配価格を含むものである。

Ⅲ　「公正な価格」の意義・算定基準日等

1　決定要旨

(1)　ＴＢＳ事件最決

　まず，ＴＢＳ事件最決は，吸収合併等に係る株式買取請求権の制度趣旨を踏まえて，株式買取価格決定の性質について，次のように判示している。「裁判所による買取価格の決定は，客観的に定まっている過去のある一定時点の株価を確認するものではなく，裁判所において，上記の趣旨に従い，『公正な価格』を形成するものであり，また，会社法が価格決定の基準について格別の規定を置いていないことからすると，その決定は，裁判所の合理的な裁量に委ねられているものと解される（最高裁昭和47年（ク）第5号同48年3月1日第一小法廷決定・民集27巻2号161頁参照）。」

　次に，ＴＢＳ事件最決は，「公正な価格」の意義および算定基準日について，次のように判示する。「吸収合併等によりシナジー効果その他の企業価値の増

加が生じない場合には，増加した企業価値の適切な分配を考慮する余地はないから，吸収合併等を承認する旨の株主総会の決議がされることがなければその株式が有したであろう価格（以下「ナカリセバ価格」という。）を算定し，これをもって『公正な価格』を定めるべきである。そして，消滅株式会社等の反対株主が株式買取請求をすれば，消滅株式会社等の承諾を要することなく，法律上当然に反対株主と消滅株式会社等との間に売買契約が成立したのと同様の法律関係が生じ，消滅株式会社等には，その株式を『公正な価格』で買い取るべき義務が生ずる反面（前掲最高裁昭和48年3月1日第一小法廷決定参照），反対株主は，消滅株式会社等の承諾を得なければ，その株式買取請求を撤回することができないことになる（会社法785条6項）ことからすれば，売買契約が成立したのと同様の法律関係が生ずる時点であり，かつ，株主が会社から退出する意思を明示した時点である株式買取請求がされた日を基準日として，『公正な価格』を定めるのが合理的である。」その上で，同最決は，「会社法782条1項所定の吸収合併等によりシナジー効果その他の企業価値の増加が生じない場合には，同項所定の消滅株式会社等の反対株主がした株式買取請求に係る『公正な価格』は，原則として，当該株式買取請求がされた日におけるナカリセバ価格をいうものと解するのが相当である。」と結論づけている。

　なお，ＴＢＳ事件最決には，田原裁判官の補足意見と那須裁判官の反対意見が付されている。田原裁判官は，「公正な価格」の算定基準日に関する複数の考え方の比較検討を通して，多数意見の採る株式買取請求権行使時説について，その論拠を補足説明する。これに対し，那須裁判官は，多数意見が株式買取請求権行使時説を採ることの反面として，他の考え方による判断の可能性を排斥する趣旨を示した点を批判する。そして，「公正な価格」の決定については，通常の権利義務の存否を争う訴訟とは異なり，基本的に地方裁判所および高等裁判所の裁量に委ねられるべきものであり，最高裁が基準日を何時とすべきかについて積極的に介入すべきではないとする。

⑵　インテリジェンス事件最決

　インテリジェンス事件最決は，「公正な価格」の意義および算定基準日について，上記のＴＢＳ事件最決を引用し，吸収合併等によりシナジー効果その他の企業価値の増加が生じない場合に，消滅株式会社等の反対株主がした株式買

取請求に係る『公正な価格』は，原則として，当該株式買取請求がされた日に
おけるナカリセバ価格をいうものと解するのが相当であると判示している。

　なお，インテリジェンス事件最決においても，田原裁判官の補足意見と那須
裁判官の反対意見が付されている。田原裁判官は，ＴＢＳ事件最決における補
足意見で詳述したことを引用するほか，インテリジェンス事件では，10名の株
主が株式買取請求権を行使しており，各株主の株式買取請求権行使日の株価の
高値と安値の間には，4.5パーセントの価格差があるので，株式買取期間満了
日ないし本件株式交換の効力発生日を基準日として株式の買取価格をすべて同
一価格として定めることは，裁判所の合理的裁量権の行使の範囲を超えるもの
であると説示する。また，那須裁判官は，ＴＢＳ事件最決におけると同様の反
対意見を表明している。

(3)　テクモ事件最決

　テクモ事件最決は，吸収合併等における株式買取請求に係る上記(1)および(2)
の最決の判断を前提に，「株式移転によりシナジー効果その他の企業価値の増
加が生じない場合には，株式移転完全子会社の反対株主がした株式買取請求に
係る『公正な価格』は，原則として，当該株式買取請求がされた日における，
株式移転を承認する旨の株主総会決議がされることがなければその株式が有し
たであろう価格をいうと解するのが相当であるが（前記第三小法廷決定（筆者
注－ＴＢＳ事件最決）参照），それ以外の場合には，株式移転後の企業価値は，
株式移転計画において定められる株式移転設立完全親会社の株式等の割当てに
より株主に分配されるものであること（……）に照らすと，上記の『公正な価
格』は，原則として，株式移転計画において定められていた株式移転比率が公
正なものであったならば当該株式買取請求がされた日においてその株式が有し
ていると認められる価格をいうものと解するのが相当である。」との判断を示
している。

　そして，株式移転比率が公正なものであるかどうかの判断基準については，
同最決は，次のように判示する。「相互に特別の資本関係がない会社間において，
株主の判断の基礎となる情報が適切に開示された上で適法に株主総会で承認さ
れるなど一般に公正と認められる手続により株式移転の効力が発生した場合に
は，当該株主総会における株主の合理的な判断が妨げられたと認めるに足りる

583

第5章　会社の組織再編等に関する裁判例

特段の事情がない限り，当該株式移転における株式移転比率は公正なものとみるのが相当である。」

　なお，同最決には，須藤正彦裁判官の補足意見が付されている。須藤裁判官は，裁判所の株式買取価格の決定において，株式の市場株価が基礎資料として参照されることに関連して，企業の客観的価値やシナジー効果が生じるとされる企業再編での公正な株式移転比率などについて補足して説明している

2　検　討

⑴　「公正な価格」の意義

　会社法における「公正な価格」の意義については，ＴＢＳ事件最決以前の学説および裁判例によれば，①組織再編によるシナジーを適切に反映した価格もしくは客観的価値，または②組織再編に係る決議がなかったとすればその株式が有していたであろう価格（ナカリセバ価格）もしくは客観的価値を基礎として算定すべきである，と理解されていた。もっとも，その具体的な適用場面については，㋐①と②の価格のうち高い方の価格が「公正な価格」であるとする見解[13]と，㋑組織再編により企業価値が増加する場合には①の価格であり，企業価値が減少する場合には②の価格であるとする見解[14]に分かれていた。

　ＴＢＳ事件最決およびインテリジェンス事件最決は，吸収合併等によりシナジーその他の企業価値の増加が生じない場合において，消滅会社等の反対株主がした株式買取請求に係る「公正な価格」は，原則として，当該株式買取請求がされた日における「ナカリセバ価格」である旨の判断を示している。もっとも，ＴＢＳ事件においては，原々決定[15]および原決定[16]が一貫して吸収分割による企業価値の増大も毀損もないと認定していたのに対し，インテリジェンス事件最決では本件株式交換がＹ社の企業価値を毀損するものであったと認定されているから，後者の決定は組織再編当事会社の企業価値が毀損される事案について判断を示したという点において，固有の意義が認められるとする指摘がある[17]。

　これに対し，テクモ事件最決は，株式移転完全子会社の反対株主がした株式買取請求に係る「公正な価格」の意義に関して，シナジー効果その他の企業価値の増加が生じない場合には，原則として，「ナカリセバ価格」と解するが，「そ

584

れ以外の場合には」，原則として株式移転計画において定められていた株式移転比率が公正なものであったならば当該株式買取請求がされた日においてその株式が有していると認められる価格であるとする判断を示している。「それ以外の場合」とは，「企業価値の増加が生じない場合以外の場合」であって，実体的には，株式移転により「企業価値の増加が生ずる場合」であるといえる[18]。テクモ事件高裁決定（原決定）[19]は，経営統合による企業価値の増加を適切に反映したテクモ株式の客観的価値を基礎として算定すべきであること，経営統合に向けた協議開始の発表後の市場株価を参照する旨を説示しており，株式移転により企業価値が増加することを前提としたものと評価されている[20]。

　もっとも，「企業価値の増加が生じない場合」にはナカリセバ価格であり，「企業価値の増加が生ずる場合」には，公正な株式移転比率が定められた場合の価格であると解すると，論理的には，まず，組織再編によって企業価値が増加しない場合であるか否かを認定した上で，「公正な価格」が決定されることになるが，企業価値の増加の有無にかかわらず，上記の基準には，「原則として」という留保が付されているから，テクモ事件最決は，例外的な事情がある場合には上記と異なる基準により判断されることを許容していると説明されている[21]。

　ところで，テクモ事件最決が，「企業価値の増加が生ずる場合」ではなく，「それ以外の場合」という表現を採った理由については，次のような指摘がある。「企業価値の増加が生ずる場合」が問題となるとすると，裁判所が，企業価値の増加を認定した上で「公正な価格」を認定することになるが，「企業価値の増加が生じない場合以外の場合」が問題となるとすると，裁判所が企業価値の増加を積極的に認定しなくともよいことになる余地がある[22]。実際，テクモ事件最決は，株式移転による企業価値の増減の有無については判示していない。企業再編による企業価値の増減の有無をどのように判断すべきかは，今後に残された課題であるとされている[23]。

　企業価値の増減の判断基準について，学説上は，相互に特別の資本関係がない会社間の組織再編の場合には原則として一般に公正と認められる手続により効力が発生すれば，組織再編による企業価値の増加を認めることができるとする見解[24]と，組織再編の対価の公正さとは異なり，企業価値の増減の有無につ

585

第5章　会社の組織再編等に関する裁判例

いては裁判所が積極的に判断を示すことが想定されるとする見解[25]がある。

(2)　公正な株式移転比率

テクモ事件最決は，株式移転により企業価値が増加する場合には，「公正な株式移転比率」が定められた場合における株式の価格が「公正な価格」となると判示している。そこで，どのような手続を踏めば，株式移転比率が公正であると認められるかが問題となる。

学説においては，特別の資本関係がない会社間の組織再編と，構造的な利害対立が発生する特別の資本関係がある会社間の組織再編（親会社が子会社を吸収合併する場合など）とを区別する見解が主張されていた。そして，特別の資本関係がない会社間の組織再編においては，適切な情報開示が行われた上で組織再編対価が決定された場合，株主総会決議で承認された組織再編対価をもって公正なシナジーの分配が行われたと認めてよいとする見解[26]や，組織再編を承認する株主総会決議が構造的な利益相反関係が存在する状況のもとでされたとまで認められない場合は，原則としてシナジー分配は公正であるとする見解[27]などがみられた。

テクモ事件最決以前の下級審裁判例においては，特別の資本関係がある場合とない場合とを区分して，特別の資本関係がない場合には，「当事会社が第三者機関の株式評価を踏まえるなど合理的な根拠に基づく交渉を経て合意に至ったものと認められ，かつ，適切な情報開示が行われた上で各当事会社の株主総会で承認されるなど，一般に公正と認められる場合」は，特段の事情がない限り，組織再編が当事会社にとり公正に行われたものと推認されるべきであると判示するものがあった[28]。

テクモ事件最決は，上記の学説および下級審裁判例を踏まえて，①相互に特別の資本関係がない会社間の組織再編の場合，②株主の判断の基礎となる情報が適切に開示された上，適法に株主総会で承認されるなど一般に公正と認められる手続を経ている場合，③株主総会における株主の合理的な判断が妨げられたと認めるに足りる特段の事情がない場合には，株式移転比率は公正なものとみるのが相当であると判示している。そのように解する根拠としては，相互に特別の資本関係がない会社間においては，忠実義務を負う取締役が当該会社および株主の利益にかなう株式移転計画を作成することが期待できること，株主

は，株式移転比率が公正であると判断した場合に株主総会で当該株式移転に賛成するといえることから，株式移転比率が公正なものであるか否かについては，原則として，株主および取締役の判断を尊重すべきこと挙げている。

テクモ事件最決は，当該事案とは異なり，①相互に特別の資本関係がある会社間の組織再編の場合，②一般に公正と認められる手続を経ていない場合，③株主の合理的な判断が妨げられたと認められるに足りる特段の事情がある場合に，どのように判断されるかについては述べていないので，この点については，今後に残された問題であるとされる[29]。もっとも，須藤裁判官は，補足意見において，②および③の場合について，裁判所は，一定の評価算定方法によって企業価値を算出し，これを基にした株式移転比率を新たに設定せざるを得ないと指摘している。

(3) 「公正な価格」の算定基準日

いつの時点を基準として株式買取請求に係る「公正な価格」を算定するかについて，最高裁決定以前の学説および下級審裁判例の立場は，①組織再編契約・計画の承認決議時説，②株式買取請求権行使時説，③株式買取請求期間の満了時説，④組織再編の効力発生時説など様々に分かれていた[30]。

①組織再編契約等の承認決議時説は，「ナカリセバ価格」による救済が原則として反対株主の利益を保証する趣旨であることを理由に，組織再編が決定された時点が基準時であると解する[31]。②株式買取請求権行使時説は，株式の買取は個々の株主の意思に基づき個別になされるものであるから，「公正な価格」の基準時は個別に株主が株式の買取請求をした日であることを根拠とする[32]。③株式買取請求期間の満了時説は，契約成立時点の価値を基準とするのが相当であるから，基本的に買取請求権行使時に接着した時期と解するが，他方で反対株主間の平等の観点から同一の時点を基準とするべきとし，買取請求権者の投機的行為の余地が制限される買取請求期間の満了時が基準時として相当であることを理由とする[33]。④組織再編の効力発生時説は，反対株主が買取請求権を行使していても，会社が組織再編を中止したときは買取請求はその効力を失うから（会社法785条8項），株式買取請求が確定的に効力を生ずる組織再編の効力発生時を基準と解する[34]。

最高裁は，いずれも②株式買取請求権行使時説を採用することを明らかにし

第5章　会社の組織再編等に関する裁判例

た。ＴＢＳ事件最決によれば，株式買取請求がされた日は，反対株主と会社との間で株式の売買契約が成立したのと同様の法律関係が生ずる時点であり，かつ，株主が会社から退出する意思を表明した時点であることを根拠としている。インテリジェンス事件最決も，ＴＢＳ事件最決を引用して②説を採用している。テクモ事件最決も，企業価値の増加が生じない場合における「ナカリセバ価格」の算定基準時について，ＴＢＳ事件最決を引用して②説を採用するのみならず，企業価値の増加が生ずる場合における「公正な価格」の算定基準時についても，特に理由を明示することなく②説を採用している。

　①組織再編契約等の承認決議時説，③株式買取請求期間の満了時説，④組織再編の効力発生時説によれば，複数の株主が買取請求権を行使した場合にも株式買取価格をすべて同一価格として定めることにより集団的・画一的な取扱いができるのに対し，②株式買取請求権行使時説によると，多数の株主が時期を異にして買取請求権を行使する場合の取扱いが問題視されている。しかし，組織再編に反対する株主が任意に行使する株式買取請求権において「公正な価格」を算定するにあたっては，全部取得条項付種類株式の取得のように会社が株式を強制取得する場合の価格決定の申立て（会社法172条1項）の場合[35]とは異なり，画一的に算定基準日を決める必要はない。したがって，企業価値の増加が生じない場合であるか，あるいは企業価値の増加が生ずる場合であるかを問わず，②株式買取請求権行使時説を採用する最高裁決定は支持されてよいであろう。

Ⅳ　「公正な価格」の算定方法

1　決定要旨

⑴　ＴＢＳ事件最決

　ＴＢＳ事件最決は，「吸収合併等により企業価値が増加も毀損もしないため，当該吸収合併等が消滅株式会社等の株式の価値に変動をもたらすものではなかったときは，その市場株価は当該吸収合併等による影響を受けるものではなかったとみることができるから，株式買取請求がされた日のナカリセバ価格を算定するに当たって参照すべき市場株価として，同日における市場株価やこれに近接する一定期間の市場株価の平均値を用いることも，当該事案に係る事情

を踏まえた裁判所の合理的な裁量の範囲内にあるものというべきである」と説示する。その上で，同最決は，原審が，本件買取請求がされた日の市場株価を用いて同日のナカリセバ価格を算定したことは，その合理的な裁量の範囲内にあるものということができるとして，原審の判断を支持した。

(2) インテリジェンス事件最決

インテリジェンス事件最決は，「反対株主が株式買取請求をした日のナカリセバ価格を算定するに当たり，株式交換を行う旨の公表等がされる前の市場株価を参照することや，上記公表等がされた後株式買取請求がされた日までの間に当該吸収合併等以外の市場の一般的な価格変動要因により，当該株式の市場株価が変動している場合に，これを踏まえて参照した株価に補正を加えるなどして同日のナカリセバ価格を算定することは，裁判所の合理的な裁量の範囲内にあるものというべきである（前掲最高裁平成23年4月19日第三小法廷決定参照）。」と判示する。本件原決定は，本件株式交換の計画公表前の株価を参照しつつ，回帰分析の手法（変数間の相関関係を分析して定量化する統計的手法である。）により補正を加え，本件株式交換の効力発生前1か月間の補正後の株式価格の平均値をもってＹの株式の有する効力発生日の客観的価値を算定していたところ，本件最決は，原決定には法令違反があるとして，原決定を破棄し，本件を原審に差し戻した。

(3) テクモ事件決定

テクモ事件最決は，「株式が上場されている場合，市場株価が企業の客観的価値を反映していないことをうかがわせる事情がない限り，『公正な価格』を算定するに当たって，その基礎資料として市場株価を用いることは合理性があるといえる。そして，株式移転計画に定められた株式移転比率が公正なものと認められる場合には，株式移転比率が公表された後における市場株価は，特段の事情がない限り，公正な株式移転比率により株式移転がされることを織り込んだ上で形成されているとみられるものである。そうすると，上記の場合は，株式移転により企業価値の増加が生じないときを除き，反対株主の株式買取請求に係る『公正な価格』を算定するに当たって参照すべき市場株価として，基準日である株式買取請求がされた日における市場株価や，偶発的要素による株価の変動の影響を排除するためこれと近接する一定期間の市場株価の平均値を

589

第5章　会社の組織再編等に関する裁判例

用いることは，当該事案に係る事情を踏まえた裁判所の合理的な裁量の範囲内にあるといえる。」とした上で，本件では，上記特段の事情の存在はうかがわれないので，本件株式移転比率は公正なものというべきであると結論づけている。

　そして，本件最決は，原審は，本件株式移転により企業価値が増加することを前提としながら，以上と異なり，本件株式移転比率は企業価値の増加を適切に反映したものではなく，公正なものではないとして，本件株式移転の内容の公表日より前の1か月間の市場株価の終値を参照して「公正な価格」を算定した点において，その判断には法令違反があるとして，原決定を破棄し，本件を原審に差し戻した。

　なお，テクモ事件最決の差戻審である東京高裁平成25年2月28日決定判タ1393号239頁は，本件株式移転により企業価値の増加が生じていると認定した上で，本件最決に基づき，本件株式移転比率は公正であると認められるとして，株式買取請求をした日におけるA社（テクモ）の市場株価（終値）をもって公正な価格であると結論づけている。

2　検　討

　従前より，「ナカリセバ価格」の算定方法については，買取請求の対象株式が上場株式である場合には，組織再編の公表前の市場株価をその算定の基礎に用いることができると解するのが通説であった[36]。また，学説上は，組織再編の公表後の組織再編以外の市場の一般的な価格変動要因により，当該株式の市場株価が変動している場合には，これを踏まえて，参照した株価に補正を加えて，基準日における「ナカリセバ価格」を算定すべきであるとの見解が有力であった[37]。

　これに対し，市場株価については，経営者による株式の市場価格の意図的な操作が行われることがあり，また，市場で流通する株式量が少なくなることに起因するマイノリティ・ディスカウントがなされた株価となりやすく，市場株価は本来の価格よりも低い価格となっていることが指摘されている。そこで，「公正な価格」の算定において市場株価をそのまま利用することは適切でなく，理論的には，将来において当該会社が生み出すであろうキャッシュフローの現

在価値が当該会社の価値であるから，それを算定することを目的とするＤＣＦ（Discounted Cash Flow）の算定方法を，上場株式の「公正な価格」の算定においても積極的に用いるべきであるとの見解も主張されている[38]。

　ＴＢＳ事件最決およびインテリジェンス事件最決は，「ナカリセバ価格」を算定するに当たり，市場株価を参照することや，参照株価に補正を加えることは，裁判所の合理的な裁量の範囲内にあると判示している。また，テクモ事件最決は，「公正な価格」を算定するに当たって参照すべき市場株価として，基準日における市場株価や，偶発的要素による株価の変動の影響を排除するためこれと近接する一定期間の市場株価の平均値を用いることは，裁判所の合理的な裁量の範囲内にあることを説示している。このような最高裁の立場は，市場株価を重視する学説の通説の立場を基本としつつ，市場株価を採用した場合に生ずる弊害は，市場株価に補正を加えるなどの手法を採用することで修正することを認めたものである。

Ⅴ　非上場株式の評価方法

1　事実と決定要旨

　最近，非上場株式の算定方法については，最高裁平成27年３月26日第一小法廷決定民集69巻２号365頁[39]（以下「平成27年最決」という。）が重要な判断を示している。本件では，Ｙ社を吸収合併存続会社，Ａ社（非上場会社）を吸収合併消滅会社とする吸収合併に反対するＡ社株主Ｘがした株式買取請求に係る事案において，裁判所が収益還元法（将来期待される純利益を一定の資本還元率で還元することにより株式の現在の価格を算定する方法をいう。）を用いて株式の買取価格を決定する場合に，当該会社の株式には市場性がないことを理由とする減価（以下「非流動性ディスカウント」という。）を行うことができるか否かが争われた。原々審[40]は，裁判所の選任した鑑定人（公認会計士）の鑑定意見を参考にしつつ，本件では収益還元法を用いるのが相当であるところ，Ａ社において将来期待される純利益を予測した現在価値を合計した金額について，非上場会社の株式は上場会社の株式のように株式市場で容易に現金化することが困難であるため，非流動性ディスカウントとして上記金額から25％の減

591

第5章　会社の組織再編等に関する裁判例

価を行うことができると判断した。原審[41]もこれを支持した。

　これに対し，平成27年最決は，非上場株式の価格の算定について，以下のような判断を示している。

　「会社法786条2項に基づき株式の価格の決定の申立てを受けた裁判所は，吸収合併等に反対する株主に対し株式買取請求権が付与された趣旨に従い，その合理的な裁量によって公正な価格を形成すべきものであるところ（最高裁平成22年（許）第30号同23年4月19日第三小法廷決定・民集65巻3号1311頁参照），非上場会社の株式の価格の算定については，様々な評価手法が存在するが，どのような場合にどの評価手法を用いるかについては，裁判所の合理的な裁量に委ねられていると解すべきである。しかしながら，一定の評価手法を合理的であるとして，当該評価手法により株式の価格の算定を行うこととした場合において，その評価手法の内容，性格等からして，考慮することが相当でないと認められる要素を考慮して価格を決定することは許されないというべきである。

　非流動性ディスカウントは，非上場会社の株式には市場性がなく，上場株式に比べて流動性が低いことを理由として減価をするものであるところ，収益還元法は，当該会社において将来期待される純利益を一定の資本還元率で還元することにより株式の現在の価格を算定するものであって，同評価手法には，類似会社比準法等とは異なり，市場における取引価格との比較という要素は含まれていない。吸収合併等に反対する株主に公正な価格での株式買取請求権が付与された趣旨が，吸収合併等という会社組織の基礎に本質的変更をもたらす行為を株主総会の多数決により可能とする反面，それに反対する株主に会社からの退出の機会を与えるとともに，退出を選択した株主には企業価値を適切に配分するものであることをも念頭に置くと，収益還元法によって算定された株式の価格について，同評価手法に要素として含まれていない市場における取引価格との比較により更に減価を行うことは，相当でないというべきである。

　したがって，非上場会社において会社法785条1項に基づく株式買取請求がされ，裁判所が収益還元法を用いて株式の買取価格を決定する場合に，非流動性ディスカウントを行うことはできないと解するのが相当である。」

2　検　討

　平成27年最決は，非上場株式の吸収合併における反対株主の株式買取請求について，裁判所が収益還元法を用いて株式の買取価格を決定する場合に，非流動性ディスカウントを行うことができないと解するのが相当であると判示した初めての最高裁決定である[42]。

　本件の原決定および原々決定は，非上場株式の現金化の困難を理由に，非流動性ディスカウントの採用を肯定している。これに対し，東京高裁平成22年5月24日決定金判1345号12頁（カネボウ事件高決）は，会社法制定前商法の下で行われた営業譲渡における株式買取請求について，「本件の株式買取請求権は，少数派の反対株主としては株式を手放したくないにもかかわらずそれ以上に不利益を被らないため株式を手放さざるを得ない状態に追い込まれることに対する補償措置として位置づけられるものである」ことを理由に，マイノリティ・ディスカウントや非流動性ディスカウントを行うことを否定していた。しかし，本件原決定は，カネボウ事件においては，対象株式が上場されていたこと，粉飾決算による上場廃止後に公開買付けが行われたことなど，その流動性が本件株式と大きく異なっており，本件とは事案を異にするので，否定説を採るカネボウ事件高決を本件に直ちに適用するのは適切でないと説示している。

　非流動性ディスカウントを行うべきか否かについて学説は分かれている。否定説は，非流動性はＤＣＦ法や収益還元法により企業価値を適切に分配する際に考慮されない要素であるから，考慮すべきではないとする見解[43]や，株式買取請求権付与の趣旨が反対株主にも企業価値を適切に分配することであるから，企業価値を適切に分配すべく「公正な価格」を決定する際には，非流動性ディスカウントを考慮すべきではないとする見解[44]，株式買取請求権制度は少数派株主がその意に反して受けた不当な不利益の救済を目的とする以上，ディスカウントを行うのは適当ではないとする見解[45]などが主張されている。これに対し，肯定説は，取引相場のない株式等は，簡単に譲渡できない分だけ上場株式に比して経済的価値が低いので，割引率として上場株式に関係する数値を用いた場合には，算出された金額をいくらか減価することにより調整すべきであるとする[46]。もっとも，否定説は株式買取請求権の制度趣旨等を根拠としているのに対し，肯定説は流動性のない株式そのものの客観的価値を算定すべき

第5章　会社の組織再編等に関する裁判例

としており，学説の対立軸は必ずしも明確ではないとする指摘もある[47]。

　平成27年最決は，上記にみた学説の否定説におけると同様に，①収益還元法の内容・性質等および②株式買取請求権の制度趣旨を根拠に，裁判所が収益還元法を用いて株式の買取価格を決定する場合に，非流動性ディスカウントを行うことはできないと判示している。①の点について，同最決は，非流動性ディスカウントは非上場株式の流動性が低いことを理由として減価をするものであるのに対して，収益還元法は，当該会社において将来期待される純利益を一定の資本還元率で還元することにより株式の現在の価格を算定するものであることから，同評価手法には，市場における取引価格との比較という要素は含まれていないと説示する。

　また，上記②の点について，平成27年最決は，「吸収合併等に反対する株主に対し株式買取請求権が付与された趣旨に従い，その合理的な裁量によって公正な価格を形成すべきものである」として，「上場会社」の株式買取請求に関するＴＢＳ事件最決を引用した上で，その制度趣旨については，「吸収合併等という会社組織の基礎に本質的変更をもたらす行為を株主総会の多数決により可能とする反面，それに反対する株主に会社からの退出の機会を与えるとともに，退出を選択した株主には企業価値を適切に配分するものである」と説示する。しかし，ＴＢＳ事件最決等が「吸収合併等によりシナジーその他の企業価値の増加が生ずる場合には，上記株主に対してもこれを適切に分配し得るものとすることにより，上記株主の利益を一定の範囲で保障することにある」旨を付言しているのに対し，平成27年最決は，この点の説示をしていない。平成27年最決は，「非上場会社」については，企業価値の増加を生ずる場合であるか否かを問わず，換言すると「ナカリセバ価格」と「シナジー等分配価格」とを区分せず，反対株主に退出の機会を提供し，企業価値の適切な分配をすることが株式買取請求権の制度趣旨であると捉えていると指摘されている[48]。なお，平成27年最決の原々決定は，本件吸収合併はグループ内再編による子会社同士の合併であり，シナジー効果はきわめて限定的なものと考えざるを得ず，明らかに株主価値が増加するといえるほどのものは認められないとしており，高裁決定および最高裁決定もこの判断自体を否定していない。

　「裁判所が収益還元法を用いて株式の買取価格を決定する場合に，非流動性

ディスカウントを行うことはできない」と解する平成27年最決は，吸収合併等の反対株主の株式買取請求における公正な価格の決定について判示したものである。したがって，同最決の射程は，株主総会の多数決による会社組織の基礎の本質的変更や企業価値の適切な分配という要素が認められない譲渡制限株式の売買価格の決定の申立て（会社144条）には及ばないと理解されている[49]。他方で，全部取得条項付種類株式の全部取得や特別支配株主の株式等売渡請求においては，株式の売渡し・移転が強制されることを理由に，同最決は，これらの場合における価格決定の申立て（会社172条・179条の8）にも及ぶと解されている[50]。また，同最決が収益還元法には「類似会社比準法等とは異なり，市場における取引価格との比較という要素は含まれていない」と説示していることから，類似会社比準法や類似業種比準法はその射程外であることに異論はないが，同最決による収益還元法の捉え方からすると，他のインカム・アプローチについても同様の考え方が採用される可能性があることが示唆されている[51]。

Ⅵ　おわりに

　ＴＢＳ事件最決（吸収分割の事案）およびインテリジェンス事件最決（吸収合併の事案）は，吸収型の組織再編（吸収合併，吸収分割，株式交換）における株式買取請求権の制度趣旨について判示した上で，企業価値が増加しない場合における「公正な価格」の意義・算定基準日・算定方法について判示したものである。また，上記2件の最決は，吸収合併等の消滅株式会社等（吸収合併消滅会社，吸収分割会社および株式交換完全子会社）の反対株主がした株式買取請求（会社法785条）に関するものであるが，吸収合併等の存続株式会社等（吸収合併存続会社，吸収分割承継会社および株式交換完全親会社）の反対株主（会社法797条）の株式買取請求についても別異に扱う理由はないであろう[52]。これに対し，テクモ事件最決（株式移転の事案）は，新設型の組織再編（新設合併，新設分割，株式移転）において株式移転完全子会社の反対株主（会社法806条）がした株式買取請求権の制度趣旨について判示した上で，企業価値が増加する場合における「公正な価格」の意義・算定基準日・算定方法について

判示したものである。

　株式買取請求権の制度趣旨については，テクモ事件最決もＴＢＳ事件最決を引用して同様の判断（①反対株主に対する退出機会の付与，退出株主に対する②ナカリセバ価格または③ジナジー等分配価格の保障）を示していることから，吸収型の組織再編であるか新設型の組織再編であるかによって，その理解が異なることはないと考えられる。また，非上場会社の吸収合併に関する平成27年最決も，制度趣旨についてほぼ同様の判断（ただし上記②ナカリセバ価格と③ジナジー等分配価格を区分していない。）を示している。

　「公正な価格」の意義については，ＴＢＳ事件最決およびインテリジェンス事件最決は，企業価値の増加を生じない場合にはナカリセバ価格であるとしたのに対し，テクモ事件最決は，企業価値の増加を生ずる場合にはジナジー等分配価格であると判示した。もっとも，いずれの最決も企業価値の増減の有無の判断基準については判示しておらず，この点は今後の残された課題である。

　「公正な価格」の算定基準時については，上記最決はいずれも，株式買取請求がされた日であると解していることから，吸収型の組織再編であるかまたは新設型の組織再編であるか，ならびに組織再編によって企業価値の増加が生ずるか否かによって，この点の理解も異ならない。

　具体的な算定方法について，上場会社の組織再編に関する上記最決は，上場株式のナカリセバ価格またはジナジー等分配価格を算定するに際して，市場株価を参照することや，参照株価に補正を加えることは裁判所の合理的な裁量であると判示している。

　上記にみた最決はいずれも，消滅株式会社等の株式を対価とする組織再編における株式の公正な価格について判示したものであって，金銭を対価とする組織再編ないしは企業再編（キャッシュ・アウト）に関する判断を示したものではない。キャッシュ・アウトについては，東京高裁平成20年9月12日決定金判1301号28頁（レックスＨＤ事件高決）は，公開買付けおよび全部取得条項付種類株式の全部取得を用いたマネジメント・バイアウト（ＭＢＯ）の事案において，株式の取得価格の意義・算定基準日などについて判示しているところ，最高裁平成21年5月29日第三小法廷決定金判1326号35頁（レックスＨＤ事件最決）も，高裁決定の結論を維持している[53]。

また，最高裁平成28年7月1日第一小法廷決定金判1497号8頁（ジュピターテレコム事件最決）は，多数株主による完全子会社化に向けた公開買付けと全部取得条項付種類株式の全部取得が行われた事案において，「一般に公正と認められる手続により上記公開買付けが行われ，その後に当該株式会社が上記買付け等の価格と同額で全部取得条項付種類株式を取得した場合には，……特段の事情がない限り，裁判所は，上記株式の取得価格を上記公開買付けにおける買付け等の価格と同額とするのが相当である」との判断を示している。レックスHD事件高決・最決は，裁判所が手続の公正性を疑わせる事情があるのではないかと考えて，実体に踏み込んで公正な価格を独自に判断したのに対し，ジュピターテレコム事件最決は，テクモ事件最決と同様に，手続が公正であると認定できれば，裁判所は会社が提示した公開買付価格を原則として尊重することを明示したと評価されている[54]。

〔注〕
⑴　ＴＢＳ事件最決に関する判例批評等として，鳥山恭一・法セミ679号119頁，弥永真生・ジュリ1423号66頁，同・民商145条3号344頁，石綿学・金判1368号1頁，北村雅史「楽天対ＴＢＳ株式買取価格決定事件最高裁決定と公正な価格の算定基準時」商事1941号811頁（2011年），奈良輝久・金判1377号7頁，小出篤・リマークス44号94頁，久保田安彦・判評638号（判時2139号）31頁，山本真知子・平成23年度重解判100頁，河内隆史・新・判例解説Watch10号113頁，高橋英治・金判1401号8頁，徳本穰・セレクト2011−2・15頁，神田秀樹＝武井一浩編『実務に効くＭ＆Ａ・組織再編判例精選』166頁［大井悠紀＝石川智也］（有斐閣，2013年），飯田秀総・法協130条12号277頁，石丸将利・最判解民事編平成23年度318頁，酒巻俊雄ほか編『会社法重要判例（第2版）』156頁［福島洋尚］（成文堂，2016年），岩原紳作ほか編『会社法判例百選（第3版）』176頁［柳明昌］（有斐閣，2016年）等がある。
⑵　インテリジェンス事件最決に関する判例批評等として，飯田秀総・民商145巻3号390頁，鳥山恭一・金判1391号2頁，大井＝石川・前掲注⑴166頁等がある。
⑶　テクモ事件決定に関する判例批評等として，鳥山恭一・金判1389号1頁，弥永真生・ジュリ1441号2頁，石綿学「テクモ株式買取価格決定事件最高裁決定の検討（上）（下）」商事1967号12頁・1968号13頁（2012年），伊藤靖史・判評647号（判時2166号）172頁，藤原俊雄・金判1409号8頁，森まどか・平成24年重判解101頁，和田宗久・新・判例解説Watch12号127頁，柳明昌・リマークス46号94頁，飯田秀総・セレクト2012−2・18頁，柴田義明・ジュリ1455号97頁，同・最判解民事編平成24年度312頁，大井＝石川・前掲注⑴166頁，白井正和・民商148巻4＝5号438頁，岩原ほか編・前掲注⑴178頁［白井正和］，福島・前掲注⑴157頁等がある。
⑷　反対株主の株式買取請求権に関する諸問題を検討した研究として，川島いづみ「反対株主の株式買取請求権」江頭憲治郎『株式会社法大系』187頁（2013年，有斐閣）等参照。

第5章　会社の組織再編等に関する裁判例

⑸　アメリカにおける株式買取請求権制度の沿革については，伊藤紀彦「アメリカにおける株式買取請求権制度の発生と発展」中京1巻1号257頁以下（1966年），岸田雅雄「企業結合における公正の確保（二）―アメリカ法を中心として―」神戸26巻2号234頁以下（1976年），神田秀樹「資本多数決と株主間の利害調整（5・完）」法協99巻2号244頁以下（1982年），野田耕志「株式買取請求権の利用局面の再検討―アメリカ法における最近の理論状況について」東北64巻4号93頁以下（2000年）等を参照。

⑹　大隅健一郎＝大森忠夫『逐条改正会社法解説』221頁（有斐閣，1951年），西島弥太郎「株式買取請求権」田中耕太郎編『株式会社法講座第3巻』983頁（有斐閣，1956年），深見芳文「アメリカ会社法に於ける株式買取請求権制度」論叢64巻5号51頁（1958年），大森忠夫＝矢沢惇編『注釈会社法（4）』155頁［長谷川雄一］（有斐閣，1968年）。

⑺　大隅健一郎＝今井宏『会社法論上巻［第3版］』501頁（有斐閣，1991年），鈴木竹男＝竹内昭夫『会社法［第3版］』251頁（有斐閣，1994年）等。会社法の立案担当者の説明として，相澤哲編著『新・会社法の解説』200頁（商事法務，2006年）。

⑻　木俣由美「株式買取請求権の現代的意義と少数派株主の保護」論叢141巻4号31頁（1997年），木俣由美「反対株主の株式買取請求権」浜田道代＝岩原紳作編『会社法の争点』38頁（有斐閣，2009年），竹内昭夫「企業の合併と分割」竹内昭夫＝龍田節編『現代企業法講座第3巻　企業運営』432頁（東京大学出版会，1985年）。

⑼　神田秀樹「合併と株主間の利害調整の基準―アメリカ法」『鴻常夫先生還暦記念・八十年代商事法の諸相』355頁（有斐閣，1985年）は，株式買取請求権制度を忠実義務論の中で位置付けるべきであると主張されている。

⑽　奥島孝康ほか編『新基本法コンメンタール　会社法3（第2版）』614頁［落合誠一］（日本評論社，2015年）は，株式買取請求権制度の主目的は，少数派株主が受けた不当な不利益を救済する手段であると説明されている。また，川村力「合併の対価と企業組織の形態（一）」法協126巻4号94頁（2009年）は，合併等の対価柔軟化と株式買取請求権の拡張により，「投資を継続していれば得られたであろう利益の補償」が図られるとされる。なお，学説の状況を整理し，かつ学説の限界を指摘した研究として，飯田秀総『株式買取請求権の構造と買取価格算定の考慮要素』9頁以下（商事法務，2013年）参照。

⑾　藤田友敬「新会社法における株式買取請求権制度」黒沼悦郎＝藤田友敬編『江頭憲治郎先生還暦記念・企業法の理論（上巻）』264・276頁（商事法務，2007年），中東正文『企業結合法制の理論』430頁（信山社，2008年）。

⑿　神田秀樹「株式買取請求権制度の構造」商事1879号5頁（2009年），同「会社法における株式の公正な価格の決定」岩原紳作ほか編『会社・金融・法［下］』141頁（商事法務，2013年）。

⒀　藤田・前掲注⑾282－283頁，田中亘「組織再編と対価柔軟化」法教304号80頁（2006年），弥永真生「反対株主の株式買取請求をめぐる若干の問題」商事1867号9頁（2009年）等。

⒁　江頭憲治郎『株式会社法［第3版］』768・798頁（有斐閣，2009年），東京地方裁判所商事研究会編『類型別会社非訟』112頁（判例タイムズ社，2009年）等。

⒂　東京地決平成22・3・5金判1339号44頁。

⒃　東京高決平成22・7・7金判1346号14頁。

⒄　鳥山・前掲注⑵3頁。

⒅　柴田・前掲注⑶最判解323頁。

598

⑲　東京高決平成23・3・1金判1388号24頁。

⑳　柴田・前掲注⑶最判解344頁注50。

㉑　柴田・前掲注⑶最判解327頁。柴田氏は，例外的な場合がどのような場合であるか，また，その場合にどのような判断がされるのかは，今後に残された課題であるとされる。

㉒　柴田・前掲注⑶最判解338頁注12。

㉓　柴田・前掲注⑶最判解331頁。

㉔　石綿・前掲注⑶商事1968号17頁，伊藤・前掲注⑶173・176頁。

㉕　飯田「企業再編・企業買収における株式買取請求・取得価格決定の申立て」法教384号30頁（2012年）。

㉖　藤田・前掲注⑾290頁，田中亘「『公正な価格』とは何か」法教350号66頁（2009年）。

㉗　神田・前掲注⑿商事6頁。

㉘　東京地決平成21・4・17金判1320号31頁，テクモ事件最決の原決定である東京地決平成22・3・31金判1344号36頁，東京地決平成23・3・30金判1370号19頁等。

㉙　柴田・前掲注⑶最判解330頁。

㉚　株式買取価格の算定基準時に関する学説・裁判例の詳細な検討として，北村・前掲注⑴811頁，石丸・前掲注⑴341頁以下参照。なお，弥永・前掲注⑶9頁は，公平の観点から裁判所が裁量的に基準日を定めることができると解していた。

㉛　藤田・前掲⑾293頁，松尾健一「株式買取請求権」ジュリ1346号57頁（2008年），大阪地決平成20・11・13金判1339号56頁，東京高決平成22・5・24金判1345号12頁等。

㉜　鳥山恭一「株式買取請求権における『公正な価格』の基準時」金判1358号17頁（2011年），神戸地決平成21・3・16金判1320号59頁，東京高決平成21・7・17金判1341号31頁等。

㉝　田中・前掲注㉖65・68頁，東京高決平成22・7・7判時2087号3頁。

㉞　相澤哲ほか編著『論点解説　新・会社法』682頁（商事法務，2006年），柳明昌「組織再編に係る株式買取請求権における『公正な価格』」浜田道代＝岩原紳作編『会社法の争点』204頁（有斐閣，2009年），東京地決平成22・3・31金判1344号36頁，東京地決平成23・3・30金判1370号19頁等。

㉟　株式の強制取得日が「公正な価格」の基準日であると解されている。最三小決平成21・5・29金判1326号35頁（レックスＨＤ事件最決）。

㊱　江頭・前掲注⑭768頁，酒巻俊雄＝龍田節編代『逐条解説会社法第2巻』143頁［岡田昌浩］（中央経済社，2008年）等。

㊲　江頭・前掲注⑭768頁，弥永・前掲注⒀11頁，藤田・前掲注⑾293頁，田中・前掲注㉖69頁等。

㊳　落合・前掲注⑽616頁。

㊴　平成27年最決に関する判例評釈等として，弥永真生・ジュリ1483号2頁，川島いづみ「株式買取価格の決定における非流動性ディスカウントの可否—最高裁平成27年3月26日決定の検討」商事2080号23頁（2015年），奈良輝久・法の支配179号128頁，廣瀬孝・ジュリ1486号66頁，溝井美江・ひろば68巻12号66頁，松中学・セレクト2015-2・24頁，河村尚志・リマークス52号106頁，柳明昌・民商151巻3号293頁，星明男・平成27年度重判解107頁，南健吾・商学討究66巻4号307頁，岩原ほか編・前掲注⑴184頁［飯田秀聡］，宮崎裕介・金判1501号2頁等がある。

599

第5章　会社の組織再編等に関する裁判例

⑷⁰　札幌地決平成26・6・23民集69巻2号382頁。

⑷¹　札幌高決平成26・9・25民集69巻2号403頁。

⑷²　弥永・前掲注⑶⁹3頁。

⑷³　宍戸善一「紛争解決局面における非公開株式の評価」『竹内昭夫先生還暦記念・現代企業法の展開』410頁（有斐閣，1990年），後藤元「カネボウ株式買取価格決定申立事件の検討［下］」商事1838号15－16頁（2008年）。

⑷⁴　川島・前掲注⑶⁹26頁。

⑷⁵　落合・前掲注⑽618頁，柳・前掲注⑶⁴205頁。

⑷⁶　江頭憲治郎『株式会社法（第6版）』19頁注8（有斐閣，2015年）。

⑷⁷　宮崎・前掲注⑶⁹5頁。

⑷⁸　川島・前掲注⑶⁹25－26頁。

⑷⁹　弥永・前掲注⑶⁹2頁，川島・前掲注⑶⁹29頁，飯田・前掲注⑶⁹185頁。

⑸⁰　弥永・前掲注⑶⁹2頁，川島・前掲注⑶⁷29－30頁，飯田・前掲注⑶⁹185頁。

⑸¹　川島・前掲注⑶⁹30頁，河村・前掲注⑶⁹109頁，宮崎・前掲注⑶⁹5－6頁。

⑸²　ＴＢＳ事件決定について，北村・前掲注⑴13頁。北村教授は，ＴＢＳ事件決定は，事業譲渡等の場合の株式買取請求（会社法469条）についても妥当するが，組織再編ではない一定の定款変更の際の株式買取請求（会社法116条）については必ずしも妥当しないとされる。

⑸³　レックス事件最決には，田原睦夫裁判官の補足意見が付されている。田原意見は，高裁決定の内容を敷衍して，取得価格は，①MBOが行われなかったならば株主が享受し得る価値と，②MBOの実施によって増大が期待される価値のうち株主が享受してしかるべき部分とを合算して算定すべきものと解するのが相当であると解している。

⑸⁴　難波孝一「裁判所からみた手続の公正性」ビジネス法務16巻12号33頁（2016年），受川環大・新・判例解説Watch93号3－4頁（2016年）。なお，松中学「JCOM最高裁決定と構造的な利益相反のある二段階買収における『公正な価格』」商事2114号4頁（2016年），桑原聡子＝関口健一＝河島勇太「ジュピターテレコム事件最高裁決定の検討」商事2114号16頁（2016年）参照。

600

第6章

会社法と他の法規制

経済法とのかかわり

弁護士　入江　源太

第1　経済法と会社法

1　経済法の運用状況

　近年，新聞報道等において，日本企業が，米国等の競争法[1]に違反したなどとして，巨額の罰金が科され，日本人従業員が米国で収監されるなどというニュースが紙面を賑わせている[2]。講学上，経済活動を規制する刑罰法令を経済刑法という[3]。具体的には，商法，会社法，独占禁止法（以下，「独禁法」とする。），金融商品取引法，出資法，破産法等が含まれる[4]。これら経済刑法と分類される法律において，以下では，刑事罰の対象となる行為を経済犯罪と定義することとする。

　経済犯罪においては，自然人を刑事罰の対象となるのみならず，法人に対して，両罰規定に基づく罰金や課徴金等の支払いを命じられることがある。経済犯罪における罰金・課徴金は，数百億円単位という巨額になり得るため，企業の存立を危うくさせる事態に陥る可能性もある。

　米国司法省は，競争法の執行強化を打ち出しており[5]，日本企業が対象となる事例は，今後増加する可能性がある。また，日米EU間等で捜査共助に関する条約が続々と締結されたため[6]，米国当局の要請を受けて，日本やEU等の競争法当局がカルテルに関する捜査に着手する可能性があり，日本企業のリスクは高まるばかりである。

603

第6章　会社法と他の法規制

　本稿では，近年，経済法の中で，特に日本企業に影響を及ぼす可能性の高い経済犯罪に焦点を当て，会社法との関係を論じていくこととする。

2　経済犯罪と会社法の関係

　詳細は他稿に譲るが，取締役が，任務懈怠（善管注意義務・忠実義務違反（会社法330条，民法644条，会社法355条），法令遵守義務違反（355条））により会社に損害を生じさせた場合，当該取締役は，会社に対する損害賠償責任（会社法423条1項）を負うと共に，株主代表訴訟（会社法847条1項，3項）を提起される可能性がある。

　経済犯罪の中でも，近年，欧米において自動車部品カルテルの取締りが強化され，数多くの摘発がなされている。我が国において，自動車部品製造業を営む企業の数は多いので，以下では，経済犯罪の中でもカルテルを題材に挙げ，会社法と経済法とのかかわりについて検討していくこととする。

第2　カルテルと取締役の責任

1　カルテル規制の概要

⑴　カルテルとは

　独占禁止法は，公正且つ自由な競争を促進し，事業者の創意を発揮させ，事業活動を盛んにし，雇傭及び国民実所得の水準を高め，以て，一般消費者の利益を確保するとともに，国民経済の民主的で健全な発展を促進することを目的としている。当該目的達成のための手段の一つとして，不当な取引制限の禁止（3条後段）を規定している。不当な取引制限とは，「事業者が，契約，協定その他何らの名義をもつてするかを問わず，他の事業者と共同して対価を決定し，維持し，若しくは取引の相手方を制限する等相互にその事業活動を拘束し，または遂行することにより，公共の利益に反して，一定の取引分野における競争を実質的に制限すること」をいう（2条6項）。このうち，事業者又は業界団体の構成事業者が相互に連絡を取り合い，本来，各事業者が自主的に決めるべき商品の価格や販売・生産数量などを共同で取り決める行為をカルテルという[7]。いわゆる入札談合とは，国や地方公共団体などの公共工事や物品の公共

604

調達に関する入札に際し，事前に，受注事業者や受注金額などを決めてしまう行為をいう。

カルテルの構成要件は，①（複数の）事業者が，②他の事業者と共同して（意思の連絡），③相互にその事業活動を拘束し，又は遂行すること（拘束の相互性），④一定の取引分野における競争を実質的に制限すること，⑤公共の利益に反していることである。欧米においても概ね同様であるが，欧米においては，我が国のカルテル規制より，要件が厳格であるという指摘もある[8]。

(2) 罰則等

ア 刑事罰

アメリカにおいては，カルテル違反があった場合，会社が刑事責任を負うこととなり，我が国においても，刑事責任を負う場合がある（独禁法89条〜91条）。また，カルテルの実行行為者である個人もまた，刑事責任を負うことがある。他方，EUにおいては，カルテルに対する制裁は，行政処分であり，企業及び個人が刑事責任を負うことはない。ただし，加盟国の国内法において刑事罰が設けられている場合は，この限りではない。

アメリカにおいて，カルテル違反があった場合の罰金額は，我が国におけるそれと比較して，巨額となることもある[9]。また，アメリカにおいて，個人責任が追及された場合，執行猶予が付かない実刑判決が下されるのに対して，我が国では，執行猶予付きの判決が下されるのが通常である。

イ 課徴金制度

日本及びEUにおいては，行政処分の一環として課徴金の支払いが命じられることがある。

我が国においては，カルテルに関与した事業者に対する課徴金の額は，実行期間における当該商品または役務の売上額に，業種及び会社の規模によって定まる算定率を乗じて算出される。大企業においては，卸売業については２％，小売業については３％，その他の業種については10%が当該算定率となる（独禁法７条の２）。中小企業においては，卸売業については１％，小売業については1.2%，その他の業種については，４％であり（同条５項），事情に応じて，加重及び減軽の規程が適用される。

日本の課徴金算定率は年々引上げられており，公正取引委員会が納付を命じ

第6章　会社法と他の法規制

た課徴金の額も増加傾向にあるが，EUにおける課徴金の金額とは比べ物にならない[10]。

2　カルテル規制違反と取締役の責任

⑴　内部統制システムとしてのコンプライアンス体制の構築義務

ア　内部統制システム構築義務に関する裁判例の動向

以下，内部統制システムとしてのコンプライアンス体制の構築に関する裁判例を概説する。いずれも下級審の裁判例ではあるが，会社側の担当者が自社のコンプライアンス体制を検討する際に，有益な視点を得られると思われるからである。

㋐　大阪地判平成12年9月20日（大和銀行事件）[11]

a　事案の概要

本事件は，我が国における「リスク管理体制」・「内部統制システム」等に関する嚆矢となった裁判例である[12]。

本件は，A銀行ニューヨーク支店の従業員Bが，米国財務省の証券の取引を無断かつ簿外で行い，巨額の損失を生じさせ，当該損失の隠蔽のため，顧客及びA所有にかかる米国財務省証券を，さらに無断かつ簿外で売却して損害を拡大させたという事案である。会社には11億ドルもの巨額の損失が発生し，株主代表訴訟において，取締役らの監督責任が追及された。その結果，取締役12人には，1人当たり7億7500万ドルから7000万ドルの損害賠償が命じられた。

b　本判決の意義

(a)　リスク管理体制（内部統制システム）構築義務

本裁判例の争点として最も著名なのは，Bによる不正を防止し，損害発生を最小限に食い止める内部統制システムを構築する取締役の義務の存否及び当該義務の懈怠の有無について判断した点にある。

本裁判例は，善管注意義務（平成17年改正前商法254条3項，254条ノ3，民法644条，平成26年会社法330条，355条）の一内容として「リスク管理体制（いわゆる内部統制システム）構築義務」（平成26年会社法においては，取締役会設置会社につき362条4項6号，取締役会非設置会社につき348条3項4号。）の存在を認めた点にある。その内容としては，「重要な業務執行については，

606

取締役会が決定することを要するから（商法260条2項），会社経営の根幹に係わるリスク管理体制の大綱については，取締役会で決定することを要し，業務執行を担当する代表取締役及び業務担当取締役は，大綱を踏まえ，担当する部門におけるリスク管理体制を具体的に決定する職務を負う。」という判断がなされた。

本件のような財務省証券取引においては，具体的には，①フロントオフィスとバックオフィスの分離，②財務省証券取引とカストディ業務の分離，③財務省証券の保管残高確認等が必要であるとした。

裁判所は，右①，②については，証拠が不十分であったこともあり，これが整備されていなかったとまではいえないと認定したものの，③については著しく適切さを欠いていたと認定した。③については，検査を指揮する地位にあった検査部担当取締役，ニューヨーク支店長及び米州企画室担当取締役（本件の被告の中ではニューヨーク支店長であった3名が該当）が任務懈怠責任を負うとした。他方，頭取については，「巨大な組織を有する大規模な企業においては，頭取が個々の業務についてつぶさに監督することは，効率的かつ合理的な経営という観点から適当でないのはもとより，可能でもない」として，「各業務担当取締役にその担当業務の遂行を委ねることが許され，右業務遂行の内容につき疑念を差し挟むべき特段の事情が無い限り，監督義務懈怠の責任を負うことはない」として，責任を否定した。

(b) 外国法違反が「法令」違反として善管注意義務違反となるか否か

本件では，損害の発生後，損害の発生を米国当局から隠匿しようとしたとして刑事訴追を受け，3億4000万ドルもの罰金を課せられたことについても，代表取締役らの善管注意義務違反が問われた。

この点，本裁判例は，外国法が改正前商法266条1項5号にいう「法令」に当たらず，外国法に違反しても法令遵守義務違反とはならないことを前提としつつも，事業を海外展開するに当たって，当該国の法令を遵守することは善管注意義務の内容をなすとした。

そして，ニューヨーク支店長であった取締役らについて，善管注意義務違反があると認定したが，他方で，それ以外の取締役については，米国法令違反行為を知っていたと認めるに足る証拠はなく，事前に知り得たことを窺わせる事

607

第6章　会社法と他の法規制

情もないとして，善管注意義務違反を否定した。

また，本裁判例は，外国法令を遵守するか否かについて，経営判断の原則を用いることができるか否かにつき，取締役に与えられた裁量は，法令に違反しない範囲のものであると判断し，違法行為を行うという点について経営判断の原則は適用されないと判断した。

c　その後の経緯

本件は，損害額の大きさだけでなく，リスク管理の不備が損害の大幅な拡大につながった点が注目を集め，内部統制システム構築の重要性を知らしめた[13]。本裁判例の後，会社法が立法され，取締役会設置会社につき362条4項6号，取締役会非設置会社につき348条3項4号が設けられ，企業における内部統制システム構築義務が明文化された。

(ｲ)　大阪高判平成18年6月9日（ダスキン事件）[14]

a　事案の概要

本事件は，食品衛生法上未認可の添加物が混入していることが発覚した食品の販売を継続し，この事実を公表しなかったことが明らかになったことで，会社に損害が発生したため，取締役らの責任追及の訴えが提起されたという事案である。

本事件には，2つの争点があり，まず，食品に未認可の添加物が混入した点に関する責任追及に関し，本裁判例は，同社が食品の製造委託先について厳格な社内基準を設定していたことから，同社取締役らに内部統制システム構築義務の懈怠はないと判示した。また，添加物の混入が発覚してからも販売を継続した点についても，取締役らに内部統制システム構築義務の懈怠はないと判示された。経営上重要な事項を取締役会に報告することが定められているなど，本食品販売当時求められていた水準の内部統制システムが構築されていなかったとはいえないことを理由としている。

もっとも，第2の争点であった一連の事実の公表を先送りした点については，同社取締役らに善管注意義務違反が認められている。同社取締役らは，違法な食品添加物の使用について第三者からの指摘によって認識した後も，当該第三者に口止め料を支払ったり，自ら積極的に公表しない方針を決定していたが，この点について，裁判所は，「消極的に隠蔽しようとする方針」であり，マス

608

コミ等への漏洩後に発生するであろう「重大で致命的な損害の可能性や，それを回避し最小限度にとどめる方策等についてはきちんと検討しないままに，事態を成り行きに任せることにした」と認定し，「経営者としての自らの責任を回避して問題を先送りにしたに過ぎないというしかない」として，取締役らの善管注意義務違反を肯定した。

なお，この責任の範囲について，会社に生じた損害105億円のうち，相当因果関係にある損害は最大5％とし，実質的に取締役の責任を限定したが，この点は，実務上重要な影響を与えるものであると解される[15]。

また，本判決に対する上告は棄却され，本判決が確定した。

(ウ)　東京高判平成20年5月21日（ヤクルト事件）[16]

a　事案の概要

本件は，乳酸菌飲料の製造販売を行うA株式会社内の資金運用担当取締役Yが，投資運用を失敗したことによって多額の損失を会社に生じさせたため，取締役の責任追及の訴えが提起された事案である。

裁判所は，A社の内部統制システムについて，デリバティブ取引により594億円もの含み損が生じていることが発覚した平成7年9月時点を境に期間を前後に分けて判断している。具体的にいうと，裁判所は，前期については，他の役員に対する取引開示，資金運用の執行部門と監査部門の分離，監査法人の取引監査といった体制がとられていることから，当時の水準に照らして判断し，相当な水準にあったとし，内部統制システム構築義務違反は存在しないと判断した。また，後期についても，A社内内部でデリバティブ取引の制約事項が定められ，個別取引報告書を資金運用担当取締役以外の役員がチェックし，含み損を把握する体制がとられていることから，相応の内部統制システムが構築されていたとし[17]，同社取締役らの内部統制システム構築義務違反は否定されている。

他方，後期に行われたデリバティブ取引は，Yの独断で，このような内部統制システムに違反して行われていることから，Yについて善管注意義務違反を肯定している。Y以外の取締役とYとの間で，善管注意義務違反に関して異なる結論に至っている点は，実務上参考になる。

第6章　会社法と他の法規制

　b　論点

(a)　内部統制システム構築義務の程度とその判断時期について

　裁判所は,リスク管理体制（内部統制システム）構築義務の存在を前提に,「ど
のようなリスク管理の方針を定め,どのようにして管理するかについては,…
会社の規模その他の事情によって左右されるのであって,一義的に定まるもの
ではな」いとし,それを判断するにあたっては,「現在の時点における知見によっ
て判断するのではなく,その当時の時点における知見に基づき検討すべき」で
あるとした。

(b)　事業担当取締役の善管注意義務の内容

　裁判所は,実際にデリバティブ取引を担当する取締役が,大綱や大綱に基づ
き定められたリスク管理の方針や管理体制に従うべき注意義務を負うことを前
提に,事前に情報を収集,分析,検討して,市場の動向等につき適切な判断を
するように努め,かつ,取引が会社の財務内容に悪影響を及ぼすおそれが生じ
たような場合には,取引を中止するなどの義務を負う」と判断した。

(c)　代表取締役及び経理担当取締役等の善管注意義務の内容

　裁判所は,代表取締役や経理担当取締役等の監視義務を前提としつつ,「A
社ほどの規模の事業会社の役員は,広範な所掌事務を有しており,かつ,必ず
しも金融取引の専門家でもないのであるから,自らが,個別取引の詳細を一か
ら精査することまでは求められておらず,下部組織等が適正に職務を遂行して
いることを前提とし,そこから挙がってくる報告に明らかに不備,不足があり,
これに依拠することに躊躇を覚えるというような特段の事情のない限り,その
報告等を元に調査,確認すれば,その注意義務を尽くしたものというべきであ
る」とした。

(エ)　裁判例の整理

　内部統制システムに関するこれら裁判例をまとめると,①大和銀行事件判決
による内部統制システム構築義務の承認,②ヤクルト事件判決による内部統制
システム構築義務の程度や判断時期の判断基準の精緻化,③ダスキン事件判決
による内部統制システムでは不祥事を防ぎきれなかった場合の対応を含めた善
管注意義務に関する判断がなされたと整理することができる。

　上記裁判例から,内部統制システム構築義務を尽くしたか否かについては,

610

その当時の水準に照らして，相応の体制を構築できていたか否かを，事後的に判断することとなるものと解される。

そうすると，問題が発生した当時の知見に照らして適切な内部統制システムを構築していれば，問題が発生した事業を担当する取締役以外の取締役については，善管注意義務違反を問われるおそれが軽減されるといえる。

ただし，このことは，内部統制システム構築義務は，一度内部統制システムを構築すればよいというものではないことを意味する。問題が発生した当時の水準が前提となる以上，取締役は，自社に生じた事情のみならず，法改正その他の社会の趨勢に応じて，自社の内部統制システムを随時アップデートし続けなければならない。

また，内部統制システムを構築してもなお不祥事が発生した場合には，情報を収集し，適切な判断をすることが求められることとなる。このことは，後述するリニエンシー制度の利用に関する善管注意義務違反にも通じているといえる。

イ　カルテル規制違反を防止するためのコンプライアンス体制

(ア)　内部統制システムの構築は，会社法上は，大会社のみに義務付けられている（取締役会非設置会社について348条4項，取締役会設置会社について362条4項）。

しかし，内部統制システム構築が大会社に義務付けられた趣旨に鑑みれば，大会社でなくとも，内部統制システムを構築することが期待されているものとみるべきであると解される。何よりも，カルテル規制に違反した場合の課徴金による制裁は，大会社に限定されてはいない。会社に対するリスクを未然に防ぐためには，大会社であるか否かにかかわらず，コンプライアンス体制の構築は不可欠である。

このことからすると，カルテル規制違反を防止するためのコンプライアンス体制とは，いかなるものかということが重要となる。

(イ)　経営陣の意識改革

まず，第1に，経営陣の意識改革が必要である。なぜなら，カルテルの場合，従業員が，「会社のためになる行為であるから，悪いことではない」「違法ではあるが，必要悪である」と考えてカルテルを行う場合があるからである。また，

611

第6章　会社法と他の法規制

自己や自部署の営業成績，ひいては社内の評価が低下することをおそれて，カルテルからの離脱をためらう場合もあるからである。

ゆえに，経営陣が，率先してカルテルによる利益の享受を拒否する姿勢を示し，人事考課においては独占禁止法を遵守することを高く評価することを周知するなどすることが考えらえる。

(ウ)　社内ルールの整備

コンプライアンス体制の整備にあたっては，法令遵守を規定した綱領等を策定し，当該綱領を具体化する社内ルールを策定することが望ましい。

カルテル規制違反については，カルテルの要件を充足する行為を行わないだけでなく，間接証拠（状況証拠）からカルテルの存在を誤って推認されることのないように，カルテルを疑われるような行為自体を排除する必要がある。すなわち，同業他社との意思の連絡が存在することを誤認されないように，例えば，同業他社との接触を制限し，接触する場合も事前や事後の手続等についてルールを整備し，エビデンスを残すような運用を検討するべきである。

(ウ)　研修による従業員に対する教育

カルテルの実行行為を行うのは，多くの場合従業員であるから，社内ルールを整備しても，これを従業員に周知徹底しなければ無意味である。そこで，従業員に社内ルールを配布するだけでなく，カルテル規制違反について従業員自身の問題であることを認識させ，危機感を持たせる必要がある。

職制に応じて研修を行うなどすることにより効率的に教育を行い，これを反復継続することで風化を防止することが望ましい。

(エ)　コンプライアンス担当部署の整備

社内ルールの策定や研修等の他，後述する内部監査等を確実かつ効率的に実施し，責任の所在を明確にするためには，事業部門から独立したコンプライアンス担当部署を整備すべきである。

コンプライアンス担当部署に情報を一元化することは，後述するリニエンシー制度を利用する場合にも有利に作用する可能性が高い。

(オ)　内部監査・内部通報制度

公取委に発見される前にカルテル等の存在を発見して対処するためには，内部監査・内部通報制度が有効である。

612

内部監査・内部通報制度の整備と運用には多くのコストがかかり，社内対立等が生じるリスクも内包しているが，巨額の課徴のを賦課による損害の発生，その後の株主代表訴訟等のリスクを勘案すれば，やむを得ない負担であるといえるであろう。

第3　リニエンシー（課徴金減免）制度

1　リニエンシー制度の概要

(1)　制度趣旨

リニエンシー制度とは，カルテル等について自らが行っている行為について報告してきた事業者に対しては課徴金や刑事告訴等の措置を減免する制度である[18]。

自ら独禁法違反の事実を申告する事業者に課徴金の減免というインセンティブを与え，証拠収集の容易化によりカルテル等の摘発や真相究明を促進し，リスク増大により，新たなカルテル等を抑止する趣旨である。我が国では，リニエンシー制度が根付かないのではないかとの意見もあったが，これまでのところ，十分に機能しているといわれている。

(2)　リニエンシー制度の仕組み

ア　要件等

リニエンシーが適用されるためには，カルテル・談合等について，自社が行っている行為について，公取委に報告しなければならない。

公取委の立入検査等が最初に行われた日（以下，「調査開始日」とする。）以前の申請者と調査開始日以後の申請者を合わせて，最大5社まで課徴金の減免措置を受けることができる（同法7条の2第11項）。ただし，4番目以降に申請者については，調査開始日以後の申請は認められず，調査開始日以前であっても，既に公取委が把握している情報に関する申請は認められない（同条12項，11項3号）。

また，申請時の報告に虚偽が含まれていた場合，申請後に追加報告を拒否したり，虚偽の追加報告をした場合，申請者が他社に違反行為を強要したり，違反行為をやめることを妨害していた場合には，リニエンシー制度を用いること

613

第6章　会社法と他の法規制

に対し，欠格事由となる（同条17項）。

イ　効果

調査開始日前の申請が認められた場合，最初の申請者については課徴金が全額免除され，2番目の申請者については50％，3番目以降の申請者については30％免除される。

調査開始以後の申請が認められた場合は，課徴金が30％免除される。

2　リニエンシー制度の活用と取締役の責任

カルテルの防止のためのコンプライアンス体制の構築は，リニエンシー制度の活用のための体制の整備にも役立つと解される。

取締役がかかる体制の整備を怠った場合は，内部統制システム構築義務違反となる可能性が高いだけでなく，リニエンシー申請の遅れにより会社に損害を生じさせる可能性が高まるため，大きなリスク要因となるであろう。

第4　事例にみるリニエンシー制度に関する取締役の責任追及

1　住友電工ケーブルカルテル株主代表訴訟

ア　事案の概要

A社は，自動車，情報通信，エレクトロニクス等に関する製造業を営む株式会社である。同社は，古河電気工業及びフジクラとともに「電線御三家光」と称され，光ファイバーケーブル製品，自動車用ワイヤーハーネス製品等に関して大きな市場シェアを占めていた。

同社は，平成21年6月2日，公正取引委員会から，NTT東日本，NTTドコモ等が発注する光ファイバーケーブル製品の販売について，カルテルの疑いで立入検査を受けた（以下，「カルテル①」という。）。そして，平成22年5月21日，同社は，独占禁止法3条に違反したとして排除措置命令及び課徴金納付命令を受け，同年8月23日，67億6272万円もの課徴金を支払った。

また，平成22年2月24日，同社は，トヨタ自動車，トヨタ車体，関東自動車，ダイハツ，ホンダ発注のワイヤーハーネス製品についても公正取引委員会の立入検査を受けた（以下，「カルテル②」という。）。そして，平成24年1月19日，

614

独占禁止法 3 条に違反したとして，排除措置命令及び課徴金納付命令を受け，同年 4 月20日に21億222万円の課徴金を支払った。

株主 X らは，カルテル①に関する課徴金納付により会社に損害が生じたとして，A社代表取締役 Y 1 らを被告とする株主代表訴訟を提起した。また，カルテル②についても同様に株主代表訴訟が提起され，両事件の弁論は併合された。

イ　争点

(ア)　本事件で争点となったのは，Y 1 らに，①本件カルテルに関与または黙認した過失，②カルテル防止に関する内部統制システム構築義務違反，③リニエンシーに関する内部統制システム構築義務違反及び④実際にリニエンシーを利用しなかった過失が認められるか否かである。

(イ)　本件カルテルに関与または黙認した過失

A社は，平成15年に警視庁発注の信号機の入札に関して談合に関与し，排除措置命令及び課徴金納付命令を受けたほか，同社の子会社が，高圧・特別高圧ケーブル及び建設・電販向けケーブルの販売についてのカルテルに関して排除措置命令及び課徴金納付命令を受けている。

また，光ファイバーケーブル製品やワイヤーハーネス製品はカルテルを形成し易い条件を備えており，A社は当該製品について，カルテルを形成するに充分な市場シェアを備えていた。

原告は，A社が，これら累犯性とカルテルを行い易い条件を備えていることから，Y 1 らには本件カルテルについて予見可能性・結果回避可能性があったと主張している。

(ウ)　カルテル防止に関する内部統制システム構築義務違反

原告は，前述の大和銀行事件及びダスキン事件裁判例を引用し，取締役のコンプライアンス体制の構築義務の存在を主張し，A社及び同社の子会社にはカルテルや談合の前科があること，カルテルを行い易い条件を備えていることから，A社には，高い水準のコンプライアンス体制が必要であったと主張した。

(エ)　リニエンシーに関する内部統制システム構築義務違反

原告は，平成18年 1 月にリニエンシー制度が施行されたことから，各企業には，有事に備えた体制づくりが必要となっていたと主張した。そして，A社には，カルテルを行い易い条件が備わっている以上，Y 1 らは，経営リスクとし

615

第6章　会社法と他の法規制

てのカルテルの存在を見込んだ体制を構築する義務があったにもかかわらず，これを怠ったと主張している。

　(オ)　実際にリニエンシーを利用しなかった過失

　原告は，平成21年以降，電線業界ではカルテルが多発していたこと，A社子会社もカルテルにつき課徴金を課せられていたことから，A社がカルテルの疑いで公正取引委員会から立入検査を受けた場合には，速やかにリニエンシー手続をとらなければならなくなることにつき，予見可能性があったとする。また，A社とともにカルテルに参加していた同業他社がリニエンシーに成功していることから，Y1らには，課徴金賦課につき結果回避可能性があったとする。

　A社は，ワイヤーハーネス製品についてはリニエンシーに成功しているものの，光ファイバーケーブル製品についてはリニエンシーが認められなかった。原告は，他社に先駆けて公取委への申告をすることができなかったことにつき，Y1らに過失があったと主張している。

　ウ　本件の証拠構造

　(ア)　原告側

　Y1らのカルテルに対する予見可能性・結果回避可能性の立証については，業界の情勢や本件及び過去の入札談合やカルテルについての公取委による摘発状況に関する記録が提出された。また，内部統制システム構築義務の水準等の立証については，経産省作成のカルテル対策に関する資料（競争法コンプライアンス体制に関する研究会報告書）や公取委等が作成した企業におけるコンプライアンス体制の構築状況に関する統計資料が提出された。さらに，A社のコンプライアンス体制の構築義務の懈怠については，過去の入札談合の際に社内調査が行われたことを示す取締役会議事録等が提出された。そして，リニエンシーに関しては，A社及びA社とともにカルテルを行った同業他社のリニエンシーによる課徴金減免状況に関する証拠が提出された。

　(イ)　被告側

　これに対し，Y1らは，内部統制システム構築義務について，経産省作成資料は本件カルテル認定期間よりも後に作成されたものであるとして，A社に求められる水準について争った。その上で，A社代表取締役の社員に対するメッセージ，懲戒規程，人事評価制度の運用マニュアル，競合他社との接触に関す

616

る社内ルール，コンプライアンスマニュアル，従業員に対する研修の資料，内部監査マニュアル及び内部通報制度に関する資料等のＡ社におけるコンプライアンス体制の構築状況を示す文書を証拠として提出された。

エ　和解条項

本件の和解条項は，以下の通りである。

①被告らは，従前よりコンプライアンス等に関する種々の施策を講じてきたものであるが，今後はコンプライアンス体制を一層強化すること，②本件カルテルの調査及び再発防止策を策定すること，③調査委員会を設置すること，④会社は右調査委員会に協力を義務付けること⑤被告らは，会社に対し，解決金５億2000万円を支払うこと，⑤会社は，解決金をコンプライアンス体制の強化に充てること。

2　本件の分析

⑴　本件の最大の争点は，前述の大和銀行事件，ヤクルト事件，ダスキン事件を前提として，Ｙ１ら役員の内部統制システム構築義務としてのコンプライアンス体制の構築義務が尽くされていたか否かであったと解される。原告側証拠，被告側証拠ともに，Ａ社に求められるコンプライアンス体制の水準及び実際の構築状況に関するものが多く，この点に関して，主張立証を尽くしたことがうかがわれる。

他方，Ｙ１らがカルテルに関与または黙認した過失については，原告は累犯性やカルテルを形成し易い条件を備えていたこと等，リニエンシー制度を利用しなかった過失についても，カルテルに関与していた他社がリニエンシーを成功させたこと等の間接証拠を提出したに留まっている。

カルテルという密行性の高い経済犯罪については，間接証拠による立証に頼らざるを得ず，立証が困難であることが原因であり，今後のカルテル事件に関する取締役の責任追及の訴えにおいても，内部統制システム構築義務違反を備えていたか否かが，いわば主戦場となる可能性がある。会社側の視点に立てば，コンプライアンス体制の構築と運用のエビデンスを文書として残すことが，大きな課題となるであろう。

⑵　そして，Ａ社において，経営トップによる意識改革，競合他社との接触

第6章　会社法と他の法規制

に関するルール作り，懲戒規程，研修，内部監査，内部通報制度といったコンプライアンス体制を構築していたことを示す証拠が多数提出されている以上，原告側がコンプライアンス体制の構築義務違反を立証するのは容易ではなかったと推察される。和解条項において，「被告らは，従前よりコンプライアンス等に関する種々の施策を講じてきたものであるが，今後はコンプライアンス体制を一層強化すること」という内容が付け加えられたのは，証拠構造上の困難さがあったことに由来するのであろう。

(3)　では，被告らは，何故和解を選択したのか。

この点については，和解事件ゆえブラックボックスではあるが，本件訴訟の経過から，内部統制システム構築義務違反について勝敗の見通しが立たなかったのではないか。原告らは全面敗訴をおそれ，被告らは判決の予測不可能性を嫌って，和解を選択したのであろう。

見方を変えれば，被告らは，コンプライアンス体制の構築を行ったことにより，実質的に損害賠償責任を免れることに成功したとも評価できる。

このことは，未だコンプライアンス体制構築が不十分な会社の役員に対し，コンプライアンス体制の構築を行わせる契機となりうると考えられる。

第5　まとめ

ここまで，経済法の中でも，特に会社法上の取締役の責任との関係が大きいカルテル規制違反を題材として，経済法違反がもたらす会社法上のリスク及び対策について検討した。

カルテル規制違反を防止するためのコンプライアンス体制の構築は，贈収賄や個人情報保護規制違反等の防止にも応用可能である。

また，リニエンシー申請は，EUの個人データ保護規則（GDPR）違反（個人情報漏洩等）の場合の通報義務の履践にも類似していることから，今後，コンプライアンス体制の構築は，実務的に，更に重要な意義を有してくることになると思われる。

福田健太郎君には，大阪地裁判決の調査をしてもらい，知見を得たと共に，示唆をいただいた。ここに謝意を示したい。

618

〔注〕
(1) 我が国の独占禁止法であるが欧米においては競争法と呼ばれる。以下では，我が国の説明をする場合は独占禁止法，欧米について論じる場合は競争法として論じる。

(2) 米国司法省（DOJ）は，米国の競争法である反トラスト法を域外適用している。域外適用とは，同法違反の行為が米国外で行われたとしても，米国の外国通商に影響を及ぼすと判断されれば同法を適用されることをいう。（入江源太，松嶋隆弘『カルテル規制とリニエンシー』280頁（三協法規，2014年））。競争法以外の法律を含めた各国法の域外適用については，アンダーソン・毛利・友常法律事務所ほか『域外適用法令のすべて』（きんざい，2015年）に詳しい。

(3) 山口厚編著『経済刑法』i頁（商事法務，2012年）。

(4) 法務省『平成27年度犯罪白書』第1編/第3章/第2節/2

(5) 米国司法省反トラスト局（U.S. DOJ Antitrust Division）ウェブサイト（https://www.justice.gov/atr/division-operations），公正取引委員会作成「米国及びEUにおけるカルテル・入札談合に対する法執行状況について」（http://www.jftc.go.jp/houdou/teirei/h25/07_09/kaikenkiroku130925.files/130925shiryos.pdf）参照。

(6) 日米・日EU間協定に尽つき，前掲アンダーソン・毛利・友常法律事務所ほか343頁。

(7) 公正取引委員会「独占禁止法の規制内容」http://www.jftc.go.jp/dk/dkgaiyo/kisei.html

(8) 米国法の下では，カルテル行為には，「当然違法（Per Se Illegal）」原則が適用される。協定の存在が立証されてしまえば，実質的に価格に影響しなかった場合や価格釣上げが目的でなかった場合に被告がそれらを立証したとしても，無罪の根拠とはならない（前掲入江・松嶋276頁，前掲アンダーソン・毛利・友常法律事務所23頁。）。また，米国には共謀罪という我が国にはない概念があることにも留意が必要である。

(9) 米国では，センテンシングガイドラインに従って，実際の刑罰が定められることとなる。具体的には，基本となる基礎スコアと行為の悪性などに応じた掛け率を定め，憂慮すべき事由がないかを考慮して判断されることとなる。

(10) 前掲公正取引委員会作成「米国及びEUにおけるカルテル・入札談合に対する法執行状況について」

(11) 判例時報1721号3頁

(12) 石山卓磨「現代会社法講義」成文堂，第3版，2016年。

(13) 当時の同業他社を含めた企業の法務担当者の本件に対する所感をまとめたものとして，「金融機関の不祥事と内部管理体制」（金融法務事情1481号22頁）がある。

(14) 判例タイムズ1214号115頁

(15) 因果関係の割合的認定について詳しくは，高橋均「取締役の善管注意義務および責任に対する割合的因果関係理論の適用の是非　－ダスキン株主代表訴訟第1審判決－」金融法務事情1235号57頁が参考になる。

(16) 判例タイムズ1281号274頁

(17) 当時においても内部統制システムに内容の不備があったとする指摘もある。受川環大「デリバティブ取引による資金運用と取締役・監査役の責任」金融・商事判例1325号18頁

(18) 品川武，岩成博夫『独占禁止法における課徴金減免制度』（公正取引協会，2010年）

619

第6章　会社法と他の法規制

会社犯罪
——長銀事件，及び日債銀事件を中心として

中京大学法科大学院兼任教授,大阪経済法科大学客員准教授　**漆畑　貴久**

I　はじめに

　本稿は，会社犯罪における経営者の刑事責任について，長銀事件最高裁判決[(1)]（以下では,「長銀事件判決」という），及び日債銀最高裁判決[(2)]（以下では,「日債銀事件判決」という）を中心に，裁判所の判断の傾向を整理し，若干の問題点を指摘することを意図するものである。

II　企業活動と刑事規制

　資本主義が高度に発達した経済社会においては，国民による様々な活動は，企業活動を抜きには成り立ち得ない。個人による事業活動が有する多くの制約・限界を，企業活動は可能とする。すなわち，事業活動は，企業形態（主に株式会社形態）を用いることにより，多くの事業資金と労働力の集約を可能とし，事業活動に不可避のリスクに伴う損失の分散を可能とすることとなる[(3)]。そして，企業体による事業活動の継続性が，一般的には，保証されているため，取引相手，消費者，あるいはその他の利害関係人にとって，その企業体との取引，すなわち利害関係を維持することができるという期待が生じる。また，企業活動への投資という国民の経済活動は，経済社会や金融社会の活性化をもたらす。こうした企業活動を支える重要かつ根本的な要素として，財産的基盤が

620

安定していることが挙げられる。それゆえ，企業の財産的基盤を危うくするような行為に対しては，経済社会の安定と維持という観点から一定の法的な規制が要請されるのであり，その法的規制には刑事法による規制も含まれる[4]。

　上述のような刑事法による規制には多様なものが考えられるが，特に企業活動において一定の地位と権限とを有する者による会社財産の侵害に向けられた行為について，これまで比較的多くの注目を浴びてきた。こうした犯罪類型の例として，（1）会社法における刑事規制として，①特別背任罪（会社法960条），②会社財産を危うくする罪（会社法963条，特に違法配当罪（同条5項2号）），並びに（2）金融商品取引法における虚偽記載有価証券報告書提出罪（金融商品取引法197条1項1号，207条1項1号（両罰規定））が挙げられる[5]。

⑴　特別背任罪

　会社法960条1項の取締役等の特別背任罪は，刑法247条の背任罪の加重類型とされるが，会社経営にあたり一定の権限あるいは裁量権を有する取締役等の会社経営陣による様々な不祥事を取り締まるものとして活用され，近時の法改正によりその法定刑も相当に重くされている。特別背任罪の実行行為は「その任務に背く行為」であり，特別背任罪は会社財産の侵害という点に関していえば「結果的な」あるいは「間接的な」行為というべきものであり，この点で，会社財産に対する「直接の」行為としての性格を有する会社財産を危うくする罪（会社法963条）とは相違があるとされている[6]。

⑵　会社財産を危うくする罪

　会社財産を危うくする罪は，抽象的危険犯と理解されており[7]，会社法963条5項2号が，会社財産に対する直接の侵害行為を刑事罰の対象とする違法配当罪である。いわゆる粉飾決算は，貸借対照表や損益計算書等の会社の財務諸表の数値を改ざんし，不当な会計処理によって架空の利益を計上し，あるいは費用を圧縮する等の行為等を意味するが，これによって剰余金の配当をしたことにより本罪が成立する[8]。違法配当行為は，会社経営者が対外的に会社の財務状況を良好にみせかけることによって企業価値あるいは株価を維持・上昇させようという意図のもとで行われるが，往々にして，会社経営の失敗や会社の私物化により生じた会社の損失を隠蔽しようとして，虚偽記載有価証券報告書提出罪（金融商品取引法197条1項1号）とあわせて行われることが少なくな

い[9]。違法配当罪は，正当でない形で会社財産を会社外に流出させるものであるから，会社財産に対する直接的な侵害行為といえる。会社財産が外部に流出することは，株式会社においては，会社，株主，取引先に対して重要な影響を及ぼすといい得るから，本罪が成立するには，図利加害の目的は不要とされる[10]。本罪の保護法益は，会社財産が正当でない形で会社外へ流出することによって何が侵害されるのかという観点から考えられるべきとされるが，株式会社における会社財産の確保のための資本制度，資本の充実と維持，資本の不変，あるいは資本確定等の資本原則が強調されていたかつての株式会社法制とは異なり，現行会社法のもとでは，資本制度，あるいは資本原則はほぼその機能を失い，会社財産の確保のための軸足を会社の財務状況や会社財産についての対外的な情報開示に移しており，その点から本罪の保護法益について改めて検討する必要性も指摘されている[11]。

(3) 金融商品取引法における虚偽記載有価証券報告書提出罪（金融商品取引197条1項1号）

2006年の証券取引法の改正によって成立し，2007年に施行された金融商品取引法（以下では，「金商法」という）は，企業の資本調達と国民の投資活動が行われる資本市場が適正に機能するための各種のルールを規定する法律である（同法1条参照）が，違反行為に対して，インサイダー取引規制をはじめ多くの規定を置く（金商法197条以下）。そのうち，会社財産に対する罪としては，有価証券報告書の提出義務を負う上場企業等（金商法23条1項）についての継続開示違反行為としての虚偽記載有価証券報告書提出罪（金商法197条1項1号）がある[12]。本罪は，虚偽記載のある有価証券報告書に基づいて剰余金の配当が決せられるという構造から，上述の違法配当罪とあわせて行われることが少なくない[13]。

本罪は，金商法が企業内容についての適切な情報開示（同法1条参照）を意図する法律であることから，有価証券市場の適正かつ健全な運営システムを裏切る行為であって，市場に参加する投資家に対する犯罪としての性格を有しており，会社財産自体に対して直接向けられる犯罪行為ではない。もっとも，今日の会社財産に関する法規制は，会社法が資本制度による会社の現実の財産の確保から，会社財産に関する情報の開示に軸足を移したことに表れているよう

に，会社財産に関する正確な情報を適切かつ迅速な方法で，市場，あるいは投資家に提供することに重点がある。これは，企業の資金調達が金融機関からのそれ（間接金融）から証券市場からのそれ（直接金融）へと転換する際に重要なのは公正な証券市場の確保であり，証券市場が公正であるためには，投資者全てに対して平等・的確に投資判断に影響を及ぼす重要情報が開示されていることが必要であるということに基づく[14]。個々の取引主体の自律性と自己責任を重んじる現代の高度に進展した自由主義経済社会における経済取引の活性化は，国民に対して適切で十分な情報提供が行われることを前提にした国民各自のリスク判断（自己管理と自己責任）に基づいている。また，会社による資金調達手段が，銀行借り入れという間接金融よりも証券市場による直接金融へと比重が移りつつあることも，虚偽記載有価証券報告書提出罪の重要性を裏付けている[15]。

　このような意味から，虚偽記載有価証券報告書提出罪という刑事規制の重要性は，今後，増大していくことが予想されるが，刑罰による規制という点で問題となるのが，構成要件の明確性という罪刑法定主義からの要請である。すなわち，「有価証券報告書（又はその訂正報告書）の重要な事項につき虚偽の記載のあるものを提出した」という構成要件において「重要な事項」とは何を基準に判断するのか，「虚偽の記載のあるもの」とはどの程度の虚偽の記載を要するのかという問題である[16]。

　これについては，企業の情報開示として具体的に求められる内容や程度は時代や社会状況によって変化するので，抽象的に概念的な法解釈を行ってもその意義は大きくない。現実には，相当程度の悪質性を有すると判断された行為が立件されることになると予想されるが，裁判所の判断の蓄積によってしか，構成要件の解釈，従って有効な行為基準を示すための効果的な方策はないであろうし，司法判断によって情報開示に関する後見的なルールが示されることによって，会社財産の状況を明らかにする有価証券報告書の情報開示の現実的な実効性がもたらされることになるであろうと考えられている[17]。

⑷　会社法の現代的意義からみる各罪の性格

　例えば会社法の特別背任罪は，上述のように，刑法247条の背任罪の特別規定であるとするのが一般的理解である[18]が，これについて疑問があるとする指

623

第6章　会社法と他の法規制

摘がある。すなわち，特別背任罪が取締役等の株式会社に対する裏切り行為，つまり任務違背行為を直接の要件としていることは否定できないが，株式会社が現代の高度に進展した自由主義・資本主義経済体制のもとで果たしている重要な役割に照らせば，株式会社は，株主だけでなく，取引先や消費者を含む多くの利害関係人のために適正な活動を行うことが期待されているのであり，こうした社会的地位にある株式会社の運営を担う取締役等が会社に対する関係での善管注意義務（会社法330条，民法644条）や忠実義務（会社法355条）に違反することは，会社に対するだけでなく社会公共に対する裏切り行為としての面を有していることは否定できない。その意味で，特別背任罪は，単に本人である株式会社を被害者とする財産犯としての性格にとどまるものではなく，むしろ，健全な企業活動が行われることによって自由主義・資本主義経済が適正かつ活発に機能するという点で，「適正かつ健全な資本主義経済システム」という社会的法益に対する罪としての性格をも有しているとするのである[19]。この考え方によれば，会社法963条の会社財産を危うくする罪は，本人たる会社の財産を確保するということに限定されず，社会公共に対する情報開示機能という面をあわせて考える必要があり，「適正かつ健全な資本主義経済システム」を守ろうとする点で特別背任罪とは小さくない相違があるとされる[20]。

　架空の利益を計上する等の粉飾決算によって剰余金の違法配当を行う違法配当罪は，既述のように，有価証券報告書の虚偽記載と一体的に行われることが多く，それゆえ，粉飾決算においては，違法配当罪と虚偽記載有価証券報告書提出罪の両罪が成立する場合が少なくない。そして両罪は，違法配当罪が会社財産に対する本来的かつ直接的な侵害行為を刑事罰の対象としているのに対し，虚偽記載有価証券報告書提出罪は「有価証券市場の適正かつ健全な運営システム」を裏切る行為であり，「市場に参加する投資家に対する犯罪」としての性格を有している。後者は，会社財産に直接あるいは間接的に向けられた犯罪ではなく，両罪は罪質や保護法益が異なるといえるので，両罪が成立し，併合罪の関係に立つと考えられている[21]。

　以上から，虚偽記載有価証券報告書提出罪は，「有価証券市場の適正かつ健全な運営システム」を裏切る行為であり，「市場に参加する投資家に対する犯罪」としての性格を有しているといい得る一方で，特別背任罪は，株式会社を被害

者とする財産犯としての性格に加えて，健全な企業活動が行われることによって自由主義・資本主義経済が適正かつ活発に機能するという「適正かつ健全な資本主義経済システム」という社会的法益に対する罪としての性格をも有していると考えられる[22]。

Ⅲ　長銀事件，及び日債銀事件の概要

1　長銀事件

⑴　事実の概要

本件は，平成10年10月に経営破綻した株式会社日本長期信用銀行（以下では，「長銀」という）の首脳陣が，バブル経済の崩壊により発生した多額の不良債権を隠蔽するため，平成10年3月期の決算に際して，不良債権を過少に積算した内容虚偽の有価証券報告書を作成して大蔵省（当時）に提出するとともに，株主に違法配当をしたとして起訴された，虚偽記載有価証券報告書提出罪（証券取引法（平成10年法律第107号による改正前のもの）197条，同（平成12年法律第96号による改正前のもの）207条1項1号），及び違法配当罪（商法（平成17年法律第87号による改正前のもの）32条2項，同（同）489条3号，同（平成11年法律第125号による改正前のもの）285条の4第2項）の事案であり，本件公訴事実の要旨は，以下の通りである。

当時の長銀の代表取締役頭取であったＡ，同代表取締役副頭取であったＢ，及び同代表取締役副頭取であったＣは，共謀の上，①長銀の業務に関し，平成10年6月29日，大蔵省関東財務局長に対し，長銀の平成10年3月期決算には5846億8400万円の当期未処理損失があったのに取立不能のおそれがあって取立不能と見込まれる貸出金合計3130億6900万円を償却・引当しないことにより，これを過少の2716億1500万円に圧縮して計上した有価証券報告書を提出し，もって重要な事項につき虚偽の記載のある有価証券報告書を提出し，②長銀の上記事業年度の決算には，株主に配当すべき剰余金は皆無であったのに，平成10年6月25日，長銀本店で開催された同社の定時株主総会において上記当期未処理損失2716億1500万円を基に，任意積立金を取り崩し，1株3円の割合による総額71億7864万円余の利益配当を行う旨の利益処分案を提出して可決承認さ

625

第6章　会社法と他の法規制

せ，そのころ，同社の株主に対し，71億6660万円余の配当金を支払い，もって法令に違反して利益の配当をした。

第1審は，公訴事実通り上記各犯罪事実を認め，被告人Aに対し懲役3年（4年間執行猶予），同B及び同Cに対し懲役2年（3年間執行猶予）を言い渡した。

被告人らは，事実誤認，法令適用の誤り等を主張して控訴した。しかし原審[23]が控訴棄却を言い渡したため，被告人らが上告した。

(2)　判　旨

「…資産査定通達等によって補充される改正後の決算経理基準は，金融機関がその判断において的確な資産査定を行うべきことが強調されたこともあって，…大枠の指針を示す定性的なもので，その具体的適用は必ずしも明確となっておらず，…いわゆる母体行主義を背景として，一般取引先とは異なる会計処理が認められていた関連ノンバンク等に対する貸出金についての資産査定に関しては，具体性や定量性に乏しく，実際の資産査定が容易ではないと認められる上，資産査定通達等によって補充される改正後の決算経理基準が関連ノンバンク等に対する貸出金についてまで同基準に従った資産査定を厳格に求めるものであるか自体も明確でなかった…」として，改正後の決算経理基準について，平成10年3月期の決算に関して，多くの銀行では少なくとも関連ノンバンク等に対する貸出についての資産査定に関して，厳格に資産査定通達等によって補充される改正後の決算経理基準によるべきものとは認識しておらず，現に長銀以外の同期の各銀行の会計処理の状況をみても，大手行18行のうち14行は長銀と同様，関連ノンバンク等に対する将来の支援予定額については，引当金を計上しておらず，これを引当金として計上したのは4行にすぎなかったこと，長銀及び日債銀の他，大手17行も償却・引当金が不足していたこと等から，資産査定通達等によって補充される改正後の決算経理基準は，その解釈，適用に相当の幅が生じるものであったとして，「…資産査定通達によって補充される改正後の決算経理基準は，特に関連ノンバンク等に対する貸出金についての資産査定に関しては，新たな基準として直ちに適用するには，明確性に乏しかったと認められる上，…税法基準の考え方による処理を排除して厳格に前記改正後の決算経理基準に従うべきことも必ずしも明確であったとはいえず，過渡的な状況にあったといえ，そのような状況のもとでは，これまで『公正ナル会計慣

626

行』として行われていた税法基準の考え方によって関連ノンバンク等に対する
貸出金についての資産査定を行うことをもって，これが資産査定通達等の示す
方向性から逸脱するものであったとしても，直ちに違法であったということは
できない」として，長銀の本件会計処理は，「公正ナル会計慣行」に反する違
法なものとはいえないから，本件有価証券報告書の提出及び配当につき，被告
人らに対し，虚偽記載有価証券報告書提出罪及び違法配当罪の成立を認めた原
判決は，事実を誤認し法令の解釈適用を誤ったものであって，破棄しなければ
著しく正義に反するものと認められるとした。

　なお，古田裁判官の補足意見がある。

2　日債銀事件

(1)　事実の概要

　本件は，旧株式会社日本債券信用銀行（以下では，「日債銀」という）の首
脳陣である被告人らが，バブル経済崩壊後に抱えた不良債権を隠蔽するため，
平成10年3月期の決算処理における支援先等に対する貸出金の査定に関して，
不良債権の額を過少に積算した内容虚偽の有価証券報告書を作成・提出したと
して起訴された虚偽記載有価証券報告書提出罪（証券取引法（平成10年法律第
107号による改正前のもの）197条1号，同（平成12年法律第96号による改正前
のもの）207条1項1号，商法（平成17年法律第87号による改正前のもの）32
条2項，同（平成11年法律第125号による改正前のもの）285条の4第2項）の
事案である。

　本件公訴事実の要旨は，当時，日債銀の代表取締役会長であったD，同代表
取締役頭取であったE，及び同代表取締役副頭取であったFは，共謀の上，日
債銀の業務に関し，平成10年6月29日，大蔵省（当時）関東財務局長に対し，
日債銀の平成10年3月期の決算には2205億700万円の当期未処理損失があった
のに，取立不能のおそれがあって取立不能と見込まれる貸出金計1592億3300万
円の償却・引当をしないことにより，これを同額過少の612億74000万円に圧縮
して計上した有価証券報告書を提出し，もって，重要な事項につき虚偽の記載
のある有価証券報告書を提出したというものである。

　第1審判決[24]は，被告人Dに対し懲役1年4月（3年間執行猶予），同E及び

627

第6章　会社法と他の法規制

同Fに対し懲役1年（3年間執行猶予）を言い渡した。

　被告人らは，公訴手続の法令違反，法令適用の誤り，事実誤認を主張して控訴したが，原判決[29]が各被告人の控訴を棄却したため，憲法違反，判例違反，法令違反，事実誤認等を主張して上告した。

　(2)　判　旨

　「…資産査定通達等によって補充される改正後の決算経理基準は，償却・引当については，有税・無税にかかわらず，同基準の定める額を引き当てることを求めるものであるが，その前提となる貸出金の評価については，金融機関がその判断において的確な資産査定を行うべきことが強調されていたこともあって，大枠の指針を示す定性的なもので，その具体的適用は必ずしも明確となっておらず，また，資産査定通達等によって補充される改正後の決算経理基準が，合理的な再建計画や追加的な支援の予定があるような支援先等に対する貸出金についてまでも同基準に従った資産査定を厳格の求めるものであるか否か自体も明確ではなかったことが認められる」。そして，当時の状況から，「…平成10年3月期の決算に関して，多くの銀行では，支援先等に対する貸出金についての資産査定に関して，厳格に資産査定通達等によって補充される改正後の決算経理基準によるべきものとは認識しておらず，当時において，資産査定通達等によって補充される改正後の決算経理基準は，その解釈，適用に相当の幅が生じるものであり，将来的に実務を積み重ねることで自己査定の具体的な判断内容の精度や整合性を高めていくという性質を内包したものといわざるを得ない」とした上で，「…資産査定通達等によって補充される改正後の決算経理基準は，特に支援先等に対する貸出金の査定に関しては，幅のある解釈の余地があり，新たな基準として直ちに適用するには，明確性に乏しかったと認められる上，本件当時，従来の税法基準の考え方による処理を排除して厳格に前記改正後の決算経理基準に従うべきことも必ずしも明確であったとはいえず，過渡的な状況にあったといえ，そのような状況のもとでは，これまで『公正ナル会計慣行』として行われていた税法基準の考え方によって支援先等に対する貸出金について資産査定を行うことも許容されるものといえる」として，本件当時，資産査定通達等によって補充される改正後の決算経理基準に従うことが唯一の公正なる会計慣行であって，税法基準の考え方に基づく会計処理を排斥し，資

628

産査定通達等によって補充される改正後の決算経理基準の定める基準に従って
日債銀の貸出金を評価し，平成10年3月期決算において日債銀に2205億700万
円の当期未処理損失があったとした原判決は，その点において事実を誤認して
法令の解釈適用を誤ったものであって，破棄しなければ著しく正義に反するも
のと認められるとした。

その上で，貸出金の評価について更に事実を明確にする必要があるとして，
上記の長銀事件の場合とは異なり，差し戻しにより審理を尽くさせる必要があ
るとした。

なお，古田裁判官の補足意見がある。

Ⅳ 両判決の検討

1 会計基準と刑罰法規

一般に会計処理方法が犯罪となる場合，例えば会社法上の違法配当，あるい
は金商法上の有価証券報告書の虚偽記載等があったといえるかは，事実上，企
業会計基準に違反したかどうかが問題となる。上記長銀事件，及び日債銀事件
は，会社の計算書類の剰余金額の算定，あるいは有価証券報告書に記載された
財務書類等における会計処理等が違法かどうかが問題となった場合であり，そ
の根拠となった会計処理が会計基準に違反したといえるかが問題とされた。し
かし，会計基準に違反したかをめぐっては，その会計処理について直接に規定
する法令が存在しないため，平成17年法律第87号による改正前の商法32条2項
（現行会社法431条）の「公正ナル会計慣行」を斟酌しなかったかどうか，ある
いは平成18年法律第65号による改正前の証券取引法193条等（現行金商法193条
以下）の「一般に公正妥当と認められる企業会計の慣行」に従わなかったとい
えるかが問題となる。

この場合，違法とされた会計処理が，①どの会計基準に違反したのか，②そ
の会計基準は上記商法32条2項等のいわゆる「公正ナル会計慣行」となり得る
のか，そして③その会計基準が「公正ナル会計慣行」として認められるとして
も，それを斟酌しなかったことが当然に違法となるのか等を検討する必要があ
る[26]。

第6章　会社法と他の法規制

更に，会計基準違反が刑事事件に関わる場合，企業会計基準が事実上，犯罪の構成要件となっているのであり，もしその企業会計基準に違反していなければ犯罪行為となるとは考えられないという刑事事件に特有の問題が生じ得る[27]。会計基準が刑事罰の根拠となるためには，一般的に刑事法における罪刑法定主義が適用される必要がある。罪刑法定主義に基づけば，犯罪とされる行為の内容，及びそれらに対して科される刑罰をあらかじめ明確に規定しておかなければならないことになる。このように，刑事事件において企業会計基準の適用が問題となる場合には，①構成要件の明確化，②遡及適用の禁止，③類推解釈の禁止，及び④適用時期の明確化（周知性基準の適用）等を考慮しなければならない[28]。

2　資産査定通達等によって補充される改正後の決算経理基準と「公正ナル会計慣行」

⑴　「公正ナル会計慣行」を「斟酌スベシ」における「慣行」・「斟酌スベシ」の意義

例えば上記長銀事件においては，資産査定通達によって補充される改正後の決算経理基準（以下では，「新基準」という）が，本件当時の唯一の「公正ナル会計慣行」であり，税法基準によるこれまでの会計処理はもはや「公正ナル会計慣行」とはいえないのか，あるいは当時，税法基準による会計処理は排除されておらず，なお「公正ナル会計慣行」であったのかが争点となった[29]。

平成17年法律第87号による改正前の商法32条2項にいう「公正ナル会計慣行」とは，商人の営業上の財産及び損益の状況（企業の財政状態及び経営状況）を明らかにするという商業帳簿作成の目的に照らして，妥当かつ合理的と一般に認められる会計実務上の慣行をいうと一般に理解されている[30]。なお，ここにいう慣行は，事実たる慣習（民法92条）と同義であり，基本的には確立した慣行をいうと考えられている[31]。

また，上記商法32条にいう「斟酌スベシ」とは，解釈の指針とすることを要するとの意味であり，公正な会計慣行がある以上は，特別の事情がない限り，その慣行に従わなければならないが，但し，絶対的に拘束されるという意味ではない。というのも，企業会計の方法には必ずしも唯一の正しい方法というも

630

のがあるわけではなく，「公正ナル会計慣行」は１つとは限らず，複数存在することがあり得るし，そのいずれを選択するかは当事者に委ねられるべき問題だからである。また，確立した会計慣行でなくとも，商業帳簿作成の目的に照らして，より適切と判断される等の場合にはこれによることも許されるし，他方で新たな公正なる会計慣行が成立したからといって，即時にそれまでの実務で繰り返し行われてきた「公正ナル会計慣行」の正当性を排除し，両者の併存が否定されることにはならない[32]。

(2) 新基準の会計慣行性

長銀事件判決，及び日債銀事件判決は，「公正ナル会計慣行」が認められる要件として，①会計処理基準の適用範囲が明確であること，②ある企業会計基準が「『唯一の』公正会計慣行」として他の企業会計基準を排斥するためには，その基準において「他の基準」を排斥することが明確にされていること等を挙げているとする指摘がある[33]。長銀事件判決は，銀行業界という特定の業種における限られた数の当事者を対象とするものであり，従来から銀行業界においては，銀行法上の監督権限を背景とする大蔵省銀行局長の発する通達に沿う形での経理処理が慣行として行われてきたこと，本件の新基準についても，その改正経緯，形態に照らして，これを受けた銀行業界がこれに従う方向での経理処理を行っていくであろうことはほぼ確実視されること等から，慣行性を肯定しているものと考えられている[34]。

① 会計処理基準の適用範囲が明確であること

会計処理基準の１つである通達が上記商法32条２項の「公正ナル会計慣行」になるには，それが広く一般に公正な会計慣行として認められる必要があるが，具体的に法規範として機能するのは，その適用範囲が明確にされている部分のみであるといえる[35]。長銀事件，及び日債銀事件では，法令ではなく通達である決算経理基準が上記のような「公正ナル会計慣行」といえるかが争点となったが，両事件判決ともに，新基準は新たな基準として直ちに適用するには，明確性に乏しかった旨を指摘しており，明確性を要求しているようにみえる[36]。このことから，「公正ナル会計慣行」がその適用範囲と適用時期の明確性が要求されるのは，それが法的効力を有するために不可欠の条件であることによるとされている[37]。

631

第6章　会社法と他の法規制

② 「公正ナル会計慣行」の「唯一性」

ある企業会計基準が「唯一」の「公正ナル会計慣行」として他の企業会計基準を排斥するためには，その基準において「他の基準を排斥する」ことが明確にされていることが必要か。長銀事件判決，及び日債銀事件判決は，いずれの基準に従うべきかについて，当時，従来の税法基準の考え方による処理を排除して厳格に新基準に従うべきことは必ずしも明確であったとはいえなかった旨を示し，新基準の排他性を疑問視する。それゆえ，「公正ナル会計慣行」が「唯一の基準」であって他の公正なる会計慣行を排斥するには，そのことが明確にされていることが必要となると考えられる[38]。そこで，①従来の基準を排斥する正当な理由，及び②新基準の適応時期はいつか，が問題となった。従来の基準を排斥する旨が明示されている場合であれば問題はないが，特に従来の会計基準を変更するという方法で会計基準を設定する場合，その変更の理由が妥当であり，かつ従来の基準を変更することが明らかにされていることが必要となる[39]。

(3) 罪刑法定主義と会計基準

一般に，会社法，あるいは金商法等の経済関連法規と会計規範の関連からは，罪刑法定主義に対する考慮がほとんど払われていないとする指摘がある。会計基準を罪刑法定主義の観点から検討すると，既述のように，構成要件の明確化，遡及適用の禁止，類推解釈の禁止，及び適用時期の明確化（周知性基準の適用）等が考慮される必要がある。というのも，会計基準のほとんどは企業会計基準委員会の作成する企業会計基準に委ねられており，そのため，それらの会計基準に違反する会計処理を行えば，その会社の経営者は犯罪行為を行ったとして刑事罰の対象となるからである。しかし，それらの会計基準は必ずしも法律上の根拠を有しておらず，その基準の内容や基準の適用範囲も一義的に明らかではない。よって，この場合，一般に人があらかじめこの基準に違反すれば刑事罰を受ける可能性があることを知り得ない可能性があり，これは罪刑法定主義の趣旨に反する可能性があるとも指摘されている[40]。以下では，長銀事件判決，及び日債銀事件判決等を参考に，会計基準と刑罰法規の関係を，罪刑法定主義という観点から，特に①構成要件の明確化，及び②適用時期の明確化（周知性基準の適用）と遡及適用の禁止という点に着目して検討していく。

632

会計基準を刑罰法規と位置付けるならば，その構成要件が明確である必要がある。上述のような会計基準は，直接，その犯罪の実行行為時とされる時点で明確な内容であり，かつ慣行となっていることが必要となる[41]。

　しかし例えば，虚偽記載有価証券報告書提出罪について，その構成要件は法文により明確に規定されており，罪刑法定主義との関係で問題はないが，「虚偽であるかどうか」は「公正ナル会計慣行」によって判断されることになるため，「公正ナル会計慣行」自体にも罪刑法定主義の要請が及ぶことになる。罪刑法定主義は行為の予測可能性を保障することにより国民の自由を保障することをも意図するものであるので，一般人にとって行為の基準が明確である必要がある。この点，長銀事件控訴審判決が「金融機関に身を置く通常人を基準として，『公正ナル会計慣行』が何なのかが理解でき，処罰される行為とそうでない行為が区別できれば足りる」とした一方で，長銀事件判決は，新基準は，特に関連ノンバンク等に対する貸出金についての資産査定に関しては，新たな基準として直ちに適用するには，明確性に乏しかったと認められ，特に本件当時，関連ノンバンクに対する貸出金に関し，従来のいわゆる税法基準の考え方による処理を排除して厳格に新基準に従うべきことも必ずしも明確であったとはいえなかった等として，新基準に従うべきことは明確ではないとした。しかし，資産査定通達は，一般債権と関連ノンバンク等の支援先債権とを区別することなく，しかも債権の毀滅価値は客観的に評価すべきとし，同通達が関連ノンバンク等に対する貸出金の査定等にも適用されることは明確であり，その通達の適用範囲も明確であったとして，こうした判例の立場に疑問を呈する見解もある。この見解は，長銀が同通達を受けて自己査定基準を作成していたこと等から，新基準に従うことによる財務内容の悪化を嫌い，新基準に従うことが「公正ナル会計慣行」と認識していたにもかかわらず，改正前の決算経理基準に従っていた可能性があることを指摘している[42]。

　また，通達自体に法規範性を持たせることが可能かという問題もある。というのも，通達それ自体は，所管行政の統一的執行を図るために，上級の行政機関が下級の行政機関に対して法令の解釈や運用指針を定めるものであって，国民一般を直接に規制するものではないからである。そこで，資産査定通達に違反した場合，銀行法上は監督官庁による行政処分の対象となり得るとはいえ，

第6章　会社法と他の法規制

当然に商法違反になるわけではないとされている[43]。確かに，罪刑法定主義の原則からは，特に法律の委任がある場合を除き，政令中に罰則を設けることはできず（憲法73条6号但書），通達にあっては尚更である。しかし，上記の資産査定通達が，改正前の商法32条2項を介して「公正ナル会計慣行」に含まれるとき，虚偽記載有価証券報告書提出罪の成否を判断する際の基礎事情として，上記の通達に基づく新基準も考慮されるため，通達という行政機関内部の命令が法規範の一部となり得るのであり，こうした規範形式が直ちに罪刑法定主義に反するわけではない。これは，処罰規定自体は，旧証券取引法という国会制定法で定められており，その内容を補充する規範として，上記改正前の商法32条2項やこれを具体化した通達等を考慮することも許されるからである[44]。また，日債銀事件判決も，資産査定通達の法規性を否定していないと考えられている[45]。

(4)　適用時期の明確化（周知性基準の適用）と遡及適用の禁止

　法令等の場合，適用時期が明確にされ，官報でそれが周知されるが，それ以外の会計基準の場合，適用時期は必ずしも明らかとはいえない。長銀事件判決，及び日債銀事件判決においても，事件当時，従来の基準の考え方による処理を排除して厳格に新基準に従うべきことは必ずしも明確であったとはいえない過渡的な状況にあった旨が示されている。

　会計慣行は，その施行時期が必ずしも明確ではなく，仮に企業会計基準委員会による企業会計基準の多くがその施行時期を定めているとしても，多くの基準はその施行時期前であっても適用を可能としているため，実務上はそれ以前でも「公正ナル会計慣行」として適用されていることが多い。しかし，罪刑法定主義の観点からは，こうした適用には問題があるといえる[46]。

　新基準とそれ以前の基準とが一定の期日をもって明確に変更されたとは考えられていないがゆえに，両者が併存し得る時期が存することに注目する必要がある。すなわち，ここで長銀事件判決，及び日債銀判決は，当時「過渡的な状況」にあったとし，新基準と従来の基準がともに「公正ナル会計慣行」として存在していたのであり，いずれを用いるべきかについて必ずしも明確ではなかったことを指摘していると考えられるからである。そこで，「公正ナル会計慣行」の「唯一性」が問題となる。すなわち，上記新基準に慣行性が認められ

634

るとして，では，これが「唯一」の公正なる会計慣行であり，従来の基準の適用はもはや許されないのかという問題である。

　例えば長銀事件の第一審及び原審は，以下のような理由からこれを肯定した。すなわち，新基準は，金融機関の健全性を確保することを目的とし，近く導入される予定であった早期是正措置制度を有効に機能させるために必要な金融機関の資産内容の査定方法や適正な償却・引当の方法を明らかにし，それにより資産内容の実態を正確かつ客観的に反映した財務諸表を作成することを目指して作成されたものであること，そしてこれが，全国銀行協会連合会等を通じて金融機関にその内容が公表・送付され，周知徹底が図られてきたこと，資産査定通達等が示す資産査定の方法，償却・引当の方法等は，金融機関の貸出金等の償却・引当に関する合理的な基準であり，基準としても明確なものであり，同様の趣旨・目的のもとに発せられた改正後の決算経理基準の内容を補充するものであるといえるとされた。また，資産査定通達等は，事件当時における「公正ナル会計慣行」ではなくこれを推知するための有力な判断資料と考えられるが，金融検査官はこれに従って検査を行っており，会計監査法人等ではその周知が進められていること，更に金融機関は従来よりも透明性の高い明確な資産査定等による会計処理が求められていたこと等から，資産査定通達等の基準に従うことが「公正ナル会計慣行」となっているといえ，資産査定通達等の趣旨に反し，その定める基準から大きく逸脱する会計処理は，「公正ナル会計慣行」とはいえないのであって，従来であれば「公正ナル会計慣行」として容認されていた会計処理は，もはや「公正ナル会計慣行」に従ったものとはいえなくなったのであり，資産査定通達等の示す基準に従うことが「唯一」の「公正ナル会計慣行」であるとする。このように考えると，長銀の自己査定基準は，資産査定通達等によって補充される改正後の決算経理基準の趣旨に反し，その基準を大きく逸脱したものであり許されないものになるとするのである。

　他方，長銀事件判決は，新基準は，関連ノンバンク等に対する貸出金の資産査定に関し，新たな基準として適用するには具体性，定量性に乏しかった上，関連ノンバンク等に対する貸出金の資産査定に関し，従来のいわゆる税法基準の考え方による処理を排斥して厳格に改正後の決算経理基準に従うべきことを求めるものであるかも必ずしも明確ではなかった（同基準が関連ノンバンク等

第6章　会社法と他の法規制

を厳格に射程としていたかも明確ではなかった）こと等から，新基準が「公正ナル会計慣行」であるとしても，それまでの基準との関係で，その「唯一」性を直ちに是認できないか，あるいは新基準自体が関連ノンバンク等に対する貸出金の資産査定について別個に考えることを許容しているとみる余地があるとしたものと考えられる[47]。すなわち，新基準が「公正ナル会計慣行」に当たるとしても，過渡的状況においては，それまでの基準はなお「公正ナル会計基準」であり，それゆえに貸出金について貸出先の実態に応じた償却・引当を実施することを基本とする新基準の「唯一」性は否定され，あるいは，新基準は主として一般の貸出金の評価に係るものであり，それ自体が関連ノンバンク等に対する貸出金について別個に考えることを許容しているとみる余地があるとしたものと解されるのである[48]。

V　まとめ

　長銀事件判決について，資産査定通達等の通達も「公正ナル会計慣行」の一部を構成する以上，その法規範性は否定できないとする指摘がある。すなわち，例えば旧証券取引法上の構成要件を補完する等の程度であれば，これらの通達等を考慮することをもって直ちに罪刑法定主義に反するとはいい得ないし，また，刑罰法規の明確性についても，公表された会計基準等から実際の処罰範囲が明らかになるのであれば，大きな問題は生じないとするのである[49]。その一方で，経済状況や社会環境の進展に応じて柔軟かつ幅のある解釈を容認する限り，個別的に罰則を適用する際には，処罰領域をめぐる予測可能性が不確かになる可能性もある[50]。今回の長銀事件判決，及び日債銀判決においては，上述の新基準，及び旧基準ともに「公正ナル会計慣行」として併存しており，かつ過渡的状況においてはそのいずれも許容される旨が示されていると考えられ，このように複数の公正な会計慣行が存在し得る状況において，そのいずれを選択するのかは，当事者たる会社（経営者）に委ねられることになる。そこで会社（経営者）は，自身が適当と判断した会計基準に従って会計処理をし，それに基づいた情報を開示することになるが，その際には，会社の情報開示の意図がいずれに存するかが関わってくる。例えば金商法は，会社法の特別法と位置

636

付けられ，特に投資家保護という観点から，会社法だけでは必ずしも十分では
ない情報開示制度を補完する側面がある。経営者は，会社法，あるいは金商法
等の法律の目的等によって異なる開示制度の趣旨に基づいて，自ら公正な会計
慣行を選択し，それに従って情報開示を行うことが求められていることになる。
そこでは，現行法上，複数の会計制度が存在し得るものの，例えば金商法であ
れば金融商品市場に参加する投資家にとって適当な財務情報を提供し，会社法
であればその取引先等の利害関係人に対して自身の財務状況に関する情報を提
供するというように，企業の開示の公正さに対する姿勢が異なってくることも
考えられる。そうである場合，各会社は，いずれの会計基準を，どのような理
由で用いたのかに対する説明責任を果たすことが重要になってくるし，その際
には，その当時，その社会状況において，「公正」であるといい得る「会計基準」
をいかにして見出すかが，裁判所を含めて重要になってくると考えられる[51]。

　特に近時，我が国の会計実務において国際会計基準の受け入れが問題となっ
ている。我が国の企業に対する国際会計基準（International Financial
Reporting Standards：IFRS）の適用の容認・強制の動きがあり，2010年3月
31日以降に終了する連結会計年度に係る連結財務諸表に適用されている[52]。こ
の国際会計基準が我が国において法的効果を有するのか，そして有するとすれ
ばどのような法規制が必要か等も問題となる。今後，国際的な基準が「公正ナ
ル会計慣行」に含まれる余地があるとすれば，国際的な経済活動が当然となっ
た現代において，同基準に対する理解も重要になると思われるのである。

〔注〕
(1)　最判平成20年7月18日刑集62巻7号2101頁。
(2)　最判平成21年12月7日刑集63巻11号2165頁。
(3)　例えば，鈴木竹雄『法律学講座双書　新版会社法（全訂第5版）』弘文堂（1994年）
　　　1頁，神田秀樹『法律学講座双書　会社法（第16版）』弘文堂（2014年）1頁，弥永真
　　　生『リーガルマインド会社法（第14版）』有斐閣（2015年）1頁等。
(4)　上田正和「刑事法による会社財産の保護」大宮ローレビュー9号（2013年）6頁。
(5)　同上8頁。
(6)　同上9頁。
(7)　落合誠一編『会社法コンメンタール21──雑則（3）・罰則』商事法務（2011年）101
　　　頁（佐伯仁志執筆）。
(8)　なお，粉飾決算が行われたとしても直ちに計算書類の確定が阻害されるわけではない
　　　から，粉飾決算に基づく配当が必ずしも違法配当になるわけではなく，それゆえに，違

637

第6章　会社法と他の法規制

法配当罪の成否を検討するには粉飾決算の重要性の判断が不可欠となる。江頭憲治郎＝中村直人編著『論点体系会社法6——組織再編Ⅱ，外国会社，雑則，罰則』第一法規（2012年）493頁（葉玉匡美執筆）。

⑼　上田・前掲注⑷10頁。

⑽　江頭＝中村編著・前掲注⑻488頁（葉玉匡美執筆），及び上田・前掲注⑷10頁を参照。

⑾　上田・前掲注⑷10－11頁。

⑿　本罪に対しては，刑事罰について両罰規定により行為者及び法人の処罰が予定されている他，その行為に対する行政処分としての課徴金の納付命令（金商法172条の4等），更には上場廃止等もなされ得る。

⒀　上田・前掲注⑷11頁。

⒁　野村稔「株式会社日本長期信用銀行の平成10年3月期に係る有価証券報告書の提出及び配当に関する決算処理につき，これまで『公正ナル会計慣行』として行われていた税法基準の考えによったことが違法とはいえないとして，同銀行の頭取らに対する虚偽記載有価証券報告書提出罪及び違法配当罪の成立が否定された事例」判例時報2045号（2009年）172頁。

⒂　上田・前掲注⑷11－12頁。

⒃　同上12頁。

⒄　同上同頁。

⒅　例えば江頭＝中村編著・前掲注⑻493頁（葉玉匡美執筆）等を参照。

⒆　上田・前掲注⑷15頁。なお，伊東研祐「会社法罰則と背任罪（刑法247条）解釈の視座」刑事法ジャーナル17号（2009年）50頁等も参照。

⒇　上田・前掲注⑷13頁。なお，落合編・前掲注⑺98頁（島田聡一郎執筆），同101頁（佐伯仁志執筆），並びに江頭＝中村編著・前掲注⑻493頁（葉玉匡美執筆）等も参照。

㉑　上田・前掲注⑷16頁。なお，後述の長銀事件第1審判決（東京地判平成14年9月10日刑集63巻11号2400頁），あるいは，いわゆるヤオハンジャパン粉飾決算事件（静岡地判平成11年3月31日資料版商事法務187号216頁）等では，併合罪として扱われている。

㉒　上田・前掲注⑷17頁。

㉓　東京高判平成17年6月21日刑集62巻7号2643頁，判時1912号135頁。

㉔　東京地判平成16年5月28日刑集63巻11号2400頁。

㉕　東京高判平成19年3月14日刑集64巻11号2547頁。

㉖　岸田雅雄「会計基準違反に対する刑事罰と公正会計慣行」早稲田法学85巻3号（2010年）220頁。

㉗　同上。

㉘　同上。

㉙　こうした検討の前提として，資産査定通達等の通達が一定の要件を備える場合には法的拘束力を有するとするものとして，岸田雅雄「不良債権と取締役の責任—長銀判決の検討—」商事法務1669号（2003年）17頁，同「旧長銀事件最高裁判決の検討」商事法務1845号（2008年）26頁，同「旧株式会社日本長期信用銀行の平成10年3月期に係る有価証券報告書の提出及び配当に関する決算処理につき，これまで『公正ナル会計慣行』として行われた板税法基準の考え方によったことが違法とはいえないとされた事例」私法判例リマークス2009下39号（2009年）70頁。なお，岸田・前掲脚注㉖220頁も参照。

(30) 入江猛「最高裁判所判例解説」法曹時報63巻9号（2011年）226頁。

(31) 同上。

(32) 同上。なお，入江は，両者が必ずしも両立しない関係にある場合も同様とする。また，「本判決が―おそらく無意識のうちに―前提としている考え方は，かりに，これまで慣行として行われている会計処理方法（あるいは，従来，個別企業で適用されていた会計処理方法）が会社の財産及び損益の状況を必ずしも十分に示しているとは考えられない場合であっても，それを否定する明確なルールがなければ（平成17年改正前の）商法あるいは証券取引法違反とはならない…」とするものとして，弥永真生「長銀刑事事件最高裁判決の意義と今後の影響」経理情報1192号（2008年）28頁。

(33) 岸田・前掲注(26)220頁。長銀事件判決，及び日債銀判決は，各事案について，「従来のいわゆる税法基準を排除して厳格に前記改正後の決算経理基準に従うべきことは必ずしも明確であったとはいえ」なかったとする。なお，長銀事件民事第1審判決（東京地判平成17年5月19日判時1900号3頁）においては，従来存在していた「公正ナル会計慣行」を変更し，これに代わる新しい基準が唯一の「公正ナル会計慣行」として認められる要件として，①商法の会計帳簿の目的に照らし，社会通念上，合理性があること，②変更に伴って企業会計の継続性確保の観点から支障が生じるような場合には，これに対する手当てがなされていること，③改正手続が適正なものであること，④新たな基準が法令によって唯一の規範として拘束性を有するものであることの周知性が図られるべきこと等を挙げ，また，控訴審判決（東京高判平成18年11月29日判タ1275号245頁）でも，「新たな慣行が従前の慣行を廃止した会計慣行として承認され法規範性を取得するためには，その抵触する従前の慣行に従った会計処理を確定的に廃止し，暫定的時限的に例外的な取り扱いを許容しないことが一義的に明確であることが条件の一として必要」等とし，そして最高裁も上告理由が認められないとして原審判決が確定したため，第1審判決の論理が認められていると解されている（岸田・前掲注(26)222頁）。

(34) 入江・前掲注(30)231頁。慣行性をめぐる学説については，片木晴彦「公正なる会計慣行の意義」平成17年度重要判例解説（2006年）104-105頁，弥永真生「会計基準の設定と『公正ナル会計慣行』」判例時報1911号（2006年）25頁等を参照。なお野村稔「資産査定基準と罪刑法定主義」現代刑事法6巻2号（2004年）59頁等は，「公正な会計慣行となる会計基準が複数存在する場合にはもっとも企業の債権者及び株主に資する会計基準を選択すべきであるから，いたずらに不良債権の処理を先送りしてきた本件のような会計処理は許されることではなく，資産査定通達等による基準により適切な償却・引当をするべきであったのに，これをせずに過少な償却・引当を行ったことは許されるべきではない」とする。

(35) 岸田・前掲注(26)222頁。

(36) 同上同頁，弥永・前掲注(32)26頁等。

(37) 岸田・前掲注(26)223頁。

(38) 同上。

(39) 同上。

(40) 同上223-224頁。

(41) 同上224-225頁。

(42) 野村・前掲注(14)171頁。

第6章　会社法と他の法規制

⑷　岸田・前掲注⒆「不良債権と取締役の責任―長銀判決の検討―」20頁。

⑷　佐久間修「日本債券信用銀行の代表取締役らが，重要な事項に関して虚偽記載のある有価証券報告書を提出した事件につき，資産査定通達による改正後の決算経理基準には解釈の幅があり，ただちに新たな基準とみるには明確性が欠けるなど，なお過渡的な状況にあったため，これまで『公正ナル会計慣行』とされていた税法基準により，支援先等に対する貸出金の資産査定をすることも許容されるとして，一審の有罪判決を維持した原判決を破棄差し戻した事例」判例時報2166号（2013年）187頁。

⑷　同上188頁，及び渡部晃「旧日債銀事件『粉飾決算』事件最高裁刑事判決をめぐって（中）」商事法務1895号（2010年）14－16頁等を参照。

⑷　岸田・前掲注㉖226頁。

⑷　入江・前掲注㉚234－235頁。なお野村・前掲注㉞59頁等も参照。

⑷　入江・前掲注㉚235頁によれば，後者の場合，本件で償却・引当不足とされている関連ノンバンク等に対するもののみであるから，長銀の本件決算処理は，「公正ナル会計慣行」に反する違法なものとはいえないことになる。

⑷　佐久間・前掲注⑷189頁，岸田・前掲注⒆「旧長銀事件最高裁判決の検討」29頁等を参照。

⑸　同上同頁。

⑸　裁判所による会計慣行の判断については，弥永・前掲注㉞25－37頁等を参照。

⑸　三井秀範「我が国企業への国際会計基準の適用について」企業会計61巻9号（2009年）113頁，岸田・前掲注㉖226頁。

640

監修・執筆者一覧（掲載順）

監修

石山　卓磨　　日本大学教授・弁護士

岡田　陽介　　愛媛大学法文学部准教授

藤田　祥子　　拓殖大学商学部教授

藤川　信夫　　日本大学法学部教授

本井　克樹　　本井総合法律事務所　代表弁護士

植松　　勉　　日比谷Ｔ＆Ｙ法律事務所　弁護士・立教大学大学院独立研究科講師

深山　　徹　　深山法律事務所　弁護士

松嶋　隆弘　　日本大学教授・弁護士

鬼頭　俊泰　　日本大学商学部准教授

菅原貴与志　　慶應義塾大学教授・弁護士

重田麻紀子　　青山学院大学大学院会計プロフェッション研究科教授

川島いづみ　　早稲田大学社会科学総合学術院教授

品川　仁美　　帝京大学法学部講師

小林　俊明　　千葉大学専門法務研究科教授

田澤　元章　　明治学院大学法学部教授

小菅　成一　　嘉悦大学ビジネス創造学部教授

大久保拓也　　日本大学法学部教授

金澤　大祐	日本大学大学院法務研究科助教・弁護士
岡本智英子	関西学院大学経営戦略研究科教授
上田　純子	愛知大学大学院法務研究科教授
高岸　直樹	二松學舍大学国際政治経済学部准教授
原　　弘明	関西大学法学部准教授
牧　真理子	大分大学経済学部准教授
一ノ澤直人	西南学院大学法学部教授
受川　環大	駒澤大学法科大学院教授
入江　源太	麻布国際法律事務所　弁護士
漆畑　貴久	中京大学法科大学院兼任教授・大阪経済法科大学客員准教授

検証 判例会社法

平成29年11月25日　初版発行

監　修　石　山　卓　磨

発行者　宮　本　弘　明

発行所　株式会社　財経詳報社

〒103-0013　東京都中央区日本橋人形町1-7-10
電　話　03（3661）5266（代）
ＦＡＸ　03（3661）5268
http://www.zaik.jp
振替口座　00170-8-26500

落丁・乱丁はお取り替えいたします。　　　印刷・製本　平河工業社
©2017　　　　　　　　　　　　　　　　　　Printed in Japan 2017

ISBN　978-4-88177-444-1